Die Originalausgabe erschien unter dem Titel
The Global-Investor book of Investing Rules
im HARRIMAN HOUSE LTG Verlag

Übersetzt aus dem Amerikanischen von Egbert Neumüller.

Druck: Ebner & Spiegel GmbH

(Original-ISBN 1 897 597321 5)
ISBN 3-922669-53-0

BÖRSEN MEDIEN
AKTIENGESELLSCHAFT

Postfach 1449 · 95305 Kulmbach
Tel. 09221-90510 · Fax 09221-67953

Das Buch der

GOLDENEN

Investmentregeln

INHALT

Internationale Märkte und Kapitalflüsse

Robert Z. Aliber

Robert Z. Aliber ist Professor für internationales Wirtschafts- und Finanzwesen an der Graduate School of Business der University of Chicago. Forschungsschwerpunkte: das internationale Finanzsystem; Devisenkurse; Geld, internationale Kapitalmärkte und Kapitalflüsse; das multinationale Unternehmen; internationales Bankwesen; Rechtswesen.

Bücher

The New International Money Game, Palgrave 2001

The International Money Game, Palgrave 1988

1. Alle Sätze über Ertragsraten an den Finanzmärkten sind Klischees.

Die Börsenliteratur ist voll von Regeln, wie man überdurchschnittliche Erträge erzielt. Diese Regeln sind weniger ewige Wahrheiten als vielmehr bloße Klischees. Kein wissenschaftlicher Satz, der sagt, wie man den Markt schlägt, schlägt den Markt über einen längeren Zeitraum.

2. Die Finanzmärkte streben nach Mittelwerten.

Die Preise an den Finanzmärkten tendieren immer zurück zu ausgeglichenen Werten, von denen sie sich nicht gerne entfernen.

3. Die Devisenmärkte schießen über das Ziel hinaus oder setzen zu früh auf – die Aktienmärkte setzen zu früh auf oder schießen über das Ziel hinaus.

Sowohl an den Devisenmärkten als auch an den Aktienmärkten lassen sich Trends beobachten. Die Variationen um diese Trends

(Übertreibung oder Untertreibung) spiegeln an den Devisenmärkten die Veränderlichkeit der grenzüberschreitenden Kapitalflüsse wider, und an den Aktienmärkten spiegeln sie Veränderlichkeit von Optimismus und Pessimismus wider.

4. Kaufen und Halten lohnt sich im Allgemeinen weniger als Tradingstrategien.
Das Klischee, man könne an den Märkten den rechten Zeitpunkt nicht erkennen, mag für manche Anleger immer zutreffen und für alle Anleger manchmal – aber es gibt Zeiten, zu denen die Marktpreise weit über oder unter den langfristig ausgeglichenen Preisen liegen.

5. Beobachten Sie Kapitalzuflüsse und -abflüsse von Ländern.
Wenn der Kapitalzufluss in ein Land steigt, dann wird dies wahrscheinlich von einem Kurszuwachs der Landeswährung und von Kurszuwächsen der Unternehmen begleitet, die ihren Sitz in diesem Land haben.

6. Wenn die Inflationsrate eines Landes steigt, dann geht dies wahrscheinlich mit einer Abwertung der Währung einher.
Wahrscheinlich führt dies auch dazu, dass die Preise von einheimischen Unternehmensaktien fallen.

7. Je kleiner das Land, desto größer die Auswirkungen der Kapitalflüsse auf Devisen- und Aktienkurse.
Aufgrund der positiven Korrelation zwischen Kursschwankungen der Währung und Kursschwankungen der Aktien ist globale Anlage viel günstiger als Anlage im Inland.

8. Viele Firmen erleben nur „Minuten des Ruhms".
Nur wenige der „Nifty Fifty", der 50 führenden Firmen, die die Aktienlieblinge der 60er-Jahre waren, sind heute noch Marktführer.

9. Der Schwerpunkt der Billigproduktion bestimmter Produkte verschiebt sich von einem Land zum nächsten.

Das Gleiche gilt für das Land, in dem die Unternehmen einer Branche global betrachtet am profitabelsten arbeiten.

10. Die Größe des Inlandsmarkts aus Sicht des Anlegers ist von Bedeutung.

Wie gut die Gründe sind, global zu investieren, steht für die Bürger jedes Landes in umgekehrter Beziehung zur Größe des Inlandsmarktes und zur Wachstumsrate neuer Unternehmen. Anleger in relativ kleinen Ländern müssen viel stärker international diversifizieren als Anleger mit Wohnsitz in größeren Ländern.

11. US-Anleger brauchen wahrscheinlich nicht so sehr international zu investieren wie Anleger aus anderen Ländern.

Der Anteil schnell wachsender Unternehmen mit Sitz in den Vereinigten Staaten ist mit Blick auf den US-Anteil am weltweiten Bruttoinlandsprodukt unverhältnismäßig hoch.

12. Die Absicherung von Devisen ist nicht für jedermann sinnvoll.

Die Kosten für die Absicherung (Hedging) von Währungen sind bei Währungen mit Abwertungstendenz wahrscheinlich positiv und bei Währungen mit Aufwertungstendenz eher negativ.

www.gsb.uchicago.edu

„Aktien sind auf kurze Sicht fraglos riskanter als Anleihen, aber über längere Zeiträume wird das Risiko kleiner als das von Anleihen. Aktien sind über eine Halteperiode von 20 Jahren noch nie hinter die Inflation zurückgefallen, wohingegen Anleihen und Wechsel über diesen Zeitraum drei Prozent hinter der Inflation zurückgeblieben sind. Obwohl der Besitz von Aktien riskanter erscheinen mag, ist also auf lange Sicht das Gegenteil der Fall."

Jeremy Sieg

Der Automobilsektor

David Andrea

David Andrea ist Direktor der Prognoseabteilung im Center for Automotive Research, das Teil des Environment Research Institute of Michigan mit Sitz in Ann Arbor ist. Sein Team beschäftigt sich mit Prognosen zum geschäftlichen Umfeld (Nachfrage am Markt, Regulierungsvorschriften, Produkttechnologie) und Risiken für bestehende Geschäftsmodelle, investiertes Kapital und die Technologieportfolios von Unternehmen.

1. Investieren Sie gemäß den führenden Wirtschaftsindikatoren

Profitabilität und Cashflow der Branche stehen und fallen mit dem Fahrzeugverkauf. Der Umsatz steht in umgekehrter Beziehung zur Arbeitslosigkeit und zur Kreditaufnahme der Verbraucher; er steht in direkter Beziehung zum Einkommen und zur Börsenentwicklung. Wenn der Verkauf zurückgeht, füllen sich die Lager; die Hersteller schwächen dann gerne ihre Gewinnmargen (und ihre Marke), indem sie die Fahrzeuge so schnell wie möglich losschlagen und unbedingt ihre Produktionspläne einhalten wollen. Die niedrigeren Margen führen dazu, dass sich geplante neue Modelle verzögern und dass die Zulieferer für die Komponenten niedrigere Preise bekommen.

2. Orientieren Sie sich am Versorgungssektor

Vor der Deregulierung wurden die Versorgungsunternehmen anhand ihres Cashflows und ihrer Dividenden beurteilt. Der Automarkt ist stark reguliert, und wie bei den Versorgern auch, gibt es kaum Substitute. Die Automobilhersteller und die größten Zulieferer von mechanischen Teilen bieten bemerkenswerte Dividenden. Es stimmt zwar, dass die Dividenden auch vom Produktionszyklus abhängen, aber der Ertrag von vier bis sechs Prozent, den diese Gesellschaften bieten, macht sie für diversifizierte Portfolios interessant. Man sollte allerdings immer die Qualität der Gewinne beachten, die dem Dividendenstrom zugrunde liegen. Ein erfahrener Analyst hat mir immer Folgendes gesagt: „Bei Dividendenerhöhung verkaufen, bei Dividendenkürzung kaufen."

3. Investieren Sie wertorientiert

Es ist nicht ungewöhnlich, dass Unternehmen mit solider Bilanz und solidem Management 60 bis 80 Prozent preiswerter (KGV) als der Marktdurchschnitt gehandelt werden. Das sind keine „Show-Aktien". Versuchen Sie zu kaufen, wenn der Preisabschlag hoch ist, und steigen Sie aus, wenn der Abschlag in den Bereich von 20 bis 40 Prozent fällt. Betrachtet man die Verkaufszyklen und das damit verbundene Risiko, ist es eher selten, dass eine Automobilaktie mit dem breiten Markt konform geht.

4. Investieren Sie in Wachstum

In dieser Branche gibt es die Möglichkeit, in Wachstum zu investieren, weil die Fahrzeuge immer mehr Technik beinhalten. Suchen Sie im Elektroniksektor (egal ob rein auf die Automobilbranche ausgerichtet oder nicht) und im Bereich neue Technologien (Emissionsreduktion, Sicherheit, Benzinersparnis, höherer Nutzwert für den Verbraucher). Wenn die Gewinnmargen im gebuchten Geschäft steigen, dann bietet der wachsende Technikgehalt pro Fahrzeug in dieser ausgereiften Branche Wachstumsgelegenheiten.

5. Investieren Sie in künftige Produkte

Die Halbwertszeit eines angesagten Coupés beträgt 12 bis 16 Monate. Die Profitabilität eines Zulieferers kann ohne weiteres von einem einzigen aktuellen Segment abhängen. Einer der Vorteile

der Automobilbranche besteht darin, dass die Zyklen der Fahrzeugentwicklung eine Dauer zwischen zwei und vier Jahren haben. Dadurch haben die Anleger Zeit, die Strategie der Hersteller und die Auftragslage der Zulieferer zu analysieren.
Suchen Sie nach Herstellern, die aktuelle Segmente mit neuen Modellen erobern und die ihren Marktanteil mit Umgestaltungen, Innovationen und günstigen Preisen verteidigen. Investieren Sie in Zulieferer, die die Ausstattung erweitern (Elektronik) und die einen Mehrwert bieten (Komplettsysteme oder Module).

6. Investieren Sie in Cashflow

Die Produktionszyklen sind zwar unregelmäßiger geworden, aber das finanzielle Schicksal von Fahrzeugherstellern und Zulieferern schlägt dramatisch um, sobald die Auslastung unter 85 Prozent fällt, das heißt, 85-prozentige Auslastung von Montagewerken oder Autoteile-Fabriken. Das gilt ganz besonders für kapitalintensive Zulieferer wie Walzwerke und Gießereien, deren Cashflow absolut von den Produktionsplänen bestimmt wird.

7. Investieren Sie in Erfahrung

Unternehmerische Leistung und Kernkompetenzen entstehen nur durch ausgiebige Erfahrung. Für die erfolgreiche Leitung eines Automobilherstellers muss man die Komplexität von Konstruktion und Montage wirklich gut durchschauen. Die besten Zulieferer sind diejenigen, die entweder den Markt für Originalausrüstung oder den Sekundärmarkt bedienen – und nicht beides gleichzeitig. Sie sollten Herstellerstrategien mit Skepsis betrachten, die den Übergang zum Einzelhandel beinhalten. Herstellung und Einzelhandel erfordern (zumindest auf dem Automobilsektor) zwei unterschiedliche Einstellungen.

8. Investieren Sie in die beste Kostenstruktur

Aufgrund des zyklischen Charakters der Autoherstellung sollten Sie in die Automobilhersteller mit der günstigsten Kostenstruktur investieren. Höhere Margen in Zeiten des Abschwungs erlauben eine flexible Preisgestaltung und Ausgabenpolitik, die den Hersteller langfristig wettbewerbsfähig machen. Ein Automobilhersteller lässt normalerweise drei oder vier Zulieferer um einen Auftrag konkurrieren, damit die Preise im Rahmen bleiben. Daher bietet ein Zulieferer, der seine Kostenstruktur nachweislich verbessert hat, langfristig Vorteile.

9. Investieren Sie in bestehende Trends

Jahres- und Quartalsvergleiche sind aufgrund des zyklischen Charakters der Verkäufe, aufgrund der jahreszeitlichen Bedingtheit der Verkäufe innerhalb des Jahres und aufgrund häufig eintretender außergewöhnlicher Ereignisse (verzögerter Produktstart, Tarifverhandlungen, schlechtes Wetter) schwierig sein. Deshalb müssen Sie immer das Vergleichsdatum beachten, wenn die Betriebsergebnisse signifikant steigen oder fallen.

10. Investieren Sie in Liquidität und Absehbarkeit

Aufgrund der Größe dieser Branche kann ein „kleiner“ Zulieferer durchaus einen Jahresumsatz von 300 bis 500 Millionen US-Dollar haben. Allerdings laufen von vielen solcher Unternehmen nur relativ wenige Aktien um, und nur wenige Analysten verfolgen ihre Entwicklung. Bedenken Sie, dass sich Aktien im Familienbesitz oder im Besitz des Managements befinden, die wohl kaum gehandelt werden. Es ist unwahrscheinlich, dass sich institutionelle Anleger für Gesellschaften mit derart begrenztem Float interessieren, und normalerweise bestimmt das Geld der Institutionen die Nachfrage und den Kurszuwachs.

www.erim.org

„Verschiedene Sektoren des Marktes reagieren unterschiedlich schnell auf Informationen. Hoch kapitalisierte US-Aktien zum Beispiel werden von derart vielen Analysten verfolgt und spiegeln fundamentale Veränderungen derart schnell wider, dass es fast unmöglich ist, durch eine aktive Strategie Wert zu gewinnen. Ich empfehle, in solche Sektoren mittels Indizes zu investieren."

Ben Warwi

Unternehmensbewertung

Nick Antill

Nick Antill ist einer der Direktoren von EconoMatters, eines Energie-Beratungsunternehmens, das sein umfangreiches Spektrum Klienten aus der ganzen Welt zur Verfügung stellt, die an den verschiedenen Gasmärkten aktiv sind. Er ist außerdem Gesellschafter von BG Training, einem New Yorker Schulungsunternehmen, das sich auf Aktienbewertung spezialisiert hat. Davor hat Nick 16 Jahre lang als Finanzanalyst für den Öl- und Gas-Sektor gearbeitet und war Verantwortlicher des Europa-Teams von Morgan Stanley.

1. Der häufigste Fehler bei der finanziellen Bewertung lautet: „Das zählt nicht, denn das ist kein Bar-Posten."

Es stimmt zwar, dass der Wert eines Unternehmens der diskontierte Wert seines künftigen freien Cashflows ist, aber daraus folgt nicht, dass unbare Posten nichts zählen. Es besteht ein eindeutiger Unterschied zwischen Rücklagen für zurückgestellte Steuern, die wahrscheinlich niemals gezahlt werden, und Rücklagen für die Still-Legung eines Kernkraftwerks – einem großen künftigen Posten, der auf jeden Fall anfallen wird.

2. Es ist leicht, ein Unternehmen hoch zu bewerten – man unterschätzt ganz einfach die Kapitalinvestitionen, die es tätigen muss.

Die Prognose des Cashflows setzt sich aus drei Komponenten zusammen: aus dem Profit, der häufig genau analysiert wird; aus Abschreibungen und anderen unbaren Posten, die meistens angemessen analysiert werden; und aus den Investitionsausgaben –

häufig wird dafür irgendeine Zahl eingesetzt, die nicht recht zu den beiden anderen passt und die meistens viel zu klein ist.

3. Bewertungen müssen auf realistischen langfristigen Annahmen basieren – am besten auf dem BIP-Wachstum und auf nicht ganz daran heranreichenden Erträgen.

Bei der Bewertung schnell wachsender Unternehmen mit kräftigem technischem Vorsprung vor den Mitbewerbern ist man versucht anzunehmen, diese Bedingungen würden ewig weiter bestehen. Das tun sie aber nicht. Wie das Sprichwort sagt: „Am Ende bleibt es ein Toaster." Wenn daraus folgt, dass die Prognose sehr langfristig sein muss, dann geht es eben nicht anders – sie ist dann weniger unzutreffend als eine Bewertung aufgrund einer exakten Fünfjahresprognose, die man bis ins Unendliche fortschreibt.

4. Verwenden Sie nicht zu viel Zeit auf Sorgen um die finanzielle Effizienz.

Mathematische Spielereien mit den gewichteten durchschnittlichen Investitionskosten stellen zwar eine Versuchung dar, weil sie Spaß machen, haben aber im Allgemeinen enttäuschend geringe Auswirkungen auf die Bewertung. Aktiva durch Passiva zu ersetzen verlagert nur den Wert vom Staat auf die Kapitalgeber, weil das Unternehmen dann weniger Steuern bezahlt. Das ist alles. Und selbst wenn das ein ausgleichender Faktor ist – es ist immer noch wahrscheinlicher, bankrott zu gehen.

5. Bedenken Sie das „Polly-Peck-Phänomen", besonders in Ländern mit hoher Inflation.

Wenn ein Unternehmen mit einer schwachen Währung und hoher Inflation arbeitet, dann können Einnahmen, Kosten und Profite schnell wachsen. Wenn es sich durch Kredite in starker Währung mit niedrigen Zinsen finanziert, dann muss es zwar wenig Zinsen zahlen, erleidet aber durch seine Schulden große unrealisierte Währungs-Verluste. Das Unternehmen kann dann sogar am Tage seiner Insolvenz noch höchst profitabel erscheinen.

6. Umlagefinanzierte Pensionspläne sollten als Schulden betrachtet werden.

Viele Unternehmen finanzieren die Altersversorgung ihrer Beschäftigten durch Einzahlung in Programme, die von unabhängigen Fondsmanagern betrieben werden. Diese Programme erscheinen nicht in der Unternehmensbilanz. Viele Unternehmen verfahren nach dem Prinzip „die Rechnung am Ende". Sie weisen in der Bilanz eine Rücklage für Pensionsverbindlichkeiten aus, die im Allgemeinen durch einen großen Teil des Barvermögens abgedeckt wird. Im Endeffekt nehmen diese Unternehmen einen Kredit bei ihren Mitarbeitern auf – eigentlich müsste die Rücklage daher als Schuld betrachtet werden.

7. Vergessen Sie nicht zu fragen: „Wem gehört eigentlich der Cashflow?"

Unternehmen konsolidieren die Bücher ihrer Töchter selbst dann zu 100 Prozent, wenn sie nur 51 Prozent von deren Aktien besitzen. In der Gewinn-Verlust-Rechnung wird der Profit, der nicht den Aktionären zuzuschreiben ist, abgezogen und dritten Parteien zugerechnet. Aber wenn dieses Geld nicht als Dividende ausgeschüttet wird, verbleibt es im Unternehmen. Die beliebte Maßzahl „Cashflow pro Aktie" müsste also die Aktien unter anderem nach etwas bewerten, das ihnen nicht zukommt – und das darf nicht sein.

8. Abschreibungen geben die Wertminderung unzutreffend wieder.

Wenn ein Vermögenswert für 100 Pfund gekauft wird und eine Lebensdauer von fünf Jahren hat, wird er mit 20 Pfund pro Jahr abgeschrieben. Das ist aber etwas anderes als zu sagen, dass sein Wert pro Jahr um 20 Pfund sinkt. Das führt dazu, dass die Profitabilität des Vermögenswertes am Anfang zu niedrig angegeben wird, im weiteren Verlauf dann aber zu hoch. Das bedeutet, dass die Profitabilität eines Unternehmens in Zeiten des Wachstums untertrieben und nach dem Wachstum übertrieben wird.

9. Man kann eine Erwerbung nicht nach den zusätzlichen Gewinnen beurteilen.

Erwerbungen sind nichts anderes als sehr große und sehr langfristige Investitionen. Daher sind sie Extrembeispiele für die eben erwähnte Regel, dass Neuinvestitionen in den ersten Jahren unprofitabel erscheinen. Das bedeutet nicht, dass es schlechte Investitionen wären. Die Unternehmensmanager haben es vorgezogen, diese unangenehme Tatsache nicht zu erklären, sondern sie durch Abrechnungtricks zu umgehen, indem sie die Schaffung und Amortisierung von Goodwill vermieden haben. Die neuen Buchführungsvorschriften erschweren dies. Eigentlich ist das unwichtig, aber die Manager halten es immer noch für wichtig.

10. Betriebliche Mietkosten sind Schulden – man sieht es ihnen bloß nicht an.

Unternehmen mieten oder leasen häufig Vermögenswerte – beispielsweise Flugzeuge, Schiffe oder Hotels. Wenn der Vermögenswert durch die Zahlungen effektiv den Besitzer wechselt, dann handelt es sich um eine Ratenfinanzierung und erscheint in den Büchern als Schuld. Wenn nicht, dann erscheinen die Raten als Mietkosten in den Betriebsausgaben. Es sind aber trotzdem Schulden, und die Aktien werden diese Tatsache widerspiegeln, indem sie volatiler sind als sie „sein sollten".

www.economatters.com, www.baines.co.uk

„Der Gegenschlag gegen die Analysten ist in vollem Gange. Lassen Sie sich von dem Spektakel nicht ablenken, egal wie erfreulich es auch scheinen mag. Machen Sie nüchtern von dem vorhandenen Research Gebrauch. Wie überall im menschlichen Leben gibt es hier Gutes und Schlechtes. Achten Sie nach dem Lesen nur darauf, dass Sie Ihre eigenen Schlussfolgerungen formulieren.“

Edmond Warn

Grundprinzipien und die Bedeutung der Liquidität

Martin Barnes

Martin Barnes ist Herausgeber von The Bank Credit Analyst. Seit 30 Jahren analysiert er globale Entwicklungen der Wirtschaft und der Finanzmärkte und schreibt darüber. In den letzten Jahren befassen sich seine Schriften ausgiebig mit neuen Technologien, langfristigen Zyklen, mit den Folgen der niedrigen Inflation für die Finanzmärkte und mit Tendenzen der Unternehmensprofitabilität.

1. Sie müssen wissen, wann Sie kontrarianisch handeln müssen.

Die Masse liegt häufig über längere Zeiträume hinweg richtig, und deshalb lohnt sich eine kontrarianische Einstellung nicht immer. Der richtige Zeitpunkt, sich gegen die Masse zu stellen, kommt dann, wenn die Preise deutlich von den zugrunde liegenden Fundamentaldaten abweichen. Der Goldpreis beispielsweise befindet sich seit Jahren in einer Baisse, und angesichts der sinkenden Inflation war es richtig, dem Markt gegenüber negativ eingestellt zu sein. Kontrarianische Strategien haben nicht funktioniert. Der Aufstieg der Technologieaktien in den Jahren 1999/2000 trotz verdächtiger Ergebnisentwicklung bot dagegen eine hervorragende Gelegenheit, eine kontrarianische Haltung einzunehmen; nach dem Platzen der Blase bescherte einem das enorme Erträge.

2. Versuchen Sie nicht, aus den Nachrichten von gestern den Markt von morgen vorherzusagen.

Viele Menschen begehen den Fehler, die Börsenentwicklung aufgrund der aktuellen Wirtschaftsdaten vorauszusagen (die sich gewöhnlich auf Entwicklungen beziehen, die mindestens einen Monat alt sind). Das ist deswegen ein Fehler, weil der Aktienmarkt der Wirtschaft eher vorausgeht als ihr nachzufolgen. Sinnvoller ist es, den Aktienmarkt als Indikator für das künftige Wirtschaftsgeschehen zu verwenden. Wenn die Wirtschaftsdaten einen Trend erst einmal bestätigt haben, dann nimmt der Markt häufig schon die nächste Phase des Zyklus' vorweg. Der Markt blickt nach vorne, während die Wirtschaftsdaten zurückblicken.

3. Entscheidend ist die Liquidität.

Alle großen Haussen wurzeln in leicht verfügbarem Geld. Anregende Währungsbedingungen bedeuten niedrige Zinsen, und die ermutigen ihrerseits die Anleger zu größerer Risikobereitschaft. Überquellende Liquidität findet immer den Weg in die Kapitalmärkte und schiebt die Preise nach oben. Die logische Folge daraus ist aber auch, dass sich eine Hausse bei knapp werdender Liquidität nicht halten kann. Deshalb müssen die Anleger die Faktoren genau beobachten, die die Währungspolitik bestimmen.

4. Die Inflationstendenz ist enscheidend für den Erfolg.

Aus der eben beschriebenen Regel folgt, dass die Inflation bei der Vorhersage von Trends an den Finanzmärkten die wichtigste ökonomische Variable ist. Steigende Inflation ist für Aktien und Anleihen Gift, denn sie deutet auf Geldverknappungspolitik und steigende Zinsen. Aus entgegengesetzten Gründen ist abnehmende Inflation extrem bullisch. Die meisten Baissen sind Reaktionen auf steigenden Inflationsdruck. Und dementsprechend war sinkende Inflation der wichtigste Faktor hinter den Aktien- und Anleihenhaussen der 80er- und 90er-Jahre.

5. Denken Sie langfristig.

Es ist eine Geißel der modernen Zeit, dass man sich immer mehr auf kurze Zeiträume konzentriert. Unternehmen sind häufig mehr damit beschäftigt, die kurzfristigen Ergebnisse aufzupeppen als langfristige strategische Entscheidungen zu treffen, und die Anleger streben beim Aktienkauf häufig schnelle Entlohnung an. Die extremste Manifestation dieses Sachverhalts war die Daytrading-Manie. Geduld ist im Anlagegeschäft eine Tugend, denn selbst die besten Ideen brauchen bisweilen Zeit, um sich zu entfalten. Verlassen Sie auf jeden Fall das Boot, wenn sich die fundamentalen Bedingungen verschlechtern. Wenn Sie aber sicher sind, dass Sie ein gutes Unternehmen gekauft haben, dann brauchen Sie nicht gleich zu verzweifeln, wenn der Kurs nicht sofort steigt – solange die Fundamentaldaten positiv sind.

6. Reservieren Sie einen kleinen Teil Ihres Portfolios zum „Spielen".

Es ist in Ordnung, wenn Sie mit einem Teil Ihrer Anlagen spekulative Risiken eingehen. Aber verwetten Sie nicht Ihr Haus auf einen totalen Außenseiter. Es ist eine gute Strategie, den Löwenanteil des Portfolios in eine diversifizierte Ansammlung von Blue-Chips zu investieren und einen kleineren Teil für riskantere Gelegenheiten bereit zu halten. Dadurch ziehen Sie aus beiden Welten den besten Nutzen. Der Großteil Ihrer Anlagesumme ist relativ gesichert, und Sie haben trotzdem den „Spaß", heiße Ideen zu verfolgen.

7. Die meiste Zeit steigt die Börse.

Baissen sind eher die Ausnahme als die Regel. Etwa zwei Drittel der Zeit steigt die Börse. Das bedeutet, dass man sich nicht längere Zeit von einer bärischen Einstellung gefangen nehmen lassen sollte. Es gibt immer Gründe, die Aussichten trübe zu sehen, ob nun die Bewertungen, die ökonomischen Bedingungen oder strukturelle Probleme wie zum Beispiel die Verschuldung. Die US-Wirtschaft ist extrem widerstandsfähig und überrascht im Allgemeinen auf der bullischen Seite. In der Vergangenheit hat es zwar lange Baissen gegeben, aber normalerweise traten sie im Zusammenhang mit einer katastrophalen wirtschaftlichen Situation auf, zum Beispiel Deflation (30er-Jahre) oder hoher Inflation (70er-Jahre). In der absehbaren Zukunft ist weder das eine noch das andere wahrscheinlich.

8. Sie müssen wissen, wann Sie spekulieren.

Sie investieren in ein Unternehmen, wenn Sie Aktien kaufen, um von dem langfristigen Wachstum zu profitieren. Sie spekulieren dagegen, wenn Sie die Aktien nur kaufen, um sie zu einem höheren Preis an jemand anderen zu verkaufen und wenn Sie sich die Fundamentaldaten des Unternehmens nicht einmal ansehen. Beides ist in Ordnung, aber Sie müssen den Unterschied kennen. Die Internetmanie beispielsweise war reine Spekulation, weil nur wenige Unternehmen Gewinn machten und nur wenige Investoren die Aktien lange genug hielten, um von der Entdeckung der neuen Microsoft profitieren zu können. Wenn Sie wissen, dass Sie spekulieren, dann sind Sie auch eher bereit, schnell auszusteigen, wenn sich die Marktlage zum Schlechten wendet.

9. Halten Sie Ihre Erwartungen realistisch.

Die Wall Street erlebte zwischen 1982 und 2000 die größte Hausse aller Zeiten mit einem durchschnittlichen inflationsbereinigten Jahresertrag von rund 15 Prozent. Das war fast das Doppelte des historischen Durchschnitts. Die außergewöhnliche Rendite reflektierte die sinkende Inflation, das Wiedererstehen der Unternehmensprofitabilität und eine hohe Neubewertung des zuvor preiswerten Marktes. Diese Kräfte sind jetzt vollständig ausgebeutet, und auf lange Sicht dürfte die durchschnittliche Rendite der nächsten zehn Jahre inflationsbereinigt unter sechs Prozent liegen. Gemäß mehrerer Erhebungen rechnen die Anleger mit viel höheren Erträgen, und das kann nur zu Enttäuschung und erhöhter Risikobereitschaft führen.

www.bcaresearch.com

„Die Forschungsergebnisse zeigen, dass wir bei der Verarbeitung wachsender Informationsmengen zuversichtlicher und ungenauer werden. Da die meisten Menschen nicht mehr als sieben Informationen gleichzeitig verarbeiten können, ist es klug, bei der Aktienauswahl nicht mehr als sieben Kriterien anzuwenden."

Paul Melt

Aufbau einer Handels-Methode unter Verwendung genetischer Algorithmen

Richard J. Bauer Jr.

Dr. Richard J. Bauer, Jr., ist Professor für Finanzwesen an der St. Mary's University im texanischen San Antonio. Seine Forschungsergebnisse erscheinen in vielen Zeitschriften, unter anderem in Financial Analysts Journal, Journal of Business Research und Managerial Finance.
Er ist Mitbegründer und Miteigentümer der ANSR Company LLC, die Investmentsoftware auf der Basis evolutionärer Rechenverfahren entwickelt.

Bücher
Genetic Algorithms and Investment Strategies, John Wiley, 1994
Technical Market Indicators, John Wiley, 1998

1. Denken Sie zuerst über „Beweise" nach.

Ein guter Ausgangspunkt ist die folgende Frage: Wenn Ihnen jemand zeigen will, dass sich eine bestimmte Anlagestrategie bewährt hat, was wäre ein hinreichender Beweis, der Sie dazu brächte, diese Strategie zu befolgen?
Die Bedeutung dieser Frage resultiert daraus, dass evolutionäre Computerverfahren wie genetische Algorithmen und genetische Programmierung Optimierungsprozesse sind. Sie suchen nach der optimalen oder annähernd optimalen Lösung komplexer Probleme. Wenn man solche Techniken für die Suche nach attraktiven Trading-Regeln verwenden will, dann muss man zuerst die Parameter der Suche und eine „Stärke"-Funktion definieren.

Die Stärke-Funktion kann etwas Einfaches sein (siehe Regel 3), zum Beispiel der höchste kumulierte Ertrag über einen bestimmten Zeitraum. Wenn Sie eine Trading-Regel anwenden wollen, weil sie aus einer Klasse von Regeln den höchsten kumulierten Ertrag gewährleistet, dann ist das als Beweis ausreichend. Das wäre dann die Basis Ihres Systems. In der Praxis brauchen Sie allerdings noch etwas mehr.

2. Denken Sie sorgfältig über einschränkende Bedingungen nach.

Nehmen wir an, Sie erstellen ein System zur Optimierung von Aktienauswahlkriterien auf der Grundlage fundamentaler Variablen. Nehmen wir weiter an, Sie verwenden einen genetischen Algorithmus zur Erkennung der optimalen Auswahlvariablen. Bei der Auswertung der Ergebnisse stellen Sie dann fest, dass die Auswahlkriterien nur auf eine Aktie pro Jahr zutreffen.
Wollen Sie wirklich alles auf ein Pferd setzen? Oder wollen Sie lieber Kriterien, die allgemein genug sind, dass sie pro Jahr 20 Aktien finden? Im letzteren Fall müssen Sie diese einschränkende Bedingung (und andere) in Ihr Suchverfahren oder Ihre Stärke-Funktion einbauen.

3. Auf der Hand liegende „Stärke"-Entscheidungen funktionieren wahrscheinlich nicht.

Trading-Regeln sind dann gut, wenn sie am meisten Geld bringen, oder? Ja und nein. Das ist zwar das Endziel, aber Regeln, die ohne einschränkende Bedingungen darauf ausgelegt sind, den Ertrag über einen historischen Testzeitraum zu maximieren, können für die Zukunft nutzlos sein. Eine gute Stärke-Funktion erfordert sehr viel Arbeit.

4. Keine überzogenen Kriterien.

Wenn Sie nicht ein paar gute Einschränkungen einbauen, dann erhalten Sie am Ende wahrscheinlich eine Regel, die für den historischen Testzeitraum schön sein mag, die aber kaum einen Wert hat. Genetische Algorithmen können wirklich bizarre

Regeln finden, die viel zu gut zum Testzeitraum passen.

5. Investieren Sie viele Gedanken in die Gestaltung der Datenbank.

Sie müssen Ihre ersten Versuche wahrscheinlich auf irgendeine Art abwandeln oder erweitern. Ein großer Teil der Programmierarbeit entfällt auf Datenmanagement und Datenaustausch. Versuchen Sie beim Entwerfen der Datenbank nach vorne zu denken.

6. Überprüfen Sie Ihre Ergebnisse vom theoretischen Standpunkt aus.

Eine Regel, die auf den ersten Blick seltsam erscheint, ist es vielleicht wirklich. Vielleicht haben Sie die Kriterien übertrieben und eine nutzlose Regel gefunden. Vielleicht gibt es aber auch gute Gründe dafür, dass die Regel funktioniert hat und weiter funktionieren wird. Überdenken Sie Ihre Resultate kritisch.

7. Begraben Sie sich nicht unter Daten.

Die Leistungsstärke der heutigen Computer ermöglicht die Erprobung einer immensen Anzahl potenzieller Trading-Regeln. Wenn Sie lange genug suchen, finden Sie zweifellos Regeln, die zwar im Testzeitraum gut funktionieren, nicht aber in anderen Zeiträumen.

8. Finden Sie einen Kompromiss zwischen Qualität und Quantität.

Angenommen, Sie entwickeln Trading-Regeln, die auf der technischen Analyse basieren. Regel A rät zum Verkauf, wenn das Muster X auftritt. Regel B empfiehlt den Verkauf, wenn Muster Y erscheint. Ergibt die Kombination aus den Regeln A und B eine großartige Trading-Regel? Vielleicht. Es könnte jedoch sein, dass die Kombinationsregel derart selten greift, dass sie schlechter ist als zu kaufen, wenn A oder B gilt.

9. Ziehen Sie einen Regel-Pool in Betracht.

Eine Diversifizierungsmethode besteht darin, anstatt einer einzigen Regel eine Ansammlung von Regeln anzuwenden.

10. Entscheiden Sie im Voraus über den Ausstiegspunkt.

Diese Frage ähnelt in gewisser Weise derjenigen aus Regel 1: Was betrachten Sie als Beweis, dass Ihre Regel nicht funktioniert?

www.stmarytx.edu/acad/business/bauer.htm

„Seit 1950 hat es sich hervorragend bewährt, jedes Jahr vom 1. November bis zum 30. April in den Markt zu investieren und im restlichen Halbjahr auf festverzinsliche Wertpapiere umzusteigen."

Yale Hirs

Finanzielle Verhaltenslehre

Gary Belsky

Gary Belsky schrieb von 1991 bis 1998 für die Zeitschrift Money. Von 1994 bis 1998 erschien er wöchentlich als Kommentator in der CNN-Sendung Your Money und auch regelmäßig bei Good Morning America, CBS This Morning, Crossfire und Oprah. Derzeit ist er stellvertretender Chefredakteur von ESPN The Magazine.
Im Jahre 1990 erhielt Belsky den von The Anderson School der University of California, Los Angeles, gestifteten Gerald Loeb Award for Distinguished Business and Financial Journalism. Er lebt in New York.

Bücher

Why Smart People Make Big Money Mistakes and How They Correct Them (Ko-Autor Thomas Gilovich), Fireside 2000 [erscheint demnächst auf Deutsch im Finanzbuch Verlag]

1. Jeder Dollar zählt gleich.

Die Menschen neigen dazu, Geld je nach seiner Herkunft unterschiedlich zu behandeln. Geld, das sie geschenkt bekommen, das aus einer Sonderzahlung oder Steuerrückerstattung stammt, geben sie gerne aus, wohingegen sie mit anderem Geld – Geld, das sie verdient haben – vorsichtiger umgehen. Versuchen Sie, Ihr Geld nicht derart aufzuteilen. Behandeln Sie es gleich.
Eine Möglichkeit, dies zu tun, besteht darin, „gefundenes" Geld zuerst auf ein Sparkonto zu tun, bevor Sie über seinen Verwendungszweck entscheiden. Je mehr Zeit Sie haben, Geld als Erspartes zu betrachten – egal ob schwer verdientes oder anderes –,

desto unwahrscheinlicher ist es, dass Sie es leichtfertig ausgeben.

2. Bringen Sie Ihre Verlustangst unter Kontrolle.

Es ist ein ehernes Prinzip der behavioristischen Ökonomie, dass die Menschen den Schmerz eines Verlustes von 100 Dollar viel stärker empfinden als die Freude eines Gewinns von 100 Dollar. Passen Sie auf, dass dies Sie nicht dazu bringt, an Verlustanlagen in der Hoffnung festzuhalten, sie würden irgendwann in die Gewinnzone zurückkehren; und passen Sie auf, dass Sie deswegen nicht in stürmischen Zeiten gute Investments verkaufen, die Sie langfristig betrachtet besser halten sollten.

3. Betrachten Sie Entscheidungen aus allen Blickwinkeln.

Je mehr Möglichkeiten, desto schwerer die Wahl. Wenn die Qual der Wahl Sie lähmt, dann versuchen Sie, die Möglichkeiten aus einer anderen Perspektive zu betrachten. Wenn Sie sich zwischen mehreren Aktien oder Fonds entscheiden müssen, dann stellen Sie sich doch einmal vor, Sie besäßen sie alle bereits. Dadurch wird Ihre Entscheidung zu einer Ausschluss-Entscheidung („mit welchem Besitz bin ich am wenigsten zufrieden") anstatt zu einer Auswahl-Entscheidung. Vielleicht hilft Ihnen das.

4. Alle Beträge zählen, auch wenn Sie sie nicht gerne mit einrechnen.

Die Neigung, Kleinbeträge zu übergehen oder als unbedeutend zu unterschätzen – die Größen-Täuschung –, kann dazu führen, dass Sie mehr Broker- oder Fondsgebühren bezahlen als nötig. Mit der Zeit kann dies überraschend stark an Ihrem Anlageertrag zehren. Vermeiden Sie die Größentäuschung. Zählen Sie alles mit.

5. Anerkennen Sie die Rolle des Zufalls.

Viele Anleger lassen sich von kurzfristigen Erfolgen und anderen zufälligen beziehungsweise unerwarteten Ereignissen über Gebühr beeindrucken, weil sie die Rolle, die der Zufall im menschlichen Leben spielt, nicht vollständig erfassen. Deshalb stecken viele Anleger ihr Geld in Investmentfonds, die sich in den letzten Jahren gut entwickelt haben – in dem falschen Glauben, der Erfolg der Fonds sei etwas anderes als pures Glück.

6. Ihr Vertrauen ist häufig unangebracht.

So gut wie jedermann verfällt das eine oder andere Mal in die Überschätzung seines Wissens und seiner Fähigkeiten. Die gefährlichste Fehleinschätzung für Anleger ist die Annahme, mit ein bisschen Wissen und Vorbereitung könnten sie überdurchschnittliche Investments herauspicken. In Wahrheit hat auch der ausgefuchsteste Anleger wenig Grund zu der Annahme, er könne Aktien oder Investmentfonds besser auswählen als der Durchschnittsmann oder die Durchschnittsfrau von der Straße.

7. Es ist schwer, Fehler einzugestehen.

Das klingt trivial, aber wir reden hier weniger von Stolz als von der unbewussten Neigung der Menschen, das zu bestätigen, was sie bereits wissen oder was sie glauben wollen. Wegen dieses Bestätigungsfehlers ist es wichtig, seine Finanzentscheidungen mit anderen zu teilen – nicht nur nach konkreten Ratschlägen zu suchen, sondern auch nach Kritik am eigenen Entscheidungsprozess.

8. Der Trend ist vielleicht nicht Ihr Freund.

Auf lange Sicht trifft die landläufige Meinung oft ins Schwarze – zum Beispiel in den vergangenen 25 Jahren mit dem Trend weg von festverzinslichen Anlagen und hin zu Aktien. Kurzfristig jedoch führen die Launen des Massenverhaltens – insbesondere „Informationskaskaden", die drastische Geschmacksveränderungen und Änderungen der Handlungsweise auslösen – häufig zu kostspieligen Überreaktionen und zu verpassten Gelegenheiten. Behandeln Sie Trends und Moden mit Skepsis und Vorsicht.

9. Sie könnten zu viel wissen.

Wissen ist Macht, aber zu viele „illusorische" Informationen können destruktiv sein. Studien haben gezeigt, dass Anleger, die die Mehrheit der Finanznachrichten ausblenden, besser fahren als jene, die sich einem endlosen Strom von Informationen aussetzen, von denen viele bedeutungslos sind.

10. Überprüfen Sie Ihre Anlagen nicht zu regelmäßig.

Je weniger häufig Sie Ihre Anlagen überprüfen, desto weniger wahrscheinlich ist es, dass Sie emotional auf das naturgegebene Auf und Ab der Wertpapiermärkte reagieren. Für die meisten Anleger ist ein alljährlicher Überblick über die Portfolios ausreichend.

gary.belsky@espn.com

„So etwas wie die Entscheidung zu ‚halten' gibt es nicht. Wenn Sie die Aktie heute nicht noch einmal kaufen würden – unter der Annahme, Sie hätten zusätzliches Geld –, dann sollten Sie sie entweder verkaufen oder zugeben, dass Sie verwirrt sind."

Robert V. Gre

Den Wert von Patenten begreifen

Bruce Berman

Bruce Berman ist Präsident und größter Anteilseigner von Brody Berman Associates, Inc., einer Beratungsfirma für Inhaber von geistigem Eigentum, Anlageberater und Investoren.
In den vergangenen 15 Jahren hat Berman im Auftrag von Technologie-Unternehmen gearbeitet, für Übernahmekandidten, Lizenzabteilungen und Berater, Investmentbanker, Investmentgesellschaften, Inhaber von Warenzeichen und von Anwaltskanzleien. Berman hatte Lehraufträge am CCNY, an der Columbia University und an der Sir George Williams University. Er ist Mitglied des Finanzmarktausschusses der Licensing Executives Society (L.E.S.).

Bücher

Hidden Value: Profiting from The Intellectual Property Economy, Euromoney Institutional Investor 1999

Einführung

Ein Patent ist ein Recht, das der Staat einem Erfinder verleiht. Patentinhaber oder ihre Bevollmächtigten bekommen eine Periode der Exklusivität im Austausch dafür, dass jeder, der das möchte, einen Blick auf die Funktionsweise der Erfindung werfen darf.
Auch wenn mancher diese Einschränkungen frustrierend findet, so regen sie doch die Innovationstätigkeit an. Wenn es keine Patente gäbe, dann würden Mitbewerber die Innovationen der anderen ganz einfach kopieren und damit den Nutzen eigener Forschung und Entwicklung zunichte machen. Das ist das „Trittbrettfahrer“-Problem. Die Trittbrettfahrer hemmen die For-

schung und Entwicklung (R & D, Research and Development), was gesellschaftlich inakzeptabel und potenziell gefährlich ist. Der Patentschutz führt dazu, dass Unternehmen vertrauensvoll R & D-Dollars für Innovationen einsetzen, die sonst leicht nachgeahmt werden könnten.
Zahlreiche Interessengruppen investieren in geistiges Eigentum (IP, Intellectual Property): das höhere Management, Geldverwalter, Investmentbanker, Universitäten und Einzelpersonen. IP-Rechte, Geschäftsgang und Marktwert sind unauflöslich miteinander verbunden. Schlaue Unternehmen schaffen Innovationen. Wirklich schlaue Unternehmen schaffen Innovationen, und außerdem schützen sie ihr geistiges Eigentum und setzen es ein, um Leistung, Gewinn und Shareholder Value zu erzeugen.

1. Nicht jedes Patent ist ein Vermögenswert.

Ein Patent ist nichts weiter als das Recht, eine Erfindung zu verteidigen, auch wenn sie wertlos ist. Viele Unternehmen versuchen die Effizienz ihrer Forschungs- und Entwicklungsabteilung zu steigern, die Zahl ihrer Patente zu erhöhen und sie an ihre geschäftlichen Ziele anzupassen. Zwar ist es gut, wenn man viele Patente hat (IBM sicherte sich im Jahre 2000 allein 2.800 US-Patente), aber noch besser ist es, die richtigen Patente zu haben. Sieben der zehn bedeutendsten Empfänger von US-Patenten sind Unternehmen mit Sitz außerhalb der Vereinigten Staaten.

2. Es ist relativ leicht, ein Patent zu sichern – aber schwer, seinen künftigen Wert vorherzusehen.

Die meisten Patentanwälte können Patente auf fast jede beliebige Erfindung zur Genehmigung bringen. Sogar ein „haariger Wuschelball“ ist patentierbar, wenn die Ansprüche den Anforderungen des Patentamts genügen, dass die betreffende Erfindung nicht augenfällig und neuartig ist.
Aber das heißt weder, dass das Patent etwas wert ist oder etwas wert sein wird, noch dass es die möglicherweise erheblichen An-

waltskosten überlebt. Gute Rechtsberater können die wahrscheinliche Stärke eines Patents bestimmen, selbst wenn es schwer ist, seinen künftigen Wert abzuschätzen.

3. Nicht in allen Branchen passt die gleiche Patentstrategie.

Die Methode, eine starke Patentposition zu erreichen, variiert je nach Industriezweig. Pharmazeutische Unternehmen geben beispielsweise viel Geld für die Sicherung relativ weniger teurer Patente aus. Pharma-Patente sind häufig mit Produkt-„Volltreffern" verbunden (Viagra, Prozac, Claritin etc.).

Im Gegensatz dazu ist es beispielsweise im Halbleitersektor üblich, aus mehreren überlappenden Patenten, die jeweils ein oder mehrere Produkte abdecken, eine Art Patent-„Zaun" zu ziehen.

4. Lizenzgebühren tragen zur Konkurrenzfähigkeit mancher Unternehmen bei.

Durch die Lizenzierung von Technologien oder Erfindungen an Nicht-Konkurrenten und in manchen Fällen sogar an Konkurrenten können Unternehmen Einkünfte mit hohen Gewinnmargen generieren.

Einnahmen aus Technologielizenzen können extrem lohnenswert sein. Ein gutes Beispiel ist Qualcomm; die Gesellschaft hat sich entschieden, weniger zu produzieren und mehr Lizenzen zu vergeben. Dies könnte ein Modell für Technologiegesellschaften sein, die Schlüsseltechnologien (wie CDMA-Mobilfunk), die möglicherweise eine kurze Lebensdauer haben, schnell zu Geld machen wollen.

5. Schlecht oder falsch genutzte Patente können den Gewinn und den Shareholder Value schmälern.

Da Patente und die dadurch geschützten Innovationen abstrakt sind, sind sich die meisten Unternehmen des Potenzials ihrer Patente und der Auswertungsmöglichkeiten nur zum Teil bewusst. Bei vielen Firmen ist die Trennung zwischen R & D, Rechtsabteilung und Konstruktionsabteilung derart streng, dass viele Patente „im Sande verlaufen".

6. Es wirkt wertsteigernd, die richtigen Ansprechpartner über seine Patentleistungen zu informieren.

Unternehmen, die hinsichtlich ihres geistigen Eigentums offen und ehrlich sind und die sich zu der daraus resultierenden Performance äußern, können dadurch ihre Profitabilität und den Shareholder Value positiv beeinflussen. Unternehmen mit einer strategischen Patentposition (einem sorgfältig angelegten Patent-„Portfolio“, das sich an geschäftlichen Zielen orientiert), sind häufig mehr wert als Unternehmen mit „beliebigen“ Erfindungen.

7. Menschen, die sich mit Patenten auskennen sollten, tun dies häufig nicht.

Wenn man einem Investmentbankter ein Patent zeigte, dann konnte es bis vor kurzem passieren, dass daraus ein neues Unternehmen entstand. Heutzutage wissen die Banker, dass sie nach spezifischen „Ansprüchen“ fragen müssen, die das Patent erhebt, und in welchem Verhältnis diese zu Ansprüchen von Mitbewerbern stehen. Hüten Sie sich vor Venturekapitalisten, Aktienanalysten und anderen Finanzmenschen, die zwar mit Technologie zu tun haben, die aber die Bedeutung von geistigem Eigentum herunterspielen oder die nicht einmal grundlegendes Wissen über Patente haben.

8. Investieren Sie niemals wegen eines einzigen Patentes in ein Unternehmen.

Es gibt einfach zu viele Faktoren, die den Erfolg von Erfindungen beeinflussen: das Management, die Wettbewerbsposition, die Finanzierung, die Fähigkeit, Erfindungen rechtzeitig kommerziell auszuwerten sowie Anfechtungen der Gültigkeit von Patenten. Es gibt wenige Branchen, in denen ein einziges Patent ein Unternehmen verwandeln kann. Es ist wahrscheinlicher, dass sich eine Gruppe von Patenten in benachbarten Bereichen stärker auswirkt, wenn auch nicht so dramatisch.

9. Die erfolgreiche Geltendmachung von Patentrechten trägt eine Botschaft.

Unternehmen, die ihre Patente geltend machen, indem sie sich

Lizenzen von potenziellen Patentverletzern sichern und die nötigenfalls dafür prozessieren, können damit das große Los ziehen. Die Durchsetzung von Rechten an Innovationen sendet eine Botschaft aus. Patentstreitigkeiten sind zwar kostspielig, aber sie schaffen nicht nur Einnahmen, sondern auch Shareholder Value.

10. Auch Fehlschläge können sich lohnen.

Kluge Unternehmen wissen, wie sie mit Technologien einen wirtschaftlichen Bedarf decken – auch wenn es nicht ihr eigener ist. Viele erfolgreiche patentierte Produkte sind mit der ursprünglich beabsichtigten Anwendung „gescheitert". Die Technologie, die IBMs Excimer-Laser zugrunde liegt, war ursprünglich als Abtaster für optische Medien gedacht. Seldane, eines der erfolgreichsten verschreibungspflichtigen Arzneimittel aller Zeiten, begann seine Laufbahn als Blutdruck-Medikament.

11. Erfinder im Wirtschaftsleben treten in allen möglichen Erscheinungsformen auf.

Nicht alle Erfinder sind Wissenschaftler oder Techniker, und nicht alle Innovationszentren werden von Ingenieuren dominiert. Unter den erfolgreichen Erfindern sind auch Lehrer, Bauunternehmer, Musiker und Wall-Street-Banker. Die Zukunft der Innovation liegt in Geschäftsstrategien und Erfinderteams. Anwälte mit Wirtschaftserfahrung und Manager mit juristischen Kenntnissen gehen höchst fruchtbare Verbindungen ein.

12. Manche Patente haben ein zweites Leben.

Die meisten erteilten Patente sind wenig oder gar nichts wert. Wenn sie in die richtigen Hände geraten, können die auf Halde liegenden ungenutzten, ungeliebten oder sonstwie abgelegten Patente Werte schaffen. Eine Kombination aus Marktkenntnis, Timing, juristischen Kenntnissen und Motivation kann so manches Patent mit neuem oder zusätzlichem Wert füllen.

www.brodyberman.com

Intelligente Vermögensaufteilung

William Bernstein

William Bernstein ist Teilhaber von Efficient Frontier Advisors, einer Vermögenswerwaltungsfirma mit Sitz in Connecticut. Außerdem betreibt er ein nicht Gewinn orientiertes Magazin über Vermögensaufteilung und Portfoliotheorie – www.efficientfrontier.com.
Bernstein hat grundlegende Anlageverwaltungs-Prinzipien für Privatanleger aufgestellt. Er schreibt Online-Beiträge für Money und Morningstar.com und wird häufig von The Wall Street Journal sowie anderen Publikationen zitiert.

Bücher

The Four Pillars of Investment Success, McGraw-Hill 2002
The Intelligent Asset Allocator, McGraw-Hill 2000

1. Auf das Portfolio kommt es an.

Gewöhnen Sie sich an die Tatsache, dass zu jeder Zeit irgendein Teil Ihres Portfolios furchtbar schlecht dasteht. Über einen genügend langen Zeitraum hat jede einzelne Komponente einmal ein oder zwei schlechte Jahre. Das ist für die verschiedenen Klassen von Vermögenswerten ein normales und unvermeidliches Verhalten. Konzentrieren Sie sich auf die Performance des Portfolios als Ganzes, und nicht auf die einzelnen Teile.

2. Bei der Vermögensaufteilung ist die erste Aufgabe die richtige Mischung aus Aktien und Anleihen.

Darüber entscheidet in erster Linie Ihre Risikobereitschaft. Versuchen Sie nicht mehr Risiko zu schlucken als Sie verdauen können – das ist ein klassischer Anfängerfehler. Sich ruhig und entspannt auf einen Börsenabschwung vorzubereiten ist etwas anderes als wirklich einen Börsenabschwung zu erleben, genauso wie ein Absturz im Flugsimulator etwas anderes ist als ein echter Flugzeugabsturz. Wichtig ist auch der zeitliche Horizont. Investieren Sie kein Geld in Aktien, das Sie innerhalb der nächsten fünf Jahre brauchen könnten, und investieren Sie nicht mehr als die Hälfte – es sei denn, Sie brauchen das Geld mindestens zehn Jahre lang nicht.

3. Verteilen Sie Ihre Aktien breit über verschiedene Investmentklassen.

Der größte Posten sollte eine breite Abdeckung des heimischen Aktienmarktes sein. Kleinere Anteile sollten auf Nebenwerte, Auslandsaktien und REITs (Real Estate Investment Trust, Immobilieninstrument) entfallen.

4. Es ist nicht egal, was Sie wo unterbringen.

Manche Vermögenswerte gibt es in Form steuergünstiger Instrumente, zum Beispiel große inländische und ausländische Aktien sowie inländische Nebenwerte. Diese sollten Sie in Ihren zu versteuernden Konten unterbringen. Andere Vermögenswerte, insbesondere wertorientierte Aktien, REITs und und Junkbonds, sind steuerlich höchst ungünstig. Bringen Sie diese in Ihrer steuerbefreiten Altersversorgung unter.

5. Gleichen Sie die Gewichtung nicht zu häufig aus.

Der Vorteil eines Ausgleichs auf die ursprüngliche Gewichtung hin besteht darin, dass Sie dadurch gezwungen werden, teuer zu verkaufen und preiswert zu kaufen. Die steigende oder fallende Tendenz der Vermögenswerte erstreckt sich über mehrere Jahre, und sie sollten diesem Prozess Zeit lassen. Nehmen Sie nicht öfter als einmal pro Jahr eine Neugewichtung vor.

Diese Regel gilt für steuerbegünstigte Konten. Verlagerungen in besteuerten Konten sollten nur mittels Abflüssen, Zuflüssen und obligatorischen Verteilungen stattfinden; der Nutzen der Umschichtung wird hier meistens durch die steuerlichen Konsequenzen aufgewogen.

6. Die jüngere Vergangenheit will Sie zum Narren halten.

Der Mensch lässt sich am stärksten von dem Geschehen der letzten paar Jahre beeindrucken. Er nimmt fälschlicherweise an, es würde sich ewig fortsetzen. Das tut es aber niemals. Die Tatsache, dass sich große Wachstumswerte in den späten 90er-Jahren extrem gut entwickelt haben, macht es nicht wahrscheinlicher, dass das so weiter geht. Eigentlich macht es das sogar ein bisschen unwahrscheinlicher. Die Performance der verschiedensten Aktien und Anleihen lässt sich am besten auf lange Sicht beurteilen.

7. Wenn Sie einen Zeitvertreib suchen, werden Sie Fallschirmspringer.

Viele Anleger wollen ein angesagtes Portfolio mit den derzeit aufregendsten Technologien haben. Widerstehen Sie dieser Versuchung. Der Unterhaltungswert und der zu erwartende Ertrag von Investments stehen in umgekehrtem Verhältnis zueinander. Im Durchschnitt bringen IPOs niedrige Erträge, und die langweiligsten Aktien sind die lohnenswertesten.

8. Eine Gewichtung, die Ihre Chancen auf Reichtum maximiert, maximiert gleichzeitig die Gefahr der Verarmung.

Die besten Chancen, durch Investing märchenhaft reich zu werden, haben Sie, wenn Sie wenige kleine Aktien mit guten Wachstumsmöglichkeiten kaufen; vielleicht finden Sie die nächste Microsoft. Aber natürlich ist es viel wahrscheinlicher, dass Sie auf diese Art den Großteil Ihres Geldes verlieren. Mit einem diversifizierten Portfolio dagegen können Sie zwar keine extrem hohen Renditen erzielen, aber das ist die beste Möglichkeit zu verhindern, dass Sie sich von Katzenfutter ernähren müssen, wenn Sie in Rente gehen.

9. Im Investmentgeschäft gibt es nichts Neues.

Die mächtigste Waffe im Arsenal des Anlegers ist die Kenntnis der Finanzgeschichte. Seit dem Morgenrot des Aktienhandels im 17. Jahrhundert hat jede Generation eine Technologieblase platzen sehen. Die Dot.com-Katastrophe ist nur ein weiterer Akt der immerwährenden Finanzkomödie. Sie müssen sich sagen können: „Ich habe diesen Film schon einmal gesehen, und ich weiß, wie er ausgeht." Das einzige Neue daran ist die Geschichte, die Sie noch nicht gelesen haben.

10. Ein Portfolio von 15 bis 30 Aktien bietet keine ausreichende Diversifizierung.

Der Mythos, das reiche aus, resultiert aus einer Fehlinterpretation der modernen Finanztheorie. Es stimmt zwar, dass ein Portfolio aus 30 Aktien auf kurze Sicht nicht volatiler ist als der Markt, aber die täglichen Schwankungen sind nicht das einzige Risiko. Das wahre Risiko ist nicht eine zu hohe kurzfristige Volatilität, sondern ein langfristig niedriger Ertrag. Die einzige Möglichkeit, dieses Risiko zu minimieren ist der Besitz Tausender Aktien aus vielen Ländern – oder ein paar Indexfonds.

www.efficientfrontier.co

„Investmentbanker werden weder von Menschenfreundlichkeit noch von dem intellektuellen Bedürfnis getrieben, die Welt der Finanzen zu verstehen. Sie sind darauf aus, Geld zu verdienen und alles gesetzlich Erlaubte an die Börse zu bringen.“

Edward Chancell

Optionshandel

James B. Bittman

James Bittman ist Schulungsleiter von The Options Institute, dem Ausbildungszweig der CBOE (Chicago Board Options Exchange – Chicagoer Optionsbörse). Er hält Kurse für Privatanleger, Broker und institutionelle Geldverwalter. Er ist Verfasser dreier Bücher über Optionsstrategien und hält auf Anfrage auf der ganzen Welt Kurse ab.

Bücher

Options For The Stock Investor, Probus 1996
Trading Index Options, McGraw-Hill 1998
Trading and Hedging with Agricultural Futures and Options, McGraw-Hill 2001

1. Kennen Sie den Unterschied zwischen Spekulation mit Optionen und Anlage mit Optionen.

Spekulanten sind reine Trader, sie agieren kurzfristig am Markt, interessieren sich kaum für die zu Grunde liegenden Aktien (das Underlying) und setzen häufig starke Leverage (Kredit) ein. Anleger dagegen setzen Optionen für den Kauf, Verkauf oder die Absicherung von Aktien sowie für die Steigerung von Aktiengewinnen ein, und sie verwenden keine Leverage.

2. Fassen Sie einen Plan.

Wenn eine gekaufte Option zum Ausübungsdatum im Geld ist, soll sie dann verkauft oder ausgeübt werden? Call-Stillhalter müssen wissen, ob sie das Underlying verkaufen sollen oder nicht; wenn nicht, zu welchem Preis wird der Call neu gekauft oder in eine neue Option umgewandelt? Put-Stillhalter müssen wissen, ob sie das Underlying kaufen sollen oder nicht; wenn nicht, zu welchem

Preis wird der Short dann zurückgekauft, auch mit Verlust?

3. Sie brauchen eine dreiteilige Prognose.

Beim Optionshandel braucht man eine Prognose der Preisänderungen des Underlyings, und zwar für einen bestimmten Zeitraum und für eine bestimmte implizite Volatilität. Die richtige Prognosemethode ist für alle Anleger eine Herausforderung, aber im Optionshandel ist es eine ganz besondere, weil die Prognose mehrteilig sein muss.

4. Nehmen Sie diszipliniert Gewinne und Verluste mit.

Setzen Sie sich ein Gewinnziel, bei dessen Erreichung Sie Ihre Position reduzieren oder auflösen. Setzen Sie sich einen Stop-Loss-Punkt, an dem Sie Ihre Position reduzieren oder auflösen. Setzen Sie sich ein Zeitlimit und reduzieren Sie Ihre Position beziehungsweise lösen sie auf, wenn bis zum Zielzeitpunkt weder das Ziel noch der Stop-Kurs erreicht wurde.

5. Begreifen Sie die implizite Volatilität und berücksichtigen Sie sie.

Die implizite Volatilität ist die prozentuale Volatilität, die den Marktpreis einer Option rechtfertigt. Die Volatilität von Optionen entspricht dem Risikofaktor einer Versicherung; die implizite Volatilität repräsentiert die Wahrnehmung dieses Risikos durch den Markt beziehungsweise die potenzielle Kursspanne der zu Grunde liegenden Aktie.

6. Für die implizite Volatilität gibt es keine festen Kriterien.

Wer mit Optionen handelt, muss ein Gefühl dafür entwickeln, was eine „hohe“ und was eine „niedrige“ implizite Volatilität ist.

7. Es reicht als Strategie nicht aus, „unterbewertete Optionen zu kaufen“ und „überbewertete Optionen zu verkaufen“.

Sie müssen auf die dreiteilige Prognose mindestens genauso viel Wert legen wie auf den „Wert“ einer Option.

8. „Optionen verkaufen" ist als Strategie nicht besser als „Optionen kaufen".

Es ist ein Mythos, dass 80 bis 90 Prozent aller Optionen wertlos verfallen würden. Ungefähr ein Drittel beziehungsweise 33 Prozent der Optionen verfallen wertlos, 10 bis 15 Prozent werden ausgeübt und der Rest wird vor Ablauf glattgestellt.

9. Trading bedeutet Kauf und Verkauf.

Kaufen und Halten ist kein Trading! Das Ziel des Tradings ist es, aus einer Reihe von Trades Gewinn zu ziehen. Deshalb ist es unerlässlich, ein paar Verluste in Kauf zu nehmen und nach vorne zu blicken, ohne sich wegen der gemachten Fehler selbst zu geißeln.

10. Der Optionshandel ist ein Lernprozess.

Als Anfänger sollten Sie nur Geschäfte mit kleinen potenziellen Gewinnen oder Verlusten eingehen, damit Sie objektiv bleiben können. Trades müssen in einer Weise begonnen und beendet werden, dass eine Art „Trading-Rhythmus" entsteht. Sie müssen eine Methode für Marktprognosen entwickeln und Sie sollten in der Lage sein, Ihren Auswahlprozess in wenigen Sätzen zu erklären. Fast jeder kann lernen zu traden, wenn er jede Woche ein paar Stunden auf die Entwicklung der Methode verwendet.

bittman@cboe.com, www.cboe.com/LearnCenter/cboeeducation/index.html

Investieren nach dem gesunden Menschenverstand

John C. Bogle

John C. Bogle ist Gründer von The Vanguard Group, Inc., und Präsident des Bogle Financial Markets Research Center.
The Vanguard Group ist eine der größten amerikanischen Investmentfonds-Organisationen. Sie umfasst mehr als 100 Investmentfonds mit einem Gesamtvermögen von mehr als 500 Milliarden US-Dollar. Bogle gründete 1975 den Vanguard 500 Index Fund, der inzwischen der größte Investmentfonds der Welt ist. Er war außerdem der erste Indexfonds.
Für seine „beispielhaften Leistungen, sein hervorragendes Verhalten und wahre Führungsqualitäten" bekam Bogle den AIMR Award for Professional Excellence. Außerdem gehört er zur Hall of Fame der Fixed Income Analysts Society, Inc.
Im Jahre 1999 kürte ihn die Zeitschrift Fortune zu einem der vier „Giganten des 20. Jahrhunderts" in der Investmentbranche.

Bücher
Bogle on Mutual Funds, Irwin 1993
Common Sense Mutual Funds, John Wiley 1999
John Bogle on Investing: The First 50 Years, McGraw-Hill 2000

1. Man kommt am Risiko nicht vorbei.

Wenn Sie sich entschließen, Ihr Geld für den Aufbau eines dauerhaften Vermögens arbeiten zu lassen, dann müssen Sie nicht darüber entscheiden, ob Sie ein Risiko eingehen wollen, sondern, welche Art von Risiko Sie eingehen wollen. Wie die Vorsichtsregel sagt: „Sie können machen, was Sie wollen, Ihr Kapital ist in Gefahr."

Ja, das Geld auf einem Sparbuch ist Dollar-sicher, aber die sicheren Dollars werden von der Inflation spürbar angenagt, und dieses Risiko ist fast eine Garantie dafür, dass Sie damit kein Kapital anhäufen können.

Ja, am Aktienmarkt ist das Geld kurzfristig sehr gefährdet, aber langfristig müsste es, wenn es gut gestreut ist, mit hoher Verlässlichkeit bemerkenswertes Wachstum aufweisen.

2. Richtig kaufen und tüchtig halten.

Die wichtigste Entscheidung, vor der Sie stehen, ist die richtige Verteilung der Vermögenswerte Ihres Anlageportfolios – Aktien zur Kapital- und Einnahmen-Mehrung und Anleihen für die Erhaltung von Kapital und Einnahmen. Wenn Sie das richtige Gleichgewicht gefunden haben, dann halten Sie es, egal wie hoch der gierige Aktienmarkt auch fliegen mag oder wie tief der verschreckte Markt auch abtauchen mag. Ändern Sie die Gewichtung nur, wenn sich Ihr Anlageprofil ändert. Gehen Sie von einem 50:-50-Verhältnis von Aktien und Anleihen aus, und erhöhen Sie den Aktienanteil unter folgenden Voraussetzungen:

1. Wenn Sie für die Mehrung des Vermögens noch viele Jahre Zeit haben.
2. Wenn der eingesetzte Betrag relativ bescheiden ist (das heißt, wenn Sie mit einem vom Arbeitgeber geförderten Sparplan erst anfangen).
3. Wenn Sie laufende Einkünfte nicht so dringend benötigen.
4. Wenn Sie den Mut haben, die Aufstiege und Niedergänge mit einem vernünftigen Maß an Gleichmut zu ertragen.

Wenn das Gegenteil dieser Faktoren zutrifft, dann verringern Sie den 50-prozentigen Aktienanteil entsprechend.

3. Die Zeit ist Ihr Freund, Impulsivität Ihr Feind.

Denken Sie langfristig und lassen Sie nicht zu, dass vorübergehende Änderungen der Aktienkurse Ihr Anlageprogramm ändern. Die tägliche Volatilität des Aktienmarktes erzeugt eine Menge Lärm, häufig „ein Märchen, das ein Idiot erzählt, voll Schall und Rauch, das aber nichts bedeutet".

Es kommt vor, dass Aktien über Jahre über- oder unterbewertet sind. Machen Sie sich klar, dass eine der größten Investmentsünden darin besteht, sich von dem Sirenengesang des Marktes einfangen zu lassen, der einen dazu verlockt, Aktien zu kaufen, wenn sie steigen, und sie zu verkaufen, wenn sie fallen. Der Impuls ist Ihr Feind. Wieso? Weil man den Markt nicht timen kann. Selbst wenn es sich als richtig herausstellt, dass Sie Aktien kurz vor einem Abstieg verkauft haben (was selten vorkommt) – woher um alles in der Welt wissen Sie, wann der richtige Zeitpunkt für den Wiedereinstieg gekommen ist? Eine richtige Entscheidung ist schon schwer genug. Zwei richtige Entscheidungen sind so gut wie unmöglich.

Die Zeit ist Ihr Freund. Wenn die Aktien über die nächsten 25 Jahre eine zehnprozentige Rendite bringen und ein Sparbuch nur fünf Prozent, dann werden aus 10.000 Dollar in Aktien 108.000 Dollar, aus dem Sparbuch dagegen nur 34.000 Dollar (bei drei Prozent Inflation sind es 54.000 respektive 16.000 Dollar). Lassen Sie sich so viel Zeit wie möglich.

4. Realistische Erwartungen: Laugenbrötchen und Hörnchen

Diese beiden unterschiedlichen Gebäcksorten symbolisieren die zwei deutlich unterschiedenen Erträge am Aktienmarkt. Es ist nicht an den Haaren herbeigezogen, den Anlageertrag – Dividendenrendite und Kurszuwachs aufgrund von Gewinnwachstum – als Laugenbrötchen des Aktienmarkts zu bezeichnen, denn der Aktienertrag spiegelt den zu Grunde liegenden Charakter wider: nahrhaft, knusprig und hart gebacken.

Der spekulative Ertrag, der aus jeglichen Schwankungen des Preises resultiert, den die Anleger pro verdientem Dollar zu zahlen bereit sind, stellt – um im Bild zu bleiben – das weiche Hörnchen des Aktienmarktes dar; es reflektiert die schwankende öffentliche Meinung über Aktienbewertungen, vom sanften und süßen Optimismus bis hin zum bitteren und sauren Pessimismus.

Die substanzielle, laugengebäckartige Ökonomie des Investments ist fast zwangsläufig produktiv, aber die flockigen, hörnchenartigen Emotionen der Anleger sind alles andere als beständig – sie sind manchmal produktiv und manchmal kontraproduktiv.

Auf lange Sicht trägt der Anlageertrag den Sieg davon. Über die letzten 40 Jahre war der Spekulationsgewinn aus Aktien gleich null, wohingegen die Anlagerendite mit 11,2 Prozent exakt dem Gesamtertrag der Börse von 11,2 Prozent entsprach. In den ersten 20 Jahren dieses Zeitraums jedoch waren die Anleger hinsichtlich der wirtschaftlichen Aussichten missgelaunt, was aufgrund des trudelnden Kurs-Gewinn-Verhältnisses zu einem spekulativen Verlust von 4,5 Prozent pro Jahr führte und den gesunden jährlichen Anlageertrag von 12,1 Prozent auf einen Börsenertrag von 7,5 Prozent reduzierte. Von 1981 bis 2001 besserten sich die Aussichten jedoch, und das steigende KGV hob den Anlageertrag von 10,3 Prozent um gezuckerte fünf Prozent spekulative Gewinne an. Ergebnis: Der Marktertrag kletterte auf 15,3 Prozent – doppelt so hoch wie in den vorangegangenen zwei Jahrzehnten.

Die Moral: Genießen Sie den Nährwert der Laugenstange und verlassen Sie sich nicht darauf, dass das Hörnchen ihn versüßt.

Schlussfolgerung: Realistischerweise ist für die nächsten zehn Jahre damit zu rechnen, dass die Erträge deutlich unter denjenigen der letzten 20 Jahre bleiben werden.

5. Wozu die Stecknadel im Heuhaufen suchen? Kaufen Sie doch den Heuhaufen!

Die Erfahrung lehrt, dass der Kauf der richtigen Aktien, das Setzen auf die richtige Anlagestrategie und die Auswahl des richtigen Vermögensverwalters – all das geschieht im Voraus – der Suche einer Stecknadel im Heuhaufen gleichkommt.

Man verlässt sich dabei weitgehend auf die vergangene Performance und übersieht die Tatsache, dass das, was gestern funktioniert hat, nur selten auch morgen noch funktioniert. Die Anlage in Aktien bringt viererlei Risiken mit sich: Aktienrisiko, Strategierisiko, Managerrisiko und Marktrisiko. Die ersten drei lassen sich ganz leicht einfach dadurch beseitigen, dass man den gesamten Aktienmarkt kauft – sozusagen den Heuhaufen – und ihn einfach nur hält.

Ja danke, es stimmt, dass das Marktrisiko dann noch bleibt und immer noch groß genug ist. Aber wozu sollte man dann noch drei zusätzliche Risiken oben draufpacken? Wenn Sie sich nicht sicher sind, ob Sie richtig liegen (und wer könnte da sicher sein?), dann diversifizieren Sie.

Die ultimative Diversifizierung ist der Besitz des gesamten Aktienmarktes. Wenn Sie die Nadel nicht finden, dann kaufen Sie den Heuhaufen.

6. Minimieren Sie den Anteil des Croupiers.

Es liegt recht nahe, den Aktienmarkt mit einem Spielkasino zu vergleichen. Ja, der Aktienmarkt ist ein Positiv-Summen-Spiel und das Kasino ein Nullsummenspiel – aber nur vor Abzug aller Kosten, die für jedes Spiel anfallen. Wenn man die lastenden Kosten der finanziellen Mittler abzieht (Brokergebühren, Verwaltungsgebühren, Steuern etc.), dann ist das Schlagen des Aktienmarktes ein zwangsläufig verlorenes Spiel. Und wenn der Croupier seinen breiten Rechen niedergehen lässt, dann ist auch das Schlagen des Kasinos ein zwangsläufig verlorenes Spiel. Als Gesamtheit müssen die Investoren so viel gewinnen wie der Markt vor Abzug der Kosten, und sie müssen einen Verlust machen, der dem Markt nach Abzug der Kosten entspricht; es gilt die exakte Kostendifferenz.

Die besten Chancen, so viel zu gewinnen wie der Markt, besteht also in der Reduzierung des Croupier-Anteils auf das allernötigste Minimum. Wenn Sie etwas über Marktrenditen lesen, dann bedenken Sie, dass die Finanzmärkte nicht verkäuflich sind, es sei denn gegen einen hohen Preis. Dieser Unterschied ist entscheidend. Wenn die Börsenrendite vor Kosten zehn Prozent beträgt und sich die Kosten auf etwa zwei Prozent belaufen, dann verdient der Anleger rund acht Prozent. Auf 50 Jahre gesehen machen acht Prozent die Summe von 10.000 Dollar (kumuliert) zu 469.000 Dollar. Bei zehn Prozent springt dieser Betrag allerdings gleich auf 1.170.000 Dollar, also fast das Dreifache – ganz einfach, weil der Anteil des Croupiers wegfällt.

7. Kämpfen Sie nicht die letzte Schlacht.

Zu viele Anleger – Privatanleger und Institutionen gleichermaßen – treffen ständig Anlageentscheidungen aufgrund der jüngeren oder sogar der älteren Vergangenheit. Sie suchen nach Technologieaktien, nachdem diese aus dem letzten Krieg siegreich hervorgegangen sind. Sie fürchten die Inflation, nachdem sie allgemein zum Buhmann geworden ist, und sie kaufen Anleihen, nachdem der Aktienmarkt gefallen ist.

Man sollte die Vergangenheit nicht ignorieren, aber man sollte auch nicht davon ausgehen, dass ein bestimmter zyklischer Trend ewig anhält. Kein Trend tut das. Bloß weil einige Anleger unbedingt „die letzte Schlacht“ schlagen wollen, brauchen Sie das noch lange nicht zu tun. Das geht nicht lange gut.

8. Sir Isaac Newtons Rache an der Wall Street – Mean Reversion.

Seit Beginn der Geschichte unterliegen Investments einer Art Gravitationsgesetz: Was nach oben geht, muss auch wieder herunterkommen, und seltsamerweise muss das, was nach unten gegangen ist, irgendwann auch wieder hochkommen. Das stimmt natürlich nicht immer (tote Unternehmen leben selten wieder auf) und gilt auch nicht im absoluten Sinne, aber relativ zur Marktnorm trifft es zu.

Wenn die Markterträge beispielsweise in einem bestimmten Zeitraum die Anlageerträge aus Gewinn und Dividende wesentlich überschreiten, dann neigen sie dazu, im nächsten Zeitraum kehrtzumachen und deutlich hinter die Norm zurückzufallen.

Wie ein Pendel schwingen die Aktienkurse weit über ihren zu Grunde liegenden Wert hinaus, dann wieder zurück zur passenden Bewertung und weit darunter.
Ein anderes Beispiel: Von Anfang 1997 bis März 2000 überholten die NASDAQ-Aktien (+230 Prozent) die NYSE-Aktien (+20 Prozent) und kamen dann mit quietschenden Reifen zum Stehen. Im darauf folgenden Jahr verloren die NASDAQ-Werte 67 Prozent ihres Wertes, die NYSE-Werte dagegen nur sieben Prozent, so dass das ursprüngliche Bewertungsverhältnis (ungefähr eins zu fünf) zwischen der „New Economy" und der „Old Economy" wieder hergestellt war.
Die Rückkehr zum Mittelwert ist überall im Finanzdschungel anzutreffen, denn das Mittel ist ein starker Magnet, der auf lange Sicht alles an sich zieht.

9. Der Igel übertrifft den Fuchs.

Der griechische Philosoph Archilochos schrieb: „Der Fuchs weiß viele Dinge, aber der Igel weiß eine große Sache." Der Fuchs – schlau, verschlagen und listig – ist die Finanzinstitution, die vieles über komplexe Märkte und ausgefeiltes Marketing weiß. Der Igel – dessen spitze Stacheln zu einem undurchdringlichen Panzer werden, wenn er sich zusammenrollt – ist die Finanzinstitution, die nur Eines weiß: Langfristiger Investmenterfolg beruht auf Einfachheit.
Die gerissenen Füchse der Finanzwelt rechtfertigen ihre Existenz, indem sie die Auffassung verbreiten, als Anleger könne man nur mithilfe ihres schlauen Wissens und ihrer Sachkenntnis überleben. Dieser Beistand ist aber leider nicht gerade billig, und die Kosten, die er mit sich bringt, fressen meist mehr Wertzuwachs als selbst der listigste Fuchs einem verschaffen kann. Die Folge: Der jährliche Ertrag, den Finanzmittler wie zum Beispiel Investmentfonds den Anlegern bieten, beträgt durchschnittlich weniger als 80 Prozent des jährlichen Börsenertrags.
Der Igel dagegen weiß, dass die wirklich gute Anlagestrategie

nicht zum Erfolg führt, weil sie besonders komplex oder schlau wäre, sondern weil sie einfach und preiswert ist. Der Igel streut breit, er kauft und hält, und er hält die Ausgaben so niedrig wie möglich. Der ultimative Igel ist der Indexfonds, der den gesamten Markt abdeckt, der mit minimalen Kosten und minimalem Portfolio-Umsatz betrieben wird und dem Anleger theoretisch 100 Prozent des Marktgewinns garantiert.
Auf dem Feld der Vermögensverwaltung kommen und gehen die Füchse, aber die Igel bleiben für immer.

10. Durchhalten bis zum Ende: Das Geheimnis der Geldanlage besteht darin, dass es kein Geheimnis gibt.

Wenn Sie die vorstehenden neun Regeln betrachten, dann stellen Sie fest, dass es darin weder um Zauberei noch um Taschenspielertricks geht, nicht um die Prophezeiung des Unvorhersagbaren, nicht um langfristige Wetten zu unüberwindlichen Quoten und nicht um ein großes Geheimnis der erfolgreichen Geldanlage. Denn es gibt kein Geheimnis, sondern nur die majestätische Einfachheit. In diesen Regeln geht es um einfachste Arithmetik, um fundamentale und unanfechtbare Prinzipien sowie um die ungewöhnlichste aller Eigenschaften: den gesunden Menschenverstand.
Mittels eines Indexfonds' den gesamten Aktienmarkt zu besitzen – und als Ausgleich einen Teil des Portfolios in einen entsprechenden Anleihen-Indexfonds zu investieren – ist aufgrund der Kosteneffizienz, der Steuereffizienz und der Sicherheit langfristiger Gewinne per definitionem eine Gewinner-Strategie. Wenn Sie nur eine Regel für erfolgreiche Anlagen befolgen wollen, dann ist dies das wichtigste Prinzip des weisen Investment: Bis zum Ende durchhalten.

www.vanguard.com

Die „Zehn Gebote" des Tradings

Lewis J. Borsellino

Lewis J. Borsellino ist der Gründer von www.TeachTrade.com, einer lehrreichen Website für Aktien- und Futures-Händler. Borsellino tradet seit 1981 an der Chicago Mercantile Exchange. Er erscheint regelmäßig bei CNN-FN, Reuters Financial Television, Bloomberg TV und WebFN.

Bücher

The Day Trader – From the Pit to the PC, John Wiley 1999

Der Day Trader, Finanzbuch Verlag 1999

Einführung

In den 20 Jahren, in denen ich nun trade, habe ich eine Wahrheit erkannt, die immer gilt, egal ob man mit Aktien, festverzinslichen Papieren oder Futures handelt: Trading ist zu 90 Prozent Psychologie. Alles andere – technische Analyse, Ausführung etc. – stellt nur zehn Prozent.

Das soll nicht heißen, dass die technische Marktanalyse nicht wichtig wäre. Sie ist essenziell. Ohne einen Plan, der auf einer technischen Analyse mit Unterstützungen, Widerständen, Trendlinien, gleitenden Durchschnitten, Momentum, Volatilität und dergleichen beruht, kann man nicht traden. Aber Sie können diesen Plan nicht umsetzen, wenn Sie nicht geistig beteiligt sind. Und hier kommen die „Zehn Gebote" des Handelns ins Spiel.

1. Handeln Sie um den Erfolg, nicht um Geld.

Ihre erste und größte Motivation sollte ein gut durchgeführtes

Geschäft sein. Wenn Geld allein Ihre Motivation ist, dann schränkt dies Ihre Erfolgsaussichten schwer ein. Wieso? Weil die Konzentration auf das Geld alle möglichen emotionalen Regungen zwischen Angst und Gier auslöst. Ihre Angst vor Verlusten wird dann so groß, dass Sie Ihre Disziplin aufgeben. Sie geraten in die Versuchung, zu häufig zu traden, in zu großem Umfang und mit zu hohem Risiko. Wenn Sie sich hingegen darauf konzentrieren, solide und gut ausgeführte Trades zu machen – selbst wenn Sie damit Verlust machen und schnell wieder aussteigen –, dann stärkt das Ihre Disziplin und Ihr Trading-Potenzial.

2. Vor allen anderen Eigenschaften muss man als Trader Disziplin besitzen.

Die Fähigkeit, seinen Geist, seinen Körper und seine Emotionen zu beherrschen ist der Schlüssel zum Trading. Der disziplinierte Trader – egal ob er gewinnt oder verliert – macht am nächsten Tag weiter. Hohe Intelligenz, Risikofähigkeit oder auch das Gefühl, „irgendwie Glück zu haben", sind ohne Disziplin wertlos. Für einen Trader bedeutet Disziplin, dass er einen Trading-Plan fassen und diesen Plan ausführen kann, ohne je davon abzuweichen.

3. Erkenne dich selbst.

Brechen Sie schon beim Gedanken daran, Sie könnten etwas verlieren – zum Beispiel Ihr eigenes Geld – in kalten Schweiß aus? Betrachten Sie den Handel als eine Art „Glücksspiel", eine Wette, mit der man Millionen machen kann? Oder können Sie mit Risiken diszipliniert umgehen, und wissen Sie, wie viel „zu viel" für Ihr Kapital und für Ihre Konstitution ist?

Trading ist nicht jedermanns Sache. Wenn Sie das Risiko krank macht oder wenn es Sie im Gegenteil leichtsinnig macht, dann ist Trading für Sie wahrscheinlich nicht das Richtige. Wenn Sie aber mit Risiken diszipliniert umgehen können, dann können Sie das Trading vielleicht zu Ihrem Beruf machen oder sind gar dazu berufen.

4. Weg mit dem Ego.

Egal wie erfolgreich Sie auch sein mögen, Sie sind niemals schlauer als der Markt. Wenn Sie glauben, sie wären schlauer, dann steht Ihnen eine äußerst demütigende Erfahrung bevor. Der Markt ist immer der Herrscher, und das gilt für alle.

Sie müssen Ihr Ego zum Schweigen bringen, wenn Sie auf den Markt hören und dem folgen wollen, was Ihre technische Analyse besagt – und nicht dem, wovon Ihr Intellekt und Ihr Ego glauben, dass es geschehen sollte. Wenn Sie effektiv traden wollen, müssen Sie sich selbst beiseite schieben. Aber gleichzeitig dürfen Sie emotional nicht so zerbrechlich sein, dass unrentable Geschäfte Ihr Selbstvertrauen erschüttern. Lassen Sie sich vom Markt nicht erdrücken, aber glauben Sie auch nie, Sie hätten ihn besiegt.

5. Hoffen, Wünschen und Beten gibt es nicht.

Ich habe schon viele Trader gesehen, die panisch auf den Computerbildschirm starrten und beteten, dass der Markt in ihre Richtung gehen sollte. Warum? Weil sie ihre Disziplin verloren hatten und zuließen, dass sich ein zunächst kleiner Verlust in einen großen verwandelte. Solche Trader machen dann weiter, sie hoffen, wünschen und beten, dass sich die Dinge noch einmal wenden. Der Bildschirm zeigt die Wirklichkeit. Wenn der Markt Ihren Stop-Loss-Preis erreicht (der Preis, zu dem Sie Ihre Verluste auf ein vorher festgelegtes Niveau begrenzen), dann steigen Sie aus.

6. Lassen Sie Ihre Gewinne laufen und beschneiden Sie schnell Ihre Verluste.

Wenn sich der Markt gegen Sie wendet und Sie einen vorher festgelegten Stopp erreichen, dann steigen Sie aus dem Trade aus. Punkt. Steigen Sie aus, wenn der Verlust gering ist. Dann überdenken Sie Ihre Strategie und führen Sie einen neuen Trade aus. Wenn Sie Ihre Verluste gering halten, bleiben Sie im Spiel. Die Gewinne kümmern sich um sich selbst, so lange Sie sich an Ihren Plan halten. Wenn Sie einen Trade platzieren, müssen Sie im voraus wissen, wann Sie einen Gewinn mitnehmen. Wenn der Markt dieses Niveau erreicht, steigen Sie mit Gewinn aus. Wenn Ihnen Ihre technische Analyse sagt, dass der Markt noch etwas Spielraum hat, dann vekleinern Sie Ihre Position, aber halten Sie sich auf jeden Fall an Ihren Plan. Denken Sie daran, dass Gewinnmitnahmen Sie auf keinen Fall in den Bankrott treiben.

7. Sie müssen wissen, wann es Zeit ist zu handeln und wann es Zeit ist zu warten.
Handeln Sie dann, wenn Ihre Analyse, Ihr System und Ihre Strategie Ihnen sagen, dass Sie einen Kauf oder Verkauf ausführen müssen. Wenn der Markt keine klare Richtung aufweist, dann warten Sie ab, bis er das tut. Bleiben Sie mit Ihrem Geist beim Markt, aber halten Sie Ihr Geld draußen.

8. Lieben Sie Ihre Verluste genauso wie Ihre Gewinne.
Verlustgeschäfte sind Ihre besten Lehrer. Wenn Sie mit einem Trade Verlust machen, dann liegt das an einem Fehler in Ihrer Analyse oder in Ihrer Beurteilung. Oder vielleicht tut der Markt einfach nicht das, wovon Sie gedacht hatten, dass er es tun würde. Wenn Sie mit einem Trade Verlust machen, dann stimmt irgendetwas nicht mit dem Markt überein. Überprüfen Sie, was falsch gelaufen ist – und zwar objektiv -, passen Sie Ihre Denkweise gegebenenfalls an, und steigen Sie erneut in den Trade ein.

9. Legen Sie nach drei Verlustgeschäften in Folge eine Pause ein.
In dieser Situation sollten Sie keine höheren Risiken eingehen, sondern vielmehr extrem diszipliniert handeln. Warten Sie eine Weile ab. Beobachten Sie den Markt. Bekommen Sie Ihren Kopf frei. Überdenken Sie Ihre Strategie und beginnen Sie mit einem neuen Trade. Verluste können das Selbstbewusstsein erschüttern und einen in Versuchung bringen, emotional zu reagieren (Angst/Gier). Aber wenn Sie eine Pause einlegen, können Sie sich schneller wieder sammeln und in den Griff bekommen, als wenn Sie emotional werden und sich über den Markt und sich selbst ärgern.

10. Die unumstößliche Regel.

Sie können gelegentlich eine Regel brechen und ungeschoren davonkommen. Aber eines Tages werden die Regeln Sie brechen. Wenn Sie die „Gebote" des Tradings immer wieder verletzen, dann werden Sie am Ende mit Ihren Gewinnen dafür bezahlen. Das ist die unumstößliche Regel. Wenn Sie mit irgendeiner Regel Schwierigkeiten haben, dann lesen Sie diese noch einmal. Und dann lesen Sie die andere noch einmal.

www.teachtrade.com

„Turnaround-Aktien sind aufgrund ihres Charakters unbeliebt. Deshalb haben sie so ein großes Gewinnpotenzial. Wenn man wartet, bis sie wieder populär sind, verpasst man den größten Teil des Gewinns. Als IBM im Jahre 1993 auf rund zehn Dollar absackte (splitbereinigt), sprachen die meisten Analysten von einem Dinosaurier. Als die Aktie ein paar Jahre danach wieder auf 100 stand, wurde sie wieder von allen geliebt."

George Putnam III

Wie man aus Fusionen und Übernahmen Gewinn schlägt.

David Braun

David Braun ist Gründer und Präsident von Virtual Strategies Inc., einem Unternehmen, das seine Klienten bei proaktiven Erwerbungen und Veräußerungen berät.
Die Firma arbeitet ebenso im Auftrag von Klein- und Familienbetrieben wie für Fortune-500- und multinationale Unternehmen in einem breiten Spektrum von Herstellungs- und Dienstleistungsbranchen.
In den vergangenen zehn Jahren hat Braun über die American Management Assocation und verschiedene Industrieverbände Vorträge vor mehr als 10.000 Führungskräften gehalten.

1. Investieren Sie in erfahrene Käufer.

Wenn Sie in ein Unternehmen investieren, das erst mit Erwerbungen beginnt, achten Sie darauf, dass die Unternehmensleitung M & A-Erfahrung (Mergers and Acquisitions, Fusionen und Übernahmen) hat. Ein Unternehmen, das kurz zuvor einige erfolgreiche Deals abgeschlossen hat, ist besser als ein Unternehmen, das gerade anfängt, über Übernahmen nachzudenken.

2. Stützen Sie einen Erwerber mit einer umfassenden Strategie.

Um die Erfolgschancen von Übernahmen zu maximieren, braucht der Käufer eine zwingende Wachstumsstrategie, mit Meilensteinen und Zeitlinien. Vermeiden Sie es, auf Rosstäuscher hereinzufallen – Unternehmen, die eine einzige „goldene" Übernahme tätigen wollen, die sie dorthin bringen soll, wo sie hin wollen.

3. Die Übernahme einer großen Gesellschaft ist nur so gut wie der Übernahmeplan.

Das Käuferunternehmen muss einen soliden Integrationsplan haben, der die wichtigen Führungskräfte auf allen funktionalen Gebieten einbezieht. Halten Sie Ausschau nach einem 100-Tage-Plan, der detailliert beschreibt, wie die beiden Unternehmen 100 Tage nach Vertragsschluss vollständig integriert sein sollen.

4. Vergessen Sie die Finanzdaten.

Nun ja, nicht ganz. Aber investieren Sie nicht in ein Unternehmen, das sich für eine Übernahme entscheidet, nur weil der CFO sagt: „Für dieses Unternehmen bekommen wir einen guten Preis." Vergessen Sie nicht: Eine Bilanz bringt keinen Profit – die Menschen bringen Profit. Der Zuwachs oder die Verwässerung des Vermögens sollte nicht das Hauptkriterium der Übernahme sein. Einfach ausgedrückt kann man für ein gutes Unternehmen etwas mehr ausgeben, und mit der Zeit erholen sich die Gewinne wieder; aber man kann auch für ein schlechtes Unternehmen zu wenig bezahlen und sich nie wieder erholen.

5. Der Kunde hat immer Recht.

Bei der Entscheidung, ob die Konsolidierung für ein Unternehmen sinnvoll ist, dessen Aktien Sie besitzen, betrachten Sie die Kunden. Die Konsolidierung ist nicht allein schon deshalb sinnvoll, weil ein Sektor zersplittert ist; und es gibt viele Branchen, die bereits weitgehend konzentriert sind, aber trotzdem noch mit beeindruckenden Werten konsolidieren (zum Beispiel den Bankensektor). Als Faustregel gilt, dass man die Kundenbasis der Branche betrachtet und überprüft, ob ein Konsolidierungsbedarf besteht. Geeignet dafür sind Branchen mit multinationalen Großkunden, die eine ausgedehntere Präsenz nachfragen.

6. Wenn Sie in potenzielle Übernahmekandidaten investieren wollen, machen Sie vorher Ihre Hausaufgaben.

Verlassen Sie sich nicht auf Ihr Gefühl, auf Ihren Instinkt oder auf

Gerüchte. Finden Sie Unternehmen, die verkaufen könnten, weil sich ihre Aktien unterdurchschnittlich entwickeln (und weil die Aktionäre keine Ruhe geben), weil das Management überaltert ist oder aufgrund der Besitzstruktur. Der Markt kann manche Unternehmen spürbar unterbewerten, ganz einfach weil er sie mit einem grundsätzlich schlecht dastehenden Industriezweig über einen Kamm schert.

7. Lassen Sie sich nicht von „Ausverkaufsaktien" der Übernahmekandidaten täuschen.

Investieren Sie nicht willkürlich in scheinbar unterbewertete Aktien in der Hoffnung, sie würden später mit Aufschlag gehandelt. Viele Aktien, die auf den ersten Blick Schnäppchen sind, sind in Wahrheit „gebrochene" oder langfristig schwache Aktien. Dass die Aktie schon einmal viel teurer gehandelt wurde, bedeutet noch lange nicht, dass sie je wieder auf ihre früheren Hochs zurückkehren wird.

8. Der Aktienkurs kann bereits eine Übernahmeprämie enthalten.

Entscheiden Sie sich nicht unbedingt gegen den Verkauf einer Aktie, die Sie besitzen, nur weil der gebotene Preis nicht deutlich über dem aktuellen Marktpreis liegt. Möglicherweise hat der Markt bereits eine Übernahmeprämie in die Aktie eingepreist, so dass nur noch ein minimaler zusätzlicher Aufschlag für den Bieter bleibt.

9. Konjunkturrückgänge schaffen neue M & A-Chancen.

Viele Menschen glauben, konjunkturelle Abschwünge würden das M & A-Aufkommen mit sich herabziehen. Tatsächlich verändert jegliche Änderung der Marktdynamik zwar den Charakter der Deals, aber nicht unbedingt den Umfang. Es kann zum Beispiel sein, dass sich ein Unternehmen, das eine regelrechte Einkaufstour zur Diversifizierung seiner Geschäftsfelder hinter sich hat, im enger werdenen Markt wieder auf seine fundamentalen Kompetenzen besinnt und Abteilungen verkauft, die nicht zum Kerngeschäft gehören. Somit entstehen Übernahmegelegenheiten für Käufer.

10. Befragen Sie das Board of Directors, bevor Sie ein Übernahmeangebot akzeptieren.

Wenn das Board eines Übernahmekandidaten mit einem verlockenden Angebot konfrontiert ist, muss man es möglicherweise an seine treuhänderische Pflicht erinnern, den bestmöglichen Verkaufspreis herauszuhandeln. Viele Käufer schinden ein Exklusivangebot heraus, das einem Board attraktiv erscheinen mag, weil es den Verkauf unbedingt schnell abschließen will.

www.virtual-strategies.com

„Aktienkurse sind in ‚Fundamentaldaten‘ verankert, aber man kann den Anker hochziehen und woanders werfen. Da sich das erwartete Wachstum und der Preis, den der Markt für dieses Wachstum zu zahlen bereit ist, aufgrund der Marktpsychologie schnell ändern können, ist das Konzept des inneren Wertes einer Firma, der für die Aktien maßgeblich sei, nichts als ein flüchtiges Phantom.“

Burton Malki

Der Chemiesektor

Ian Burns

Ian Burns arbeitet als Verkäufer für Chemie-Aktien bei Salomon Smith Barney.
Seit Citigroup Schroders übernommen hat, landet sein Team in allen bedeutenden Statistiken (Reuters, II und Extel) unter den ersten drei. Bei Extel belegte Ian Burns im Juni 2001 unter allen europäischen Specialists Platz zwei.

Einführung

Mit einem Umsatz von mehr als einer Billion US-Dollar pro Jahr ist die Chemiebranche der drittgrößte Industriezweig der Welt. Aufgrund des regen Handelsverkehrs ist keine Region von globalen Trends ausgenommen. Mit Dutzenden von Subsektoren und Zehntausenden unterschiedlicher Produkte ist die Branche hoch diversifiziert.
Chemikalien werden für fast alles benutzt, von Waschmittel bis Windeln, und sie verbessern unsere Lebensqualität erheblich. In den westlichen Volkswirtschaften entspricht das Wachstum der Branche in etwa dem BIP-Wachstum, aber in Entwicklungs- und Schwellenländern kann es doppelt so hoch sein. Zum Teil speist sich das Wachstum aus der Substitution anderer Rohstoffe wie Glas und Metall sowie aus dem Outsourcing von bislang integrierten Prozessen – zum Beispiel bei pharmazeutischen Zwischenprodukten. Jede Chemikalie hat eine endliche Lebensdauer, und deshalb brauchen die Unternehmen Innovationen, um das Wachstum beizubehalten.

Eine andere Wachstumsstrategie ist die Befriedigung der Nachfrage nach ausgereiften Produkten in neuen Regionen, zum Beispiel in Schwellenländern. Asien erobert sich seinen Status als Wachstumsmotor der weltweiten chemischen Industrie zurück. Von dort stammt etwa die Hälfte des Nachfragezuwachses.

1. Nichts für kleine Buffetts – werden Sie aktiv.

Auf dem Chemiesektor bewährt sich die Strategie des „Kaufen und Halten“ nicht. Nachdem die Branche in den 60er- und 70er-Jahren mit dem breiten Aktienmarkt mitgehalten hatte, begann sie in der Hausse der 80er-Jahre hinterherzuhinken und entwickelte sich in den 90er-Jahren noch schlechter. Aber trotzdem bieten sich hier enorme Profitgelegenheiten, wenn man aktiv investiert. Meine Zuversicht gründet sich auf eine grobe Analyse der 52-Wochen-Hochs und -Tiefs amerikanischer und europäischer Unternehmen in den letzten paar Jahren. Die Kursspannen sind (bei fast allen Aktien) immens, und mit geschicktem Timing kann man als kluger Anleger bedeutende Profite erzielen.

2. Die Industrie ist zwar reif, aber keine „Abendrot“-Branche und durchaus kein einheitlicher Sektor.

Die Anleger behaupten oft, die Chemiewerte würden als Investment ihr Abendrot erleben. Dabei ist dies im Gegenteil die vielleicht innovativste aller Industrien, und ihre Innovationen lassen riesige Subsektoren entstehen, zum Beispiel hochwertige Elektronik und Brennstoffzellen. Die haben nichts von einem Sonnenuntergang an sich.

Als Anleger fragt man sich erstens, wie man von der Innovationstätigkeit profitieren kann, und zweitens wie man herausfindet, ob die Innovatoren kommerziell sinnvoll gemanagt werden. Ein großes Problem stellt die Tatsache dar, dass die Branche als einheitliche Masse betrachtet wird. Dabei gibt es quer durch die Branche eine derart breite Palette von Geschäftsmodellen, Profitgrundlagen und Produktionserfordernissen, dass die Anleger den Überblick verlieren und dass so verallgemeinernde Formulierungen wie die Rede von der „Abendrot“-Branche enstehen. Versuchen Sie, an diese Industrie „mikro“ heranzugehen anstatt „makro“.

3. „Bei Geschäften geht es um das Geld anderer Leute.“ – Mme de Girardin

In diesem Fall befindet sich Ihr Geld in den Händen eines Management-Teams, und in dieser Branche ist das Management entscheidend. Wenn man um die Dollars der Anleger wetteifern will, braucht man fähige Manager, die mit gutem Beispiel vorangehen, die den Unternehmergeist fördern und die das Unternehmen regelmäßig erneuern, um mit dem Wandel (im Wettbewerb wie in den Regulierungsvorschriften) Schritt zu halten. Die Investoren profitieren davon, wenn sie ihre Manager und deren Motivation kennen – besteht diese in den Aktionären, in dem Unternehmen, in der Arbeitsplatzerhaltung, oder betrachten sie ihre Position in erster Linie als Sprungbrett? Teile der chemischen Industrie lassen ihre Investoren regelmäßig hängen: Man bedenke die Grundregel, dass, wenn man ein gutes Management in eine schlechte Branche steckt, der Ruf der Branche die Oberhand behält.

4. M & A – der Weg zum Reichtum? Gelegentlich ja.

Eine der erfolgversprechendsten Möglichkeiten, in der Chemiebranche zu profitieren, war bisher die Identifizierung des nächsten wahrscheinlichen Übernahmekandidaten. Aber dabei lauern Gefahren. Im Falle von Qualitätsinvestitionen arbeitet die Zeit für den Anleger, indem sie den Wert seiner Positionen anwachsen lässt, aber sie arbeitet möglicherweise nicht für „Gründler“, die Aktien eines angeschlagenen Opfers besitzen, von dem Sie hoffen, dass es die Beute eines Räubers wird. Mit dem Fortschreiten der Zeit schwindet der Wert dahin.

Ich habe schon viele Anleger Aktien kaufen sehen, „für die ein Übernahmeangebot kommen muss“. Und auch wenn das manchmal wirklich passiert ist, dann hat sich mit der Zeit der Wert des Unternehmens derart abgenutzt, dass der Übernahmepreis fast der Einstiegspreis des Anlegers war. Außerdem wandelt sich der M & A-Markt, denn die Käufer hüten sich immer mehr davor, ganze Gesellschaften zu kaufen; sie sind eher daran interessiert, Geschäftsbereiche innerhalb von Gesellschaften aufzukaufen. Damit vermeiden sie die Übernahme potenzieller Umwelt- und Pensions-Verbindlichkeiten, die zunehmend als Hemmschuh für Fusionen und Übernahmen wirken.

5. Schauen Sie hinter den Gewinn pro Aktie.

Die chemische Industrie ist eine kapitalintensive Branche, und deshalb sollte man sich auf keinen Fall von dem anscheinend wachsenden Gewinn pro Unternehmensaktie verlocken lassen. Die unterschiedliche Handhabung von Abschreibungen und Steuerausgaben quer durch die Branche führt zu Verzerrungen, über die sich die Anleger klar sein müssen, wenn sie eine informierte Anlageentscheidung treffen wollen.

6. Hüten Sie sich vor den Modewörtern „Strategie" und „Innovation".

Es wäre schon beunruhigend, wenn man eine Unternehmensleitung ohne kohärente Strategie finden würde. Aber die Anzahl der Strategiewechsel und der Initiativen scheint sich zu erhöhen. Eine aktive Strategie zu haben ist eine Sache, aber es ist viel wichtiger, dass Unternehmensleitung und Mitarbeiter auch wirklich an der Umsetzung der Strategie arbeiten.

Im Sport gibt es viele Spieler, die im Ruf stehen, „mit dem Mundwerk" gut zu spielen, aber viel weniger echte Gewinner. Halten Sie sich an diejenigen, die weniger protzen, dafür aber effizient arbeiten. Derzeit besteht bei den Unternehmen auch die Tendenz, sich seiner Innovationen zu rühmen. Jedoch nicht alle Unternehmen ziehen aus Innovationen auch Nutzen. Bilanz: Ausschlaggebend ist das Management.

7. Die Vorzüge der Inzucht. Hören Sie auf die Industrie.

Die chemische Industrie verwertet ihre Produkte vor allem selbst.

Sie ist inzestuös. Viele Unternehmen haben die gleichen Abnehmer und Zulieferer, und man kann viel über den Nutzen eines Investments erfahren, wenn man mit diesen „verwandten" Unternehmen redet. Lauschen Sie den Plaudereien. Einzelne konkrete Hinweise sind häufig (immer?) wertvoller als die Tabellen von hochbezahlten Analysten. Hören Sie auch auf das, was Beschäftigte des Unternehmens sagen, in das Sie eventuell investieren möchten. Ich kenne kein Unternehmen, in dem unglückliche Menschen produktiver sind als glückliche.

Wenn möglich, dann sollten Sie Mitarbeiter unterhalb der Führungsetage kennen lernen – teilen sie die Ziele des Unternehmens, sind sie glücklich mit ihrer Behandlung und Entlohnung? Wenn nicht, dann hat die Strategie keine Chance, umgesetzt zu werden. Die Besten werden zur Konkurrenz wechseln, und ihre Ersetzung wird immer teuerer, weil das Unternehmen den Ruf eines schlechten Arbeitgebers genießt.

8. „Eine Kakerlake ist niemals allein."

Dieses Zitat von Warren Buffett trifft ganz besonders auf einen Sektor zu, der eine lange Liste unterdurchschnittlicher Unternehmen (im Vergleich zum breiten Markt) und scheinbar preiswerter Aktien umfasst. Meiner Auffassung nach wird ein schlechtes Unternehmen ein schlechtes Unternehmen bleiben, und als Anleger sollte man die Schnäppchenjagd nach dem Motto „schlimmer kann es ja nicht mehr werden" tunlichst vermeiden. Die Erfahrung hat mich gelehrt, dass schlechte/preiswerte Aktien noch preiswerter werden, und das aus gutem Grund.

9. Denken Sie global.

Die Chemiebranche ist eine globale Branche. Ziehen Sie deshalb keine Vergleiche zu Unternehmen der gleichen Region (beispielsweise nur europäischen oder nur US-amerikanischen). Sie ist höchst wettbewerbsintensiv, und die Dynamik der Produktion, der Versorgung und der Kunden ist in ständigem Fluss. Das ist nicht unbedingt etwas Negatives – man denke nur an die Möglichkeit, die Produktion rund um den Erdball zu verlagern. Vielleicht ist es entscheidend, nahe an den Kunden zu sein, oder vielleicht verlagert sich eine Abnehmerbranche (beispielsweise die Textilindustrie) in eine andere Region.

10. Beobachten Sie die Kosten.

Viele Unternehmen machen aus der Not des hohen Kapitalaufwands eine Tugend und verlegen sich auf spezifischere Anwendungen. Dabei wird selten erwähnt, dass Produkte mit geringerem Volumen und höherem Preis höhere Ausgaben für Forschung, technische Unterstützung und Marketing erfordern. Wenn ein spezialisiertes Unternehmen seine Kosten neu strukturiert, heißt das noch lange nicht, dass diese Kosten nicht der Preis für das Überleben sind.

11. Warten Sie nicht auf den „richtigen" Preis.

Beim Aktienkauf geht es doch um das Vertrauen in die Zukunft der Aktie, und deshalb ist das Schachern um vier oder fünf Prozent hirnrissig. Auf der anderen Seite heißt es das Schicksal herausfordern, wenn man darauf wartet, dass eine schlechte Investition noch einmal kurz nach oben springt, um sie dann näher am Einstiegspreis zu verkaufen. Wenn eine Entscheidung gefallen ist, dann sollte man den Aufbau oder die Reduzierung einer Position so bald wie möglich vornehmen.

12. „In der Theorie perfekt, aber in der Praxis ruinös."

Edmund Burke schrieb einmal: „Eine Sache kann in der Theorie perfekt erscheinen, in der Praxis aber ruinös sein; eine Sache kann in der Theorie übel erscheinen, in der Praxis aber hervorragend sein." Anders gesagt lehrt die Erfahrung, dass man die Empfehlungen anderer meiden und sich auf den eigenen Instinkt verlassen sollte. Das ist zwar nicht unbedingt ein Ratschlag, den ein Aktienbroker niederschreiben sollte, aber der passende Ratschlag zum Schluss.

Wandelanleihen

John P. Calamos

John P. Calamos ist seit 20 Jahren auf Investmentresearch und Portfoliomanagement von Wandelpapieren für bedeutende institutionelle und private Investoren spezialisiert.
Er spricht häufig in Anlegerseminaren und auf Kongressen, hält höhere Lehrveranstaltungen über Finanzwesen und Investment, und er wird häufig als Autorität auf dem Gebiet der Wandelpapiere zitiert.

Bücher
Convertible Securities: The Latest Instruments, McGraw-Hill 1998
Investing in Convertible Securities, Dearborn 1988

1. Der Schlüssel zur Vermögensbildung liegt in der Kontrolle des Risikos – ein günstiges Chance-Risiko-Verhältnis ist für überdurchschnittliche Performance entscheidend.

Erfolgreiche Anleger verwalten bei der Erzielung von Erträgen gleichzeitig das Risiko, weil sie wissen, dass in der Investment-Gleichung beide gleich wichtig sind. Lernen Sie Wandelanleihen als einzigartiges Werkzeug zur Risikokontrolle kennen. In ihrer Eigenschaft als Anleihen dämpfen sie die Auswirkungen von Börsenniedergängen, und insofern sie von steigenden Aktienkursen profitieren können, sind nach oben keine Grenzen gesetzt.

2. Die Gewinn- und Verlustchancen von Wandelanleihen unterscheiden sich von denjenigen der zu Grunde liegenden Aktie.

Historisch betrachtet verfügen Wandelanleihen etwa über zwei

Drittel des Gewinnpotenzials und über ein Drittel des Verlustpotenzials der zu Grunde liegenden Aktie. Ein Grund für die ungleiche Verteilung besteht darin, dass die Zinszahlungen und das verzinsliche Kapital nach unten begrenzend wirken, sich nach oben aber nicht auswirken.

3. Wandelanleihen haben eine höhere Rendite als Stammaktien.

Das liegt daran, dass sie häufig weitaus höhere Zinsen abwerfen als die Dividende der zu Grunde liegenden Aktie. Wachstumsorientierte Unternehmen geben häufig Wandelanleihen aus, weil sie damit rechnen, dass steigende Aktienkurse ihre Schulden in Eigenkapital verwandeln werden. Und gerade solche Unternehmen schütten eher niedrige oder gar keine Dividenden aus.

4. Die Einstufung von Wandelanleihen sagt nicht die ganze Wahrheit über das damit verbundene Risiko.

Die Einstufung von Schuldpapieren ist ein wichtiges Kriterium – aber nicht das einzige – der Risikoeinschätzung. Einstufungen bewerten nur die Fähigkeit des Unternehmens, Kapital und Zins zurückzuzahlen; aber wenn sich ein Portfoliomanager für ein Wandelpapier entscheidet, berücksichtigt er außerdem noch die Performance der zu Grunde liegenden Aktie, die speziellen Risikoeigenschaften des Wandelpapiers und die Rolle, die die einzelnen Positionen im Chance-Risiko-Profil des Portfolios spielen.

5. Der Markt für Wandelanleihen ist kurzfristig nicht effizient.

Als informierter Investor kann man auch heute noch Ineffizienzen zu Tage fördern und davon profitieren.

6. Jeder Zeitpunkt kann der richtige für den Kauf einer Wandelanleihe sein.

Wandelanleihen haben offensive und defensive Eigenschaften. Wenn der Aktienmarkt vorwärtsrast, denn haben sie im Gegensatz zu reinen Anleihen Anteil daran. Wenn die Aktienkurse zurückgehen, verhalten sie sich dagegen eher wie Anleihen. Für Wandelanleihen gibt es keine Unzeit.

7. Wenn Sie Wandelanleihen halten wollen, bedenken Sie, dass sie Herdentiere sind.

Am besten funktionieren sie „im Rudel". Als Einzelgänger funktionieren sie wahrscheinlich nicht so gut wie in einem Portfolio, das im Hinblick auf Chance und Risiko sorgfältig strukturiert und außerdem diversifiziert ist.

8. Ein Wandelanleihen-Portfolio kann bei Ihrer Vermögensaufteilung verschiedene Aufgaben erfüllen.

Wandelanleihen sind vielseitig. In einem Portfolio festverzinslicher Wertpapiere gewährleisten sie einen konkurrenzfähigen Einnahmefluss, erhöhen die Diversifizierung und senken das Gesamtrisiko. Als Alternative zu Aktien bieten sie potenzielle Kapitalgewinne und tragen zum Schutz gegen Zinsschwankungen bei. Und da die Performance von Wandelanleihen weder mit dem Anleihenmarkt noch mit dem Aktienmarkt korreliert, verbessern Wandelanleihen als separate Wertpapierklasse die Diversifizierung des Portfolios.

9. Geschenkt wird einem bei der Anlage in Wandelanleihen nichts.

Wandelanleihen bieten den Nutzen von Aktien und von Anleihen. Aber dabei geht man einen Kompromiss ein – der Kupon ist im Allgemeinen geringer bezinst als bei entsprechenden Anleihen, weil die Wandelbarkeit die Möglichkeit bietet, an einem steigenden Aktienkurs teilzuhaben.

10. Probieren Sie das nicht zu Hause aus – Wandelanleihen überlässt man am besten den Profis.

Außer wenn Sie geschult sind und Zeit für die Wertpapieranalyse haben, sollten Sie Ihr Geld von jemandem verwalten lassen (Investmentfonds oder Anlageberater). Lassen Sie die Fachleute die

Arbeit tun – aber überprüfen Sie deren Anlagestrategie und achten Sie darauf, dass sie zu Ihrem Investmentplan passt.
Ein Portfolio aus Wandelanleihen muss aktiv gemanagt werden, wenn man die Früchte des einzigartigen Chance-Risiko-Verhältnisses ernten will. Erstens braucht man dafür eine ausgedehnte quantitative Analyse, und zweitens haben die Profis Zugang zu Handelsmöglichkeiten, die dem Privatanleger nicht zur Verfügung stehen.

www.calamos.com

„Die besten Chancen, durch Investing märchenhaft reich zu werden, haben Sie, wenn Sie wenige kleine Aktien mit guten Wachstumsmöglichkeiten kaufen; vielleicht finden Sie die nächste Microsoft. Aber natürlich ist es viel wahrscheinlicher, dass Sie auf diese Art den Großteil Ihres Geldes verlieren. Mit einem diversifizierten Portfolio dagegen können Sie zwar keine extrem hohen Renditen erzielen, aber das ist die beste Möglichkeit zu verhindern, dass Sie sich von Katzenfutter ernähren müssen, wenn Sie in Rente gehen."

William Bernste

Allgemeine Grundsätze und die Bedeutung der Schuldenanalyse

Thom Calandra

Thom Calandra ist stellvertretender Nachrichtenchef und Chefredakteur von MarketWatch.com.
Im Jahre 2001 kehrte er nach San Francisco zurück, nachdem er ein Jahr in London verbracht hatte, um für den erfolgreichen Start von FT MarketWatch die Fäden zu ziehen. Thom schreibt die beliebte tägliche Kolumne StockWatch über Anlagetrends in den Vereinigten Staaten. Er ist einer der 100 einflussreichsten Finanzjournalisten der Vereinigten Staaten.

1. Geben Sie Ihrem Portfolio einen kontrarianischen Anstrich.

Trauen Sie sich, anders zu sein. Wie uns der Ausverkauf der Technologiewerte zeigt, kann jeder richtig liegen. Die Minderheit kann nicht immer Unrecht haben. Das heißt jetzt nicht, dass Sie Ihr ganzes Vermögen in Geld oder Gold verwandeln müssen. Aber es heißt, dass man abweichende Meinungen respektieren muss.

2. Begreifen Sie die herrschenden Trends – Sie helfen Ihnen Geld sparen.

In der ganzen Welt sind die Aktienmärkte beispielsweise immer heftigeren täglichen Schwankungen unterworfen. Dieser uralte Trend heißt Volatilität, und die können Sie jetzt in Form des CBOE Nasdaq Volatility Index als Wertpapier handeln.

3. Trauen Sie nicht den Aktienprofis – ihr Research ist befleckt.

Es entsteht eine Bewegung gegen die Aktienanalysten, die hauptsächlich dafür bezahlt werden, ihren Klienten positives Research zu liefern. Weniger als zehn Prozent der professionellen Empfehlungen lauten „verkaufen!“. Wenn erst einmal „verkaufen“ kommt, ist es für die meisten Anleger schon viel zu spät. Für die eigennützigen Aktienanalysten an der Wall Street und in London kommt bald die Stunde der Wahrheit.

4. Vertrauen Sie den Kreditanalysten.

Deren Finanzmodelle für Unternehmen sind weitaus strenger als diejenigen der Aktienleute. Beobachten Sie die Preise von Unternehmensanleihen als Barometer für Ihre Lieblingsunternehmen.

5. Hören Sie nicht auf Tipps.

Der Börsentipp aus einem Börsenbrief oder von einem Freund hat eine Chance von eins zu zehn, gut zu sein. Geben Sie sich selbst Tipps. Wenn sich herausstellt, dass Ihre Annahmen falsch waren, dann haben Sie wenigstens etwas Sinnvolles gelernt.

6. Seien Sie sehr wählerisch, was Investmentfonds angeht.

Die meisten Fonds verlangen Gebühren, die über die Jahre den Anlageertrag anknabbern. Das beste Argument für den Kauf eines Fonds ist die Tatsache, dass Sie die Wertpapiere, die er hält, nicht ohne weiteres selbst halten können – zum Beispiel schlecht geratete Unternehmensanleihen.

7. Begreifen Sie die Anlegerpsychologie.

Wenn Sie eine Idee übermäßig gut finden, dann sollten Sie vielleicht noch einmal Ihre Voraussetzungen überprüfen. Wenn Sie verschreckt sind, dann haben Sie wahrscheinlich Ihr Research erledigt und sollten abtauchen.

8. Wenn Sie eine Vorahnung haben, dann klotzen Sie statt nur zu kleckern.

Dies ist eine wahre und bewährte Regel. Ich habe das schon hundertmal gehört. Es sollte Ihnen nie passieren, dass Sie absolut richtig gelegen haben, aber nicht genug eingesetzt haben, um Ihr Leben zu verwandeln.

9. Verkaufen Sie sich nicht unter Preis.

Auch das haben wir schon oft gehört, und es ist richtig. Die meisten Anleger verkaufen ihre Gewinner zu früh. Lassen Sie sie reiten.

10. Bleiben Sie lange im Spiel – jahrzehntelang.

Dies ist die am schwersten zu befolgende Regel, denn sie erfordert den Mut, zu seinen Überzeugungen zu stehen. Seit der Nikkei im Dezember 1989 sein Allzeithoch erreichte, hat es viele 50-prozentige Erholungen gegeben. Aber es herrscht immer noch eine Baisse. Wenn Sie damals dachten, die japanischen Aktien würden langfristig schwächeln, und wenn Sie daher gegen den Markt gewettet haben, dann haben Sie seit zwölf Jahren ein regelmäßiges Einkommen. Die größten Gewinner des Jahres [2001] sind diejenigen Profis, die im März oder April 2000 Technologieaktien geshortet haben und ihre Positionen immer noch halten.

www.cbsmarketwatch.com

Welche Aktien man wann verkaufen sollte

Donald Cassidy

Donald Cassidy ist leitender Analyst bei Lipper Inc., einem Reuters-Unternehmen, und er betreibt Research über Kapitalflüsse und geschlossene Investmentfonds. Er hält in den Vereinigten Staaten regelmäßig Seminare, er ist häufiger Gast in Radiosendungen und wird in The Financial Times, The Wall Street Journal, Barron's, Worth, Kiplinger's Personal Finance, The New York Times und Smart Money zitiert. Sein Buch Trading on Volume wurde vom Stock Traders' Almanac zum Investmentbuch des Jahres 2002 gewählt.

Bücher

Trading on Volume, McGraw-Hill 2001
When The Dow Breaks, McGraw-Hill 1999
It's When You Sell that Counts, Irwin 1997
30 Strategies for High Profit Investment Success, Dearborn 1998

Grundsatz 1: Zwingen Sie sich immer zum Unangenehmen!

Beim Investment/Trading entsteht Erfolg nicht aus Handlungen, mit denen Sie sich wohl fühlen. Zu kaufen oder zu halten wenn die Aktien hoch stehen (genau wie die breite Masse, weil Sie sich nicht damit abfinden wollen, den richtigen Moment zu verpassen) ist eine Entscheidung, die auf Wohlfühlen abzielt. Genauso sucht man durch furchtsame Verkäufe bei fallender beziehungsweise niedrig stehender Börse die Sicherheit des Bargelds – und wiederum zur falschen Zeit. Für gute Entscheidungen braucht man eine bedachte Analyse mit einer Für- und Wider-Liste. Wenn man sehr schnell ein- oder aussteigt, hat man nur eine Seite bedacht und bewegt sich in Richtung des allzu nahe Liegenden. Da die Masse, die aus ein paar Millionen Menschen besteht, gemeinsam das Gleiche tut, erzeugt sie einen kurzfristig maximalen Druck, der zu einer vorhersehbaren Preis-Wende führt. Halten und/oder kaufen Sie, wenn Sie am meisten Angst davor haben, und verkaufen Sie, wenn die Mehrheit ihre brillanten Eroberungen feiert. Ja, es stimmt, kontrarianische Handlungen sind immer einsam und sehr unbequem.

Grundsatz 2: Vermeiden Sie die Verliererstrategie, Lieblingsaktien langfristig zu halten (auch Ketzerei 1 genannt).

Die schnellen und nicht abreißenden Veränderungen (technologische, regulatorische, Internationalisierung, Aufstieg von Konkurrenten) senken die Wahrscheinlichkeit, dass ein Unternehmen langfristig dominiert. In den fünf höchst gedeihlichen Jahren 1996 bis 2000 gelang es nur 20 von 8.000 amerikanischen Aktien, ein Quartal mit Gewinnrückgang zu vermeiden – eine Versagerquote von 99,8 Prozent. Ein Unternehmen beherrscht den Gipfel selten über längere Zeit. Und die es schaffen sind sehr teuer bewertet. Wenn Sie sie halten, setzen Sie Ihr Kapital beim geringsten Zeichen erlahmender Dynamik plötzlichen und zerstörerischen Verlusten aus.

Eine verschwindende Anzahl von Fondsmanagern erzielt beständig überdurchschnittliche Ergebnisse. Deren Aktien sind haltenswert, aber die meisten Aktien der derzeitigen Gewinner tragen statistisch gesehen ein hohes Risiko, der Schwerkraft zu gehorchen. Xerox, Polaroid, Memorex, Digital Equipment, Sears und AT & T sind Beispiele für die Heiligtümer einer vergangenen Generation. Langfristig gibt es keinen „normalen Geschäftsgang“.

Grundsatz 3: Kaufen Sie niemals eine Aktie, ohne gleichzeitig eine Verkaufsorder zum Zielkurs zu platzieren.

Kein Ziel zu haben zeugt von unklarem Denken. Das Ziel sollte

drei Dinge umfassen: ein Kurs-Ziel, das auf einem Szenario innerhalb eines bestimmten Zeitrahmens beruht.
Wenn Ihr Kurs erreicht wird oder sich das Szenario innerhalb des gesetzten Zeitrahmens nicht abspielt, dann sollten Sie lieber verkaufen als nach vernünftigen Erklärungen zu suchen. Kaufen Sie Aktien nicht nur deshalb, weil Ihnen die Branche gefällt, weil Sie Respekt vor dem Management haben oder weil sie mit den sozialen Zielen des Unternehmens übereinstimmen. Sie brauchen einen Motor, der die Aktie nach oben treibt – keine nebulösen „Gründe“. Das Ziel ist Profit, und nicht ein gutes Gefühl!

Grundsatz 4: Glauben Sie fest an die „Kakerlakentheorie" und handeln Sie entsprechend.

Genau wie das erwähnte Ungeziefer kommen auch Negativmeldungen zu einem Unternehmen selten allein. Auf die erste Enttäuschung folgen sehr wahrscheinlich noch weitere. Es gibt Tausende von Aktien, weshalb sollte man da unterdurchschnittlichen Werten treu bleiben? Aktien fühlen sich nicht beleidigt, wenn man sie verkauft! Wechseln Sie lieber zu etwas, das funktioniert, anstatt bei den schlafenden oder räudigen Hunden zu bleiben.
Insbesondere Aktien, von denen Institutionen große Positionen halten, brauchen sehr lange, um das Vertrauen der Geldverwalter zurückzugewinnen und den Aktienüberhang zu überwinden, der sich im Besitz jener befindet, die wünschten, sie hätten schon vor den schlechten Nachrichten verkauft. Wenn die viel zitierte tote Katze nach dem Aufprall noch einmal nach oben hüpft, dann nicht sehr hoch und auch nur sehr kurz.

Grundsatz 5: Bekommen Sie die Hand frei, die man Ihnen auf den Rücken gebunden hat: Sie müssen shorten können (Ketzerei 2)!

Sehr gerne hätte ich das als Erstes gebracht, aber ich fürchtete, dann würden die meisten Leser gleich weiterblättern. Sie haben zweifellos schon festgestellt, dass Aktien sowohl steigen als auch fallen. Warum also sollte man einseitig handeln und den Gewinn nur in einer von zwei möglichen Richtungen suchen? Shorten ist weder unpatriotisch noch moralisch verwerflich noch verrückt – es ist nur ein allzu selten verwendetes Werkzeug. Es passiert genauso oft, dass Aktien (fundamental) überbewertet und (technisch) überkauft sind, wie es vorkommt, dass sie preiswert und überverkauft sind – denn die Preise bewegen sich in Wellen, die gleich viele Gipfel und Täler aufweisen. Beschränken Sie Ihre Gelegenheiten nicht auf die Hälfte der Kursbewegungen. Würden Sie einen Regenmantel oder einen Regenschirm nur deswegen vehement ablehnen, weil es mehr Tage mit schönem als mit schlechtem Wetter gibt? Heben Sie diese selbst auferlegte Beschränkung auf!

Taktik 1: Verkaufen Sie hoch kapitalisierte Aktien und Aktien mit hohem KGV immer – immer – bevor die Meldung der Quartalsergebnisse ansteht.

Gute Nachrichten werden nur mäßig belohnt, Enttäuschungen dagegen lösen sofortige und steile Kursrückgänge aus. Wenn Sie halten, dann stapeln Sie regelrecht die Chancen gegen sich. Wenn sich Aktien in institutionellem Besitz befinden, dann vergrößert das die Verkaufsflut, genauso wie eine lange Reihe vergangener Erfolge.

Da die Gebühren heutzutage sehr niedrig sind, ist der Ausstieg vor dem Fall eine preiswerte Versicherung. Außerdem ist das rechtzeitige Platzieren von Verkaufsorders eine gute Übung. So kommt einem diese ungewohnte Aktivität mit der Zeit natürlicher vor. Die erwarteten Berichtstermine finden Sie in Internet-Datenbanken; rufen Sie das Unternehmen an, um das Datum zu überprüfen.

Taktik 2: Seien Sie behände, sonst wird der Markt Sie zertrampeln!

Weder Kaufen noch Verkaufen sind lebenslange Entscheidungen. Beides muss Ihnen im gegebenen Fall so leicht von der Hand gehen wie die Bestellung eines Essens. Da Tatsachen und Meinungen via Internet in Sekundenschnelle weltweit verbreitet werden, benötigt die Masse sozusagen keine Zeit, um den Kurs einer Aktie zu bewegen. Wenn Sie nicht zum Massenopfer werden wollen, müssen Sie schnell handeln. Investoren/Trader werden gut dafür belohnt, dass sie Veränderungen vorwegnehmen; schlecht belohnt werden sie dagegen, wenn sie gemeinsam mit der Masse erst nach Bekanntwerden der Fakten reagieren. Unternehmen verändern sich, also müssen sich auch Ihre Meinung und Ihre Position ändern. Der Kurs von heute spiegelt bereits alles wider, was Sie gedruckt oder im Internet finden können. Sie sind nicht der Erste, der das sieht.

Taktik 3: Nehmen Sie übertriebene Gewinne dankbar und schnell an.

Ziehen Sie eine Linie von Ihrem Kaufkurs und Kaufdatum zu Ihrem Zielkurs und Zielzeitpunkt. Wenn zufällige Meldungen, eine Kaufempfehlung durch ein wichtiges Brokerhaus, gute Berichterstattung durch die Medien oder die Börsenbegeisterung eine Aktie deutlich über diese Linie hinausschieben, dann verkaufen Sie! Wenn Sie das nicht tun, dann nehmen Sie von heute bis zu Ihrem Zielzeitpunkt gerechnet eine niedrigere Ertragsrate in Kauf. Denken Sie an die Kapitalkosten. Sie können jederzeit zurückkaufen. Wenn die Käufermasse weit über das Normale anschwillt, wird die Situation untragbar, und deshalb muss der Aktienkurs zurückgehen. Wenn Sie das durchschaut haben, warum sollten Sie dann die Aktie noch halten? Sie müssen sich ständig fragen, ob Sie das, was Sie haben, heute zum heutigen Preis kaufen würden (Halten bedeutet „wieder kaufen"!). Was sie nicht noch einmal kaufen würde, sollten Sie verkaufen.

Taktik 4: Befreien Sie den Entscheidungsprozess von den irreführenden Einflüssen Ihres Egos.

Überwinden Sie den Perfektionismus: Ein Mensch kann nicht immer Recht haben oder regelmäßig den besten Preis bekommen. Wenn Sie Fehler frühzeitig eingestehen, ersparen Sie sich größere Verluste und ein verletztes Ego. Widerstehen Sie der Versuchung, „Ihr Geld zurück" haben zu wollen. Allzu viele Anleger weigern sich zu verkaufen, bevor sie jeden Cent zurückbekommen haben, den sie bezahlt haben (für etwas, das sich nicht als die beste Wahl erwiesen hat). Indessen entgehen diesen „Gefesselten" viele Gelegenheiten. Warum sollte man die letzten paar Prozent eines erwiesenen Nachzüglers zurückverlangen? Denken Sie, dass Sie für die Gelegenheiten bezahlen, und lehnen Sie nicht blind jeglichen Verlust ab.

Vergessen Sie drei irrelevante Fakten: Das, was Sie für die Aktie bezahlt haben (das ist der schlechteste geistige Anker), für wie viel sie zu ihrem Allzeithoch verkauft wurde (das sich im Nachhinein als Irrtum des Marktes entpuppt hat) und das Hoch nach Ihrem Kauf der Aktie (ein gutes, aber häufig falsches Ziel). Aktien schießen nach oben wie nach unten über das Ziel hinaus. Ein Hoch ist ein vorübergehender Preisirrtum, und kein verdienter Wert.

Taktik 5: Suchen Sie auch im Rest der Welt nach Hinweisen auf eine bevorstehende Trendwende.

Nicht alle für die Märkte relevanten Informationen finden sich in der Financial Times oder in The Wall Street Journal. Suchen Sie auch in Witzen und Anzeigen (deren Erfolg eine breite Übereinstimmung im Verständnis erfordert) nach Anzeichen für eine blasenverdächtige und übermäßig zuversichtliche Einstellung der Gesellschaft. Karikaturen, Fernsehserien sowie gedruckte und über elektronische Medien verbreitete Werbung reflektieren (spät) etablierte Trends. Spielen Witze auf den schnellen Reichtum an (Zeit zu verkaufen)? Oder eher auf Menschen, die von Brücken und aus Fenstern springen (Panik, Bodenbildung)? Wenn Anzeigen für Autos und Reisen auf unsere Börsengewinne anspielen, dann ist es Zeit, zum Ausgang zu hasten!

don.cassidy@lipper.reuters.com

Ratschläge eines Shortsellers

Simon Cawkwell

Simon Cawkwell (auch unter dem Namen Evil Knievil bekannt) ist der gefürchtetste bärische Angriffspilot Großbritanniens. Einen Namen hat sich der gelernte Buchhalter damit gemacht, dass er die Fiktionalität von Robert Maxwells Konten enthüllte.
In den letzten zehn Jahren, also während der größten Hausse der Geschichte, hat er jahraus jahrein mit dem Shorten von Aktien Geld verdient – Shorten oder Leerverkaufen bedeutet, dass man Aktien verkauft, die man gar nicht besitzt, und sie hinterher preiswerter zurückkauft.

Bücher
Profit of the Plunge, Rushmere Wynne 1995

1. Kaufen Sie niemals Aktien, die im Verhältnis zu den materiellen Vermögenswerten hoch bewertet sind.
Sie können sich jahrelang nach oben schlängeln, aber sie haben kein Polster für schlechte Zeiten.

2. Shorten Sie Aktien niemals, wenn sie steigen.
Warten Sie, bis sie nach unten gehen, und zögern sie nicht, sie aufs Haupt zu schlagen, wenn sie so unverschämt sein sollten, an das Mitgefühl zu apellieren.

3. Betrachten Sie Broker, die Kommissionen kassieren, immer als zwanghafte Lügner.

4. Gehen Sie als Arbeitshypothese davon aus, dass sämtliche Regulierungsbehörden nutzlos sind.

Außer wenn es darum geht, ihre eigene Inkompetenz zu verschleiern, damit Sie das Geld, das Sie ihnen für ihre „Dienste" bezahlen, nicht zurückfordern können.

5. Misstrauen Sie allen Unternehmen, die von Brokern angepriesen werden.

Aber kaufen Sie solche Unternehmen ohne zu zögern, wenn Sie neu auf dem Markt sind. Es gibt unendich viele Dumme, die nach Ihnen kaufen.

6. Akzeptieren Sie die Tatsache, dass alle Menschen immer lügen.

Aber versuchen Sie so wenig zu lügen wie möglich.

7. Wenn ein Mann sagt, man solle ihn beim Wort nehmen ...

... nehmen Sie ihn beim Wort.

8. Wenn Sie ein Investment nicht verstehen, dann sollten Sie es shorten.

Es gibt immer eine Menge hirnloser Idioten, die nach Ihnen verkaufen müssen und Ihnen so einen Profit garantieren.

9. Nehmen Sie Kredit, wenn die anderen es nicht tun. Zahlen Sie zurück, wenn es die anderen nicht tun.

10. Zögern Sie nie, gegen einen so gut wie sicheren Favoriten zu setzen.

Lehren aus der Geschichte

Edward Chancellor

Edward Chancellor ist Finanzjournalist und Buchautor. Nachdem er an den Universitäten in Cambridge und Oxford Geschichte gelehrt hatte, arbeitete er bei Lazard Brothers in London. Er ist freier Mitarbeiter bei zahlreichen Publikationen, unter anderem Financial Times und The Economist. Derzeit ist er Mitherausgeber von Breakingviews, dem preisgekrönten Finanzkommentar.

Bücher
Devil Take the Hindmost, MacMillan 1999
Bullen gegen Bären, Insel, geplant für Juni 2004

1. „Lege alle Eier in einen Korb, und pass' dann auf diesen Korb auf!"
Dieser Ausspruch stammt von Mark Twain, aber sowohl John Maynard Keynes als auch Warren Buffett haben ihn mehr oder weniger wörtlich auf die Geldanlage in Aktien angewendet. Nach der modernen Portfoliotheorie kann man durch Diversifizierung das Risiko reduzieren. Diese Theorie besagt aber auch, dass der Index das optimale Portfolio darstellt; demnach könnte man also genausogut einen Indexfonds kaufen. Sehr aktive Anleger tun aber trotzdem besser daran, ihre Positionen auf eine begrenzte Anzahl von Unternehmen zu konzentrieren, von denen sie glauben, sie würden sie verstehen. Das kann das Risiko wirklich reduzieren.

2. „Wenn die Enten quaken, gib ihnen Futter."
Dieses alte Sprichwort von der Wall Street bezieht sich auf Erstemissionen von Aktien. Investmentbanker werden weder von

Menschenfreundlichkeit noch von dem intellektuellen Bedürfnis getrieben, die Welt der Finanzen zu verstehen. Sie sind darauf aus, Geld zu verdienen und alles gesetzlich Erlaubte an die Börse zu bringen. In den letzten Jahren gab es eine Flut von zweitklassigen IPOs, von denen die meisten jetzt unter dem Emissionskurs gehandelt werden. Aus dem Research geht hervor, dass IPOs im Allgemeinen am ersten Handelstag wie eine Rakete nach oben schießen, dass sie dann aber über einen Zeitraum von drei Jahren hinter vergleichbaren Unternehmen zurückbleiben. Da man als Privatanleger keine fairen Zeichnungsberechtigungen der besten IPOs bekommt, sondern mit den Nieten vorlieb nehmen muss, sollte man den Markt der Börsengänge am besten vollständig meiden.

3. „Der Markt macht die Meinung, nicht umgekehrt."

Das ist ein weiterer Ausspruch von der Wall Street, den James Grant wiederbelebt hat, der Herausgeber von Grant's Interest Rate Observer. Wenn die Märkte steigen, finden die Kommentatoren eine Möglichkeit, die Gewinne rational zu erklären. Nehmen Sie die letzte Hausse. Man sagte uns, die „Bewertungs-Uhr" sei kaputt, und die Unternehmen würden jetzt zu Recht mit höheren Kurs-Gewinn-Verhältnissen gehandelt. Man sagte uns auch, die Produktivität der Vereinigten Staaten sei gestiegen und die Vereinigten Staaten würden eine höhere Wachstumsrate als zuvor erleben. Man sagte uns außerdem noch, Greenspan und Konsorten würden einen weiteren zyklischen Abschwung verhindern. All diese Kommentare waren falsche Rationalisierungen eines Marktes, der von „irrationalem Überschwang" geprägt war.

4. „Tief kaufen, hoch verkaufen."

Dieser Rat erscheint trivial, aber die Anleger ignorieren ihn immer. Die Nachfragekurve von Vermögenswerten ähnelt derjenigen von Luxusgütern – je höher der Preis, desto höher die Nachfrage. Deshalb steigt in Haussen der Umsatz (während die Vermögenswerte teurer werden), und in Baissen fällt er (wenn sie preiswerter werden). Als Anleger sollte man sich immer entgegengesetzt zum Markt verhalten, und man sollte immer den Optimismus im Hoch beziehungsweise den Pessimismus im Tief in Frage stellen.

5. „Wenn alle Welt verrückt ist, dann müssen wir es ihr bis zu einem gewissen Grad gleich tun."

Diese Bemerkung stammt von John Martin, der zur Zeit der Südseeblase 1720 Bankier war. Das ist eine Variation des Spruchs vom „noch Dümmeren"; man kann demnach überteuerte Aktien kaufen und sie mit Gewinn an irgendeinen Deppen weiterverkaufen. Diese spekulative Haltung zeigte sich in den letzten Jahren vor allem in Form des Momentum-Investing. Selbstverständlich können Sie Geld verdienen, wenn Sie einen noch Dümmeren als sich selbst finden, aber Sie machen auch Verlust, wenn Sie keinen Dümmeren finden. Würden Sie 10.000 US-Dollar in einen Kettenbrief stecken? Wenn Sie das mit Nein beantworten, dann betreiben Sie kein Momentum-Investing. Wie es der Zufall will, verlor Martin sein gesamtes Geld, als die Blase in sich zusammenfiel, und er beklagte sich bitterlich, er habe sich „von den Ratschlägen andere Menschen blenden lassen".

6. „Während einer Hausse braucht niemand einen Broker. Während einer Baisse will niemand einen."

Das ist wieder ein Spruch von der Wall Street, den Alan Abelson kürzlich in Barron's zitierte. Eine härtere englische Fassung ist die Frage: „Was ist der Unterschied zwischen einem guten und einem schlechten Broker?" Antwort: „Es gibt so gut wie keinen." Heutzutage ist es klarer denn je, dass das meiste Research von Brokerhäusern von niedriger Qualität ist und dass es keinen Gewinn bringt, Brokerempfehlungen zu folgen. Das war schon immer so, aber das Problem wird jetzt durch die Konflikte verschärft, die durch die Vereinigung von Brokerhaus und Unternehmensfinanzierung unter dem Dach der gleichen Investmentbank entstehen. Als Anleger sollte man kein Research von Brokern lesen, deren Mutterunternehmen mit dem betreffenden Unternehmen Finanzgeschäfte macht.

7. „Jeder ist sein eigener Broker."

Dies ist der Titel des ersten Investment-Buches, das im Jahre 1750 von Thomas Mortimer verfasst wurde. Es gab mehrere Neuauflagen. Wenn man den Brokern nicht trauen kann, dann muss man sie eben ersetzen. Das Problem ist nur, dass man als Privatanleger nicht recht dazu in der Lage ist. Man hat keinen Zugang zur Unternehmensleitung und kann wahrscheinlich Bilanzen und sonstige Geschäftsbücher nicht richtig lesen. Daher trifft man die meisten Entscheidungen eher spontan und hat hinterher viel Zeit, sie zu bereuen. Haussen sind Zeiten des „Volkskapitalismus", in denen der Privatanleger eine herausragende Stellung einnimmt. Aber unvermeidlicherweise verbrennt sich der Privatanleger die Finger, wenn der Markt zusammenbricht; er zieht sich dann zurück und überlässt die Geschäfte wieder den Profis.

8. „Die Märkte können sich länger irrational benehmen als man solvent bleiben kann."

Dieser Ausspruch stammt von dem großen englischen Ökonomen John Maynard Keynes. Er war ein scharfsinniger Marktbeobachter und Spekulant. Keynes investierte auf Kredit an der Börse und nahm aktiv am Rohstoffhandel teil. Manche sagen, er habe dreimal ein Vermögen verloren, aber viermal eines gewonnen. Er starb als reicher Mann. Keynes wollte mit seiner Bemerkung ausdrücken, dass eine Beobachtung, die man gemacht hat, vielleicht zutreffend sein kann, dass aber der Markt möglicherweise lange dafür braucht, aufzuholen.

Die Dot.com-Blase beispielsweise reichte über fünf Jahre, vom Börsengang Netscapes im Sommer 1995 bis zum Zusammenbruch der Nasdaq im März 2000. Viele Menschen verloren eine Menge Geld, indem sie Aktien wie eToys und Amazon.com shorteten, bevor der Markt aufwachte und die absurde Überbewertung des Sektors erkannte.

9. *„Eine Mine ist ein Loch in der Erde, über dem ein Lügner thront."*

Auch dieser Ausspruch stammt von Mark Twain. Er sollte den Anlegern eine Warnung vor allen Pläneschmieden sein, egal ob sie Goldminen anpreisen, Biotechnologie oder irgendeine andere neumodische Technologie. Im Allgemeinen folgt auf das Versprechen überdimensionaler Gewinne die Wirklichkeit schmerzhafter Verluste. Auf lange Sicht verdient man mehr Geld, wenn man seine Gier im Zaum hält. Zufälligerweise hatte auch Twain eine persönliche Anlagemaxime: „Ich nahm keine Gelegenheit war, bevor sie keine mehr war."

10. *„Handeln Sie zögerlich, wenn andere schwelgen, und kaufen Sie mit heimlicher Freude, wenn andere es für gut halten zu verkaufen."*

Dieser Rat stammt von dem englischen Schriftsteller Sir Richard Steele, und zwar aus einem Artikel in The Spectator aus dem frühen 18. Jahrhundert. Das ist meines Wissens der erste Ausdruck einer kontrarianischen Anlagephilosophie. Die Kunst des Investments besteht darin, sich wohlüberlegt gegen die Masse zu stellen. Es ist eine intellektuelle Befriedigung, die allgemeine Marktmeinung zu widerlegen, und langfristig dürfte dies auch profitabler sein. Wissenschaftliche Forschungen lassen den Schluss zu, dass die ungeliebten „Wertaktien" auf lange Sicht die so genannten „Wachtstumswerte" tendenziell übertreffen.

www.breakingviews.com

Anlage in Anleihen

Moorad Choudhry

Moorad Choudhry ist einer der Vizepräsidenten von JP Morgan Chase in London.
Bevor er zu JP Morgan kam, handelte er für ABN Amro Hoare Govett und die Hambros Bank mit mündelsicheren Papieren und Sterling-Eurobonds.
Er hält Vorlesungen über die Anleihenmärkte an der International Faculty of Finance sowie an der London Guildhall University, und er ist Fellow am Center for Mathematical Trading and Finance an der City University Business School.

Bücher
The Bond and Money Markets, Butterworth-Heinemann 2001
Bond Market Securities, FT Prentice Hall 2001
Capital Market Instruments, FT Prentice Hall 2001

Die Ansichten, Gedanken und Meinungen, die in diesem Artikel dargestellt werden, sind die persönlichen Ansichten, Gedanken und Meinungen des Autors. Sie dürfen in keiner Weise JP Morgan Chase oder Moorad Choudhry in seiner Eigenschaft als Vertreter, Funktionär oder Angestellter von JP Morgan Chase zugeschrieben werden.

1. Die altbekannte Regel: Diversifizieren Sie. Haben Sie immer Anleihen in Ihrem Portfolio.

Nicht alle Ihre Investments sollten auf schnellen Profit ausgelegt sein. Das birgt ein hohes Risiko und ist daher nicht nötig. In Hausse-Zeiten können Sie Anleihen zu relativ niedrigen Preisen kaufen, und Sie bekommen dadurch regelmäßige Einnahmen (Kupon) in einer Zeit, in der immer weniger Aktien Dividenden abwerfen. Wenn der Aktienmarkt zu fallen beginnt und der Übergang zur Baisse anfängt, dann sind Ihre Anlagen einem geringeren Verlustrisiko ausgesetzt; und wenn die Zinsen zu fallen beginnen, dann entstehen Ihnen auch Kapitalgewinne.

2. Gehen Sie mit dem Konjunkturzyklus, halten Sie nicht dagegen.

Machen Sie sich mit den Zinszyklen vertraut. Die Zinsspannen sind am Gipfel des Konjunkturzyklus am niedrigsten – das ist nicht die beste Zeit für den Kauf. In Wahrheit kann man einen konjunkturellen Rückgang leichter erkennen als einen fallenden Markt. Man sollte dies eher als Zins-Zyklus betrachten. Wenn die Zinsen zu sinken beginnen und die Zinsspanne langsam breiter wird, wird der Einstiegspunkt in den Markt klarer. Wie wird der Zinszyklus von den Experten eingeschätzt?
Das britische Monetary Policy Committee hat die Märkte selten oder nie überrascht. Das bedeutet also, dass der Markt ungefähr weiß, wohin sich die Zinsen entwickeln. Da die Auffassung der Experten bekannt ist, können Sie Ihre Kauf- und Verkaufsentscheidungen auf den Zinszyklus gründen. Vergleichen Sie das einmal mit dem Aktienmarkt – wo sich der Kauf- oder Verkaufspunkt befindet, kann man nur erraten.

3. Jeder sollte einen Teil seiner Ersparnisse in einem sicheren Hafen unterbringen – halten Sie Staatsanleihen wie mündelsichere Papiere.

In den Jahren 1998 übertrafen die mündelsicheren Papiere die britischen Aktien, und zwar ohne irgendeines der Risiken, die die Aktien des FTSE 100 mit sich bringen. Das Chance-Risiko-Verhältnis ist unglaublich und unübertroffen. Es ist so gut wie immer sinnvoll, einen Teil seines Vermögens in solchen Instrumenten anzulegen, unabhängig davon, wo sich der Markt oder der Konjunkturzyklus befindet.

4. Kaufen Sie bei Herabstufung, verkaufen Sie bei Hochstufung.

Normalerweise bewertet der Markt Schuldpapiere bereits vor der offiziellen Meldung der Ratingagenturen neu. Aber es werden nicht alle Nachrichten eingepreist; der plötzliche Verkauf nach der Herabstufung bietet eine Kaufgelegenheit, weil die Spreads schon beträchtlich breiter geworden sind und sich noch weiter verbreitern.

Und genauso ist es zu spät für den Kauf, wenn die Heraufstufung bekannt gegeben wird; das ist somit ein Verkaufssignal. Aber behalten Sie den Zinszyklus im Auge.

5. Beachten Sie die Krediteinstufung, aber blicken Sie weiter.

Das formale Rating hat seinen Grund, also beachten Sie es auch. Aber bedenken Sie die statistischen Wahrscheinlichkeiten. Ein Unternehmen, das als BBB oder BB eingestuft ist, hat statistisch betrachtet ein größeres Gewinnpotenzial als ein AA-Unternehmen, das wahrscheinlich nicht mehr aufsteigt. Mit einem höher eingestuften Unternehmen sind also die potenziellen Kapitalgewinne geringer.

6. Die aktuelle Rendite-Spanne will Ihnen etwas sagen – hören Sie darauf.

Große Spreads haben einen Grund. Wenn Sie das betreffende Papier besitzen, verkaufen Sie es. Wenn nicht, dann denken Sie über den Kauf nach. Schauen Sie, wie die Aktie gehandelt und beurteilt wird. Aber halten Sie sich an Fundamentaldaten, nicht an Medienmarotten.

7. Kaufen Sie keine Unternehmensschulden, wenn Ihnen die Aktien des Unternehmens nicht gefallen.

Eine einfache psychologische Regel: Wenn Ihnen ein Unternehmen nicht gefällt und Punkt, dann dann werden Ihnen die Schuldpapiere des Unternehmens nicht gefallen, und Sie werden mit deren Besitz nicht glücklich.

8. Investieren Sie nicht kurz vor wichtigen Bekanntgaben.

Die Märkte sind nicht vorhersehbar. Wir wissen das. Machen Sie es sich deshalb nicht noch schwerer, indem Sie kurz vor einer wichtigen Bekanntgabe wie zum Beispiel einem FOMC-Meeting kaufen oder verkaufen. Warten Sie die Bekanntgabe ab, und planen Sie dann dementsprechend.

9. Die Preise für Unternehmensanleihen sind im Allgemeinen ein guter Anhaltspunkt für die Verfassung des Unternehmens.

Verwenden Sie sie als Richtschnur für alle Anlageentscheidungen. Anleihenanalysten werden Ihnen sagen, dass der Anleihenmarkt im Gegensatz zum Aktienmarkt ein richtiger Markt ist. Ein größerer Abfall des Anleihenpreises für ein Unternehmen im Verhältnis zu anderen Schuldpapieren des gleichen Sektors ist ein guter Indikator dafür, dass der Allgemeinzustand und das finanzielle Wohlergehen des Unternehmens nicht mehr so positiv gesehen werden.

10. Achten Sie in Zeiten zurückgehender Konjunktur oder in Rezessionen auf etablierte Namen.

Die Zinsspannen verbreitern sich, wenn sich die Konjunktur verlangsamt. Aber etablierte Namen (wie die Unternehmen im FTSE 100) werden häufig positiv gesehen, wenn sich die Wirtschaft wieder zu erholen beginnt. Ihre Schuldpapiere sind starke Anwärter auf Wachstum, wenn die Wirtschaft wieder zu wachsen beginnt. Denken Sie an diesem Punkt über den Einstieg in den Markt nach.

11. Wenn die Zinsen verhältnismäßig hoch stehen, dann kaufen Sie Anleihen.

Betrachten Sie die jüngere Geschichte. Wenn die Zinsen ein hohes Niveau erreichen (sagen wir über drei bis fünf Jahre betrachtet), dann bedeutet das, dass sie irgendwann wieder nach unten gehen. Das kann nächste Woche oder erst nächstes Jahr passieren, aber fallen werden sie. Springen Sie jetzt auf den Zug auf, lehnen Sie sich mit Ihren Zinseinkünften zurück und warten Sie ab. Der Kapitalgewinn ist gesichert, besonders bei Neuemissionen.

12. Versuchen Sie nicht, den Boden des Marktes zu finden, oder auch den Gipfel – das läuft auf das Gleiche hinaus.

Es ist sehr schwer, den Boden eines fallenden Marktes zu erwischen. Beobachten Sie den Konjunkturzyklus sowie den Zinszyklus, und folgen sie diesen beiden. Wenn Sie das Vertrauen in Ihre Positionen verlieren, dann verkaufen Sie.

Was ich am meisten bedaure: Dass ich im Jahre 1993, als mir Giles Fitzpatrick eine Stelle in seinem Verkaufsteam bei Hoare Govett Securities Ltd anbot, das Angebot nicht angenommen habe.

www.mchoudry.co.uk

„Seien Sie skeptisch, was vergangene Erfolge betrifft. Es gibt derart viele Fonds und Prognosen, dass zu jedem beliebigen Zeitpunkt irgendjemand richtig gelegen haben muss. Wenn genügend Affen da sind, tippt irgendeiner von ihnen Hamlet. Das heißt aber nicht, dass der gleiche Affe dann mit Macbeth weitermacht."

Paul Ormer

Die zehn goldenen Tempus-Regeln

Robert Cole

Robert Cole ist Redakteur der Investmentkolumne Tempus in der Tageszeitung The Times. Die Kolumne analysiert britische Unternehmen und Aktienkurse, und sie befasst sich mit verschiedenen Industriesektoren sowie mit Auslandsmärkten.
Robert Cole schreibt noch für eine Reihe anderer Finanzmedien, unter anderem für www.equityeducation.com. Außerdem hält er in Teilzeit Vorlesungen an The City University.

Bücher
Getting Started in Unit and Investment Trusts, John Wiley 1997

1. Auf die Masse achten.
Die Aktienpreise steigen, wenn es mehr Käufer als Verkäufer gibt. Sie fallen, wenn die Verkäufer zahlreicher sind als die Käufer. Die allgemeine Meinung ist nicht immer richtig, aber die Handlungen vieler sagen normalerweise mehr aus als eine einzelne Ansicht. Jedoch gehen die größten Anlageerträge an diejenigen, die Veränderungen voraussehen. Und das bedeutet häufig, dass man gegen den Strom schwimmen muss.

2. Bewertung, Bewertung und nochmals Bewertung.
Wenn die drei wichtigsten Dinge für den Einzelhandel der Standort, der Standort und noch einmal der Standort sind, dann sind die drei wichtigsten Dinge bei der Geldanlage in Aktien die Bewertung, die Bewertung und nochmals die Bewertung.

Bewerten Sie den Aktienkurs auf mindestens drei Arten: im Verhältnis zu den zugrunde liegenden Vermögenswerten, zu der Profitabilität des Unternehmens und zur Dividende. Außerdem sollte eine enge Beziehung zwischen dem Preis einer Aktie und dem Gesamtwert seiner künftigen Gewinne bestehen; die Gewinne müssen dabei diskontiert werden, weil versprochenes Geld weniger Wert ist als erhaltenes Geld. Deshalb sollte man den diskontierten Cashflow berechnen.
Verwechseln Sie die Stärke eines Unternehmens nicht mit dem Wert seiner Aktie. Die Aktien guter Unternehmen sind nicht immer kaufenswert. Es kommt immer auf den Preis an.

3. Das Wechselbad der Gefühle.

Aktienkurse verändern sich aus anderen Gründen als den Gesetzen der fundamentalen Bewertung. Umschwünge in der Wahrnehmung durch die Anleger oder in der Stimmung der Anleger können genauso mächtig sein wie die fundamentale Stärke. Aktienkurse können sich auch deshalb verändern, weil das Geld bestimmten Aktien aus technischen Gründen hinterherläuft. Viele Großanleger strukturieren ihr Portfolio so, dass es die Zusammensetzung eines Aktienindexes widerspiegelt, zum Beispiel des FTSE 100. Änderungen in der Zusammensetzung von Indizes können Aktienkurse bewegen, weil die Investoren in großen Mengen kaufen oder verkaufen.

4. Zeiträume.

Die Geschichte der Börse lässt den Schluss zu, dass langfristig orientierte Anleger zuverlässige Gewinne erzielen – diejenigen, die über fünf Jahre oder länger investieren. Allerdings basieren die Messlatten, die das Vertrauen in die Verlässlichkeit steigender Aktienkurse rechtfertigen, größtenteils auf Erfolgsstorys. Individuelle Portfolios können durch Fehlschläge geschädigt werden, aber dieses Risiko kann man minimieren, indem man auf Aktienindizes setzt. Vergessen Sie auch nicht, dass sich eine lange Frist aus einer Reihe kurzer Fristen zusammensetzt. Treffen Sie gute kurzfristige Entscheidungen, um Ihre langfristige Performance zu verbessern.

5. Sichern Sie Ihre Spekulationen ab.

Unterschätzen Sie niemals das Anlagerisiko, und tun Sie Ihr Möglichstes, um es zu reduzieren. Streuen Sie Ihr Investment zunächst über vier Anlage-Klassen: Bargeld, Immobilien, Anleihen und Aktien. Und dann diversifizieren Sie auch innerhalb der Anlageklassen, und zwar sowohl geografisch als auch nach Branchen. Diversifizieren Sie außerdem zeitlich. Investieren Sie regelmäßig Geld in Aktien sowie Aktien-Sparpläne, und entnehmen Sie das Geld zeitversetzt. Auf diese Art fallen Sie den naturgegebenen Schwankungen des Aktienmarktes nicht so leicht zum Opfer.

6. Kosten sind Verluste.

Die Kosten für Investments – beispielsweise Transaktionsgebühren und Gebühren für die professionelle Geldverwaltung – können ernstlich an der Investition zehren. Aber für Dienstleistungen, die die Performance verbessern, sollten Sie bereit sein zu bezahlen. Geld für gute Informationen ist selten verschwendet, weil gute Anleger informierte Anleger sind.

7. Heiße Tipps.

Lesen Sie in Zeitungen und Researchberichten zuerst die Informationen und dann erst die Anlageempfehlungen. Was Journalisten und Analysten am besten können, ist Informationen sammeln, und in dieser Hinsicht bringen sie den größten Nutzen. Betrachten Sie Tipps als das, was sie sind: Ratschläge, keine Anweisungen. Die Position der Tippgeber garantiert nicht, dass ihre Ansichten klug sind, und man sollte immer fragen, in wessen Tasche sie arbeiten. Sind Börsenmakler unabhängig? Wenn die Tippgeber so gut sind, warum verdienen sie ihren Lebensunterhalt dann damit, dass sie anderen ihre Geheimnisse verraten, und nicht damit, dass sie selbst investieren? Bilden Sie sich Ihre eigene Meinung und tragen Sie die Verantwortung für Ihre Entscheidungen – dadurch werden Ihre Entscheidungen besser.

8. Bewahren Sie Distanz.

Seien Sie nicht zu stolz, wenn Sie Fehler erkennen und aus Erfahrung klug werden. Bauen Sie keine persönliche Beziehung zu Aktien auf. Aktien erwidern die Zuneigung nicht, und daher braucht man außer dem Geld nicht auch noch Loyalität zu investieren.

9. Ein Wort zur Besteuerung.

Keine Steuervergünstigung der Welt bringt etwas, wenn die betreffende Geldanlage Schrott ist. Und wenn ein Investment steuerliche Anreize braucht, bedeutet das, dass es für sich genommen keine Berechtigung hat?

10. Regeln sind Blödsinn.

Der Aktienmarkt befolgt keine unverrückbaren Verhaltensregeln. Eine gute Regel kann einer anderen guten Regel auf eine Art widersprechen, dass in einer größeren Perspektive kein Widerspruch besteht. Als Anleger muss man bei der Analyse von Gelegenheiten flexibel sein.

tempus@the-times.co.uk

„Neue Technologien werden immer von noch neueren Technologien abgelöst. Die Produktzyklen werden immer kürzer, und die Konkurrenz bleibt weiterhin halsbrecherisch. Wie schon in der Vergangenheit sind die technischen Gimmicks von heute die unprofitablen Massenprodukte von morgen."

Gary Shilli

Der Sektor Luxusgüter

Antoine Colonna

Antoine Colonna ist Leiter des Luxury Goods Equity Research Team von Merrill Lynch. Er kam im Jahre 1999 von Crédit Lyonnais zu Merrill Lynch. Dort hatte er acht Jahre lang eine ähnliche Position inne. In diesem Jahr [2001] kamen Antoine und sein Team bei Institutional Investor's Global Equity Research für diesen Sektor auf Platz drei, und bei Reuters European Survey on Textile & Apparel zum zweiten Mal in Folge auf Platz zwei.

Einführung

Der Weltmarkt für Luxusgüter im weiteren Sinne, einschließlich Weinen und Spirituosen über 20 US-Dollar, wird auf ein Volumen von 68 Milliarden US-Dollar geschätzt, und die jährliche Wachstumsrate liegt zwischen acht und zwölf Prozent. Man rechnet damit, dass der Sektor in den meisten Industrienationen auf absehbare Zukunft schneller wächst als das Bruttosozialprodukt – vorausgesetzt, dass kein größerer weltpolitischer Konflikt das Verbrauchervertrauen und den Flugverkehr vermindert.

Das größte Segment ist Prêt-à-porter-Designer-Kleidung (26 Prozent), gefolgt von Lederwaren und Accessoires (17 Prozent), Weinen und Spirituosen (15 Prozent), Kosmetikartikeln (12 Prozent), Parfum (12 Prozent), Armbanduhren (9 Prozent), Schmuck (5 Prozent) und Geschirr (4 Prozent). Geografisch betrachtet verteilt sich die Branche inzwischen recht gleichmäßig auf drei Kontinente: Nordamerika 30 Prozent, Asien 36 Prozent und Europa 34 Prozent.

1. Enge Korrelation zwischen dem weltweiten BIP-Wachstum und dem Verkauf von Luxusartikeln.

Die Dynamik des Sektors Luxusgüter korrelliert stark mit dem makroökonomischen Umfeld. Das Jahr 1999 war von einem unerwartet kräftigen Wiedererstarken der asiatischen Volkswirtschaften (außer Japan) und von kräftigem Wachstum in den Vereinigten Staaten geprägt. Der Millenium-Effekt heizte vor allem die Nachfrage in den Segmenten Schmuck, Armbanduhren und Geschirr an. Die Aktienmärkte üben insbesondere in den Vereinigten Staaten einen starken Einfluss auf die Geschicke des Sektors aus.

2. Der Gegenwert für den Preis war schon immer von Bedeutung.

Der Kauf von Luxusartikeln ist häufig mit dem Wunsch nach einem höheren gesellschaftlichen oder wirtschaftlichen Status verbunden. Das mag zwar zu den Motiven gehören, aber ironischerweise haben die Kunden auch deshalb den Drang, Luxusartikel zu kaufen, weil sie das Gefühl haben, dass sie einen Gegenwert für das Geld darstellen.

Viele der Marken, die als Ikonen der Mode oder des Status gelten – zum Beispiel Lederwaren von Hermès, Koffer und Taschen von Louis Vuitton, und sogar die klassischen Entwürfe von Chanel -, haben sich ihre Reputation dadurch erworben, dass sie einen Gegenwert für das Geld boten. Die hohe Qualität schien die vergleichsweise hohen Preise zu rechtfertigen. Auch in Zukunft werden die Kunden für Qualität und Topdesign sehr hohe Preise zahlen, und sie werden diejenigen Marken ignorieren, die diese Kriterien nicht erfüllen.

3. Der Gegenwert für den Preis wird immer wichtiger.

Die Fähigkeit, Ware zu liefern, die einen entsprechenden Gegenwert darstellt, wird darüber entscheiden, ob das Niveau der Profitabilität gehalten werden kann. Einige Segmente der Branche – zum Beispiel Armbanduhren und Lederwaren – sind Gewinn bringender als andere. Da die meisten Markenunternehmen im

Luxusbereich wahrscheinlich immer mehr auf diese hoch profitablen Felder vordringen werden, dürften die Kunden die große Auswahl haben – und sich für die beste Qualität und den höchsten Gegenwert für ihr Geld entscheiden.

4. Konsolidierung ist unvermeidlich.

Der Markt für Luxusartikel ist extrem zersplittert, und es herrscht ein mächtiger Konsolidierungsdruck. Die größten Unternehmen des Sektors werden ihren Marktanteil in den kommenden Jahren deutlich vergrößern, und zwar sowohl durch organisches als auch durch externes Wachstum.
Anders als bei anderen Konsumgütern ist es schwierig – wenn nicht gar unmöglich –, den Erfolg einer etablierten Luxusmarke zu wiederholen. Deshalb haben Unternehmen, die in einem Segment schnell präsent werden wollen, kaum eine andere Wahl, als sich einzukaufen. Die vertikale Integration in beide Richtungen – abwärts Richtung Einzelhandel und aufwärts Richtung Herstellung – erlaubt es den Unternehmen, höhere Gewinnmargen zu erhalten und die Marke präziser zu managen.

5. Die Kontrolle des Vertriebs ist ein wesentlicher Wettbewerbsfaktor.

In den letzten Jahren sind die Kontrolle des Vertriebs und deren logische Folge – die 'mäßige Produktknappheit' – in dieser Branche immer mehr als entscheidende Faktoren für den Erfolg hervorgetreten. Es besteht eine eindeutige Korrelation zwischen der Leistung der erfolgreichsten Marken (Vuitton, Cartier, Gucci, Prada etc.) und dem Maß, in dem sie ihre Boutiquen, Läden, Franchisenehmer und Großhandelskontingente kontrollieren.
Der Nutzeffekt eines starken Vertriebs besteht nicht nur darin, dass die Produkte mit Sicherheit den richtigen Markt erreichen, sondern auch darin, dass er den Wert der Marke und die Preispolitik schützt.

6. Die traditionell hohe Profitabilität könnte unter Druck kommen.

Eines der Merkmale, das die Luxusbranche von anderen Kon-

sumbereichen unterscheidet, ist die hohe Profitabilität, deren sich die meisten Segmente erfreuen. In den kommenden fünf Jahren könnten die Gewinnmargen unter Druck kommen, weil etablierte Unternehmen alle Segmente durchdringen und damit jüngere sowie weniger gut etablierte Unternehmen in Versuchung führen, für die Bekanntheit ihrer Marke zu viel Geld auszugeben.
Daraus folgt, dass eine Anzahl von Unternehmen Aussicht auf bessere Margen hat, denn der freie Cashflow wird häufig für den Aufkauf von Firmen verwendet, und die stetige Konsolidierung ermöglicht es den Konglomeraten aus mehreren Marken, aus dem Stand Cross-Selling-Initiativen zu starten. Dies dürfte die Margen heben oder zumindest den Druck ausgleichen, der aus den steigenden Ausgaben für Marketing resultiert.

7. Die japanischen Verbraucher sind entscheidend.

Der größte geografische Markt dieser Branche ist Asien, und insbesondere Japan. Die Japaner sind die größte einheitliche Gruppe von Luxuskonsumenten. Der Umsatz in Japan stellt schätzungsweise 20 Prozent des Gesamtumsatzes.
Wenn man davon ausgeht, dass reisende Japaner etwa 40 Prozent der in Europa abgesetzten Luxusartikel kaufen, dann beläuft sich der Umsatz – und in ähnlichem Maße auch der Gewinn – auf einen etwas größeren Anteil von 32 bis 35 Prozent. Hinsichtlich bestimmter Produkte stellen die Japaner bis zu 60 Prozent des Marktes, und noch mehr gilt dies für bestimmte Märkte (Hawaii, Guam, Saipan). Japan stellt zwar den größen asiatischen Markt dar, doch andere Länder wie Korea, Taiwan und China wachsen schnell.

8. Das Internet stellt für das Markenmanagement eine Herausforderung dar.

Der Vertrieb von Luxusartikeln basiert auf Service, Knappheit der Produkte und auf Markenbewusstsein. E-Commerce basiert auf Preisnachlässen, Lieferung auf Bestellung und auf Stückzahlen. Für die Luxus-Unternehmen stellt das Internet daher

eine Prüfung dar, das Markenbewusstsein zu stärken, aber gleichzeitig die Verwässerung der Marke zu verhindern.
Marken mit straffem Vertrieb sind gut positioniert, das Konsumerlebnis zu kontrollieren und mittelfristig im Onlinebereich profitabel zu sein. Absolut betrachtet verkaufen sich „low touch"-Produktkategorien (prêt-à-porter, einfache Accessoires, Parfum und Kosmetika, Wein und Spirituosen) wahrscheinlich besser als „high touch"-Produkte (Schuhe, hochwertiger Schmuck), die man vor dem Kauf lieber individuell kennen lernt.

antoine_colonna@ml.com

„Es ist unwahrscheinlich, dass die gleichen Aktien, die im Endstadium einer Hausse den Weg zum Gipfel gebahnt haben, auch im Endstadium einer Baisse den Weg aus dem Tal bahnen. Neuere, kleinere und schneller wachsende Unternehmen erklimmen den Gipfel."

John Rothchi

Ökonomische Triebkräfte der Preise von Vermögenswerten

Tim Congdon

Professor Tim Congdon gründete im Jahre 1989 Lombard Street Research, eine Beratungsfirma, die Wirtschaftsforschung und Prognosen anbietet. Derzeit ist er Chefökonom des Unternehmens.
Von 1992 gehörte er dem Treasury Panel of Independent Forecasters an (dem so genannten „Rat der Wirtschaftsweisen"), das den Finanzminister hinsichtlich der Wirtschaftspolitik berät.

Einführung

Was ist der letzte Antrieb der Preise von Vermögenswerten? Es gibt vielleicht keine andere Frage in der Anlageverwaltung, die grundlegender oder umstrittener wäre. Aber einige Regeln sind zuverlässig, weil sie letzten Endes nur auf dem gesunden Wirtschaftsverstand beruhen. Ich formuliere im Folgenden fünf davon, die man allerdings als grob zutreffende Verallgemeinerungen verstehen sollte, die unter bestimmten Umständen vorsichtig ausgelegt werden müssen. Die erste Regel kann man nicht wirklich bestreiten, und die restlichen vier folgen daraus mehr oder weniger logisch.

1. Staaten können sich nicht bereichern, indem sie mehr Geld drucken.

Das ist nichts anderes als eine Umformulierung der selbstverständlichen Redensart „Nichts ist umsonst" (die Kunden von Investmentbanken mögen manchmal denken, sie bekämen etwas umsonst, aber sie belügen sich selbst). Eine entscheidende logische Folge dieses Satzes ist die Tatsache, dass man die Geldmen-

ge beliebig schnell erhöhen kann, dass dies aber den Menschen langfristig gar nichts bringt. Das überschüssige Geld verschwindet in den höheren Preisen.
Eine annehmbare Verallgemeinerung ist folgende Aussage: Die Zunahme der Geldmenge steht in einem Verhältnis – allerdings nicht der Gleichheit – zum Wachstum des nominalen Bruttoinlandsprodukts.

2. Hohe Inflation bringt eine hohe Zunahme der Geldmenge mit sich.

Dies ist eine Erweiterung der ersten Regel. Da Anleihen positive reale Renditen bieten müssen, wenn sie Anleger anziehen sollen, bringt eine hohe Zunahme der Geldmenge auch hohe Anleihenrenditen mit sich. Für Geldanlagen bedeutet dies: „Wenn die Geldmenge schnell wächst und die Tendenz steigend ist, verkaufen Sie Ihre Anleihen. Wenn die Geldmenge langsam wächst und die Tendenz fallend ist, kaufen Sie Anleihen."
Ein gutes Beispiel dafür ist Großbritannien in den Jahren 1972 und 1973. Die jährliche Zunahme der Geldmenge stieg damals in den Bereich zwischen 20 und 30; die mündelsicheren Papiere (wie auch andere Anlagetypen, zum Beispiel Aktien und gewerbliche Immobilien), erlebten dann 1974 eine fürchterliche Baisse.

3. Schnelles Geldmengenwachstum gibt es am ehesten dann, wenn die Banken reichlich Kapital haben und ihre Bilanzen aufplustern, indem sie Kredite vergeben.

Das liegt daran, dass die Geldmenge vor allem aus den Einlageverbindlichkeiten der Banken besteht. Außerdem ist ein wohl kapitalisiertes und hoch profitables (ein unterkapitalisiertes und unprofitables) Bankensystem schlecht (gut) für die Anleihenrenditen, weil es dann nach schneller Expansion (Kontraktion) strebt; und das vergrößert (verringert) sowohl das Kreditaufkommen der Banken als auch die Geldmenge.
Exemplarisch dafür ist das Japan der 90er-Jahre. Als sich die Blase der 80er-Jahre Anfang der 90er-Jahre auflöste, erlitten die Banken schwere Kreditverluste. Resultat war ein verstümmeltes Banken-

system, ein Jahrzehnt stagnierenden Kreditaufkommens und geringes Geldmengenwachstum sowie ein Rückgang der Inflation, der schließlich zur Deflation wurde. Die Anleihenrenditen waren so niedrig wie nie zuvor in der heutigen Zeit. Die Rendite der zehnjährigen Staatsanleihen dümpelte mehrere Jahre lang knapp über einem Prozent herum.

4. Obwohl eine hohe Geldmenge auf lange Sicht zu größerer Inflation führt, kann es aus allen möglichen Gründen passieren, dass dies auf kurze Sicht nicht so ist.

Ein üblicher Grund dafür ist die Tatsache, dass die Wirtschaft vor der Geldspritze noch einen großen Spielraum hat, ein anderer dass sie umfangreiche Kapitalzuflüsse genießt, die zu einem steigenden Wechselkurs führen.

In solchen Fällen kann starkes Geldmengenwachstum mehrere Quartale lang mit niedriger Inflation einhergehen und die Anleger zu dem Glauben verleiten, die Wirtschaft habe eine Art „Wunder" vollbracht. Man kann die Blase an den asiatischen Aktienmärkten 1993 und die Blase der amerikanischen NASDAQ-Aktien in den Jahren 1999/2000 in diesem Sinne interpretieren.

Als rationaler Anleger hat man mit derartigen Blasen Probleme. Einerseits weiß man, dass sie irgendwann enden müssen (ich wiederhole es noch einmal: Nichts ist umsonst). Andererseits kann ein Anlageberater, der eine große Investitionsblase verpasst, bei dem Versuch kurzfristig sämtliche Klienten verlieren, ihnen zu beweisen, dass er auf lange Sicht Recht hat. In der Währungsökonomie sind die lange und die kurze Frist wie Kasperl und Seppl – sie kabbeln sich unaufhörlich.

5. Unabhängig von dem Maß des Geldmengenwachstums schädigt ein großes Haushaltsdefizit die Preise von Vermögenswerten mehr als ein kleines Haushaltsdefizit.

Der Grund dafür ist, dass die nicht-monetäre Finanzierung großer Haushaltsdefizite hohe kurzfristige Zinsen erfordert. Hohe Zinsen kommen den Renditen mittel- und kurzfristiger Anleihen nicht zugute, und das gilt auch für andere Investmenttypen. Die idealen Bedingungen für einen Börsenboom sind ein abnehmendes Haushaltsdefizit, niedrige Inflation, ein mäßiges – wenn auch steigendes – Geldmengenwachstum sowie ein wohl kapitalisiertes und profitables Bankensystem. Das ist eine recht gute Beschreibung der Vereinigten Staaten in den fünf Jahren bis 1999, und damals gab es die größte Aktienhausse der Geschichte. Die schwerste Bedrohung für eine Hausse dieser Art ist steigende Inflation, und in der Tat trat dies in den Jahren 2000 und 2001 ein.

www.lombardstreetresearch.com

„Die Privatisierung hatte in Großbritannien große Auswirkungen. In großen Teilen von Euroland werden sie erst jetzt spürbar. Wenn ineffiziente Staatsunternehmen in den privaten Sektor überwechseln, halten Sie nach Verbesserungen der Effizienz Ausschau, die den Aktionären attraktive Gewinne bescheren."

Paul Tempert

Währungen

Laurence Copeland

Laurence Copeland hat den Finanzlehrstuhl an der Cardiff University inne. Seine Beiträge in wissenschaftlichen Zeitschriften umfassen eine Reihe von Themen, unter anderem: Inflation und Phillips-Kurve, Wechselkurse und Devisenmärkte, Aktien- und Anleihenmärkte, Indexfutures, Investmentfonds, die asiatischen Märkte und die Auswirkungen der Krise 1997/1998.

Bücher

Exchange Rates and International Finance (3rd ed.), Pearson Education 2000

1. Alles in Maßen, vor allem die Gier.

Versuchen Sie nicht mit Gewalt, am Boden zu kaufen und auf dem Hoch zu verkaufen. Seien Sie entweder ein Langfristanleger, der durch das Auf und Ab hält, oder seien Sie bereit mit vernünftigem Gewinn zu verkaufen, auch wenn Sie hinterher erkennen, dass es besser gewesen wäre, weiter zu halten. Kurzfristanleger sind Spieler, und deshalb sollten sie auch einmal etwas auf dem Tisch lassen, wenn sie gehen.

2. Die Börsengurus wiederholen sich, die Geschichte aber niemals.

Die Vergangenheit scheint oft Hinweise auf die Zukunft zu bieten, aber normalerweise kann man sich auf diese Wegweiser kaum verlassen. So mag es beispielsweise sein, dass die Wechselkurse immer gestiegen sind, wenn die Zentralbank die Zinsen angehoben hat, aber das heißt noch nicht, dass es auch diesmal so ist. Genau wie beim Wetter werden auch hier immer wieder neue Rekorde aufgestellt, und das bedeutet, dass Präzedenzfälle keine große Hilfe sind.

3. „Reife ist alles." (Shakespeare).

Das Obst fällt, wenn es reif ist. Schon kurz danach verfault es. Die zeitliche Abstimmung ist alles, an den Märkten wie auch anderswo – aber die Ökonomen vergessen das häufig. Zum Beispiel brauchte man kein Genie zu sein, um sich schon lange vor dem Höhepunkt des Technologiebooms auszurechnen, dass die Technologieaktien überbewertet waren.

Aber man hätte sehr viel Geld verlieren können, wenn man während des Anstiegs short gegangen wäre; so mancher Fondsmanager verlor seinen Job, weil er sich von dieser Goldader fernhielt. Ein weiteres Beispiel ist die Überbewertung des US-Dollar in der ersten Hälfte der 80er-Jahre. Also bringt es nichts auszurechnen, welche Aktien oder Währungen falsch bewertet sind. Der Schlüssel zum Geldverdienen ist das Wissen, wann die Fehlbewertung korrigiert wird (oder – was normalerweise passiert – überkorrigiert wird).

4. Je extremer die Bedingungen, desto effizienter der Markt.

Je höher die Inflationsrate ist, desto rationaler verhalten sich die Geld- und Devisenmärkte, vielleicht einfach deswegen, weil der Preis für einen Fehlgriff zu hoch wäre. Also führt in den extremen Fällen von Hyperinflation jedes Prozent zusätzlicher Inflation fast sofort zu einem Zinsanstieg und zu einem Kursverlust der Währung.

5. Feste Wechselkurse: Der Triumph der Hoffnung über die Erfahrung.

Kein festgelegter Wechselkurs hält ewig. Irgendwann bietet das System den Spekulanten eine Gelegenheit mit einseitigen Chancen. Warum sollte man sie nicht wahrnehmen?

6. Die Vorhersagekraft von Forward-Kursen ist mehr oder weniger gleich null.

Die Forward-Kurse folgen ganz einfach den Spot-Kursen. Der Auf- oder Abschlag von Forwards gibt keinen Hinweis auf das Steigen oder Fallen des Wechselkurses.

7. Ruhige Zeiten lullen ein, werden aber von stürmischen Perioden unterbrochen.

Selbst wenn die Wechselkurse frei sind, scheint es häufig so, als wäre der Devisenmarkt in Schlaf gefallen; über Monate oder gar Jahre passiert kaum etwas. Unvermeidlicherweise kommt jedoch früher oder später ein Sturm auf, und plötzlich gibt es mehrere Tage mit heftigen Schwankungen. Häufig ist nicht ohne weiteres ein Anlass erkennbar, der die Aktivität ausgelöst hat.

8. Der angelsächsische Block.

Die Währungen der englischsprachigen Länder (das britische Pfund und der US- sowie der kanadische Dollar) bewegen sich die meiste Zeit gemeinsam, zumindest in der nördlichen Hemisphäre. Insbesondere sind Pfund und US-Dollar sehr eng korreliert, woran die EU-Mitgliedschaft und der gemeinsame Markt (sowie die Gründung der NAFTA) anscheinend kaum etwas geändert haben.

9. Spekulieren Sie nicht gegen den Dollar ...

Nicht dass er niemals von seinem Sockel stürzen würde. Nur wissen wir nicht wann. Während des Booms der Vereinigten Staaten sagten daher alle Gelehrten, die starke Wirtschaft drücke den Wert des Dollars nach oben. Aber was geschah, als die US-Wirtschaft im Winter 2000/2001 abtauchte? Richtig geraten, der Dollar wurde noch stärker. Ein sicherer Hafen in einer Welt, die von einer Rezession in den Vereinigten Staaten bedroht wurde, sagten viele Gelehrte. Und deshalb nun der letzte Rat ...

10. ... bewerben Sie sich als Währungsguru.

Das Tolle an dieser aussichtslosen Mission ist die Tatsache, dass niemand mit Ihrem Erfolg rechnet. Wenn es einem misslingt, Wunder zu vollbringen, dann ist das kein Kündigungsgrund. Und die Bezahlung ist auch nicht schlecht.

www.cf.ac.uk/carbs/econ/copeland/

Demografisches Investment

Richard Cragg

Richard Cragg hat mehr als 30 Jahre Investmenterfahrung in den Finanzzentren dreier Kontinente. Er war immer ein Vorreiter bei der Öffnung von Emerging Markets für Investoren.

Bücher

The Demographic Investor, FT Prentice Hall 1998

1. Krise ist gleich Chance.

Fast vierzig Jahre sinkender Geburtenraten gepaart mit steigender Lebenserwartung haben in der gesamten industrialisierten Welt alternde Bevölkerungen geschaffen. Wirtschaftswissenschaftler sagen für die vor uns liegenden Jahrzehnte ernste Konsequenzen voraus:

- Die sinkende Zahl der Arbeitskräfte führt zu geringerem Produktionswachstum und zu weniger Schaffung von Wohlstand.
- Weniger Beschäftigte bezahlen mehr Rentner, was zu drastisch steigenden Steuern und Sozialversicherungsbeiträgen für die Bezahlung der immer wichtiger werdenden staatlichen Altersversorgung führt – oder zu einem geringeren Rentenaufkommen.

Demografische Anlagemethoden bieten Werkzeuge, mit denen man diese beginnende Krise in eine Investmentchance verwandeln kann. Man kann als Anleger langfristige Rentenstrategien entwickeln, die tatsächlich von der Überalterung der Bevölkerung profitieren. In Verbindung mit anderen Prüfungsmethoden kann man so herausfinden, welche Länder und Sektoren das größte Wachstum bieten.

2. Manieren machen Menschen, aber Moneten machen Märkte.

Die Aktienpreise werden nur durch Kauf und Verkauf bewegt. Egal ob das Geld direkt oder mittels Investmentfonds beziehungsweise Rentenplänen investiert wird, muss es zuerst in Form eines frei verfügbaren Einkommens erzeugt werden – dessen, was übrig bleibt, wenn das Haus, das Auto, das Essen, die Kleider und so weiter bezahlt sind –, und das hängt vom Lebensalter ab.

3. Bestimmte Altersgruppen können mehr sparen als andere.

Auf dem Weg des Einzelnen durch das Leben verändern sich Verdienst- und Verbrauchsmuster über die Jahre hinweg ausgesprochen. Bevor er zum ersten Mal Geld verdient, ist er ein eindeutiger Nettokonsument.

Bis Mitte der Vierziger steigt zwar das Einkommen wesentlich, die Ersparnisse aber normalerweise nicht, denn in der Zwischenzeit sind ein Lebenspartner, Kinder und Hypotheken dazugekommen. Bis Mitte der Fünfziger verlangsamt sich der Gehaltszuwachs deutlich, aber das frei verfügbare Einkommen schnellt nach oben, weil das Haus bezahlt ist, das Schulgeld wegfällt und die Kinder ausziehen.

Zudem ist es in dieser Altersgruppe wahrscheinlich, dass man von seinen Eltern nicht wenig erbt. Vor allem das Anwachsen der Altersgruppe von 45 bis 55 Jahren im Verhältnis zu den jungen und alten Abhängigen bestimmt die Veränderung des frei verfügbaren Einkommens einer Bevölkerung.

4. Goldilocks-Demografie – nicht zu jung und nicht zu alt.

Was wäre das ideale Altersprofil? Ein Land, in dem sowohl die arbeitende Bevölkerung als auch der Anteil der 45- bis 55-Jährigen schnell wächst und in dem der Anteil der Rentner im Verhältnis zu den Beschäftigten klein ist sowie nicht zu schnell wächst. Wählen Sie Ihre Länder sorgfältig aus, denn davon hängt Ihre Rente ab. Wenn Sie sich für Japan entscheiden, dann arbeiten Sie bis Sie 100 Jahre alt sein werden.

5. Reiten Sie auf den demografischen Wellen.

Die Demografie ermöglicht Prognosen der Bevölkerungszusammensetzung in 20 Jahren mit einer recht hohen Genauigkeit. Somit kann man als Anleger von einem Land, in dem die Sparquote abnimmt, auf ein anderes umsteigen, in dem sich gerade die Sparwelle aufbaut, die den nächsten Börsenboom speist.

6. Eine demografische Straßenkarte

Die demografische Welle Japans hat vor zehn Jahren den Kamm überschritten und ist immer noch im Abstieg begriffen. In Deutschland und Italien wird es nach 2005 ähnlich gefährlich, in Großbritannien und Frankreich ab 2010 und in den Vereinigten Staaten nach 2015. Aber die große Gelegenheit von jetzt bis 2020 ist China. Dort wird der Rückgang der Geburtenrate die Altersgruppe der 45- bis 55-Jährigen enorm anschwellen lassen.

7. Sektorenauswahl

In einer Welt, in der die jährlichen Geburtenzahlen stagnieren, kann man mit der Investition in Hersteller von Babybekleidung kein Vermögen verdienen. Folgen Sie den wachsenden Altersgruppen; sie kaufen Reisen, Rosen, Krankenversicherungen und Hörgeräte. Wenn Sie eine Auswahl an Konsumartikeln treffen, für die in einer alternden Gesellschaft die Nachfrage steigt, die aber auch von neuen Technologien (zum Beispiel digitale Hörgeräte) oder von Patenten (Medikamente gegen Diabetes, Osteoporose, Krebs und Herzkerkrankungen) profitieren, sollte es Ihnen gelingen.

rcragg@nclinvestments.com

Die Kristallkugel des Anleihenmarkts

Anthony Crescenzi

Tony Creszenzi ist Chefstratege für Anleihenmärkte bei Miller Tabak + Co., LLC, einer Brokerfirma, die mit größeren institutionellen Anlegern arbeitet. Seine Fähigkeit, die Märkte zu analysieren und Informationen allgemeinverständlich darzustellen, hat ihn zu einem der meistzitierten Analysten der Wall Street gemacht. Er erscheint häufig auf CNBC, CNNfn und Bloomberg-TV. Sein erstes Buch über den Anleihenmarkt erscheint im Winter 2001 bei McGraw-Hill.

1. Welche Top-Indikatoren sollte man als Vorspiel für eine Aktienhausse und eine starke Wirtschaft verfolgen?

Es gibt eine ganze Reihe von Indikatoren, die die Anleger beobachten, um zu erspähen, wohin sich der Markt als Nächstes wenden wird. Einige davon erachte ich als unschätzbar. Allerdings ist es wichtig, dass man sie zusammen betrachtet, denn es gibt keinen Indikator, der wie eine Kristallkugel funktioniert. Sie sollten verfolgen: wöchentliche Hypothekenanträge und Autoverkäufe, Wochenumsatz der Supermarktketten, die Geldmenge, die Lagerbestände, die Zinskurve und den Spread zwischen niedrig eingestuften Anleihen und US-Schatzanleihen oder anderen hoch eingestuften Papieren.

2. Welche zehn Hauptfaktoren beeinflussen die Form der Zinskurve?

Es gibt eine Reihe von Kräften, die die Form der Zinskurve beeinflussen. Die relative Bedeutung dieser Faktoren ändert sich zwar regelmäßig, aber es gibt zehn Faktoren, die bisher am einflussreichsten waren und es in den kommenden Jahren wahrscheinlich auch bleiben werden:

Die Währungspolitik und die Erwartungen des Marktes hinsichtlich der künftigen Politik der Fed.

Das Wirtschaftswachstum.

Die Steuerpolitik.

Die Inflationserwartung.

Das Verhalten des US-Dollar.

Die Flucht in die Qualität und die allgemeine Risikoscheu der Anleger.

Die Wahrnehmung der Kreditqualität im Finanzwesen.

Der Wettbewerb zwischen Anleihen und anderen Vermögenswerten um das Kapital.

Schulden-Rückkäufe durch das US-Schatzamt.

Portfolioverschiebungen, die die bullische beziehungsweise bärische Einstellung des Marktes reflektieren.

3. Wie kann man die Stimmung am Anleihenmarkt am besten einschätzen?

Ich benutze mehrere Indikatoren zur Einschätzung der Stimmung am Anleihenmarkt. Diese Indikatoren haben wichtige Wendungen am Anleihenmarkt – und somit auch am Aktienmarkt – über längere Zeit zuverlässig vorausgesagt.

Die Call-/Put-Ratio der T-Bond-Futures

Die zuverlässigsten und weithin verfolgten Optionen, die sich für diesen Zweck eignen, sind die an der CBOT gehandelten Anleihen-Optionen. Auch wenn die Menge der US-Schatzanleihen (T-Bonds) schrumpft, strömen die Anleger immer noch in Scharen zu den T-Bond-Futures, um auf den Anleihenmarkt zu spekulieren.

Unter Verwendung des 10-Tages-Durchschnitts hat eine Call-/Put-Ratio über 1,4:1 Höhepunkte am Anleihenmarkt zuverlässig vorausgesagt, und eine Call-/Put-Ratio unter 0,8:1 zuverlässig Tiefpunkte angezeigt.

Erhebungen zur Gesamt-Duration

Diese Statistiken messen das Ausmaß, in dem die Manager von Anleihenportfolios long oder short sind. Die Duration, ein anscheinend nichtssagender Begriff, ist einfach ein Weg zur Risikoabschätzung. Die Portfoliomanager halten die Dauer meistens zwischen 95 und 105 Prozent ihrer Benchmark – das ist normalerweise der Lehman Index. Extremwerte der Duration haben Wendepunkte verlässlich angezeigt.

Die zweijährige Schatzanweisung

Die meisten betrachten die Zweijährigen nicht als Benchmark-Papiere, aber sie sind es. Das wichtigste Signal, das die zweijährigen Schatzanweisungen geben, bezieht sich auf die Haltung des Anleihenmarktes zur Federal Reserve. Die zweijährige Anweisung ist vor allem wegen ihres stabilen Verhältnisses zu der von der Fed kontrollierten Fed Funds Rate seit längerer Zeit ein verlässlicher Indikator. In Zeiten, zu denen die Zweijährigen von dieser historischen Beziehung abweichen, deuten sie die wahren Vermutungen des Marktes hinsichtlich der künftigen Richtung der Fed-Politik an.

4. Wie werde ich ein besserer „Fed-Watcher"?

Fedwatching läuft darauf hinaus, die Wortschwälle des FOMC zu verfolgen – dieser 13 Auserwählten einschließlich Greenspan, die bei den FOMC-Versammlungen darüber abstimmen, ob die Zinsen erhöht oder gesenkt werden. Ich rate den Menschen immer – und viele Anleger tun es auch –, die Fed-Reden zu lesen. Außerdem sollte man auf Schlüsselsätze achten, die mehrere Fed-Mitglieder übereinstimmend äußern. Wenn ich feststelle, dass eine Formulierung wörtlich oder fast wörtlich von mehreren Fed-Mitgliedern benutzt wird, dann habe ich immer das Gefühl, dass dieser Satz die aktuelle Fed-Politik repräsentiert. Also ist es leicht, das Geheimnis zu knacken, weil man alle wichtigen Beteiligten kennt und weiß, was sie denken.

5. Anhand der Zinskurve wirtschaftliche und finanzielle Ereignisse voraussagen?

Was am Finanzmarkt einer Kristallkugel noch am Nächsten kommt, ist die Zinskurve. Seit Jahrzehnten wirft sie ihre Schatten auf große Ereignisse und Wendepunkte an den Finanzmärkten wie auch in der Wirtschaft voraus. Die Zinskurve ist im Grunde ein Diagramm, das die Zinsrenditen von Anleihen unterschiedlicher Laufzeit abbildet, normalerweise zwischen drei und 30 Jahren. Wenn man als Anleihen-Investor die Zinskurve mit der Absicht analysiert, ihre Bedeutung herauszulesen, dann vergleicht man die Zinsen der kurzfristigen Papiere mit denen der langfristigen.

Wenn eine „positive Zinskurve" vorliegt, dann bedeutet das gewöhnlich, dass die Federal Reserve ihre Geldpolitik fortsetzen und sich wahrscheinlich marktfreundlich verhalten wird. Deshalb ist die Verzinsung kurzfristiger Papiere niedriger als die von langfristigen (die Fed kontrolliert die kurzfristigen Zinsen). Eine freundliche Fed ist normalerweise für den Aktienmarkt und für die Wirtschaft eine gute Sache. Somit deutet eine ansteigende Zinskurve auf mehrere gute Quartale für die Anleger.

Eine „negative Zinskurve" dagegen weist normalerweise darauf hin, dass die Fed-Politik unfreundlich ist, weil die Strategie der Fed darin besteht, die Konjunktur durch Anhebung der kurzfristigen Zinssätze zu bremsen. Selbstverständlich bringt dies im Allgemeinen eher düstere Bedingungen für den Aktienmarkt und die Wirtschaft mit sich. Und tatsächlich folgte seit 1970 auf jede negative Zinskurve eine Periode, in der das Gewinnwachstum des S & P 500 negativ war.

6. Seien Sie nicht bullisch, nur weil sie long sind!

Ist es Ihnen jemals passiert, dass Sie verzweifelt hoffen, dass x und y eintreten, damit sich Ihre Investments nach Ihren Wünschen entwickeln? Ist es manchmal so, dass eher Ihr Portfolio als Ihre Anlagekriterien über Ihren nächsten Trade entscheiden? Mit anderen Worten: Sind Sie bullisch eingestellt, weil Sie long sind – anstatt long zu sein, weil Sie bullisch eingestellt sind? Wenn Sie

eine oder mehrere dieser Fragen mit Ja beantworten können, sind Sie nicht allein.
Anleger haben anscheinend ein besonderes Talent, ihre Portfolios ihre Anlageentscheidungen beeinflussen zu lassen; dabei vergessen sie, was darüber wirklich entscheiden sollte. Dies galt im Jahre 2000 sicher für viele Dot.com-Investoren, denn es gab keinen wirklichen Grund, diese Aktien bullisch zu betrachten. Das nächste Mal, wenn Sie mit einem Trade Verlust machen, fragen Sie sich – fragen Sie sich ernsthaft –, weshalb Sie eigentlich long sind.

7. Es gibt kein „Rechthaben-Konto".

Es ist schon erstaunlich, wie viele Menschen es gibt, die darüber sprechen, wie reich sie sein könnten, „wenn sie doch nur" gehandelt hätten oder „wenn sie doch nur" aufmerksamer gewesen wären, als die Gelegenheiten an ihnen vorüberzogen. Diese Menschen glauben, es wäre nur ihr Pech, das ihnen diese großartigen Trades entgehen ließ, durch die anscheinend immer jemand anders reich wurde. Diese Diskrepanz ist häufig das Resultat übertrieben rationalen Denkens. Sie kennen das Gefühl. Sie denken über ein Investment nach, Sie denken und denken, aber dann rationalisieren Sie sich aus einer Anzahl vermeintlich guter Gründe aus dem Trade heraus. Das Endergebnis ist Untätigkeit und vielleicht eine weitere verpasste Gelegenheit. Wenn Sie sich also das nächste Mal sagen „wenn ich doch nur", dann erinnern Sie sich selbst daran, dass Sie nur dann ein erfolgreicher Trader werden können, „wenn Sie nur" Ihren Gedanken Taten folgen lassen. Denken Sie immer daran: Es gibt kein „Rechthaben-Konto".

8. Schätzen Sie Ihren körperlichen Zustand ein.

Die meisten Athleten bereiten sich auf Wettkämpfe mit einer mentalen Einschätzung ihrer körperlichen Fähigkeiten vor. Diese entscheiden letzten Endes über Erfolg und Misserfolg. Genauso sollte jeder Trader die Auswirkungen abschätzen, die sein körperliches Wohlbefinden an einem bestimmten Handelstag auf seine geistigen Kräfte haben könnte. Ein erschöpfter Körper kann die Handelsfähigkeit in Form der mentalen Reflexe einschränken, die man braucht, um auf Meldungen, Informationen und Ereignisse richtig zu reagieren. Gehen Sie den Handelstag deshalb an wie ein Sportler einen Wettkampf angehen würde, und beurteilen Sie Ihre Tagesform. Wenn Sie aus irgendeinem Grund das Gefühl haben, nicht in Bestform zu sein, dann richten Sie sich danach.

9. Handeln Sie zu Ihren Bedingungen.

Würde ein Autofahrer, den die Herausforderung und die Erregung begeistern, kurvenreiche Strecken mit hoher Geschwindigkeit zu bewältigen, ein solches Wagnis an einem Tag mit schlechten Bedingungen eingehen, zum Beispiel bei Glatteis? Würde ein Baseball-Schlagmann, der vorzugsweise niedrige Würfe in Homeruns verwandelt, seinen typischen von unten kommenden Schwung ablegen, um hoch geschlagene Bälle zu erwischen? Würde ein Federgewichtler gegen einen Schwergewichtler kämpfen und erwarten, durch k.o. in der ersten Runde zu gewinnen? Keine Chance! Beim Traden und Investieren sollten Sie sich die gleichen Fragen stellen.

Sie sollten Fragen stellen wie die folgenden: Wie ergeht es mir normalerweise mit solchen Investments? Wie erging es mir bisher unter solchen Handelsbedingungen? Sollte ich mich in Geduld üben und auf eine bessere Gelegenheit warten? Ist die momentane Volatilität bei meinem Trading-Stil eine Gefahr oder ein Segen? Komme ich mit solchen Bedingungen normalerweise besonders gut zurecht? Oder laufe ich vielleicht eher Gefahr, zerstückelt zu werden?

Sie müssen nicht traden, und deshalb sollten Sie es auch nicht tun, wenn Sie sich dabei nicht wohl fühlen. Warum sollten Sie riskieren, unter Bedingungen mitzuspielen, die Ihnen nicht gemäß sind? Treten Sie das Gaspedal nicht durch, wenn Sie auf eisglatter Straße fahren. Seien Sie selektiv. Halten Sie sich von Trades und Investments fern, die für Sie nicht funktionieren. Sie haben die Kontrolle über schwarzen und roten Kauf- und Verkaufstickets. Handeln Sie zu Ihren Bedingungen!

www.bondtalk.com

Die Attraktivität intellektuellen Kapitals für Geldanlagen

Anthony Cross

Anthony Cross verwaltet den Liontrust Intellectual Capital Trust. Der Fonds investiert in kleinere Unternehmen, die mit Konzepten arbeiten, die aus dem „Cross Report" hervorgegangen sind. Der Cross Report erbrachte, dass intellektuelles Kapital und Beteiligung der Mitarbeiter am Unternehmen für erfolgreiche Unternehmen von größter Wichtigkeit sind.

Einführung

Auf die Bitte, die Vermögenswerte eines Unternehmens aufzulisten, würden die meisten Menschen die Aufstellung für die Buchhaltung angeben: Fabriken, Ausrüstung, Gebäude und Grundstücke, Rohmaterialien, Aktien, Fertigerzeugnisse und Bargeld. Diese Vermögenswerte sind zwar wichtig, aber sie sind selten einzigartig und stellen einen immer geringeren Anteil am Wert von Unternehmen.

Ein Researchbericht der Deutschen Bank zeigt, dass der Anteil der immateriellen Vermögenswerte am Gesamtwert von Unternehmen in den letzten zehn Jahren viel größer geworden ist. Das Anlagevermögen macht inzwischen nur noch 16 Prozent des Durchschnittsunternehmens aus. Im Jahre 1989 waren es noch 42 Prozent.

Aber was sind eigentlich diese immateriellen Vermögenswerte, die es den Unternehmen ermöglichen, ihren Produkten oder Dienstleistungen mehr Wert zu verleihen und dadurch aus ihren Preisen Gewinn zu ziehen? Die Antwort heißt intellektuelles Kapital: es ist häufig schwer zu kopieren und seine erfolgreiche Auswertung ist der Kern der heutigen Wachstumsunternehmen.

1. Es dürfte nicht leicht sein, gute Investments zu finden.

Der Wettbewerb wird immer intensiver. Mehr Wettbewerb bedeutet weniger gute Investments.

2. Suchen Sie nach intellektuellem Kapital, zum Beispiel Kundenbeziehungen und geistiges Eigentum.

Dies sind die wichtigsten Vermögenswerte von Unternehmen. Mitbewerber können diese immateriellen Vermögenswerte nur schwer nachbilden.

3. Achten Sie darauf, dass Unternehmensleitung und Mitarbeiter Aktien besitzen.

Geistiges Kapital wird von Mitarbeitern geschaffen und ausgebeutet. Unternehmensbeteiligungen binden Mitarbeiter und bringen ihre Interessen mit denjenigen von außenstehenden Aktionären in Einklang.

4. Streben Sie Unternehmen an, die nachweislich organisch wachsen.

Organisches Wachstum ist der eindeutigste Erfolgsbeweis. Hüten Sie sich vor denen, die Wachstum kaufen müssen.

5. Hüten Sie sich vor Unternehmen, die behaupten sie seien die Ausnahme von der Regel.

Es ist selten, dass ein Unternehmen einem negativen Trend in seiner Branche entgeht.

6. Sinkende Margen in Zeiten wirtschaftlicher Stabilität sind ein Verkaufssignal.

Unternehmen, die schwer zu kopieren sind, dürften höhere Erträge erzielen, ziehen aber auch starke Konkurrenz an.

7. Verkaufen Sie, wenn die Unternehmensleitung beträchtliche Aktienmengen verkauft.

Ignorieren Sie die Behauptungen, sie sei hinsichtlich des Unternehmens optimistisch.

8. Schützen Sie sich vor Verlusten.

Denken Sie nicht nur an das, was gut gehen, sondern auch an das, was schief gehen kann, und begrenzen Sie Ihren Einsatz entsprechend.

9. Verteilen Sie Ihre Einsätze.

Bei der Geldanlage geht es genauso um die Erhaltung wie um die Mehrung des Wohlstands. Der Wert eines Unternehmens ist ein Produkt des Optimismus. Wenn der Optimismus in Pessimismus umschlägt, brechen die Aktienkurse zusammen. Ein Gewinner von heute kann schon morgen ein Verlierer sein.

10. Geduld!

Es kann Jahre dauern, bis ein gutes Investment die Aufmerksamkeit des breiten Marktes erregt.

www.liontrust.co.uk

Die Anlagemethoden von Warren Buffett

Lawrence Cunningham

Professor Cunningham ist Direktor von The Samuel and Ronnie Heyman Center on Corporate Governance sowie Professor für Recht und Wirtschaft an der Cardozo Law School. Er hält Kurse und Vorträge in den Vereinigten Staaten und vor Investorengruppen in London. Er berät Vorstände und Aufsichtsräte von Unternehmen, Anwaltskanzleien, Rechnungsprüfer sowie Regulierungs- und Normierungsorganisationen.

Bücher

The Essays of Warren Buffett (editor), John Wiley 2000
How to Think like Benjamin Graham and Invest like Warren Buffett, McGraw-Hill 2000

1. Seien Sie kein Einfaltspinsel.

Wenn Sie nicht intelligent investieren können, ist die beste Art des Aktienbesitzes ein Indexfonds, der minimale Gebühren verlangt. Solche Fonds übertreffen netto (nach Abzug von Gebühren und Kosten) die große Mehrheit der Investmentprofis. Beim Poker heißt es: „Wenn man eine halbe Stunde mitspielt und immer noch nicht weiß, wer ausgenommen wird, dann wird man selber ausgenommen."

2. Arbeiten Sie wie ein Unternehmensanalyst.

Achten Sie nicht auf Marktbewegungen und makroökonomische Ereignisse, nicht einmal auf das Verhalten der einzelnen Wertpapiere. Konzentrieren Sie sich auf die Einschätzung von Unternehmen.

3. Suchen Sie nach einem großen Schutzwall.

Suchen Sie nach Unternehmen mit guten langfristigen Aussichten, deren Gewinne in fünf, zehn oder zwanzig Jahren so gut wie sicher wesentlich höher sein werden.

4. Nutzen Sie Frau Börse aus.

Die Marktpreise wirbeln um den Unternehmenswert hin und her wie ein manisch-depressiver Mensch zwischen himmelhoch jauchzend und zu Tode betrübt hin und her springt, obwohl die Situation eigentlich weder so gut noch so schlecht ist. Die Börse gibt einem den Preis, den man bezahlt – das Unternehmen gibt einem den Wert, den man besitzt. Ziehen Sie Vorteil aus den Fehlbewertungen der Börse, und lassen Sie nicht zu, dass sie aus Ihnen Vorteil ziehen.

5. Bestehen Sie auf einem Sicherheitspolster.

Die Differenz zwischen dem Preis, den Sie bezahlen, und dem Wert, den Sie bekommen, ist das Sicherheitspolster. Je dicker es ist, desto besser. Als Berkshire in den Jahren 1973 und 1974 Aktien der Washington Post Company kaufte, war das Sicherheitspolster sehr dick (der Preis betrug etwa ein Fünftel des Wertes).

6. Kaufen Sie zu einem vernünftigen Preis.

Die Schnäppchenjagd kann zu Käufen verleiten, die keinen dauerhaften Wert bieten. Der Kauf zu irrsinnigen Preisen führt zu Erwerbungen, die überhaupt sehr wenig Wert bieten. Es ist besser, ein sehr gutes Unternehmen zu einem ordentlichen Preis zu kaufen als ein ordentliches Unternehmen zu einem sehr guten Preis.

7. Erkennen Sie Ihre Grenzen.

Vermeiden Sie Investments, die außerhalb Ihrer Kompetenz liegen. Sie brauchen nicht für alle Unternehmen Experte zu sein, nicht einmal für sehr viele – sondern nur für diejenigen in Ihrem

Zuständigkeitsbereich. Der Umfang dieses Bereichs ist nicht so wichtig, aber es ist wichtig, seine Grenzen zu kennen.

8. Investieren Sie in „Schwiegersöhne".

Investieren Sie nur in Menschen, die Sie mögen, denen Sie vertrauen und die Sie bewundern – Menschen, die Sie gerne mit Ihrer Tochter verheiraten würden.

9. Nur wenige Unternehmen erfüllen diese Anforderungen.

Wenn Sie eins finden, dann kaufen Sie eine beträchtliche Menge seiner Aktien. Machen Sie sich nicht zu viele Gedanken, ob Sie am Ende ausreichend diversifiziert sind oder nicht. Wenn Sie eine gute Sache haben, dann ist das besser als ein Dutzend mittelmäßiger Sachen.

10. Das ist kein Rommé-Spiel.

Das ist das Gegenteil der wohl albernsten aller Maximen der Wall Street: „Wenn man Gewinne mitnimmt, kann man nicht pleite gehen." Denken Sie daran, dass Sie als Aktionär das Unternehmen besitzen, und verhalten Sie sich so, als würden Sie es besitzen und betreiben. Wenn Sie eine Aktie nicht zehn Jahre lang haben wollen, dann sollten Sie gar nicht erst daran denken, sie zehn Minuten lang zu halten.

www.cardozo.yu.edu/heyman

Sicherheitsmaßnahmen und Kaufgelegenheiten

Frank Curzio

Frank Curzio gründete im Jahre 1974 die F.X.C. Investors Corp. und verwaltet seit 1988 Vermögen. Mit über 25 Jahren Erfahrung in der Finanzbranche ist Curzio einer der bekanntesten und meistzitierten Analysten der Wall Street.

1. Spekulieren Sie nur mit einem kleinen Teil Ihres Vermögens.
Platzieren Sie am besten nur 30 Prozent in aggressiven Positionen. Investieren Sie wenig, um viel zu gewinnen, und nicht viel, um wenig zu verdienen.

2. Kaufen Sie nicht auf Margin.
Jedes Wertpapier birgt ein Risiko. Einige der renommiertesten und am besten eingestuften „A"-Papiere erleben zeitweise verheerende Einbrüche (Sears Roebuck von 61 auf 15 US-Dollar, Con Edison von 18 auf 3 US-Dollar, die A-Anleihen von GM, Ford und Citicorp von 1.000 auf 490 US-Dollar etc.). Wenn eine Aktie 50 Prozent verliert, kann sie nach gegebener Zeit wieder zurückkommen und teurer gehandelt werden als Sie sie bezahlt haben.

3. Die besten Kaufgelegenheiten treten normalerweise auf, wenn ein Unternehmen niedrigere Gewinne meldet und wenn allgemein widrige Wirtschaftsmeldungen kursieren.
Wenn man Aktien unmittelbar nach glühenden Ergebnisberichten oder optimistischen Pressemitteilungen kauft, dann hat man sie oft auf dem Höhepunkt gekauft.

4. Investieren Sie nur in Unternehmen, die von einer der fünf großen Rechnungsprüfungsfirmen geprüft werden.

Diese Rechnungsprüfer prüfen etwa 90 Prozent der an der New York Stock Exchange (NYSE) notierten Gesellschaften. Ihre Klienten kommen für den größten Teil des Umsatzes in den Vereinigten Staaten und für etwa 90 Prozent der Einkommensteuer auf. Es gibt mehr als 10.000 Aktiengesellschaften, die an verschiedenen Börsen oder im Freiverkehr gehandelt werden. Einer der Hauptgründe, aus denen die Anleger Geld verlieren, sind Bilanzen, die nicht gemäß den offiziellen Richtlinien erstellt wurden (Paragraphen 13 und 15 (d) des Securities Act von 1934). Wenn die Zahlen nicht korrekt sind, dann kann Ihre Investition in die Aktie zu schweren oder vollständigen Verlusten führen.

5. Beobachten Sie die Kredit-Einstufung des Unternehmens.

Institutionelle Fondsmanager legen viel Wert auf die Ratings von Agenturen wie S & P oder Moody's. Eine Hochstufung führt zu Kurszuwachs, weil zusätzliches Geld für die Investition in die Aktien zur Verfügung steht. Herabstufungen resultieren normalerweise in niedrigeren Aktienkursen.

6. Nutzen Sie das institutionelle Blendwerk.

Die institutionellen Fonds stellen ungefähr 80 Prozent des gesamten Geldes im amerikanischen Markt. Die Verwalter dieser Fonds sind ihren Anteilseignern und ihren Vorgesetzten gegenüber Rechenschaft schuldig – Investmentfonds müssen ihren Anteilseignern jedes Quartal berichten.

Gegen Ende des Quartals werden Aktien, die ihre Jahrestiefs erreicht oder fast erreicht haben, von den Institutionen verkauft (damit sie im Quartalsbericht nicht als Positionen aufgeführt werden müssen), was ihre Kurse noch weiter nach unten drückt. Und Aktien, die in der Nähe ihres Hochs stehen, werden nachgekauft, was noch höhere Kurse zur Folge hat.

Wenn Sie sich zum Kauf einer Aktie entscheiden, weil sie niedrig steht, warten Sie bis nach dem Quartalsende, denn es besteht die Chance, dass sie dann noch tiefer gehandelt wird. Aber natürlich gibt es keine Garantie dafür, dass sie im Laufe des Quartals nicht noch tiefer gehandelt wird. Wenn Sie den Grund erkunden wollen, brauchen Sie Geduld. Und wenn Sie eine Aktie verkaufen wollen, die nahe ihrem Hoch steht, dann ist es wahrscheinlich, dass sie kurz vor Quartalsende noch höher steigt.

www.FXCNewsletter.com

Fundamentaldaten systematisieren

Ray Dalio

Ray Dalio ist Präsident und Chief Investment Officer von Bridgewater Associates, einer weltweiten Anlageverwaltung, die mehr als 34 Milliarden US-Dollar managt. Bridgewater trifft seine Anlageentscheidungen nach fundamentalen und quantitativen Gesichtspunkten. Alle Anlagekriterien sind ausführlich recherchiert und systematisiert. Die Fundamentalanalyse wird durch ausgefeilte Methoden des Risikomanagements unterstützt. Dieser Ansatz hat Bridgewater unter die zehn besten Performer gebracht.

Einführung

Es gibt einige allgemeine Grundsätze, die die meisten Gewinner dieses Spiels anwenden und die die Verlierer außer Acht lassen. Bei jedem Spiel müssen Sie die Spielregeln kennen, wenn Sie gewinnen wollen, und dann müssen Sie die erforderlichen Fähigkeiten entwickeln – beim Poker zum Beispiel Karten zählen und Wahrscheinlichkeiten ausrechnen. Was ich hier beschreibe, ist meine Art, das Spiel zu spielen, und das ist eine Mischung aus den allgemeinen Grundsätzen und meinen persönlichen Abwandlungen. Meines Erachtens braucht man Folgendes:

1. Tief gehende Kenntnis der Fundamentaldaten, damit man Ineffizienzen der Preisbildung erkennen kann.

Um einen Mehrwert zu erzielen (einen höheren Ertrag als mit passivem Management), muss man sehen, dass die Märkte fehlbewertet sind, und dafür muss man erkennen, wie sie eigentlich bewertet sein müssten. Wenn man über längere Zeit gewinnen will, ist das unabdingbar. Das ist das Gleiche wie beim Poker die Karten zählen und die Wahrscheinlichkeit eines Gewinnerblatts ausrechnen zu können – die fundamentale Einschätzung ermöglicht es, eine gute von einer schlechten Spekulation zu unterscheiden.

Manche sagen, das Verständnis der Fundamentaldaten sei nicht nötig und man könne dieses Spiel auch gewinnen, wenn man es technisch betreibt. Wenn „technisch" einen Ansatz ohne jegliches Verständnis fundamentaler Kausalbeziehungen meint – beispielsweise das Verfolgen von Trends –, dann halte ich das für falsch. Manchmal bilden die Märkte Trends aus, manchmal bewegen sie sich ruckartig hin und her – und das aus gutem Grund. Ohne Verständnis dieser Gründe würde man blind darauf setzen, dass die Märkte häufiger Trends ausbilden als zu ruckeln.

Bilden die Märkte häufiger Trends aus als dass sie ruckeln? Dies ist eine jener kosmischen Fragen, auf die es keine eindeutige Antwort gibt, und erst recht nicht ohne Verständnis der Fundamentaldaten, die das Verhalten des Marktes bestimmen.

Man kommt um ein tiefes Verständnis der Fundamentaldaten nicht herum, damit man fundiert einschätzen kann, was preiswert und was teuer ist. Beim Pokern würde ich meinen Einsatz eher nach meiner Fähigkeit bemessen, Karten zu zählen und Wahrscheinlichkeiten zu kalkulieren, als nach der Wahrscheinlichkeit, dass meine Glückssträhne weiter geht (also zum Beispiel darauf setzen, dass es gut geht, weil ich die letzten paar Spiele gewonnen habe).

2. Der Schwerpunkt.

Mehrwert ist ein Nullsummenspiel – wenn ich mehr Wert haben will, muss ich besser spielen als meine Gegner. An der Börse herrscht ein höchst intensiver Wettbewerb. Deshalb muss mein Verständnis sehr tief reichen, und deshalb brauche ich einen Schwerpunkt. Ich habe selten Anleger erlebt, die über längere Zeit gewonnen haben und die an vielen verschiedenen Märkten handeln. Die Gewinner, die ich kenne, sprechen über ihre Märkte mit dem gleichen Tiefgang wie Spezialisten in anderen Berufen (Ärzte, Wissenschaftler etc.) über ihren Schwerpunkt im jeweiligen Fachgebiet sprechen.

Außerdem können erfolgreiche Marktteilnehmer abstrakt und unabhängig denken. Ausgestattet mit Wissen und Perspektive können sie sich mit gutem Grund abseits der Menge halten, und das ist unabdingbar, wenn man tief kaufen und hoch verkaufen will.

3. Überblick ohne in Zahlen zu wühlen.

Vor vielen Jahren tradete ich viel nach eigenem Gutdünken aufgrund des Informationsstroms, den ich damals wahrnahm. Ich schrieb die Kriterien auf, die ich bei jedem Trade angewendet hatte, damit ich später darüber nachdenken konnte. Ich lernte, dass ich bei frühzeitiger Festlegung der Kriterien sehen konnte, wie gut diese Kriterien in der Vergangenheit oder in verschiedenen Ländern funktioniert hätten. So bekam ich einen Überblick, und dieser Überblick war unschätzbar wertvoll.

In vielen Fällen stellte ich fest, dass die Kriterien in der Vergangenheit nicht funktioniert hätten, und ich erkannte auch warum. In anderen Fällen stellte ich fest, dass meine Entscheidungsregel funktionierte, so dass ich sie nicht aufgeben musste, wenn sie einmal Verlust brachte (alle Regeln bringen manchmal Verluste). Und ich verließ mich auch nicht allzu sehr darauf, weil sie vor kurzer Zeit besonders gut gepasst hatte und ich sie für besser hielt als sie eigentlich war. Dadurch entwickelte ich ein gutes Gefühl dafür, was ich von meinen Kriterien erwarten konnte.

Ich lernte meinen Computer so zu programmieren, dass er die Welt nach Gelegenheiten durchsuchte, die diesen Kriterien entsprachen. Und ich lernte noch viel mehr. Ich lernte, mich besonders vor dem Wühlen in Zahlen zu hüten und nicht darauf zu schauen, was in der Vergangenheit passiert wäre, denn das hätte mir eine falsche Perspektive verschafft. Eine solide fundamentale Basis für einen Trade und ein hervorragender Überblick darüber, was man von diesem Trade erwarten kann – das sind die Bausteine, aus denen man eine Strategie aufbauen kann.

4. Strategie.
Zu wissen, wie man gute Chancen findet, ist nur der erste Schritt. Zu wissen, wie man diese Chancen gewichtet – wie viel man auf jede setzt, je nach dem zu erwartenden Ertrag, dem Risiko und dem Verhältnis – ist mindestens genauso wichtig. Dazu muss man sich mit Wahrscheinlichkeiten, Statistik und Grundlagen der Geldverwaltung auskennen. Man muss simulieren können, wie die Strategie in der Vergangenheit funktioniert hätte, und sie einem Härtetest unter verschiedenen Bedingungen unterziehen.

5. Beträchtliche Ressourcen.
Die Zeiten sind vorbei, in denen ein raffinierter Privatanleger mit wenig mehr ausgerüstet als seiner Klugheit beträchtlichen Gewinn machen konnte, denn solche Spiele gibt es nicht mehr. Heute bestimmen Weltklasseteams aus abstrakten Denkern, die von Spezialisten unterstützt werden und modernste Technik einsetzen, das Spielniveau. Zwar hat die Technik das Spielniveau insgesamt angehoben, aber genauso wie in der Rüstung hat sie auch die Kluft zwischen den Teilnehmern verbreitert, die über reiche Ressourcen verfügen, und jenen, deren Ressourcen begrenzt sind.

www.bwater.com

„Kaufen und Halten lohnt sich im Allgemeinen weniger als Tradingstrategien.
Das Klischee, man könne an den Märkten den rechten Zeitpunkt nicht erkennen, mag für manche Anleger immer zutreffen und für alle Anleger manchmal – aber es gibt Zeiten, zu denen die Marktpreise weit über oder unter den langfristig ausgeglichenen Preisen liegen."

Robert Aliber

Wie man es vermeidet, Aktienmanipulationen zum Opfer zu fallen.

Alexander Davidson

Alexander Davidson arbeitete früher als Aktienhändler und war auf kleine Unternehmen mit hohem Wachstum spezialisiert. Enttäuscht von den befangenen Ratschlägen, die einige Londoner Firmen ihren Klienten gaben, kündigte er und schrieb The City Share Pushers, einen Bestseller, aus dem auch eine Fernsehdokumentation gemacht wurde und der die Grundlage für eine Eingabe im Unterhaus gegen die behandelten Praktiken war. Jetzt schreibt Davidson für die International Financing Review, die auf Erstemissionen spezialisiert ist, und für den Vanguard Investor, der auf Hightech-Aktien spezialisiert ist.

Bücher

The City Share Pushers

How to Win in a Volatile Stock Market, Kogan Page 2000

Stock Market Rollercoaster, John Wiley 2001

1. Handeln Sie nicht zu viel.

Das kostet Sie ein Vermögen an Gebühren und ist sder Grund, weshalb die meisten Daytrader Verlust machen.

2. Kaufen Sie niemals nur aufgrund von Aktientipps.

Die Journalisten tun damit häufig nur den PR-Agenturen einen Gefallen. Sie sorgen dafür, dass die Tipps reizvoll klingen, aber die Kunst steckt oft mehr im Schreiben als in der Analyse oder dem Verständnis. Hüten Sie sich außerdem vor Analystenempfehlungen, die meist einseitig oder veraltet sind.

3. Spekulieren Sie auch mit Erstemissionen.

Wenn Sie in einen Börsengang investieren, dann halten Sie sich bereit, sofort nach Handelsbeginn zu verkaufen, wenn die institutionellen Anleger das auch tun.

4. Pennystocks sind meistens zu meiden.

Meiden Sie Pennystocks, es sei denn, Sie verstehen das Unternehmen wirklich und haben gute Gründe für die Investition. Kleine Gesellschaften sind anfälliger für Marktmanipulationen als ihre größeren Pendants. Sie sind weniger liquide, und die Kursspannen sind größer.

5. Nehmen Sie die Empfehlungen Ihres Brokers nicht für bare Münze.

Viele Broker sind nur sehr beschränkt qualifiziert und nicht wirklich in der Lage, ein Unternehmen zu verstehen; sie mogeln sich einfach durch.

6. Kaufen Sie niemals bei Aktienhändlern aus dem Ausland.

Es gibt dubiose Aktienwerber aus dem Ausland, die immer noch versuchen, Ihr Geld zu bekommen, manchmal zunächst via Internet. Legen Sie den Telefonhörer auf und besuchen Sie keine derartigen Internetseiten. Wenn Sie ein Geschäft eingehen, fühlen Sie sich durch die mündliche Zusage nicht gebunden.

7. Vertrauen Sie nicht der technischen Analyse.

Sie bringt zwar den Gurus Geld, aber sie funktioniert nicht – nur eingeschränkt im kurzfristigen Trading.

8. Meiden Sie schlechte Investments in Modebranchen.

Lassen Sie sich nicht einfach deshalb zum Kauf von Aktien verführen, weil sie zu einer modischen Branche gehören. Broker können die schlechten Fundamentaldaten einer Aktie normalerweise durchaus in attraktivem Licht darstellen. Wenn das KGV sehr hoch ist, dann sagen sie vielleicht, das sei für Wachstumswerte normal. Wenn es niedrig ist, dann sagen sie vielleicht, die Aktie sei unterbewertet.

9. Hüten Sie sich vor Empfehlungen in Internet-Messageboards.

Benutzen Sie Chatrooms und Messageboards nur als Anstöße für Ihr eigenes Research. Dort wimmelt es von Manipulatoren, die Sie zum Kauf beziehungsweise Verkauf von Aktien überreden wollen, weil es ihren Zwecken dient.

10. Denken Sie vor einem Kauf oder Verkauf immer eine halbe Stunde nach.

Verwenden Sie auf jede Aktienempfehlung eine halbe Stunde Bedenkzeit, bevor Sie sich engagieren, und stellen Sie sicher, dass Sie genügend Fakten über das Unternehmen parat haben.

alexanderdavidson@lineone.net

Der Transportsektor

Nigel Davies

Nigel Davies studierte Jura an der Oxford University und wurde dann amtlich zugelassener Buchprüfer. Drei Jahre lang arbeitete er in Hongkong in der Transportbranche bei Jardine Matheson, und dann wurde er Aktienbroker. Seither hat er viele Funktionen ausgeübt, vom Aktienhändler bis zum Chefresearcher. Derzeit ist er Leiter der Abteilung Transport bei der WestLB Panmure.

Einführung

Der Transportsektor stellt nur drei Prozent der europäischen Marktkapitalisierung, aber zwischen 10 und 15 Prozent des Bruttoinlandsprodukts. Dieser Unterschied resultiert daraus, dass sich die Gesellschaften auf dem europäischen Festland häufig noch in staatlichem oder kommunalem Besitz befinden. Außerdem gibt es in manchen Segmenten Tausende von Kleinunternehmern, zum Beispiel Speditionen. Die vollständige Privatisierung hat bis jetzt – abgesehen von der Royal Mail – nur in Großbritannien stattgefunden.

Der Sektor ist in voneinander getrennte Subsektoren gegliedert, unter anderem: Fluggesellschaften, Infrastruktur (zum Beispiel Flughäfen, Seehäfen, Bahnstrecken), Personenverkehr (zum Beispiel Züge und Busse), Frachtverkehr und Logistik. Alle Subsektoren haben völlig unterschiedliche Strukturen und Dynamiken. Flug- und Schifffahrtsgesellschaften sind weltweit tätig, Stadtbusgesellschaften dagegen lokal. Manche sind konsolidiert, andere fragmentiert. Alle sind mit gesetzlichen und regulatorischen Risiken konfrontiert.

1. Kaufen Sie zyklische Aktien – insbesondere Fluggesellschaften –, wenn das prospektive KGV größer als 50 ist, und verkaufen Sie sie, wenn es unter fünf liegt.

Je niedriger das KGV der Aktien von Fluggesellschaften ist, desto stärker ist der Aktienmarkt davon überzeugt, dass die aktuellen Gewinnprognosen kurz vor dem Höhepunkt des Zyklus stehen und deshalb zu fallen beginnen. Niedrige KGVs deuten darauf hin, dass mit dem Abschwung des Zyklus Herabstufungen anstehen könnten. Sie lassen darauf schließen, dass es Zeit ist zu verkaufen. Hohe KGVs entstehen bei Fluglinien aufgrund verschwindend niedriger Gewinne – oder gar durch Verluste – und treten eher im Tal des Zyklus auf. Das ist häufig eine gute Zeit für den Kauf, denn wenn der Zyklus am Boden ist, wird er bald wieder nach oben gehen.

2. Die Aktienkurse von regulierten Branchen sind alles andere als langweilig und vorhersehbar.

Regulierte Branchen werden als dumpfe, langweilige und vorhersehbare Monopole wahrgenommen, nicht als die Art von Unternehmen, die Gewinnwarnungen ausgeben. Aber das stimmt nicht. Die Erträge für die Aktionäre sind sehr eng daran gekoppelt, dass das Management der Gesellschaft die ehrgeizigen Ziele erreicht, die der Regulierer gesteckt hat. Hier ist eher hervorragendes Management als Kompetenz gefragt. Und wenn das nicht über jeden Zweifel erhaben ist, dann kann eine Investition riskant sein.

3. Frisch privatisierte Unternehmen tätigen katastrophale Übernahmen.

In dem Willen, Bargeld zu erzeugen und sich von ihrem oft eher langweiligen Kerngeschäft weg zu diversifizieren, haben es diese Unternehmen zu eilig mit der Übernahme von ähnlich gearteten Auslandsunternehmen. BA und seine Investition in US Air, BAA mit Duty Free International, AB Ports mit American Port Services und Stagecoach mit Coach USA sind Beispiele aus dem britischen Transportsektor, die alle den Shareholder Value beeinträchtigt haben. In anderen Sektoren gibt es genauso viele Beispiele.

4. Die Amerikaner hören bei dem geringsten Anlass auf, ins Ausland zu reisen.
Ob nun die Bombardierung von Tripolis 1986, der Golfkrieg 1991, das Erlahmen der US-Wirtschaft, der schwache US-Dollar, die Bombenanschläge in London, die Maul- und Klauenseuche in Europa 2001, alles was Sie wollen. Amerikanische Touristen reisen nicht mehr ins Ausland. Der Aktienmarkt unterschätzt das immer, und eine überraschend hohe Anzahl von Branchen ist darauf angewiesen.

5. Es muss klar sein, wie die Bilanz auf ein Prozent Änderung des BIP reagiert, auf eine Änderung des Ölpreises um einen Dollar pro Barrel oder auf eine Preissteigerung von einem Prozent.
Transportunternehmen sind betrieblich eng verflochten. Sie haben hohe Fixkosten, und der Grenzertrag läuft häufig direkt durch die Bilanz. Diese Unternehmen reagieren höchst empfindlich auf das BIP-Wachstum, und sie geben Änderungen des BIP nach unten wie auch nach oben übertrieben stark wieder. Erfreuliche wie unerfreuliche Überraschungen entspringen daher in neun von zehn Fällen makroökonomischen Entwicklungen, die sich der Kontrolle der Unternehmensleitung entziehen.

6. Seien Sie sich des erweiterten Investmentzyklus bewusst.
Der Konjunkturzyklus wird oft dadurch verschlimmert, dass aufgrund der übertriebenen Zuversicht in guten Zeiten Überkapazitäten in Auftrag gegeben oder aufgebaut werden. Angesichts der Verzögerung, die Baumaßnahmen mit sich bringen, kommen diese häufig erst dann zum Tragen, wenn sich der Zyklus wieder nach unten wendet.

7. Das BIP-Wachstum vervielfacht die Neigung zu verstärkter Bewegung.
Die meisten Subsektoren des Transportsektors wachsen schneller als das BIP, weil die Neigung von Menschen und Gütern zur Bewegung die Tendenz zeigt, 1,5- bis 6-mal so schnell zu wachsen wie das BIP, je nach Subsektor. Die Logistikbranche wächst sogar

noch schneller, weil die Unternehmen Aufgaben an Dritt-Dienstleister outsourcen, die zuvor im Hause erledigt wurden.

8. Die IT-Revolution hat auf bestimmte Subsektoren große Auswirkungen.

Die IT-Revolution hat in bestimmten Subsektoren des Transportsektors immense Gelegenheiten geschaffen. Zum Beispiel können Fluggesellschaften durch das Angebot von Online-Buchungen die Vermittlung durch Reisebüros ausschalten, die üblicherweise eine Gebühr von sieben bis acht Prozent des Preises verlangen. Diejenigen Logistikunternehmen, die sich die neuen Technologien am besten zu Nutze machen, besitzen gegenüber jenen einen Wettbewerbsvorteil, die dies in den weltweiten Versorgungsketten (B2B und B2C) nicht tun.

9. Entscheidend sind die Eintrittsbarrieren, denn sie diktieren die Preisgestaltung.

Die Angebotsrevolution in den Vereinigten Staaten und im Vereinigten Königreich bedeutet, dass gute Geschäfte schnell kopiert werden. So treten neue Mitbewerber in den Markt ein, und die Einnahmen sinken. Das Nischenprodukt von heute ist die Massenware von morgen. Die Knappheit von tauglichen Grundstücken macht Häfen, Flughäfen und Eisenbahnstrecken zu mächtigen Lokalmonopolen und – falls sie nicht reguliert sind – zu sicheren, an das Wirtschaftswachstum gekoppelten Geldanlagen.

10. Wenn man die genaue Analyse der Veränderung im Bargeldbestand eines Unternehmens im Jahresvergleich vernachlässigt, geschieht das auf eigene Gefahr.

Die Unternehmen haben einen riesigen Spielraum, ihre Gewinne so hinzubiegen, wie sie sie haben wollen. Jeder kluge Finanzdirektor hat einen Stapel von Rücklagen vorrätig, die bei Bedarf freigesetzt werden können. Das Gewinnwachstum ist daher eine bedeutungslose Zahl, denn es misst die Differenz zwischen zwei manipulierten Zahlen. Bargeld ist eine Tatsache, keine Meinung, und deshalb ist es schwerer zu manipulieren. Analysten konzentrieren sich auf die G + V-Rechnung, und nur selten auf den detaillierten

Cashflow, obwohl die Gesellschaften seit kurzem verpflichtet sind, die diversen Veränderungen der Nettoverschuldung miteinander in Einklang zu bringen.

www.westlbpanmure.com

„Alle großen Haussen wurzeln in leicht verfügbarem Geld. [...] Die logische Folge daraus ist aber auch, dass sich eine Hausse bei knapp werdender Liquidität nicht halten kann."

Martin Barn

Der Bankensektor

Steven I. Davis

Steven I. Davis ist CEO von Davis International Banking Consultants, einer Firma, die europäische und US-amerikanische Banken berät. Vor dem Aufbau von DIBC arbeitete Davis 20 Jahre lang bei J. P. Morgan und Bankers Trust. Er hat sechs Bücher über das Bankwesen geschrieben. Kürzlich erschien Bank Mergers: Lessons for the Future.

1. Suchen Sie nach starker Führung durch den CEO.

In der schnell konsolidierenden Welt der Banken sind Fusionen und Restrukturierungen an der Tagesordnung. Die Fähigkeit, Veränderungen zu managen und eine große, immer komplexer werdende Organisation zu betreiben, stehen daher hoch im Kurs, und das Bankwesen ist nicht gerade für reiche Führungsqualitäten bekannt.

2. Seien Sie sehr misstrauisch gegenüber so genannten strategischen Deals.

Die Beraterphrasen von „Umsatz-Synergien", „Cross-Selling-Chancen", „Eindringen in neue Märkte" und Ähnlichem sollten mit größter Vorsicht genossen werden. Bankkunden ändern ihr Verhalten sehr viel seltener – und wechseln die Bank sehr viel seltener – als die Neulinge es sich wünschen würden, und die belegbaren Resultate des Sicheinkaufens in neue Märkte sind eher armselig.

3. Seien Sie genauso misstrauisch gegenüber Handelsbanken, die Investmentbanken und Fondsmanager kaufen.

So genannte Mehrwert-Geschäfte wie die genannten sind eindeutig auf langfristiges Wachstum ausgelegt, aber ihr Erfolg ist eine Funktion der beschränkten Zahl hoch motivierter und selbstbewusster

Profis, deren kollegiale Kultur nicht so recht zu dem Topmanagement einer Handelsbank passt. Wenn keine echte Integration erzielt wird – und das geschieht selten –, dann ist es höchst wahrscheinlich, dass es zu beiderseitiger Frustration und am Ende zur Trennung kommt.

4. Eine gute Geldanlage im Bankensektor wird noch besser, wenn außenstehende Investoren eine Minderheits- oder Mehrheitsbeteiligung besitzen.

Aufgrund der Konsolidierung im Bankwesen wächst der Druck, wesentliche Teile von Fremdunternehmen aufzukaufen. Einige unserer besten Investments waren solche Minderheits- oder Mehrheitsbeteiligungen, bei denen sich das Mutterunternehmen wenigstens dazu entschließt, die Früchte seiner Investition zu ernten.

5. Der beste Hinweis auf die Verpflichtung gegenüber dem Shareholder Value ist die Vorgeschichte.

Lippenbekenntnisse zum Shareholder Value gibt es überall, aber der wahre Test ist die Verteilung der Ressourcen in der Vergangenheit und die dadurch erzielten Resultate. Historische Eigenkapitalrenditen, Kosten-Ertrags-Verhältnisse und der Erfolg von Expansionsbestrebungen sind der beste Test für das Interesse des Managements an seinen Aktionären.

6. In Schwierigkeiten geratene Banken stehen meist noch schlechter da, als die Zahlen vermuten lassen.

In fast jeder beschädigten Bank ist die Realität weitaus schlimmer, als die Oberfläche erkennen lässt. Das Management weiß, dass es in Schwierigkeiten steckt, und versucht normalerweise, seine Probleme durch Kreditvergabe und Aufkäufe zu verschleiern. Aber gleichzeitig werden die notwendigen Investitionen in Computer und Menschen nicht getätigt.

7. Halten Sie nach Banken mit einem großen etablierten Kundenstamm Ausschau.

Die innere Stärke einer Bank besteht letztendlich in ihrem Kundenstamm, und der ist in einem konsolidierenden und wettbewerbsintensiven Markt die Zielscheibe zahlloser Mitbewerber. Die Kunden wechseln kaum die Bank oder wenden sich für Spezialprodukte an andere Banken, so lange sie das Gefühl haben, dass ihre Bank grundsätzlich ihre Bedürfnisse erfüllt.

8. Haltbare Nischen sind selten, aber wenn es sie gibt, sind sie außerordentlich attraktiv.

Jedermann will einen dauerhaften Wettbewerbsvorteil haben, aber so etwas ist in der Welt der Banken, wo alles schnell zur Massenware wird, nicht leicht zu finden. Ein Beispiel dafür weltweite Depots, die Domäne einer Handvoll US-amerikanischer Banken, die ihre Mitbewerber mit Investitionen ausgestochen haben.

9. Aufgrund der Konsolidierung der Bankwelt bietet der Besitz gut positionierter Banken einen doppelten Vorteil.

In Europa und in geringerem Maße auf anderen Märkten besteht eine theoretisch unbegrenzte Nachfrage nach Übernahmekandidaten, die die Tür in ein attraktives Geschäftssegment oder einen attraktiven Markt öffnen.

So lange dieser Verkaufsmarkt existiert, ist ein Aufschlag gegenüber dem Marktdurchschnitt so gut wie sicher. Und wenn nicht, dann dürfte das organische Wachstum ohnehin einen attraktiven Ertrag sichern.

www.dibc.co.uk

Die Bewertung asiatischer Bankaktien

Philippe Delhaise

Philippe Delhaise ist Präsident von Capital Information Services, einem Beratungsunternehmen mit Sitz in Hongkong, das auf finanzielles und strategisches Risikomanagement spezialisiert ist.

Bücher

Asia in Crisis – The Implosion of the Banking and Finance System, John Wiley 1998

1. Die Standard-Bewertungsmethoden gelten für asiatische Banken nicht – von wenigen Ausnahmen in Hongkong und Singapur abgesehen.

2. Investieren Sie nicht wegen ihres Buchwertes in asiatische Banken.

Er ist kaum vorhanden! Abgesehen von Banken in Hongkong und Singapur sowie ein paar Einzelfällen in anderen Ländern haben die meisten Banken in Asien ein sehr geringes oder gar negatives Eigenkapital.

3. Die veröffentlichten Bücher erzählen nicht die Wahrheit.

Viele Banken mauscheln gemeinsam mit den Regulierungsbehörden und verbergen Probleme. Dies ist ein Resultat des unkontrollierten Wachstums, das 1997 in der Asienkrise kulminierte. Die japanischen und koreanischen Banken waren allerdings schon Anfang der 90er-Jahre sehr schwach, wohingegen die Not der taiwanesischen Banken erst kürzlich begann.

4. In Asien schaffen die Banken nur selten Shareholder-Value.

Und wenn, dann steht er in keinem Verhältnis zu dem (hohen) Risikoprofil der Institute. Selbstverständlich gilt diese Bemerkung nicht für die Bankgründungen, die Anfang der 90er-Jahre zu deutlich überhöhten Preisen an die Börse gegangen sind, aber das ist eine andere Geschichte.

5. Nur die Banken in Singapur und (besonders) in Hongkong bieten im Allgemeinen eine Kombination aus guten Profiten und niedrigem Risiko und schaffen somit wirkliche Werte.

Vor der Krise des Jahres 1997 erfreuten sich die Banken in Hongkong, auf den Philippinen und in Thailand dank der unnatürlich hohen Zinsmargen angenehmer Profite. Auch Singapur, Malaysia und der Privatsektor in Indonesien hatten annehmbar hohe Gewinne. Die meisten Banken außerhalb von Hongkong und Singapur standen vor einem Desaster, als Gewinne und Kapital von rückständigen Krediten ausgelöscht wurden.

6. Es entzieht sich eigentlich dem Verständnis, wieso viele börsennotierte Banken jener Länder immer noch etwas wert sind.

Das liegt daran, wie der Markt die Preise bildet: So lange eine Bank ihre Konzession nicht verliert, ist sie eine potenzielle Quelle für künftige Dividenden. Aber die Konzession hängt in hohem Maße von staatlichen Maßnahmen zur Rettung der Banken ab, weil der gegenwärtige Wert des künftigen Cashflows selten die Kreditverluste übersteigt.

7. Vermögensverwaltungsunternehmen werden den Wohlstand vieler auf wenige übertragen: von den Steuerzahlern auf die Bankaktionäre.

Der Schlüssel zum strategischen Kauf von Bankaktien ist die Vorwegnahme solcher riesigen Kapitalflüsse.

www.bankatrisk.com

Trading nach der technischen Analyse

Thomas DeMark

Seit über 31 Jahren tradet Tom DeMark, Sr., überprüft und lehrt seine Ideen in allen Marktlagen. Er ist bekannt für seinen mechanistischen, objektiven Tradingansatz und hat zahlreiche erfolgreiche Modelle und Indikatoren für Marktprognosen geschaffen, mit deren Hilfe man als Trader Börsenhochs- und – Tiefs erkennen kann.

Bücher
DeMark on Day Trading Options, McGraw-Hill 1999
New Market Timing Techniques, John Wiley 1997
New Science of Technical Analysis, John Wiley 1994

1. Der Trend ist dein Freund, AUSSER wenn er endet.

2. Der Markt erreicht nicht wegen gerissener Käufer den Boden, sondern wegen der Abwesenheit von Verkäufern.

3. Der Markt erreicht nicht wegen gerissener Verkäufer den Höhepunkt, sondern wegen der Abwesenheit von Käufern.

4. Die Vorhersage von Trendumkehrungen ermöglicht es den Tradern, mit geringstem Aufschlag und zum niedrigsten Preis Calls zu kaufen sowie mit geringstem Aufschlag und zum niedrigsten Preis Puts zu kaufen.

5. Einheitlichkeit bei der Berechnung von Preisrückläufen erfordert Folgendes:
a) Im Falle eines Rücklaufs nach oben das höchste Kurshoch seit dem Hoch.

b) Im Falle eines Rücklaufs nach unten das niedrigste Kurstief seit dem Tief.

6. Es ist viel besser, auf fehlgeschlagene Durchbrüche von Trendlinien zu traden als auf erfolgreiche Durchbrüche in Richtung des bestehenden Trends. Wenn man mit dem Trend tradet, geraten die Preise meistens ins Rutschen und Schleudern, wenn man aber gegen den Trend tradet und Erschöpfungszonen der Preisbewegung voraussieht, entstehen bessere Preissättigungen und Trading-Gelegenheiten.

7. Die Entscheidung, ob man akkumuliert oder verteilt, berechnet man am besten aus dem Verhältnis des aktuellen Preises zum Eröffnungskurs des Tages, und nicht zum Schlusskurs des vorangegangenen Handelstages.

8. Die Duration beziehungsweise die Zeit, die ein Oszillator im überkauften oder überverkauften Bereich verharrt, bestimmt eher die Erholungsneigung des Marktes als Divergenzen von Oszillatoren und Preisen.

9. Während 70 bis 75 Prozent der Zeit bewegen sich die Märkte innerhalb eines bestimmten Schwankungsbereiches, und nur während 25 bis 30 Prozent der Zeit folgen sie einem Trend. Infolge dessen sind während eines Trends alle gleitenden Durchschnitte gleichermaßen effektiv, und wenn sich der Markt in einer Trading Range bewegt, ist kein gleitender Durchschnitt effektiv. Im Gegenzug sind Oszillatoren, die überkaufte und überverkaufte Bereiche identifizieren, in schwankenden und seitwärts laufenden Märkten am effektivsten.

10. Exponentiell berechnete Oszillatoren können die Kursdaten verfälschen, denn die Werte bleiben in der Zahlenreihe bis der Handel des Wertpapiers unterbrochen wird. Arithmetische Durchschnitte dagegen werden am Ende des Zeitraums entfernt.

www.tomdemark.com

Allgemeine Grundsätze und Gefahren des „Financial Engineering"

David DeRosa

David DeRosa ist Präsident von DeRosa Research and Trading, Inc. Außerdem ist er Außerordentlicher Professor für Finanzwissenschaft und Fellow am International Finance Center der Yale School of Management.
Alle drei Wochen schreibt er für Bloomberg News eine Kolumne über das internationale Finanzgeschehen und Weltpolitik.

Bücher
In Defense of Free Capital Markets, Bloomberg Press 2001
Options on Foreign Exchange, John Wiley 2000, 2nd ed.
Currency Derivatives, John Wiley 1998 (editor)
Managing Foreign Exchange Risk, Irwin 1996

1. Verwechseln Sie Trading nicht mit Investing.
Ich betrachte Investing oder Geldanlage als langfristigen Prozess der Vermögensbildung. Wenn Sie spekulieren wollen, dann ist das in Ordnung, aber dann sollten Sie einen festgelegten Anteil Ihres Portfolios dafür reservieren. Verwenden Sie Stop-Loss-Orders und kaufen Sie Optionen, um die potenziellen Trading-Verluste nicht katastrophal anschwellen zu lassen.

2. Meiden Sie Investment-„Produkte"...
Financial Engineering ist eher der Freund des Brokers als des Investors. Die Produkte sind häufig gebührenbeladen. Außerdem sind sie schwer zu durchschauen, was das Risiko angeht. Halten Sie sich so nahe wie möglich am ursprünglichen Wertpapier.

3. ... es sei denn, Ihr Kernportfolio besteht aus Indexfonds.

Ich bin ein großer Anhänger von diversifizierten, langfristig angelegten Aktienportfolios. Die Ausnahme zu meiner Bemerkung über Investmentprodukte sind Indexfonds. Sie sind steuergünstig und bieten ein gutes Kosten-Nutzen-Verhältnis.

4. Lassen Sie sich von hohen Renditen oder Kupons nicht an der Nase herumführen.

Anleger setzen sich häufig großen Risiken aus, weil sie höhere Bargelderträge aus Schuldpapieren von Emerging Markets oder aus notleidenden Sektoren erzielen wollen. Das Chance-Risiko-Verhältnis ist in diesen Sektoren oft erbärmlich.

5. Das Risiko von staatlichen Papieren kann genauso tödlich sein wie das Risiko der Privatwirtschaft.

In den 90er-Jahren mussten viele Anleger auf die harte Tour erfahren, dass das Risiko von Staatspapieren erheblich sein kann. Die mexikanischen Anleihen, Brady Bonds und die russischen Staatsanleihen erlitten schnelle und heftige Verluste.

6. Trauen Sie keinen mechanistischen Risikomodellen.

Roger Lowenstein zitierte mich in seinem Buch über Long-Term Capital Management folgendermaßen: „Statistische Risikomodelle sind Leuchttürme für angehende Schiffbrüchige." Entsprechend sollten Sie sich nicht allzu viele Sorgen um die Vorgeschichte oder um Sharp Ratios machen, wenn Sie daran denken, einen professionellen Anlageberater zu Rate zu ziehen.

7. Tätigen Sie keine Investition, die an das Überleben eines Regimes mit festem Wechselkurs gebunden ist.

Regimes mit festem Währungskurs sind anfällig für explosionsartige Erschütterungen. Wir haben das in Thailand, Indonesien, Mexiko, Europa (die berühmten Krisen des Wechselkurssystems), Brasilien und Russland erlebt.

8. Versuchen Sie nie, ein niedersausendes Messer aufzuhalten.

Die Märkte mögen manchmal überreagieren, aber es gibt keine Möglichkeit zu erkennen, was echt ist und was Übertreibung.

9. Meiden Sie ungesicherte Optionen.

Kaufen Sie keine ungesicherten Puts oder Calls, wenn Sie kein professioneller Optionshändler sind.

10. Seien Sie vorsichtig mit Leverage.

Wenn am Markt Panik ausbricht, werden die Nachschussforderungen Sie zwingen, zu Preisen und Zeiten zu liquidieren, die Sie nicht selbst bestimmen.

www.derosa-research.com

Die Wichtigkeit eines Plans beim Trading

Joe DiNapoli

Joe DiNapoli ist ein altgedienter Trader mit mehr als 30 Jahren Handelserfahrung. Er ist auch ein hartnäckiger und gründlicher Researcher, anerkannter Redner und gefeierter Autor. Er ist Präsident von Coast International Software, Inc.

Bücher

Trading With DeNapoli Levels – The Practical Application of Fibonacci Ratios to Investment Markets, 1998
The Fibonacci, Money Management and Trend Analysis Home Trading Course, 1989

1. Lieber eine Gelegenheit verpassen, als Kapital zu verlieren.

Es gab eine Zeit, da hielt ich es für meine Pflicht, auch die kleinste Unebenheit des S & P 500 persönlich mitzumachen. Ich handele an diesem Markt seit seiner Schaffung 1982. Ich habe eine Weile gebraucht, um zu begreifen, dass es darum geht, sichere, verständliche und Gewinn bringende Trades herauszupicken.

2. Setzen Sie für alle Positionen logische Gewinnziele (Logical Profit Objectives, LPOs).

Die Verwendung und Umsetzung von LPOs ist eines der wichtigsten Konzepte, die ich kenne. Das hält Ihren Anteil Gewinn bringender Trades hoch und bringt Sie am nächsten Tag wieder vor den Computer. Jeder freut sich über einen Zahltag. Mit dem richtigen Konzept können auch Sie sich freuen.

3. Bringen Sie Ihre logischen Gewinnziele im Voraus in den Markt.

Märkte sind quirlige Tierchen. Wenn Sie wissen, wie Sie Ihre Gewinnziele berechnen, dann bringen Sie sie in den Markt, bevor dieser sich bewegt. Wenn Sie abwarten, bis es klingelt, weil Sie hoffen, dadurch mehr einzuheimsen, dann entfernt sich der Markt wahrscheinlich von Ihrem Ausstiegspunkt, bevor Sie Zeit haben, Ihre Order zu platzieren.

4. Steigen Sie an Rücklaufpunkten in den Markt ein.

Kaufen Sie keine neuen Hochs und verkaufen Sie keine neuen Tiefs. Warten Sie, bis der Markt zu Ihnen kommt. Berechnen Sie Ihre Einstiegspunkte im Voraus, und gedulden Sie sich. Wenn Sie die Bewegung verpasst haben, kommt schon bald der nächste Bus.

5. Befolgen Sie vor allen Dingen Ihren Trading-Plan.

Der wichtigste Aspekt der erfolgreichen Spekulation ist ein klar definierter Trading-Plan. Handeln Sie niemals ohne Plan, und wenn Sie erst einmal einen haben, dann ist seine Befolgung wichtiger als irgendein einzelner Gewinn oder Verlust.

6. Traden Sie stillschweigend.

Sprechen Sie mit niemandem außer einem eventuellen Mentor über Ihre Positionen, Ihre Gewinne und Verluste. Insbesondere nicht mit Ihrem näheren Umfeld – Ihrer Ehefrau, Ihrem Ehemann oder Ihren Freunden.

Ein solcher Prozess der Selbstbelohnung oder des Teilens setzt Sie unter den psychischen Druck, mit jedem Trade Gewinn zu machen, und kann zur Hauptursache für die Nichtbefolgung Ihres Plans werden.

7. Nehmen Sie unterwegs keine bedeutende Position mit.

Sie wird Sie heimsuchen! Der Laptop funktioniert nicht. Die Internetverbindung im Hotel bricht zusammen. Der Handy-Akku wird leer. Das Flugzeug landet nicht. Ich weiß, Sie werden es trotzdem versuchen. Das tut dem Markt gut, wir müssen das Geld ein bisschen verteilen.

8. „Du bist nur einen Trade von der Demut entfernt."

Seit 15 Jahren hängt dieser Spruch, mit einem Filzstift von Hand in großen Blockbuchstaben geschrieben, über meinem Trading-Schreibtisch. Auf die Schultern eines Traders gehört kein aufgeblasener Kopf.

9. Mehren Sie erst Ihr Wissen, bevor Sie versuchen, Ihr Kleingeld zu mehren.

Das klingt banal, aber aus irgendwelchen Gründen glauben viele Trading-Neulinge, um Profis zu werden bräuchten sie nicht viel mehr als einen Computer und Hoffnung. In diesem Geschäft ist Hoffnung ein schmutziges Wort. Mindestens ein Dutzend Mal im Monat bekomme ich zu hören: „Ich wünschte, ich hätte Sie kennen gelernt, bevor ich Haus und Hof verspielt habe". Ich war da. Andere waren auch da. Sie dachten, es sei leicht, und sie mussten erst zur Demut finden. Jetzt können sie Fortschritte machen.

10. Pflegen Sie Ihren Humor.

Sie werden ihn dringend brauchen.

11. Helfen Sie anderen Tradern, wann immer Sie können.

Das ist ein eher praktischer als philosophischer Rat: Geben hält das Ego im Zaum, und wenn Sie selbst Hilfe brauchen – und das werden Sie –, dann bekommen Sie sie auch.

www.fibtrader.com

Der Wetter-Risiko-Markt

Bob Dischel

Dr. Dischel ist Teilhaber von Weather Ventures Ltd in den Vereinigten Staaten und von Global Weather Exchange in Europa. Er erstellt meteorologische Analysen und Prognosen sowie Risikomanagement-Programme für wetterabhängige Unternehmen. Im Jahre 1997 gab Dischel seine Stellung als leitender Direktor der Portfolio-Abteilung eines milliardenschweren US-amerikanischen Versicherungsunternehmens auf, um seine Aktivitäten auf dem Gebiet des Markt-Wetter-Risikos aufzunehmen. Er ist zertifizierter beratender Meteorologe der American Meteorological Society und Mitglied des National Council of Industrial Meteorologists.

1. Das Wetter ist mächtiger als die Fed.

Wetter-indizierte Derivate binden den Cashflow an das Wetter. Solche Wertpapiere gewinnen nur dann an Wert, wenn über einen Zeitraum von Wochen oder Monaten an festgelegten Orten bestimmte Wetterdaten gemessen werden. Das Wetter beeinflusst das Wirtschaftsgeschehen auf vielerlei Weise – auf jeden Fall auch die geschäftliche Leistung -, aber wirtschaftliche Ereignisse beeinflussen weder das Wetter noch den Wert eines Wetter-Derivats. Wenn es eine Korrelation zwischen Wetterderivaten und anderen Märkten gibt, dann ist die Ursache das Wetter.

2. Die richtige Art von Wettervorhersage ist niemals falsch: Nur leider ist sie auch nie ganz richtig.

Meteorologen machen Ausflüchte, indem sie einfache Aussagen umgehen, so wie ich es auch getan habe. Als Prognost muss man seine Äußerungen absichern, denn das Wetter ändert sich, während man zuschaut. Und deshalb ist die richtige Art von Wettervorhersage eine Vorhersage, die die Wahrscheinlichkeit der Ereignisse angibt. Die Vorhersage einer 80-prozentigen Niederschlagswahrscheinlichkeit lässt beispielsweise Raum für eine 20-prozentige Wahrscheinlichkeit, dass es nicht regnet; noch besser ist eine Vorhersage der Niederschlagsmenge. Es ist höchst wahrscheinlich, dass das tatsächlich eintretende Geschehen innerhalb des prognostizierten Spektrums liegt, aber die beste Vorhersage ist diejenige, die für das eingetretene Ereignis die höchste Wahrscheinlichkeit angegeben hat.

3. Der Wetter-Handel mag von Meinungen bestimmt sein, aber die Entscheidung über den Sieger wird von Mutter Natur und Vater Zeit getroffen.

Die Preise von Wetterderivaten ändern sich jedes Mal, wenn ein neuer Langzeit-Wetterbericht herausgegeben wird und die Marktteilnehmer die neue Information dazu benutzen, die Chancen zu ihren Gunsten zu verschieben. Der Nutzen einer Langzeit-Wettervorhersage hängt von vielen Umständen ab, unter anderem auch von globalen Ereignissen wie El Niño. Aber wie wir alle wissen, ist das Wetter eine unsichere Angelegenheit, und daher reichen Wettervorhersagen für den Gewinn nicht aus, sondern man muss die Wahrscheinlichkeit des künftigen Wetters einschätzen können. Bei der Meinungsbildung können wir uns aussuchen, ob wir zurück oder nach vorne blicken, aber das tatsächliche Wettergeschehen bestimmt darüber, wer die Zeche zahlt – und da gibt es keine unterschiedlichen Meinungen.

4. Es geht nach hinten los, nur eine Saison auf dem Wettermarkt zu verbringen.

Betreten Sie den Wettermarkt nur langfristig. Wetter und Klima sind bewegliche Ziele, die mit Sicherheit von Jahr zu Jahr schwanken. Die Marktteilnehmer bemühen sich herauszufinden, wie viel das durchschnittliche Wetter des vergangenen Jahres über das Wetter der kommenden gleichen Jahreszeit im laufenden Jahr aussagt. Der Klimatologe weiß (wie jeder andere Statistiker auch), dass in Abwesenheit eines bestätigten Trends Jahrzehnte der Geschichte mehr über die Zukunft aussagen als die letzten paar Jahre. Man braucht ja nur die überdurchschnittlich warmen 90er-Jahre zu betrachten und dazu den letzten Winter (2000/2001), der in den Vereinigten Staaten die langfristigen Kälterekorde brach. War das nun eine Unterbrechung des Trends, oder sind nur die Schwankungen größer geworden?

5. Mutter Natur kann als ungebetener Gast beim Betriebsausflug erscheinen, aber bei der Aktionärsversammlung kann man sie vor die Tür verbannen.

Die meisten wettersensitiven Unternehmen spekulieren auf das Wetter, obwohl sie das gar nicht tun müssten, zum Beispiel indem sie sich nicht gegen das Wetter absichern. Die fehlende Absicherung erhöht ihr Risiko. Wenn sich ein Unternehmen gut gegen Wettereinflüsse absichert, dann „nimmt es den Wettereinsatz vom Tisch" und kann sich unbesorgt auf seine geschäftlichen Kompetenzen konzentrieren, zu denen die Steuerung des Wetters normalerweise nicht gehört. Jetzt, da die Unternehmen die Wahl haben, akzeptieren die Analysten und Aktionäre „schlechtes Wetter" immer noch als Erklärung für die schlechte Performance eines Unternehmens?

6. Wenn eine Position, die als Absicherung gedacht war, im Geld ist – widerstehen Sie der Versuchung, den Gewinn mitzunehmen.

Als End-Abnehmer sollte man ein Wetterrisiko immer absichern, wenn das wirtschaftlich ist, selbst wenn die Vorhersage günstig ist. Zunächst einmal wundert sich niemand, wenn Vorhersagen falsch sind. Zweitens kann Wetterabsicherung Kapitalreserven für wichtige Aktivitäten wie Wachstum oder bessere Dienstleistungen für die Kunden freisetzen. Wenn man sich zum Schutz abgesichert hat, dann gewinnt die Absicherung nur bei widrigem Wetter an Wert, also genau dann, wenn der Schutz nötig ist. Wenn die Hedge Gewinn macht, dann tut sie das nur, weil das eigentliche Geschäft wegen des Wetters Verlust macht. Wenn etwas funktioniert, dann sollte man es nicht reparieren.

7. Die Diversität des Wetters ist größer als die Diversität der Wetterderivate.

Die meisten Endabnehmer – meist Energieerzeuger und Vertriebsunternehmen – halten im Winter Temperatur-Shortpositionen und im Sommer Temperatur-Longpositionen, denn kalte Winter und heiße Sommer sorgen für Umsatz.
Wer seine natürliche Position gegen milde Jahreszeiten absichern will, braucht im Winter einen Temperatur-Call und im Sommer einen Temperatur-Put. Da es keine Stillhalter gibt, deckt der Markt solche Hedges mit Risikokapital ab.
Wenn eine milde Jahreszeit prognostiziert ist, dann wollen alle Teilnehmer auf die gleiche Seite des Marktes und treiben so die Preise hoch. Wenn die Preise zu hoch steigen, machen viele Endabnehmer den Fehler, sich nicht abzusichern, und die Spekulanten wollen alle auf die gleiche Seite der Wetter-Chancen setzen.
Diesem Mangel an Diversifizierung wird erst abgeholfen, wenn neue Produkte – konkret gesagt Niederschlagsderivate – Abnehmer aus anderen Wirtschaftssektoren in den Markt bringen.

8. Der Preis ist wichtig, aber noch wichtiger ist der Wert.

Ob Sie nun Endabnehmer oder Portfoliomanager sind, Ihre Auffassung von Wert beruht auf Ihrem Wetterrisiko, auf Ihren Risikovorlieben und Ihrer Meinung zum künftigen Wetter. Der Marktpreis und Ihre Sichtweise des Wertes eines Wetterderivats können sich sehr voneinander unterscheiden. Wenn der Wert eines Ihrer Derivate den Marktpreis überschreitet – nehmen Sie es. Aber bedenken Sie dabei, dass der Wettermarkt noch nicht sehr liquide ist und dass Sie häufig bis zum Fälligkeitsdatum auf Ihrer Position sitzen bleiben. Wenn Sie zu viel bezahlen, nehmen Sie sich somit von Anfang an selbst die Möglichkeit eines positiven Ausgangs.

9. Die Preisbildung nach Black und Scholes gilt in vielen Märkten, aber im Wettermarkt ist sie einfach falsch.

Die Grundidee der Black-Scholes-Analyse ist das Halten einer Optionsposition, die genau den umgekehrten Gegenwert einer Position des Vermögenswertes darstellt, von dem sie abgeleitet ist: ein risikoneutrales Portfolio aufbauen. Wir können das nicht tun, denn das Wetter, auf dem der Preis des Derivats basiert, gehört niemandem. Das ist aber nicht nur schlecht, denn es bedeutet auch, dass niemand den Markt durch Wetterverknappung manipulieren kann. Außerdem kann man sein Portfolio auch noch mit anderen Vermögenswerten ausgleichen, nicht nur mit dem Wetter selbst.

10. Es kann sein, dass es auf der einen Straßenseite regnet, auf der anderen aber nicht – und was dann?

Das Klima ist geografisch unterschiedlich, und dadurch entsteht ein Ortsrisiko. Die Korrelation zwischen zwei Orten verschwindet mit wachsender Entfernung, wenn Berge Küsten oder Städte dazwischen liegen. Dieses geografische Risiko ist ärgerlich für Endkäufer, die einen lokal operierenden Betrieb absichern wollen, aber aus genau dem gleichen Grund schafft es Gelegenheiten für Spekulanten: Schwache Korrelationen bieten Diversität. Was den Regen auf der anderen Straßenseite betrifft – wie sehr ähnelt das Säulendiagramm der Niederschläge auf der einen Straßenseite nach einem Monat dem Säulendiagramm für die andere Straßenseite? Ich glaube, es ähnelt ihm sehr.

bobdischel@WeatherVentures.com
www.WeatherVentures.com

„Es ist ein ehernes Prinzip [...], dass die Menschen den Schmerz eines Verlustes von 100 Dollar viel stärker empfinden als die Freude eines Gewinns von 100 Dollar. Passen Sie auf, dass dies Sie nicht dazu bringt, an Verlustanlagen in der Hoffnung festzuhalten, sie würden irgendwann in die Gewinnzone zurückkehren."

Gary Bels

Investmentparadigmen, die man meiden sollte.

Richard H. Driehaus

Richard Driehaus gilt in der Investmentbranche weithin als Experte für aggressive Wachstumsanlagen. Im Jahre 1979 gründete er die Driehaus Securities Corporation und 1982 Driehaus Capital Management, Inc. Er ist der Architekt der Investmentphilosophie des Unternehmens und ist in der Firma hauptsächlich für das gesamte Inlands-Portfolio-Management sowie für Investmentanalyse verantwortlich.
Anfang des Jahres 2000 wurde Driehaus von Barron's in das „Jahrhundert"-Team von 25 Personen gewählt, die in den vergangenen 100 Jahren in der Fondsbranche am einflussreichsten waren.
Driehaus ist einer der Portfoliomanager, die in The New Market Wizards (Jack Schwager, HarperBusiness 1992, dt. Ausgabe vergriffen) und in Investment Gurus (Peter Tanous, Börsenmedien 2001) porträtiert wurden. Er ist Verfasser eines Kapitels über Wachstumsinvesting des Buches von Robert Jaffra: Expert Financial Planning: Investment Strategies from Industry Leaders, John Wiley 2001.

Einführung

Paradigmen sind Auffassungen, die von den meisten Menschen geteilt werden. Leider sind sie häufig veraltet und nicht mehr gültig, aber die Menschen neigen dazu, an solchen Paradigmen festzuhalten. Tatsächlich suchen sie nach Indizien, die sie stützen, und lehnen Informationen ab, die ihrem Glauben widersprechen.

Irriges Paradigma 1: „Tief kaufen und hoch verkaufen."

Das vielleicht bekannteste Investmentparadigma lautet „tief kaufen, hoch verkaufen". Ich glaube, dass man mehr Geld machen kann, wenn man hoch kauft und zu noch höheren Preisen verkauft. Ich versuche Aktien zu kaufen, die schon schöne Preissteigerungen hinter sich haben, die häufig neue Hochs erreichen und deren relative Stärke positiv ist. Das sind Aktien, nach denen Nachfrage seitens anderer Investoren besteht.

Worin besteht das Risiko dabei? Das Risiko besteht eindeutig darin, dass ich nahe am Hoch kaufe. Aber ich investiere lieber in eine Aktie, deren Preis steigt und nehme das Risiko eines beginnenden Abstiegs in Kauf, als in eine Aktie zu investieren, die bereits im Abstieg begriffen ist, und zu raten, wann sie wieder wenden wird.

Irriges Paradigma 2: „Kaufen Sie einfach Aktien guter Unternehmen und halten Sie sie."

Das ist noch so ein Irrglaube: „Kaufen Sie einfach Aktien guter Unternehmen und halten Sie sie; auf diese Weise müssen Sie nicht jeden Tag genau aufpassen." Ich würde sagen: „Kaufen Sie Aktien guter Unternehmen und halten Sie sie so lange, bis ungünstige Veränderungen eintreten." Beobachten Sie die täglichen Ereignisse genau, denn sie bieten erste Hinweise auf langfristige Veränderungen. Denken Sie daran, der Geschäftswert entspricht nicht dem Aktienkurs, und alle Dinge ändern sich; das gute Unternehmen von gestern ist heute vielleicht keine gute Anlage mehr.

Irriges Paradigma 3: „Streben Sie keine Volltreffer an, Geld verdient man mit vielen einfachen Treffern."

Ich bin vollkommen anderer Meinung. Ich glaube, dass man mit Volltreffern das meiste Geld verdient. Aber man braucht auch Selbstdisziplin, damit man nicht blind losschlägt. Das ist bei mir die Verkaufsdisziplin. Ich versuche Verluste zu begrenzen und die Gewinner laufen zu lassen. Vielleicht ist das auch ein Paradigma, aber es ist eines, das funktioniert.

Irriges Paradigma 4: „Strategien mit hohem Umsatz sind riskant."

Die meisten Menschen glauben, ein hoher Umsatz sei riskant. Ich glaube genau das Gegenteil. Ein hoher Umsatz vermindert das Risiko, wenn er daraus resultiert, dass man viele kleine Verluste in Kauf nimmt, um größere Verluste zu vermeiden. Ich halte nicht an Aktien fest, deren Fundamentaldaten oder deren Preisentwicklung sich verschlechtert. Diese Art von Umsatz ist in meinen Augen sinnvoll. Sie vermindert das Risiko.

Irriges Paradigma 5: „Beim Investieren muss man sehr systematisch vorgehen."

Viele Menschen glauben, der Investitionsprozess müsse streng systematisch ablaufen. Ich glaube zwar, dass zu einem guten Vorgehen Disziplin gehört, aber es muss flexibel genug sein, damit man auf veränderte Marktbedingungen reagieren kann. Hier ein Beispiel: Ende November 1991 stand der Dow Jones Industrial Average bei 2.895 Punkten, und das Kurs-Gewinn-Verhältnis betrug 23. Das Kurs-Buchwert-Verhältnis betrug luftige 2,7 und die Marktrendite nur 2,8 Prozent. Eine strenge, systematische und wertbasierte Methode hätte dazu geführt, dass man zumindest mit einem Teil seiner Vermögenswerte aus dem Markt ausgestiegen wäre. Schließlich stand der Markt nach diesen Bewertungsmaßstäben höher als er historisch betrachtet während 90 Prozent der Zeit stand.

Ich dachte jedoch, es gäbe noch andere relevante Faktoren, die vermuten ließen, dass der Markt noch viel weiter steigen könnte. Es war nicht die rechte Zeit, sich streng an die Bewertungsdisziplin zu halten. Wer voll investiert blieb, profitierte davon. Von jenem Zeitpunkt bis zum Januar 2000 vervierfachte sich der Dow Jones Industrial Average.

Investieren Sie nicht wegen dem, wovon Sie glauben, dass es geschehen sollte. Investieren Sie wegen dem, was geschieht.

Irriges Paradigma 6: „Man braucht eine Bewertungsmethode."

Wenn ich mit Beratern spreche, dann wollen sie häufig eine systematische, auf Bewertungen beruhende Methode sehen. Sie denken, jede Aktie müsse einer disziplinierten, exakten und einheitlichen Bewertung unterzogen werden. Aber die Wirklichkeit ist nicht so exakt. Ich bin davon überzeugt, dass es keine allgemein gültige Bewertungsmethode gibt. Und kurzfristig ist die Bewertung tatsächlich nicht der entscheidende Faktor. Der Aktienkurs jedes Unternehmens ist einzigartig aufgrund seiner Platzierung im Marktumfeld und entsprechend der Entwicklungsphase des Unternehmens.

Irriges Paradigma 7: „Das beste Maß für das Anlagerisiko ist die Standardabweichung des Ertrags."

Ein weiteres Paradigma, mit dem ich regelmäßig zu tun habe, ist die Auffassung, das beste Maß für das Anlagerisiko sei die Standardabweichung des Ertrags – mit anderen Worten die Volatilität. Allerdings misst die Volatilität nur das kurzfristige Risiko, und dabei ist die langfristige Perspektive weitaus wichtiger. Für die meisten Anleger besteht ein großes langfristiges Risiko in der unterdurchschnittlichen Entwicklung des Portfolios, weil volatile Vermögenswerte mit höheren Erträgen unterrepräsentiert sind. Meiner Meinung nach bergen Anlageinstrumente mit niedriger kurzfristiger Volatilität langfristig häufig das größte Risiko.

Irriges Paradigma 8: „Es ist riskant, sein Geld von einem 'Star'-Manager verwalten zu lassen."

Ich widerspreche dem! In jeder Branche vollbringen Stars große Leistungen. Die Zusammenarbeit mit einer diversifizierten Gruppe von Investment-Stars ist vielleicht die sicherste Anlagemethode. Große Gedanken, Erfindungen und Kunstwerke werden immer von Einzelpersonen geschaffen, nicht von Gruppierungen oder Komitees. Das gilt auch für die Investmentbranche: Talentierte Einzelpersonen erzielen langfristig gute Resultate.

www.driehaus.com

„Es ist in Ordnung, aufgrund der Fundamentaldaten zu kaufen, aber dafür braucht man Geduld. Am Ende siegt im Allgemeinen die Langfristigkeit. Bedenken Sie immer, dass Fundamentaldaten schlecht für den Verkauf sind. Die Charttechnik bringt einen viel schneller zum Ausstieg."

David Lint

Investition in AIM-Unternehmen

Dru Edmondstone

Dru Edmondstone ist Leiter der Researchabteilung für kleinere Unternehmen („Head of Smaller Company Research“) bei der researchorientierten europäischen Investmentbank Durlacher.
Er ist Herausgeber von The AIM Bulletin, einer monatlich erscheinenden Researchpublikation von Durlacher über Unternehmen, die am Alternative Investment Market (AIM) notieren, und wöchentlicher Kommentator auf Bloomberg TV und www.nothing-ventured.com.

Einführung
Investitionen in AIM-Unternehmen sind ein hohes Risiko, aber kein höheres als die Investition in Smallcaps, die am Main Market notieren. Die risikoscheue Mentalität der City führt dazu, dass die Fondsmanager Smallcaps und insbesondere AIM-Werte in ihrem Research vernachlässigen und sie übersehen. Dies ist eine Chance für Privatanleger, die die Führer von den Nachzüglern unterscheiden können.

1. Investieren Sie nur in Unternehmen, die seit mehr als drei Jahren gehandelt werden.

Eine längere Vorgeschichte versetzt Sie in die Lage zu beobachten, wie das Unternehmen während eines vollständigen Konjunkturzyklus auf unterschiedliche makroökonomische Bedingungen reagiert hat. Die erkennbare Gewandtheit des Managements unter mageren wirtschaftlichen Bedingungen ist normalerweise ein Vorzeichen für überdurchschnittliches Wachstum während des nachfolgenden konjunkturellen Aufschwungs. Wenn Sie das Risiko von Startups oder aufstrebenden Unternehmen scheuen, dann investieren Sie nur in Unternehmen mit einer Börsengeschichte von mehr als drei Jahren.

2. Für AIM-Aktien gibt es oft keinen Vergleichsmaßstab.

Viele AIM-Aktien, insbesondere im Technologiesektor, stehen schlecht da, wenn es um die Marktbewertung geht, denn oft kann man sie nur schwer mit ähnlichen börsennotierten Unternehmen vergleichen. Es ist nicht ungewöhnlich, dass Aktien deutlich unter ihren Börsenvettern gehandelt werden, bis ihre Leistungsfähigkeit zwangsläufig zu einer Höherbewertung führt – und das geht oft sehr schnell, wenn die Ergebnisse im Vergleich zu den Mitbewerbern sehr gut ausfallen. In Fällen, in denen es anscheinend keine börsennotierten Konkurrenten gibt, richten Sie Ihr Research auf die Dominanz der Unternehmensprodukte am entsprechenden Markt.

3. Benutzen Sie einfache kurzfristige Prognosen.

Meiden Sie hochkomplizierte Bewertungsmethoden, für die man Raumfahrttechnik studiert haben muss, und meiden Sie Prognosen, die über drei bis fünf Jahre gehen. Konzentrieren Sie sich lieber auf die nächsten zwölf Monate und auf den Klartext hinter den Zahlen. Wenn Ihre Anlageentscheidung von Prognosen abhängt, dann benutzen Sie die Zahlen Ihres Brokers, aber ignorieren Sie seine Kaufempfehlung. Die Broker und Berater können sich hinsichtlich der Gewinnprognosen keine Fehler mehr erlauben. Sie wissen, dass die City nachtragend ist.

4. Beobachten Sie das Management und institutionelle Transaktionen.

Versuchen Sie den Umfang des Insiderhandels herauszufinden. Allgemein gesprochen sind interne Investoren und die großen institutionellen Aktionäre, denen sie es Recht machen wollen, näher am Tagesgeschäft des Unternehmens als es außenstehenden Anlegern je möglich ist. Das bedeutet nicht, dass ihr Urteil unbedingt besser wäre, aber ihre Ansichten bezüglich der kurzfristigen Zukunft des Unternehmens sind im Allgemeinen solide. Bedenken Sie aber, dass institutionelle Transaktionen auch von Faktoren beeinflusst werden, die mit den Aussichten des Unternehmens vielleicht nichts zu tun haben – zum Beispiel Portfoliogewichtung, unternehmensinternen Richtlinien und akzeptablen Gewinnen pro Selbstkosten.

5. Halten Sie sich von Unternehmen fern, von denen sich weniger als 25 Prozent in öffentlichem Besitz befinden.

Es gibt Unternehmen, die an die AIM gegangen sind und von denen sich 90 Prozent des Aktienkapitals in privater Hand befinden. Eine derartige Beschränkung der Anzahl von außenstehenden Investoren führt zu großen Diskrepanzen zwischen Aktienangebot und -nachfrage einerseits und Geld- und Briefkurs andererseits. Es ist vielleicht nicht schwer, an solche Aktien heranzukommen, aber sie wieder loszuwerden kann sich als Problem entpuppen, vor allem wenn die Aktien fallen.

6. Erkundigen Sie sich nach der Vorgeschichte der Berater des Unternehmens.

Die Anzahl der Unternehmensprüfungen hat sich auf Kosten der Zulassungsgebühren drastisch erhöht, seit die Börse den ersten Jahresbericht über offiziell zugelassene Berater herausgegeben hat. Manche Berater – und manche Broker – sind besser als andere. Versuchen Sie vor der Investition in ein Unternehmen die Erfolgsquote der Berater herauszubekommen, insbesondere wenn Sie daran denken, in eine Erstemission zu investieren.

7. Betrachten Sie die Aussichten des Sektors.

Obwohl der AIM ein Stockpicker-Markt ist, weist er manchmal klare Sektorentrends auf (ein gutes Beispiel ist das Dahinscheiden des Multimedia- und des Internetsektors). Die gründliche Kenntnis eines bestimmten Sektors trägt zur Verteilung des Anlagerisikos bei, und daher sollte man sich als Anleger mit möglichst viel Research über seinen „auserwählten" AIM-Sektor vertraut machen und den Trend mit dem entsprechenden Sektor im amtlichen Handel vergleichen.

8. Detaillierte Bewertungen der Führungsmannschaft und ihrer Vorgeschichte sind für die Analyse unerlässlich.

Bei manchen Unternehmenseignern/-Managern zerstreut sich der unternehmerische Elan beim Aufbau eines Unternehmens, sobald das Unternehmen eine bestimmte kritische Masse erreicht hat. Der Sprung vom Betreiben einer Privatorganisation zur Leitung einer Aktiengesellschaft fällt nicht immer leicht, und das schlägt sich häufig im Aktienkurs nieder. Als Anleger sollte man deswegen einschätzen können, ob das Management willens und in der Lage ist, die zusätzliche Verantwortung zu tragen, die mit einem börsennotierten Unternehmen verbunden ist. Auch die Erfahrenheit und die künftige Rolle des mittleren Managements und des Aufsichtsrats ist ebenfalls ein wichtiger Gesichtspunkt.

9. Rechnen Sie nicht mit Dividenden.

Die Dividendenpolitik ist in AIM-Prospekten ein üblicher Punkt, weil die meisten Investoren Rendite brauchen, und sei es auch nur langfristig. Aber der AIM ist kein ausgesprochener Renditemarkt. Zwar schütten manche AIM-Gesellschaften Dividenden aus, die meisten schnell wachsenden Unternehmen opfern jedoch die Dividende zu Gunsten der einbehaltenen Gewinne und des daraus resultierenden Kursanstiegs, der die Zunahme der ertragbringenden Aktiva.

10. Bedenken Sie die Auswirkungen des Konjunkturzyklus auf das Unternehmen.

Die Korrelation zwischen dem volkswirtschaftlichen Zyklus und den AIM-Unternehmen ist oft sehr schwach, weil innovative Unternehmen neue Märkte schaffen, die anfangs im Vergleich zu etablierten Technologien und Sektoren sehr klein sind. Nichtsdestoweniger dämpft eine konjunkturelle Abschwächungstendenz überproportional stark die Bereitschaft, den „Unternehmungsgeist“ der AIM-Unternehmen zu unterstützen. Betrachtet man den AIM-Markt insgesamt, so gibt es einige Unternehmen, deren Abhängigkeit von schwachen Volkswirtschaften, zum Beispiel in Fernost, ihren Aktienkurs deutlich beeinträchtigt.

www.durlacher.com, www.nothing-ventured.com

„Meiden Sie Technologieunternehmen, deren Unternehmenskultur verkaufsorientiert ist. Allzu oft schleichen sich früher oder später Unregelmäßigkeiten in der Buchführung und fragwürdige Praktiken ein, die am Ende dazu führen, dass die Ergebnisberichte revidiert werden, dass die Anleger das Vertrauen verlieren und dass der Aktienkurs über Nacht zusammenbricht."

Conor McCart

Kontrarianischer Rat von Dr. Doom

Marc Faber

Dr. Marc Faber ist Autor und Herausgeber von „The Gloom, Boom & Doom Report", einem monatlich erscheinenden Börsenbrief, der als unerlässlicher Ratgeber für alternatives Investment gilt. Er schreibt regelmäßig Beiträge für Forbes und für mehrere Internetseiten, unter anderem Financial Intelligence und Asian Bond Portal.

Regel 1: Es gibt keine Investmentregel, die immer gilt.

Wenn es irgendeine Regel gäbe, die immer gilt, dann würde sie irgendwann jeder befolgen, und somit würden alle reich werden. Aber die einzige Konstante in der Geschichte ist die Form der Wohlstandspyramide – an der Spitze wenige Reiche und an der Basis viele Arme. Deshalb ändern sich selbst die besten Regeln von Zeit zu Zeit.

Mythos 1: „Auf lange Sicht steigen die Aktien immer."

Das ist ein Mythos. Es gibt viel mehr Unternehmen, die bankrott machen, als erfolgreiche Unternehmen. Es gibt viel mehr Länder, deren Aktienmärkte auf null gefallen sind, als Aktienmärkte, die überlebt haben. Denken Sie nur an Russland 1918, alle osteuropäischen Börsen nach 1945, Shanghai nach 1949 und Ägypten 1954.

Mythos 2: „Auf lange Sicht steigen Immobilien immer."

Es stimmt zwar, dass Immobilien dazu neigen, langfristig an Wert zu gewinnen – zum Teil aufgrund der Bevölkerungszunahme –, aber die Besitz- und Eigentumsrechte führen zu Problemen. Für Londoner waren Immobilien in den letzten 1.000 Jahren eine gute Investition, nicht aber für die nordamerikanischen Indianer, für die Azteken in Mexiko, für die Inkas in Peru und für die Bewohner der Länder, die im 20. Jahrhundert kommunistisch wurden. Alle diese Menschen haben ihre Immobilien und im Normalfall auch ihr Leben verloren.

Problematische Regel 1: „Tief kaufen, hoch verkaufen."

Das Problem an dieser Regel besteht darin, dass man nie genau weiß, was tief und was hoch ist. Häufig fällt das Tiefe noch tiefer, und das Hohe steigt noch höher.

Problematische Regel 2: „Kaufen Sie einen Korb voll Qualitätsaktien und halten Sie sie."

Wieder eine höchst gefährliche Regel! Die Führer von heute sind es vielleicht morgen schon nicht mehr. Vergessen Sie nicht, dass Xerox, Polaroid, Memorex, Digital Equipment, Burroughs und Control Data im Jahre 1973 führend waren. Und wo stehen sie heute? Entweder sind sie bankrott oder ihre Aktien stehen weitaus tiefer als 1973.

Problematische Regel 3: „Kaufen, wenn in den Straßen Blut fließt."

Es stimmt, dass schlechte Nachrichten häufig gute Einstiegspunkte in den Markt bieten, zumindest als Tradinggelegenheit. Langfristig wäre es aber wahrscheinlich eine bessere Strategie, nach schlechten Nachrichten zu kaufen, denen bereits eine lange Reihe schlechter Nachrichten vorangegangen ist. Wenn der Markt nicht mehr weiter fällt, besteht die Chance, dass selbst das Allerschlimmste schon vollständig eingepreist ist.

Regel 2: Trauen Sie niemandem!

Alle sind darauf aus, Ihnen etwas zu verkaufen. Topmanager lügen entweder bewusst oder weil sie den wahren Zustand ihres Unternehmens nicht kennen, und die gesamte Investmentcommunity verdient daran, wenn Sie etwas kaufen oder verkaufen.

Regel 3: Die besten Investitionen sind häufig diejenigen, die Sie nicht getätigt haben.

Das Auffinden eines wirklich guten Investments, das sich nach einer gewissen Zeit verhundertfacht oder mehr, ist wie die Suche nach der Stecknadel im Heuhaufen. Die meisten „heißen Tipps", fast jedes „Muss" und fast alle „tollen Gelegenheiten" entpuppen sich als Desaster. Treffen Sie darum nur sehr wenige Anlageentscheidungen, die Sie hinsichtlich des Risikos und der potenziellen Belohnung sorgfältig analysiert und durchdacht haben.

Regel 4: Investieren Sie dort, wo Sie einen Vorsprung haben.

Wenn Sie in einer Kleinstadt leben, kennen Sie vielleicht den örtlichen Immobilienmarkt, wissen aber wenig über Cisco, Yahoo! und Oracle. Halten Sie sich an Investments, bei denen Sie möglicherweise einen Wissensvorsprung haben.

Regel 5: Investieren Sie in sich selbst!

Die heutige Gesellschaft ist vom Geld besessen. Ihre beste Investition könnte die Investion in Ihre Bildung und Ausbildung sein, in die Qualität der Zeit, die Sie mit Ihren Lieben verbringen, in Ihre Arbeit und in Bücher, die Ihnen neue Gedanken eröffnen und die Sie die Dinge aus zahlreichen verschiedenen Perspektiven sehen lassen.

email – contrary@pacific.net.hk

Anlage in Anleihen

Frank J. Fabozzi

Frank J. Fabozzi ist Herausgeber des Journal of Portfolio Management, Außerordentlicher Professor für Finanzwissenschaft an der School of Management der Yale University und Berater im Bereich festverzinsliche Papiere und Derivate.
Von 1986 bis 1992 war er Ordentlicher Professor an der Sloan School of Management innerhalb des MIT. Fabozzi ist staatlich geprüfter Finanzanalyst und amtlich zugelassener Wirtschaftsprüfer sowie Autor vieler hoch gelobter Bücher im Finanzbereich.

Bücher
Frank Fabozzi hat viele Bücher über den Anleihen- und Aktienmarkt geschrieben beziehungsweise herausgegeben. Sein Handbook of Fixed Income Securities, das bei McGraw-Hill erschienen ist, liegt in der sechsten Auflage vor.

Einführung
Man kann die Welt des Investment in Kleinanleger (Privatanleger) und institutionelle Anleger (Versicherungsgesellschaften, Investmentfonds, Geldinstitute) einteilen. Die folgenden Investmentregeln richten sich vor allem an institutionelle Anleger. Man kann wahrscheinlich mehrere Fiaskos von institutionellen Investoren auf die Verletzung einer oder mehrerer dieser Regeln zurückführen.

1. Kennen Sie Ihren Vergleichsmaßstab.

Institutionelle Anleger verwalten Geld im Verhältnis zu einem Vergleichsmaßstab. Das kann ein Börsenindex sein oder künftige

Verbindlichkeiten, die vertraglich festgelegt sind. Der institutionelle Anleger sollte die Charakteristika des Maßstabs gut kennen. Eine Strategie, die für den einen institutionellen Anleger geeignet ist, kann aufgrund unterschiedlicher Messlatten für einen anderen katastrophal sein. Wenn man den Maßstab versteht, bedeutet das außerdem, dass man die primären Risiken identifiziert, die die Rendite treiben; und dies sind die Risiken, auf die man sich als institutioneller Anleger zur Risikokontrolle konzentrieren kann und mithilfe deren man versuchen kann, den Vergleichsmaßstab zu übertreffen.

2. Wertpapiere lohnen sich nur im Zusammenhang mit einer Strategie.

Das Grundprinzip der modernen Portfoliotheorie besagt, dass das Risiko eines einzelnen Wertpapiers nicht isoliert besteht, sondern als Risikobeitrag zu einem Portfolio. Das bedeutet, dass man sich als Anleger angesichts der Messlatte und angesichts der Strategie, die diesem Ziel gemäß ist, darauf konzentrieren sollte, wie viel ein bestimmtes Wertpapier zum Risiko der Strategie beisteuert.
Ich habe es auf Fachkongressen schon erlebt, dass zwei Portfoliomanager der gleichen Vermögenswerwaltungsgesellschaft die gleiche Anleihenstruktur völlig unterschiedlich darstellten. Beide hatten Recht, weil der eine das Geld im Verhältnis zu einem Anleihenindex managte, und der andere bezogen auf vertraglich bestimmte Verbindlichkeiten.

3. Für Anleiheninvestoren bergen Riskomodelle ein bedeutendes Risiko, das man nicht unterschätzen sollte.

Für Anleiheninvestoren ist die Bewertung von Anleihen, die in den letzten zwei Jahrzehnten auf den Markt gekommen sind, schwierig. Ihre Bewertung basiert auf mehreren Annahmen. Wenn man diese Papiere bewerten und zur Risikokontrolle einschätzen will, wie sie sich in verschiedenen Szenarien verhalten, muss man den Einfluss dieser Annahmen abschätzen, um mit dem Risiko zurechtzukommen.

4. Hedging und Risikokontrolle sind nicht dasselbe.

Institutionelle Anleger sagen allzu häufig, sie wollten das Risiko absichern oder hedgen. Das Hedgen eines Risikos bedeutet die Beseitigung des Risikos, und dies bedeutet – außer wenn die Märkte ineffizient sind –, dass der potenzielle Ertrag ungefähr dem risikofreien Ertrag entspricht. Institutionelle Anleger, die Portfolios verwalten, wollen die primären Risiken kontrollieren, die mit dem Vergleichsmaßstab verbunden sind, und zwar entsprechend ihrer Sichtweise der primären Risikofaktoren.

5. Wenn man einen Anleihenfonds managt, muss man verstehen, was Duration bedeutet und wie man sie misst.

Ein gängiges Maß für das Zinsrisiko eines Anleihenportfolios ist die Duration oder Restlaufzeit. Unglücklicherweise wird die Duration nur zu häufig als zeitliches Maß aufgefasst (beispielsweise in Jahren zu messen). Aber die Duration ist ganz einfach ein Maß für die Empfindlichkeit, mit der sich der Wert einer Anleihe (oder eines Portfolios) aufgrund von Zinsänderungen verändert.

Eine nützliche Arbeitsdefinition ist die folgende: Die Duration ist die ungefähre prozentuale Wertänderung einer Anleihe (oder eines Portfolios) bei einer Änderung des Zinssatzes um 100 Basispunkte. Somit bedeutet beispielsweise eine Duration von 4, dass sich der Wert der Anleihe bei einer Veränderung der Zinsen um 100 Basispunkte um 4 Prozent verändert.

Wenn ein Portfolio komplexe Wertpapiere enthält (also Papiere mit beträchtlichen Cashflow-Unsicherheiten), ist die Kalkulation der Duration schwierig, und somit birgt die berechnete Duration ein Modellierungsrisiko.

6. Rendite ist nicht gleich Ertrag.

Die für eine Anleihe berechnete Rendite – Rückzahlungsrendite oder Zinsrendite – ist nur ein Maß für den potenziellen Ertrag einer Anleiheninvestition unter bestimmten Bedingungen.

7. Begreifen Sie, warum es eine Renditeabweichungen gibt.

Am Anleihenmarkt besteht die Kunst darin, die Rendite eines Papiers zu berechnen und sie dann mit der Rendite eines Papiers zu vergleichen, das als Messlatte fungiert. Die Differenz nennt man Renditeabweichung. Als Anleger muss man begreifen, für welche Eigenschaften eines Wertpapiers (also für welche Risiken) einen die Renditeabweichung entschädigen will; und dann muss man bestimmen, ob die Abweichung angesichts der Risiken angemessen ist.

8. Führen Sie bei der Bewertung von Managern immer eine Attributionsanalyse durch.

Wenn man die Leistung eines Portfoliomanagers analysiert, ist es wichtig, dass man den erzielten Ertrag in die Gründe aufspaltet, aufgrund deren er erzielt wurde. Dieses Verfahren heißt Attributionsanalyse.

9. Betrachten Sie Geldverwalter mit besonderer Vorsicht, die weitaus höhere Erträge erzielen als die anderen.

Wenn man als Kunde die Dienste mehrerer Geldverwalter in Anspruch nimmt, um in einem bestimmten Sektor zu investieren (zum Beispiel Anleihen), dann sollte man sich um denjenigen Manager die meisten Sorgen machen, dessen Ertrag wesentlich besser ist als der Ertrag der anderen. Mithilfe der Attributionsanalyse kann man als Kunde den Grund für die überlegene Performance herausfinden und sollte dann ganz klar die Risiken sehen, die dieser Manager eingeht. Es könnte sein, dass man als Kunde der Meinung ist, diese bestimmten Risiken (und dementsprechend die Spekulationen) seien nicht diejenigen, die man in Zukunft eingehen will.

www.frankfabozzi.com

„Die höchstbezahlten Menschen dieses Landes arbeiten an der Wall Street. Sie werden so gut bezahlt, weil sie die Menschen zum Kauf beziehungsweise Verkauf von Wertpapieren überreden. Zwar wäre es übertrieben zu behaupten, sie hätten kein Interesse am Ausgang der Transaktion – aber nur ein kleines bisschen.“

Robert A.G. Mon

Swing Trading

Alan Farley

Alan Farley ist privater Trader und Herausgeber von Hard Right Edge, einer umfassenden Onlinesammlung von Traderwissen, technischer Analyse und kurzfristigen Tradingtaktiken. Seine Methoden wurden in der Finanzpresse ausführlich vorgestellt, unter anderem in Barron's, Smart Money, Tech Week, Active Trader, TradingMarkets.com und TheStreet.com.

Bücher

The Master Swing Trader, McGraw-Hill 2000

1. Vergessen Sie die Nachrichten, denken Sie an den Chart.

Sie sind nicht schlau genug zu wissen, wie sich Meldungen auf den Preis auswirken. Der Chart weiß schon, dass Nachrichten kommen.

2. Kaufen Sie den ersten Rücksetzer nach einem neuen Hoch.

Verkaufen Sie den ersten Rücksetzer nach einem neuen Tief.
Es gibt immer eine Menge Menschen, die den ersten Zug verpasst haben.

3. Shorten Sie Erholungen, keine Verkaufswellen.

Wenn der Markt zurückfällt, bringen die Shorts Gewinn und können eingedeckt werden.

4. Jagen Sie nicht dem Momentum nach, wenn Sie den Ausgang nicht finden.

Angenommen, der Markt dreht sich genau in der Minute, in der

Sie einsteigen. Wenn die Tür zu weit entfernt ist, stecken Sie in großen Schwierigkeiten.

5. Trends testen die letzte Unterstützung/den letzten Widerstand.
Steigen Sie dort ein, selbst wenn es weh tut.

6. Wenn Sie suchen müssen, dann ist da nichts.
Vergessen Sie Ihren College-Abschluss und trauen Sie Ihren Instinkten.

7. In der letzten Stunde ist der Trend Ihr Freund.
Wenn das Volumen nach 15:00 Uhr anzieht, rechnen Sie nicht damit, dass noch jemand den Fluss umleitet.

8. Vermeiden Sie offenes Gelände.
Dann sehen sie Sie nämlich kommen, Sie Idiot.

9. Der Preis hat ein Gedächtnis.
Was hat der Preis das letzte Mal getan, als er ein bestimmtes Niveau erreichte? Wahrscheinlich tut er das Gleiche wieder.

10. Schlagen Sie die Menge drinnen und draußen.
Sie müssen den anderen das Geld abnehmen, bevor sie Ihnen Ihres abnehmen, Punkt.

www.hardrightedge.com

Von den Rothschilds lernen

Niall Ferguson

Niall Ferguson ist Professor für Politik- und Finanzgeschichte an der Oxford University und Gastprofessor für Wirtschaftswissenschaft an der Stern Business School der New York University.

Bücher

The Cash Nexus, Allen Lane 2001
The House of Rothschild, Penguin 2000
Die Geschichte der Rothschilds, dtv, geplant für September 2004

Einführung

Als ich anfing, mich mit der Geschichte der Familie Rothschild zu beschäftigen, war ich selbst kein Anleger. Natürlich hoffte ich, das Studium der Korrespondenz der reichsten Dynastie des 19. Jahrhunderts würde mir ihr Erfolgsgeheimnis enthüllen und mich zu einem Midas machen. Gewiss habe ich aus den Archiven der Bank sehr viel gelernt, aber ich bin nach wie vor nicht sicher, ob die Regeln, nach denen die Rothschilds damals verfuhren, heute noch irgendeine Gültigkeit haben. Natürlich bieten Angehörige der Familie auch heute noch professionellen finanziellen Rat in diversen Firmen, die den Namen Rothschild tragen. Wer ernsthaft wissen will, wie er heutzutage sein Geld anlegen soll, der sollte mit einem von ihnen Kontakt aufnehmen. Als Historiker, dessen größte Investition ein aus dem 18. Jahrhundert stammendes Bauernhaus in Oxfordshire ist, habe ich nur vergangene Rothschild-Ratschläge anzubieten, die immerwährend sein können oder auch nicht.

Es gibt mindestens zwei Legenden hinsichtlich der Anlagestragegie der Rothschilds. Die eine, die häufig Nathaniel zugeschrieben wird, dem ersten Lord Rothschild, besagt, dass Geldanlage sein sollte wie eine kalte Dusche: „Schnell hinein und schnell wieder heraus.“ Das ist genau das Gegenteil des heutigen „Aktien langfristig halten“. Ich bezweifle jedoch, dass das je gesagt wurde, zumindest nicht im Ernst.

Eine weitere nicht bestätigte Geschichte erzählt, die Rothschilds hätten ein Drittel ihres Vermögens in Wertpapiere, ein Drittel in Immobilien und ein Drittel in Kunstobjekte investiert. Das war mit Sicherheit nicht so: So groß ihre Häuser auch gewesen sein mochten (und das waren immerhin die größten Privatresidenzen, die im 19. Jahrhundert gebaut wurden) und wie beeindruckend ihre Sammlungen alter Meister gewesen sein mochten – ihre immensen Wertpapierportfolios waren immer viel mehr wert.

Was also sagten die Rothschilds wirklich über Investment? Da sie in erster Linie, wenn auch nicht ausschließlich, Anleihen ausgaben und handelten, ist vieles von dem, was sie in ihrer umfangreichen Korrespondenz schrieben, für Investoren in Staatsanleihen relevant, nicht aber für Anleger in Aktien.

1. Suchen Sie Regierungen in Schwierigkeiten

Mayer Amschel Rothschild, der Gründer der Bank, sagte seinen Söhnen immer: „Es ist immer besser, Geschäfte mit einer Regierung in Schwierigkeiten zu machen als mit einer, die das Glück auf ihrer Seite hat.“ Das klingt wie eine andere Art auszudrücken dass Regierungen, die in ernsten Finanzschwierigkeiten stecken, höhere Renditen und Gebühren bezahlen (Anmerkung: Betrachten Sie das nicht als Empfehlung, heutzutage ukrainische Staatsanleihen zu kaufen).

2. Streut Zucker …

Die Rothschilds waren genauso sehr Anleihengroßhändler, wie sie Investoren waren, und deshalb sollte man sich anhören, was sie zum Trading zu sagen hatten. Im Jahre 1836 gab James de Rothschild, der jüngste Sohn von Mayer Amschel, seinen Neffen Ratschläge, wie sie an der Pariser Börse Wertpapiere verkaufen sollten: „Wenn Ihr Rentenpapiere kauft oder verkauft, dann schaut nicht so sehr auf den Profit; es sollte eher euer Ziel sein, dass die Broker das Gefühl bekommen, sie müssten sich an euch wenden. [...] Am Anfang muss man ein paar Opfer bringen, damit sich die Menschen an den Gedanken gewöhnen, zu euch zu kommen. Und darum, meine lieben Neffen, müsst Ihr zuerst Zucker ausstreuen, damit hinterher die Vögelein zu Euch kommen."

3. ... oder streut Angst.

Wenn der Zucker nicht wirkte, dann hatte James eine Alternativstrategie: „Wenn man sich nicht beliebt machen kann, dann muss man sich gefürchtet machen", sagte er seinen Neffen. Diese Regel hatte ihm sein Vater beigebracht.

4. Regeln für Insidergeschäfte

Die Rothschilds konnten natürlich Dinge tun, die heute den Vorwurf des „Insidergeschäfts" nach sich ziehen würden. James' Bruder Nathan sagte man beispielsweise Folgendes nach: „Wenn er Neuigkeiten hatte, die den Fonds steigen lassen würden, beauftragte er den Broker, der in seinen Diensten stand, [zuerst] eine halbe Million zu verkaufen." Und dann, wenn der Preis gefallen war und der Rest des Marktes nicht mehr hinschaute, kaufte Rothschild im großen Stil. Erst dann wurden die „Neuigkeiten" öffentlich und trieben den Preis auf neue Höhen.

Natürlich waren solche Aktionen einfacher, als es noch keinen Telegrafen gab (von Bloomberg-Geräten und CNBC konnte man nicht einmal träumen). Die Privatkuriere der Rothschilds waren im Allgemeinen als Erste mit brisanten Nachrichten aus dem Ausland in der Stadt. Somit konnten die Rothschilds den weniger gut informierten Investoren mit Leichtigkeit ein Schnippchen schlagen.

Sie waren außerdem geschickt darin, sich einflussreiche Politiker geneigt zu machen, die den Rothschilds regelmäßig ihre

Absichten mitteilten und als Gegenleistung einen Anteil der Spekulationsgewinne bekamen.

5. Wissen, wann man sich zurückhalten muss.

Der nächsten Generation fehlte das harte Ethos ihrer im Getto geborenen Väter. Nathans Sohn Nat war äußerst risikoscheu, aber sein Abraten von der Investition in Eisenbahnen rührt vielleicht eine Saite in den modernen Investoren an, die in den 90er-Jahren dazu verleitet wurden, sich in den Markt der britischen Eisenbahnprivatisierung einzukaufen:

„Ich bin gegen [die Investition in Eisenbahnen], weil ich die Angst, die Probleme und den Ärger fürchte, den sie uns sicher bereiten werden – die moralische Verantwortung würde dann vollständig bei uns liegen, und ich würde den Profit, den die Aktien wahrscheinlich bringen, lieber anderen überlassen als mich in einer Angelegenheit dieser Größe zu engagieren, ohne die Möglichkeit zu haben, mich angemessen darum zu kümmern. Ich glaube, am besten ist es [...] nichts damit zu tun zu haben."

6. Zu früh verkaufen.

Wie zu erwarten, wurden die Rothschilds häufig wegen kostenloser Anlagetipps belästigt. Auf die Frage nach einer Formel für finanziellen Erfolg antwortete der erste Lord Rothschild gewöhnlich: „Ja, zu früh verkaufen."

7. Nicht pleite gehen.

Diese Warnung hatte ihre Nachteile, und sie erklärt unter anderem, warum die Rothschilds – im Jahre 1905 immer noch die größte Bank der Welt – im 20. Jahrhundert von den Gesellschaftsbanken überholt wurden. Als Sir Edward Guiness im Jahre 1886 seine berühmte Brauerei an die Börse bringen wollte, weigerten sich die Londoner Rothschilds, die Sechs-Millionen-Pfund-Emission durchzuführen; Barings übernahm sie, und die Konkurrenzbank heimste einen hübschen Profit ein. Als ein Journalist

Lord Rothschild fragte, ob er die Ablehnung des Geschäfts bedaure, antwortete dieser: „Ich sehe das nicht so. Ich gehe jeden Morgen in die Bank, und wenn ich zu allen Projekten und Unternehmungen, die mir vorgelegt werden, 'nein' sage, dann gehe ich abends sorglos und zufrieden nach Hause. Wenn ich dagegen irgendeinem Vorschlag zustimme, dann erfüllt mich sofort die Furcht. 'Ja' zu sagen ist wie den Finger in eine Maschine zu stecken: Die wirbelnden Räder könnten nach dem Finger auch noch den ganzen restlichen Körper hineinziehen." Risikoscheu, ja – aber dann ist es eines der Erfolgsgeheimnisse guter Bankiers, nicht pleite zu machen.

8. Reich sein.

Meine Lieblingsgeschichte über die Rothschilds ist ein deutsch-jüdischer Witz: „Herr Baron, Herr Baron", fragt ein klassischer Börsenbruder, „was macht die Börse morgen?" „Wenn ich das wüsste", antwortet Rothschild, „wäre ich ein reicher Mann."

www.history.ox.ac.uk

„Ein klassischer Fallstrick für alle Investmentstrategien ist der klare Beginn des Anlageprogramms. Wenn am Beginn des Programms das ganze Vermögen eingesetzt wird, dann hängt die gesamte Performance des Programms wesentlich vom Einstiegspunkt ab. Bauen Sie Positionen nach und nach auf."

Richard Ols

Sich den Großen Erniedriger dienstbar machen

Kenneth L. Fisher

Ken Fisher ist vor allem für seine Forbes.-Kolumne „Portfolio Strategy" bekannt. Unter den dienstältesten Kolumnisten in der 83-jährigen Geschichte von Forbes belegt er Platz sechs. Er ist Gründer, Boardvorsitzender und CEO von Fisher Investments, Inc., einer Acht-Milliarden-Dollar-Vermögensverwaltung mit Sitz im kalifornischen Woodside und in London; die Klienten sind Pensionspläne von Großunternehmen und des öffentlichen Dienstes sowie Stiftungen und vermögende Privatpersonen.
Ken hat drei bedeutende Börsenbücher geschrieben, und für so ziemlich alle großen amerikanischen Börsenzeitschriften hat er entweder Beiträge verfasst oder er wurde von ihnen interviewt.

Bücher
Super Stocks, Dow Jones Irwin 1984
100 Minds that Made the Market, Business Classics 1993
The Wall Street Waltz, Business Classics 1987

1. Machen Sie sich den Großen Erniedriger dienstbar, ohne sich von ihm erniedrigen zu lassen.

Der Markt ist eigentlich ein fast lebendiges und fast geistiges Wesen, das nur für einen einzigen Zweck existiert – so viele Menschen wie möglich so lange wie möglich um möglichst viele Dollars zu bringen.
Und er macht das sehr wirkungsvoll. Er will Sie erniedrigen, mich und alle anderen. Er will Republikaner, Demokraten und Torys erniedrigen. Er erniedrigt ohne Unterschied. Ihr Ziel ist

es, sich den Großen Erniedriger dienstbar zu machen, ohne sich von ihm erniedrigen zu lassen.

2. Vergessen Sie niemals, dass Sie eigentlich Fred Feuerstein sind.

Wenn Sie immer daran denken, dass Ihr Geist genetisch aus der Steinzeit stammt und trotzdem versucht, mit den Problemen der postindustriellen Revolution zurechtzukommen, dann begreifen Sie eher Ihre kognitiven Schwierigkeiten, den Markt korrekt zu betrachten. Wir haben unsere Gehirne von unseren Vorfahren bekommen, und sie sind nicht nur in genetischer Hinsicht identisch mit denen, die es vor der Existenz des Marktes gab, sondern auch unsere Art der Informationsverarbeitung ist die gleiche wie vor Tausenden von Jahren. Wenn Sie ein schwieriges Börsenproblem so angehen, wie es ein Steinzeitmensch betrachten würde, dann gelangen Sie zu den Grundzügen der Evolutionspsychologie, die eng mit der Finanziellen Verhaltenslehre zusammenhängt und Sie schnell in die Lage versetzt, sich selbst klarer zu sehen und Ihr Problem zu durchschauen.

3. Die Profis liegen immer falsch.

Jahrzehntelang haben die Menschen angenommen, der kleine Mann liege falsch und der Profi liege eher richtig. Das ist eine hübsche Vorstellung, aber sie stimmt nicht mit der Finanztheorie überein. In Wahrheit ist die übereinstimmende Meinung der Profis immer falsch. Aber warum?

Der Markt preist alle Informationen ein. Das ist der Kern der Finanztheorie. Jeder hat Informationen, aber im Durchschnitt haben die Profis Zugang zu viel mehr Informationen als gewöhnliche Menschen. Als Gruppe betrachtet haben die Profis Zugang zu allen bekannten Informationen. Wenn Sie herausfinden können, was nach Meinung der Profis passieren wird, dann wissen Sie, was von allen bekannten Informationen in die Kurse eingepreist ist und somit nicht eintreten kann. Das ist theoretisch und empirisch perfekt. Die Profis als Gruppe sind die perfekte Richtschnur für das, was nicht passiert. Zu wissen, was nicht passiert, sagt einem zwar nicht, was passiert, aber es beseitigt einen großen Teil des Möglichkeitsspektrums und erleichtert es herauszufinden, was passieren könnte.

4. Nichts funktioniert immer.

Manchmal ist Wachstum angesagt, manchmal nicht. Manchmal ist Substanz führend, manchmal Smallcaps. Manchmal liegen Auslandsaktien vorne, manchmal Inlandsaktien.

Der Denkprozess der Anleger setzt auf einen seit Jahrtausenden bewährten Prozess auf, den wir heute als Sammlertrieb bezeichnen. Vor Jahrtausenden sammelten die Menschen Nahrung, steinerne Speerspitzen, Feuerholz und vieles andere. Heutzutage sammeln die Menschen zum Vergnügen, weil unser Gehirn darauf ausgelegt ist. Die Sammler orientieren sich an ihren Neigungen sowie an ihrem Zugang zu Informationen und/oder Material. Ihre Sammlungen sagen Ihnen mehr über sie als das Material.

Auf dem Feld der Aktien sammeln sie gemäß ihren Neigungen beispielsweise Substanzwerte, Wachstumswerte und so weiter. Beide, der Substanztyp und der Wachstumstyp, glauben, ihre Kategorie sei grundsätzlich und jederzeit besser. Aber auf lange Sicht bekommen sie exakt die gleichen jährlichen Durchschnittserträge, und das muss auch so sein – das ist der Kern der Funktionsweise der Preisbildung im Kapitalismus.

5. Die meisten Anleger gehen vor die Hunde, ohne zu verstehen warum.

Wenn Sie nicht Punkt 4 beachten und wirklich glauben, gewisse Aktienkategorien seien grundsätzlich besser oder schlechter als andere, dann stehen Sie damit nicht allein. Die meisten Anleger – auch die meisten Profis – glauben das, weil sie Sammler sind.

Aber zu sagen, eine bestimmte Aktienkategorie sei grundsätzlich und jederzeit besser, bedeutet entweder, dass man nicht an den Kapitalismus glaubt – und dann geht man auf jeden Fall vor die Hunde –, oder dass man den Preisbildungsmechanismus nicht vollständig begreift.

Auf lange Sicht übt das Angebot einen viel mächtigeren Einfluss auf die Preise von Wertpapieren aus als die Nachfrage, und die einzigen Nebenkosten des neuen Angebots sind die Vertriebskosten. Alle anderen Kosten können mittels hoher Volumina fast auf null gedrückt werden, wenn der Preis für die Aktie nur hoch genug ist. Und das bedeutet, dass sich die Investmentbanker, sobald sie eine zu hohe Nachfrage nach irgendeiner Aktienkategorie erkennen, daran machen, das entsprechende neue Angebot zu schaffen, das die Nachfrage befriedigt. Und in dem Maße, in dem sie das tun – was eine gewisse Zeit dauern kann –, ziehen sie das Preisniveau der entsprechenden Kategorie wieder herab auf das Niveau aller anderen Kategorien. Wenn Sie sich die durchschnittlichen Erträge aller Aktienkategorien über die letzten 30 Jahre ansehen, dann erkennen Sie, dass sie im Grunde gleich sind und das auch immer bleiben werden. Das ist ein Kernstück der Finanztheorie.

6. Helden sind Mythen.

Die großen Investoren der Vergangenheit waren größtenteils Neuerer, aber wenn sie heute leben würden, dann würden sie es nicht so machen wie sie es damals gemacht haben. Damals war damals, heute ist heute. Fast alles Vergangene gilt heute nicht mehr.
Stellen Sie sich das vor wie Intel. Wenn Intel heute Halbleiter so herstellen würde wie vor 15 Jahren, dann wäre das Unternehmen bankrott. Man muss unaufhörlich lernen und sich verändern, sich anpassen und sich die neuesten Fähigkeiten aneignen. Wenn nicht, fällt man zurück. Wenn Sie mir das nicht glauben, dann schauen Sie zu, wie ich Sie hinter mir lasse. Deshalb ist es ein Fehler, wenn man Aussagen wie die folgende trifft: „Ich will so investieren wie Ben Graham (oder ein anderer Guru der Vergangeneit)." Diese Gurus würden nämlich nicht das tun, was sie getan haben – heute nicht mehr.

7. Beten Sie zum Glücksgott.

In der finanziellen Verhaltenstheorie ist es die schlimmste Sünde,

Stolz aufzubauen und die Reue zu unterdrücken. Der Aufbau von Stolz ist ein Prozess, der den Erfolg mit Geschicklichkeit oder Wiederholbarkeit assoziiert. Die Unterdrückung der Reue assoziiert den Misserfolg mit Pech oder mit einem Opferstatus. Stolz aufbauen und die Reue unterdrücken – das tun wir in unserem täglichen Leben seit über 25.000 Jahren, seit der Homo Sapiens zum ersten Mal als moderner Mensch einherschritt. Dies motiviert uns in nicht-finanziellen Dingen, es immer weiter zu versuchen, und das ist sicher auch gut so.

Im Falle von Finanzaktivitäten jedoch macht uns das allzu zuversichtlich und verleitet uns zu Transaktionen, für die wir weder eine spezielle Ausbildung, den entsprechenden Hintergrund, die Erfahrung oder spezielles Wissen haben. Wenn wir Entscheidungen mit übergroßer Zuversicht treffen, dann haben wir Pech – wir werden glücklos.

Wenn Sie Glück haben wollen, kehren Sie den Prozess um. Lernen Sie, den Stolz zu unterdrücken und Reue aufzubauen. Sie nehmen dann an, dass der Erfolg im Wesentlichen Glück war, dass er weder etwas mit Geschick zu tun hat noch im Einzelnen wiederholbar ist. Sie nehmen dann an, dass ein Fehlschlag kein Pech oder böse Absicht Dritter war, sondern mangelndes Geschick Ihrerseits; und deshalb müssen Sie in sich hineinschauen und lernen, besser zu werden. Wenn Sie das tun, dann treffen Sie keine übertrieben zuversichtlichen Entscheidungen mehr und haben grundsätzlich Glück statt Pech. Man kann die Finanztheorie dafür benutzen, Glück zu haben.

4. Zeitpunkte abzupassen ist furchtbar, es sei denn, man macht es richtig.

Die meiste Zeit steigt die Börse. Wenn nicht gerade eine Baisse herrscht, gehen alle Versuche, den richtigen Zeitpunkt zu erwischen, nach hinten los und sind kostspielig. Wenn man jedoch auf eine richtige Baisse stößt, ist es sozusagen lebensrettend, sie zu erkennen und entsprechende Vorkehrungen zu treffen. Aber das ist schwierig, denn man muss die nötigen Fähigkeiten erwerben und erhalten, obwohl man sie jahrelang nicht einsetzt, während mancher Haussen sogar viele Jahre lang. Die meisten Menschen verlieren Fähigkeiten, die sie lange nicht einsetzen. Nicht viele Menschen können das.

9. Bären tragen so lange eine Bullenmaske, bis es nicht mehr zu ertragen ist.

Der Stimmungswandel, der den Übergang von einer Hausse zu einer Baisse anzeigt, verläuft folgendermaßen: Im Anfangsstadium der Baisse reagiert die Allgemeinheit auf Einbrüche optimistisch. Weil in der Hausse die Börse weiter gestiegen ist als die Menschen erwartet hatten, sind alle Korrekturbewegungen kurz, heftig und kräftig; panische Anleger reagieren darauf geradezu hysterisch, weil sie befürchten, dass die Aufwärtsbewegung nach unten weit überkompensiert wird. Sie rechnen nicht mit der Aufwärtsbewegung und begreifen sie nicht. Deshalb haben sie Angst vor Dingen, die sie zunichte machen könnten.
Nach einer langen Hausse jedoch haben sie gelernt, immer den Absacker zu kaufen, und sie haben gelernt, dass langfristig orientierte Anleger immer heil davonkommen. Wenn der Markt einbricht, betrachten sie das als Chance und werden noch optimistischer (abzulesen anhand professioneller Erhebungen der Anlegerstimmung). Sie geben ihr Geld aus, brauchen ihre restliche Liquidität auf und haben hinterher nichts mehr übrig, um Aktien zu stützen.

10. Wenn Sie richtig gut geworden sind, hören Sie auf!

Kinder sind keine guten Anleger. Sie wissen noch nichts. Sie sind impulsiv, und ihr Zeitempfinden reicht nicht sehr weit. Auch alte Investoren sind nicht sehr gut. Sie werden steif und unflexibel. Die besten Investoren werden im Alter von rund 35 Jahren richtig gut, nachdem sie ein wenig wirkliche Erfahrung gesammelt haben. Sie überschreiten ihren Höhepunkt so um die 60, vielleicht auch ein bisschen früher, und dann treten sie langsamer.
Jeder Mensch ist anders, aber mir ist noch kein richtig alter Anle-

ger begegnet, der nicht ziemlich viele seiner früheren Fähigkeiten verloren hätte. Unter anderem macht es einen guten Anleger aus, dass er sich anpassen kann, aber im Alter verliert man diese Fähigkeit. Wenn Sie also richtig gut sind und es gut treffen, dann planen Sie Ihren Ausstieg im voraus. Wenn Sie dann so weit sind, treffen Sie keine Entscheidungen mehr. Lassen Sie es einfach sein.

www.fi.com

„Ignorieren Sie die meisten bullischen Zeitungskommentare zu Übernahmen, insbesondere zu feindlichen Übernahmen. Die meisten derartigen Geschäfte vernichten Werte, auch wenn die Schreiberlinge das nicht laut sagen, denn es macht zu viel Spaß, über solche Duelle auf Leben und Tod zu schreiben."

Robert Pest

George Fontanills

George Fontanills ist Leiter von Pinnacle Investments of America, Inc., einer Hedgefonds- und Anlageverwaltungsgesellschaft. Die Strategien, die Pinnacle einsetzt, werden unter www.-optionetics.com veröffentlicht.

Bücher
The Options Course, John Wiley 1998
Trade Options Online, John Wiley 1999
The Stock Market Course, John Wiley 2001

Wie man den Vorsprung des Gewinn-Traders gewinnt.

1. Begreifen Sie die Psychologie des Trades; glauben Sie niemals, Sie seien klüger als die Märkte, denn die Märkte gewinnen immer.
2. Erwerben Sie Kenntnisse über die wahre Funktionsweise der Märkte, dann überprüfen Sie Ihre Ideen und Konzepte immer wieder, bis Sie ihnen trauen können.
3. Lernen Sie durch die Praxis, welche Typen von Einstiegs- und Ausstiegsorders am besten funktionieren.
4. Begreifen Sie, wie man durch Optionsstrategien das Risiko kontrollieren kann.
5. Wählen Sie eine Strategie aus, die zu den Marktbedingungen passt.
6. Managen Sie die Strategie; Sie sollten immer wissen, an welchem Punkt Sie als nächstes reagieren und was Sie dann tun müssen.
7. Beobachten Sie, was vorgeht; wenn Sie erfolgreich sein wollen, müssen Sie ein Medien-Spürhund werden.
8. Verbinden Sie Fundamentalanalyse, technische Analyse und Stimmungsanalyse zu einem realistischen Trading-Ansatz, mit-

tels dessen Sie die Markt-Performance am besten verstehen.
9. Spezialisieren Sie sich immer auf einen Sektor und auf eine Strategie.
10. Verschaffen Sie sich den Vorsprung des Gewinners, indem Sie den Lernprozess immer aktiv weiterführen.

„Gewisse technische Indikatoren, zum Beispiel die relative Stärke, mögen auch in Emerging Markets nützlich sein, aber meistens gibt es nicht genug verlässliche historische Daten für eine angemessene technische Analyse. In den Emerging Markets ist die Stunde der technischen Analyse noch nicht gekommen, auch wenn das eines Tages der Fall sein wird."

Mitchell Posn

Eine gewiefte Methode der Aktienauswahl

Martin Fridson

Martin Fridson ist leitender Direktor bei Merrill Lynch, wo er Extra Credit: The Journal of High Yield Bond Research herausgibt. Vorher war er Leiter der Abteilung Credit Research bei Morgan Stanley.

Bücher

Investment Illusions, John Wiley 1993
It Was a Very Good Year, John Wiley 1998
How to Be a Billionaire, John Wiley 1999
Milliardäre und ihre Erfolgsgeschichten, FT Prentice Hall 2001

1. Die Indizes zu erreichen ist kein schlechtes Ergebnis.
Auf lange Sicht übertrifft ein Index der Smallcap-Aktien die besten aktiven Investmentfondsmanager bei weitem. In früheren Jahrzehnten konnte man keinen Fonds kaufen, der einen solchen Index nachbildete, aber jetzt ist das möglich.

2. Es ist nicht so, dass die Anleger eines Tages erwachen und feststellen, dass die Aktie, für die Sie sich interessieren, zu preiswert ist.
Damit eine Aktie steigt, ist eine Art Reiz erforderlich, zum Beispiel ein unerwarteter Anstieg der Nachfrage oder ein Übernahmeangebot.

3. Die Aktien von allgemein bewunderten Unternehmen sind keine Schnäppchen.
Viele Anlageberater glauben, sie könnten sich vor Ärger bewahren, wenn sie Ihr Geld in ein Unternehmen investieren, das einen Erfolg nach dem anderen vorzuweisen hat. Das Problem ist nur, dass alle anderen Berater die gleiche Überlegung anstellen und dass die Aktie dadurch überbewertet ist.

4. Die besten Ölfeld-Explorationen werden niemals außerhalb von Texas verkauft.
Wer eine Gesellschaft gründet, kann das erforderliche Geld normalerweise im engeren Freundeskreis beschaffen, wenn davon auszugehen ist, dass die Aussichten gut sind. Wenn Sie „fremd" sind und nur über eine bescheidene Anlagesumme verfügen, dann sollte es Sie stutzig machen, wenn man Ihnen die „Chance" bietet, teilzuhaben.

5. Hüten Sie sich vor dem Superspezialtipp des Brokers.
Seien Sie vorsichtig, wenn Ihr Broker Sie anruft und Ihnen ein neues Anlageinstrument schmackhaft macht. Es könnte sein, dass das Brokerhaus eine Marketingkampagne gestartet hat und den Vertrieb angewiesen hat, alle Klienten anzurufen. Das Produkt entspricht nicht unbedingt Ihren Zielen.

6. Wenn ein Unternehmen die Quartalsziele schafft, heißt das noch nicht, dass es ihm gut geht.
Es gibt viele Tricks, mit denen die Unternehmensleitung die berichteten Gewinnzahlen aufblasen kann. Wenn die Gewinne heute zu hoch angegeben werden, ist für morgen der Rückschlag garantiert.

7. Wenn hinsichtlich der Buchführung eine Warnlampe aufleuchtet, dann gehen Sie vom Schlimmsten aus.
Der Leiter der Abteilung für Investor Relations hat immer eine plausible Erklärung für einen alarmierenden Anstieg der Verbindlichkeiten bei der Hand – ebenso für Einnahmen, die vollkommen aus dem branchenüblichen Rahmen fallen, oder für die verspätete Einreichung eines Quartalsberichts.

8. Messen Sie der Behauptung eines Unternehmens keinen Wert bei, es sei rezessionssicher.
Die Investmentbanker bläuen den Chief Executive Officers von zyklischen Unternehmen ein, den Investoren zu versichern, gerade ihre spezielle Marktnische sei unempfindlich gegen wirtschaft-

liche Abschwünge. Es ist regelmäßig so, dass nach dem Börsengang die Konjunktur zurückgeht und die Gewinne aller angeblich felsenfesten Unternehmen in schöner Eintracht nach unten gehen.

9. Betrachten Sie IPOs aus der Perspektive der Unternehmensfinanzierung.

Gehen Sie nicht davon aus, dass ein brillanter Unternehmer eine gute Geschäftsidee hatte und dann nach einer Finanzierungsmöglichkeit dafür gesucht hat. Es könnte sein, dass die Investmentbanker das Unternehmen geschaffen haben, um die günstige Börsenlage oder eine Lücke in den Abrechnungsvorschriften auszunutzen, mit deren Hilfe sie riesige Gewinne hervorzaubern können.

10. Einmal ist immer das erste Mal.

Kaufen Sie keine Aktie, weil irgendein Wirtschaftsindikator seit drei Jahren ununterbrochen sinkt und nur deshalb bald wieder steigen müsste, weil dieser Indikator noch nie zuvor vier Jahre am Stück gefallen ist.

„Vertrauen Sie den Kreditanalysten. Deren Finanzmodelle für Unternehmen sind weitaus strenger als diejenigen der Aktienleute."

Thom Calandra

Von Rückkäufen profitieren

David R. Fried

David Fried ist Herausgeber und Verleger von The Buyback Letter und von BuybackLetter.com. Beide Veröffentlichungen befassen sich mit Gelegenheiten, die entstehen, wenn Unternehmen ihre eigenen Aktien zurückkaufen. Mithilfe seiner Wirtschafts- und Börsenerfahrung hat er eine einzigartige Fähigkeit entwickelt, die Aussichten eines Unternehmens zu analysieren und Nutzen aus den Informationen über Rückkaufabsichten zu ziehen. Fried bietet auch Anlageberatung und Vermögensverwaltung auf Grundlage seiner Strategien.

Einführung

Eine Rückkaufaktie ist die Aktie eines Unternehmens, das eine bedeutende Anzahl seiner eigenen Aktien kauft. Rückkaufaktien übertreffen seit 50 Jahren den Marktdurchschnitt – manchmal sogar in spektakulärer Weise.

Eine über zehn Jahre reichende Studie des US-amerikanischen Aktienmarkts hat ergeben, dass Substanz-Rückkaufaktien (Rückkaufaktien mit einem niedrigen Kurs-Buchwert-Verhältnis) in allen Vierjahreszeiträumen Erträge erbracht haben, die 45 Prozent über den Erträgen sonstiger Aktien liegen, nämlich 24 Prozent pro Jahr im Vergleich zu 15 Prozent. Für einen Zeitraum von zehn Jahren bedeutet diese erhöhte Performance, dass eine Investition von 10.000 US-Dollar in den S & P 500 auf 40.400 US-Dollar anwachsen würde, wohingegen sich die gleiche Investition in Substanz-Rückkaufaktien in 79.200 US-Dollar verwandeln würde – das ist ein Mehrertrag von rund 388 Prozent!

1. Rückkäufe steigern den Wert Ihrer Aktien.

Rückkäufe kommen den Aktionären in mehrfacher Hinsicht zugute. Dadurch dass sie die Anzahl der umlaufenden Aktien vermindern, erhöhen sie den Gewinn des Unternehmens pro Aktie. Wenn sich der Gewinn pro Aktie erhöht, steigt im Allgemeinen auch der Aktienkurs. Somit steigt der Wert des Aktionärsvermögens ohne zusätzliche Investition und ohne die steuerlichen Kosten, die anfallen würden, wenn das Unternehmen den gleichen Betrag als Dividende ausgeschüttet hätte. Außerdem bieten Rückkaufunternehmen ihren Aktionären ein Unterstützungspolster unter dem Aktienkurs, denn wenn der Kurs sinkt, schreiten sie ein und kaufen Aktien. Das führt häufig dazu, dass die Aktien nach einer Marktkorrektur schneller wieder steigen, denn wenn die Nachfrage zurückkommt, sind weniger Aktien verfügbar.

2. Niemand durchschaut ein Unternehmen besser als das Unternehmen selbst.

Wenn Unternehmen ihre eigenen Aktien zurückkaufen, ist das ein enormer Vertrauensbeweis für die Aktie seitens derjenigen, die sie am besten kennen – der leitenden Manager des Unternehmens. Niemand kennt die Finanzlage des Unternehmens besser, seinen Marktanteil, seine Pläne, seine Forschungs- und Entwicklungsprogramme und seine neuen Produkte. Die Manager halten ihre Pläne, Taktiken und ihr Research normalerweise unter Verschluss. Aber ein Rückkauf weist Sie darauf hin, dass die Aktie steigen dürfte.

3. Ganz so einfach sind Rückkäufe aber dann doch nicht.

Zunächst einmal setzt nicht jedes Unternehmen, das einen Aktienrückkauf ankündigt, diesen auch in die Tat um und führt den Rückkauf planmäßig durch. Manchmal ist die Anzahl der gekauften Aktien weit geringer als angekündigt – ein großer Rückkauf wird so zu einem kleinen, unbedeutenden, den Sie einfach übergehen sollten.

In anderen Fällen streicht ein Unternehmen den Rückkauf vollständig, und zwar häufig ohne dies öffentlich bekannt zu machen. In solchen Fällen haben Sie nur eine Möglichkeit, Gewissheit über einen stattgefundenen Rückkauf zu bekommen, nämlich indem Sie die Quartals- und Jahresberichte des Unternehmens lesen.

4. Es ist wichtig, die Motivation des Unternehmens für den Rückkauf zu kennen.

Bei dem einen Unternehmen kann die Motivation für den Aktienrückkauf darin bestehen, dass Bezugsrechte ausgeübt werden sollen, ein anderes kauft seine Aktien vielleicht zurück, weil es die Aktie für unterbewertet und für eine gute Investition hält. In 90 Prozent der Ankündigungen von Aktienrückkäufen wird der Grund oder das Motiv für die Ankündigung nicht preisgegeben.

5. Nicht alle Rückkaufunternehmen sind gleich – konzentrieren Sie sich auf Substanzwerte.

Im Allgemeinen übertreffen Rückkaufunternehmen Unternehmen, die nicht ihre eigenen Aktien kaufen. Aber die allerbeste Performance ist bei Rückkaufunternehmen mit optimalen fundamentalen Verhältniszahlen zu beobachten. Aktienkörbe, die Aktien mit niedrigem Kurs-Gewinn-Verhältnis, niedrigem Kurs-Umsatz-Verhältnis, niedrigem Kurs-Buchwert-Verhältnis und hoher Rendite enthalten, übertreffen tendenziell Aktien mit hohem KGV, hohem KUV, hohem KBV und niedriger Rendite.
Wenn sich zu dieser Mischung noch die Wirkung eines Aktienrückkaufs gesellt, dann ist die Wirkung noch ausgeprägter. Wissenschaftliche Untersuchungen (Ikenberry, Lakonishok und Vermaelen: „Market underreaction to open market share repurchases“) zeigen, dass Rückkaufaktien unabhängig von ihrer Bewertung andere Aktien übertreffen. Der größte Leistungszuwachs entsteht jedoch bei Aktien mit niedrigen fundamentalen Verhältnissen.

6. Meiden Sie Unternehmen, die Rückkäufe ankündigen, sie aber nie durchführen.

Manche Unternehmen sind Wiederholungstäter. Sie kündigen Rückkäufe an, um anzudeuten, dass die Aktie ihrer Meinung nach unterbewertet sei, aber sie setzen ihre angekündigten Pläne nicht um.

7. Manche Unternehmen kaufen nur dann Aktien zurück, wenn diese zu einem Schnäppchenpreis zu haben sind.

Ein Beispiel dafür ist Sky West Airlines. Sky West kauft nur dann Aktien zurück, wenn sich der Kurs dem Buchwert nähert. Wenn der Preis deutlich über dieses Niveau steigt, kauft die Gesellschaft nicht. Mit Unternehmen wie Sky West kann man über einen Zeitraum von zwei bis drei Jahren gute Gewinne erzielen – so lange man die Aktien ungefähr zu dem gleichen Preis wie das Unternehmen selbst kaufen kann.

8. Behalten Sie Unternehmen im Auge, die langfristige Rückkaufprogramme als Methode für die Schaffung von Shareholder Value einsetzen.

Bei solchen Unternehmen ist damit zu rechnen, dass sie ihr Versprechen halten, wenn sie einen Aktienrückkauf ankündigen. Diese Gruppe ist für Langfristanleger am attraktivsten. Ein hervorragendes Beispiel dafür ist Coca Cola, vielleicht das ultimative Rückkaufunternehmen. Seit Coca Cola im Jahre 1984 sein Rückkaufprogramm begonnen hat, kaufte es 966 Millionen Aktien (splitbereinigt) zurück. In seinem Jahresbericht hält Coca Cola fest, es habe „seine Aktie schon immer als gute Gelegenheit für langfristig orientierte Anleger“ betrachtet. Von 1984 bis 1996 haben die Aktienrückkäufe von Coca Cola den durchschnittlichen jährlichen Gewinnzuwachs von 14 Prozent in eine 18-prozentige Zunahme des Gewinns pro Aktie verwandelt.

9. Im Umkehrschluss folgt aus der Investition in Rückkäufe, dass man Unternehmen meiden sollte, die zusätzliche Aktien ausgeben.

Eine Studie von Loughran und Ritter („The New Issues Puzzle“) ergab, dass der durchschnittliche Jahresertrag der von ihnen betrachteten Unternehmen, die Neuemissionen durchführten, bei sieben Prozent lag, wohingegen eine Vergleichsgruppe von Unternehmen, die keine neuen Aktien emittierten, einen Jahresertrag von 15 Prozent brachte. Die Schlussfolgerung der Untersuchung: „Die Investition in Firmen, die Aktien ausgeben, ist ein Risiko für Ihr Vermögen.“

www.buybackletter.com

„Es ist leicht, ein Unternehmen hoch zu bewerten – man unterschätzt ganz einfach die Kapitalinvestitionen, die es tätigen muss.“

Nick Antill

Investition in Wachstumsunternehmen

Foster Friess

Bekannt ist Foster Friess vor allem als Gründer von Friess Associates und durch seinen Flaggschiff-Fonds Brandywine.
Bei Kiplinger's befand sich der Brandywine in den zehn Jahren bis 1997 immer unter den drei besten gebührenfreien Wachstumsfonds der Vereinigten Staaten. The Wall Street Journal stellte den Brandywine als den einzigen unter acht Fonds mit einem Volumen von über einer Milliarde US-Dollar heraus, der den Wilshire 5000 Index in den Jahren 1999 und 2000 um mehr als 15 Prozent übertraf. Und was ist mit 1998? Das war vielleicht das beste Jahr des Fonds, weil sich Friess und sein Team streng an ihre Disziplin hielten; sie verzichteten auf kurzfristige Gewinne und umgingen so die Implosion der Dot.com- und der Technologieblase. Die Zeitschrift Money kam zu dem Schluss: „Jetzt, nachdem viele teure Aktien zusammengebrochen sind, erscheint Friess' Vorsicht als Voraussicht."

1. Investieren Sie niemals in den Aktienmarkt, sondern immer in einzelne Unternehmen.

Es zahlt sich aus, sich auf die Stärke und die Aussichten einzelner Unternehmen zu konzentrieren, denn diese überwiegen die schwer vorauszusehenden breiten Faktoren wie Zinssätze, Währungskurse und allgemeine Tendenzen der Börse. Seit 26 Jahren ziehen wir aus dem historischen Zusammenhang zwischen der Entwicklung der Unternehmensgewinne und dem Aktienkurs Gewinn, indem wir schnell wachsende Unternehmen identifizieren, deren Preis in einem vernünftigen Verhältnis zu den prognostizierten Gewinnen steht.

2. Kaufen Sie Gewinne, keine Träume.

Letzten Endes bestimmen drei Dinge den Wert eines Unternehmens: Erstens der Gewinn, zweitens der Gewinn, und drittens der Gewinn. Sicher beeinflussen noch andere Faktoren den Aktienkurs, aber unsere Strategie widmet sich dem Gewinnpotenzial einzelner Unternehmen. Ein Unternehmen braucht eine dreijährige Gewinn-Historie und muss drei Jahre lang einen Überschuss nach Steuern erwirtschaftet haben, bevor es in den Beobachtungshorizont unserer Researcher eintritt. Das bewahrt uns vor kurzlebigen Trends wie dem Dot.com-Debakel.

3. Ziehen Sie niedrige KGVs hohen KGVs vor.

Normalerweise vermeiden wir überrecherchierte, hochbekannte Unternehmen, die im Blickfeld der Allgemeinheit stehen und ein hohes KGV aufweisen – die Microsofts, WalMarts und Home Depots. Wenn ein Schuh-Hersteller in seiner ausgereiften Branche eine jährliche Gewinnzunahme von 40 Prozent erzielt und die Aktie für das Zehnfache der Gewinnschätzungen verkauft wird, dann finden wir ihn sehr viel aufregender als ein Unternehmen im Bereich Glasfasernetzwerke, dessen Gewinn pro Jahr um 30 Prozent steigt und dessen Aktie ein KGV von 50 aufweist.

4. „Schweine am Trog."

Ersetzen Sie gute Ideen durch tolle Ideen. Ein Schwein, das sich sattgefressen hat, wird von einem hungrigeren Schwein vom Futtertrog abgedrängt. Genauso müssen sich potenzielle Aktienpositionen ihren Weg in das Portfolio freikämpfen können, wenn sie mehr Gewinnpotenzial als die existierenden Positionen aufweisen. Unser System der zwangsweisen Ersetzung ermöglicht es uns, flink auf Unternehmen mit starken Gewinnen umzusteigen, und das trotz breiter Veränderungen, die viele andere Anleger unvorbereitet treffen.

5. Kaufen Sie keine „Marktführer".

Suchen Sie lieber ein Unternehmen, das in seiner Branche den siebten Platz belegt und auf dem Weg zu Platz drei ist, denn die Anerkennung dieses Unternehmens wächst, und sein KGV nimmt zu. Man verdient mehr Geld, indem man die Gewinner von morgen findet, als wenn man den Gewinnern von gestern hinterherläuft.

Wir haben Cisco sehr früh gekauft, nämlich 1990, ein Jahr nach dem Börsengang; außerdem waren wir in früheren Jahren der zweitgrößte Aktionär von Dell. Als diese Unternehmen dann in aller Munde waren und ihre Preise im Verhältnis zum Gewinnwachstum allzu saftig wurden, verkauften wir sie zugunsten von weniger bekannten Gesellschaften, die pro investiertem Dollar mehr Gewinnzuwachs versprachen.

6. Erliegen Sie nicht einer Anlagestrategie wie in „I Love Lucy."

Lucy glaubte, sie könnte die zehn Cent Verlust pro Glas, die sie und Ethel mit ihrer selbstgekochten Marmelade erzielten „durch mehr Umsatz ausgleichen". Diese Strategie hat bei Lucy nicht funktioniert, sie hat bei den Dot.coms nicht funktioniert und sie wird niemals funktionieren.

In den Jahren 1998 und 1999 lobten die Analysten die Internet-Startups hoch; sie predigten, in der „New Economy" seien „die Gewinne unwichtig". Stattdessen konzentrierten sie sich auf Kurs-Umsatz-Verhältnisse und auf die Anzahl der Homepage-Zuggriffe. Aber nur solche Unternehmen verdienen unsere Aufmerksamkeit, die aus einer innovativen Idee auch ein Gewinn bringendes Geschäft machen.

7. Passen Sie auf, dass nicht der Steuerschwanz mit dem Investmenthund wedelt.

Gewinne können verschwinden, und das tun sie auch. Wir handeln nach dem Grundsatz, dass die Aktionäre lieber Geld machen wollen als Verluste zu riskieren, nur um Steuern zu sparen. Die steuerpflichtigen Anteilseigner von Brandywine gewannen in den Jahren 1999 und 2000 mehr als drei Milliarden US-Dollar. Der Verkauf von Nortel, Nokia und anderen Technologiewerten auf

Anzeichen für eine fundamentale Verschlechterung hin ersparte den Teilhabern eine Milliarde US-Dollar.

8. Indizes zu kaufen ist unsinnig.

Die Investition in einen fertig gepackten Aktienkorb, der auch kranke und unverschämt überbewertete Unternehmen enthält, ist uns noch nie sinnvoll erschienen. Es gibt einfach zu viele Variablen. Nachdem die „Nifty-Fifty“ einen atemberaubenden Aufstieg vollführt hatten, überschritt der S & P 500 im Jahre 1973 seinen Höhepunkt und erreichte neun Jahre lang nicht mehr die alten Höhen. In den 24 Monaten, die am 31. März endeten, verlor der S & P 500, der den Index-Investoren als Anhaltspunkt dient, acht Prozent, während der Brandywine 40 Prozent zulegte. Unsere Herausforderung besteht darin, fundamentale Entwicklungen – gute und schlechte – zu entdecken, bevor sich andere darauf stürzen.

9. Betrachten Sie Teamwork als unternehmerisches Grundprinzip.

Das absolute Maß für den Erfolg sollte die Performance der Kunden und Anteilseigner sein. Die Struktur des Researchteams von Friess ist einzigartig. Unsere sieben Researchteams stehen nicht in Konkurrenz zueinander. Sie arbeiten zusammen, sie teilen alle Informationen, indem sie Kontakte in einer gemeinsamen Echtzeit-Datenbank ablegen, und sie informieren die anderen über potenzielle Gelegenheiten. Die Teamentscheidungen sind erstaunlich selbstlos. In manchen Jahren ging die größte Bonuszahlung nicht an diejenige Person, die die größte Roh-Performance erzielte, sondern an jemanden, der dazu beitrug, dass andere Teammitglieder hervorragende Leistungen erzielten.

10. Betonen Sie das Positive.

Jeder im Investmentgeschäft, der nicht zugibt, dass er Fehler macht, ist noch nicht lange genug dabei. Foster Friess orientiert sich am Brief des Apostel Paulus an die Phillipper, Kapitel 4 Vers 8: „Weiter, liebe Brüder, was wahrhaftig ist, was ehrbar, was gerecht, was keusch, was lieblich, was wohl lautet, ist etwa eine Tugend, ist etwa ein Lob, dem denket nach!“ Wir bezeichnen Fehler als „Berichtigungsmöglichkeiten“ oder AOs [„Adjustment Opportunities“], denn jede AO gibt einen Hinweis darauf, wie man mit einer solchen Situation das nächste Mal besser umgeht.

www.bfunds.com

Die Interpretation von Researchmaterial Brokerempfehlungen

Tony Golding

Tony Golding verbrachte die letzten 24 Jahre in London größtenteils bei Fleming, und zwar als Investmentanalyst einer Brokerfirma, im Fondsmanagement (als Researchleiter) und in der letzten Zeit im Investmentbanking.
Im Jahre 1998 verließ Golding Flemings und schrieb: „The City: Inside The Great Expectation Machine – Myth and Reality In Institutional Investment And the Stock Market".

Bücher
The City: Inside The Great Expectation Machine, FT Prentice Hall 2000

1. Nehmen Sie Brokerempfehlungen nicht für bare Münze.

Seien Sie so skeptisch wie wenn Sie einen Gebrauchtwagen kaufen. Sie wissen, dass der Händler wahrscheinlich mehr daran interessiert ist ein Geschäft zu machen als daran, ob das Auto die nächsten ein oder sogar zwei Jahre gut fährt.

2. Die Kaufempfehlungen sind immer in der Überzahl.

„Halten" kommt auch noch oft vor, aber Empfehlungen, die auf „Verkaufen" lauten, sind quasi so häufig anzutreffen wie Hühnerzähne. Wenn während einer Hausse die Flut alle Boote nach oben treibt, ist das gut und schön. Aber die eingebaute „Kaufneigung" ist eindeutig unsinnig, wenn die Aktienkurse fallen und die Broker während des Abstiegs immer noch zum Kauf raten.

3. Brokerempfehlungen neigen schon immer kräftig in Richtung „Kaufen".

Kein Analyst würde es wagen, das Unternehmen zu verstimmen,

über das er Research betreibt, denn er ist für seine Informationen sehr auf das Unternehmen angewiesen. Das Problem ist nur, dass die „Kaufneigung“ in den letzten Jahren bedeutend schlimmer geworden ist. Der Hauptgrund dafür ist, dass die Analysten immer mehr mit Investmentbanking zu tun haben, vor allem mit Erstemissionen und Beratung bei Übernahmen.

4. Leider ist es so, dass Investmentbanking für die Investmentinstitute sehr, sehr viel lukrativer ist als der Kauf und Verkauf von Aktien.

Deshalb benutzen die Investmentbanken das Research zunehmend, um ihren Unternehmenskunden – oder potenziellen Unternehmenskunden – ein Gefühl von Wärme und Geborgenheit zu vermitteln.

Viele Institutionen haben auf diesen Mangel an Objektivität mit der Schaffung eigener interner Researchabteilungen reagiert. Sie setzen Aktienanalysten jetzt vorwiegend für die Informationsbeschaffung (über das Unternehmen und den entsprechenden Sektor) ein, und nicht mehr so sehr für Ratschläge, ob sie kaufen, halten oder verkaufen sollen.

5. Was geschrieben und was geredet wird, ist ein großer Unterschied.

Es kann sein, dass ein Fondsmanager einen Analysten anruft und ihn fragt, was er denn von einer Aktie wirklich hält. Sie können das nicht! Häufig wären die Analysten gerne objektiver, aber zumindest in der Öffentlichkeit müssen sie sich an der Unternehmenslinie ihres Arbeitgebers orientieren.

6. Je größer die Investmentbank oder die Brokerfirma ist, bei der der empfehlende Analyst beschäftigt ist, desto unwahrscheinlicher ist es, dass seine Empfehlungen seine wirkliche Meinung wiedergeben.

In großen, integrierten Investmentbanken ist der Druck vom Scheitel bis zur Sohle immens, auch wenn einige von ihnen – solche mit einer traditionell unabhängigen Researchabteilung – ihren Analysten mehr Freiheiten lassen.

7. Wenn Sie die Objektivität von Empfehlungen beurteilen wollen, schauen Sie, wo die Gebühren herkommen.

Die Wahrscheinlichkeit objektiver Empfehlungen (und die Bereitschaft, das böse Wort „verkaufen“ zu benutzen) ist bei Unternehmen viel größer, die ihr Geld ausschließlich oder vorwiegend durch den Handel mit Aktien und weniger oder gar nicht durch Investmentbanking verdienen.

8. Bilanz: Als Privatanleger muss man vorsichtig sein.

Behandeln Sie Empfehlungen mit angemessener Skepsis. Für viele Analysten in Investmentbanken ist es nicht mehr oberstes Ziel, den Preis einer Aktie richtig zu prognostizieren.

www.bedfordpark.demon.co.uk/city

„Investieren Sie niemals wegen eines einzigen Patentes in ein Unternehmen. Es gibt wenige Branchen, in denen ein einziges Patent ein Unternehmen verwandeln kann."

Bruce Berman

Die Auswahl eines Onlinebrokers

Julio Gomez

Julio Gomez ist CEO des gleichnamigen Unternehmens, das führend bei der „Messung der Kundenerfahrungen“ im E-Commerce ist. In der Welt des Investment sind die Gomez-Einstufungen von Onlinebrokern sowohl innerhalb der Branche als auch unter Tradern und Anlegern, die die Dienste der Broker in Anspruch nehmen, sehr einflussreich.

1. Suchet, und Ihr werdet finden.

Quasi sämtliche Mausklick-Gesellschaften und reinen Finanzdienstleister bieten Online-Investment-Dienste für fast alle Kundensegmente und persönlichen Bedürfnisse. Wie beim Schuhkauf müssen Sie auch einen Broker auswählen, der Ihren Bedürfnissen am besten gerecht wird.
Als allererstes müssen Sie Ihr grobes Investmentprofil einschätzen („hyperaktiver Investor“, „ernsthafter Anleger“ oder „Kaufhauskunde“) und feststellen, was für Sie an der Online-Beziehung zu einem Finanzdienstleister am wichtigsten ist (Kundenvertrauen, Informationsquellen auf der Homepage, Gesamtkosten und Serviceleistungen). Dann schauen Sie, ob der Broker die Produkte anbietet, die Sie brauchen. Beispielsweise bieten nicht alle Websites gebührenfreie Investmentfonds an. Manche bieten Optionshandel, Shortselling und Bargeldverwaltung, andere nicht.

2. Vor allem sparsam!

Die Eröffnung eines Depots sollte eine leichte und kurze Übung sein. Das Antragsformular sollte intuitiv und selbsterklärend gehalten sein, und eine Online-Hilfe in vernünftigem Umfang sollte Investment- und technische Begriffe erklären, wenn Fragen auftauchen. Wenn das nicht der Fall ist, könnte es auf weitere Mängel im internen Geschäftsablauf und in der Kundenbetreuung hinweisen. Investoren, die so schnell wie möglich traden wollen, werden sich einen Broker aussuchen, der Transaktionen in Echtzeit via Scheck oder Kreditkarte abwickelt.

3. Verschiedene Kontaktmöglichkeiten sind wichtig.

Ob man nun gewinnt oder verliert, Online-Investing kann ein einsames Abenteuer sein, insbesondere wenn Sie sich für eine Strategie „auf eigene Faust“ bei einem Discountbroker entscheiden. Aber auch der selbstständigste Anleger wird ab einem gewissen Punkt seine Brokerfirma kontaktieren wollen. Deshalb ist es unerlässlich, verschiedene Kanäle zu haben, über die man das Unternehmen erreichen kann: Persönlich in einem Büro, per Telefon und per Internet. Anständige Unternehmen bieten an entscheidenden Punkten auf ihren Internetseiten Kontaktinformationen.

4. Was die Führer von den Schlusslichtern unterscheidet, ist die Kundenbetreuung.

Egal ob Sie Anfänger oder erfahrener Profi sind, Sie brauchen irgendwann technische Hilfe oder andere Informationen. Wichtige Ansatzpunkte sind FAQs [oder „Häufig gestellte Fragen„], eine Emailadresse und eine Service-Telefonnummer. Neue Formen, die sich gerade ausbreiten, sind Online-Chats und Stimmenübertragungsdienste, mittels deren man fast sofort mit Kundenbetreuern in Kontakt treten kann. Die Kundenbetreuung variiert zwar je nach Marktaktivität, Firmengröße und Personalausstattung, aber es gilt folgende Faustregel: Es sollte nicht länger als fünf Minuten dauern, einen Kundenbetreuer zu erreichen, und es sollte nicht länger als fünf Minuten dauern, Ihre Frage zu klären.

5. Der beste Anleger ist der geschulte Anleger.

Sogar extreme Discountbroker haben festgestellt, dass sie Research von renommierten Anbietern sowie Planungstools anbieten müssen, um Neulingen wie auch Altgedienten entgegenzukommen. Kurse, Charts, Nachrichten sowie Such- und Berechnungswerkzeuge gehören zur Grundausstattung. Normalerweise sollten es diese Tools dem Anleger ermöglichen, ihre Transaktionen direkt von den entsprechenden Internetseiten aus durchzuführen.

6. „What you see is what you get."

Sie würden sicher nicht in einem Supermarkt mit chaotischen Gängen und Regalen einkaufen. Sie würden auch Ihr Geld nicht bei einer Bank anlegen, die ihren Tresor nicht richtig gesichert hat. Sehen heißt nicht immer glauben, aber wenn Sie durch die frei zugänglichen Seiten des Anbieters surfen, bekommen Sie einen Eindruck von seiner Kundenfreundlichkeit. Einen sehr guten Eindruck bekommen Sie, wenn Sie das Demo laufen lassen. Wenn es einfach zu benutzen ist, wenn es verständlich und schnell genug ist, dann ist die Wahrschein--lichkeit hoch, dass die eigentliche Seite genauso beschaffen ist.

7. Der Preis muss stimmen.

Gebühren und Kommissionen müssen für Sie und Ihre Finanzlage angemessen sein. Das können Sie nur abschätzen, wenn Sie wissen, was Sie für Ihr Geld bekommen. Seiten mit niedrigen Gebühren bieten normalerweise eher schlichte Dienstleistungen. Das geht in Ordnung, wenn Sie auf Ihren Anlageinstinkt vertrauen, wenn Sie Ihr eigenes Tradingrezept haben und wenn Sie Zugang zu einer Reihe von Informationsquellen zum Beispiel mittels Finanzportalen, mittels sonstiger Internetseiten, mittels Softwarepaketen oder gedruckter Publikationen haben. Anleger, die mehr Handreichungen benötigen – online oder offline –, sollten Seiten in Betracht ziehen, die ein breiteres Angebot an Finanzplanungsrechnern und Researchmaterial bieten oder die die Möglichkeit bieten, mit einem zugelassenen Anlageberater zu arbeiten. Natürlich ist diese Art Angebot mit Kosten verbunden, entweder in Form höherer Kommissionen oder in Form kostenpflichtiger Dienstleistungen, die entweder nach der Anzahl der Transaktionen oder nach der Anlagesumme berechnet werden.

8. Minimum ein Paar.

Wenn Sie ein Depot bei einem Onlinebroker eröffnen wollen, haben Sie sicherlich etwas Geld zum „Spielen" übrig. Schließlich müssen Sie die vom Broker geforderte Einlage- oder Anlagesumme vorweisen, um ein Depot zu bekommen. Diese Anforderungen hängen von der Größe des Brokerhauses und von dem angestrebten Marktsegment ab. Lesen Sie auf jeden Fall das Kleingedruckte in den allgemeinen Geschäftsbedingungen des Onlinebrokers: Inzwischen piesacken viele Broker ihre Klienten mit Inaktivitätsgebühren.

9. Sicherheit fängt zu Hause/auf der Homepage an.

Onlinetrading ist nicht unsicherer als der Handel per Telefon, aber Sie sollten Ihr hart erarbeitetes Geld nicht irgendjemandem anvertrauen. Sie sollten nur solchen Firmen vertrauen, die ihre Internetseiten richtig absichern – sie erkennen das an dem „https" im Adressfeld Ihres Browsers oder an dem Vorhängeschloss, das am Fensterrand erscheint, wenn Sie eine so genannte sichere Seite besuchen.
Achten Sie außerdem darauf, dass Sie die Sicherheitsrichtlinien des Unternehmens gelesen haben – was hoffentlich von der Homepage aus möglich ist. Das Unternehmen sollte seine Sicherungsmethoden klar darlegen (die Technik, die der Seite zugrunde liegt und die Geschäftspraktiken des Unternehmens).
Achten Sie besonders auf den Betrugsschutz, den Sie genau wie Ihre Krankenversicherung hoffentlich nie in Anspruch nehmen müssen. Achten Sie darauf, dass die Firma Mitglied der SIPC (Securities Investor Protection Corp.) oder des entsprechenden Pendants an anderen Märkten ist; Vermögenswerte bis zu einem Wert von 500.000 US-Dollar sind dann versichert.

10. Ein guter Leumund ist entscheidend.

Wie bei jedem Geschäftsabschluss, bei dem Geld den Besitzer wechselt, wollen Sie natürlich die Reputation Ihres Brokers kennen, bevor Sie unterschreiben. Sicher, Sie kennen die Werbung des Unternehmens, aber was halten echte Menschen wie Sie davon? Sind die Beteuerungen zur vertraulichen Behandlung nur Lippenbekenntnisse, oder hütet das Unternehmen Ihre persönlichen Daten wie seinen Augapfel? Sie können Bekannte fragen, die sich auskennen, oder in Online-Messageboards nachsehen. Die Homepage der National Association of Securities Dealers (nasdr.com) bietet regulatorische Informationen und gibt Auskunft über rechtliche Schritte gegen bestimmte Firmen.

www.gomez.com

„Wenn Sie einen Zeitvertreib suchen, werden Sie Fallschirmspringer. Der Unterhaltungswert und der zu erwartende Ertrag von Investments stehen in umgekehrtem Verhältnis zueinander.“

William Bernstein

Der Handel mit Edelmetallen

Philip Gotthelf

Philip Gotthelf ist Herausgeber des Commodex System and Commodity Futures Forecast Service. Er schreibt unter anderem für Futures, Investing, Stocks and Commodities, Top Farmer, Barron's, Forbes, The Wall Street Journal und Fortune. Er ist regelmäßiger Gast auf CNBC, MS-NBC und CNN.

1. Edelmetalle sind keine „Investitionen" im klassischen Sinne.

Da sie keine Rendite wie beispielsweise Aktiendividenden oder Anleihenzinsen abwerfen, kann Gewinn nur aus einer zutreffenden Preisprognose resultieren. Deshalb sollten Edelmetalle ähnlich wie andere Rohstoffe und wie Devisen als Handelsinstrumente betrachtet werden.

Beim Handel mit Edelmetallen ist das Ziel die Bestimmung des Trends und des entsprechenden Zeitrahmens. Ein Trend ist als beständige und beobachtbare Richtung der Preisentwick-lung über einen vernünftigen Zeitraum definiert. Die Metalle zeigen langfristige oder extrem langfristige Trends über mehrere Monate an. Diese Preismuster lassen sich normalerweise mithilfe der gleitenden Durchschnitte über 20 und 60 Tage genau identifizieren.

2. Die Edelmetalle zerfallen in zwei Kategorien: Währungs- und Industriemetalle.

Das Gold steht im Prinzip alleine als Währungsmetall da. Silber, Platin und Palladium sind industrielle Edelmetalle. Die Kategorie, in die ein Edelmetall fällt, wird durch die Menge des Metalls bestimmt, die für industrielle Zwecke verwendet wird.

Das industriellste der Edelmetalle ist Palladium. Es wird so gut wie überhaupt nicht als „Geldanlage" oder für Schmuck verwendet. Das meiste Palladium wird als Katalysator eingesetzt. Das zweitwichtigste industrielle Metall ist Platin, wobei die meiste Nachfrage ebenfalls auf Katalysatoren basiert. Aber ein geringer Teil des Platins wird auch zur Wertaufbewahrung (Barren) und noch mehr für die Schmuckherstellung verwendet. Silber wird zur Wertaufbewahrung zu Barren, Münzen und Medaillen verarbeitet. Hauptsächlich jedoch kommt Silber in der Film- und Fototechnik zum Einsatz. Gold findet zwar auf vielerlei Weise industrielle Anwendung in der Elekronik, Chemie und sonstigen Verfahren, aber der Hauptverwendungszweck ist die Wertaufbewahrung. Es ist vor allem ein „Geld"-Metall. Betrachten Sie Edelmetalle immer objektiv innerhalb ihrer jeweiligen Kategorie.

3. Edelmetalle wahren Parität zu Währungen.

Edelmetalle spiegeln den Wert einer Währung als Parität des Währungs-Metall-Verhältnisses in Form des Preises wider. Diese einfach zu erkennende Parität ermöglicht Devisengeschäfte gegen einen Edelmetallstandard. Wenn sich eine Währung auf ein Metall (zum Beispiel Gold) stützt, entsteht eine konstante Goldparität. Wenn Sie mit Metallen traden, geben Sie immer auf die Paritätsbeziehungen zwischen beliebten Währungen wie dem US-Dollar, dem Euro und dem japanischen Yen acht. Eine drastische Veränderung der Metall-Devisenparität stellt einen Risikofaktor dar.

4. Wenn Metalle Geld sind, kann man nicht Gewinn bringend damit handeln.

Es ist zwar unwahrscheinlich, aber es besteht immer die Möglichkeit der Rückkehr zu einem Edelmetall-Währungsstandard (zum Beispiel dem Goldstandard). Wenn der Wert des Geldes an ein Metall gebunden ist, kann das Metall gegenüber der Währung nicht an Wert gewinnen oder verlieren, und somit verliert es jegliches spekulative Potenzial. Seien Sie mit Ihren Wünschen vorsichtig, wenn Sie die Rückkehr zum Edelmetallstandard befürworten. Das macht Chancen zunichte.

5. Der Preis für Metalle kann unter die Erzeugungskosten fallen.

Insbesondere sind Edelmetalle, die als Nebenprodukt der Erzeugung von unedleren Metallen anfallen, höchst empfindlich für den Wert des unedleren Metalls. Wenn der Kupferpreis steigt, dürfte der Silberpreis sinken, weil Silber ein Nebenprodukt der Kupfergewinnung ist. Spekulieren Sie niemals aufgrund der Annahme auf der Longseite, dass der Preis in der Nähe der Produktionskosten oder darunter liegt.

6. Edelmetalle folgen nicht immer der Inflation.

Als Absicherung gegen Inflation oder Zinsveränderung haben die Edelmetalle viel Boden an Derivate verloren. Die alte Regel, dass Gold und Silber auf die Inflation reagieren, ist nun selbst einer Inflation unterworfen, denn gegen Inflation kann man sich mithilfe von Währungsfutures sowie von Strategien absichern, die auf entsprechenden Optionen, Forwards oder Zinsfutures basieren. Gehen Sie keineswegs davon aus, dass Inflation automatisch den Preis von Edelmetallen ansteigen lässt.

7. Die Edelmetalle sind strukturellen Veränderungen unterworfen.

Nur wenige Handelsinstrument haben einen so schweren „strukturellen Wandel" durchgemacht wie die Edelmetalle. Die Preis-Historie dieser Metalle ist eigentlich sehr kurz, denn in den letzten Jahrhunderten war der Preis an die Währungsparität gebunden. Eine strukturelle Veränderung ist als Veränderung definiert, die die fundamentalen Gegebenheiten eines Rohstoffs vollständig ändert. Beispielsweise waren die Abschaffungen des Goldstandards und des Silberstandards strukturelle Veränderungen, die Wertänderungen ermöglichten. Die Entwicklung der digitalen Bildgebung, die kein Silber benötigt, ist ein struktureller Wandel der Silbernachfrage. Die Entwicklung kommerzieller Brennstoffzellen, die Platin enthalten, wird möglicherweise zu einem strukturellen Wandel für dieses Metall führen. Der Abbau der Goldreserven durch die Zentralbanken ist eine strukturelle Veränderung der Goldaufbewahrung. Achten Sie immer auf strukturelle Veränderungen und handeln Sie niemals über längere Zeit dagegen.

8. Suchen Sie nicht nach einem vorbestimmten Hoch oder Tief.

Versuchen Sie lieber Trends zu folgen als zu versuchen, allein aufgrund der Preisniveaus ein Hoch oder einen Boden zu treffen. Die Geschichte hat bewiesen, dass das Silber sehr wohl unter die 5 US-Dollar fallen kann, die davor als absoluter Boden galten. Wie im Jahre 2001 gesehen, kann der Preis für Palladium durchaus über 1.000 US-Dollar pro Feinunze steigen, was bis dato als undenkbar galt. Es gibt keine Hochs und fast keine Tiefs.

9. Die Edelmetalle bewegen sich nicht immer im Gleichschritt.

In der Vergangenheit entwickelten sich die Edelmetalle unter ähnlichen fundamentalen Bedingungen in ähnliche Richtungen. Am neuen Edelmetall-Markt folgt jedes seinem eigenen Rhythmus. Die Fundamentaldaten für Silber sind nicht die gleichen wie für Gold, und die beiden Metalle können sich in entgegengesetzte Richtungen entwickeln.
Aufgrund der Austauschbarkeit können sich Platin und Palladium exakt entgegengesetzt verhalten. Analysieren Sie immer jedes Metall für sich.

10. Metalle sind ein gutes Geschäft.

Sinkende Edelmetallpreise bedeuten nicht automatisch, dass es den Unternehmen schlecht geht. Goldaktien können auch in einem schwachen Goldmarkt fest tendieren. Betrachten Sie immer das Gesamtbild. Nur wenige Unternehmen stellen Produkte her, die wie Gold und andere Edelmetalle in sich einen Wert darstellen. Daher können Goldminenaktien aufgrund der zugrunde liegenden Wertannahme doppelte Krisensicherheit bieten. Die Goldunternehmen erhöhen parallel zur Preisentwicklung ihre Effizienz (indem sie die Produktionskosten senken). Klugerweise sollte der Edelmetallsektor in jedem diversifizierten Portfolio vertreten sein.

11. Wunder gibt es immer wieder.

Im Jahre 1989 ließen die Professoren Pons und Fleischmann verlauten, dass für die kontrollierte Kernfusion Palladium be-nötigt werde. Die Preise stiegen. Die Kernfusion entpuppte sich als Luftschloss, und die Preise brachen zusammen. Wundersame Vorgänge, an denen Edelmetalle beteiligt sind, kann man nie ausschließen. Die Platin-Brennstoffzelle könnte der „Motor der Zukunft" werden. Mithilfe von Palladium könnte die Kernfusion Wirklichkeit werden. Vielleicht gelingt es, aus dem Meerwasser Gold zu gewinnen. Seien Sie immer bereit, so etwas zu akzeptieren und darauf zu reagieren. Es gibt einen Grund dafür, warum es die Menschheit zu den Edelmetallen hinzieht, zu Gold, Silber und Platin. Nur wissen wir nicht so genau warum ... noch nicht.

www.commodex.com

„Wozu die Stecknadel im Heuhaufen suchen? Die ultimative Diversifizierung ist der Besitz des gesamten Aktienmarktes. Kaufen Sie doch den Heuhaufen!“

John C. Bogle

Anlageverwaltung

Jeremy Grantham

Jeremy Grantham gründete zusammen mit anderen im Jahre 1977 Grantham, Mayo, Van Otterloo & Co. LLC (GMO). GMO ist ein Institut zur Vermögensverwaltung, das mehr als 20 Milliarden US-Dollar managt. Jeremy Grantham ist leitender Investmentstratege und für quantitative Produkt- und Anlagestrategien zuständig. Die Firma bietet über 35 Anlageprodukte an, die sowohl traditionell als auch quantitativ verwaltet werden, und zwar auf den US-amerikanischen und den Auslandsmärkten einschließlich der Schwellenländer.

1. Es ist schwer, die Indizes zu schlagen, und relative Passivität ist kein Fehler.

Die Anlageverwaltung schafft keinen Wert, sondern sie kostet jährlich rund ein Prozent.

Insgesamt bilden die Fondsmanager den Markt und aufgrund der Kosten müsen sie als Gesamtheit unter dem Durchschnitt bleiben. Der US-amerikanische Aktienmarkt ist so gut wie effizient – 95 Prozent der Marktbewegungen sind unverständliches Rauschen, und vielleicht fünf Prozent können gemanagt (vorhergesehen) werden.

2. Historisch betrachtet bezahlen Aktieninvestoren zu viel für Bequemlichkeit und Begeisterung.

Wenn zum Beipiel wachstumsorientierte Manager einen Aufpreis für Bequemlichkeit (Stabilität, Information, Größe, Übereinstimmung, Marktbeherrschung, Markennamen) und Begeisterung (Wachstum, Profitabilität, Managementgeschick, technischer

Fortschritt, zyklische Entwicklung, Volatilität und vor allem: Zunahme aller genannten Aspekte) bezahlen, dann ist das nicht unbedingt Unsinn, denn die Klienten verlangen diese Eigenschaften. Wenn sich dagegen ein wertorientierter Anleger einmal gründlich irrt – was früher oder später passieren muss –, dann wird er schneller gekündigt als ein wachstumsorientierter Manager.

3. Einer der Schlüssel zum Anlagemanagement ist die Verminderung des Risikos durch den Ausgleich zwischen Newton (Momentum und Wachstum) und Regression (Wert).

Bewegte Körper neigen dazu, ihre Bewegung beizubehalten (erstes Newtonsches Gesetz). Gewinne und Aktienkurse mit großem jährlichen Momentum neigen dazu, sich eine Zeitlang in die gleiche Richtung weiterzubewegen; vielleicht liegt das daran, dass Konjunkturzyklen im Durchschnitt länger als ein Jahr dauern. Seien Sie sich der Tatsache bewusst, dass alles, was mit Märkten und Wirtschaft zu tun hat, schneller wieder auf das normale Niveau zurückkehrt (Regression) als man denkt (das gilt beispielsweise für Umsatzzuwächse, Profitabilität, geschicktes Management, Anlagestile und Glück).

4. Für Langfristanleger ist es ein Vorteil, wenn man gut mit Illiquidität zurechtkommt.

Da der Zeithorizont bei allen Anlegern kürzer ist als er sein sollte, ist Liquidität zu teuer. Als Langfristanleger sollte man immer versuchen, die kurzfristige Orientierung der anderen auszunutzen und sich dafür belohnen zu lassen, dass man die Illiquidität in Kauf nimmt.

5. Den größten Einfluss auf das Preisniveau üben am US-amerikanischen Markt Vertrauensfaktoren aus, und nicht fundamentale Faktoren wie Wachstum oder Realzins.

Das Vertrauen wird vor allem von der Inflation beeinflusst, von den konjunkturellen Schwankungen und von den Gewinnmargen

der Unternehmen (nicht vom Wachstum); die Bedeutung und das Zustandekommen des Vertrauens sind seit mindestens 100 Jahren bemerkenswert stabil.
Da steigende Margen im Gegensatz zu wachsenden Umsätzen das Vertrauen und die KGVs hochtreiben, wirken sich die Marktzyklen zweimal aus: steigende Margen x höhere KGVs, und danach sinkende Margen x niedrigere KGVs. Deshalb weicht der Börsentrend weit mehr vom ökonomischen Trend ab, als es nach der strengen finanziellen Logik der Fall sein dürfte. Das Handels-„Rauschen" verstärkt diese nicht-konjunkturellen Schwankungen noch weiter.

6. Der größte Vorteil der traditionellen Investoren gegenüber den quantitativen ist die klare Konzentration.

Ein Quantitativer wird niemals mit US-amerikanischen Stromversorgern Gewinn erzielen. Seine Vorteile sind Komplexität und die Geschwindigkeit der Preisbewegungen (da die Quantitativen mit mehr Variablen umgehen können, können sie nicht anders als sie auch zu benutzen – sehr schnell schütten sie das Kind mit dem Bade aus, verlieren sich in Details und ersticken in Zahlen). Mit Liquiditätsproblemen und Risikokontrolle kommen Quantitative besser zurecht. Ähnlich wie Schachprogramme werden die quantitativen Modelle jedes Jahr ein bisschen besser. Die traditionellen Manager dagegen können nur ein begrenztes Datenaufkommen bewältigen (im Gegensatz zu Schachcomputern müssen die Quantitativen allerdings nicht gegen Kasparov gewinnen, sondern nur gegen den durchschnittlichen Marktteilnehmer).

7. Hinsichtlich der Anlagegewichtung muss man einfach Vertrauen haben.

Bei einer Trefferquote von 60 Prozent hat ein guter Anlageverwalter aufgrund der vielen Entscheidungen pro Jahr bereits nach 1,5 Jahren bewiesen, dass er Aktien auswählen kann; er hat aber erst nach 55 Jahren bewiesen, dass er die Entscheidung zwischen Aktien und Anleihen treffen kann (wenn man von einer Entscheidung alle drei Jahre ausgeht).

8. Es ist schwerer, Vermögensverwalter auszuwählen als Aktien.

Als Kunde muss man sich zwischen Fakten (der bisherigen Performance) und den unterschiedlichen Marketing-Aussagen der potenziellen Manager entscheiden. Als intelligente Geschäftsleute glauben die Klienten normalerweise, sie müssten sich an die Fakten aus der Vergangenheit halten.

Damit rutschen sie in Stile, die vormals gut waren, nun aber auf dem Rückzug sind (da die Chancen des Stils zurückgehen, korreliert die vergangene Performance tendenziell negativ zur künftigen relativen Performance), und deshalb sind die meisten aktiv orientierten Klienten zum Scheitern verurteilt. Rund 90 Prozent dessen, was auf dem Feld der Geldanlage als Brillanz oder Inkompetenz gilt, ist nichts anderes als das Kommen und Gehen von Anlagestilen (Wachstum, Wert, Smallcap, Ausland).

www.gmo.com

„Historisch betrachtet verfügen Wandelanleihen etwa über zwei Drittel des Gewinnpotenzials und über ein Drittel des Verlustpotenzials der zu Grunde liegenden Aktie.“

John P. Calamos

Robert V. Green

Robert V. Green ist ein perfekter Investor, Unternehmer und Wirtschaftsautor. Er ist Gründer und Präsident von Numetrics, das ein persönliches Portfoliomanagement für Einzelpersonen entwickelt hat. Er ist außerdem Präsident und Gründer von 401(k) Today, dem ersten Internet-Beratungsdienst für Teilnehmer an 401(k)-Programmen. Er schreibt für Briefing.com, wofür er eigenes Unternehmensresearch betreibt und technologische Trends beobachtet.

1. So etwas wie eine gute Aktie gibt es nicht.

Es gibt nur gute Unternehmen. Wenn jemand sagt,„das ist eine gute Aktie", dann muss man hinter den Kurschart blicken. Warum ist das Unternehmen ein gutes Unternehmen? Wie weitet es seine Geschäfte aus? Wenn Sie diese Fragen nicht beantworten können, dann wissen Sie nicht, was Sie gekauft haben.

2. Sie brauchen eine Prämisse.

Wenn Sie eine Aktie kaufen, brauchen Sie eine Prämisse. Eine Prämisse ist ein Grund, warum gerade diese Aktie steigen soll. Am besten ist es, wenn die Prämisse erklärt, warum sich die Geschäfte des Unternehmens vergrößern werden und warum der Markt dieses Geschäft auf dem derzeitigen oder einem höheren Niveau bewerten wird. Ohne Prämisse besitzen Sie kein Investment, sondern einfach nur eine Aktie.

3. Denken Sie in Trends. Kaufen Sie Aktien.

Wenn Sie wirklich in großartige Wachstumsaktien investieren

möchten, dann müssen Sie in säkulare Trends investieren. Säkulare Trends sind Dinge, die weder mit der wirtschaftlichen Entwicklung noch mit der Situation des einzelnen Unternehmens etwas zu tun haben. Das Erscheinen des PCs, die Entstehung des Internets und die Nachfrage nach Funktelefonen, all das sind säkulare Trends. Die größten Investmentgewinner sind diejenigen Unternehmen, die in der idealen Position sind, von säkularen Veränderungen zu profitieren. Microsoft und Intel ritten auf der Welle des Übergangs zum PC, während Rechenleistung immer preiswerter wurde. Nokia, Motorola, Qualcomm und Ericsson konnten Mitte der 90er-Jahre nicht mehr mit der Nachfrage Schritt halten, als der Preis für Mobiltelefone die entscheidende Schwelle erreichte. Wenn Sie richtig große Gewinner wollen – finden Sie den Trend und dann die Aktien.

4. Kennen Sie Ihre Risikobereitschaft.

Es ist der größte Fehler der meisten Anleger, dass sie Positionen mit einem größeren Risiko kaufen, als sie ertragen können. An diesem Punkt wurden die meisten Menschen getroffen, als die Internetblase platzte. Sie hatten keine Ahnung, dass sie riskante Aktien besaßen. Wenn Sie jederzeit – finanziell und emotional – den vollständigen Verlust Ihrer gesamten Position aushalten können, dann ist das eindeutig in Ordnung. Aber die meisten Menschen sind dazu nicht in der Lage. Rechnen Sie sich aus, wie viel Verlust Sie in Kauf nehmen können, ohne zu verkaufen. Rechnen Sie das vor dem Aktienkauf aus.

5. Senken Sie nicht den durchschnittlichen Kaufpreis pro Aktie, nur um sich besser zu fühlen.

„Averaging down" – das Senken des durchschnittlichen Kaufpreises durch Nachkauf – führt häufig nur zu noch größeren Verlusten. Wenn Sie an ein Unternehmen glauben und der Preis sinkt, dann wollen Sie wirklich mehr investieren. Wenn Sie allerdings, wie so viele andere, nur nachkaufen, um den Zielkurs zu senken, der Sie „auf null“ bringt, dann begehen Sie einen Fehler. Wenn Sie anfangen, den „durchschnittlichen Preis pro Aktie“ neu zu berechnen, dann könnte es sein, dass Sie den durchschnittlichen Kaufpreis aus dem falschen Grund senken.

6. Verpassen Sie nicht den Zug, nur weil Sie ein paar Groschen sparen wollen.

Wenn Sie mittels einer Aktie in einen bedeutenden Trend investieren und einen über mehrere Jahre reichenden Anlagehorizont haben, welchen Unterschied machen dann ein paar Cent pro Aktie beim Aktienkauf? Viele Anleger platzieren Limit-Kauforders knapp unter dem Briefkurs, und dadurch entgeht ihnen der Kauf. Wenn Sie eine Aktie wirklich haben wollen, vor allem wenn es um eine große Position geht, dann platzieren Sie eine Limit-Order zum Briefkurs oder sogar leicht darüber. Wenigstens wird die Order dann auch ausgeführt. Besonders wichtig ist das, wenn Sie sehr viel mehr Stücke kaufen als derzeit nachgefragt werden. Wenn Sie mit dem Trend richtig liegen, dann werden Sie die zehn Cents extra pro Aktie wohl kaum vermissen.

7. Lassen Sie heiß gekaufte Aktien nicht kalt werden!

Viele Anleger kaufen eine „heiße Aktie“ und erwarten sofort den großen Gewinn. Wenn sich dieser nicht einstellt, rutscht die Aktie aus der Liste der täglichen Beobachtung heraus. Recht bald beginnt sie dann zu fallen, und der Anleger beachtet sie aus emotionalen Gründen nicht mehr. Wir alle wollen Leid vermeiden. Aber Sie dürfen nicht zulassen, dass Sie die Schmerzvermeidung von der Beobachtung Ihrer Aktie abhält. Denn vielleicht sehen Sie dann erst nach zwei Monaten wieder nach und stellen fest, dass die Aktie inzwischen alles andere als heiß ist; und dann stehen Sie wirklich vor einer schmerzvollen Entscheidung.

8. Halten ist so gut wie kaufen.

So etwas wie die Entscheidung, eine Aktie zu halten, gibt es nicht. Wenn Sie eine Aktie heute nicht noch einmal kaufen würden, falls

Sie das Geld übrig hätten, dann sollten Sie entweder verkaufen oder zugeben, dass Sie verwirrt sind. Lösen Sie die Verwirrung auf. Die typische „Halten"-Situation tritt auf, wenn Sie eine Aktie schon seit Jahren halten, wenn die Aktie weit über dem Kaufpreis steht und Sie im Grunde damit zufrieden sind. Aber was bestimmt den Aktienkurs heute? Was bringt ihn künftig zum Steigen? Warum würden Sie die Aktie heute kaufen, wenn Sie sie nicht schon hätten? Wenn Sie das nicht wissen, dann haben Sie für diese Aktie keine Prämisse. Siehe Regel 2.

9. Werden Sie nicht zum Langzeit-Halter wider Willen!

Wenn Ihre Prämisse nicht stimmt oder Sie nicht mehr an die Aktie glauben, dann müssen Sie selbst dann verkaufen, wenn es einen Verlust bedeutet. Zu halten, nur „weil ich mein Geld zurückhaben will", ist die wichtigste Ursache für weitere Verluste. Wer besitzt denn all die Aktien, die im Jahre 2000 etwa 98 Prozent ihres Wertes verloren haben? Zum großen Teil befinden sie sich im Besitz von Menschen, die gegen ihren Willen zu Langzeit-Aktionären geworden sind, als sie sich entschlossen, die Angelegenheit auszusitzen.

10. Sie werden Geld verlieren!

Sie werden nicht jedes Mal richtig liegen. Wenn Sie Anleger sein wollen, dann müssen Sie sich daran gewöhnen, mit manchen Positionen Geld zu verlieren. Diese Regel ergibt sich von selbst aus der Befolgung der Regeln 5, 7 und 9. Verluste in Kauf zu nehmen ist häufig die einzige Möglichkeit, Ihr Vermögen vor weiteren Verlusten zu bewahren.

www.briefing.com

Problemaktien meiden: Die Lehren aus Lernout & Hauspie

Herb Greenberg

Herb Greenberg ist leitender Redakteur bei TheStreet.com. Bevor er zu TheStreet.com kam, schrieb er zehn Jahre lang für den San Francisco Chronicle und für die Chicago Tribune. Außerdem hat er ein Jahr lang als Analyst für ein Arbitrageunternehmen gearbeitet.

Lernout & Hauspie, ein bulgarischer Entwickler von Spracherkennungs-Software, fand mit seiner heißen Story an der Wall Street sehr schnell Gehör: Eine Software, die das Eintippen überflüssig macht. Viel Lärm um nichts – die Shortseller klopften den Bauch sorgfältig ab. Nicht nur wurde das Unternehmen von Gaston Bastiaens geleitet, der im Silicon Valley durch den schnellen Aufstieg und Fall von Quarterdeck bekannt geworden war, sondern es war auch in diverse Geschäfte verwickelt, die die Qualität seiner Finanzergebnisse zweifelhaft erscheinen ließen. Das Unternehmen dementierte die Schwierigkeiten, aber schließlich stellte Lernout Insolvenzantrag, und nach einigen Monaten wurden die Begründer des Unternehmens sowie der CEO wegen Wertpapierbetrugs verhaftet. Die Aktie, die in ihren besten Tagen bis zu 72 US-Dollar gekostet hatte, wird jetzt zu Pfennigbeträgen gehandelt.

1. Lassen Sie sich nicht mit angeblich heißen neuen Technologien zum Narren halten, die als Geschichte mehr taugen denn als Geschäft.

Lernout & Hauspie ist dafür ein Paradebeispiel. Die Spracherkennung wird wahrscheinlich irgendwann sehr verbreitet sein, aber aller Wahrscheinlichkeit nach wird es sich um ein Produkt mit niedriger Marge handeln, das quasi hergeschenkt wird.

2. Wenn ein Analyst im Gegensatz zur breiten Masse aufhört, ein Unternehmen zu behandeln, finden Sie den Grund heraus.
Das könnte das erste Anzeichen für Probleme sein.

3. Übergehen Sie nicht die Berichte über Shortseller, die hinsichtlich eines Unternehmens kritische Fragen aufwerfen.
Das ist oft das erste Anzeichen für Probleme.

4. Merken Sie auf, wenn sich ein Unternehmen öffentlich mit den Shortsellern anlegt und/oder wenn es auf Journalistenanfragen nicht reagiert.
Das IST ein Anzeichen für Probleme.

5. Hüten Sie sich vor Unternehmen, die behaupten, sie seien immun gegen Dinge, die ihren Mitbewerbern zu schaffen machen.
Dies trifft nur in sehr wenigen Fällen zu.

6. Hüten Sie sich vor Unternehmen, die zu viele Transaktionen mit Tochterunternehmen oder engen Partnern durchführen, egal wie offen sie das tun.
Im Fall von Lernout gab es ein weit gespanntes Netz, das letztendlich die Einnahmen erhöhte und die Ausgaben verminderte.

7. Lassen Sie sich nicht von Unternehmen täuschen, die sich mit Investitionen seitens renommierter Unternehmen wie Intel oder Microsoft brüsten.
Beide hielten große Anteile an Lernout & Hauspie.

8. Lassen Sie sich nicht von einem schnell steigenden Aktienkurs täuschen.
Denn er spiegelt nicht unbedingt die fundamentalen Gegebenheiten wider, und manchmal bedeutet es nichts weiter als dass die Aktie eben steigt. Die Lernout-Aktie stieg im Nu von 20 auf 72 US-Dollar, und die Aktionäre hielten sich für Genies.

9. Werden Sie misstrauisch, wenn die Analysten ihre Kursziele erhöhen und gleichzeitig die Gewinnschätzungen senken.

Das ergibt keinen Sinn, es sei denn, sie wollen das Unternehmen hochjubeln, damit neue Aktien emittiert werden können.

10. Sobald Sie sich für ein Genie halten – sobald Sie glauben, Sie hätten sich das alles ausgerechnet –, sollten Sie sich umdrehen.

Sie werden gerade überrumpelt.

www.TheStreet.com

„Vermeiden Sie die Verliererstrategie, Lieblingsaktien langfristig zu halten.
Die schnellen und nicht abreißenden Veränderungen senken die Wahrscheinlichkeit, dass ein Unternehmen langfristig dominiert."

Donald Cassidy

Bill Gross

Bill Gross ist Gründer und leitender Direktor der Pacific Investment Management Company (PIMCO) und gehört dem Unternehmen seit 30 Jahren an. Als Chief Investment Officer von PIMCO ist er für die Verwaltung von 220 Milliarden US-Dollar in festverzinslichen Wertpapieren verantwortlich. Er hat zahlreiche Artikel über den Anleihenmarkt verfasst und erscheint häufig in den landesweiten Medien.

Morningstar ernannte Gross und sein Investmentteam in den Jahren 1998 und 2000 zum Fixed Income Manager of the Year. Als Gross den Preis entgegennahm, begründete Morningstar die Verleihung damit, Gross habe „hervorragendes Anlagegeschick bewiesen, den Mut, von der herrschenden Meinung abzuweichen, und er engagiert sich dafür, dass die Anleger eine herausragende langfristige Performance bekommen."

Bücher

Bill Gross on Investing, John Wiley 1997

Everything You've Heard About Investing Is Wrong, Times Books 1997

1. Wo sind die Gulfstreams der Kunden?

Heutzutage besitzen die Broker und Geldverwalter keine Yachten mehr, sondern Gulfstream-Jets – aber das macht keinen Unterschied. Entscheidend ist, dass Sie intensiv daran arbeiten müssen, Ihre Investmentausgaben so niedrig wie möglich zu halten. Reduzieren Sie Kommissionen und Transaktionsgebühren. Sorgen Sie dafür, dass Sie für Investmentfonds weniger als 0,5 Prozent pro Jahr bezahlen. Behalten Sie das Geld in Ihrer eigenen Tasche anstatt in den Händen jener, die es am wenigsten nötig haben.

2. Aktien übertreffen Anleihen nicht immer.

Aktien sind die beste liquide Langfristanlage, aber nicht zu allen Zeiten. Von 1930 bis 1955 wurden die Aktien von den Schatzanweisungen überflügelt. Das Gleiche gilt für die Jahre 1960 bis 1974 sowie für den größten Teil des 19. Jahrhunderts. Bleiben Sie diversifiziert, damit Sie ein oder zwei Aktiengewitter durchstehen können – und denken Sie daran, manchmal gewinnt der Langsame und Beständige das Rennen.

3. Wenn Sie denken, Sie wüssten „die Antwort", dann denken Sie noch einmal nach.

Formeln, Modelle und alles andere, das Ihnen versichert, die kommenden 20 Jahre würden so werden wie die vergangenen 20 Jahre, sind Hokuspokus. Beispiele für solche Dinosaurier der todsicheren Sache sind die Konzentration auf die Geldmengenstatistik, die Philipskurve der „Arbeitslosigkeit" und die Konzentration auf Faktoren, die KGVs und Währungskurse bestimmen. Bis Sie das alles ausgerechnet haben, hat das wahrscheinlich jemand anders auch schon getan, und die Vorhersagekraft ist dahin.

4. Die richtige Frist ist die lange Frist.

Die kurzfristige Fixierung auf konjunkturelle Veränderungen und Marktbewegungen führt zu Verwirrung und zu der emotionalen Reaktion, am Boden zu verkaufen und auf dem Gipfel zu kaufen. Durch die Konzentration auf langfristigere und stabilere Trends (Demografie, Globalisierung, politische Verschiebungen) erhöht man als Anleger die Chance, dass man auf dem richtigen Weg ist.

5. Schichten Sie Ihr Portfolio im Schneckentempo um.

Umsätze nagen in mehrfacher Hinsicht an Ihrem Portfolio. Zunächst einmal summieren sich die Kommissionen auf und können je nach Broker ein Prozent pro Jahr betragen. Zweitens spielen schnelle Umsätze Vater Staat in die Tasche, der sich von Kapitalgewinnen ernährt. Aus diesen und den in „4." genannten Gründen sind langsame und systematische Veränderungen am besten.

6. Risiko und Rendite sind siamesische Zwillinge.

Risiko und Rendite sind an der Hüfte zusammengewachsen. Man bekommt nur selten hohe Erträge, ohne sein Risiko zu vergrößern. Im Gegenzug kann man nur selten in ein risikoarmes Portfolio investieren, ohne Erträge zu opfern. Wenn Sie meinen, der heutige Aktienmarkt biete zweistellige Jahreserträge, dann müssen Sie ein ganz schönes Risiko in Kauf nehmen. Denken Sie an die 5.000 Punkte des NASDAQ Composite!

7. „Diesmal ist es anders" ist im Allgemeinen ein Verliererspruch, aber wenn es anders ist, dann passen Sie auf.

Wirtschafts-, Branchen- und Investmentzyklen wiederholen sich unerbittlich, auch wenn das nur an der Unveränderlichkeit der menschlichen Natur liegt. Anleger und Geschäftsleute werden genau zu den falschen Zeitpunkten übertrieben optimistisch. Das Gleiche gilt für den Pessimismus bei Börsentiefs.

Und so entsteht ein ewiger Zyklus. Aber von Zeit zu Zeit unterbricht etwas Dramatisches den gewohnten Gang der Dinge – eine neue Technologie, politische Veränderungen oder eine katastrophale Serie menschlichen Versagens. Seien Sie auf dem Posten. Manchmal ist es anders, aber nicht sehr oft.

8. Hüten Sie sich vor Quacksalbern und Scharlatanen.

Die Wall Street steckt voll von Hausieren, die Ihnen ihre Meinungen aufschwatzen wie den todsicheren Tipp an der Rennbahn, nur dass das in diesem Fall mit dem Anschein von Bildung und Weltläufigkeit passiert. Sie müssen wissen, dass diese Menschen fast immer für sich selbst und nicht für Sie arbeiten. Analystenempfehlungen sind in erster Linie dazu da, deren Taschen zu füllen, nicht

Ihre; deshalb müssen Sie das, was sie zu sagen haben, filtern.

9. Ein Guru, der nicht gerade damit beschäftigt ist, geboren zu werden, ist damit beschäftigt zu sterben.

In der Welt der Geldanlage gibt es nur sehr wenige echte Gurus. In 30 Jahren habe ich sie fast alle kommen und gehen sehen. Nur selten stehen sie länger als die sprichwörtlichen 15 Minuten im Rampenlicht. Hören Sie nur auf wenige ausgewählte Experten, und bedenken Sie dabei immer, dass sie fehlbar sind und nicht aus Marmor, sondern aus Gips gemacht sind.

www.pimco.com

„'Streben Sie keine Volltreffer an, Geld verdient man mit vielen einfachen Treffern.' Ich bin vollkommen anderer Meinung."

Richard Driehaus

Auf dem gesunden Menschenverstand basierende Lektionen über Technologieaktien

Steve Harmon

Steve Harmon ist einer der anerkanntesten Analysten und Investoren in der Technologiebranche. Worth nahm ihn in die Liste der 15 größten Visionäre auf (1999), CBS unter die vier „Best of Wall Street"-Analysten (1998) und Smart Money in die drei aufgehenden Sterne am Himmel des Technologie-Investing (2000). Harmon ist CEO von High Velocity Ventures (www.highvelo.com). Diese Gesellschaft berät Unternehmer und Wagniskapitalgeber beim Aufbau von Geschäftsprojekten; Research und Informationen über private und börsennotierte Unternehmen machen Investoren technische Veränderungen begreiflich.

1. Gewinne sind wichtig.

Bezahlen Sie nicht für Versprechungen, bezahlen Sie für tatsächliche Gewinne. Die Dinge ändern sich zu schnell, als dass man für die Performance des nächsten Jahres zahlen sollte. Wenn einem Unternehmen die Gewinne fehlen, ist es riskant. Überlegen Sie sich genau, ob Sie damit leben können, aber beschränken Sie auf jeden Fall die Gefährdung, indem Sie nur einen kleinen Teil Ihres Gesamtportfolios in diese Strategie investieren. Alle anderen Maße sind nur Stückwerk, die Gewinne sind ein Ganzes.

2. Lassen Sie sich nicht von der Technologie faszinieren.

Lassen Sie sich von dem Geschäftsmodell faszinieren, von der Unternehmensleitung, von dem Marktanteil, auch von der Technologie, aber vor allen Dingen vom Cashflow und von den Gewinnen. Nicht immer gewinnt die beste Technologie. Das Xerox-Forschungszentrum PARC entwickelte fast alle entscheidenden Verbesserungen für PCs und Netzwerke, aber keine davon kam direkt dem Unternehmen Xerox zugute.

3. Vergessen Sie die Gipfel, erkunden Sie die Täler.

Dass eine Aktie 50 Prozent unter ihrem Hoch steht, heißt noch nicht, dass sie ein Schnäppchen ist. Glauben Sie den Schlagzeilen der Zeitungen nicht. Als Anleger lernt man aus manchen Fehlern mehr als aus Erfolgen. Studieren Sie das Auf und Ab eines Unternehmens sowie die Konjunkturzyklen – und betrachten Sie das KGV, und zwar nicht, wie weit es seit dem 52-Wochen-Hoch gesunken ist, sondern wie weit es von einem Tief entfernt ist und ob das Tief eine „vernünftige" Bewertung darstellt. Je nach Wachstumsrate und je nach dem durchschnittlichen historischen KGV sind Werte zwischen 10 und 30 „vernünftig".

4. Hören Sie auf das, was die Unternehmensleitung sagt – aber noch wichtiger ist das, was die Kunden sagen.

Schauen Sie, ob Lagerbestände auflaufen oder ob die Auftragsbücher gefüllt sind. Kaufen die Kunden das Hauptprodukt immer noch, oder ist ein Konkurrenzunternehmen auf den Plan getreten? Fragen Sie zum Beispiel Ihren Internetprovider, welche Server, Router und Switches er benutzt. Fragen Sie nach Preis und Leistung.

5. Begreifen Sie den Unterschied zwischen „Wetten" und „Investieren".

Der Markt kenterte im Jahre 2000 zu einem großen Teil deswegen, weil die meisten Menschen offenbar spekulierten. Alan Greenspan, der Vorsitzende der Federal Reserve, und die Federal Reserve selbst spekulierten nicht.

Recherchieren Sie über das Unternehmen, in das Sie investieren wollen, in einem breiten Spektrum von Quellen und in dem Sektor, zu dem es gehört. Ich verwende unter anderem EDGAR,

Zacks, First Call, Multex, Market Guide, Hoovers, eine Reihe von Finanz-Internetseiten, S1-Filings, 10Ks, 10Qs, S & P, Media General, CSI, Bloomberg und andere.

6. Diversifizieren Sie Ihre Investments.

Aktien. Anleihen. Schatzwechsel. Immobilien. Untersuchen Sie Aktien mit niedrigen, mittlerem und hohem Risiko und werden Sie sich bei jeder Aktie darüber klar, warum Sie sie besitzen. Sie müssen wissen, was das Unternehmen macht und wie die Konjunkturzyklen dem Unternehmen zugute kommen oder ihm schaden. Beschränken Sie den Anteil hochriskanter Aktien. Wenn Sie es sich nicht leisten können, Ihre Anlagesumme zu verlieren, dann investieren Sie nicht in riskante Aktien.

7. Bargeld – wie viel hat das Technologieunternehmen?

Kann es mehrere Jahre lang seine Rechnungen bezahlen ohne Aktien zu verkaufen oder Schuldpapiere auszugeben? Bringt das Geschäft einen positiven Cashflow? Tragen die Gewinne das Unternehmen? Wie viel Bargeld ist frei verfügbar? Wie groß ist das Betriebsvermögen? Tausende von Unternehmen haben nicht genug Bargeld, weil sie von außen finanziert wurden anstatt aus Umsätzen und Gewinnen, aber die Anleger wollen jetzt nicht mehr die Zeche zahlen.

8. Aktienbezugsrechte

Viele Technologieunternehmen geben Aktienbezugsrechte aus, und das kann die umlaufenden Aktien sowie die Gewinne dramatisch vewässern. Zwischen 25 und 30 Prozent eines Technologieunternehmens gehören typischerweise den Beschäftigten. Alle wollen irgendwann ihre Bezugsrechte zu Barem machen. Die meisten Analysten und Investoren berücksichtigen diesen Bezugsrechtüberhang nicht. Lesen Sie die Meldungen des Unternehmens und die IPO-Unterlagen, um zu erfahren, wie hoch die vollständig verwässerte Anzahl der umlaufenden Aktien ist.

9. Erlegen Sie sich Kauf- und Verkaufsdisziplin auf.

Verwenden Sie immer Stop-Loss-Orders, um Ihr Verlustrisiko zu begrenzen. Üblich sind 20 Prozent der Aktienkosten oder vom Schlusskurs wenn die Aktie steigt. Wenn die Aktie um einen festgelegten Prozentsatz gestiegen ist, verkaufen Sie einen Teil oder alle. Sie sollten normalerweise so viele Aktien verkaufen, dass sie wenigstens Ihre anfänglichen Kosten decken. Nehmen Sie Gewinne mit. Dann entgehen Ihnen vielleicht weitere Anstiege, aber zumindest haben Sie Ihren Verlust begrenzt. Ziehen Sie auch dann einen Verkauf in Betracht, wenn die Unternehmensleitung schnell wechselt oder wenn die Unternehmensgewinne zu niedrig ausfallen.

10. Binden Sie sich niemals emotional an eine Aktie.

Lieben Sie den Cashflow oder den Gewinn, aber nicht die Aktie. Wenn Ihr Vater Aktien von AT & T besaß, dann macht sie das noch nicht zu einer guten Investition. Eine Aktie, die bisher gut gelaufen ist, muss kein ewiger Gewinner sein. Die Technologiebranche verändert sich schnell, und Sie müssen mit den Veränderungen Schritt halten.

www.highvelo.com

„In einer Welt, in der die jährlichen Geburtenzahlen stagnieren, kann man mit der Investition in Hersteller von Babybekleidung kein Vermögen verdienen. Folgen Sie den wachsenden Altersgruppen; sie kaufen Reisen, Rosen, Krankenversicherungen und Hörgeräte."

Richard Cragg

Geldanlage in Gold

John Hathaway

John Hathaway ist Teilhaber und leitender Direktor von Tocqueville Asset Management, einem zugelassenen Beratungsunternehmen. Er managt den Tocqueville Gold Funds und andere Portfolios für private und institutionelle Kunden.

1. Eine Goldinvestition sollte auf makroökonomischen Überlegungen basieren.

Wenn man erwartet beziehungsweise befürchtet, dass es zu steigender Inflation kommt, zu destabilisierender Deflation, zu einer Aktien- oder Anleihenbaisse oder zu einem finanziellen Tumult, dann ist Gold eine gute Sache und schützt vor Gefahren.

2. Das Verständnis der inneren Dynamik des Goldmarktes hilft bei der zeitlichen Gestaltung der Investition.

Nützliche Hinweise auf Einstiegs- und Ausstiegspunkte für aktive Tradingstrategien bieten beispielsweise die wöchentlichen Positionsberichte der Rohstoff-Fonds und die Stimmungsindikatoren. Auch Berichte aus verschiedenen Quellen über die konkrete Nachfrage für die Schmuckherstellung sowie für industrielle und andere Zwecke bieten eine gewisse Perspektive.

Aber keine dieser Überlegungen, die von Natur aus nichts mit Geld zu tun haben, bringt Erkenntnisse über den breiten Markttrend. Berichte über Verkäufe oder Darlehen seitens der Zentralbank können den Markt zwar kurzfristig beeinflussen, können aber gegen volkswirtschaftliche Faktoren nichts ausrichten.

3. Sich für die Erzeugung von Erträgen zu sehr auf Tradingstrategien zu verlassen kann gefährlich und kontraproduktiv sein.

Die Erträge einer auf „Kaufen und Halten" ausgerichteten Strategie dürften mehr als ausreichend sein, um die unvermeidliche Volatilität zu kompensieren. Viele, die den Markt durch hyperaktives Trading überlisten wollen, erzielen unterdurchschnittliche Erträge. Der Erfolg beruht großenteils auf dem Eintreten von folgenschweren Ereignissen, die außerhalb der Parameter von Tradingmodellen liegen.

4. Jeder Anleger sollte ein bisschen Gold besitzen.

Eine sinnvolle Gewichtung liegt bei null bis drei Prozent während einer Goldbaisse und fünf bis zehn Prozent während einer Goldhausse.

5. Aktien von Goldminengesellschaften bieten einen größeren Hebel als das Metall an sich.

Die Aktien von Goldunternehmen erscheinen im Vergleich zu konventionellen Unternehmen teuer, weil der Preis immer die Möglichkeit eines steigenden Goldpreises enthält. Die Empfänglichkeit des Aktienkurses für einen eventuellen Anstieg des Goldpreises hängt von dem derzeitigen Cashflow und von der Bewertung nachgewiesener sowie wahrscheinlicher Reserven ab.

6. Halten Sie nach Unternehmen Ausschau, die ihr Goldrisiko abgesichert haben.

Die Flut hebt zwar die meisten Boote an, aber man sollte Unternehmensbilanzen besonders aufmerksam nach Hedging-Maßnahmen durchsuchen, die die Teilhabe an steigenden Goldpreisen beeinträchtigen oder sogar die finanzielle Stabilität gefährden. Das Massaker der letzten 20 Jahre hat die Auswahl einzelner Aktien erleichtert, weil so wenige Unternehmen die Goldbaisse überlebt haben. Allerdings ist die Aktienauswahl weniger wichtig als das Erkennen des Haupttrends.

7. Lassen Sie sich nicht vom Goldfieber anstecken.

Gold an sich ist zwar ein konservatives Investment, aber das

„Goldfieber“ lockt Horden von Spekulanten, Werbern und Scharlatanen an, die nichts anderes wollen als die Anleger von ihrem Geld zu trennen. Meiden Sie abseitige „Explorations“- Gesellschaften mit niedriger oder gar keiner Produktion, dafür aber einem riesenhaften Appetit auf neues Geld.

8. Barren und Münzen sind eine konservativere Goldanlage als Aktien.

Außerdem bieten Barren für große Kapitalmengen größere Liquidität. Wenn man in das physische Metall investieren will, muss man die Aufbewahrungsbedingungen und die Kreditwürdigkeit des entsprechenden Finanzinstituts genau prüfen. Verwechseln Sie das Versprechen einer Bank, Ihnen gegen ein „Goldzertifikat“ oder gegen eine „structured note“ (also ein Derivat) den Goldpreis zu zahlen, nicht mit dem physischen Besitz des Metalls. Bestehen Sie auf der Aufbewahrung in einem gesonderten Tresor, den Sie unangekündigt überprüfen können und der vor den Handelsabkommen und den Finanzinteressen des Finanzinstituts geschützt ist.

9. Gold ist ein umstrittenes Investment außerhalb des Establishments.

Verlassen Sie sich daher nicht auf die konventionellen Finanzmedien und die Kommentare der Brokerhäuser. Auf diesem Gebiet sind sie sogar noch irreführender und schlechter informiert als sonst.

10. Geben Sie sich nicht mit zu wenig zufrieden.

Wenn außergewöhnliche Ereignisse, die nach der herrschenden Meinung als unvorstellbar gelten, wirklich einträten, dann betrüge der Zielpreis des Goldes ein Mehrfaches des derzeit im Keller befindlichen Preises. Gold ist eine Versicherung gegen Finanzkatastrophen. Der Umfang des Wertzuwachses ist eine Funktion des Aufkommens an papiernen Vermögenswerten, die gegen Gold eingetauscht werden, und zwar unabhängig vom Preis.

www.tocqueville.com

„Die gesamte Finanzbranche ist auf den Verkauf von Produkten ausgerichtet. Wenn Ihnen dieses Grundgesetz nicht klar ist, werden Sie Mal für Mal irregeführt."

Timothy Vick

Financial Spread Betting

Alan Hicks

Alan Hicks hat mehr als 20 Jahre für Großbanken mit Devisen gehandelt, und seit 1983 ist er auf Währungsoptionen (FX-Optionen) spezialisiert. Seit 1996 führt er Schulungen auf dem Gebiet der OTC-Finanzderivate durch, und seit einiger Zeit verbringt er viel Zeit mit dem schnell wachsenden Markt für „Financial Spread Betting“ (FSB) in Großbritannien. Er ist aktiver Trader und verwendet FSB zur Erzeugung von Gewinnen sowie zur Absicherung seiner Portfolios.

Bücher

Managing Currency Risk Using FX Options, Woodhead 2000
Foreign Exchange Options, Woodhead 21997

Einführung

Lassen Sie sich durch das Wort „betting“ [wetten] in „financial spread betting“ (FSB) nicht abschrecken. Investieren mittels FSB ist etwas ganz anderes als Pferdewetten (das Chance-Risiko-Verhältnis ist vollkommen anders). Der FSB-Markt ist eine Art OTC-Pendant [OTC = over-the-counter, Freiverkehr] zu bar abgewickelten Finanzfutures-Kontrakten; somit bietet er eine möglicherweise effizientere, kostengünstige Methode, von Bewegungen am Aktienmarkt und an anderen Märkten zu profitieren.

Man braucht dafür keinen Broker. Man nutzt die Vorzüge des Freiverkehrshandels – man hat es unmittelbar mit den Market Makers zu tun und kann die Kontraktgröße selbst bestimmen (man ist nicht auf Kontraktbedingungen und Aktienblocks festgelegt). Dadurch entfallen die Kosten, die mit dem Einsatz von Brokern an den Börsen entstehen, zum Beispiel an den Aktien- und Futures-Börsen.

1. Handeln Sie außerhalb der Börsenzeiten.

Viele FSB-Firmen arbeiten, wenn die zugrunde liegenden Kassamärkte geschlossen sind. Manche Firmen sind für bestimmte Märkte wie zum Beispiel Aktienindizes rund um die Uhr geöffnet. Das bedeutet, dass Sie vor den anderen invcstieren oder schlechte Positionen abstoßen können. Lassen Sie sich von großen Spannen zwischen Geld- und Briefkurs nicht irritieren, wenn Sie fest daran glauben, dass der Markt höher oder niedriger eröffnen wird – die paar Punkte, die Sie durch den Spread verlieren, sind nichts gegen den Eröffnungspreis, der durch eine Mauer aus Geld entsteht, das auf die Eröffnung wartet.

2. FSB-Preise können auf den künftigen Preis des Underlyings hinweisen.

Viele Börsenmakler geben Prognosen zu Eröffnungs- oder Schlusskursen bestimmer Aktien ab, aber diese Angaben sind durch keinerlei Fakten gesichert – sie sind leeres Gerede, das Kauf- und Verkaufsorders schaffen soll, auf die die Broker Gebühren kassieren. FSB-Kurse sind nicht nur Prognosen, sondern reale Handelspreise – das schlaue Geld ist schon unterwegs. Ein Beispiel ist der Börsengang von Friends Provident in Großbritannien. Die traditionellen Broker schätzten den Ersttagskurs auf 210-270, während sich der FSB-Markt im Bereich zwischen 220 und 225 bewegte. Der FSB-Preis, der auf tatsächlichen Transaktionen beruht, war der genauere Indikator.

3. Eröffnen Sie Depots bei mindestens drei FSB-Firmen.

FSB-Firmen wollen bestimmte Aktien beziehungsweise Indizes je nach ihrer eigenen Position (long oder short) und je nach der erwarteten Richtung der nächsten Preisbewegung lieber kaufen oder lieber verkaufen. Das bedeutet, dass Sie bei verschiedenen

FSB-Firmen unterschiedliche Preise bekommen können; das ist zwar eine tolle Sache, weil es im Endeffekt die Spanne zwischen Geld- und Briefkurs reduziert, aber es bedeutet auch, dass Sie mehr als ein Depot brauchen.
Es ist nicht unbedingt ein großer Aufwand, bei mehreren FSB-Firmen anzufragen, denn die meisten zeigen ihre Preise im Internet an. Verwenden Sie den Internetpreis als Orientierung, und wenden Sie sich dann direkt an den Händler (entweder per Telefon oder per Handelssystem, falls vorhanden), um einen konkreten Handelspreis zu bekommen – dieser kann je nach dem FSB-Unternehmen und je nach der verwendeten Handelssoftware anders ausfallen oder nicht. Wenn sich der Markt schnell verändert, kann man also mit zwei (oder mehr!) Unternehmen gleichzeitig Kontakt halten.

4. Begreifen Sie, dass es um künftige Werte geht.

FSB beruht auf dem künftigen Wert einer Aktie oder eines Indexes. Deshalb bekommen Sie normalerweise nicht den Kassakurs, den das Investment an der zuständigen Börse erzielt. Und das heißt, dass der FSB-Preis normalerweise über dem Kassakurs liegt. Aber lassen Sie sich durch den „hohen" Preis nicht vom Kauf abhalten – schließlich bezahlen Sie die Aktie ja nicht bar und kassieren Zinsen, während Sie die Position halten (abzüglich eventueller Dividenden).

5. Bedenken Sie die steuerlichen Auswirkungen.

In manchen Ländern – unter anderem im Vereinigten Königreich – sind FSB-Gewinne steuerfrei, so dass es durchaus sinnvoll ist, auf diesem Wege zu investieren. Außerdem entfallen in Großbritannien die Stempelgebühren und Broker- beziehungsweise Börsengebühren. Auf der anderen Seite sind FSB-Verluste nicht steuerlich abzugsfähig, und dies sollte man nicht vergessen, wenn man Arbitrage- oder Hedge-Geschäfte macht (siehe unten). Deshalb sollten Sie bei jeder Strategie überlegen, wie es sich auswirkt, sie am FSB-Markt zu verfolgen oder anderswo.

6. Arbitragemöglichkeiten.

Man kann die Preisdifferenzen zwischen dem FSB-Markt und anderen Derivaten wie zum Beispiel CFDs (Contracts for Differences, Differenzkontrakte), Finanzfutures und Optionen für Arbitragegeschäfte ausnutzen. Wenn Sie sehr schnell sind, dann geht das auch mit den Preisunterschieden zwischen verschiedenen FSB-Firmen (bedenken Sie, dass der FSB-Markt ein OTC-Markt ohne zwischengeschaltete Makler ist).

Dafür brauchen Sie allerdings mehrere Depots und müssen die resultierenden Geldflüsse verwalten; daher ist Arbitrage kapitalintensiv. Eine weitere Komplikation ist die Tatsache, dass Arbitrageverluste steuerlich nicht gegen Kapitalgewinne an anderen Märkten verrechnet werden können.

7. Fragen Sie immer nach beiden Preisen.

Geben Sie niemals Ihre Richtungsabsicht preis – ob Sie kaufen oder verkaufen wollen –, bevor Sie nicht beide Preise kennen, den Geld- und den Briefkurs. Diese Regel gilt zwar für alle Märkte, aber ganz besonders für OTC-Märkte wie FSB. Eigentlich liegt es in der Natur des Produktes, dass man automatisch beide Preise bekommt, und wenn man als Investor seine Absichten verrät, ist man selbst schuld. Wenn ein FSB-Händler Sie zufällig einmal fragen sollte, ob Sie kaufen oder verkaufen wollen, dann antworten Sie: „Das werde ich Sie wissen lassen, wenn Sie mir beide Preise mitgeteilt haben."

8. Machen Sie klar, was Sie wollen.

Das ist das Gegenteil der obigen Aussage und gilt erst, nachdem Sie beide Preise erfahren haben. FSB ist ein OTC-Markt – sie schließen das Geschäft direkt mit Ihrem Kontrahenten ab –, und daher ist nichts dagegen einzuwenden, dass Sie die Firma fragen, ob sie Ihnen einen speziellen Preis macht.

Die Unterhaltung könnte zum Beispiel so aussehen:
Investor: „Wieviel wollen Sie für Vodaphone September?"
FSB-Firma: „152-155."
Investor: „Wären Sie daran interessiert, sie mir für 154 in £ 50 anzubieten?"

Ob Sie nun den „besseren" Preis bekommen oder nicht, hängt von dem FSB-Händler ab, aber auf jeden Fall werden Sie sofort ein Ja oder Nein bekommen. Bedenken Sie, dass Ihre Absichtserklärung (in diesem Fall 50 Pfund pro Punkt zu kaufen – das entspricht 5.000 Aktien von Vodaphone Plc) keine Limit-Order darstellt. Das Ja oder Nein bedeutet, dass Sie entweder die Aktien zu 154 gekauft haben oder dass gar nichts passiert ist – in keinem Fall wurde eine Order aufgegeben.

www.fenics.com

„Der größte Fehler, den man als Privatanleger begehen kann, ist die Konzentration des Portfolios, und die schlimmste Sünde ist es, einen übermäßigen Teil seines Vermögens in Aktien des Unternehmens anzulegen, für das man arbeitet.“

Richard Thaler und Russell Fuller

Bauernregeln für den Aktienhandel

Yale Hirsch

Yale Hirsch ist Vorsitzender von The Hirsch Organization, einer unabhängigen Researchorganisation. Hirsch gibt zwei allmonatlich erscheinende Börsenbriefe heraus, den jährlich erscheinenden Stock Trader's Almanac sowie weitere Bücher und Sonderberichte, und außerdem noch eine tägliche Börsenhotline. Er wendet sich seit jeher vorwiegend an Privatanleger, und alle seine Empfehlungen sind auch für Kleinanleger mit begrenztem Kapital geeignet. Auch Profis verwenden Hirschs Research, vor allem seine berühmten Untersuchungen zu immer wiederkehrenden Mustern und Entdeckungen.

1. Wie der Januar, so das Jahr – nur drei deutliche Abweichungen in 51 Jahren.
Das Januarbarometer zeigt seit 1950 mit erstaunlicher Genauigkeit den großen Jahrestrend der Börse an. Wenn der S & P Composite Index im Januar im Plus oder Minus stand (in sechs Jahren war er unverändert: 1956, 1970, 1978, 1984, 1992 und 1994), ergab sich auch für das ganze Jahr das entsprechende Ergebnis. Von den drei Jahren, in denen diese Regel eindeutig falsch war (1966, 1968 und 1982), trug in zwei Fällen der Vietnamkrieg zum Versagen bei. Es gab jedoch keine Fehler in ungeraden Jahren, wenn der Kongress neu gewählt wurde. Verluste im Januar lösten Baissen aus beziehungsweise setzten sie fort. In den sechs Jahren mit unverändertem Januarindex wechselte die Börse in den letzten Monaten des Jahres die Richtung.

2. Lege jedes Jahr von November bis April Geld an der Börse an.

Meine Entdeckung der „besten sechs Monate“ schöpft 99,6 Prozent aller Gewinne ab, im Unterschied zu den 0,4 Prozent der restlichen sechs Monate des Jahres. Es ist seit 1950 eine hervorragende Strategie, jedes Jahr vom 1. November bis zum 30. April Geld in die Börse zu investieren und es in den anderen sechs Monaten des Jahres in festverzinslichen Wertpapieren anzulegen. Ich entdeckte diese Strategie im Jahre 1986. Wenn man 1950 mit 10.000 US-Dollar angefangen und sie samt der Erträge jedes Jahr im Halbjahr November-April an der Börse angelegt hätte, dann würde sich der Gewinn auf 415.819 US-Dollar belaufen – für Mai-Oktober hingegen ergeben sich verschwindende 1.743 US-Dollar. So sensationell dies auch klingen mag, mithilfe eines einfachen Timing-Oszillators lässt sich dieser Gewinn mehr als verdoppeln.

3. Im dritten und vierten Jahr der Amtszeit von US-Präsidenten sind die Gewinne dreimal so hoch wie im ersten und zweiten Jahr.

Die Aktienkurse werden seit 170 Jahren vom Zyklus der Präsidentschaftswahlen beeinflusst. In der zweiten Hälfte der Amtszeit haben sie 722,4 Prozent zugelegt, in der ersten Hälfte aber nur 251,7 Prozent. In den letzten zehn Amtsperioden fielen neun bedeutende Bodenbildungen ungefähr in die Mitte der Amtszeit.

4.Wenn der Weihnachtsmann ausbleibt, kommen die Bären.

Fast jedes Jahr kommt der Weihnachtsmann in die Wall Street und bringt in den letzten fünf Tagen des alten sowie in den ersten zwei Tagen des neuen Jahres eine hübsche kleine Kurserholung. In den letzten 50 Jahren brachte sie durchschnittlich 1,7 Prozent Gewinn, was auf das Jahr hochgerechnet einen Ertrag von rund 80 Prozent ergäbe. Wenn der Weihnachtsmann nicht erschien, dann folgte entweder eine Baisse oder eine Gelegenheit, im Neuen Jahr Aktien preisgünstig zu kaufen. Dem Beginn der Baisse 2000 ging ein vierprozentiger Verlust über die Feiertage voraus.

5. Im Jahr nach der Präsidentschaftswahl müssen wir meistens die Zeche zahlen.

Da die Politik nun einmal ist, wie sie ist, versuchen die Regierungen in Wahljahren die Wirtschaft gut aussehen zu lassen, um das Wahlvolk zu beeindrucken; unpopuläre Entscheidungen werden auf einen Zeitpunkt nach der Auszählung der Stimmen vertagt. Dies führt zu einem typisch amerikanischen Phänomen – dem Post-Election Year Syndrome. Das Jahr beginnt mit einem Einweihungsfest, für das jemand die Zeche zahlen muss. In der Vergangenheit haben die Amerikaner immer und immer wieder dafür bezahlt. Es ist wirklich sehr selten, dass es ein siegreicher Kandidat schafft, sein Wahlversprechen von Frieden und Wohlstand zu erfüllen. In den letzten 22 Jahren nach einer Wahl begannen drei große Kriege, es begannen vier dramatische Baissen und zehn weniger schlimme Baissen begannen oder setzten sich fort. Nur im Jahre 1925 und in den drei vorangegangenen Nach-Wahljahren waren die Amerikaner mit Frieden und Wohlstand gesegnet.

6. Kaufen Sie Aktien zum Tief in der Mitte der Amtsperiode.

In den letzten zehn „Mitteljahren" begannen in sechs aufeinanderfolgenden Fällen Baissen oder waren im Gange, bis dann 1982 der größte Hausse-Zyklus in der Geschichte der Wall Street begann. Ein hypothetisches Aktienportfolio, das in der Mitte der Amtsperiode gekauft wurde, hätte seit 1914 bis zu dem Hoch im Jahr vor der nächsten Wahl durchschnittlich 50,2 Prozent Gewinn gebracht. Das entspricht einem Ausschlag von 10.000 auf 15.000 Punkte. Ein beeindruckender Saisonffekt! Es gibt keinen Grund zu der Annahme, der vierjährige Präsidentschaftswahl-/Börsen-Zyklus werde sich in den Jahren 2002/2003 nicht fortsetzen. In diesem Fall könnte der Dow Jones von seinem Tief zur Mitte der Amtsperiode im Jahre 2002 bis zum Hoch im Vorwahljahr 2003 vielleicht 5.000 Punkte zulegen.

7. In den ersten Handelstagen des Monats rauscht's.

Vom 2. September 1997 (Dow Jones 7.622,42) bis zum 6. Juli 2001

(Dow Jones 10.252,68) legte der Dow Jones insgesamt 2.630,26 Punkte zu. In diesen 47 Monaten gewannen die ersten Handelstage die unglaubliche Menge von 2.662,51 Punkten. Die verbleibenden 923 Handelstage brachten in scharfem Kontrast dazu einen Verlust von 32,25 Punkten. Das bedeutet, dass der durchschnittliche Gewinn der 47 ersten Handelstage 56,7 Punkte betrug, wohingegen an den 923 anderen Tagen im Durchschnitt je ein Drittel Punkt verloren ging. Auf ein Jahr hochgerechnet ergibt sich so auf der einen Seite ein Ertrag von rund 265 Prozent und auf der anderen Seite ein negativer Ertrag.

8. Die so genannten Sommeraufschwünge sind ein Witz – der Sommer ist die schwächste Jahreszeit.

In Jahren, in denen der Markt enttäuscht, ist immer vom Sommeraufschwung die Rede. Darum wird derart viel Wind gemacht, dass man meinen könnte, der Markt erbringe im Sommer die beste und spektakulärste Leistung. Aber nichts falscher als das! Nicht nur, dass sich der Markt zu allen Jahreszeiten erholt, sondern er tut dies in anderen Jahreszeiten mit mehr Freude. In 38 Jahren brachte der Winter einen Gewinn von 13,7 Prozent, gemessen vom Tief im November oder Dezember bis zum Hoch des ersten Quartals. Der Frühling brachte 10,6 Prozent, gefolgt vom Herbst mit 10,3 Prozent. Die letzte und schlechteste Jahreszeit ist der Sommer mit einem „Sommeraufschwung“ von durchschnittlich 9,6 Prozent.

9. Die einzige „Gratismahlzeit“ an der Wall Street wird im Dezember serviert.

Gewiefte Beobachter haben festgestellt, dass viele Tiefpreisaktien gegen Ende des Jahres zu Schnäppchenpreisen zu haben sind, weil die Anleger diese „Verlierer“ aus steuerlichen Gründen aus ihren Portfolios räumen. Aktien, die Ende Dezember neue Jahrestiefs markieren, neigen dazu, den Markt bis zum 15. Februar des Folgejahres ganz nett zu überflügeln. Für die Auswahl der Aktien, die Mitte Dezember Tiefstände erreichen, sortieren Sie zunächst

Vorzugsaktien, geschlossene Fonds, Splits, Neuemissionen und so weiter aus. Dann kaufen Sie die Aktien, die am weitesten gefallen sind. Sie neigen dazu, schneller zu steigen als der Markt, wenn die Saison der steuerlich bedingten Verkäufe vorüber ist.

10. „Triple-Witching Weeks" im Minus sorgen für weitere Schwäche in der Woche danach.

Der Begriff Triple-Witching Week (TWW) bezieht sich auf das Verfallsdatum dreier Anlageinstrumente: S & P Futures, Put- und Call-Optionen auf andere Indizes und Optionen auf Aktien. Fallende TWWs münden oft in eine weitere Woche mit schwacher Tendenz. Seit 1991 folgten auf 13 Minus-TWWs 11 Minus-Wochen.

www.stocktradersalmanac.com

„Nachforschungen haben ergeben, dass Unternehmen, in denen der Posten des Vorstandsvorsitzenden und des Chief Executive Officer von der gleichen Person besetzt werden, mit einer 50 Prozent höheren Wahrscheinlichkeit bankrott machen als andere börsennotierte Unternehmen. Maxwell (der seine beiden Söhne als leitende Direktoren eingesetzt hatte) und Asil Nadir bei Polly Peck sind zwei klassische Beispiele dafür, aber es gibt noch zahlreiche andere."

Alan Sugden

Optionen – Bewertung und Handel

John C. Hull

John Hull hat eine von der Maple Financial Group gestiftete Professur für Derivate und Risikomanagement inne und ist Direktor des Bonham Centre for Finance der Joseph L. Rotham School of Management innerhalb der University of Toronto. Er ist eine international anerkannte Autorität für Financial Engineering und hat auf diesem Gebiet zahlreiche Veröffentlichungen vorzuweisen. Seine neueren Forschungen konzentrieren sich auf Zins-Optionen, Kreditrisiko und Marktrisiko. Im Jahre 1999 wurde er von der IAFE zum Financial Engineer of the Year gewählt.

Bücher

Options, Futures and Other Derivatives, FT Prentice Hall 1999
Fundamentals of Futures and Options Markets, FT Prentice Hall 2001
Hull-White on Derivatives, Risk Publications 1996
Einführung in Futures- und Optionsmärkte, Oldenbourg 2001
Optionen, Futures und andere Derivate, Oldenbourg 2001

1. Wenn Sie im Optionshandel Geld verdienen wollen, müssen Sie sich eine andere Sichtweise als die meisten anderen Marktteilnehmer zu eigen machen – und Sie müssen richtig liegen.

Ein Beispiel soll das verdeutlichen. Nehmen wir an, Sie glauben, dass bald Nachrichten bekannt werden, die den Aktienkurs eines Unternehmens deutlich verändern (das könnte zum Beispiel ein Übernahmeversuch oder der Ausgang eines Prozesses sein). Sie könnten es mit einem Straddle versuchen. Das bedeutet, dass Sie einen Call und einen Put mit dem gleichen Ausübungskurs und der gleichen Laufzeit kaufen. Wenn die Meldung für das Unternehmen günstig ausfällt, dann rechnen Sie damit, dass sich der Call kräftig rentiert; wenn sie ungünstig für das Unternehmen ausfällt, dann rechnen Sie damit, dass sich der Put kräftig rentiert. Diese Strategie funktioniert gut, wenn nur wenige andere Menschen auf die gleiche Idee kommen. Wenn aber alle anderen Marktteilnehmer ebenfalls eine deutliche Preisänderung erwarten, dann steigen die Preise für Calls und Puts, und der leichte Gewinn ist dahin.

2. Übertragen Sie nicht die Volatilität einer Option auf die Aktie und verwenden Sie sie für die preisliche Einschätzung einer anderen Option.

Früher wurde dieses Vorgehen empfohlen, aber inzwischen ist bekannt, dass der Markt nicht alle Optionen den gleichen Preisschwankungen unterwirft (das bedeutet, dass der Markt nicht mit den Annahmen übereinstimmt, die dem Black-Scholes-Modell zugrunde liegen). An den Aktienmärkten ist die Volatilität, gemäß deren der Preis einer Option bemessen wird, eine abnehmende Funktion des Ausübungskurses. So könnten beispielsweise 28 Prozent für die Bewertung einer Option auf den S & P 500 mit niedrigem Strike verwendet werden, wohingegen für die Bewertung einer Option auf den S & P 500 mit höherem Ausübungskurs 20 Prozent angesetzt werden.

3. Als grobe Näherung gilt: Der Preis einer am Geld befindlichen Option steigt mit der Quadratwurzel der Restlaufzeit.

Diese Regel resultiert aus der allgemeineren Erkenntnis, dass die Unsicherheit hinsichtlich des künftigen Wertes einer Marktvariable (grob angenähert) mit der Quadratwurzel des Betrachtungszeitraums zunimmt. Die Unsicherheit hinsichtlich des Wertes in vier Monaten ist ungefähr zweimal (und nicht viermal) so groß wie die Unsicherheit hinsichtlich des Wertes in einem Monat.

4. Wenn man das Prinzip der risikoneutralen Bewertung anwendet, dann bewertet man Optionen nicht unbedingt unter der Annahme, die Investoren seien risikoneutral.

Die risikoneutrale Bewertung ist das wichtigste Prinzip der Optionsbewertung, und es wird weithin angewendet. Es besagt, dass man den richtigen Preis für eine Option (oder ein anderes Derivat) erhält, wenn man annimmt, die Investoren seien risikoneutral. Dieser Preis ist in Situationen, in denen die Investoren das Risiko scheuen, gleichermaßen richtig wie in Situationen, in denen die Investoren risikoneutral sind.

5. Handeln Sie niemals mit einem Produkt, das Sie nicht vollkommen verstehen und dessen Risiken Sie nicht bewertet haben.

Diese Regel scheint eher trivial zu sein. Aber tatsächlich wurden viele der Derivate-Katastrophen, denen Finanz- und andere Gesellschaften zum Opfer gefallen sind und über die ausführlich berichtet wurde, von Personen ausgelöst, die diese Regel nicht befolgt haben.

6. Wenn Sie mit Optionen spekulieren, dann legen Sie sich nicht nur dahingehend fest, was passieren wird, sondern auch wann das passieren wird.

Optionen haben eine begrenzte Lebensdauer. Wie oft passiert es, dass ein Anleger eine Call-Option auf eine Aktie kauft und feststellen muss, dass die Aktie in der Woche nach dem Verfall der Option nach oben schnellt?

7. Berechnungsmodelle für Optionspreise wie zum Beispiel Black-Scholes sind nichts anderes als ausgefeilte Interpolationsmethoden.

Als Anleger sollte man damit vorsichtig umgehen. Professionelle Händler bewerten Optionen folgendermaßen: Sie beobachten jeden Tag eine Anzahl von Optionen, die am Markt rege gehandelt werden. Dann berechnen sie die implizite Volatilität dieser Optionen nach der Black-Scholes-Methode. Dann interpolieren sie zwischen diesen impliziten Volatilitäten und erhalten so eine Tabelle, in der die implizite Volatilität als Funktion des Ausübungspreises und der Restlaufzeit dargestellt wird. Andere Optionen werden dann an diesem Tag mithilfe dieser Tabelle bewertet.

8. Wenn die Unsicherheit am Markt wächst, dann steigen die Volatilitäten kurzfristiger Optionen stärker an als die Volatilitäten langfristiger Optionen.

Im Analystenjargon unterliegt die Volatilität der so genannten „mean reversion". Sie hat die Tendenz, zu ihrem langfristigen Durchschnittswert (Normalwert) zurückzukehren. Wenn die Unsicherheit am Markt wächst, nimmt die Volatilität zu, aber dann zieht es sie wieder in Richtung des normalen Niveaus. Man kann sich die implizite Volatilität einer Option als das vorstellen, was die Anleger für die durchschnittliche Volatilität während der Laufzeit der Option halten. Für lang laufende Optionen liegt dieser Wert niedriger als für Optionen, deren Ausübungsdatum näher liegt.

9. Achten Sie auf wertvolle Options-Zusätze.

Finanzinstitute ergänzen häufig ihre Produkte mit Optionen. Beispielsweise kann es sein, dass eine Bank einen Hypothekenzins anbietet, der zwei Monate lang gilt (aber wenn die Zinsen fallen, bekommen Sie den niedrigeren Zinssatz). Britische Versicherungsesellschaften boten früher Rentenversicherungen an, bei denen sie garantierten, dass der Zinssatz zur Berechnung des jährlich fälligen Betrages ein bestimmtes Niveau nicht unterschreiten würde. Optionen werden häufig einfach als Kosten für die Geschäftsabwicklung betrachtet und nicht korrekt in den Preis eines Produkts eingerechnet.

10. Vergessen Sie auf keinen Fall, die Transaktionskosten zu berücksichtigen, wenn Sie Optionsgeschäfte in Betracht ziehen.

Die Transaktionskosten für Optionen können hoch sein. Ein Posten ist die Maklergebühr. Zu den versteckten Kosten gehört der Spread zwischen Geld- und Briefkurs. Wenn der Geldkurs 4,75 US-Dollar und der Briefkurs 5,25 US-Dollar beträgt, dann liegt der geschätzte Marktpreis bei 5,00 US-Dollar, so dass bei jedem Trade Transaktionskosten in Höhe von 0,25 US-Dollar (= 5 Prozent) entstehen. Und wenn man eine Option ausübt, werden wieder Gebühren fällig. Unter Berücksichtigung der Transaktionskosten ist es häufig günstiger, eine Option zu verkaufen als sie auszuüben.

www.rotman.utoronto.ca

„Jeden Tag zerstören Millionen von Managern rund um die Welt systematisch Aktionärsvermögen, manchmal riesige Summen. Warum? Es liegt weder an ihrer Inkompetenz noch daran, dass sie unehrlich wären.
Es liegt daran, dass sie rational auf das Vergütungssystem reagieren, das die überwiegende Mehrzahl der Unternehmen einsetzt. Sie werden dafür belohnt, dass sie zu viel in reife Branchen investieren, zu viel für die Automatisierung von Arbeitsabläufen ausgeben und zu viel für Anschaffungen bezahlen."

Joel Stern

Die Auswahl eines Investmentfonds-Managers

John Husselbee

John Husselbee ist einer der Direktoren von Henderson Global Investors. Er ist verantwortlich für Portfoliozusammensetzung und Fondsauswahl einer Reihe von Investmentfondsportfolios, die von mehreren Managern verwaltet werden. Husselbee hat bei Henderson Global Investors und bei Rothschild Asset Management zehn Jahre Erfahrung in der Suche und Auswahl von Fondsmanagern gesammelt. Er ist Mitglied des AUTIF Performance Committee und des Beratungsausschusses für die Investment Week Mutual Fund Awards. John schreibt eine monatlich erscheinende Kolumne für Bloomberg Money und ist regelmäßig bei Bloomberg TV zu Gast.

1. Benutzen Sie für die Entdeckung neuer Länder keine alte Landkarte.

Ich glaube fest daran, dass es eine beständige Performance nicht gibt. Die Vergangenheit ist nur ein Anhaltspunkt. Ich verwende sie auch nur als solchen und schaue dann etwas genauer hin. Ich will herausfinden, wie und warum ein Fonds einen vorderen Rang belegt hat, und dann feststellen, ob diese Gründe auf die aktuellen Marktbedingungen sowie die künftigen Aussichten anwendbar sind.

2. Es geht nicht nur um Erträge.

Das mag simpel klingen, aber das Ziel eines Fonds ist für mich ein entscheidender Punkt. Und das Ziel besteht nicht nur darin, viel Geld zu verdienen. Jeder Fonds hat ein ausgesprochenes Ziel, das in der genauen Beschreibung genannt wird, und er hat Richtlinien für dessen Erreichung. Stimmt das Ziel mit Ihrem Ziel überein? Ist der Stil des Managers – den man aus den Unternehmenstypen herauslesen kann, die er hält (beispielsweise eher kleinere oder größere Unternehmen) – angemessen? Wenn Sie die Ziele, den Managementstil und die Konstanz des Ansatzes genau kennen, dann hilft Ihnen das vorauszusehen, wie sich der Fonds unter den herrschenden Marktbedingungen verhalten wird.

3. Erfahrung zahlt sich aus – lassen Sie die Lehrlinge mit dem Geld anderer Leute üben.

Die Erfahrenheit eines Fondsmanagers ist überaus wichtig. Damit meine ich Erfahrungen, die für den Fonds relevant sind, den er managt. Sehen Sie sich die Ergebnisse des Fondsmanagers in seinem derzeitigen Fonds und in seinen ehemaligen Fonds an. Diese Informationen sind leicht zu bekommen. Ich investiere lieber in Manager, die ihr Handwerk unter verschiedenartigen Marktbedingungen beherrschen. Besonders wichtig ist dies aufgrund der ausgedehnten Hausse, die wir in der jüngeren Vergangenheit erlebt haben. Es gibt viele Fondsmanager, die keine Erfahrung mit Geldverwaltung in Baissen haben.

Loyalität und ein langes Anstellungsverhältnis sind ebenfalls attraktive Eigenschaften eines Fondsmanagers. Einerseits existiert dann eine eindeutige Ergebnisliste, und andererseits deutet dies darauf hin, dass die Ziele des Managers mit denen des Fonds übereinstimmen.

4. Das große Haus auf der Anhöhe bietet einen besseren Ausblick.

Die großen Investmenthäuser können sehr viel zu der ganzen Angelegenheit beitragen. In vielen Fällen schreibt das Haus die Anlagegewichtung vor und vertritt bestimmte Ansichten, denen der Fondsmanager zu folgen hat. Dies wirkt sich natürlich stark darauf aus, wie der Fonds gemanagt wird und wie er sich entwickelt. Denken Sie also daran, dass Sie mit dem Manager auch das Haus kaufen.

5. Elefanten galoppieren nicht.

Die Größe eines Fonds ist wichtig und kann dem Manager Probleme bereiten. Gute Manger werden häufig zu Opfern ihres eigenen Erfolges. Es strömt Geld von Anlegern herein, die hoffen, an dem Erfolg des besten Fonds teilhaben zu können. Wenn ein Manager versucht, große Geldsummen zu investieren, kann das seine Ideen verwässern.

Achten Sie darauf, dass die Größe des Fonds zu seinen Zielen passt. Ein Fonds, der in kleinere Gesellschaften investiert, dürfte beispielsweise Schwierigkeiten haben, eine Milliarde britische Pfund anzulegen. Jedoch ein Wort der Warnung: Smallcap-Fonds können einem Manager schmeicheln, wählen Sie also nicht um jeden Preis einen solchen Fonds.

6. Zeig mir, was du noch im Ärmel hast!

Geldanlage ist keine Zaubervorführung. Sie können vollständige Transparenz erwarten. Es sollte ein klarer Informationsfluss stattfinden, der genau enthüllt, worauf der Manager aus ist: die Unternehmen, in die er investiert, die stattfindenden Transaktionen und die Gründe, aus denen Entscheidungen getroffen werden. Sie können nur dann eine wohl informierte Entscheidung treffen, wenn Sie alle Informationen in der Hand haben. Der Manager sollte keine Geheimnisse haben. Wenn er etwas verbirgt, dann hat er etwas zu verbergen.

7. Hüten Sie sich vor dem Gesang der Sirenen.

Lassen Sie sich nicht von der Werbetrommel der Vertriebsabteilung von den wesentlichen Punkten des Investing ablenken. Vertrauen Sie auf die Gründe, aus denen Sie investieren. Alle wollen eins-a Zahlen vorlegen, und Sie wären überrascht, wenn Sie wüssten, wie viele „Nummer eins“-Fonds es gibt. Blicken Sie hinter die Zahlen, betrachten Sie die Zeiträume und das Management. Ein Nummer-eins-Fonds ist nichts für Sie, wenn der Manager nicht mehr dort arbeitet. Und achten Sie auf die modischen Themen, die von der Presse gefördert werden. Sie könnten Sie mit Anlagen auf Grund laufen lassen, die einfach nicht für Sie geeignet sind.

8. Sie müssen begreifen, worauf Sie sich einlassen.

Geldanlage ist ein riskantes Geschäft. Tatsächlich besteht es in der Verwaltung von Risiken. Bedenken Sie immer, wenn Sie hinter großen Erträgen her sind, dass sie ihren Preis haben. Risiko und Rendite bilden immer einen Kompromiss, also stellen Sie sicher, dass Sie mit dem Verhältnis leben können.

9. Ein bisschen Wissen ist gefährlich.

Es geht nichts über ausführliche Nachforschungen. Je besser die Informationen, desto weniger gefühlsbetont der Entscheidungsprozess. Blicken Sie tiefer – es lohnt sich.

10. Wissen, wann man verkaufen muss.

Sie sollten regelmäßig ihre Situation und Ihre Erwartungen überprüfen und feststellen, ob Ihr derzeitiges Portfolio noch dazu passt. Wenn nicht, dann ändern Sie etwas daran.
Bedenken Sie, dass schlechte Performance eine vorübergehende Erscheinung sein kann; finden Sie darum die Gründe heraus, bevor Sie eine Entscheidung treffen. Wenn ein Manager gegangen ist – wie ist der neue? Wenn der Manager nicht das tut, was er angeblich tun wollte – wie wirkt sich das für Sie aus?
Aber vor allen Dingen: Behalten Sie die Kontrolle. Sorgen Sie dafür, dass Ihre Investments das bringen, was Sie wollen. Schließlich gehören sie ja Ihnen.

www.henderson.com

„So verlockend das Konzept auch klingen mag – meistens so etwas wie kaufen Sie globale Gewinner, um den Vorteil internationaler Märkte zu nutzen, aber ohne das Risiko –, in Wahrheit bringen multinationale Unternehmen nicht den Diversifizierungsvorteil von Auslandsaktien. Heimische Multis haben mit 1,0 ein ähnliches Beta wie der Inlandsmarkt; hoch kapitalisierte globale Multis sind normalerweise am stärksten untereinander und mit den großen entwickelten Märkten korreliert."

Steven Schnoenfeld

Wie Sie Ihre Anlagegewichtung verwalten können

Roger Ibbotson

Roger Ibbotson ist Vorsitzender und Gründer von Ibbotson Associates, einer Autorität auf dem Feld der Anlagegewichtung. Das Unternehmen bietet Produkte und Dienstleistungen, mit denen professionelle Anleger Vermögenswerte erwerben, verwalten und bewahren können. Die Geschäftsfelder sind Anlagegewichtung, Investmentberatung und -Verwaltung, Software für Analyse und Vermögensprognostik, Schulungsmaterialien und eine Reihe viel benutzter vom NASD anerkannter Präsentationsmaterialien. Ibbotson ist außerdem Professor für Finanzpraxis an der Yale School of Management.

1. Investieren Sie langfristig in Aktien.

Mehrere Studien deuten darauf hin, dass die Erträge aus Aktien künftig geringer sein werden als in der Vergangenheit. Eine der Studien besagt sogar, dass die Risikoprämie des Aktienmarkts künftig negativ ausfällt, dass also die Aktien die Anleihen künftig nicht mehr übertreffen. Unsere eigenen Forschungen zeigen jedoch, dass von den elf Prozent, die der Markt seit 75 Jahren im Jahresdurchschnitt abwirft, nur 1,25 Prozent auf einer Zunahme des KGV beruhen – der Rest beruht auf echtem Gewinnwachstum. KGV-Veränderungen sind kurzfristig in hohem Maße verantwortlich für Gewinne, aber sie schwanken stark und unvorhersehbar. Das Wachstum aufgrund der Unternehmensgewinne dagegen bringt auf lange Sicht Ertrag und ist relativ stabil. Es besteht Grund zu der Annahme, dass Aktien langfristig weiterhin bedeutende Erträge liefern.

2. Die Anlagegewichtung ist die wichtigste aller Anlageentscheidungen.

Der durchschnittliche Anleger übertrifft den Markt nicht, und das bedeutet, dass die Zusammensetzung der Anlagen im durchschnittlichen Portfolio zu 100 Prozent für den Ertrag verantwortlich ist. Daher ist die Anlagegewichtung die wichtigste Entscheidung, die ein Anleger trifft. Normalerweise lassen sich 40 Prozent der Ertragsdifferenz zwischen verschiedenen Fonds durch die unterschiedliche Anlagegewichtung erklären. Die verbleibenden 60 Prozent beruhen auf der Auswahl der Wertpapiere und der Zeitpunkte sowie auf Gebührendifferenzen.

3. Diversifizieren Sie hinsichtlich der Vermögenswerte und innerhalb der einzelnen Klassen.

Die lang anhaltende überdurchschnittliche Performance der Aktien von hoch kapitalisierten Unternehmen und Technologieunternehmen in der zweiten Hälfte der 90er-Jahre wiegte die Anleger in einem trügerischen Gefühl der Sicherheit. Wenn uns das Jahr 2000 etwas gelehrt hat, dann, dass heiße Aktien und Anlageklassen schwer vorherzusagen sind, genauso wie die richtigen Zeitpunkte. Historisch betrachtet kommen Erträge in schnellen Schüben, und das macht Momentum-Investing und Market-Timing zu unzuverlässigen Anlagestrategien. Als Anleger sollte man das alte Sprichwort befolgen, wonach man nicht alles auf ein Pferd setzen soll.

4. Investieren Sie weltweit.

Dass die Korrelation zwischen den US-Märkten und den internationalen Märkten immer enger wird, ist noch kein Grund, das internationale Engagement zu reduzieren. Die Vereinigten Staaten stellen nur etwa die Hälfte des Weltmarktes. Die Amerikaner legen traditionell viel zu wenig an internationalen Märkten an und blenden einen großen Teil des Investment-Universums aus. Die Korrelation ist immer noch relativ schwach und ermöglicht nach wie vor eine breite Streuung des Portfolios.

5. Halten Sie die Kosten so gering wie möglich.

Die Kosten, die mit dem Kauf von Investments verbunden sind, liegen fest, die Erträge dieser Investments jedoch nicht. Die hohen Renditen des einen Jahres gleichen mit der Zeit die niedrigen Renditen eines anderen Jahres aus, aber die Kosten sammeln sich einfach an. Auf lange Sicht erklären die unterschiedlichen Gebührenstrukturen einen Großteil des Performance-Unterschieds zwischen verschiedenen Fonds. Wenn Sie auf die Kostenstruktur eines Investments achten, vergrößern Sie Ihren Ertrag.

6. Begrenzen Sie die Auswirkung der Besteuerung.

Sie müssen die unterschiedliche Besteuerung verschiedener Arten von Gewinnen kennen und sie auf die richtigen Depots verteilen. Um den Vorteil steuerfreier oder steuerlich begünstigter Depots voll auszunutzen, schöpfen Sie den Rahmen bis zur Grenze aus und legen Sie hoch besteuerte Vermögenswerte (zu versteuernde Anleihen, Aktien, die Dividenden abwerfen und Investmentfonds mit reger Handelsaktivität) in diese Depots, damit Sie die Realisierung der Kapitalgewinne so weit wie möglich hinausschieben können. Halten Sie langfristige Investments in besteuerten Depots.

7. Führen Sie Buch über Ihr Gesamtvermögen und die Gesamtheit Ihrer Depots.

Es ist leichter, die großen Gewinner und Verlierer in einem Portfolio auszumachen als das Portfolio an sich zu bewerten. In jedem Portfolio sollte es Gewinner und Verlierer geben – das ist ein Anzeichen für gelungene Diversifizierung. Wenn Sie die Gesamtperformance im Auge behalten, dann verlieren Sie auch Ihre langfristigen Ziele nicht aus den Augen.

8. Bewerten Sie regelmäßig Ihr Portfolio und gleichen Sie die Gewichtung an.

Als Anleger sollte man sein Portfolio jedes Jahr bewerten und feststellen, ob sich die Anlagegewichtung merklich verändert hat, weil die Preise von Investments gestiegen oder gefallen sind. Eine

Neugewichtung hilft, auf dem richtigen Weg zum Ziel zu bleiben und das Risiko zu mindern. Anleger mit Technologieanteil, die während des Durchmarschs der Technologiewerte keine jährliche Neugewichtung durchgeführt haben, wurden von dem Niedergang weit schwerer getroffen als diejenigen, die ihr Portfolio regelmäßig neu gewichtet haben.

9. Planen Sie Ihre Anlagen so, dass Sie Ihre Verbindlichkeiten erfüllen können.

Manchmal verliert man das Ziel der Geldanlage aus den Augen, nämlich ein Vermögen für verschiedene Bedürfnisse anzusammeln. Egal ob nun Altersversorgung oder Collegeausbildung, als Anleger muss man bedenken, wie weit die Verbindlichkeit zeitlich noch entfernt ist, in welchem Tempo die Anlage wächst und die Wahrscheinlichkeit, dass das gewählte Anlageinstrument die Verbindlichkeit erfüllen kann, wenn sie fällig ist.

10. Investieren Sie Ihrem Lebensalter entsprechend.

Verringern Sie Ihren Aktienanteil, wenn Ihr Anlagehorizont schmaler wird, aber steigen Sie nicht ganz aus. Die Menschen leben immer länger und sind mit vielerlei Kosten konfrontiert, die schneller wachsen als die Inflation, zum Beispiel Gesundheitskosten. Selbst als Rentner muss man einen Teil seines Portfolios in Aktien anlegen, um seinen Ruhestand zu finanzieren.

www.ibbotson.com

Benutzen Sie das Internet, um Aktien auf Herz und Nieren zu prüfen

Mark Ingebretsen

Mark Ingebretsen schreibt eine wöchentliche Kolumne über Trends im Online-Investing für TheStreet.com. Er schreibt gerade an seinem zweiten Buch über die Rivalität zwischen der New York Stock Exchange und der Nasdaq. Es erscheint im Januar 2002 bei Random House.

Bücher
The Guts and Glory of Day Trading, Prima 2001

1. Erstellen Sie eine Watchlist.

Mit einer Watchlist können Sie den täglichen Kursverlauf beobachten, bevor Sie eine Aktie kaufen. Außerdem können Sie die Watchlist für fundamentales Research über die Aktie verwenden. Mit Yahoo! Finance (http://finance.yahoo.com) können Sie beides tun. Auf vielen anderen Internetseiten bekommen Sie zwar die gleichen fundamentalen Informationen wie bei Yahoo! Finance, aber die Yahoo-Seiten werden am schnellsten geladen. Dort können Sie SEC-Meldungen einsehen, Optionspreise sowie Herauf- und Herabstufungen von Analysten.

2. Finden Sie heraus, was die Menschen zu der Aktie sagen.

Eine Internetseite namens Validea.com (www.validea.com) berichtet, was Journalisten und Analysten in letzter Zeit zu der Aktie zu sagen haben. Aber nicht nur das, die Seite zeigt auch die Trefferquoten der Börsenexperten an. Sie können auch Meinungen zu Aktien aufspüren, indem Sie die Archive der Finanzseite TheStreet.com (www.thestreet.com) durchsuchen. Auf der Homepage finden Sie ein Suchfeld. Für Technologieaktien ist vor allem CNet (www.news.com) hilfreich, denn diese Seite führt Sie zu Beurteilungen der Produkte eines Unternehmens in einer breiten Palette von allgemeinen und technischen Zeitschriften.

3. Holen Sie eine zweite Meinung ein.

Kostenlose Software für die Aktienanalyse finden Sie auf den Internetseiten Quicken.com (www.quicken.com), VectorVest (www-.vectorvest.com) und ValuEngine (www.valuengine.com). Geben Sie einfach ein Tickersymbol ein, und die Berechnungssoftware liefert Ihnen beispielsweise eine faire Bewertung oder die Wachstumsaussichten der Aktie. Vergleichen Sie diese Informationen mit dem, was die Analysten über die Aktie schreiben.

4. Analysieren Sie den Sektor, zu dem die Aktie gehört.

Bis zu 80 Prozent der Kursbewegungen einer Aktie können auf Bewegungen des gesamten Sektors beruhen. Die Internetseite ClearStation (www.clearstation.com/cgi-bin/Itechnicals) zeigt Ihnen die Performance des entsprechenden Sektors. Unter Verwendung fundamentaler und technischer Indikatoren vergleicht die Seite die Performance des Sektors mit den einzelnen Aktien, aus denen er sich zusammensetzt.

5. Bestimmen Sie den Trend.

Wird die Aktie in näherer Zukunft eher steigen oder fallen? Die Internetseite BuySellorHold (www.buysellorhold.com) liefert Ihnen schnell einen Eindruck des Trends sowie Unterstützungs- und Widerstandsniveaus.

6. Seien Sie sich des Risikos bewusst.

Bei RiskGrades (www.riskgrades.com) können Sie einfach ein Tickersymbol eingeben, einen Zeitraum eingeben – zum Beispiel sechs Monate – und sich dann ein Diagramm der Volatilität dieser Aktie im Vergleich zum Markt ansehen. Ebenfalls nützlich ist Bigcharts.com (www.bigcharts.com). Auch dort können Sie einen Zeitraum eingeben und erhalten beispielsweise einen Chart mit der Kursentwicklung der letzten Woche.

7. Entwickeln Sie einen Plan.

An welchem Punkt sollten Sie eine Aktie kaufen? Wann wäre es am vorteilhaftesten, sie zu verkaufen – unter Berücksichtigung von Dividenden und steuerlicher Konsequenzen? Mit den kostenlosen Rechnern von FinanCenter.com (www.financenter.com) können Sie solche Berechnungen schnell durchführen.

8. Überwachen Sie Ihre Performance.

Auf einer Website namens Gainskeeper.com (www.gainskeeper.com) können Sie aufgrund der Kosten einer Aktie die Auswirkungen von Dividenden, Splits, Ausgliederungen und Ähnlichem berechnen. Die Seite erstellt auch automatisch ein Formular für die Meldung von Kapitalgewinnen aus US-amerikanischen Aktien. Diesen Dienst bekommen Sie ab 49 US-Dollar pro Jahr.

www.thestreet.com

Allgemeine Prinzipien und der innere Wert von Unternehmen.

Edmond Jackson

Edmond Jackson schreibt für den Sunday Telegraph „Taking Stock, the diary of a private Investor" sowie eine tägliche Notiz für www.Citywire.co.uk. Er meidet formale Anlagemethoden und bevorzugt eine flexible, pragmatische Herangehensweise, wobei der Schwerpunkt auf Veränderungsprozessen liegt. Entscheidend ist für ihn ein Gefühl für Dynamik – in der Konjunktur, in den Unternehmen und in der Wahrnehmung der Börse – und für Beziehungen. Die Geschäfte gehen weiter, und die Anlageideen müssen sich dem anpassen.

1. Wägen Sie Chancen und Risiken beim Kauf und Verkauf sorgfältig ab.

Entwickeln Sie ein Gefühl für die positiven und negativen Parameter für den Aktienkurs und versuchen Sie diese grob zu quantifizieren. Dieses grundsätzliche Verhältnis lässt sich auf fast alle Anlagesituationen anwenden. Wenn Sie kein klares Bild bekommen, lassen Sie es lieber.

2. Entwickeln Sie Grundprinzipien für Sektoren und Aktien – aber bleiben Sie trotzdem flexibel.

Fassen Sie die Gründe zusammen, weshalb Sie bestimmte Aktien kaufen beziehungsweise halten, und fragen Sie sich, ob die Ereignisse Sie diesem Grundprinzip näher bringen oder Sie davon entfernen. Die Dinge entwickeln sich selten erwartungsgemäß; seien Sie deshalb bereit, Ihr Grundprinzip im Lichte neuer Informationen weiter zu entwickeln.

3. Blicken Sie unter die Oberfläche, und erkennen Sie Schlüsselpunkte.

Unternehmenseigene Mitteilungen sind häufig von den Plänen der Vorstände und vom Geschick der PR-Berater geprägt. Kommen Sie beim Lesen solcher Mitteilungen schnell auf den Kern der Sache, der hinter den Wörtern und Zahlen steckt, und darauf, wie er sich auf das Grundprinzip auswirkt.

4. Schätzen Sie den inneren Wert ab – ein dynamisches Konzept.

Diese Messlatte ist der Preis, zu dem eine Aktie unter Berücksichtigung aller relevanten Faktoren gehandelt werden sollte: Unternehmensgewinne, Qualität des Managements und des Vermögens und so weiter. Wirtschaftliche Veränderungen führen dazu, dass der innere Wert regelmäßig neu gefasst werden muss.

5. Erkennen Sie Einseitigkeiten des Marktes – wann man ihnen folgen und wann man sie meiden sollte.

Es ist schwer, den inneren Wert objektiv zu bestimmen: Am Aktienmarkt hängt jedes Urteil von den unterschiedlichen Perspektiven der Marktteilnehmer ab. Es gibt fast immer irgendeine Verschiebung, zum Beispiel eine Verschlechterung der gesellschaftlichen Stimmung oder ganz einfach Gier und Angst. Es ist lebenswichtig zu erkennen, wann der Trend sinnvoll und wann er unsinnig ist.

6. Wachstumsaktien können kräftige Gewinne und Verluste bescheren.

Wachstumsaktien, die man „wegschließen“ und bei denen man zuschauen kann, wie sich ihr Wert vervielfacht, sind für die meisten Anleger erste Wahl. Aber schnelles Unternehmenswachstum bringt auch allerlei Nachteile mit sich, vor allem Konkurrenz. Ein klassisches Problemfeld sind Übernahmen. Fügen Sie dann noch eine einseitige Tendenz des Marktes hinzu, und schon haben Sie die Formel für Aufstieg und tiefen Fall.

7. Turnaround- und zyklische Werte sind sinnvoll, wenn das Timing stimmt.

Der Konjunkturzyklus kann Gelegenheiten schaffen, zu denen

das Chance-Risiko-Verhältnis der genannten Aktien besonders günstig ist. Außerdem gibt es immer genug solide, aber nicht besonders aufregende Unternehmen, bei denen ein neues Management als Katalysator für die Rückkehr zum Wachstum wirken kann, und das ist für Anleger oft eine Gewinn bringende Angelegenheit.

8. Übernahmen und Ausgliederungen bieten besondere Gelegenheiten.

In „ereignisbedingten" Situationen ist die Ausnutzung von Abweichungen des Marktes gegenüber den bekanntgegebenen Bedingungen ein konservativer Ansatz. Unternehmende Anleger sollten eine Liste potenzieller Ziele führen. Wenn das Chance-Risiko-Verhältnis interessant erscheint, können das Handelsvolumen oder entsprechende Meldungen der Auslöser dafür sein, dass sich der Aktienkurs auf den inneren Wert zubewegt.

9. Bewerten Sie Aktien entsprechend den Gelegenheiten neu.

Außer unternehmensspezifischen und Marktfaktoren stellt sich die Frage: „Könnte ich mit meinem Geld etwas Besseres anfangen?" Eine Aktie kann als Halteposition in Ordnung sein, aber ein Verkauf ist dann logisch, wenn Sie eine bessere Alternative finden. Für das optimale Aufkommen an Portfolioaktivität müssen Sie steuerliche Kosten und Transaktionskosten berücksichtigen.

10. Stehen Sie zu Ihren Überzeugungen – handeln Sie effizient.

Mit zunehmender Erfahrung entsteht eine Verbindung zwischen Ihren Gedanken und Ihrem Handeln – somit verbinden Sie eine geduldige und disziplinierte Herangehensweise mit dem Mut, Gelegenheiten beim Schopf zu packen. Hören Sie auf Ihre Intuition und fördern Sie sie.

edmondj@msn.com

Der Freizeitsektor

Simon M. Johnson

Simon Johnson ist bei UBS Warburg zuständig für Research im Bereich mittel und hoch kapitalisierte Konsumdienstleister. Zu den Unternehmenskunden seines Teams gehören Gruppen wie Jarvis Hotels, First Choice Holidays, Greggs und Carpetright. Er wechselte kürzlich von CSFB, wo er die Leitung des Teams Freizeit und Hotels hatte, zu UBS Warburg.

Einführung

Der börsennotierte Freizeitsektor ist vor allem ein britisches Phänomen. Die Branche ist höchst fragmentiert, es gibt eine Vielzahl von Freizeit-Angeboten und Konzepten; dazu kommt noch ein Element des Mode-Einzelhandels, und daher ist die spezifische Unternehmensanalyse entscheidend. Aber einige sehr klare Anlagerichtlinien gibt es trotzdem.

1. Achten Sie auf den Konjunkturzyklus.

Die Ausgaben für auswärts Essen, Gesundheit, Fitness und andere Freizeitbeschäftigungen nehmen zwar auf sehr lange Sicht zweifellos zu, aber sie sind auch in hohem Maße entbehrlich und werden in Zeiten des Abschwungs als erste gestrichen. Reduzieren Sie die Positionen, wenn die Konjunktur erlahmt, und kaufen Sie erst wieder, wenn Sie zuversichtlich sind, dass die Erholung kommt. Manche, die am unteren Ende operieren, mögen davon profitieren, dass sie kleinere Brötchen backen, aber im Allgemeinen verkauft man aus, bis wieder bessere Zeiten kommen.

2. Suchen Sie nach einem wiederholbaren Konzept.

Lieber ein Konzept, das schon 50 erfolgreiche Eröffnungen hinter sich hat, als eines, das jedes Mal neu erfunden werden muss. Das ist nicht nur billiger (die Designkosten verteilen sich besser), sondern das senkt auch das Risiko. Manager, die äußerst wiederholbare und erfolgreiche Konzepte benutzen, können innerhalb von Tagen feststellen, ob ein neues Lokal funktioniert – und wenn nicht, dann können sie dagegen schnell etwas unternehmen.

3. Achten Sie auf Moden.

Das Freizeitbusiness verkauft Moden. Das Superkonzept von heute kann schon nächste Woche abgemeldet sein. Deshalb muss sich etwas umso schneller auszahlen, je höher die Designkurve pro Einheit steht. Am besten sind „zeitlose“ Konzepte, die aufgefrischt werden können und nicht neu gestaltet werden müssen.

4. Denken Sie an die Aufpolierungskosten.

Der Freizeitgeschmack entwickelt sich, und die Anforderungen an Annehmlichkeiten ebenfalls; das kostet mehr als das simple Aufpolieren einer bestehenden Lokalität. Das Londoner Waldorf Hotel wurde bei seiner Eröffnung als Luxushotel betrachtet, weil ein Bad auf vier Zimmer kam. Wenn es seinen ursprünglichen Standard über die Jahre beibehalten hätte, dann wäre es jetzt eine Jugendherberge.

5. Bedenken Sie den Immobilienfaktor.

In dieser Branche sind Erträge notorisch schwer zu kalkulieren, denn ein wichtiger Teil der Kalkulation ist die Wertsteigerung von Unternehmen, die mit Grundbesitz verbunden sind. Dies gilt insbesondere für langlebige Geschäfte wie Hotels und Gaststätten. Wenn solche Betriebe auch ohne Kapitalgewinn gute Erträge bringen, umso besser. Der steigende Wert des Grundbesitzes kommt dann gratis hinzu.

6. Achten Sie auf folgenschwere Änderungen der Gesetzgebung.

Der Freizeitsektor ist durch eine ganze Reihe gesetzlicher Vorschriften reguliert. Manchmal lassen gesetzliche Änderungen immense neue Gelegenheiten entstehen. Die Beer Orders veränderten im Jahre 1991 für immer die britische Pub-Landschaft, und viele der Empfehlungen des Budd Report on Gaming and Gambling aus dem Jahre 2001 könnten ähnliche Auswirkungen auf Casinos, Wettbüros und Bingoclubs haben. Gehen Sie aber zuerst sicher, dass die Empfehlungen auch umgesetzt werden!

7. Bei Konsolidierung kaufen, bei Zersplitterung verkaufen.

In den 80er- und Anfang der 90er-Jahre bezahlten die Freizeitunternehmen viel Geld für Konzepte und Betriebe, weil die Zukunft in Konglomeraten gesehen wurde. Die gleichen Gesellschaften mussten den Wert jener Betriebe abschreiben, als sie sie Ende der 90er-Jahre wieder verkaufen mussten.

8. Hüten Sie sich vor angeblichen „Synergieeffekten".

Im Freizeitgeschäft dreht sich nach wie vor alles um einzelne Standorte mit hohen Personalkosten pro Einheit. Zentrale Strukturen und Rohmaterialien machen nur einen vergleichsweise kleinen Teil der Gesamtkosten aus, und deshalb sollten Synergien zwischen den Einheiten mit einem gewissen Maß an Skepsis betrachtet werden.

9. Trauen Sie Ihren Augen und Ihren Instinkten.

Gefällt Ihnen ein Konzept? Erzählen Sie Ihren Freunden davon? Könnte jede Stadt einen Standort vertragen? Wenn dies zutrifft, dann lohnen sich weitere Nachforschungen. Achten Sie auch auf Folgenutzen und Folgeprobleme. Wenn im Kino keine guten Filme laufen, dann leidet darunter nicht nur das Kino, sondern auch die Bars und Restaurants nebenan.

10. Lauschen Sie der Geschichte mit kritischen Ohren.

Wenn etwas zu schön klingt um wahr zu sein, dann ist das mit an

Sicherheit grenzender Wahrscheinlichkeit auch so. Nur wenige Menschen schaffen es, das Freizeitrad neu zu erfinden.

Value at Risk (VaR)

Philippe Jorion

Philippe Jorion ist Professor für Finanzwissenschaft an der University of California in Irvine. Seine neueren Arbeiten befassen sich mit der Vorhersage von Risiken und Erträgen an den globalen Finanzmärkten sowie mit dem Management des Wechselkursrisikos mittels Derivaten.

Bücher

Value at Risk Fieldbook, McGraw-Hill 2000

Value at Risk, Irwin 22000

Big Bets Gone Bad, Harcourt Brace 1995

1. Wägen Sie Erträge und Risiken ab.

Wenn Sie kein Risiko wollen, investieren Sie in Bargeld. Es gibt mit Sicherheit keine größeren Erträge ohne ein wenig Risiko. Ihr Ziel sollte es sein, den gerechten Lohn für das Risiko zu bekommen, das Sie einzugehen bereit sind. Sie müssen Ihre Risiken allerdings messen können.

2. Verwenden Sie Value at Risk (VaR) als intuitives Risikomaß.

VaR ist ein erstklassiges Maß für das Verlustrisiko. Es ist der maximale Verlust über einen Zielzeitraum, der mit einer gewissen Wahrscheinlichkeit nicht überschritten wird. Nehmen wir an, Sie haben eine Million US-Dollar in einem diversifizierten Aktienportfolio angelegt. Dann könnten Sie sagen: „Für das kommende Jahr liegt das VaR mit 95 Prozent bei rund 330.000 US-Dollar." Dann rechnen Sie damit, dass dieser Verlust in 95 Prozent der Fälle beziehungsweise in 19 von 20 Jahren nicht überschritten wird. Aber in einem von 20 Jahren gibt es dann einen größeren Verlust. Wenn Sie sich mit diesem Risikoprofil nicht wohl fühlen, dann sollten Sie Ihre Anlagegewichtung ändern. Aber zumindest ist das dann eine aufgeklärte Entscheidung.

3. Das Risiko sollte im Rahmen des Portfolios gemessen werden.

Ein offenbar volatiles Investment, sagen wir in einem Emerging Market, kann vielleicht nur einen geringen Effekt auf das gesamte Risiko des Portfolios haben. Wenn der Zyklus der Auslandsaktien dem inländischen Zyklus entgegengesetzt ist, dann wird das Portfoliorisiko sogar vermindert. Sie können das Risiko auch kontrollieren, indem Sie die Summe begrenzen, die Sie in eher spekulative Vermögenswerte investieren. Am besten misst man das Portfoliorisiko mit VaR.

4. Jagen Sie nicht Gewinnern nach.

Es ist keine gute Idee, sich einen Investmentfonds auszusuchen, der Verlust macht, aber es kann auch gefährlich sein, sich Gewinner auszusuchen. Gewinn-Portfolios können einem bestimmten Risikofaktor sehr stark ausgesetzt sein, beispielsweise der Technologiebranche. Wenn dies der Fall ist, dann konzentriert die Bestückung des Portfolios mit Gewinnern das Risiko über Gebühr. Ein Abschwung der betreffenden Branche wirkt sich dann schmerzhaft aus.

5. Risiko ist ein zweischneidiges Schwert.

Nehmen Sie sich vor Tradern in Acht, die sich knisternder Erträge erfreuen. Risiko bedeutet Streuung über unerwartete Ergebnisse, und nicht nur das Auftreten von Verlusten. Zahllosen Investoren ist dieser Punkt entgangen, denn sie haben nicht begriffen, dass die Performance von Tradern wie Nick Leeson oder Robert Citron die größeren Risiken widerspiegelt. Außergewöhnliche Performance, egal ob gute oder schlechte, sollte die Warnlampe aufleuchten lassen. Stellen Sie Fragen, auch wenn Sie es genauso machen wollen.

6. So etwas wie zehn Prozent Zusatzrendite ohne Risiko gibt es nicht.

Wer so etwas sagt, der hat entweder das Risiko nicht gemessen, oder er hat es nicht richtig gemessen. Robert Citron behauptete, sein Fonds sei „sicher“. Er schaffte es, 1,6 der investierten 7,5 Millionen US-Dollar zu verlieren. Er hatte sein Risiko nicht gemessen. Die Partner von LTCM behaupteten, ihr Fonds schwanke um maximal 45 Millionen US-Dollar pro Tag. Sie schafften es, von den investierten 4,7 Millionen US-Dollar 4,4 Millionen zu verlieren. Die Risiken wurden nicht richtig verstanden.

7. Achten Sie auf große Options-Shortpositionen.

Solche Positionen haben die meisten Finanzkatastrophen verursacht. Options-Shortpositionen bringen regelmäßige Gewinne, aber gelegentlich kommt der große Knall. Victor Niederhoffer war eine Legende der Hedgefondsbranche und erwirtschaftete von 1982 bis 1997 eine durchschnittliche Jahresrendite von 32 Prozent. Im Jahre 1997 verkaufte er ungedeckte Puts auf den S & P 500, die aus dem Geld waren, und wurde vernichtet, als der Markt abtauchte. Die Positionen von LTCM bildeten eine immense Options-Shortposition, eine Wette auf Volatilität und Liquiditätsrisiko. Der Verkauf von Erdbebenversicherungen ist so lange profitabel bis ein großes Erdbeben zuschlägt.

www.gsm.uci.edu

„Der IPO-Markt ist nie im Gleichgewicht. Er ist entweder überhitzt oder unterkühlt. Kaufen Sie in Kälteperioden."

Jay Ritter

Investment in asiatische Aktien

Ajay Kapur

Ajay Kapur ist leitender Direktor von Morgan Stanley in Hongkong und Aktienstratege des Unternehmens für die Asien-Pazifik-Region. Laut Institutional Investor und laut Greenwich-Statistik (USA) belegte er unter den Aktienstrategen im Jahre 2001 Platz eins. Bevor er zu Morgan Stanley kam, war er Asien-Aktienstratege bei UBS Securities, Chef-Wirtschaftsexperte bei Peregrine Securities in Hongkong und Wirtschaftsfachmann der WEFA-Gruppe in den Vereinigten Staaten.

1. Reiten Sie auf dem Zyklus – lassen Sie sich nicht rollen.
Die asiatischen Märkte sind Trading-Märkte, keine Trend-Märkte. Kaufen und Halten führt in den Untergang. Die Profitabilität asiatischer Unternehmen ist extrem zyklisch und ist an den globalen Konjunkturzyklus gekoppelt. Die Gewinnmargen werden von den nachgebildeten Kapazitäten, der höheren Arbeitskraft und dem Mangel an Privilegien verengt – deshalb muss der Zyklus nach oben gehen.

2. Wenn das globale Wachstum niedrig ist, lassen Sie das asiatische Geld sprudeln.
Die zyklischen Aktien Asiens erreichen zusammen mit dem globalen Wachstum den Boden (Zeit zu kaufen), und den Höhepunkt wenn die weltweite Wirtschaftsaktivität am größten ist (Zeit zu verkaufen). Verfolgen Sie die US-Zinskurve, den NAPM-Einkaufsmanager-Index, den Australischen Dollar und die relative Perfomance der Aktien im Verhältnis zu Anleihen, um die zu erwartenden Veränderungen der globalen Konjunktur zu erkennen; au-

ßerdem noch das weltweite Geldmengenwachstum und die Zinsen.

3. Land geht vor Sektor. Unternehmen Sie nichts ohne Ihren Reisepass.

Im Gegensatz zu Europa ist in Asien das Land für die Aktienauswahl wichtiger als der Sektor. Die Region ist ein Flickenteppich unterschiedlicher Währungs- und Steuerpolitiken, politischer Zyklen, Entwicklungsstände und regulatorischer Risiken. Die Moral: Kennen Sie das Land.

4. Kennen Sie alle Preise. Bezahlen Sie für einen Dollar nicht einen Dollar fünfzig.

Mit Ausnahme des Technologiesektors triumphiert in Asien Wert quasi ewig über Wachstum. Im Gegensatz zu den Vereinigten Staaten gibt es hier keinen Wert-Wachstums-Zyklus. Aber warum? Die Anleger bezahlen zu viel für das neueste Wachstumskonzept oder die neueste Mode. Der Wettbewerb und die Kapitalbeschaffung, die von der neuesten Mode angezogen werden, zerschlagen den übertriebenen Enthusiasmus und die KGVs der asiatischen Wachstumsaktien.

5. Klettern Sie nicht durch das Dachfenster, wenn das Scheunentor offen steht.

Anders gesagt: Übersehen Sie nicht das Große und Offensichtliche. Größere Unternehmen haben eine höhere Eigenkapitalrendite, geringere Kapitalkosten, eine längere Vorgeschichte, größere Überlebenskraft, bessere politische Verbindungen, können sich besser langfristige staatlich „geförderte“ Geldquellen verschaffen und ziehen auch die begabtesten Mitarbeiter an. Man kann auch kleine Edelsteine ausgraben, aber das ist nur etwas für Menschen, die Zeit haben und Schmerzen aushalten können.

6. Krisen kommen nicht aus dem Nichts. Befassen Sie sich mit Makroökonomie.

Sie würden sich wohl kein Zimmer in einem Luxushotel nehmen, das die feuerpolizeilichen Vorschriften und Bauvorschriften missachtet und das sich auch noch in einem Erdbebengebiet befindet. Genauso wollen Sie sicher auch die Finanzkrisen umgehen, von denen Asien etwa alle zehn Jahre durchgeschüttelt wird. Beobachten Sie Kreditbooms, das Verhältnis der kurzfristigen Auslandsverschuldung an internationale Zentralbanken, die aktuelle Handelsbilanz und den (im Allgemeinen) zu schwach regulierten Finanzsektor abseits der Banken, denn dort fängt das Übel meistens an.

7. Folgen Sie nicht der Herde – sie zieht vielleicht zur Schlachtbank.

Der Herdentrieb ist in Asien äußerst stark. Örtliche Privatanleger und internationale Institutionen fallen ihm gleichermaßen zum Opfer. Es ist äußerst profitabel, die Anlegerstimmung zu verfolgen, wenn Sie daran denken, dass glückliche Massen den Börsencrashs vorausgehen. Die Blasen kommen und gehen in Asien mit schöner Regelmäßigkeit. Erkennen Sie den Ausstiegszeitpunkt, indem Sie die Volatilität beobachten, die relative Performance der Smallcaps, das Verhältnis der Marktkapitalisierung zur Geldmenge und die Mittelzuflüsse der Aktienfonds.

8. Was heute cool ist, ist morgen eiskalt. Überlassen Sie die Moden den Vergesslichen.

Restrukturierungen, Mega-Wachstum und unbegrenzter Wohlstand aufgrund der neuesten Mode vibrieren auf dem Börsenhoch, sind im Tief wieder vergessen und werden während des nächsten Aufschwungs gnadenlos wieder aufgewärmt. Die Handlung ist die gleiche, nur ein paar Charaktere wechseln. Geschichten über große Bevölkerungen, die nach dem nächsten coolen Produkt lechzen, sind mit Vorsicht zu genießen.

9. Wenn sich der politische Wind dreht, vergehen die leichten Gewinne.

Unterschätzen Sie nicht den Einfluss von Politik, Korruption und Untreue auf die Aktienperformance. Viele asiatische Demokratien sind noch jung, der Arm des Gesetzes ist zart und politische Übergänge sind tückisch. Kungeleien und harte Geschäftspraktiken führen oft zu kurzfristig extrem hohen Erträgen, können aber schwere Verluste bringen, wenn sich der politische Wind dreht. Diversifizieren Sie quer durch das politische Spektrum.

10. Folgen Sie den Zentralbanken, denn dort ist das Geld.

Lesen Sie die Bilanz der Zentralbank, nicht nur der Unternehmen. Die Aktienmärkte Asiens bewegen sich entlang des Liquiditätszyklus. Beobachten Sie die Schere zwischen geringem Geldwachstum und der nominalen Aktivität – öffnet sie sich, ist das günstig für die asiatischen Aktien, schließt sie sich, ist das ungünstig.

www.morganstanley.com

John Kay

John Kay wurde einmal als „bedeutendster Wirtschaftsanalyst Großbritanniens“ bezeichnet. Er ist bekannt für seine schneidenden und unterhaltsamen Kolumnen in der Financial Times und durch seine regelmäßigen Radio- und Fernsehauftritte. Er ist ein sehr gefragter Redner und Berater.

Bücher
The Business of Economics, Oxford University Press 1996
Foundations of Corporate Success, Oxford University Press 1993

1. Mythos: „In schnell wachsenden Branchen sind die Profite höher."

Das stimmt nicht, denn jedermann weiß, dass die Unternehmen schnell wachsen. Häufig sind die Erträge in weniger modischen Branchen höher, zum Beispiel in der Tabakindustrie. Am besten sind Branchen, die schneller wachsen als erwartet – egal ob die Erwartungen hoch oder niedrig sind.

2. Mythos: „Die meisten Branchen sind auf wenige weltweite Unternehmen konzentriert."

Manche ja, manche nein. In den letzten 20 Jahren ist der Trend zur Konzentration insgesamt zurückgegangen – sogar in der Automobilindustrie.

3. Mythos: „Durch vertikale Integration gewinnt ein Unternehmen den Profit des Zwischenhändlers".

Dafür muss man allerdings bezahlen, denn man kann nicht den

Tribut an den Straßenräuber sparen, indem man dessen Laden kauft. Vertikale Integration zahlt sich nur aus, wenn ein Unternehmen dadurch seine Marktmacht ausweiten kann oder dadurch die Kontrolle über branchenspezifische Vermögenswerte bekommt.

4. Mythos: „Diversifizierung erhöht die Qualität des Unternehmensgewinns."

Entschuldigen Sie, aber die Aktionäre eines Unternehmens können viel preiswerter diversifizieren als das Unternehmen. Die Maklergebühren liegen weit unter den Übernahmeprämien.

5. Mythos: „Neue Technologien erhöhen den Profit."

Wenn neue Technologien allgemein verwendbar sind, dann führt der Wettbewerb dazu, dass der Nutzen den Verbrauchern zugute kommt. Nicht nur den meisten, sondern allen. Neue Technologien waren schon immer besser für die Verbraucher als für die Aktionäre.

6. Richten Sie sich nach branchenspezifischen Daten, nicht nach Behauptungen über Trends.

Nur wenige allgemeine Aussagen über Branchenstrukturen halten, was sie versprechen. Man muss den spezifischen Charakter von Wettbewerbsvorteilen in allen Branchen begreifen.

7. Wettbewerbsvorteile beruhen auf bestimmten Fähigkeiten.

Auf lange Sicht kann man nur dann Einnahmen erzielen, die die Kapitalkosten übersteigen, wenn man etwas tut, das andere nicht können – und zwar auch dann nicht können, wenn sie gesehen haben, was es dem Unternehmen bringt, das es kann.

8. Mythos: „Entscheidend ist, dass man den ersten Zug macht – der frühe Vogel fängt den Wurm."

In der Welt der Wirtschaft stimmt das selten. Es gibt nur sehr wenige Branchen, in denen man zu einer nachhaltigen speziellen Fähigkeit dadurch gelangt, dass man der Erste ist. Wie viele von uns besitzen einen Videorekorder von Ampex?

9. Mythos: „Der Marktanteil ist der Schlüssel zur Profitabilität."

Man bringt einen großen Marktanteil immer mit höherer Profitabilität zusammen. Aber das bedeutet nicht, dass größere Marktanteile zu höherer Profitabilität führen. Dauerhafte Wettbewerbsvorteile sind die Quelle – und zwar die einzige Quelle – größerer Marktanteile und höherer Profitabilität.

10. Hüten Sie sich vor „Financial Engineering".

Der einzige Ort, von dem langfristig Shareholder Value herkommen kann, ist der Geschäftsbetrieb.

www.johnkay.com

Der Biotechnologie-Sektor

Karl Keegan

Karl Keegan leitet bei UBS Warburg in London die Researchabteilung für europäische Biotechnologie.
Davor war Keegan Biotechnologie-Analyst bei Dresdner Kleinwort Benson und Researcher bei SmithKline Beecham Pharmaceuticals.

1. Die Bewertung von Biotech-Gesellschaften steckt voller Schwierigkeiten.

Die Mannigfaltigkeit der biotechnologischen Geschäftsmodelle, die relative Neuheit der Unternehmen, der Mangel an materiellen Vermögenswerten, die begrenzte finanzielle Vorgeschichte und die spektakulären Wachstumsprognosen machen Bewertungsversuche zu einer anspruchsvollen Aufgabe. Es ist so gut wie unmöglich, das rechte Gleichgewicht zwischen quantitativer und qualitativer Analyse zu erreichen.

2. Die „richtige" Art, diesen Sektor zu bewerten, gibt es nicht.

Für die Bewertung des Potenzials, der Produkte und/oder der Technologien eines Biotechnologieunternehmens kann man verschiedene Bewertungsinstrumente heranziehen. Eine „richtige" Art, diesen Sektor zu bewerten, gibt es angesichts der Unterschiedlichkeit der zu überprüfenden Unternehmen und der Unterschiedlichkeit der Märkte, in denen sie operieren, nicht. Wir schätzen die Qualität des Managements (und seine Fähigkeit, Verträge abzuschließen) ein, das Potenzial des Unternehmens sowie die Qualität der Wissenschaft und Technologie, die hinter dem Geschäft steht.

3. Verwenden Sie alle Ihnen zur Verfügung stehenden quantitativen Methoden.

- Vergleichende Unternehmensanalyse (entweder EV/Revenue [Unternehmenswert durch Erlös] oder EV/EBITDA [Unternehmenswert durch Überschuss vor Steuern, Zinsen und Abschreibungen]).
  Pro: Diese Methode vermittelt einen Eindruck davon, was die Anleger zu zahlen bereit sind.
  Kontra: Grob, wenige echte Vergleichsdaten.
- Diskontierter künftiger Gewinn (zum Beispiel EBITDA für 2005).
  Pro: Da das EBITDA als Basis dient, werden nur wenige Annahmen gebraucht.
  Kontra: Hängt sehr stark vom angewendeten Diskontierungssatz ab.
- Diskontierte Portfolio-Bewertung (der Produktpipeline).
  Pro: Gut geeignet für Unternehmen im Frühstadium und für aktuelle Medikamente.
  Kontra: Unterschätzt den Wert reiferer Biotechs.
- Diskontierter Cashflow (für reife, profitable Unternehmen).
  Pro: Dies ist die fundamentalste Bewertungsmethode.
  Kontra: Überschätzt Unternehmen im Frühstadium und hängt sehr von dem KGV beziehungsweise dem späteren Wachstum ab.

4. Vergessen Sie die Technologie, und konzentrieren Sie sich auf die Menschen.

Das Management ist und bleibt eine entscheidende, wenn nicht gar die wichtigste Variable bei der Bestimmung des Erfolgs eines Biotechnologieunternehmens. Nachhaltigen Erfolg können nur Unternehmen erzielen, deren Leiter das Risko managen können anstatt es zu umgehen. Ein Schlüsselkriterium für den erfolgreichen Manager ist sein Verständnis des Risikoprofils eines Arzneimittelprojekts.

5. Achten Sie auf Nachrichten.

Dieser Sektor reagiert sehr empfindlich auf Meldungen, und das erhöht die Volatilität der Aktienkurse. Die Empfindlichkeit wird durch das Fehlen von Finanzparametern noch gesteigert. „Kaufe das Gerücht, verkaufe die Nachricht“ ist nicht weit von der Wahrheit entfernt.

Der Nachrichtenfluss stammt aus der klinischen, wissenschaftlichen und finanziellen Presse. Wissenschaftliche Projekte sind allerdings von Natur aus voller Lecks, die die Gerüchteküche versorgen, und außerdem gibt es eine wachsende Zahl von Internetforen. Zudem ist die Biotech-Branche medienfreundlich – man bedenke die riesige Zahl der Artikel, die in den Jahren 2000 und 2001 die Fortschritte und die Politik der Unternehmen sowie die Persönlichkeiten genau beschrieben, die dahinter stehen. Das hatte allerdings den Nachteil, dass „Genomforschung“ zu einem Schlagwort wurde, das zu viele Unternehmen zur Profilierung verwenden wollten; dadurch wurde der Begriff zur Massenware.

6. Begreifen Sie die technischen Risiken.

Ein Medikament muss die klinische und die regulatorische Prüfung bestehen, wenn es erfolgreich sein soll. Das Risiko, das man als Anleger eingeht, hängt zum Teil davon ab, in welchem Stadium der klinischen Prüfung sich ein Medikament befindet, und zum anderen Teil von dem Konzept sowie davon, ob sich schon ein auf dem gleichen Konzept basierendes Medikament „am Menschen“ bewährt hat.

Gensets Medikament Famoxin gegen Übergewicht beispielsweise folgt einem völlig neuen Konzept. Der einzige bisherige Beweis für seine Wirksamkeit ist die Gewichtsabnahme von Mäusen, die fettreich gefüttert wurden. Der einzige Hinweis darauf, dass es beim Menschen funktionieren könnte, besteht darin, dass es eine Anzahl übergewichtiger Menschen mit Famoxinmangel gibt. Das macht das Medikament nicht weniger aufregend oder interessant – aber das erhöht das Risiko.

Im Gegensatz dazu ist der Ansatz, rheumatische Arthritis mit Anti-TNF [Tumor-Nekrose-Faktor] zu bekämpfen, schon etabliert; im Jahre 2000 wurden Anti-TNF-Medikamente im Wert von einer Milliarde US-Dollar verkauft. Daher kann jeder, der ein neues TNF-Protein entwickelt, davon ausgehen, dass sich die Methode wahrscheinlich als wirkungsvoll erweist. Das technische Risiko bezieht sich hier eher auf Nebenwirkungen als auf die Wirksamkeit.

7. Begreifen Sie die wirtschaftlichen Risiken.

Als Anleger muss man sich genauso auf den kommerziellen Erfolg wie auf die technischen Wahrscheinlichkeiten konzentrieren. Die technischen Risiken lassen sich letzten Endes auf eine Entscheidung zwischen zwei Alternativen reduzieren: Kann das Medikament zugelassen werden oder nicht? Die wirtschaftlichen Risiken sind im Gegensatz dazu viel breiter angelegt und umfassen eine ganze Palette möglicher Ausgänge.

Bietet der Markt Raum für fünf vergleichbare Produkte?

Besitzt ein spät eingeführtes Medikament die technische Überlegenheit oder die Vermarktungsmacht, die nötig ist, um eine Bresche in den Marktanteil der zuerst gekommenen Produkte zu schlagen?
Hat das Biotechunternehmen eine weltweite Vertriebsorganisation beziehungsweise die Ressourcen, eine zu schaffen?
Kann es sein Produkt an ein anderes Unternehmen lizenzieren, das über die richtigen Marketingkanäle verfügt?

Genau wie in anderen Branchen ist auch in der Biotechindustrie das Produkt selbst nur die halbe Miete. Um erfolgreich zu sein, braucht das Unternehmen noch eine Mischung kommerzieller Stärken. Welche speziellen Hürden es überwinden muss, hängt zum Teil davon ab, in welchem therapeutischen Feld es seine Medikamente absetzen will.

8. Kennen Sie die verschiedenen Typen von Biotechfirmen.

Alle Investoren wollen den Ertrag maximieren und das Risiko

minimieren. Sie unterscheiden sich allerdings hinsichtlich der Risikobereitschaft. Man kann den Biotechnologiesektor willkürlich in Unternehmen einteilen, die entweder eine Plattformtechnologie besitzen, die einen therapeutischen Schwerpunkt haben oder auf die beides zutrifft (Hybridunternehmen). Welche Risiken und

	Plattformtechnologie	Hybrid	Medikamente
Risiko	gering	ausgeglichen	hoch
Erzeugung von Einnahmen	kurzfristig	kurzfristig	mittel- bis langfristig
Steigerungspotenzial	gering	hoch	gering
Einnahmenfluss	stetig	stetig	schwankend
Breakeven	kurz- bis mittelfristig	mittelfristig	langfristig

Chancen mit diesen drei Typen verbunden sind, zeigt die Tabelle: Die Hybridunternehmen verbinden normalerweise den technologischen Ansatz mit einem bestimmten Produkt, um den Lohn zu maximieren und das produktspezifische Risiko gering zu halten.

9. Betrachten Sie Bargeld als Werkzeug, aber nicht als Wert-Indikator.

Der Bargeldbestand ist bei der Bewertung laufender Betriebe irrelevant, denn die Wahrscheinlichkeit, dass Ihnen die Unternehmensleitung das Geld zurückgibt, ist äußerst verschwindend. Die Tatsache, dass viele Biotech- und Internet-Unternehmen unter dem Wert ihrer Bargeldreserven gehandelt werden, spiegelt die Tatsache wider, dass sie während der Entwicklung ihres Geschäfts Bargeld verbrauchen und dass das Risiko besteht, dass ihnen das Geld ausgeht, bevor die Einnahmen zu fließen beginnen. Bargeld kann dem Anleger zwar andeuten, wie viel Lebenskraft das Unternehmen bis zur nächsten Finanzierungsrunde noch hat, aber es sollte immer nur als Werkzeug betrachtet werden, das das Unternehmen in wertsteigernde Technologien oder Produkte verwandeln sollte.

10. Lassen Sie sich nicht von der Technologie irritieren.

Biotechnologie ist zwar von Natur aus technisch, aber nicht in überwältigendem Maße. Es ist eine bekannte Gefahr für Analysten und Anleger, sich zu sehr auf die fraglichen Technologien beziehungsweise Medikamente zu fixieren. Es ist wirklich wichtig, dass man als Anleger in der Lage ist, einen Schritt zurückzutreten und das Unternehmen daraufhin zu betrachten, ob es ein tragfähiges Modell darstellt. Es gibt selbstverständlich auch Themen und Fälle, die eine gewisse Sachkenntnis erfordern, aber im Allgemeinen kann man Biotechnologieunternehmen mit dem gesunden Menschenverstand einschätzen. Ist das Geschäftsmodell sinnvoll, und kann das Management seine Versprechen auch einhalten?

11. Passen Sie auf, dass Sie sich nicht im „Hotel Kakerlak" einmieten.

„Sie können gerne einziehen, aber ausziehen ist nicht drin" – das ist eine gute Zusammenfassung der Liquiditätssituation vieler Biotechnologieaktien. Es ist fast immer möglich, Aktien zu kaufen, wenn man lange genug wartet, aber der Verkauf kann sehr viel schwieriger werden. Liquidität und Marktkapitalisierung – diese beiden Punkte sollte man als Anleger bei seiner Entscheidung schon sehr frühzeitig berücksichtigen.

www.ubsw.com

Fed Watching

Brian Kettell

Brian Kettell sammelte seine Kapitalmarkterfahrung bei der Citibank, American Express und Shearson Lehman. Derzeit arbeitet er als Wirtschaftsberater für die Central Bank of Bahrain. Er hat elf Bücher über Finanzmärkte veröffentlicht und an der London School of Economics, an der London Guildhall University sowie an der City University of Hong Kong gelehrt. Er führt Schulungsprogramme für Mitarbeiter von Kunden wie der Chase Manhattan Bank, Morgan Stanley, Kleinwort Benson, Nomura, Banque Indosuez und Barclays Capital durch.

Bücher

Economic for Financial Markets, FT Prentice Hall 2000
Fed Watching for Dealers, FT Prentice Hall 1999
What Drives Financial Markets, FT Prentice Hall 1999
What Drives Currency Markets, FT Prentice Hall 1999

1. Bedenken Sie die zentrale Rolle des nominalen/realen Quartalswachstums des Bruttosozialprodukts.

Als Fed Watcher muss man neben der Politik der Federal Reserve noch andere Entwicklungen voraussehen und interpretieren, die wahrscheinlich die künftigen Wirtschaftsbedingungen und Zinsen beeinflussen. Das halbjährlich erscheinende Humphrey-Hawkins Testimony präsentiert die Ziele der Fed-Zentrale für das nominale BIP, das reale BIP und den Verbraucherpreisindex CPE. Wenn das nominale BIP-Wachstum den Zielwert voraussichtlich überschreitet, dann steht die Fed unter Druck, die Fed Funds Rate zu erhöhen. Und wenn es das Ziel voraussichtlich unterschreitet, dann sollte die Fed Funds Rate sinken.

2. Wenn Sie die konjunkturellen Wendepunkte voraussehen wollen, verfolgen Sie die Zinskurve.

Es ist schon seit einiger Zeit anerkannt, dass die Zinskurve, die den zeitlichen Aufbau der vorherrschenden Zinssätze einer Volkswirtschaft für alle Zeitpunkte zeigt, Informationen liefert, die als Indikator für die konjunkturellen Aussichten verwendet werden können. Das liegt daran, dass der zeitliche Aufbau sowohl die Festlegung der währungspolitischen Instrumente darstellt – und zwar anhand der kurzfristigen Zinssätze – als auch die Erwartungen des Marktes hinsichtlich der kurzfristigen Zinsen und somit auch des künftigen Wachstums und der Inflation.
Die Erfahrungen der Geschichte zeigen, dass im Vorfeld von Rezessionen in mehreren Fällen die langfristigen Zinsen unter die vorherrschenden kurzfristigen Zinsen gefallen sind, ein Phänomen, das als umgekehrte oder negative Zinskurve bekannt ist. Im Vorfeld aller fünf Rezessionen seit 1960 trat eine umgekehrte Zinskurve auf. Viele Wirtschaftswissenschaftler halten das Maß, in dem sich die Zinskurve von ihrer normalen Form entfernt, für einen verlässlichen Rezessionsindikator.

3. Beobachten Sie das, was die Fed beobachtet – und nicht das, was sie Ihrer Meinung nach beobachten sollte.

Wenn Sie den Zinstrend verfolgen und vorhersehen wollen, dann beginnen Sie mit der aufmerksamen Lektüre der neuesten Protokolle des Federal Open Market Committee (FOMC). Versuchen Sie zu begreifen, worum es dem Ausschuss geht und wie das Meinungsverhältnis unter seinen Mitgliedern aussieht. Die FOMC-Protokolle nehmen auf verschiedene Maßzahlen für Inflation Bezug, zum Beispiel auf die Beschäftigungsrate außerhalb der Landwirtschaft, auf den Verbraucherpreisindex, auf verschiedene Geldmengen und auf das Verhalten des nominalen Bruttoinlandsprodukts – alles Faktoren, die eine etwaige Änderung der Politik beeinflussen. Diese Indikatoren sollte man genau beobachten.

4. Haben Sie ein Auge auf den dreimonatigen Euro-Dollar-Futureskontrakt.

Dieser Kontrakt ist eines der Finanzinstrumente, die am empfindlichsten auf Veränderungen der Fed Funds Rate reagieren; er zeigt an, was dreimonatige Einlagen kosten, wenn der Markt fällig wird. Der Wert wird ausgedrückt als 100 minus den annualisierten Zinssatz. Wenn also der Dreimonatskontrakt einen Preis von 95,00 hat, dann deutet das auf einen erwarteten Dreimonatszins von rund fünf Prozent. Wenn der Kurs des Kontrakts über 95 steigt, dann wird mit einem Zinsverfall gerechnet, und wenn er unter 95 fällt, wird erwartet, dass die Zinsen steigen.

5. Verwenden Sie die Taylorsche Regel als Anhaltspunkt für Änderungen der Fed-Politik.

Nach John Taylor, Wirtschaftswissenschaftler an der Stanford University, sollte der kurzfristige Nominalzins gleich der Summe folgender vier Elemente sein:

Erstens der reale kurzfristige Zinssatz, der einer „neutralen" Währungspolitik entspricht, also einer Politik, die weder auf Wachstum noch auf Schrumpfung abzielt.

Zweitens die erwartete Inflationsrate.

Drittens werden gemäß der einfachsten und verbreitetsten Version der Taylorschen Regel für jeden Prozentpunkt, den die aktuelle Inflationsrate nach oben oder unten vom Zielwert abweicht, 0,5 Prozent zu dem kurzfristigen Zinssatz addiert oder davon subtrahiert.

Viertens sollte die gleiche Korrektur am Output Gap vorgenommen werden, also für jeden Prozentpunkt, um den das BIP über oder unter seinem langfristigen Trend liegt. Dahinter steht der Gedanke, dass überhöhter Ausstoß ein Anzeichen für sich anbahnende Inflation ist und entsprechend umgekehrt.

Mehrere Untersuchungen haben ergeben, dass die Zentralbanken eine Zeit lang der Taylorschen Regel gefolgt sind.

6. Schenken Sie dem Beachtung, was die Fed tut – nicht dem, was sie sagt.

Das mag zwar trivial klingen, aber es ist nicht immer so, dass die Fed das tut, was sie ankündigt. Die beiden ehemaligen Fed-Vorsitzenden Arthur Burns (1970-1978) und G. William Miller (1978-1979) sprachen zwar über die Notwendigkeit restriktiver Maßnahmen, unternahmen aber kaum etwas. Dazu muss allerdings gesagt werden, dass dieser Vorwurf weder Paul Volcker (1979-1987) noch Alan Greenspan (seit 1987) gemacht werden kann.

7. Betrachten Sie mögliche Verschiebungen der Fed-Politik eher als Reaktion auf unerwünschte Wirtschafts- und Währungsbedingungen, und nicht als deren Ursache.

Alan Greenspan bezeichnet regelmäßig die Wirtschaft als Patienten und die Fed als Arzt. Wenn der Patient hyperaktiv ist, sollte der Arzt die entsprechenden Maßnahmen ergreifen. Der frühere Fed-Vorsitzende William McChesney Martin (1951-1970) drückte das bekanntlich so aus: „Aufgabe des Fed-Vorsitzenden ist es, den Punschtopf genau dann wegzutragen, wenn die Party anfängt."

8. Denken Sie daran, dass die Fed letztlich ein Geschöpf des Kongresses ist.

Kurzfristig ist die Fed zwar vor politischer Einflussnahme geschützt, aber langfristig ist sie dagegen nicht gefeit. Die Grenzen ihrer Unabhängigkeit sind klar abgesteckt. Die Fed wurde durch ein Gesetz des Kongresses geschaffen, und wie jede derart geschaffene Behörde kann sie vom Kongress auch verändert oder ganz abgeschafft werden. Was der Kongress schafft, das kann er auch wieder zerstören!

Die Fed hat vom Kongress den Auftrag, mit der Zeit durch die Währungspolitik bestimmte Ziele zu erreichen, aber die währungspolitischen Entscheidungen können vom Kongress nachbearbeitet werden. Der frühere Vorsitzende Martin bezeichnete die Fed gerne als „unabhängig innerhalb der Regierung, aber nicht von der Regierung".

Ein neuer US-Präsident hat meistens die Möglichkeit, während seiner Amtszeit mehrere Fed-Direktoren zu ernennen. Durch die Auswahl der Kandidaten kann der Präsident die Richtung der Währungspolitik beeinflussen. Präsident George W. Bush ist in der ungewöhnlichen Lage, die Auswahl einer großen Anzahl von Direktoren zu beeinflussen.

9. Verfolgen Sie die Tendenz der FOMC-Direktiven.

Das FOMC gibt nach jeder Versammlung eine politische Direktive heraus, deren Formulierung zu entnehmen ist, ob sie symmetrisch oder asymmetrisch ist. Einer der wichtigsten Beschlüsse, die auf FOMC-Versammlungen gefasst werden, ist die Entscheidung, ob die Währungspolitik gelockert oder gestrafft werden soll. Das FOMC gibt seine Entscheidungen in Form einer innenpolitischen Direktive an die Federal Reserve Bank of New York (wo die Operationen am freien Markt dann tatsächlich ausgeführt werden) weiter; sie bestimmt die Währungspolitik der darauf folgenden Wochen.

Die politischen Direktiven zeigen, welcher Währungspolitik das FOMC bis zur nächsten FOMC-Versammlung den Vorzug gibt. Symmetrische Direktiven neigen weder zur Lockerung (niedrigere Fed Funds Rate) noch zur Beschränkung (höhere Fed Funds Rate). Asymmetrische Direktiven drücken eine politische Tendenz aus. Mit der Herausgabe einer asymmetrischen Direktive ermächtigt das FOMC den Vorsitzenden, die Fed Funds Rate in der Zeit zwischen den Versammlungen anzuheben oder zu senken.

10. Die Angst vor Inflation ruft schnellere Änderungen der Geldpolitik hervor als die Angst vor Arbeitslosigkeit.

Die Begründung dieser Regel stammt von Alan Blinder, dem ehemaligen Vizepräsidenten des Board of Governors der Federal Reserve, und zwar aus „Central Banking in Theory and Practice“ (1998). Er behandelt darin die Frage, inwieweit die Währungspolitik die Form eines „Präventivschlags“ annehmen sollte, um Inflation oder Arbeitslosigkeit zu bekämpfen. Er argumentiert damit, dass negative währungspolitische Konsequenzen im Kampf gegen die Inflation länger anhalten als im Kampf gegen die Arbeitslosigkeit; daher sollte die Prävention im ersteren Fall früher vorgenommen werden. Er zitiert empirische Beweise, die seine Ansicht stützen.

Grundprinzipien und Politikerversprechen

Max King

Max King managt den Piccadilly Growth Trust, den Capital Opportunities Trust und einen OEIC [offene Investmentgesellschaft] für J.O. Hambro Capital Management. Davor verbrachte er zehn Jahre mit dem Umbau von Finsbury Asset Management, einer heruntergekommenen Investmentfonds-Gruppe, zu einem der am besten laufenden und erfolgreichen Läden in London.

1. Kämpfen Sie gegen die herrschende Meinung, aber nicht gegen die Fundamentaldaten.

Der echte Kontrarianer stellt sich nicht um jeden Preis gegen die herrschende Meinung, sondern weil die Herde in die falsche Richtung rennt.

2. Wenn der Markt den Gipfel (oder den Boden) erreicht, schwenkt niemand eine Flagge.

Erwarten Sie kein klares Signal, wenn der Markt oder der Preis einer bestimmten Aktie davor steht, die Richtung zu wechseln. Der Grund für eine solche Richtungsänderung ist nur im Nachhinein offensichtlich: In dem Moment ist das Kontrarianerdasein einsam. Das gilt ganz besonders für die Analysten in Brokerhäusern, die höchst selten ihren Ruf dadurch gefährden, dass sie einen Kauf oder Verkauf empfehlen, bevor sich der Preis um 50 Prozent geändert hat.

3. Kämpfen Sie nicht gegen Ihre Vorurteile an.

Auch wenn sie unlogisch und falsch sind, Sie werden mit einer

Anlageentscheidung niemals zufrieden sein, wenn sie einem Vorurteil zuwiderläuft. Ähnlich wie Aberglaube basieren auch Vorurteile häufig auf Tatsachen.

4. „Nicht die Stärksten überleben, auch nicht die Intelligentesten, sondern diejenigen, die sich am schnellsten anpassen."

Dieses Zitat stammt von Charles Darwin, und es lässt sich auch sehr gut auf Investoren anwenden. Gute Fondsmanager halten sich nicht strikt an einen Stil oder eine Strategie, sondern können sich bei Bedarf anpassen und manchmal ihren Ansatz vollständig neu fassen.

5. „Die Geschichte wiederholt sich, das erste Mal als Tragödie, das zweite Mal als Farce."

Dieses Zitat stammt von Marx, aber genauso gut ist die Bemerkung von Mark Twain: „Die Geschichte wiederholt sich nicht, aber sie reimt sich." Wenn Sie die Zukunft vorhersagen wollen, betrachten Sie die Lehren der Vergangenheit.

6. Verwechseln Sie nicht Klugheit und Hausse.

Während einer Hausse machen alle Gewinn, und nur dass Sie auch dazugehören heißt noch nicht, dass Sie ein geschickter Anleger sind. Außerdem ist es wichtig, dass Ihre Analyse des Unternehmenswertes nicht von der Preisbewegung beeinflusst wird, besonders wenn Sie die Aktie besitzen.

7. Seien Sie mit dem Management vorsichtig.

Manager neigen hinsichtlich ihrer eigenen Unternehmen immer zum Optimismus, weil sie aufgrund ihrer Stellung befangen sind. Als Anleger kann man sich Objektivität leisten, denn man muss die Aktie nicht besitzen, und der Mangel an Wissen wird durch die Perspektiven wettgemacht. Mit dem Management zu sprechen ist nützlich, aber dabei müssen Sie skeptisch sein und sich Ihre eigene Meinung bilden.

8. Die Friedhöfe der Wall Street sind voll von Menschen, die es zu früh richtig getroffen haben.

Der richtige Zeitpunkt ist beim Investing entscheidend, und wenn man zu früh dran ist, kann das genauso schlimm sein wie wenn man falsch liegt. Rothschild jedoch antwortete auf die Frage nach seinem Erfolgsgeheimnis: „Ich kaufe nie am Boden und ich verkaufe immer zu früh." Daran sollte man denken; vor allem sollte man auf dem Weg nach oben verkaufen, und nicht auf dem Weg nach unten; die meisten Analysten vergessen das.

9. Eine Langfristanlage ist eine misslungene Kurzfristanlage.

Das ist zwar ein Trader-Leitspruch und kein Anlegermotto, aber es ist trotzdem nützlich. Man ist immer versucht, Aktien zu behalten, die an Wert verloren haben, aber Erholungen finden aufgrund von Ursachen statt, und nicht aufgrund eines physikalischen Gesetzes. Das erwähnte Motto ist die richtige Antwort für Unwissende, die den Unterschied zwischen Langfristanlage (gut) und Kurzfristanlage (schlecht) verstehen wollen.

10. Investieren Sie nicht in Politikerversprechen.

Politiker versprechen gerne, sie wollten „das Sparen fördern", „für Investitionen in Verkehr und Infrastruktur sorgen", „mehr Ressourcen für Aus- und Weiterbildung bereitstellen" und so weiter. Allerdings werden solche Versprechen häufig fallen gelassen, entweder aufgrund von Sachzwängen oder weil es einfach leere Versprechungen waren; somit erreichen Politiker regelmäßig das Gegenteil dessen, was sie eigentlich wollten. Es ist höchst gefährlich, in den angenommenen Nutzen einer Regierungsentscheidung zu investieren, denn der freien Wirtschaft zu helfen Geld zu verdienen steht auf der Prioritätenliste der Regierung ganz unten; sie dazu zu bringen, dass sie ohne Gegenleistung Geld ausgibt, das dem Staat zugute kommt, steht dagegen ziemlich weit oben.

www.johcm.co.uk

„Man kann für ein gutes Unternehmen etwas mehr ausgeben, und mit der Zeit erholen sich die Gewinne wieder; aber man kann auch für ein schlechtes Unternehmen zu wenig bezahlen und sich nie wieder erholen“

David Braun

Rohstoffe

George Kleinman

George Kleinman ist Präsident der Commodity Resource Corporation (CRC). Seit 1977 handelt er auf eigene Rechnung und im Kundenauftrag mit Futures und Rohstoffen. CRC ist auf Finanz- und Metallfutures spezialisiert. George ist Chefredakteur von Trends in Futures, des wichtigsten Newsletters von Futures.

Bücher

Commodity Futures and Options, FT Prentice Hall 22000

Financial Times Börsenpraxis: Warentermingeschäfte. Rohstoffe auf dem Weltmarkt erfolgreich traden, FT Prentice Hall 2001

1. Overtrading – Ihr schlimmster Feind.

W.D. Gann bezeichnete Overtrading – das „Sichübernehmen" als das „größte Übel". Seiner Meinung nach war es für mehr Verluste verantwortlich als irgendetwas anderes, und wie könnten wir einem der großen Meister widersprechen?

Der durchschnittliche Trading-Neuling hat keine Ahnung, wie viel Geld man braucht, um erfolgreich zu sein, und normalerweise kauft (oder shortet) er oder sie mehr als die Vorsicht gebietet. Die Analyse mag stimmen, aber da die Position zu groß ist, kommt es zur Zwangsliquidierung, wenn der Marginvollstrecker anruft. Wie oft geht das Geld genau in dem Moment aus, wenn der Trade gerade in das Reifestadium eintritt. Der Overtrader hat sich übernommen, und ihm entgeht die Profitgelegenheit, die er in den optimistischen Tagen klar vor Augen hatte.

2. Im Zweifelsfall aussteigen.

Wenn der Markt nicht innerhalb eines vernünftigen Zeitraums begonnen hat, in Ihre Richtung zu tendieren, steigen Sie aus. Je länger Sie an einer Verlustposition festhalten, desto schlechter wird Ihr Urteilsvermögen, und im Extremfall tun Sie dann das Falsche. Einer von der alten Garde sagte zu diesem Thema einmal: „Ich bin vorsichtig genug, mich nicht mitten auf die Gleise zu stellen und mich zu fragen, ob die Lichter, die ich zu sehen glaube, zu einem Güterzug gehören oder ob ich sie mir einbilde."

3. Niemals den Verlustdurchschnitt senken.

Die Senkung des durchschnittlichen Verlustes durch Nachkauf mag in vier von fünf Fällen funktionieren, aber das fünfte Mal kann sie Sie vernichten. Man sollte sich diese schlechte Angewohnheit nicht zu eigen machen. Betrachten Sie es doch einmal so: Wenn Sie einen Trade eingehen, und er wendet sich gegen Sie, dann liegen Sie falsch (zumindest vorübergehend). Warum sollten Sie dann noch mehr kaufen beziehungsweise verkaufen und damit das Problem noch vergrößern? Stoppen Sie den Verlust frühzeitig, bevor es für immer zu spät ist. Und machen Sie es nicht noch schlimmer.

4. Entscheidend ist gute Geldverwaltung.

Sie brauchen nicht unbedingt ein hohes Gewinn-Verlust-Verhältnis, aber Ihr durchschnittlicher Gewinn muss immerhin höher sein als Ihr durchschnittlicher Verlust, wenn Sie Erfolg haben wollen. Und dafür brauchen Sie (wenigstens ein paar) „Hauptgewinne". Mit manchen Trades müssen Sie bis an die Grenze gehen. Sie brauchen die großen Gewinne, um die unvermeidlichen zahlreichen (und hoffentlich kleinen) Verluste auszugleichen, die eintreten werden. Ich habe festgestellt, dass es sich unter dem Strich deutlich auswirken kann, wenn man Verluste frühzeitig begrenzt – selbst wenn es nur um Kleinbeträge von beispielsweise 100 US-Dollar geht. „Noch ein paar Ticks" abzuwarten ist normalerweise kein Erfolgsrezept, und es ist ungut, Stop-Loss-Orders zu stornieren oder zu verlegen. Meiner Erfahrung nach ist es in 99 Prozent der Fälle ein Fehler, einen Stop zu streichen. Es ist manchmal in Ordnung, eine Gewinnmitnahme-Order zu streichen, aber je früher man den Verlust aufhält, desto besser.

5. Der Trend ist dein Freund.

Bekämpfen Sie ihn also nicht. Das große Geld verdient man, indem man den großen Trend erkennt und ihm dann folgt. Wenn der Markt nicht in Ihre Richtung geht, dann müssen Sie in seine Richtung gehen. Wenn eine Baisse herrscht und der große Trend nach unten zeigt, dann sollten Sie Erholungsphasen abpassen und dann shorten. Versuchen Sie nicht, den Boden zu erwischen. In einer großen Baisse können Sie den Boden auf dem Weg nach unten mehrmals verfehlen und dabei Ihr ganzes Geld verlieren. Das Gleiche gilt (nur umgekehrt) für große Haussen. Meiner Erfahrung nach verdient man das große Geld mit dem Trend, und nicht gegen ihn.

6. Lassen Sie einen guten Gewinn nicht zum Verlust werden.

Das hat schon viele Hoffnungen zerstört. Wenn Ihnen irgendeine Position schon einen anständigen Gewinn gebracht hat und Sie absolut sicher sind, dass er noch größer wird, dann setzen Sie zu allermindest an dem Punkt einen Stopp, an dem Sie (schlimmstenfalls) auf null herauskämen. Wenn sich der Markt richtig verhält, wird der Stopp nicht ausgelöst. Wenn er sich weiter in Ihrem Sinne bewegt, dann ziehen Sie den Stopp so weit nach, dass auf jeden Fall ein Gewinn bleibt. Das Ziel ist, Ihr Grundkapital auf jede mögliche Art zu schützen, und wenn Sie das Glück haben, dass Sie Buchgewinne machen, dann sichern Sie sich wenigstens einen Teil davon.

7. Es ist entscheidend, wie der Markt auf Meldungen reagiert.

Nicht die Meldungen sind wichtig, sondern wie der Markt auf die

Meldungen reagiert. Die Nachrichten bestimmen die Wahrnehmung der Öffentlichkeit. Seien Sie auf der Hut vor Abweichungen zwischen Meldungen und Marktbewegungen. Das hat etwas mit Erwartung und Wirklichkeit zu tun. Achten Sie auf die Divergenz zwischen dem Geschehen und dem, was nach der Meinung der Menschen geschehen sollte. Wenn die große Wende kommt, dann schaut die breite Öffentlichkeit immer in die falsche Richtung. Deshalb sind die besten Trades die schwierigsten. Auf dem Gipfel klingen die Meldungen immer am bullischsten, und am Boden erscheinen sie immer zutiefst hoffnungslos. Wenn die Meldungen gut sind, der Markt aber nicht mehr nach oben geht, dann fragen Sie sich nach dem Grund und richten Sie sich danach. Bodenbildungen können äußerst verwirrend sein. In der Akkumulierungsphase, in der das schlaue Geld Positionen aufbaut, können Gegenreaktionen auftreten, holprige Bewegungen, Aussiebungen und vermeintliche Umkehrungen. Sobald der Boden da ist, warten viele Trader auf die nächste Unterbrechung, in der sie kaufen können. Sie kommt aber niemals; der Zug hat den Bahnhof bereits verlassen, und man muss schon mutig genug sein aufzuspringen.

8. Wenn der Markt Ihre Meinung nicht bestätigt, dann lassen Sie von Ihrer Meinung ab und hören Sie auf den Markt.

Sie werden in Ihrer Tradinglaufbahn zweifellos unzählige Male falsch liegen. Sich zu irren ist nicht schlimm, das ist eher unausweichlich. Nicht zuzugeben, dass man sich irrt, den Gewinn nicht mitzunehmen, wenn er noch zu verkraften ist – das ist ein großes Problem und führt am Ende in den Ruin. Ich habe das schon viele Male erlebt, und dabei ist es egal, wie groß die Kapitalausstattung des Traders ist. Widerspenstige Optionen haben in der Geschichte schon die größten Händler in die Knie gezwungen. Kein Mensch kann immer Recht haben, das kann nur der Markt.

9. Schichten Sie die Pyramide richtig herum

Das große Geld kann man nur machen, wenn man eine gute Position während eines Trends nachschichtet. Ihre unrealisierten Gewinne bilden eine hervorragende Gelegenheit, eine größere Position aufzubauen als Sie das sonst könnten. Der Aufbau einer Pyramide erfordert sowohl Mut als auch Selbstkontrolle, und passen Sie auf, es gibt einen richtigen und einen falschen Weg zur Pyramide. Die Meister raten von einer umgekehrten Pyramide (das heißt, dass man mehr als die ursprüngliche Position hinzufügt, wenn sich der Markt in die gewünschte Richtung bewegt) grundsätzlich ab. Das erste Risiko sollte das größte Risiko sein. Im Allgemeinen ist es besser, die Position während der Fahrt zu verkleinern und nicht zu vergrößern. Auf diese Weise können Sie Ihre Profitabilität steigern, ohne Ihr Risiko drastisch zu erhöhen.

10. Seien Sie aggressiv.

Seien Sie bei der Gewinnmitnahme und bei der Verlustbegrenzung aggressiv, wenn es einen Grund dafür gibt. Ein guter Trader handelt ohne zu zögern. Wenn etwas nicht in Ordnung ist, liquidiert er einfach frühzeitig, um sich Geld und Sorgen zu sparen. Denken Sie nicht lange nach, sondern tun Sie es einfach. Und setzen Sie kein Preislimit, sondern gehen Sie auf den Markt. Oftmals bietet der Markt nur einmal die optimale Gelegenheit zu handeln, und das war's dann.

www.commodity.com, geo@commodity.com

Finden Sie Ihren eigenen Stockpicking-Ansatz.

Richard Koch

Richard Koch war Berater bei der Boston Consulting Group, Teilhaber von Bain & Co. sowie Mitbegründer von LEK Consulting, bevor er zum Privatanleger auf eigene Rechnung wurde. Er steckte 1990 hinter der Rettung von Filofax, war der Geldgeber der Restaurantkette Belgo, bevor sie an die Börse ging, und er hat mit Plymouth Gin und Capstone Publishing bedeutende Anlageerfolge erzielt.

Bücher

The FT Guide to Selecting Shares that Perform, FT Prentice Hall 2000
The Third Revolution, Capstone 1998
The 80/20 Principle, Nicholas Bealey 1997
Das Achtzig/ Zwanzig (80/20) Prinzip. Mehr Erfolg mit weniger Aufwand, Campus Fachbuch 1998
Financial Times Börsenpraxis: Aktienauswahl mit System . Die zehn besten Strategien, den Index zu schlagen, FT Prentice Hall 2001

1. Machen Sie es auf Ihre Weise.

Folgen Sie einem Investmentansatz, der zu Ihrer Persönlichkeit und Psyche passt.

2. Wenn es nicht gelingt, geben Sie auf.

Führen Sie über Ihre Anlagen sorgfältig Buch. Wenn Sie den Index nicht übertreffen, geben Sie auf und kaufen Sie einen Indexfonds.

3. Machen Sie es nicht wie Noah.

Sie sollten am Ende keinen Aktienzoo haben. Besser ist ein kleines Portfolio, in dem jedes Investment für Sie eine bedeutende Position ist.

4. Bleiben Sie bei einem Investmentansatz.

Dieser muss Ihre eigene Philosophie, ihre Fähigkeiten und persönlichen Eigenschaften widerspiegeln. Setzen Sie Ihren Ansatz von denen aller anderen ab. Wenn er nicht einzigartig ist, dann erzielen Sie keine überdurchschnittliche Performance.

5. Erkenne dich selbst.

Versuchen Sie nicht, etwas zu sein, das Sie nicht sind. Entwickeln Sie Ihre eigene Investmentnische.

6. Nehmen Sie nur „schnelle Brüter".

Kaufen Sie nur Aktien, die ihren Wert möglicherweise vervielfachen werden. Wenn der zu erwartende Gewinn über die nächsten zwei bis fünf Jahre unter 100 Prozent liegt, dann lassen Sie es.

7. Begrenzen Sie Verluste.

Verkaufen Sie Aktien, die 15 Prozent abgeben, immer.

8. Stocken Sie Gewinne auf.

Kaufen Sie die Aktien nach, die den Index in einem Jahr um mehr als 50 Prozent überboten haben.

9. Sammeln Sie „Outsider"-Informationen.

Beschaffen Sie preisrelevante Informationen über die Unternehmen, in die Sie investiert haben oder eventuell investieren werden – indem Sie Ihr eigenes Outsider-Research treiben.

10. Folgen Sie dem Lustprinzip.

Wenn es keinen Spaß macht, hören Sie auf. Wenn es Spaß macht, machen Sie weiter. Und wenn es Spaß macht, erfinden Sie Ihre eigenen Regeln.

„Verkaufen Sie hoch kapitalisierte Aktien und Aktien mit hohem KGV immer bevor die Meldung der Quartalsergebnisse ansteht“

Donald Cassidy

Tradingsysteme

Joe Krutsinger

Joe Krutsinger ist Präsident von Joe Krutsinger, Inc., einer Firma, die Tradingsysteme entwirft. Er begann seine Futures- und Optionen-Karriere vor 25 Jahren bei ContiCommodity. Er hat in allen Sparten der Branche gearbeitet und ist weiterhin ein fruchtbarer Entwickler von Tradingsystemen.

Bücher

Trading System Secrets – Selecting a Winning System, TL 1999
Trading Systems – Secrets of the Masters, Irwin 1997
The Trading System Toolkit, Probus 1994

1. Wenn Sie weiter das bekommen wollen, was Sie bekommen, dann tun Sie weiter das, was Sie tun.

Einer der Gründe, weshalb man ein Tradingsystem oder einen Satz Tradingsysteme kauft, ist die Ersetzung oder Ergänzung der derzeitigen Methode. Warum nicht das bekommen, wofür man bezahlt hat? Viele Möchtegern-Systemtrader befolgen ein System so lange, bis sie drei Verlierer hintereinander haben, und dann stellen sie es ins Regal zurück. Fast jede Strategie bringt einmal drei Verlustgeschäfte am Stück, und darum sind diese Trader zum Scheitern verurteilt. Geben Sie Ihrem neuen Ansatz die Chance zu funktionieren. Das ist die wichtigste Regel, die ich kenne.

2. Während Sie noch Experte werden, mieten Sie Expertenwissen.

Die beste Möglichkeit, Expertenwissen zu bekommen, ist selbst Experte zu werden. Solange Sie noch kein Experte sind, besteht der zweitbeste Weg darin, einen Experten zu mieten. Wenn Sie Seminare besuchen sowie Software und Tradingsysteme kaufen, dann kommen Sie schneller in die Gänge. Wir alle tunen nicht selber unsere Autos und reparieren nicht selber unsere Zähne, warum also sollten wir meinen, wir müssten unsere Tradingsysteme selbst schreiben? Wenn Sie einmal ein System haben, das Ihnen behagt und das Ihnen Gewinn bringt, dann können Sie es „bearbeiten" und Ihre eigenen Kniffe hinzufügen.

3. Wenn Sie nicht mit den großen Hunden laufen können, dann bleiben Sie auf der Veranda.

Trading ist nicht für jedermann geeignet. Ich entwerfe Rennwagen (Tradingsysteme), aber ich fahre keine Rennen (Geld verwalten). Ich kenne meine Grenzen. Kennen Sie Ihre?
Ist der Kitzel des Sieges die möglichen Todesqualen der Niederlage wert? Traden Sie im Kleinen, während Sie noch lernen, oder legen Sie es darauf an, „die Bank zu sprengen"? Vertrauen Sie auf sich selbst, oder brauchen Sie die Bestätigung durch die Sprecher im Kabelfernsehen? Haben Sie genügend Zeit für Daytrading (fünf bis zehn Stunden täglich) oder genügend Disziplin für tägliches Trading (fünf bis zehn Minuten täglich)? Als Sie Ihren Beruf gelernt haben, haben Sie da alles auf einmal gelernt, oder haben Sie ein oder zwei Dinge ausführlich gelernt und dann darauf aufgebaut? Die Veranda ist keine Schande. Die großen Hunde können und werden ganz schön grob werden.

4. Adler fliegen nicht in Scharen.

Meiden Sie Trading-Clubs, Chatrooms, Kneipenklatsch, Börsenbriefe, Zeitschriften, Zeitungen und andere Trader. Halten Sie mit sich selbst Rat. Wenn Sie ein Tradingsystem entwickelt oder gekauft haben, dann befolgen Sie die Regeln und tragen Sie Ihre Trades in ein Journal ein. Falls Sie gewinnen – wer will denn dann wirklich etwas von Ihrer jüngsten Eroberung hören? Wenn Sie verlieren, wem wird es dann wirklich Leid für Sie tun, und wer wird dann den „armen“ Trader trösten? Haben „die anderen Menschen“ wirklich Ihr Bestes im Sinn? Kümmert es Sie wirklich, ob sie Gewinn oder Verlust machen? Erlernen Sie das Spiel und halten Sie Ihre Karten verdeckt. Trading ist ein einsames Geschäft.

5. Tun Sie das Schwierige. Kaufen Sie hoch und verkaufen Sie noch höher. Verkaufen Sie tief und kaufen Sie noch tiefer.

Alle wollen das „Einfache“ tun: im Tief kaufen und im Hoch verkaufen. Wenn der Markt nach unten geht, dann hat das vielleicht seinen Grund. Stellen Sie sich nicht vor den Zug, sondern auf den Bahnsteig; warten Sie, bis der Zug steht, und wenn er in die andere Richtung losfährt, dann springen Sie auf! Es ist sehr schwer zu warten. Aber tun Sie das Schwierige. Indem Sie hoch kaufen (Durchbrüche) und noch höher verkaufen (Liquidierung nachdem ein bestimmtes Zeit- oder Kursziel erreicht ist), können Sie das tun, was die anderen nicht tun (gewinnen).

6. Nehmen Sie die Milch und die Sahne.

Wenn Sie eine Strategie haben, die in 50 Prozent der Fälle richtig ist, dann ist sie auch in 50 Prozent der Fälle falsch. Wenn eine Strategie mehrere Monate auf Indexniveau bleibt, dann langweilen Sie sich und geben sie wahrscheinlich auf, bevor Sie das große Geschäft gemacht haben. Einer besten Systemtrader der Welt, Richard Dennis, soll einmal gesagt haben: „90 Prozent meiner Trades kommen auf null, fünf Prozent sind überdurchschnittliche Verluste und fünf Prozent sind riesige Gewinne. Mit dem System kann ich im Spiel bleiben und auf die riesigen Gewinne warten.“ Dort wo ich wohne, im Mittelwesten, wollen die Käufer oft nur das beste (die Sahne) und wollen den Rest (die Milch) anderen überlassen. Wenn man den Seelenfrieden und die Disziplin genießen will, die systematisches Trading bringt, dann muss man meiner Meinung nach das Gute wie auch das weniger Gute nehmen.

7. Im Zweifelsfall bleiben Sie draußen, und wenn Sie drin sind, steigen Sie aus!

Sie haben Instinkte, und zwar gute. (Woher ich das weiß? Sie haben Geld zum Traden, und somit haben Sie einige instinktiv gute Finanzentscheidungen getroffen). Systematisches Trading ist nichts weiter als einfache Disziplin. Wenn Sie aus irgendeinem Grund das Gefühl haben, Sie sollten einen Trade nicht eingehen, dann lassen Sie es (und wenn Sie schon drin sind, steigen Sie aus). Niemand mag Ihr Geld lieber als Sie. Ein System ist nichts weiter als ein Ausrüstungsgegenstand. Genauso wie der Wecker: Wenn er am Morgen klingelt, müssen Sie entscheiden, ob Sie aufstehen oder die Schlummertaste drücken.

8. „Abzeichen? Wir brauchen keine stinkenden Abzeichen."

Anders als viele andere Berufe (Anwalt, Arzt, Lehrer) brauchen Trader keine Anerkennung (und sollten sie auch nicht suchen) von irgendjemandem, der ihnen sagt, sie seien fit für den Aktienhandel. Viele Trader, die Verlust machen, rennen von einer Methode zu anderen und von einem Guru zum anderen und suchen verzweifelt Bestätigung. Seien Sie Ihre eigene Zulassungsbehörde. Wenn Sie das Gefühl haben, dass Sie so weit sind, dann sind Sie auch so weit.

9. Wenn Sie einen Rennwagen kaufen, sind Sie noch lange kein NASCAR-Star.

Wenn das so einfach wäre, wer würde dann noch Taxi fahren? Ich konstruiere tatsächlich das Trading-Äquivalent zu einem NASCAR-Rennwagen. Wenn Sie ein oder mehr Systeme bei mir kaufen wollen, prima! Dann geleite ich Sie durch die Grundzüge des Entwurfes und zeige Ihnen, wie man es fährt und es frisiert. Ich helfe Ihnen auch, wenn etwas „repariert" werden muss, aber der Fahrer sind Sie. Wenn Sie gegen die Mauer fahren, dann werden Sie verletzt, und ich sitze auf der sicheren Seite. Üben Sie zuerst einmal auf Papier. Testen Sie alles. Vorsicht. Wenn es so leicht wäre, dann würde niemand mehr Taxi fahren.

10. Reden ist BILLIG; Geld braucht man, um Whiskey zu kaufen.

Das ist für mich das zweitwichtigste Axiom. Traden auf dem Papier, Research, Test. Und schließlich müssen Sie wirklich traden. Am besten fängt man an, in kleinerem Maßstab zu traden als man es normalerweise tun würde. Wenn Sie letztendlich mit 300 Aktien handeln wollen, dann traden Sie in den ersten 90 Tagen Ihres systematischen Tradings mit 100 Stücken. Wenn es ein großer Erfolg wird, erhöhen Sie nicht sofort den Tradingumfang.

Es ist wichtig, allen Signalen entsprechend zu handeln, und sei es auch nur mit einer Aktie. Simulationen, selbst die allerbesten, die jeden Tick simulieren, sind normalerweise doppelt so gut wie das wirkliche Trading. Faustregel: Wenn eine Simulation 50.000 US-Dollar pro Jahr abwirft, wollen Sie dann dieser Strategie wirklich folgen, auch wenn sie in Wirklichkeit nur 25.000 US-Dollar pro Jahr einbringt?

Wenn ja, meine Herrn, dann LASSEN SIE DIE MOTOREN AN!

www.joekrut.com, www.TheSystemTrader.com, www.eTrackRecords.com

„Die zeitliche Abstimmung ist alles. Zum Beispiel brauchte man kein Genie zu sein, um sich schon lange vor dem Höhepunkt des Technologiebooms auszurechnen, dass die Technologieaktien überbewertet waren. Aber man hätte sehr viel Geld verlieren können, wenn man während des Anstiegs short gegangen wäre; so mancher Fondsmanager verlor seinen Job, weil er sich von dieser Goldader fernhielt."

Laurence Copeland

Anlage in Technologieunternehmen

Mike Kwatinetz

Mike Kwatinetz ist Gründungsmitglied von Azure Capital Partners, einem Investmentberatungsunternehmen mit technologischem Schwerpunkt. Vorher war er weltweiter Leiter der Technologieaktien-Researchabteilung von Credit Suisse First Boston. Kwatinetz wurde von The Wall Street Journal und von Institutional Investor in vier der letzten fünf Jahre zum besten PC-Hardware-Analysten gewählt, und in den letzten zwei Jahren zum zweitbesten Softwareanalysten.

Bücher

The Big Tech Score, John Wiley 2000
[Die folgenden Regeln stammen aus The Big Tech Score, mit freundlicher Genehmigung des Autors und des Verlags John Wiley & Sons, Inc.]

1. Suchen Sie nach einem CEO unter fünfzig.

Technologie ist eine sehr schnelllebige Branche. Auch wenn das Alter ein gewisses Maß an Reife und Erfahrung mit sich bringt, habe ich gefunden, dass CEOs ab einer gewissen Schwelle schwächeln. Nehmen Sie Digital Equipment. Der Gründer des Unternehmens, Ken Olsen, war einer der klügsten Menschen der ganzen Branche – aber ab einem gewissen Punkt verlor er das Gespür für die Richtung des Marktes. Die PC-Revolution brach herein, und Olsen ignorierte sie.

2. Suchen Sie nach „virtuellen Unternehmen".

Bei neuen Technologien ist es oft entscheidend, so schnell wie möglich eine kritische Masse zu erreichen, denn steigende Zahlen sind sowohl für die Kunden als auch für das Produkt ein Vorteil. Indem Microsoft sein Betriebssystem an alle PC-Hersteller lizenzierte, sorgte es für eine weite Verbreitung des Systems; das regte die Softwareentwickler an, Programme dafür zu schreiben, was wiederum neue Benutzer anlockte – ein „virtuelles Unternehmen" aus Geschäftspartnern. Apple dagegen hat sich immer geweigert, sein System auf anderen als seinen eigenen Produkten laufen zu lassen, und ist somit ein „exklusives" Produkt geblieben.

3. Suchen Sie nach positiven Rückkopplungen.

Anders gesagt, wenn ein Produkt von mehr Menschen benutzt wird, wird es dann wertvoller für alle Benutzer? Und wenn es für alle Benutzer wertvoller wird, kommen dann mehr Menschen damit in Verbindung?

In die Buddy List von AOL kann man als Benutzer die Email-Adressen seiner Freunde eingeben, und dann benachrichtigt einen AOL, wenn einer dieser Freunde online ist. Im ersten Jahr wurde dieser Dienst derart populär, dass sich viele Menschen bei AOL anmeldeten, damit sie ihn benutzen konnten. Je mehr Menschen sich anmeldeten, desto wertvoller wurde die Buddy List. Das war für AOL ein großer Wettbewerbsvorteil.

4. Achten Sie darauf, dass das Produkt nicht so leicht nachgeahmt werden kann.

Entweder muss es für die Mitbewerber so kostspielig oder so zeitaufwendig sein, das Produkt nachzuahmen, dass der Versuch sinnlos ist, oder das Produkt muss durch Copyright, als Patent oder als eingetragenes Warenzeichen geschützt sein.

Texas Instruments hat viele Originalpatente auf Speicherchips für Computer und bekommt für fast jeden Speicherchip, der auf den Markt kommt, Lizenzgebühren. Xerox dagegen entwickelte die grafische Benutzeroberfläche (GUI, Graphical User Interface), das Ethernet und den Laserdrucker, ließ aber nichts davon patentieren. Für Investoren ist es nicht nur wichtig festzustellen, wie gut eine Technologie ist, sondern auch wie leicht sie kopiert werden kann.

5. Bevorzugen Sie große Markennamen.

Nur gegen wenige Wettbewerbsvorteile kommt man so schlecht an wie gegen einen Markennamen. Ein wirtschaftlicher Vorteil kann sich überleben, ein Patent kann auslaufen, aber eine große Marke kann sich über Jahre halten. Bedenken Sie, dass ein Markenname mehr tun kann als nur Marktanteile halten. Er ermöglicht dem Unternehmen auch die Erschließung neuer Märkte. Amazon hat als Online-Buchhandlung angefangen. Nach ein paar Jahren nahm es auch CDs, DVDs, Videos und anderes ins Sortiment. Aufgrund der starken Marke verfügt es über ein Heer von treuen Kunden, die mit der Homepage schon vertraut sind.

6. Benutzen Sie künftige Gewinnschätzungen, keine historischen Gewinne.

Der Wert eines Unternehmens sollte nach seinen künftigen Aussichten beurteilt werden, und nicht nach der Performance vom letzten Jahr. Nehmen wir an, Sie denken daran, in ein Unternehmen zu investieren, das im letzten Jahr fünf US-Dollar Gewinn pro Aktie erzielt hat, so dass sich ein KGV von 15 ergibt. Das klingt so lange gut, bis Sie erfahren, dass ein Mitbewerber im Begriff steht, ein Produkt herauszubringen, das das Produkt des ersten Unternehmens wahrscheinlich innerhalb eines Jahres in den Bankrott treiben wird. Es ist lächerlich, die Bewertung auf historische Gewinne zu gründen, insbesondere für Unternehmen in der schnelllebigen Technologiebranche – und doch tun die meisten Anleger genau das.

7. Wenn das KGV nicht funktioniert, benutzen Sie das KUV.

Wenn ein Unternehmen keinen Gewinn erwirtschaftet, kann man es nicht anhand des KGVs (Kurs-Gewinn-Verhältnis) bewerten.

Solche Unternehmen sind offensichtlich riskanter, und Sie sollten nicht mehr als eines oder zwei davon in Ihrem Wachstumsportfolio haben. Aber Sie können sie immerhin anhand des KUV bewerten: Marktkapitalisierung dividiert durch die vorhergesagten Umsatzeinnahmen.

Vielleicht will man Sie dazu bringen, in Aktiengesellschaften zu investieren, die nicht nur keinen Gewinn erzielen, sondern auch keine Einnahmen haben. Mein Rat: fernhalten.

8. Überprüfen Sie alle drei Wachstumskräfte.

Wenn ein Unternehmen wirklich langfristige Wachstumschancen haben soll, dann braucht es drei günstige Faktoren: Es muss in einem schnell wachsenden Markt operieren, es muss seinen Marktanteil schnell vergrößern und es muss neue Produkte oder Dienstleistungen schaffen, die es in neue Märkte hineinbringen. Hüten Sie sich vor Unternehmen, die an einem statischen Markt großen Anteil haben, dic aber keine neuen Felder erschließen können, denn so gut es auch sein mag, das Wachstumspotenzial ist begrenzt.

9. Unterwerfen Sie Ihre Unternehmen dem Aktienraster-Test.

Abgesehen von frischgebackenen Unternehmen, die das Potenzial zum Superstar haben, sollten alle Ihre Aktien einen Umsatz von mindestens 100 Millionen US-Dollar haben und ihre Einnahmen in den letzten drei Jahren um mindestens 25 Cent pro Jahr gesteigert haben. Der Wachstumsrückgang sollte vernünftig sein. Was diesen Punkt angeht, so nimmt die Wachstumsrate unvermeidlich ab, wenn ein Unternehmen größer wird. Daher ist eine sinkende Wachstumsrate nicht unbedingt ein Grund, nicht zu investieren. Aber die Verlangsamung sollte sich innerhalb eines bestimmten Bereichs bewegen. Die Formel, nach der man bestimmt, ob die Rate akzeptabel ist, wird in The Big Tech Score ausführlich beschrieben.

10. Überprüfen Sie, ob das Unternehmen in der Vergangenheit die Gewinnprognosen der Brokerhäuser erfüllt hat.

Manche Unternehmen sind vorsichtig mit den Quartalsvoraussagen, die sie den Analysten geben, und übertreffen sie regelmäßig. Andere schätzen optimistisch und bleiben ständig dahinter zurück. Andere sind neutral. Versuchen Sie diesen Faktor in Ihre Aktienauswahl einzubeziehen: Ein Unternehmen, das in der Vergangenheit bessere als die vorausgesagten Ergebnisse erzielt hat, ist in Wirklichkeit wahrscheinlich preiswerter als das KGV vermuten lässt. Und ein Unternehmen, dessen Ergebnisse regelmäßig schlechter ausfallen, ist wahrscheinlich teurer.

www.azurecap.com

„Anleger setzen sich häufig großen Risiken aus, weil sie höhere Bargelderträge aus Schuldpapieren von Emerging Markets oder aus notleidenden Sektoren erzielen wollen. Das Chance-Risiko-Verhältnis ist in diesen Sektoren oft erbärmlich“

David DeRosa

Gewohnheiten

Dean LeBaron

Dean LeBaron gründete 1969 Batterymarch Financial Management und ist ein Pionier der Anwendung von Computertechnik und Modelling, zuerst am US-Markt und dann auch an den internationalen Märkten und den Emerging Markets. Batterymarch gilt als eines der ersten ausländischen Unternehmen, die die in Entstehung befindlichen Wertpapiermärkte in Brasilien, Indien, Russland und China betreten haben.

Bücher

Mao, Marx and the Market, Wiley 2001
Dean LeBaron's Treasury of Investment Wisdom, Wiley 2001
Dean LeBaron's Book of Investment Quotations, Wiley 2001
The Ultimate Book of Investment Quotations, Capstone 1999
The Ultimate Investor, Capstone 1999

Die einzige Regel: Haben Sie keine Regeln – sie sind zu schwer zu brechen. Meine Richtlinienempfehlungen sind Gewohneiten, die andere vielleicht als Regeln oder Süchte bezeichnen würden. Aber wie bei allen Süchten versuche ich sie vielleicht zu durchbrechen, wenn es die Umstände verlangen ... mit wechselndem Erfolg.

1. Beobachten Sie die Sichtweise der anderen, besonders der berühmtesten und angesehensten, aber befolgen Sie ihre Rezepte nicht.

2. Ignorieren Sie die Unternehmensgewinne, achten Sie auf Bargeld.

3. Machen Sie sich klar, dass Kontrolle im Unternehmen entweder alles ist oder nichts; dazwischen gibt es nichts.

4. Erfahren Sie über Unternehmen mehr von den Mitbewerbern als von dem Unternehmen selbst.

5. Meiden Sie Unternehmensbesichtigungen, denn das sind normalerweise erfolgreiche Werbeveranstaltungen.

6. Beobachten Sie die Geschäftsbanken, denn die kennen die Geschichte normalerweise von innen und können Hinweise bieten.

7. Ignorieren Sie die Investmentbanker und ihre Ratschläge.

8. Erkennen Sie, dass das Prestige in umgekehrtem Verhältnis zum künftigen Investmenterfolg steht.

www.deanlebaron.com

Steve Leuthold

Steve Leuthold ist Gründer und Vorsitzender von Leuthold Weeden Capital Management und managt drei der Fonds des Unternehmens. Er arbeitet seit über 30 Jahren als Anlagestratege, Manager und Researcher. Er ist außerdem Vorsitzender von The Leuthold Group, einer Investmentresearch-Organisation, und leitet dort ein Team, das mithilfe von quantitativem historischen Research ausgefeilte Investmentmodelle entwickelt.

Bücher

1) The Myths of Inflation and Investing, Crain Books 1980
2) Index Funds, The Risks And Pitfalls, 1977

1. Erkenne dich selbst.

Bei der Geldanlage hat jeder Stärken und Schwächen. Besonders wichtig ist es, die Schwächen zu erkennen und sie im Bewusstsein zu behalten. Dann kann man sich gegen sie verteidigen. Beispiele: „Ich gebe höchst ungern zu, dass ich im Unrecht bin." „Mit heißen Tech-Aktien baue ich immer Mist." „Ich bin grundsätzlich Pessimist."

2. Disziplin ist wesentlich.

Stellen Sie Ihre persönlichen Richtlinien für Anlagedisziplin auf, und bedenken Sie dabei sorgfältig ihre Investment-Fehlschläge. Schreiben Sie sie nieder. Tragen Sie sie bei sich. Befolgen Sie sie. Revidieren Sie Ihre Richtlinien erst, wenn Sie eine gewisse Zeit darüber nachgedacht haben (und zwar emotionslos).

3. Managen Sie das Risiko genauso wie den Ertrag.

Wenn Sie über ein Investment entscheiden, bedenken Sie immer, wie viel Sie verlieren können und wie viel Sie gewinnen könnten. Vergleichen Sie das potenzielle Risiko mit der potenziellen Belohnung. Ist es sinnvoll, wenn der potenzielle Gewinn 25 Prozent beträgt, der Verlust im Falle eines Fehlschlags aber 50 Prozent betragen könnte? Wenden Sie diese Analyse sowohl auf ganze Märkte (Anleihen, Aktien, Immobilien) als auch auf einzelne Posten an.

4. Bargeld ist kein Müll.

Bargeldreserven reduzieren bei fallenden Märkten das Risiko des Gesamtportfolios. Aber was noch wichtiger ist, Bargeldreserven geben dem Anleger die Munition, mit der er die unverhofften Chancen nutzen kann, die sich an den Märkten ergeben – siehe nächste Regel.

5. Marktkrisen sind Marktchancen.

Ihr Gefühl sagt verkaufen, verkaufen, verkaufen. Aber die von Ihnen aufgestellten disziplinierten Richtlinien sagen KAUFEN! Wenn Sie jedoch keine Bargeldreserven haben, ist die Gelegenheit verpasst.

6. Manchmal sind Anleihen am besten.

Wenn die Renditen über das kommende Jahr auf sechs Prozent fallen, dann bringt eine 20-jährige Anleihe, die jetzt bei sieben Prozent steht, einen Gesamtertrag von 20 Prozent, doppelt so viel wie der historische Ertrag des Aktienmarktes. Und das Risiko? Wenn die Renditen auf acht Prozent steigen würden, anstatt auf sechs Prozent zu fallen, dann läge der gesamte Ertragsverlust der Anleihe unter zwei Prozent. Und bei steigenden Anleihenrenditen könnte es sein, dass der Aktienmarkt noch viel tiefer gefallen ist.

7. Bisher war jede neue Ära der Aktienbewertung vorübergehender Natur.

Wenn die Wall Street anfängt, den Ausdruck „neue Ära“ zu benutzen, und wenn sie sagt, dieses Mal sei an der Börse alles anders, dann ist das ein Zeichen dafür, dass man über alternative Anlageklassen wie Bargeld und Anleihen nachdenken sollte. Blasen können sich zwar über alle Erwartungen aufblähen, aber am Ende platzen sie alle.

8. Nicht einmal Microsoft hat das ewige Leben.

So gut wie jedes Bluechip-Unternehmen wird irgendwann reif und bringt kein Wachstum mehr. Kein Unternehmen wird je ein immerwährendes Gewinnwachstum haben.Von den 100 Unternehmen, die in den 20er-Jahren in Amerika führend waren, steht heute nur noch eines auf der Liste (GE). Sie können also nicht einfach die Führer von heute kaufen, sie auf die Seite legen und damit rechnen, dass sie in 20 Jahren oder auch nur in zehn Jahren immer noch führend sind.

9. Kurzfristiges Trading ist ein Verlustgeschäft.

Über 90 Prozent der nicht professionellen Kurzfristtrader enden als Verlierer, wenn sie das Spiel fortsetzen. Selbst diejenigen, die mit zwei Dritteln ihrer Trades Gewinn erzielen, sind am Ende meist Verlierer, weil die Verluste gewöhnlich doppelt so hoch sind wie die realisierten Gewinne. Die meisten erfolgreichen, ob nun Profis oder nicht, reiben sich am Ende auf, so dass der Preis trotz des Erfolges letztendlich hoch sein kann. Viele Gewinner enden trotzdem als Verlierer.

10. Geschichte bedeutet Erfahrung – lernen Sie daraus.

Die Geschichte ist kein Fotokopierer, sie wiederholt sich nicht exakt. Einfach ausgedrückt besteht Geschichte in den vergangenen Erfahrungen der Menschheit. Man sagt, die Geschichte sei der beste Lehrmeister, aber es ist weniger schmerzhaft, die schweren Lektionen anhand der Erfahrung anderer zu lernen. Aufgrund der menschlichen Natur war die Anlegerpsychologie in der Pferde- und Postkutschenzeit nicht viel anders als heute. Die

Gesellschaft mag sich verändert haben, nicht aber die Natur des Menschen. Angst und Gier sind immer noch die beherrschenden Marktkräfte.

www.leutholdfunds.com

Die Bedeutung von Stop-Loss-Orders beim Trading

David Linton

David Linton ist Gründer von Update plc, einem führenden Lieferanten von Software und Dienstleistungen für private und professionelle Anleger. Er schreibt regelmäßig für die Finanzpresse und erscheint wöchentlich bei Bloomberg. Er hat einen Sitz im Parlamentsausschuss für Informationstechnologie.

1. Verluste begrenzen, Verluste begrenzen, Verluste begrenzen, Gewinne laufen lassen.

Die meisten Anleger erzielen unterdurchschnittliche Gewinne, weil sie ihre ganzen guten Aktien verkaufen und alle schlechten behalten. Wenn Sie eine Aktie kaufen, und sie beginnt schwer zu fallen, steigen Sie aus. Und wenn sie zu steigen beginnt, dann warten Sie mit dem Verkauf, bis sie vom Gipfel wieder herunterkommt. Selbst wenn Sie mit Ihren ausgewählten Aktien nur zeitweise richtig liegen, kommen Sie mit dieser Strategie trotzdem weiter.

2. Kaufen Sie Aktien, die steigen.

Das klingt lächerlich einfach, aber es stimmt. Aktien, die steigen, neigen dazu, weiter zu steigen, wohingegen Aktien im Abwärtstrend weiter fallen. Wenn es keine klaren Anzeichen für eine Wende gibt, ist der Trend Ihr Freund.

3. Späte Einsicht ist etwas Wunderbares. Nutzen Sie sie!

Kein Anleger kennt den Gipfel oder den Boden eines Zyklus, bevor er gekommen ist. Wenn Sie sich denken, „Da hätte ich kaufen sollen“, dann kaufen Sie. Genauso ist „Ich wünschte, ich hätte verkauft“ ein großes Verkaufssignal.

4. Versuchen Sie nicht unbedingt nach Kaufsignalen zu kaufen. Verkaufen Sie aber unbedingt nach Verkaufssignalen.

Nehmen Sie Signale nicht vorweg, sondern warten Sie, bis sie eindeutig da sind. Erholungen geschehen normalerweise nicht über Nacht, und Sie brauchen deutliche Anzeichen, dass das Schlimmste vorüber ist. Unterstützungsniveaus werden immer getestet. Gewöhnen Sie sich daran. Wenn Sie eindeutig durchbrochen werden, dann ist das etwas anderes. Dann steigen Sie aus.

5. Sie sollten Ihre Sektoren kennen.

Viele Anleger haben nicht die falschen Aktien, sondern Aktien aus den falschen Sektoren. Gehen Sie alle Sektorencharts durch, mindestens bis einen Monat in die Vergangenheit. Halten Sie fest, welche steigen und welche nicht. Wenn Sie feststellen, dass Sie an der falschen Stelle investiert haben, gewichten Sie Ihr Portfolio neu.

6. Traden Sie nicht gegen den Trend.

Kurzfristige Trades entgegen dem langfristigen Trend sind sehr gefährlich. Die Chancen stehen gegen Sie.

7. Nehmen Sie keine Tipps an. Wenn doch, dann achten Sie wenigstens auf den Zeitpunkt.

Die meisten Tipps führen zu nichts. Sie können die Chancen aber verbessern, indem Sie in einen Chart die Niveaus eintragen, zu denen der Preis ausbricht. Manchmal passiert das erst Monate nach dem Tipp. Wenn das Niveau durchbrochen wird, dann taugt er vielleicht etwas.

8. Fundamentaldaten sind langfristig gut. Charts sind kurzfristig besser.

Es ist in Ordnung, aufgrund der Fundamentaldaten zu kaufen, aber dafür braucht man Geduld. Am Ende siegt im Allgemeinen die Langfristigkeit. Bedenken Sie immer, dass Fundamentaldaten schlecht für den Verkauf sind. Die Charttechnik bringt einen viel schneller zum Ausstieg.

9. Erzählen Sie mir etwas, das ich noch nicht weiß.

Die Anleger werden mit Informationen bombardiert, die sie schon kennen. Entscheidend ist es, Ereignisse kommen zu sehen, die die Masse noch nicht sieht. Wenn etwas offensichtlich ist, dann ist es offensichtlich falsch.

10. Lassen Sie Gefühle außen vor.

Emotionen sind der größte Feind des Investors. Auf diesem Terrain treffen sich Angst und Gier zu einer Verschwörung, die Ihr Urteilsvermögen trübt. Wenn Ihnen eine Entscheidung schwer fällt, dann sind Sie schon gefährlich nahe daran, dass die Klauen des Emotionalen das Rationale ergreifen. Wenn Sie Zweifel haben – tun Sie nichts, wenn Sie draußen sind, und steigen Sie aus, wenn Sie drin sind.

www.updata.co.uk

„Als Faustregel gilt: Je größer die Investmentbank oder die Brokerfirma ist, bei der der empfehlende Analyst beschäftigt ist, desto unwahrscheinlicher ist es, dass seine Empfehlungen seine wirkliche Meinung widergeben."

Tony Golding

Wichtige Wahrheiten über Risiken und Belohnungen

Burton Malkiel

Dr. Burton G. Malkiel hat den von der Chemical Bank gestifteten Lehrstuhl für Wirtschaftswissenschaften an der Princeton University inne. Er ist ehemaliger Präsident der American Finance Association und Mitglied der American Economic Association.
Sein Buch „A Random Walk Down Wall Street" erscheint in der siebten Auflage. Er ist Autor beziehungsweise Mitherausgeber acht weiterer Titel, in letzter Zeit unter anderem: „Global Bargain Hunting: An Investor's Guide to Profits in Emerging Markets" gemeinsam mit J.P. Mei, und „The Index Fund Solution" zusammen mit R. Evans.

Bücher
A Random Walk Down Wall Street, W.W. Norton, 72000
Global Bargain Hunting, Simon & Schuster 1998
Börsenerfolg ist (k)ein Zufall. Die besten Investmentstrategien für das neue Jahrtausend, Finanzbuchverlag 1999

1. Den Lohn eines Investments kann man nur durch das Eingehen größerer Risiken erhöhen.

Dieses fundamentale Gesetz der Finanzwelt ist durch historische Daten belegt, die Jahrhunderte zurückreichen. Seit 1926 haben Aktien zwar eine kumulierte Jahresrendite von elf Prozent gebracht, aber dieser Ertrag brachte ein wesentliches Anlagerisiko mit sich: In drei von zehn Jahren war der Gesamtertrag negativ. Das höhere Risiko ist der Preis, den man für großzügigere Renditen bezahlt.

2. Das tatsächliche Risiko der Anlage in Aktien oder Anleihen hängt von der Zeitdauer ab, während deren Sie die Investments halten.

Von 1950 bis 2000 bekamen Besitzer eines diversifizierten Aktienportfolios Jahresrenditen, die zwischen +52 Prozent und -26 Prozent variierten. In keinem einzigen Jahr konnte man sich darauf verlassen, das man angemessene Erträge ernten würde. Wenn Sie aber innerhalb der gleichen Zeitspanne ein Portfolio 25 Jahre lang gehalten hätten, dann hätte Ihre durchschnittliche Gesamtrendite knapp unter elf Prozent betragen – egal in welchen 25 Jahren Sie investiert hätten. Anders gesagt: Wenn Sie Aktien über einen relativ langen Zeitraum halten, können Sie relativ sicher sein, dass Sie die großzügigen Erträge bekommen, die man von Aktien erwartet.

3. Entscheiden Sie, ein wie hohes Risiko Sie für die hohen Erträge eingehen wollen.

J.P. Morgan hatte einen Freund, der sich um seine Aktienpositionen so viele Sorgen machte, dass er nachts nicht schlafen konnte. Morgen riet ihm, er solle „bis hinunter zum Schlafpunkt verkaufen". Das war kein Scherz. Jeder Anleger muss sich für den Kompromiss zwischen gut essen und gut schlafen entscheiden, den er eingehen will. Ihre Risikobereitschaft bestimmt den Anlagetyp – Aktien, Anleihen, Geldmarktfonds, Grundstücke –, für den Sie sich entscheiden. Also, wo liegt Ihr Schlafpunkt?

4. Kostenverteilung kann das Anlagerisiko von Aktien und Anleihen senken.

Damit ist ganz einfach gemeint, dass man über einen langen Zeitraum hinweg regelmäßig – jeden Monat oder jedes Quartal – den gleichen Betrag beispielsweise in einen Investmentfonds einzahlt. Damit können Sie das Aktienrisiko reduzieren (aber nicht beseitigen), weil Sie so sicherstellen, dass Sie nicht das ganze Aktienportfolio zu einem vorübergehend überhöhten Preis kaufen.

5. Aktienkurse sind zwar in „Fundamentaldaten" verankert, aber der Anker kann mit Leichtigkeit gelichtet und an anderer Stelle geworfen werden.

Der wichtigste fundamentale Einfluss auf die Preise ist das künftige Wachstum der Unternehmensgewinne und der Dividenden. Das Gewinnwachstum ist allerdings nicht leicht zu schätzen, auch nicht für Börsenprofis. In Zeiten des Optimismus kann man sich leicht einreden, dass das Lieblingsunternehmen über einen längeren Zeitraum wesentliches und beständiges Wachstum genießen wird. In Zeiten des Pessimismus prognostizieren viele Wertpapieranalysten kein Wachstum, das nicht „absehbar" ist, und deshalb schätzen sie für die Unternehmen, die sie behandeln, nur mäßige Wachstumsraten. Angesichts der Tatsache, dass sich die Wachstumsraten und der Preis, den der Markt für Wachstum zu zahlen bereit ist, aufgrund der Marktstimmung schnell ändern können, ist das Konzept von dem festen inneren Wert einer Aktie zwangsweise ein flüchtiges Phantom.

6. Wenn Sie Aktien kaufen, beschränken Sie sich auf Unternehmen, die allem Anschein nach mindestens fünf Jahre lang überdurchschnittliche Gewinne erzielen und die Sie zu einem vernünftigen Kurs-Gewinn-Verhältnis bekommen.

So schwer es auch sein mag, es gilt Aktien von Unternehmen auszuwählen, deren Gewinn wächst. Beständiges Wachstum steigert nicht nur den Gewinn und die Dividenden, sondern kann auch das KGV erhöhen, das der Markt für diese Gewinne zu zahlen bereit ist. Wer eine Aktie kauft, deren Gewinn rasch zu steigen beginnt, kann davon einen doppelten Nutzen haben: Sowohl die Gewinne als auch das KGV dürften steigen.

7. Bezahlen Sie für eine Aktie niemals mehr als der grundlegende Wert rechtfertigt.

Obwohl ich überzeugt bin, dass man den inneren Wert einer Aktie niemals genau bestimmen kann, glaube ich, dass man ungefähr abschätzen kann, ob eine Aktie vernünftig bewertet erscheint. Ein guter Ausgangspunkt ist das Kurs-Gewinn-Verhältnis (KGV) des Marktes: Sie sollten Aktien kaufen, die diesem Verhältnis ungefähr entsprechen und deren KGV nicht allzu weit darüber liegt.

Ich möchte bemerken, dass ich damit nicht die Strategie „kaufe Aktien mit niedrigem KGV“ verfechte, auch wenn es so ähnlich klingt. Nach meiner Regel ist es vollkommen in Ordnung, eine Aktie zu kaufen, deren KGV leicht über dem Marktdurchschnitt liegt – so lange die Wachstumsaussichten des Unternehmens deutlich über dem Durchschnitt liegen.

8. Kaufen Sie Aktien mit einer künftigen Wachstums-Story, aufgrund deren die Anleger Luftschlösser bauen können.

Aktien sind wie Menschen – manche haben eine anziehendere Persönlichkeit als andere, und die Erhöhung des KGVs kann geringer und langsamer ausfallen, wenn die Story nicht recht zieht. Der Schlüssel zum Erfolg besteht darin, sich dort zu engagieren, wo sich auch die anderen Anleger engagieren, allerdings mehrere Monate vor den anderen. Fragen Sie sich, ob die Story Ihrer Aktie so beschaffen ist, dass sie bei der Masse der Anleger wahrscheinlich gut ankommt.

9. Handeln Sie so wenig wie möglich.

Durch häufigen Aktienwechsel tun Sie nichts anderes als Ihren Broker zu versorgen und Ihre Steuerbelastung zu erhöhen, weil Sie Gewinne realisieren. Meine Philosophie ist die möglichst weit gehende Minimierung der Transaktionen. Aber bei Verlierern kenne ich keine Gnade. Von wenigen Ausnahmen abgesehen verkaufe ich kurz vor Ende des Kalenderjahres alle Aktien, mit denen ich Verlust gemacht habe. Der Grund ist, dass dies Verluste (bis zu einem bestimmten Betrag) steuerlich absetzbar sind beziehungsweise gegen etwaige bereits realisierte Gewinne verrechnet werden können. Die Mitnahme von Verlusten kann also den tatsächlichen Verlust mindern, weil Sie weniger Steuern bezahlen müssen.

10. Denken Sie ernsthaft über einen Indexfonds nach.

Die meisten Anleger sind mit dem Kauf eines Indexfonds (Fonds, die alle Aktien eines marktbreiten Indexes kaufen und halten) besser bedient als mit dem Kauf bestimmter Aktien. Indexfonds gewährleisten breite Diversifizierung, niedrige Kosten und geringe Besteuerung. Die Indexfonds übertreffen regelmäßig zwei Drittel der aktiv gemanagten Fonds, mit denen sie konkurrieren.

www.princeton.edu

„Lassen Sie sich nicht von Unternehmen täuschen, die sich mit Investitionen seitens renommierter Unternehmen wie Intel oder Microsoft brüsten.
Beide hielten große Anteile an Lernout & Hauspie."

Herb Greenberg

Wertorientierte Anlage und Fonds

Joe Mansueto

Joe Mansueto gründete im Jahre 1984 Morningstar, Inc., einen führenden Anbieter von Investmentinformationen und Analyseinstrumenten. Morningstar.com wurde von The Wall Street Journal, Barron's, SmartMoney, Money, Worth und Kiplinger's Personal Finance zu einer der besten Investmentseiten gewählt und kam auch in der Zeitschrift CIO unter die 50 besten Internetseiten. Im Jahre 2000 wurde Mansueto von der Chicago Graduate School of Business der Distinguished Entrepreneurial Alumnus Award verliehen.

1. Verfahren Sie bei der Investition in Aktiengesellschaften so, als würden Sie ein Privatunternehmen leiten.

Inhaber von Privatunternehmen kaufen und verkaufen nur selten Aktien, und wenn sie es tun, dann kennen sie den Wert der Anteile genau. Bei der Investition in börsennotierte Unternehmen kann man sehr gut ähnlich vorgehen: Kennen Sie den Wert dessen, was Sie kaufen, und halten Sie es so wie ein Familienunternehmen, indem Sie nur selten damit handeln. Inhaber von Privatunternehmen machen sich höchstens ein- oder zweimal im Jahr Gedanken über den Wert ihrer Aktien. Die Investition in börsennotierte Aktien gelingt Ihnen besser, wenn Sie sich eine ähnliche Geisteshaltung zu eigen machen und nicht von den täglichen Wertschwankungen besessen sind.

2. Wenn etwas zu kompliziert ist und Sie es nicht ganz verstehen, dann lassen Sie es.

Investieren Sie nur in Dinge, die Sie verstehen und bei denen Sie ein gutes Gefühl haben. Wenn Sie beim Kauf nicht recht überzeugt sind, dann ist die Wahrscheinlichkeit hoch, dass Sie schon beim ersten Anzeichen für schlechte Neuigkeiten verkaufen. Wie in den meisten Dingen ist auch bei der Geldanlage Einfachheit eine Tugend.

3. Investieren Sie langfristig.

Der meiste wahre Reichtum entsteht durch den Besitz hervorragender Unternehmen über längere Zeiträume. Häufiges Handeln bringt häufige Steuerzahlungen und häufige Transaktionskosten, was den langfristigen Ertrag bedeutend schmälern kann. Lassen Sie die exponentielle Wirkung der Kumulierung für sich arbeiten. Werfen Sie einen Blick in Ihr Portfolio: Wie viele Positionen haben Sie schon seit mindestens fünf Jahren?

4. Solange Sie kein Geld verlieren, brauchen Sie sich um das Geldverdienen keine Sorgen zu machen.

Wenn Ihr Portfolio im einen Jahr 50 Prozent zulegt und im nächsten Jahr 50 Prozent verliert, dann steht es unverändert da, oder etwa nicht? Nein. Der Zweijahresertrag beträgt in diesem Fall minus 25 Prozent. Wenn Sie über einen langen Zeitraum hohe Erträge wollen, dann sollten Sie sich auf die Minimierung von Fehlern konzentrieren. Fragen Sie sich: „Wie hoch ist das Verlustrisiko dieser Anlage?“ Lassen Sie dann einen großzügigen Sicherheitsspielraum. Sie brauchen nicht mit jedem Investment einen Volltreffer zu landen, aber die Vermeidung großer Verluste wird für Ihren Gesamtertrag Wunder wirken.

5. Kaufen Sie großartige Unternehmen zu erschwinglichen Preisen.

Suchen Sie Unternehmen mit hohem Kapitalertrag, starker Bilanz, mit Wettbewerbsvorteilen und einem Aktionär-orientierten Management. Haben Sie Geduld und kaufen Sie, wenn der Preis unter dem wahren Wert liegt. Solche Gelegenheiten gibt es nicht oft, kaufen Sie also bedeutende Mengen, wenn sich eine bietet.

6. Bemühen Sie sich nicht, den Markt vorherzusagen.

Konzentrieren Sie sich auf die Aussichten und die Bewertung eines Unternehmens, und nicht auf den Gesamtmarkt. Niemand weiß, wohin der Markt im nächsten Jahr geht, also belasten Sie sich nicht damit. Und blenden Sie das Lärmen jener aus, die – manchmal recht laut – behaupten, sie wüssten es. Wenn Ihre Unternehmensauswahl richtig ist, dann wird es Ihnen auf lange Sicht gut gehen.

7. Think different.

Um ein guter Anleger zu werden, braucht man das Wissen und den Mut, anders zu investieren als die Masse. Es ist leicht und bequem, in das zu investieren, was gerade populär ist und gut läuft – so wie es in den Jahren 1999 und 2000 mit den Technologieaktien war. Wenn Sie sich kontrarianisch verhalten und dem weniger begangenen Pfad folgen, verringern Sie das Risiko und haben die Chance auf überdurchschnittliche Performance.

8. Suchen Sie sich ein paar großartige Fondsmanager und bleiben Sie dabei.

Fondsmanager sind im Durchschnitt so gut wie der Markt, denn sie sind der Markt (oder zumindest ein wesentlicher Teil davon). Dennoch gibt es einige brillante Manager, die regelmäßig weit besser sind als der Durchschnitt. Finden Sie sie heraus und investieren Sie bei ihnen über längere Zeiträume.

9. Bezahlen Sie keine Gebühren für aktives Management, indem Sie heimliche Indexfonds kaufen.

Viele Fonds weichen kaum von der Zusammensetzung ihrer passiven Benchmark ab. Das garantiert, dass sie niemals eine herausragende relative Performance erreichen und erhöht die Chancen, dass die Anleger bei ihnen bleiben. In solchen Fällen wäre es besser, gleich in einen Indexfonds zu investieren und Kosten zu sparen.

10. Ziehen Sie für einen Teil oder für das gesamte Portfolio Indexfonds in Betracht.

Wenn Sie einen Indexfonds kaufen, dann geht es Ihnen damit besser als mit dem durchschnittlichen Fonds. Der Vanguard 500 Index Fund beispielsweise übertrifft seit 15 Jahren 80 Prozent seiner „Kollegen". Die Ansammlung der Management-Gebühren ergibt über die Jahre bedeutende Summen. Und an das Finanzamt zahlen Sie auch weniger, weil Indexfonds einen geringen Umsatz haben.

www.morningstar.com

„Risiko bedeutet Streuung über unerwartete Ergebnisse, und nicht nur das Auftreten von Verlusten. Außergewöhnliche Performance, egal ob gute oder schlechte, sollte die Warnlampe aufleuchten lassen.“

Philippe Jorion

Technologieaktien – Verlockungen und Gefahren

Conor McCarthy

Conor McCarthy gründete in Dublin als ChefredakteurTechinvest, einen monatlichen Börsenbrief für Anleger, die an Technologieaktien interessiert sind. Jede Ausgabe von Techinvest bringt Nachrichten und Informationen über Technologieunternehmen, die in London notieren, und gibt Empfehlungen der Kategorien kaufen/halten/verkaufen ab.

1. Suchen Sie nach gefallenen Lieblingen.

Gefallene Lieblinge sind Aktien, die aufgrund von enttäuschenden Gewinnen über einen langen Zeitraum hinweg tief gefallen sind. Sie fallen manchmal auf Niveaus, die von den zugrunde liegenden Fundamentaldaten losgelöst sind und die die Möglichkeit einer Erholung nicht berücksichtigen. Allerdings muss man prüfen, ob die Bilanz nicht übermäßig strapaziert ist. Wenn ein Netto-Bargeldbestand vorhanden ist, umso besser.

Geduld ist unerlässlich – es ist fast unmöglich, den Wendepunkt einer Erholung vorauszusehen. Wichtig ist auch, dass man nicht im Anfangsstadium des Kursverfalls kauft. Warten Sie, bis die ersten Anzeichen für Stabilität im Geschäftsbetrieb und im Aktienkurs auftauchen.

2. Berechnen Sie die jährlichen R & D-Ausgaben pro Aktie (Ausgaben für Forschung und Entwicklung) und vergleichen Sie sie mit dem Aktienkurs.

Wenn das PRR (Price-Research Ratio, Aktienkurs dividiert durch R&D pro Aktie) fünf oder weniger beträgt, dann lohnt sich der Kauf der Aktie fast immer. Das gilt besonders für Unternehmen, die sich wieder erholen. Solange eine Explorationsgesellschaft noch das Zeug dazu hat, Löcher zu bohren, besteht die Möglichkeit, dass sie etwas findet. Das Gleiche gilt für Technologieunternehmen, die in Ungnade gefallen sind. Solange das Unternehmen noch in Forschung und Entwicklung investieren kann, besteht die Möglichkeit, dass es einen Produktschlager herausbringt. Je niedriger das PRR, desto mehr lohnt es sich, wenn eine Entwicklung einschlägt.

3. Verwenden Sie die Relative Stärke, um signifikante Veränderungen der Aktienperformance im Vergleich zum Markt zu erkennen.

Ich persönlich benutze gerne den gleitenden 10-Tages- und den gleitenden 20-Tages-Durchschnitt der Relativen Stärke. Dieser Indikator ist besonders nützlich, wenn man Erholungs-Aktien kaufen oder lang anhaltende Gewinner verkaufen will. Je höher die Marktkapitalisierung einer Aktie, desto nützlicher die Relative Stärke. Die Preisbewegungen von Smallcap-Werten sind zu unvermittelt und zufällig, als dass sie verlässliche Relative-Stärke-Signale geben könnten.

4. Planen Sie niemals, eine Aktie für immer zu behalten.

Halten Sie sich bereit, Teilgewinne mitzunehmen, wenn der Preis im Verhältnis zu den Fundamentaldaten zu weit steigt. Verkaufen Sie, wenn die Meldungen in großem Umfang enttäuschend ausfallen.

Verwenden Sie Stop-Loss-Orders, aber nur in bestimmten Situationen. Sehr nützlich sind sie, wenn man nach einem enormen Kursanstieg seine Gewinne schützen will. Wenn es um das Frühstadium einer Firmenerholung geht, ist ein Stop-Loss selten eine gute Idee. Vereinfachende Stop-Loss-Regeln sollte man meiden, zum Beispiel, dass man bei einem Preisverlust von 20 Prozent verkaufen solle. Verwenden Sie stattdessen Chartformationen, das Handelsvolumen und gleitende Durchschnitte, um passende Stop-Loss-Punkte zu bestimmen.

5. Regelmäßige Einnahmenströme sind verlockend; je größer desto besser.

Künftige Umsätze und Gewinne werden so vorhersehbarer, und die Wahrscheinlichkeit böser Ergebisüberraschungen ist geringer. Unternehmen, die auf ein Geschäftsmodell umstellen, das den regelmäßigen Anteil des Einnahmenstroms erhöht, werden vom Markt wahrscheinlich neu bewertet.

6. Achten Sie auf Wechsel im Management.

Veränderungen im Topmanagement von Unternehmen, die schal geworden sind, führen fast immer zu einer Wiederbelebung der Performance, wenn auch nicht unbedingt sofort. Das neue Führungsteam erlebt normalerweise eine Art Flitterwochen mit dem Aktienmarkt, der somit fast immer einen überdurchschnittlichen Aktienkurs erzeugt, noch bevor das Team bessere Resultate liefert.

7. Wenn Sie in Unternehmen im Frühstadium investieren, dann wählen Sie welche, die eine realistische Chance haben, in einem sich schnell entwickelnden aufstrebenden Markt eine wesentliche Rolle zu spielen.

Im Idealfall sollte die Führungsmannschaft schon mindestens einmal ein kleines Unternehmen zum Erfolg geführt und überdurchschnittlichen Shareholder Value geschaffen haben.

8. Suchen Sie Unternehmen im mittleren Entwicklungsstadium mit einem beherrschenden Anteil an einem Markt mit hohem Wachstum.

Technologieunternehmen im mittleren Entwicklungsstadium sind Unternehmen, die bereits profitabel arbeiten, aber bei weitem noch nicht reif sind. Suchen Sie nach Unternehmen mit einem beherrschenden Anteil an einem schnellen Wachstumsmarkt und mit Produkten beziehungsweise Dienstleistungen, die den Verbrauchern bedeutende Kostenvorteile bringen.

9. Meiden Sie Technologieunternehmen, deren Unternehmenskultur verkaufsorientiert ist.

Allzu oft schleichen sich früher oder später Unregelmäßigkeiten in der Buchführung und fragwürdige Praktiken ein, die am Ende dazu führen, dass die Ergebnisberichte revidiert werden, dass die Anleger das Vertrauen verlieren und dass der Aktienkurs über Nacht zusammenbricht.

10. Suchen Sie Unternehmen mit einem PEG (Price-Earnings Growth Ratio: prospektives KGV dividiert durch die Gewinnwachstumsrate des Folgejahres) unter eins.

Dieses Verhältnis ermöglicht Vergleiche zwischen Aktien mit unterschiedlichen KGVs und Wachstumsraten. Wenn die PEGs zweier Aktien mehr oder weniger gleich sind, nehmen Sie dasjenige, das die Erwartungen des Marktes am ehesten erfüllen dürfte.

www.techinvest.ie

„Wenn die Bären die Straßen regieren, dann lohnt sich der Besitz von Dingen, deren Besitz sich auszahlt. Dazu gehören Aktien mit hohen Dividendenausschüttungen, Vorzugsaktien, REITS, Wandelanleihen und Investmentfonds, die eine Mischung der erwähnten Vermögenswerte enthalten. Wenn es schon Jahre dauert, bis die Aktien wieder steigen, können Sie während des Wartens gerne auch einen gewissen Ertrag kassieren."

John Rothchild

Das Technologiebusiness

Duff McDonald

Duff McDonald ist Leitender Redakteur des Red Herring und bei Red Herring Communications für das Thema Börse zuständig, sowohl für das Printmedium als auch für RedHerring.com. Außerdem ist er Leiter der New Yorker Redaktion der Zeitschrift.

Einführung

Wir vom Red Herring sind treue Anhänger des Wagniskapitals, des großen Liquiditätsereignisses, das man IPO nennt sowie der Demokratisierung der Aktienmärkte. Uns zieht es zu Unternehmen hin, die unser Leben verändern – auf der Arbeit, zu Hause oder irgendwo dazwischen. Wenn Sie ein solches Unternehmen finden, stehen die Chancen gut, dass es sich um ein Technologie- oder Telekommunikationsunternehmen handelt.

Technologie und Telekommunikation, die einst als enge, monolithische Sektoren galten, stellten Mitte des Jahres 2001 fast ein Viertel der Marktkapitalisierung des S & P 500. Der Gesamtumsatz dieser Unternehmen in den vorangegangenen zwölf Monaten summiert sich auf eine Billion US-Dollar. Trotz eines höchst ereignisreichen Jahres waren acht der 20 höchstkapitalisierten Gesellschaften, die an amerikanischen Börsen gehandelt werden, Helden der Netzwerkwelt – Microsoft, Intel, AOL Time Warner, IBM, Verizon Communications und Cisco Systems. Und acht der 20 Unternehmen mit der besten Fünfjahresperformance waren Technologieunternehmen.

Die Zukunft könnte ein ähnliches Ungleichgewicht bringen: Es wird erwartet, dass die Technologie- und Telekommunikationsgesellschaften in den nächsten Jahren ein jährliches Gewinnwachstum von mehr als 20 Prozent verbuchen werden, also gut dieHälfte mehr als jeder andere Sektor. Und dabei schließt diese Zahl Giganten wie IBM ein, die sich mit Wachstumsraten im einstelligen Bereich oder in den unteren „Teens“ herumschleppen. Die Mehrzahl der Unternehmen, die langfristig eine jährliche Wachstumsrate von mehr als 100 Prozent erwarten lassen, stammen aus den Bereichen Technologie, Gesundheitswesen und Telekommunikation.

Natürlich sind diese Aktien tendenziell teuer. Und volatil. Erwischen Sie den falschen Moment des Schwungs – was kürzlich vielen passierte –, und Sie stecken dicke Verluste ein. Befolgen Sie aber bei dem Investmentprozess strenge Prinzipien, dann haben Sie die Gelegenheit, ganz schön zu profitieren. Im Folgenden finden Sie unsere Prinzipien.

1. Wir glauben an Durchbrüche.

Veränderung ist, wie es John F. Kennedy so prägnant formulierte, gut. Neue Technologien, die neue Funktionen in unsere PCs, unsere Netzwerke, unsere Mobiltelefone und sogar in unsere Körper bringen, sind das Lebensblut des Red-Herring-Ethos. Und wir wollen in diejenigen Unternehmen investieren, die diese Veränderungen vorantreiben.

Wenn der Preis stimmt, gefallen uns Softwarehersteller wie BEA Systems, i2 Technologies, Mercury Interactive oder Veritas Software, Biotechnologieunternehmen wie Illumina und flügge werdende Energieunternehmen wie Ballard Power Systems. Das heißt nicht unbedingt, dass wir unter Ausschluss aller anderen auf Senkrechtstarter im Stil des Silicon Valley festgelegt sind. Texas Instruments beispielsweise vollzog eine der größten Kehrtwenden in der Geschichte der Unternehmenswelt, als es sich von einem langweiligen Taschenrechnerhersteller in einen der weltweit führenden Hersteller von digitalen Signalprozessoren für Mobiltelefone verwandelte.

2. Wir glauben aber auch an die Marktmacht.

Auch wenn der Markt kürzlich einige technologische Angelpunkte wie Cisco Systems und EMC abgestraft hat, würden sich die Anleger selbst einen Bärendienst erweisen, wenn sie die großen Tiere vergessen und sich ausschließlich auf die nächste angesagte Aktie konzentrieren würden. Es liegt in der Natur der Technologiebranche, dass sich Monopole bilden. Das wiederum führt zu der Fähigkeit, Standards zu setzen und unerhörte Gewinnmargen abzuschöpfen.

Wenn man die rechtlichen Ärgernisse einmal beiseite lässt, kann man sich nach Microsofts Rohertragsmargen von 80 bis 90 Prozent nur die Finger lecken. Es überrascht nicht, dass die Aktien von Unternehmen, die sich in einer solchen Position befinden – im Jargon als „Gorillas" bezeichnet –, eher teuer sind. Aber außer wenn wir ernste Probleme am Horizont aufsteigen sehen, neigen wir dazu, für eine Führungsposition gerne einen Aufpreis zu zahlen. Weitere Kandidaten in dieser Kategorie sind der Datenbankführer Oracle, der Mobilfunk-Vorreiter Nokia und der Hersteller von Halbleiterausrüstung Applied Materials.

3. Wir glauben an Konvergenz.

Technologien an und für sich beinhalten endlose Investmentgelegenheiten – PCs, Handys, Internet und vieles mehr. So richtig interessant wird es allerdings, wenn Technologien auf so etwas wie das Gesundheitswesen treffen.

Die Investition in Unternehmen, die versuchen, den menschlichen Körper nachzubauen, sind von Natur aus spekulativ. Sie können aber auch höchst lohnenswert sein: Unternehmen wie Immunex, IDEC Pharmaceuticals und MedImmune erbrachten in den letzten fünf Jahren Erträge von mehr als 1.500 Prozent.

Etwas weniger tiefgründig, aber trotzdem voller ungeheurer Anlagemöglichkeiten ist die Konvergenz von Technologie und Unterhaltung. Auch Technologie und Finanzwesen geben ein gutes Paar ab.

4. Wir glauben an Diversifizierung.

Wenn es etwas gibt, das Technologieanlegern noch besser gefällt als Originalität, dann ist es der gute alte fahrende Zug. In den letzten Jahren haben B2C, B2B, P2P, Internetinfrastruktur, Optik und andere den Karren gezogen. Wir wollen damit zwar nichts gegen großartige Ideen sagen, aber man muss sich davor hüten, sich von dem neuesten Schlagwort hypnotisieren zu lassen; man muss Technologieinvestments diversifizieren.

Aus einer weiteren Perspektive gesehen ist es auch wichtig, außerhalb der Technologie selbst zu diversifizieren, und sei es auch nur, weil sich die Aktien dieses Sektors in einem losen Gleichschritt bewegen.

5. Wir glauben, dass man vernünftig sein sollte.

Als die Anleger auf dem Höhepunkt der Internetblase jeglichen Sinn für Rationalität verloren und die Wichtigkeit des Unternehmensgewinns als anachronistisches Konzept verschrieen, äußerten wir unsere abweichende Meinung. Es ist in Ordnung, wenn man bei der Etablierung eines Unternehmens auf Profite verzichtet, aber das Unternehmen sollte doch immerhin darauf ausgerichtet sein, Gewinn zu erzielen. Unternehmen, die nur ihre Fähigkeit demonstrieren, auf Kosten der Anleger Geld auszugeben, kommen nicht auf unsere Liste der Kaufkandidaten.

Als vernünftige Investoren messen wir außerdem dem Gewinn eines einzigen Quartals weniger Bedeutung bei als Momentuminvestoren. Wenn ein Unternehmen die Gewinnerwartungen aus anderen Gründen als aus extremer Dummheit verfehlt, dann denken wir gerne über den Kauf einer gebeutelten Aktie nach. Und da ein Quartal überdurchschnittlicher Performance nicht die gegenteilige Behandlung verdient, betrachten wir extremen Optimismus als Gelegenheit, Gewinne mitzunehmen.

6. Wir glauben an eine mittelfristige Perspektive.

Wir versuchen, beim Kauf einer Aktie weiter zu blicken als zu der

Frage, ob die Pressemitteilung nächste Woche positiv oder negativ ausfällt. So gesehen ist es wichtig, im Gedächtnis zu behalten, dass es im Technologiesektor um Veränderungen geht – und sogar einst allmächtige Unternehmen können Schnee von gestern sein, wenn sie nicht das Mantra der Innovation beibehalten (denken Sie an Novell oder Corel).
Aus diesem Grunde sind wir Anhänger der Mittelfristigkeit. Ein Horizont von zwei bis fünf Jahren ist eine Zeitspanne, innerhalb deren wir glauben, die Möglichkeiten bequem überblicken zu können. Auf kürzere Sicht sind die Aktienbewegungen nur Rauschen, und die Lage der Dinge in zehn Jahren kann man sich nur schwer vorstellen. Obwohl also unser Ansatz das Kaufen und Halten propagiert, haben wir keine Angst loszulassen. So gesehen glauben wir, dass die Technologie den Weg in die Zukunft weist und dass Technologieaktien im Portfolio das Gleiche tun sollten.

www.redherring.com

Wertorientiertes Investment und die Unzuverlässigkeit der Aktienkurse

Colin McLean

Colin McLean ist Geschäftsführer von Scottish Value Management (SVM), einer Vermögensverwaltungsgesellschaft mit Sitz in Edinburgh, die 1990 gegründet wurde. SVM verwaltet Portfolios für US-amerikanische und europäische Institutionen sowie den SVM Highlander Fund, einen Europa-Long/Short-Hedgefonds, fünf Investmentfonds und eine Reihe von Offshore-Fonds. Das verwaltete Vermögen umfasst mehr als ein Milliarde Euro.

1. Finden Sie Ihren Wohlfühlbereich – und bleiben Sie dort.

Kaufen Sie Aktien, mit denen Sie leben können, und strukturieren Sie Ihr Portfolio so, dass Sie sich mit den Risiken wohlfühlen können. Wenn Sie die tägliche Volatilität eines Aktienkurses nicht ertragen können, dann führt das nur dazu, dass Sie die Aktie zum ungünstigsten Zeitpunkt und zum ungünstigsten Preis verkaufen.

2. So schlau sind die Aktienkurse gar nicht.

Die Aktienkurse verraten Ihnen nicht, welchen Risiken ein Unternehmen wirklich ausgesetzt ist oder wie gut es ist. Aktien mit geringer Volatilität können plötzlich ihr Verlaufsmuster ändern oder sogar langfristig kontinuierlich Wert vernichten. Wenn der Preis einer Aktie fällt, heißt das noch nicht, dass sie nun preiswert wäre. Ein steigender Aktienkurs macht noch kein gutes Unternehmen.

3. Konzentrieren Sie sich auf die Aktien, die Sie haben.

Da Sie am Aktienmarkt unter Hunderten von Aktien wählen können, von denen sich die Hälfte überdurchschnittlich entwickelt, können Sie es sich leisten, viele Gewinner zu verpassen. Konzentrieren Sie sich auf die Aktien, die Sie haben und die sich als Verlierer entpuppen könnten, anstatt sich über leistungsfähige Aktien zu ärgern, die Sie nicht haben.

4. Umsätze kommen nicht immer auf die gleiche Art zustande.

Eine im Verhältnis zum Umsatz niedrige Marktkapitalisierung ist nicht unbedingt preiswert. In manchen Branchen werden am Umsatz nie mehr als zwei Prozent verdient, und in anderen 30 Prozent. Manche generieren aus dem Umsatz freien Cashflow, und andere schaffen es vielleicht nicht, mit dem eingesetzten Betriebskapital zufriedenstellende Einnahmen zu erzielen. Hoher Umsatz ist nicht mit Wert gleichzusetzen – achten Sie lieber auf das Betriebsergebnis.

5. Kaufen Sie kleinere Unternehmen um des Wachstums willen.

Aufgrund der geringeren Liquidität und des begrenzten vorhandenen Researchs ist es gefährlich, kleinere Unternehmen zu kaufen, wenn es nicht wahrscheinlich ist, dass sie zu großen Unternehmen werden. Unternehmen, die in die nächsthöhere Börsenliga aufsteigen – beispielsweise von Smallcap in den FTSE Mid 250 – ziehen häufig neue Anleger an. Dies ist der entscheidende Weg, auf dem sich die Liquidität kleiner und mittelgroßer Gesellschaften verbessern kann und auf dem es zu einer Neueinschätzung kommt.

6. Hüten Sie sich vor Unternehmen, die viele Wandelpapiere emittieren.

Das deutet häufig darauf hin, dass ein Unternehmen keine zusätzlichen Aktien emittieren kann, vielleicht weil seine Aktien unter dem letzten Neuemissionspreis stehen – oder dass es keine befriedigende Krediteinstufung genießt. Es gibt auch Unternehmen, die Aktien als verspätete Bezahlung für eine Übernahme ausgeben und das für eine preiswerte Kaufmethode halten. Wenn jedoch der Aktienkurs fällt, kann sich die Erfüllung der Verbindlichkeiten als sehr teuere Angelegenheit entpuppen.

7. Achten Sie auf Aktienverkäufe von Führungskräften.

Der Aktienkauf seitens Boardmitgliedern ist ein weniger nützlicher Anhaltspunkt, weil die Direktoren dieses Signal oft bewusst einsetzen. Wenn leitende Führungskräfte jedoch verkaufen, dann funktioniert dies nach wie vor als Warnung. Auch die frühzeitige Wahrnehmung von Bezugsrechten ist ein Anzeichen von Gefahr.

8. Lesen Sie die Jahresberichte.

Seien Sie auf der Hut vor unkonventionellen Abrechnungspraktiken oder übertrieben gestalteten Bilanzen. Manche Unternehmen bemühen sich allzu sehr, bei den Investoren Eindruck zu machen. Wenn Sie Fragen haben, schreiben Sie dem Vorstandsvorsitzenden vor der Jahreshauptversammlung.

9. Benutzen Sie für die Bestimmung des Wachstums nicht den Gewinn pro Aktie.

Berechnen Sie das grundlegende wirkliche Wachstum aus dem Umschlag, dem Umsatz oder der Kundenanzahl.

10. Erkennen Sie die treibenden Kräfte des Geschäfts und die wertsteigernden Faktoren.

Begreifen Sie das Geschäftsmodell und die entscheidenden Faktoren, die dazu beitragen, dass das Unternehmen Geld verdient. Suchen Sie nach Erfolgsbeweisen. Denken Sie wie ein Handelsinvestor. Identifizieren Sie den Faktor, aufgrund dessen der Aktienmarkt oder ein potenzieller Käufer den Wert anerkennt.

www.scottish-value.co.uk

„An vielen Auslandsmärkten dominiert die Tradermentalität. Insidergeschäfte sind zulässig und üblich, der Umsatz ist sehr hoch, Geschichten sind im Umlauf, und die Einheimischen sind vor allem daran interessiert, eine Aktie 25 Prozent nach oben laufen zu lassen und sie dann abzustoßen.
Es gibt keine Möglichkeit, die Einheimischen im Trading zu übertreffen, und daher besteht das Geheimnis darin, zum Langfristanleger zu werden und sich andere Zeitmaße zu eigen zu machen. So verschwindet ihr Vorsprung mit der Zeit."

Ralph Wanger

Axiome für Optionshändler und Kurzfristtrader

Lawrence McMillan

Lawrence McMillan ist Herausgeber des Börsenbriefs The Options Strategist. Er schreibt Artikel über Options- und Wertpapierhandel, unter anderem den wöchentlich erscheinenden Investment-Newsletter Hedged Options Strategies. Derzeit verwaltet McMillan Geld und handelt auf eigene Rechnung.

Bücher
Options as a Strategic Investment, Prentice Hall 1993
McMillan on Options, John Wiley 1996

1. Wenden Sie immer ein Modell an, bevor Sie mit einer Option handeln.
Es ist in Ordnung, eine überbewertete Option zu kaufen, aber Sie müssen dann wissen, dass sie überbewertet ist. Wenn Ihnen dies einmal bewusst ist, dann tun Sie das Nötige zur Verlustbegrenzung für den Fall, dass die Option ihre „Hochpreisigkeit" verliert. Es gibt zahllose preiswerte oder kostenlose Versionen des Black-Scholes-Modells. Handeln Sie nicht, ohne eines zur Verfügung zu haben.

2. Kaufen Sie nicht mehr Software als Sie brauchen.
Viele Trader beladen sich mit teuerer Software, die derart schwer zu benutzen ist, dass sie daraus nicht einmal einen Nutzen ziehen. Optionstrader geben manchmal Tausende für Luxussoftware aus, und am Ende benutzen Sie davon nur den Black-Scholes-Teil. Und wie schon in Regel 1 festgestellt, gibt es zahllose preiswerte oder kostenlose Versionen des Black-Scholes-Modells. Das

Gleiche gilt für die technische Analyse. Luxussysteme, die überanalysieren, bringen keinen Nutzen. Halten Sie sich an einfache Dinge wie Unterstützungen, Widerstände und gleitende Durchschnitte – alles gegen geringe Kosten (oder kostenlos) auf Chartseiten im Internet verfügbar.

3. Traden Sie in allen Märkten.

Es gibt neben dem Aktienhandel auch noch hervorragende Tradingmöglichkeiten mit Futures und Indizes. Tradern, die die Futures- und Indexmärkte ignorieren, entgehen viele gute Trades.

4. Stellen Sie mittels der technischen Analyse sicher, dass Sie mit dem Trend gehen.

Unabhängig davon, ob Sie als Trader lang- oder kurzfristig orientiert sind, kann die technische Analyse den Trend identifizieren. Kaufen Sie keine Aktien, die sich in einem steilen Abwärtstrend befinden. Wenn Ihnen eine Aktie gefällt, warten Sie lieber ab, bis sie sich etwas stabilisiert hat – bis sie einen Boden ausbildet oder ein Widerstandsniveau durchbricht, was auch immer –, und kaufen Sie sie dann. Ein „herabfallendes Messer" fangen zu wollen ist tollkühn und unnötig.

5. Verwenden Sie immer Stops.

Egal ob Sie Langfristanleger oder Daytrader sind, Sie müssen Stops einsetzen. Es nicht zu tun ist Irrsinn. Die einzigen Menschen, die vernichtet wurden, als die Internetaktien 80 Prozent oder mehr verloren, waren jene, die keine Stops verwendeten. Langfristig orientierte Anleger begehen oft einen entscheidenden Fehler, weil sie denken, die Zeit würde ihnen schon wieder heraushelfen; sie benutzen dann keine Stops. Wenn Sie aber Ihr Geld aus einer Verliererposition herausziehen, kann es mittels einer anderen Aktie besser für Sie arbeiten – das ist besser als zu warten, bis Ihr „totes Geld" wieder zum Leben erwacht. Ergänzungsregel: Wenn Sie einmal ausgestoppt wurden, blicken Sie nicht mehr zurück. Entfernen Sie ausgestoppte Aktien von Ihrem

Beobachtungsschirm. Sie quälen sich nur selbst, wenn Sie sehen, dass die Aktie steigt, kurz nachdem sie ausgestoppt wurde. Das könnte dazu führen, dass Sie beim nächsten Trade Ihren Stop einfach ignorieren – und das wäre möglicherweise ein fataler Fehler.

6. Verwenden Sie bei Optionen keine Stop-Orders.

Wenn Sie gut darin sind, Aktien, Futures oder Indizes für das Trading auszuwählen, dann setzen Sie Ihre Sachkenntnis richtig ein. Verwenden Sie den Chart des Underlyings für die Bestimmung von Einstiegs- und Ausstiegspunkten. Wenn Sie Optionen besitzen, dann sollten Sie daher keine Stop-Order für die Option an sich platzieren, sondern ein Auge auf das Underlying haben und einen GEISTIGEN Stop verwenden – der sich nach dem Preis des Underlyings richtet.

7. Nehmen Sie Gewinne teilweise mit.

Wenn Sie das Glück haben, dass eine Position im Plus steht, dann nehmen Sie einen Teil des Gewinns mit. Damit nehmen Sie nicht nur einen Teil Ihres Risikos vom Tisch, sondern Sie können dann auch klarer über das weitere Vorgehen hinsichtlich der Position nachdenken. Wenn Sie erst einmal etwas Profit eingestrichen haben, dann wird es Sie überraschen, wie Sie die Profite laufen lassen können.

8. Lassen Sie die restlichen Profite laufen.

Die einfachste Möglichkeit ist die Verwendung eines gleitenden Durchschnitts als nachgezogener Stopp. Nehmen wir einmal an, Sie halten eine Longposition, und das Underlying beginnt zu steigen. Es macht keinen Unterschied, ob Sie Aktien oder Optionen besitzen. Nehmen wir einmal an, Sie verwenden die 20-Tage-Linie als nachgezogenen Stopp – vielleicht sogar einen eng nachgezogenen Stopp. Das bedeutet beispielsweise, dass Sie sagen, Sie bleiben long, wenn das Unterlying nicht unterhalb der 20-Tage-Linie schließt. So können Sie Ihre Gewinne schön laufen lassen.

Solange das Underlying oberhalb der 20-Tage-Linie bleibt, bleiben Sie long und könnten so enorme Anstiege erwischen. Zusatzregel: Setzen Sie keine Kursziele, denn dadurch zwingen Sie sich, Ihren Gewinn zu begrenzen.

9. Stellen Sie sich gegen die Menge.

Die meisten Optionshändler irren sich hinsichtlich bedeutender Wendepunkte. Machen Sie es sich zur Aufgabe herauszufinden, was sie tun – und tun Sie dann das Gegenteil. Wenn alle bullisch sind, dann sollten Sie bärisch sein. Wenn alle bärisch sind, dann ist es für Sie an der Zeit zu kaufen. Die Stimmung hinsichtlich der Optionen ist anhand der Put-Call-Ratio klar zu erkennen. Beobachten Sie dieses Verhältnis, und Sie werden feststellen, das Sie wichtige Wendepunkte des Gesamtmarktes sowie von Aktien, Futures und Indizes erkennen können.

10. Das Wichtigste: Traden Sie nur in Übereinstimmung mit Ihrer Philosophie.

Egal wie gut ein Tradingsystem aussieht oder wie erfolgreich sein Erfinder ist, für Sie wird es nicht funktionieren, wenn es nicht zu Ihrer persönlichen Investmentphilosophie passt. Wenn es Ihnen schlaflose Nächte bereitet oder wenn Sie die Augen nicht mehr vom Bildschirm abwenden können, dann ist es für Sie wahrscheinlich zu intensiv. Finden Sie eine Strategie, mit der Sie sich beim Trading wohlfühlen können.

www.optionstrategist.com

„Wenn Sie sich fragen, wann Sie einen Profit sichern sollen, dann warten Sie, bis alle Brokerhäuser sagen 'kaufen' und bis die Aktie der Tipp der Sonntagszeitung ist. Mehr Reklame kann man dafür nicht machen, und dann ist es Zeit auszusteigen."

Tom Winnifrith

Das Equity Premium

Rajnish Mehra

Rajnish Mehra ist Professor für Finanzwissenschaft und Lehrstuhlinhaber der wirtschaftswissenschaftlichen Fakultät an der University of California. Er ist außerordentlicher Professor an der Graduate School of Business in Chicago und Mitherausgeber von The Journal of Economic Dynamics and Control.

1. Equity Premium – was ist das eigentlich?

Seit mehr als einem Jahrhundert sind die Erträge von Aktien höher als die von Schatzwechseln. Der durchschnittliche reale Jahresertrag (also der inflationsbereinigte Ertrag) des US-amerikanischen Aktienmarktes betrug in den vergangenen 110 Jahren etwa 7,9 Prozent. Im gleichen Zeitraum belief sich der Ertrag vergleichsweise risikoloser Wertpapiere wie Staatsanleihen auf ein mageres Prozent. Die Differenz zwischen diesen Erträgen, die 6,9 Prozent, bezeichnet man als Equity Premium [etwa: Aktienprämie]. Für die Nachkriegszeit ist diese statistische Differenz sogar noch größer. Die Prämie des Aktienertrags gegenüber den Anleihen beträgt fast acht Prozent.

2. Das „Equity Premium Puzzle".

Da Aktien „riskanter" sind als Anleihen, verlangen die Anleger für das zusätzliche Risiko eine höhere Prämie. Und tatsächlich ist die Standardabweichug der Aktienerträge (historisch etwa 20 Prozent jährlich) größer als bei den Erträgen der Schatzwechsel (etwa vier Prozent pro Jahr). Also sind sie offensichtich bedeutend riskanter als Schatzwechsel. Aber sind sie das wirklich?
Aktien und Anleihen werfen unter annähernd gleichen Gegeben-

heiten und wirtschaftlichen Szenarien Gewinn ab. Daher müssten sie gemäß der Standardtheorie zur Preisbildung von Vermögenswerten etwa den gleichen Ertrag liefern – oder der Aktienertrag dürfte maximal ein Prozent über dem Ertrag der Anleihen liegen. Da aber die beobachtete durchschnittliche Prämie der Aktien gegenüber den Anleihen beständig beträchtlich höher liegt, stehen wir vor einem Rätsel.

Das Equity Premium Puzzle ist ein quantitatives Problem, denn die Standardtheorie entspricht unserer Auffassung, dass Aktien aufgrund des Risikos im Durchschnitt mehr Ertrag liefern müssen als Anleihen. Der Widerspruch erwächst aus der Tatsache, dass die quantitativen Voraussagen der Theorie um eine Größenordnung von dem abweichen, was historisch dokumentiert ist.

3. Die Statistik, diese verflixte Statistik ...

Die beobachtete Prämie ist kein statistischer Fehler. Da wir für einen Zeitraum von mehr als 100 Jahren über gutes Zahlenmaterial verfügen, ist es höchst unwahrscheinlich, dass die „wahre" Prämie sehr klein oder gleich null ist, wenn die beobachtete Prämie bei sieben Prozent liegt.

4. Der US-amerikanische Markt und andere Märkte.

Die überhöhten Erträge aus Aktienpositionen sind keine Eigenart der US-Kapitalmärkte. Auch in anderen Ländern zeigen die Aktienrenditen im Verhältnis zu den Renditen von Schuldpapieren diese Unregelmäßigkeit. Der Jahresertrag des britischen Aktienmarktes betrug in der Nachkriegszeit 5,7 Prozent, und das ergibt eine beeindruckende Prämie von 4,6 Prozent gegenüber der durchschnittlichen Anleihenrendite von 1,1 Prozent. Ähnliche statistische Differentiale sind für Frankreich, Deutschland, Italien und Spanien dokumentiert.

5. Große jährliche Fluktuationen des Equity Premium.

Die „nachträgliche" oder „realisierte" Aktienrendite ist die tatsächliche, historisch beobachtete Differenz zwischen der Rendite des Marktes, gemessen anhand eines Aktienindexes, und des risikofreien Ertragssatzes, ausgedrückt durch die Rendite von Staatsanleihen. Diese Prämie variiert im Laufe der Zeit beträchtlich. In manchen Jahren ist sie positiv, in anderen negativ.

6. Anlageplanung anhand des Equity Premium.

Das verwandte Konzept der „vorweggenommenen" Aktienprämie ist ein vorausblickendes Maß für die Prämie – also die künftig zu erwartende Aktienprämie oder die bedingte Aktienprämie, die aus der aktuellen wirtschaftlichen Lage resultiert.

Zur Erläuterung: Wenn nach einer Hausse die Aktien im Verhältnis zu den Fundamentaldaten hoch bewertet sind, dann ist die erwartete Aktienprämie eher niedrig. Allerdings ist gerade in solchen Zeiten, wenn der Markt einen kräftigen Aufschwung hinter sich hat, die nachträgliche oder realisierte Prämie besonders hoch. Im Gegenzug ist die erwartete Prämie nach bedeutenden Abwärtskorrekturen tendenziell hoch, wohingegen die realisierte Prämie gering ist.

Die nachträgliche (also die realisierte) Prämie kann auch negativ werden, die prospektive dagegen MUSS positiv sein. Wenn nicht, dann würden die Investoren keine Aktien kaufen oder sie sogar shorten. Kann der Gesamtmarkt das tun? Nein. Vielmehr geht der Preis nach unten, so dass die Prämie in der Vorausschau positiv wird.

7. Entscheidend ist die Festlegung eines Anlagehorizonts.

Die belegte Aktienprämie gilt für sehr langfristige Anlagehorizonte. Sie sagt sehr wenig darüber aus, wie die Prämie in den nächsten paar Jahren aussehen wird. Marktbeobachter und andere Profis, die an kurzfristiger Investmentplanung interessiert sind, würden gerne die bedingte Aktienprämie über ihren Zeithorizont voraussagen. Aber das ist keinesfalls eine leichte Aufgabe.

8. Zeiten und Gezeiten ...

Die nachträgliche Aktienprämie ist die Realisierung eines stochastischen Vorgangs über einen bestimmten Zeitraum und variiert mit der Zeit beträchtlich. Zusätzlich hängt die Variation noch von dem Zeithorizont ab, über den hinweg gemessen wird. Es gab sogar Zeiten mit negativer Prämie. Man sollte auf keinen Fall vergessen, dass der Durchschnitt nicht nur sieben Prozent beträgt, sondern dass dies mit einer Standardabweichung von fast 20 Prozent einhergeht.

9. Das Equity Premium ist tot! Lang lebe das Equity Premium!

Eine Gruppe von Wissenschaftlern und Praktikern vertritt die Ansicht, derzeit gebe es kein Equity Premium und somit auch keinen Widerspruch. Doch bevor wir uns von der Prämie verabschieden, müssen wir die Belege prüfen. Die Zahlen, mit denen die Aktienprämie der vergangenen 100 Jahre belegt wird, sind wahrscheinlich so gut wie alle anderen Wirtschaftsdaten, die wir haben – und 100 Jahre sind auf dem Feld der Wirtschaftsdaten eine lange Zahlenreihe. Selbst wenn die bedingte Aktienprämie angesichts der derzeitigen Marktbedingungen momentan gering ist, so impliziert dies nicht automatisch, dass die historische Prämie zu hoch war oder dass sich die Aktienprämie verringert hat.

10. Auf lange Sicht machen sich Aktien bezahlt.

Aufgrund unserer Erkenntnisse können wir folgende Behauptung aufstellen: Über einen langen Anlagehorizont betrachtet wird die Aktienprämie wahrscheinlich der vergangenen ähneln, und der Ertrag pro investiertem Kapital wird in diversifizierten Aktienportfolios weiterhin diejenige von Anleihen deutlich übertreffen. Dies gilt für Anleger mit einem langen Planungshorizont.

www.econ.ucsb.edu/~mehra/mehra.htm

Der Sektor innovative Behandlungsmethoden

Viren Mehta

Dr. Viren Mehta gründete 1989 seine eigene Anlageberatung. Er spezialisierte sich auf Investments in der pharmazeutischen und biotechnologischen Industrie, nachdem er auf diesen Gebieten für Merck & Co., Wood McKenzie und S.G. Warburg gearbeitet hatte. Mehta Partners ist an der Wall Street ein eher „kleiner Laden" und hat sich mit seiner wissenschaftlichen Erfahrung (R & D) sowie mit seiner globalen Perspektive eine spezielle Nische geschaffen, die auf das Verständnis der entscheidenden Erfolgsfaktoren im globalen Pharma- und Biotech-Sektor abzielt. Mehta Partners bietet Vermögensverwaltung, institutionelles Research und strategische Beratung für pharmazeutische und biotechnologische Investoren in der ganzen Welt an.

Einführung

Mit dem Begriff „neue Wissenschaft" bezeichne ich alle wissenschaftlichen Fortschritte seit Mitte der 70er-Jahre, einschließlich der Rekombinationsbiologie, der kombinatorischen Chemie, der Reihenuntersuchungen mit hohem Durchsatz, der Genomforschung, der Proteomforschung und so weiter.

Dieser neue Grenzbereich, der sich immer weiter verschiebt, wird weiterhin neue Arzneimittel oder „innovative Therapien" liefern, die deutlich über die bloße Behandlung von Symptomen hinausgehen. Während der nächsten Generation oder schon früher werden solche neuen Behandlungsmethoden zwei oder drei Prozent des BIPs der industrialisierten Welt stellen; heute ist es erst ein Prozent.

Das Aufregendste daran ist die Tatsache, dass dieses Wachstum ohne eine Erhöhung der Ausgaben für Gesundheit stattfinden wird und dass es mit ein bisschen Glück mit der Zeit die Gesamtausgaben für Gesundheit sogar reduzieren wird, weil viele der teuren aber unwirksamen heutigen Gesundheitsleistungen ersetzt werden. Der biopharmazeutische Sektor (Pharma und Biotech) stellt etwa drei Viertel des Marktwertes im Gesundheitssektor und ist für die Fundamentalanalyse viel besser geeignet als der Rest des Sektors – dies rechtfertigt die Konzentration auf die „innovativen Therapien".

1. Investieren Sie weltweit sowie quer durch die Marktkapitalisierungen und Reifestadien.

Dies senkt die Volatilität und steigert die Performance, weil kein Unternehmen ein Monopol auf die nächste blitzartige Erleuchtung hat. Außerdem folgen verschiedene Märkte und Währungen abweichenden Trends – globale (multinationale und profitable Unternehmen), „emerging" (spezialisiert und profitabel) und „aufgehende Sterne" (unprofitable Biotech-Unternehmen) gehören oftmals zu gegensätzlichen Zyklen. Eine derart diversifizierte Anlage schafft auch einen umfassenderen Bewertungsrahmen, der für Investitionen auf Fundamentalbasis unentbehrlich ist, und dies ist vielleicht die sicherste Möglichkeit, in diesen Sektor zu investieren.

2. Schwerpunkt „innovative Behandlungsmethoden".

Unternehmen, die mithilfe der neuen Wissenschaft kostengünstigere Arzneimittel entdecken und entwickeln, stellen etwa drei Viertel der Marktkapitalisierung im Gesundheitssektor. Ihre Aktienkurse werden mehr von ihren fundamentalen Fortschritten angetrieben als der Rest des Sektors. Außerdem kommt die Arzneimittelbranche in den industrialisierten Ländern für etwa ein Prozent des BIP auf, aber diese Zahl dürfte innerhalb der nächsten zehn Jahre auf zwei oder drei Prozent anwachsen – auf Kosten der anderen Segmente des Gesundheitssektors, denn bessere Medikamente ersetzen weitaus kostenintensivere Formen der gesundheitlichen Versorgung.

3. Investieren Sie langfristig, aber profitieren Sie von kurzfristigen Schwankungen.

Zwar brauchen innovative Therapien heutzutage weniger Zeit auf den Markt zu kommen als früher, aber die Entdeckung, Entwicklung und Vermarktung eines neuen Arzneimittels ist immer noch ein langfristiges und riskantes Geschäft. Investieren Sie den größten Teil Ihres Portfolios langfristig, wenn der fundamentale Wert bestimmbar ist und ein Krümmungspunkt vorliegt; und dann widerstehen Sie der Versuchung, Ihre Gewinner zu verkaufen.

„Krümmungspunkte" werden in diesem Sektor meist dadurch hervorgerufen, dass ein signifikantes neues therapeutisches Produkt am Horizont erscheint. Das Anlagefenster steht normalerweise von der ersten Bestätigung des Produktpotenzials bis zur Marktreife offen. Außer wenn das Unternehmen über einen soliden Produktfluss verfügt, steigen erfahrene Anleger aus, sobald die Ärzte auf das Medikament aufmerksam werden.

Die Konvergenz der Informationstechnologie und der neuen Wissenschaft führt zu höherer Volatilität, und durch wohlbedachte fundamental begründete Longs sowie Shorts im Umfeld von übertriebenem Lob, falschen Vorspiegelungen und verfehlten Meilensteinen können große Gewinne entstehen.

4. Finden Sie bewährte Führungsmannschaften.

Von 16 Produkten, die in die klinische Prüfung beziehungsweise in den Menschenversuch gelangen, wird nur eins ein Markterfolg. Entscheidend ist die Fähigkeit, sich durch die Fehlschläge hindurchzumanövrieren, die in diesem Sektor ganz normal sind. In dieser aufregenden aber höchst riskanten Zeit des Übergangs von der „alten" zur „neuen" Wissenschaft ist ein fähiges und wissenschaftlich gewieftes Management alles.

5. Investieren Sie vor allem in Produkte, und nur sehr vorsichtig in Verfahrens- und Technologie-Unternehmen.

Produkte haben gewöhnlich eine lange Lebensdauer, schaffen weltweite Unternehmen und bauen einen substanziellen Eigenwert auf. Verfahrens- und technologische Unternehmen dagegen verkaufen sich nur für eine bestimmte Zeit, und dann werden ihre Fähigkeiten zur Massenware.

Die kombinatorische Chemie beispielsweise wurde schnell zum Massenartikel; eine chemische Verbindung, die in den frühen Tagen dieser Technologie mehrere US-Dollar gekostet hätte, geht jetzt für ein paar Cents weg. In ähnlicher Weise wird heute die Gensequenzierung so langsam zum Massenartikel. Die Proteomforschung ist momentan der letzte Schrei, aber es ist nur eine Frage der Zeit, bis das Verfahren zur Dutzendware wird. Der eigentliche Wert dieser Verfahren und Technologien fließt jenen zu, die damit als erste biologische Ziele ermitteln oder noch besser Produktkandidaten, die sich patentieren lassen und eine gute Chance haben, zu innovativen Medikamenten zu werden.

Das ist selbstverständlich leichter gesagt als getan, und weniger als einem von zehn Unternehmen gelingt der Produkterfolg.

6. Investieren Sie in Produkte, die geschickt vermarktet werden. Innovation allein hat am freien Markt nur eine begrenzte Reichweite. Um das Potenzial eines Produkts voll auszuschöpfen ist eine spezielle Vermarktungsplattform unerlässlich.

7. Investieren Sie nur selektiv in verlustreiche Biotech-Gesellschaften.

Tun Sie das nur dann, wenn die Unternehmen mit einem interessanten Patentportfolio einen entscheidenden wissenschaftlichen Weg beschreiten und wenn ihr Bargeldbestand ausreicht, für mindestens zwei Jahre zu überleben. Achten Sie außerdem auf mögliche Aktienverwässerungen aufgrund von Bezugsrechten und Optionen – insbesondere wenn ein Unternehmen gerade in die Phase der nachhaltigen Profitabilität eintritt.

8. Bereiten Sie sich auf die Investition in Emerging Markets vor.

Heute verbrauchen zehn Prozent der Weltbevölkerung 90 Prozent der Medikamente. In vielen Schwellenländern entwickelt sich eine reife Wirtschaftspolitik, was den Wohlstand der Mittelklasse an-

hebt, die dann neuere und bessere Medikamente nachfragt – auch zu westlichen Preisen. In den kommenden Jahrzehnten werden lokale und multinationale Gesellschaften davon profitieren.
Das Schlüsselwort ist „vorbereiten“, weil die Liquidität, die Transparenz und regulatorische Fragen noch nicht das Stadium erreicht haben, in dem sich die Anleger wohlfühlen können. Multinationale Unternehmen sind so groß, dass sich diese Chancen noch nicht im Aktienkurs niederschlagen, und daher sollte man einheimische Qualitätsunternehmen in ausgewählten Emerging Markets (Brasilien, Mexiko, Indien, ausgewählten osteuropäischen Staaten und vielleicht noch China und Russland) auf solche Chancen hin analysieren, wenn sie in den nächsten ein bis fünf Jahren zur Reife gelangen.

9. Verdoppeln Sie gute Namen, wenn der Sektor in Ungnade fällt.

Das Faible des Marktes für die Sektorenrotation ist der beste Freund des fundamental orientierten Langfristinvestors und rechtfertigt zu den passenden Zeiten Übergewichtungen.

10. Sitzen Sie den Sektor aus oder shorten Sie ihn, wenn die Bewertungen unsinnige Höhen erreichen.

Vermeiden Sie Übertreibungen und bleiben Sie Ihren Überzeugungen treu. Nehmen Sie sich die nötige Zeit, das rechte Gefühl für die Durchbrüche der neuen Wissenschaft zu entwickeln, die sowohl Ihrem persönlichen als auch Ihrem finanziellen Wohlergehen zugute kommt.

www.mpglobal.com
www.mpfunds.com

„Es sollte Ihnen nie passieren, dass Sie absolut richtig gelegen haben, aber nicht genug eingesetzt haben, um Ihr Leben zu verwandeln.“

Thom Calandra

Paul Melton

Paul Melton gibt The Outside Analyst heraus, den einzigen monatlich erscheinenden Börsenbrief, der tatsächlich Aktien aus aller Welt miteinander vergleicht. Seit der Erstausgabe 1986 hat sich diese Publikation den Ruf soliden Researchs erworben.
Meltons Spezialität sind weltweite Aktienschnäppchen. Er beobachtet jeden Monat die Gewinnschätzungen für 15.000 Unternehmen in über 40 Ländern.

Bücher
Investor's Guide to Going Global with Equities, FT Prentice Hall 1996

1. Legen Sie einen Kurs fest.

Von Lucius Annaeus Seneca (4 v. Chr. - 65 n. Chr.) stammt folgende Warnung: „Wer den Hafen nicht kennt, für den ist kein Wind günstig." Investmentstrategien gibt es für jeden Geschmack und für jeden Geldbeutel. Sie müssen nur entscheiden, welcher Ansatz am besten zu Ihren Umständen, besonderen Fähigkeiten, speziellen Quellen und vor allem zu Ihrem Charakter passt. Und dann halten Sie sich an Ihren Plan.

2. Verlassen Sie den Heimathafen.

Antoine Marin Lemierre (1723-1793) schrieb: „Es ist ein schwerwiegender Irrtum, den Horizont für die Grenze der Welt zu halten." Nicht jeder kann die Indizes schlagen. Aber aus dem Heimathafen auszulaufen verbessert die Chancen entschieden.
Zunächst einmal bietet die globale Orientierung mehr Schnäpp-

chengelegenheiten. Wenn in einem bestimmten Markt keine Aktie Ihre Kriterien erfüllt, dann gehen Sie auf einen anderen. Irgendwo herrscht immer Hausse. Zweitens macht die weltweite Orientierung Ihr Portfolio stabiler. Das Risiko Ihrer Heimatbörse bleibt gleich, ganz egal ob Sie nun zwei oder zwanzig Aktien haben.
Das liegt daran, dass Aktien in einem Markt tendenziell gemeinsam steigen und fallen. Aber genauso wie Sie das spezifische Risiko der Einzelaktie wegdiversifizieren können, so können Sie auch das Marktrisiko Ihres Portfolios senken, indem Sie sich auf Märkte begeben, die nicht miteinander korrelieren .
Die optimale globale Aktienstreuung erreichen Sie, indem Sie ungefähr 25 Aktien oder gleichwertige Papiere aus verschiedenen Ländern und Branchen auswählen, wobei Sie mehr Wert auf die geografische als auf die Branchendiversifizierung legen sollten. Diversifizieren Sie, um sich gegen Ihr Unwissen abzusichern (John Maynard Keynes, Warren Buffett und William O'Neil würden dem widersprechen und sagen, es sei besser, wenige Aktien zu haben, über die man viel weiß. Wenn Sie Vollzeit-Anleger sind und in der Liga der Genannten mitspielen können, dann können Sie es sich leisten, die Diversifizierung zu vergessen).

3. Denken Sie daran, dass ein Hafen so gut sein kann wie der andere.

Für den Weltreisenden sind alle Länder gleich. Jedoch sind, wie Orwell sagte, manche Länder gleicher als andere. Gewichten Sie deshalb die Länder so gleichmäßig wie möglich. Zwar ist die gleichmäßige Gewichtung, wie sie die MEGA-Benchmark in Going Global with Equities beschreibt, eindeutig der beste Ausgangspunkt, aber das schließt genauere Anpassungen keineswegs aus. Ganz im Gegenteil. Der Anteil jedes Landes am Gesamtinvestment sollte entsprechend den Chancen und Risiken fein abgestimmt werden. Dies geschieht in zwei Schritten: Korrigieren Sie Ihre Gewichtung zuerst so, dass korrelierte Marktbewegungen möglichst unwahrscheinlich sind, und dann verschieben Sie diese Gewichtung in Richtung der vielversprechendsten Märkte und Aktien.

4. *Wo die Fische anbeißen.*

Publilius Syrus drückte die Philosophie der Hummel im ersten Jahrhundert vor Christus treffend aus: „Besser ein bisschen als gar nichts." Bienen wissen nichts von selten eintretenden Ereignissen und achten nur auf übliche Ereignisse. Ein amerikanischer Wissenschaftler stellte einmal eine künstliche Wiese zusammen. Darauf befanden sich zuverlässige blaue Blumen, von denen jede eine kleine Menge Nektar enthielt, und unzuverlässige gelbe Blumen, von denen einige gar nichts enthielten, andere aber einen Topf voll Nektar. Die Bienen lernten in diesem Universum des spezifischen Risikos schnell, die Zufallsblume zu meiden und die bekannten Mengen einzusammeln. Sie zogen die stetige kleine Belohnung der Chance auf einen Volltreffer vor.

Die Menschen dagegen sind Optimisten und glauben, dass seltene Ereignisse häufiger eintreten als sie es in Wirklichkeit tun. Jagen Sie also nicht den Riesenfisch und bezahlen zu viel für die Aussicht auf enorme Profite aus einer neuen Branche, für das Potenzial eines großen Bodenschatzfundes oder für das momentan schnelle Wachstum eines Technologieunternehmens. Halten Sie sich an stabile Gewinne und kleinere Fische, die einfacher zu fangen sind.

5. *Segeln Sie mit dem Wind.*

Wie Henry Wadsworth Longfellow feststellte: „Die Dinge sind nicht so wie sie scheinen." Das wahrgenommene Risiko und das tatsächliche Risiko decken sich nicht. Wenn die Märkte vollkommen rational und effizient wären, dann würden die Erträge dem Marktrisiko entsprechen, dem Risiko, dass man innerhalb eines einzigen Marktes nicht durch Diversifizierung beseitigen kann. Märkte sind jedoch Menschen, und Menschen sind nicht vollkommen rational. Menschen erwarten für ein als größer empfundenes Risiko eine größere Belohnung, und dementsprechend bewerten sie Aktien. Die Aktienkurse flukturieren sehr viel weiter als der Wert der Aktien. Beliebte Aktien sind häufig überbewertet, unbeliebte unterbewertet. Deshalb bieten Strategien die Möglichkeit, stetige Profite zu erzielen, die diese regelmäßige Diskrepanz zwischen dem Risko ausnutzen, das die Menge in einer Aktie sieht, und dem zu erwartenden Marktrisiko. Kaufen Sie deshalb Aktien, die als riskant gelten.

Marktzyklen sind wie Jahreszeiten. Wenn im Winter der Wind weht, welken blaue und gelbe Blumen gleichermaßen. Wenn Sie jedoch weltweit investieren, haben Sie ein Portfolio für alle Jahreszeiten. Diese Diversität bietet Ihnen bei der Auswahl der Positionen die Möglichkeit, das Marktrisiko für höhere potenzielle Belohnungen aufzusuchen. Der beste Näherungswert für das Marktrisiko einzelner Aktien ist die Streuung der Analystenschätzungen. Je zersplitterter die Schätzungen, desto höher der zu erwartende Ertrag. Diese Strategie produziert üblicherweise einige spektakuläre Fehlschläge, die allerdings durch spektakuläre Gewinne mehr als wettgemacht werden. Das scheint zwar der genaue Gegensatz der Hummelmethode zu sein, aber Ihr globales Portfolio aus scheinbar „riskanten" Mauerblümchen bietet eine viel höhere Erfolgswahrscheinlichkeit. Die Hummel würde Sie beneiden.

6. Beschränken Sie den Ballast.

William Wordsworth legte schon 1807 den Finger in die Wunde des Informationsüberschusses: „Die Welt ist zu sehr bei uns." Wir reagieren nur auf einen Bruchteil der Informationen, mit denen wir bombardiert werden, bewusst. Forschungsergebnissen zufolge werden wir umso zuversichtlicher und ungenauer, je größere Informationsmengen wir verarbeiten. Vermeiden Sie daher Informationsballast.

Da die meisten Menschen nicht mehr als sieben Informationseinheiten gleichzeitig verarbeiten können, ist es klug, für die Auswahl jeder Aktie nicht mehr als sieben Kriterien anzuwenden (Barry Ziskin verwendet bei der Aktienauswahl für seinen Z-7-Fonds nur sieben Kriterien, und zwar: Gewinnstabilität, gute Arbeitskapitalverhältnisse, akzeptable Deckung langfristiger Schuldverbindlichkeiten, Aktienkurs unter dem Zehnfachen des derzeitigen Unternehmensgewinns und institutioneller Aktienbesitz unter zehn Prozent).

7. Suchen Sie regelmäßig nach Lecks.

„Vorsicht mit kleinen Ausgaben", sagte Benjamin Franklin: „Auch ein kleines Leck bringt ein großes Schiff zum Sinken." Durch jeden Euro, Dollar oder Yen, der heute von Ihrem Anlagekapital abgezogen wird, verlieren Sie auf der weiteren Reise noch weitaus mehr. Dieses Geld ist für immer verloren und trägt nicht mehr zur Mehrung Ihres Vermögens bei. Geld für Gebühren und Ausgaben ist Geld, das nicht wächst. Bei der Beurteilung der Investmentgebühren muss man unbedingt erkennen, dass diese Ausgaben Kapital darstellen, das anderenfalls investiert worden wäre. Der versteckte Anteil der Investmentgebühren sind die künftigen Kosten: die kumulative Schmälerung Ihres Ertrags. Halten Sie darum Umsatz und Gebühren niedrig.

Profitennis ist ein Gewinnerspiel, weil das Endergebnis von den Handlungen des Gewinners bestimmt wird. Im Gegensatz dazu wird Amateurtennis von den Handlungen des Verlierers bestimmt, und das macht es zu einem Verliererspiel. Der Amateur schlägt seinen Gegner nur selten, aber er schlägt sich immer selbst. Der Sieger bekommt mehr Punkte, weil sein Gegner weitere Punkte verliert. Die meisten Anlageverwalter schlagen den Markt nicht, weil sie dank der Kostenzunahme durch Trading ein Verliererspiel spielen. Die durchschnittliche Spanne an der Nasdaq stieg von weniger als drei Prozent im Jahre 1984 auf fast sechs Prozent im Jahre 1992. Nehmen wir einmal an, dass die meisten institutionellen Anleger an den meisten Märkten mit Spannen konfrontiert sind, die 60 Prozent unter denen der Nasdaq liegen, sagen wir 3,5 Prozent. Dann stellt sich eine entscheidende Frage: Wenn die Aktien einen durchschnittlichen Jahresertrag von neun Prozent liefern, wenn der Umschlag durchschnittlich 30 Prozent pro Jahr beträgt und wenn sich die Händlerspannen und Gebühren für institutionelle Transaktionen auf durchschnittlich 3,5 Prozent der betroffenen Vermögenswerte belaufen, um wie viel muss dann ein professioneller Manager den Markt übertreffen, damit er einen Nettoertrag abliefert, der 20 Prozent über dem Indexertrag liegt? Die Antwort verwirrt den Verstand: 43 Prozent. Dabei sind Verwaltungs- und Verwahrungsgebühren noch gar nicht berücksichtigt! Unter den gleichen Voraussetzungen müsste ein aktiver Manager den Markt brutto um 23 Prozent überflügeln, damit er netto mit dem Markt gleichzieht.

Die Moral von der Geschicht? Bevor Sie irgendetwas tun, überlegen Sie es sich zweimal, denn wahrscheinlich ist es ein Fehler.

8. Warten Sie regelmäßig die Rettungsboote.

Auf die Frage, was er während der Schreckensherrschaft der Französischen Revolution getan habe, antwortete Abbé Sieyès: „Ich habe überlebt." Regel 8 soll Ihnen helfen, das auch zu tun: Begrenzen Sie Ihre Verluste. Verwenden Sie Stopps, denn sie beschränken die Verluste langfristig betrachtet auf ein vernünftiges Maß und lassen die Profite unbehelligt. Die Idee besteht darin, einen Stopp unter einer steigenden Aktie „nachzuziehen". Wenn sich Ihr Buchgewinn dem Wert von 20 Prozent nähert, können Sie daran denken, den Stopp zu erhöhen. Ziel ist es, zufällige und normale kurzfristige Verkaufswellen von wirklich schlimmen zu trennen. Baissen sind eine Tatsache, und daher wird sich ein örtlicher Index schließlich irgendwann nach unten wenden und Ihren nachgezogenen Stopp auslösen, wodurch Sie häufig beträchtliche Gewinne realisieren. Wenn am gleichen Markt mehrere Stopps ausgelöst werden deutet das auf einen größeren Abschwung hin; dann bringt es wahrscheinlich Gewinne, Puts auf diesen Markt zu kaufen.

9. Verkaufen Sie den Fang, bevor er verdirbt.

„Erfahrung", schrieb Oscar Wilde, „ist der Name, mit dem jedermann seine Fehler bezeichnet." Setzen Sie sich daher strenge

Regeln dafür, wann Sie verkaufen. Sie können dabei die Vorgeschichte aller Aktien Ihres Portfolios ignorieren. Stellen Sie sich nur die einfache Frage: „Würde ich diese Aktie zum heutigen Preis noch einmal kaufen?“ Wenn nicht, dann sollten Sie verkaufen. Verkaufen Sie eine Aktie, wenn sie um 50 Prozent gestiegen ist oder nach zwei Jahren, je nachdem was zuerst passiert. Verkaufen Sie, wenn die Dividende ausfällt oder wenn der Unternehmensgewinn so weit sinkt, dass der Kurs der Aktie um 50 Prozent über Ihrem Zielkaufpreis liegt. Haben Sie keine Angst davor, Verluste mitzunehmen; Fehler gehören zum Spiel.

10. Geben Sie das Schiff nicht zu früh auf.

In einem Song aus den 30ern kommt folgendes Investmentaxiom vor: „Die fundamentalen Dinge gelten weiter, während die Zeit vergeht.“ Trauen Sie lieber der Zeit als dem richtigen Zeitpunkt. Die Zeit ist auf Ihrer Seite. Die Senkung der durchschnittlichen Kosten in der Landeswährung, das heißt wenn Sie in regelmäßigen Abständen den gleichen Betrag in Euro, Yen oder Dollar investieren, ist ein System, das jeden zum perfekten Market Timer macht. Sie bringen so zwar nicht Ihr gesamtes Geld am preiswertesten Punkt ein, aber Sie investieren auch nicht den ganzen Topf auf dem Höhepunkt. Da Sie jeden Monat einen festen Betrag anlegen, hängt die Zahl der gekauften Aktien von den monatlichen Marktbewegungen ab. Wenn die Märkte steigen, steigt der Preis der Aktien, und Sie kaufen mit Ihrer Investition weniger. Wenn der Markt dagegen fällt, sinkt auch der Preis der Aktien, und Sie kaufen mit Ihrer Summe mehr davon. Wenn Sie über mehrere Marktzyklen hinweg regelmäßig einen festen Betrag investieren, dann senkt die höhere Anzahl preiswerter Aktien in Ihrem Portfolio die durchschnittlichen Kosten. Dieses System ist besonders beim Kauf volatiler Länderfonds nützlich, beispielsweise wenn es um Schwellenländer geht.

Auch in einer anderen Hinsicht ist die Zeit Ihr Freund. Der kluge Anleger diversifiziert nicht nur räumlich (geografisch), sondern auch zeitlich. Der Schlüssel dazu ist Geduld. Das Küken bekommt man, indem man das Ei vorsichtig aufschlägt, und nicht indem man es zertrümmert. Langfristig orientierte Anleger sind am Ende fast ausnahmslos Gewinner. Es ist offensichtlich, dass viele Aktien auf lange Sicht Verlust machen. Ein diversifiziertes Aktienportfolio jedoch, insbesondere wenn es mehrere Märkte repräsentiert, steigt auf dem Rücken des langfristigen Aufwärtstrends nach oben. Innerhalb von zehn Jahren erhalten Sie die meisten Vorteile der zeitlichen Diversifizierung. Globale und zeitliche Diversifizierung ergeben eine unschlagbare Kombination zur Minimierung des Verlustrisikos und zur Erreichung Ihrer lanfristigen Gewinnerwartungen.

www.global-investment.com

„8. Mythos: 'Entscheidend ist, dass man den ersten Zug macht – der frühe Vogel fängt den Wurm.' In der Welt der Wirtschaft stimmt das selten. Es gibt nur sehr wenige Branchen, in denen man zu einer nachhaltigen speziellen Fähigkeit dadurch gelangt, dass man der Erste ist."

John Kay

Globale Investitionen und der Vorteil des Kleinanlegers

Michael Molinski

Michael Molinski ist Präsident von Investing Across Borders, einer Finanzmediengesellschaft, die sich dem weltweiten Investing verschrieben hat. Er ist ehemaliger Redakteur für Internationales bei CBS MarketWatch und war Auslandskorrespondent für Bloomberg News. Er hat einen Abschluss als MBA von der New Yorker Columbia University und hatte ein prestigeträchtiges Knight-Bagehot-Forschungsstipendium für Wirtschaftsjournalisten.

Bücher
Investing in Latin America, Bloomberg Press 2000

1. Diversifizieren Sie.

Das ist die goldene Regel der globalen Geldanlage. Diversifizierung ist der hauptsächliche Grund, weshalb man weltweit investiert. Aber das ist noch nicht alles. Wenn man die Hälfte seines Portfolios im Ausland platziert, heißt das noch nicht, dass man ausreichend diversifiziert hat. Es ist wichtig, dass Sie Ihre Investments auf verschiedene Regionen der Welt verteilen, auf Industrie- und Schwellenländer, auf verschiedene Klassen von Vermögenswerten, verschiedene Branchen und Anlagestile.

2. Achten Sie auf Korrelationen.

Dies folgt aus Regel 1, aber es ist wichtig genug, um noch einmal betont zu werden. Investieren Sie nicht in Ländern, deren Börsen stark miteinander korreliert sind. Halten Sie nach Aktien in Ländern Ausschau, die im Verhältnis zum Markt Ihres Heimatlandes (vorausgesetzt, Sie haben den größten Teil Ihres Portfolios in Ihrem Land investiert) niedrige Korrelationskoeffizienten haben (R2).

3. Ignorieren Sie nicht das Risiko.

Risiken kann man messen und quantifizieren, entweder über die Volatilität (Standardabweichung), die relative Volatilität (Beta) oder Risiko-Ertrags-Maße wie die Sharpe Ratio. Sie sollten diese Begriffe kennen. Selbst wenn Sie sie nicht vollständig verstehen, können Sie sie für den Vergleich potenzieller Investments verwenden. Besonders wichtig ist die Kenntnis des Risikos, wenn Sie außerhalb Ihres Landes investieren. Finden Sie heraus, welchen Risiken Ihre Investments ausgesetzt sind, zum Beispiel Währungsrisiken, politischen Risiken oder regulatorischen Risiken, und wägen Sie sie gegen die potenziellen Erträge der Aktie ab.

4. Vergessen Sie nie, warum Sie eine Aktie ausgewählt haben.

In der heutigen volatilen Investment-Welt wird man leicht von einer Erholung mitgerissen oder von einer Baisse in Schrecken versetzt. Wenn Sie vor der Entscheidung stehen, ob Sie eine Aktie verkaufen sollen oder nicht, dann lautet die wichtigste Frage, die Sie sich stellen müssen: „Warum habe ich die Aktie vor allem gekauft?" Gelten die Gründe immer noch? Wenn nicht, dann weg mit der Aktie.

5. Sichern Sie sich nicht gegen das Währungsrisiko ab.

Es ist ganz natürlich anzunehmen, dass man bei Investitionen in einem Land, dessen Währung abgewertet werden könnte, über den Kauf von Devisenfutures oder vergleichbare Absicherungsmaßnahmen nachdenken sollte. In den meisten Fällen ist diese Annahme jedoch falsch. Ihre globalen Anlagen sind in sich selbst schon Absicherungen gegen einen Niedergang Ihres heimischen Aktienmarktes und gegen die Stabilität Ihrer Landeswährung. Zudem sind Währungs-Hedges teuer und erfordern ständige

Überwachung sowie häufige Transaktionen. Sie können Ihre Zeit und Ihr Geld an anderer Stelle sinnvoller verwenden.

6. Schauen Sie unter Steinen nach.

Einer der Gründe, weshalb man im Ausland investiert, ist die Tatsache, dass die Märkte in weniger entwickelten Ländern weniger effizient sind. Dort findet man leichter Aktien, deren Preis möglicherweise nicht alle Informationen widerspiegelt, die es über das betreffende Unternehmen gibt. Der Investor, der diese Regel am besten personifiziert, ist wahrscheinlich Mark Mobius, der sein Leben damit verbracht hat, in den entferntesten Winkeln des Erdballs Schnäppchen auszugraben. Wir haben nicht alle einen Reiseetat wie Mobius, aber wir können Zeit aufbringen, um das Internet nach Schnäppchen zu durchkämmen.

7. Machen Sie Ihre Hausaufgaben.

Das Internet macht es möglich, dass man als Anleger von Des Moines, Iowa oder vom spanischen Toledo aus Recherchen über Unternehmen zwischen Kuala Lumpur und São Paulo durchführen und in diese Unternehmen investieren kann. Sie würden nicht in ein Unternehmen in Ihrer Straße investieren, wenn Sie nichts darüber wüssten, was dieses Unternehmen tut, oder? Das Gleiche gilt für globale Investitionen. Was stellt das Unternehmen her? Wie sehen seine finanziellen Fundamentaldaten aus? Wer leitet es? Wer sind die größten Anteilseigner? Welches sind seine strategischen Vorteile? Wer sind seine Konkurrenten?

8. Nutzen Sie den Vorteil des Kleinanlegers.

Es ist ein Mythos, dass Großinvestoren gegenüber Kleinanlegern Vorteile hätten. Insbesondere bei der Investition an weit entfernten Orten können Privatanleger mehrere Vorzüge genießen, die häufig mit der Liquidität zusammenhängen. Beispielsweise werden Aktien in Emerging Markets häufig so dünn gehandelt, dass große Pensionsfonds und Investmentfonds keine Zeit auf diesbezügliches Research oder Investitionen verwenden. Außerdem neigen institutionelle Investoren dazu, den „riskanten“ Teil ihres Portfolios zu beschränken. Und in Krisenzeiten fällt es einem großen Pensionsfonds viel schwerer, seinen 10-Millionen-Dollar-Anteil an einem chinesischen Zementhersteller zu verkaufen, als Joe Smith, seinen Anteil von 10.000 US-Dollar zu verkaufen.

9. Kaufen Sie Anleihen.

Beschränken Sie sich bei Auslandsinvestitionen nicht auf Aktien. Weltweite Anleihen diversifizieren Ihr festverzinsliches Portfolio und bringen eventuell viel höhere Renditen als Anleihen der Vereinigten Staaten oder größerer europäischer Staaten – und das manchmal ohne großes Zusatzrisiko. Auch am Anleihenmarkt gibt es Preisineffizienzen, und Anleger, die bereit sind, ihre Hausaufgaben zu machen, können unter den Anleihen von Emerging Markets Schnäppchen finden.

10. Kaufen Sie Investmentfonds.

Ich bin ein großer Anhänger von Investmentfonds, sowohl indexorientierten als auch professionell gemanagten. Wenn Sie keine Zeit oder Energie haben, Research über globale Aktien zu betreiben, dann lassen Sie sie jemand anders für Sie aussuchen. Die Kosten sind fast immer niedriger, als wenn Sie selbst versuchen würden, ein weltweites Aktienportfolio aufzubauen. Wenn Sie sich für Fonds entscheiden, achten Sie aber auf jeden Fall auf die Kosten, auf die steuerlichen Konsequenzen, auf das Risiko sowie auf die bisherigen Ergebnisse des Fonds und seiner Manager. Verteilen Sie den Auslandsanteil Ihres Portfolios auf mehrere Fonds. Sie könnten zum Beispiel drei Fonds kaufen: einen breiten internationalen Fonds, einen regionalen Fonds in einem Teil der Welt, der sich Ihrer Meinung nach überdurchschnittlich entwickeln wird, und einen Emerging Markets Fonds.

www.investingacrossborders.com

„Sie können gerne einziehen, aber ausziehen ist nicht drin – das ist eine gute Zusammenfassung der Liquiditätssituation vieler Biotechnologieaktien. Passen Sie auf, dass Sie sich nicht im „Hotel Kakerlak“ einmieten.“

Karl Keegan

Allgemeine Grundsätze und Senatoren aus Tennessee.

Robert A.G. Monks

Robert Monks ist der profilierteste Aktionärsaktivist der Welt und Gründer von Lens, des institutionellen aktivistischen Investmentfonds, der seit 1992 höhere Erträge als der S & P 500 liefert und diesen Index in den letzten drei Jahren um 100 Prozent übertroffen hat.

Bücher
The New Global Investors, Capstone 2001
The Emperor's Nightingale, Capstone 1998

1. Manchmal schneit es auch im Juli.

Wir sollten niemals vergessen, wie wenig wir eigentlich wissen. Trotz des Sperrfeuers von Zahlen, Extrapolationen und scheinbarer numerischer Gewissheit ist es in Wahrheit so, dass niemand auf der Welt über mehr als 0,1 Prozent der Fakten verfügt, die für eine wirklich rationale Entscheidung erforderlich sind. Die einzige Konstante ist die Veränderung. Wir können nicht nachträglich in die Vergangenheit investieren; die Vergangenheit ist nicht immer das Vorspiel der Zukunft; man muss das Unerwartete erwarten.

2. Wenn Sie ein Konzept nicht verstehen, dann ist es unverständlich.

Besonders in einer Zeit, in der durch technologische Innovationen immense Werte geschaffen werden, ist es verlockend, einfach „mitzuziehen", wenn alle zustimmen, wie brillant und finanziell vielversprechend ein bestimmter Durchbruch sei. Aber das ist ein Fehler. Wenn Sie das Konzept nicht verstehen, dann ist es entweder schlecht dargestellt, oder – was noch schlimmer ist – es wird nur unvollkommen verstanden. In beiden Fällen sollten Sie sich nicht von Ihrem Geld trennen.

3. Dass die Kinder (oder designierten Erben) eines CEO brillant sind, ist genauso wahrscheinlich wie die Erwartung, dass Beethovens Kinder großartige Symphonien schreiben.

Die Werte der gehobenen Mittelklasse fördern die künstlerische Begabung, aber man begnügt sich mit beruflichem Erfolg. Auf der Zählkarte ist für reine Geschäftsleute kein Feld vorgesehen. Fakt ist, dass das „Business" eine Kunst ist und dass es in dieser Kategorie Genies gibt. Niemand erwartet, dass das Kind oder der Schützling eines Meisters selbst ein Meister wird, aber aus Gründen der Überheblichkeit neigt man in der Geschäftswelt dazu, dies zu vergessen. Hüten Sie sich davor, in ein Unternehmen zu investieren, das von dem „Sohn"/von der „Tochter" eines „großen Mannes" geführt wird.

4. Shorten Sie die Aktie jeglichen Unternehmens, in dessen Board ein ehemaliger oder zukünftiger Senator aus Tennessee sitzt.

Und zwar im Lichte der Dienste, die folgende Senatoren aus Tennessee den folgenden Boards erwiesen haben: Howard Baker – Waste Management, Fred Thompson – Stone & Webster, Albert Gore, Sr. – Occidental Petroleum. Dieser eher boshafte Spruch soll daran erinnern, dass hervorragende Leistungen in dem einen Lebensbereich nicht automatisch als Qualifikation für einen anderen betrachtet werden dürfen. Berühmtheiten können sicherlich gute Direktoren werden – sogar ehemalige Senatoren –, aber man muss sich die Frage stellen, was Ihre Berufung in ein Board über das Selbstbild des Boards aussagt. Wenn Sie die Weisheit von Henry Kissinger brauchen, dann engagieren Sie ihn als Berater.

5. Bevor Sie die „Kurzfristerei" kategorisch verwerfen, passen Sie auf, dass sich „Langfristerei" nicht als ewiger Euphemismus entpuppt.

Viele der besten Manager neigen zu Entscheidungen, die kurzfristige Profite zu Gunsten der langfristigen Wertzunahme unterbetonen. Der Trick dabei ist die Trennung zwischen den beiden und die Tatsache, dass die meisten Manager, die ihre Zahlen nicht schaffen, diese Nomenklatur als Entschuldigung verwenden. Als Anleger muss man auf dem Erreichen der mittelfristigen an einer festgelegten Messlatte orientierten Ziele bestehen.

6. Investieren Sie in Unternehmen, an denen unabhängige Boardmitglieder große private Anteile besitzen.

Niemand verliert gerne Geld. Egal wie schlau, wie prinzipientreu und sonstwie erfolgreich ein unabhängiges Boardmitglied auch sein mag – nichts stellt besser sicher, dass er seine Fähigkeiten für „Ihr" Unternehmen einsetzt, als ein beträchtlicher persönlicher Anteil. Das ist etwas anderes als sich selbst Aktienbezugsrechte zuzugestehen – falls diese Einbahnstraße irgendwie gerechtfertigt sein sollte, dann sollte sie jedenfalls Vollzeitführungskräften vorbehalten sein.

7. Investieren Sie nur in Konzerne mit „genialen" CEOs.

Hier eine Merkliste: Litton Industries mit Thornton und Ash, ITT mit Harold Sidney Geneen, Berkshire Hathaway mit Warren Buffett, GE mit Jack Welch, Tyco International mit Dennis Kozlowski. Der Markt bewertet Unternehmen unter ihrer Verwaltung mit einem Zuschlag, und dies ermöglicht die fortgesetzten Erwerbungen, die ihr Wachstum sichern. Wenn der Markt kein Genie mehr wahrnimmt, verschwindet der Zuschlag; der Abschlag ist dann schon fast eine selbsterfüllende Prophezeiung des Niedergangs und der schließlichen Liquidierung der einst schönen Geschöpfe.

8. Kaufen Sie keine Personal Service Businesses [Kleinst-Dienstleistungsfirmen auf Netzwerkbasis].

Es gibt endlose Beweise dafür, dass sich die Schlüsselmitarbeiter, die die Beziehungen unterhalten, auf deren Basis immense Einnahmen erzielt werden, in Personal Service Businesses den „Überschuss“ aneignen. Wie viele Male haben wir es erlebt, dass spätestens fünf Jahre nach dem Verkauf eines Vermögensverwalters oder Investmentbankers an eine große Institution der gleiche Besitz für zehn Cent den Dollar zurückverkauft wurde? Da ist nichts zu holen.

9. Die Wall Street verkauft besser als die Main Street kauft.

Die höchstbezahlten Menschen dieses Landes arbeiten an der Wall Street. Sie werden so gut bezahlt, weil sie die Menschen zum Kauf beziehungsweise Verkauf von Wertpapieren überreden. Zwar wäre es übertrieben zu behaupten, sie hätten kein Interesse am Ausgang der Transaktion – aber nur ein kleines bisschen. Die immensen Reichtümer der Wall Street wurden im vergangenen Jahrzehnt großenteils aus den Gebühren gezogen, die man der gutgläubigen Öffentlichkeit für den schäbigsten Strauß von Börsengängen seit dem holländischen Tulpenschwindel aufbrummte.

10. Die Öffentlichkeit zu brüskieren ist schlecht für das Geschäft.

Exxon, Mobil und Philip Morris können so viel ausgeben und spenden wie sie wollen, um die Öffentlichkeit davon zu überzeugen, dass sie sich um Sorgen der Allgemeinheit kümmern – die Wahrnehmung, dass sie sich nicht ausreichend um die Umwelt kümmern und dass sie gesundheitsschädliche Produkte herstellen, wird den Wert ihrer Aktien auf lange Sicht drücken. Die Berechnung des KGVs impliziert das Risiko, ob die derzeitigen Gewinne und Geldströme für eine unbegrenzte Zahl von Jahren aufrechterhalten beziehungsweise gesteigert werden können. Die Branchen-KGVs werden sinken – oder sinken schon –, weil bestimmte Unternehmen und Unternehmensführungen als halsstarrig wahrgenommen werden.

www.lens-inc.com

„Anleger, die die Mehrheit der Finanznachrichten ausblenden, fahren besser als jene, die sich einem endlosen Strom von Informationen aussetzen, von denen viele bedeutungslos sind."

Gary Belsky

Geldanlage in Silber

David Morgan

Morgan ist seit mehr als 20 Jahren privater Silberanalyst und Anhänger der Österreichischen Schule. Er ist Inhaber von www.silver-investor.com und gibt monatlich einen privaten Silber-Newsletter für ernsthafte Anleger heraus.

1. Wenn alle Stricke reißen – dann gibt es Silber.

Niemand lässt sich gerne als Untergangsprophet etikettieren, aber es ist ganz einfach eine Tatsache, dass Silber als Währung die letzte Rettung ist. Falls ein schwerer Wirtschaftskollaps eintreten sollte, der papierne Vermögenswerte wertlos macht, wird Silber zum wichtigsten Zahlungsmittel für Waren und Dienstleistungen (der meiste Wert wird in Form von Gold aufbewahrt werden, aber für den täglichen Gebrauch ist es zu wertvoll). Deshalb sollte jeder Anleger etwas metallisches Silber besitzen und einen Teil davon an einem Ort aufbewahren, an dem es in Notfällen zugänglich ist.

2. Fangen Sie klein an und machen Sie es nicht zu kompliziert.

Allzu viele Anleger kaufen, nachdem sie beschlossen haben, den Edelmetallanteil ihres Portfolios aufzupolieren, zu viel Silber auf einmal und in der falschen Form. Als Anfänger des Metallinvestments sollte man den Schwerpunkt auf Barren oder einfache kleinere Münzen legen, damit man nicht viel mehr dafür bezahlt als den reinen Metallwert. Meiden Sie Gedenkmünzen, Dekorationsgegenstände, Schmuck und andere Sammelobjekte – Sie bezahlen dafür einen Aufschlag, und der Wiederverkaufsmarkt ist begrenzt.

3. Steigern Sie die Kaufkraft Ihrer Dollars mit Minenaktien.

Als typischer Anleger sind Sie kein Fachmann für Silber und den Silbermarkt – Sie können aber in Menschen investieren, die es sind. Wenn Sie einmal einen Grundstock an konkretem Silber aufgebaut haben, dann können Sie die Wirkung Ihres Wissens und Ihrer Kaufkraft verstärken, indem Sie die Aktien von Silberminengesellschaften kaufen. Solche Aktien reagieren sehr empfindlich auf Änderungen des Silberpreises und erzeugen häufig einen prozentual viel höheren Ertrag als das Metall selbst.

4. Senken Sie Ihre Kosten durch Verteilung und stärken Sie dadurch gleichzeitig Ihre Disziplin.

Das ist die ideale Möglichkeit, Regel 2 umzusetzen. Wenn Sie in regelmäßigen Abständen für den gleichen Dollarbetrag kaufen, dann kaufen Sie automatisch mehr, wenn der Preis niedrig ist, und weniger, wenn der Preis hoch ist. Dieses Verfahren hilft Ihnen auch dabei, disziplinierter zu werden. Es beseitigt die Händlermentalität, von der viele Marktteilnehmer infiziert sind, und fördert stattdessen eine Anlegermentalität. Aufgrund der gleichmäßigen Kostenverteilung schmerzt es auch nicht zu sehr, wenn sich der Preis gegen Sie wendet. Den Niedergang können Sie dann als bessere Kaufgelegenheit betrachten statt als enttäuschenden Verlust.

5. Lassen Sie sich von Ihrem Händler nicht über den Tisch ziehen.

Aufgrund der Spezialisierung des Marktes für Edelmetalle ist es unerlässlich, dass Sie einen etablierten Händler von gutem Ruf wählen. Ein guter Händler führt Ihre Trades pünktlich und zu fairen Preisen sowie vernünftigen Gebühren aus. Bedenken Sie auch, dass der niedrigste Preis nicht unbedingt der beste Preis ist. Es ist schon vorgekommen, dass Händler ihre Gewinnspannen zu sehr strapazierten, um Kunden anzulocken, und dann nicht mehr liefern konnten, so dass die Kunden das Nachsehen hatten.

6. Was Ihnen gehört, gehört Ihnen – und so soll es auch bleiben.

Es ist zwar klug, einen Teil des Silbers so aufzubewahren, dass es schnell zugänglich ist, aber es ist auch wichtig, dass Sie den größten Teil des Metalls an einem sicheren Ort verwahren – besonders wenn Ihr Besitz wächst. Aber wenn Sie bei einem Broker oder bei einer anderen öffentlich zugänglichen Lagermöglichkeit ein Depot eröffnen, dann sollten Sie sicherstellen, dass Ihr Besitz separat aufbewahrt wird und dass Sie ihn inspizieren können, wann immer Sie wollen.

7. Silberspekulation ist wie Hustensaft – in kleinen Mengen gesund, aber zu viel macht Ihr Portfolio krank.

Je nach Ihren individuellen Zielen und Ihrer persönlichen Risikobereitschaft können Sie einen kleinen Teil des für Silber vorgesehenen Vermögens für Spekulationen verwenden, zum Beispiel mit Futureskontrakten oder mit Optionen auf Futures. Vergessen Sie dabei aber nie, dass diese Form des Handels Spekulation ist, und kein Investment.

8. Ein wenig Information kann viel Geld bedeuten.

Sie brauchen den Silbermarkt nicht ausführlich zu studieren, wenn Ihre Metallinvestitionen Ihnen Gewinn bringen sollen. Allerdings erhöht es Ihre Erfolgschancen und den Umfang des potenziellen Gewinns sehr, wenn Sie die fundamentalen Faktoren verstehen, die die Silberpreise bewegen, und wenn Sie regelmäßig das Verhältnis von Angebot und Nachfrage beobachten.

9. Silber sammeln ist eine Kunst – aber nicht unbedingt eine Geldanlage.

Edle Silbergegenstände zu besitzen – einschließlich seltener Münzen – kann einem viel Freude und persönliche Befriedigung verschaffen. Genau wie Gemälde und andere Kunstwerke sind sie schön und häufig auch wertvoll – und wenn Sie geschickt kaufen und verkaufen, dann können sie Ihnen auch große Gewinne bescheren. Betrachten Sie jedoch solche Besitztümer trotz allem als

Sammelobjekte und nicht als Anlagen. Wenn Sie Ihr Silber brauchen oder einfach zu Geld machen wollen, dann wollen Sie schließlich keine Probleme beim Verkauf, und Sie wollen auch den Aufpreis für den ästhetischen Wert nicht verlieren – aber beides ist bei silbernen Kostbarkeiten höchst wahrscheinlich.

10. Mehr als zehn Prozent ist zu viel des Guten.

Egal wie gut der Markt aussieht oder wie besorgt Sie um die Zukunft der zivilisierten Welt sind, denken Sie immer daran, dass Silber nur einen kleinen Teil Ihres wohl diversifizierten Portfolios ausmachen sollte. Ich empfehle, in einem durchschnittlichen Portfolio nicht mehr als zehn Prozent auf Silber zu verwenden, egal wie gut Sie das Potenzial der Edelmetallmärkte einschätzen.

www.silver-investor.com

„So schwer es auch sein mag, es gilt Aktien von Unternehmen auszuwählen, deren Gewinn wächst. Beständiges Wachstum steigert nicht nur den Gewinn und die Dividenden, sondern kann auch das KGV erhöhen, das der Markt für diese Gewinne zu zahlen bereit ist. Wer eine Aktie kauft, deren Gewinn rasch zu steigen beginnt, kann davon einen doppelten Nutzen haben: Sowohl die Gewinne als auch das KGV dürften steigen."

Burton Malkiel

Portfolio-Optimierung

John M. Mulvey

John Mulvey ist Professor für Betriebsforschung und Financial Engineering an der Princeton University. Seine Fachgebiete sind strategische Finanzplanung und dynamische Optimierung. Er hat viele Unternehmen mit Systemen für das Management des finanziellen Risikos ausgerüstet, unter anderem Pacific Mutual, American Express, Towers Perrin, Merrill Lynch, American Re-Insurance, Siemens und Lattice Financial.

Bücher
Worldwide Asset and Liability Modeling, Cambridge University Press 1998
Financial Engineering, AOR 1994

Anmerkung: Ron Madey von Towers Perrin gebührt Dank für die Diskussionen über Investmentregeln.

1. Investieren Sie für einen bestimmten Zweck.

Als Anleger sollte man seine Vermögenswerte, Verbindlichkeiten und Ziele zu einer integrierten Gesamtheit verbinden. Ein Ehepaar, das für den Ruhestand sparen will, sollte beispielsweise einen Überblick über seine Konsumbedürfnisse in seinen Spar- und Anlageplan einfügen. Im Planungsprozess sollte man Unsicherheiten berücksichtigen.

2. Risiko bedeutet nicht die Erreichung der Ziele.

In der traditionellen Portfoliotheorie wird das Risiko mit der Volatilität beziehungsweise der Standardabweichung der Anlageerträge gleichgesetzt. Allerdings geht ein junger Anleger mit weitem Zeithorizont bei der Investition in Aktien ein geringeres Risiko ein als ein älterer Mensch, der noch in diesem Jahr Liquidität braucht. Für die Bestimmung des Risikos muss man die Ziele des Anlegers verstehen.

3. Langfristig orientierte Anleger sollten Portfoliomodelle für mehrere Perioden verwenden.

Das Markowitz-Modell der mittleren Varianz wird im Allgemeinen als einphasiges Modell verwendet. Bei diesem einfachen Ansatz fehlt eine wichtige Dimension, weil er ein statischer Investmentansatz ist. Besser ist eine dynamische Analyse, nach der der Anleger sein Portfolio am Beginn jeder Periode neu gewichtet. Die dynamische Analyse führt zu anderen Empfehlungen als ein statisches Modell.

4. Nutzen Sie die Pumpwirkung der Volatilität.

In einem dynamischen Investmentmodell besteht der aggressive Grenzbereich der Effizienz aus einem Satz von Vermögenswerten mit hohen Erträgen (siehe Diagramm). Der Anleger muss sein Portfolio am Beginn jeder Periode neu gewichten, um das angestrebte Mischungsverhältnis zu erzielen. Diese Methode des festen Mischungsverhältnisses kann höhere Erträge bringen als irgendeine einzelne Klasse von Vermögenswerten, weil sie von der natürlichen Volatilität des Marktes profitiert. Stark schwankende Vermögenswerte mit hohem Wachstum sind gesucht. Die historischen Erträge zeigen ein ähnliches Ergebnis (siehe Diagramm nächste Seite).

5. Die Gewichtung der Anlageklassen ist für die langfristige Performance entscheidend.

Wohlhabende Privatanleger und institutionelle Anleger befassen sich mit der Aufteilung der Vermögenswerte, weil dies ein entscheidender Aspekt der Anlageplanung ist. Jeder Anleger kann

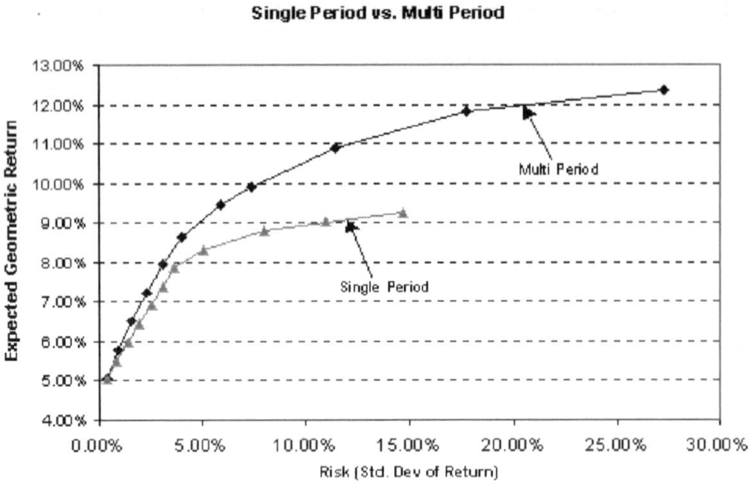

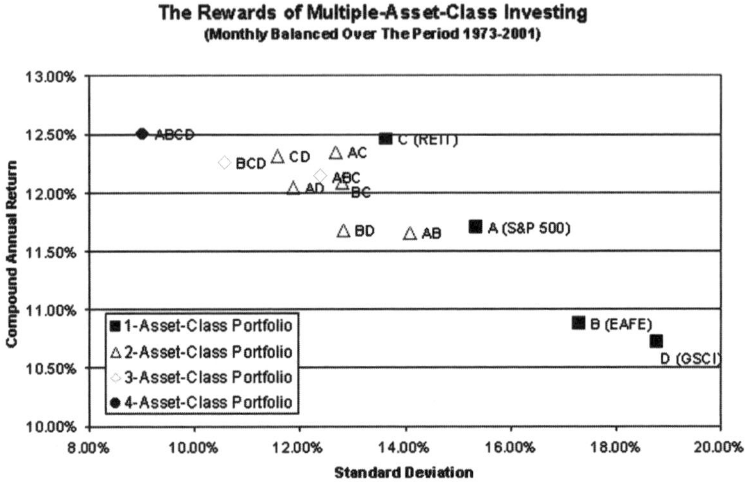

problemlos innerhalb eines Gewichtungsrahmens die passive Indexmethode anwenden. Das passive Portfolio stellt eine Messlatte für das aktive Management dar. Aktive Manager werden dafür bezahlt, dass sie ihre Benchmark schlagen, aber in vielen Fällen können die aktiven Manager sie aufgrund der hohen Gebühren und anderer Ursachen nicht übertreffen.

6. Finden Sie tragfähige Empfehlungen.

Portfoliomodelle hängen von einer Reihe von Parametern ab, zum

Beispiel von dem Equity Risk Premium. Bestimmt werden diese Parameter mittels Analyse historischer Erträge in Verbindung mit den aktuellen Marktbedingungen und Expertenmeinungen. Die verschiedenen Aspekte zu kombinieren kann schwierig sein. Die Empfehlungen eines Portfoliomodells sollten immer einem „Stress Test“ unterzogen werden. Die endgültigen Empfehlungen sollten im Hinblick auf die Annahmen tragfähig sein.

7. Optimale Portfolios sollten einen Sinn ergeben.

Die Empfehlungen eines Portfoliomodells sollten in allgemein verständlichen Begriffen erklärbar sein. Wie reagiert das Modell auf veränderte Marktbedingungen? Wie weit sind die geplanten Spielräume nach oben und unten? Ein Modell, das Ergebnisse liefert, die zu schön sind, um wahr zu sein, ist wahrscheinlich fehlerhaft. Die Optimierung versucht alle Vorteile zu nutzen, ohne Rücksicht auf die praktische Durchführbarkeit der Strategie. Die Ausgabewerte von Investmentmodellen müssen sorgfältig überprüft werden.

8. Den Überschuss für den Anleger sichern.

Als Anleger sollte man seine Vermögenswerte passend zu seinen Verbindlichkeiten und Zielen diversifizieren. Zum Beispiel muss ein Pensionsplan Beiträge liefern, wenn die Vermögenswerte unter den Marktwert der Verbindlichkeiten fallen. Die Lieferung der Beiträge kann schwerfallen, wenn die Wirtschaft eine Rezession durchmacht. In ähnlicher Weise sollte man als Privatanleger seinen Überschuss sichern, indem man Vermögenswerte findet, die mit den langfristigen Zielen korrelieren.

9. Meiden Sie Computer-Blackboxes.

Es gibt immer wieder Versuche, tiefgreifende „mathematische“ Methoden für die Vorhersage des Ertrags von finanziellen Vermögenswerten wie Aktien, Anleihen und Devisen zu entwickeln. Diese Computersysteme basieren auf einem komplexen System von Gleichungen, die Schleifen, hochgradig nichtlineare Funktionen und andere exotische Verfahren beinhalten. Dem Anleger sagt man, das Modell sei zu komplex, als dass man den zugrunde liegenden Ansatz verstehen könnte. Meiden Sie solche Blackboxes. Als Anleger sollte man in der Lage sein, die zugrunde liegenden Methoden zu verstehen.

10. Es erfordert Durchhaltevermögen, einen strategischen Plan umzusetzen.

Zweck eines Planungssystems ist es, Erkenntnisse für einen Aktionsplan zu bringen. Der Investor muss seinen Finanzplan in guten wie in schlechten Zeiten umsetzen und daran festhalten. Strategiewechsel während starker Marktbewegungen führen im Allgemeinen zu schlechter Performance.

www.princeton.edu/~mulvey

„Es ist lächerlich, die Bewertung auf historische Gewinne zu gründen, insbesondere für Unternehmen in der schnelllebigen Technologiebranche – und doch tun die meisten Anleger genau das. Benutzen Sie künftige Gewinnschätzungen, keine historischen Gewinne."

Mike Kwatinetz

Murphys Gesetze des technischen Tradings

John Murphy

John Murphy ist Mitgründer und Präsident von MurphyMorris, Inc. Das Unternehmen bietet unter www.murphymorris.com Kommentare und Analysen für Anleger an. Murphy war bei Merrill Lynch Direktor für technische Analyse und dann sieben Jahre lang der technische Analyst von CNBC-TV. Er ist Autor des Bestsellers Technical Analysis of the Financial Markets.

Bücher

Technical Analysis of the Financial Markets, NYIF 1998
The Visual Investor, John Wiley 1996
Intermarket Technical Analysis, John Wiley 1991

Einführung

Die zehn Gesetze des technischen Tradings von John Murphy versuchen, Anfängern die Hauptgedanken zu erklären und die Tradingmethoden praxiserfahrener Anleger zu verfeinern. Diese Regeln definieren die wesentlichen Werkzeuge der technischen Analyse und zeigen, wie man sie für die Identifizierung von Kauf- und Verkaufsgelegenheiten verwendet.

1. Zeichnen Sie eine Trend-Landkarte.

Studieren Sie langfristige Charts. Beginnen Sie eine Chartanalyse mit Monats- und Wochencharts, die über mehrere Jahre reichen. „Marktlandkarten“ mit großem Maßstab bieten einen besseren Überblick und eine langfristigere Marktperspektive. Wenn der langfristige Trend steht, lesen Sie Tages- und Intraday-Charts.

Der kurzfristige Blick allein kann täuschen. Selbst wenn Sie ausschließlich sehr kurzfristig traden, ist es besser, wenn Sie in die gleiche Richtung traden wie der mittelfristige und längerfristige Trend.

2. Bestimmen Sie den Trend und folgen Sie ihm.

Börsentrends gibt es in vielen Größen – langfristig, mittelfristig und kurzfristig. Legen Sie zuerst fest, nach welchem Sie traden wollen, und verwenden Sie den entsprechenden Chart. Achten Sie darauf, dass Sie in Richtung dieses Trends traden. Kaufen Sie kleine Absacker, wenn der Trend nach oben zeigt. Verkaufen Sie Erholungsbewegungen, wenn der Trend nach unten geht. Wenn Sie dem mittelfristigen Trend folgen, benutzen Sie Tages- und Wochencharts. Wenn Sie Daytrading betreiben, verwenden Sie Tages- und Intraday-Charts. Bestimmen Sie in beiden Fällen zuerst den Trend nach dem längerfristigen Chart, und benutzen Sie dann den kurzfristigen Chart für die Bestimmung der Zeitpunkte.

3. Finden Sie das Hoch und das Tief.

Am besten kauft man in der Nähe von Unterstützungsniveaus. Eine Unterstützung ist normalerweise ein früheres Tief. Die beste Stelle für den Verkauf ist in der Nähe eines Widerstandsniveaus. Ein Widerstand ist gewöhnlich ein früheres Hoch. Wenn ein Widerstandsgipfel durchbrochen wurde, bietet er bei nachfolgenden Rücksetzern normalerweise Unterstützung. Anders gesagt wird das alte Hoch zum neuen Tief. Genauso ist es, wenn ein Unterstützungsniveau durchbrochen wurde; normalerweise führt es in nachfogenden Erholungsphasen zu Verkäufen – das alte Tief wird zum neuen Hoch.

4. Sie müssen wissen, wie weit man zurücklaufen muss.

Messen Sie prozentuale Rückbewegungen. Aufwärts- und Abwärtskorrekturen machen gewöhnlich einen beträchtlichen Teil des vorangegangenen Trends wieder wett. Sie können die Korrektur eines bestehenden Trends einfach prozentual messen. Am häufigsten ist ein Rücklauf von 50 Prozent des vorangegangenen Trends. Das Minimum liegt üblicherweise bei einem Drittel, und das Maximum bei zwei Dritteln. Außerdem sollte man auch auf Rückläufe achten, die Fibonacci-Zahlen entsprechen, also 38 oder 62 Prozent. Deshalb befindet sich der Einstiegspunkt bei einem Rücksetzer während eines Aufwärtstrends im Bereich zwischen 33 und 38 Prozent.

5. Ziehen Sie Linien.

Zeichnen Sie Trendlinien. Trendlinien sind eines der einfachsten und wirkungsvollsten Chartwerkzeuge. Sie brauchen dafür nichts weiter als eine gerade Kante und zwei Punkte auf dem Chart. Steigende Trendlinien zieht man durch zwei aufeinanderfolgende Tiefs. Fallende Trendlinien zieht man durch zwei aufeinanderfolgende Hochs. Häufig bewegen sich die Preise zu einer Linie zurück, bevor sie den Trend wieder aufnehmen. Das Durchbrechen einer Trendlinie zeigt normalerweise eine Änderung des Trends an. Eine gültige Trendlinie sollte mindestens dreimal berührt werden. Je länger die Trendlinie gilt und je häufiger sie getestet wird, desto bedeutender wird sie.

6. Verfolgen Sie den Durchschnitt.

Sie sollten gleitende Durchschnitte verfolgen. Sie geben objektive Kauf- und Verkaufssignale. Sie zeigen, ob sich ein bestehender Trend bewegt und tragen zur Bestätigung von Trendwenden bei. Allerdings sagen einem gleitende Durchschnitte nicht im Voraus, dass eine Trendwende bevorsteht. Die beliebteste Art, Tradingsignale zu finden, ist ein kombinierter Chart aus zwei gleitenden Durchschnitten. Beliebte Futures-Kombinationen sind die gleitenden Durchschnitte über 4 und 9, über 9 und 18 sowie über 5 und 20 Tage. Ein Signal entsteht, wenn ein kürzerer Durchschnitt einen längeren schneidet. Ein gutes Tradingsignal entsteht auch, wenn der Preis die 40-Tage-Linie nach oben oder unten durchkreuzt. Da Charts mit gleitenden Durchschnitten Trendindikatoren sind, funktionieren sie am besten, wenn der Markt einem Trend folgt.

7. Wendungen erfahren.

Beobachten Sie Oszillatoren. Mithilfe von Oszillatoren kann man feststellen, ob der Markt überkauft oder überverkauft ist. Während gleitende Durchschnitte die Trendänderung eines Marktes bestätigen helfen, warnen Oszillatoren häufig im Voraus, dass der Markt zu weit gestiegen oder gefallen ist und dass er bald drehen wird. Zu den beliebtesten gehören der Relative Strength Index (RSI, Relative Stärke) und der Stochastics. Beide haben einen Bereich von 0 bis 100. Beim RSI bedeuten Werte über 70, dass der Markt überkauft ist, und Werte unter 30, dass er überverkauft ist. Beim Stochastics liegen die Schwellen für „überkauft" und „überverkauft" bei 80 und bei 20. Die meisten Trader verwenden den Stochastics über 14 Tage oder Wochen und den RSI über 9 oder 14 Tage beziehungsweise Wochen. Oszillatordivergenzen warnen häufig vor Wendungen des Marktes. Am besten funktionieren diese Werkzeuge, wenn sich der Markt innerhalb einer Trading Range bewegt. Die Wochensignale können als Filter für die Tagessignale verwendet werden. Tagessignale können für Intraday-Charts verwendet werden.

8. Sie müssen die Warnzeichen kennen.

Verfolgen Sie den MACD. Der Moving Average Convergence Divergence Indicator (MACD, Indikator der Konvergenz beziehungsweise Divergenz gleitender Durchschnitte), der von Gerald Appel entwickelt wurde, verbindet die Überkreuzungen von gleitenden Durchschnitten mit dem „überkauft/überverkauft"-Element eines Oszillators. Ein Kaufsignal besteht, wenn die schnellere Linie die langsamere von unten schneidet und beide Linien sich unterhalb der Nulllinie bewegen. Ein Verkaufssignal besteht, wenn die schnellere Linie die langsamere von oberhalb der Nulllinie her schneidet. Wochensignale haben Vorrang vor Tagessignalen. MACD-Histogramme zeigen die Differenz zwischen den Linien und zeigen Trendänderungen sogar noch früher an. Die Bezeichnung Histogramm rührt von der Verwendung senkrechter Balken für die Darstellung des Abstands zwischen den beiden Linien im Chart her.

9. Trend oder kein Trend?

Verwenden Sie den ADX. Der ADX (Average Directional Movement Index, Richtungsindex) hilft festzustellen, ob sich der Markt in einer Trend- oder einer Schwankungsphase befindet. Eine aufsteigende ADX-Linie deutet auf das Bestehen eines starken Trends. Eine fallende ADX-Linie deutet auf das Bestehen einer Trading Range und auf die Abwesenheit eines Trends. Bei steigender ADX-Linie sind gleitende Durchschnitte sinnvoller, bei fallender ADX-Linie dagegen Oszillatoren. Wenn man die Richtung der ADX-Linie darstellt, kann man bestimmen, welche Art von Indikator unter den aktuellen Marktbedingungen am besten passt.

10. Kennen Sie die Bestätigungszeichen.

Dazu gehören das Handelsvolumen und die offenen Kontraktpositionen (Open Interest). Umsatz und Open Interest sind an den Futuresmärkten wichtige Bestätigungsindikatoren. Der Umsatz geht dem Kurs voran. Es ist wichtig, darauf zu achten, dass das steigende Handelsvolumen in Richtung des herrschenden Trends geht. Während eines Aufwärtstrends sollten die Umsätze an Tagen zulegen, an denen der Markt steigt. Wenn die offenen Positionen zunehmen, bestätigt das, dass neues Geld den herrschenden Trend stützt. Ein Rückgang der offenen Kontraktpositionen warnt häufig davor, dass sich der Trend seinem Ende nähert. Ein solider Aufwärtstrend sollte von steigendem Handelsvolumen und einer Zunahme der offenen Positionen begleitet sein.

www.murphymorris.com

Wie man im Aktienspiel gewinnt.

Alan M. Newman

Alan Newman ist seit der Erstausgabe im Mai 1990 Herausgeber von Crosscurrents bei HD Brous & Co., Inc. sowie Herausgeber von www.cross-currents.net. Newman ist der technische Analyst der Firma und Mitglied der Market Technician's Association.

1. Mit dem Aktienmarkt ist es wie mit anderen Spielen auch: Man muss wissen, wie es geht, wenn man gewinnen will.

Lernen Sie alle Regeln, zum Beispiel das Platzieren von Limitorders, Stops, Auf-Widerruf-Aufträgen und so weiter. Erlaubt Ihr Broker „Stops“ für OTC-Aktien? Manche tun das. Finden Sie über die Grundregeln so viel heraus wie möglich.

2. Wie bei anderen Spielen auch dürfen Sie gewinnen, wenn andere Anleger verlieren.

Aktienkauf ist ein Weg zum Profit, aber selbst in der besten Hausse gibt es auch Verlierer. Leerverkäufe oder Shortselling – der Verkauf von Aktien, die man nicht besitzt – sind eine Möglichkeit, auch in fallenden Märkten Geld zu verdienen und seinen Gewinn beträchtlich aufzustocken. Wenn man auf beiden Seiten gleichzeitig spielen will, braucht man das, was man als „marktneutrale“ oder „gehedgte“ Position bezeichnet. Theoretisch bedeutet eine markneutrale oder Hedge-Position ein insgesamt geringeres Risiko.

3. Wenn Sie anfangen zu verlieren, hören Sie auf zu spielen!

Kennen Sie Ihre Schmerzgrenze und trödeln Sie mit schlechten Positionen nicht herum, vor allem dann nicht, wenn sie sich schnell gegen Sie wenden. Es könnte noch schlimmer kommen, sogar noch viel schlimmer. Erstarren Sie niemals wie ein Reh, das mitten auf der Straße von den Scheinwerfern gebannt ist. Im Zweifelsfall stoßen Sie die Position ab.

4. Vergessen Sie Regel 3 manchmal – besonders wenn Ihr Bauch Ihnen sagt, dass Sie am Ende Recht behalten werden.

Wenn Sie es sich in solchen Fällen nicht leisten können, mit der betroffenen Position 100 Prozent falsch zu liegen, dann müssen Sie die Chance auf 50 Prozent verschieben, indem Sie aus der Hälfte der Position aussteigen. Dann bekommen Sie zwar höchstens zu 50 Prozent Recht, aber Sie können auch auf keinen Fall 100 Prozent falsch liegen. Wenn sich die Position in die Richtung bewegt, die Sie ursprünglich erwartet hatten, dann profitieren Sie davon. Wenn sich die Position weiter gegen Sie bewegt, verlieren Sie weniger.

5. Senken Sie NIEMALS den durchschnittlichen Preis.

Siehe Regeln 3 und 4. Wenn sich die Position gegen Sie wendet, dann hat das wahrscheinlich einen guten Grund (vielleicht ist sie Schrott, den Sie nicht behalten sollten). Warum sollte man die Strafe noch verschärfen, indem man die Position vergrößert? Wenn sich die Position weiter zu Ihren Ungunsten entwickelt, dann bewirken Sie durch die Senkung der durchschnittlichen Kosten nur eines – dass Sie noch mehr Geld verlieren.

6. Haben Sie keine Angst, Ihre Gewinnertrades aufzustocken.

Wenn dagegen (anders als in Regel 5) Ihr Vertrauen wächst, dann haben Sie keine Angst, Ihre Gewinnertrades zu einer Pyramide aufzuschichten. Investoren jeglicher Couleur haben im Allgemeinen gute Vorahnungen und Eingebungen, insbesondere wenn die Entscheidungen auf fundamentalen Gegebenheiten beruhen, die sie kennen, zum Beispiel einem neuen Produkt. Wenn das Produkt ein Erfolg wird, dann könnte es dem Unternehmen für längere Zeit Wachstum sichern als ursprünglich erwartet. Wenn dadurch Ihr Vertrauen zunimmt, ziehen Sie eine Aufstockung Ihrer Position in Betracht.

7. Riskieren Sie niemals mehr als fünf Prozent Ihres Kapitals mit einem einzelnen Trade, und halten Sie immer eine kleine Bargeldreserve bereit, damit Sie neue Gelegenheiten wahrnehmen können.

Wenn Sie beim Auftauchen einer neuen Idee bereits knapp sind, dann steigert die Investition von geliehenem Geld nur Ihr Gesamtrisiko, falls sich der Markt gegen Sie wendet.

8. Ein paar grundlegende Fundamentaldaten sind nie verkehrt.

Wenn Sie auch keine Wirtschaftszeitungen lesen, so lesen Sie doch zumindest die Tageszeitung. Wenn Sie über die aktuellen Ereignisse noch nicht auf dem Laufenden sind, dann wird es Zeit.

9. Ihre besten Investments können auf Ihren eigenen Erfahrungen und Ihrem gesunden Menschenverstand beruhen.

Vergessen Sie nicht, dass es nicht dasselbe ist, den Gedanken anderer zu lauschen oder Erfahrungen selbst zu machen beziehungsweise selbst etwas zu verstehen. Es ist sehr gut möglich, dass Sie mindestens genauso schlau sind wie der Broker, der die Aktie empfiehlt.

10. Gewinnsträhnen machen Spaß, aber sie sind immer zu schnell wieder vorbei.

Wenn es zu leicht geht, dann nehmen Sie sich zurück und traden Sie weniger. Normalerweise ändert sich in solchen Momenten der Trend so schnell, dass er einem den Kopf wegbläst. Verluststrähnen dagegen scheinen manchmal überhaupt nicht enden zu wollen. Wenn Sie eine Verlustserie erleiden, nehmen Sie sich zurück und traden Sie weniger, oder hören Sie eine oder zwei Wochen lang ganz auf. Riechen Sie den Duft der Blumen. Lesen Sie ein Buch. Besuchen Sie einen alten Freund. Eine neue Perspektive wirkt gewöhnlich Wunder. Last not least denken Sie daran: Es ist ja nur Geld.

www.hdbrous.com

Investitionen in Smallcap-Aktien

David Newton

David Newton ist seit 1990 Professor für Unternehmensfinanzen und Gründer des Unternehmerschaftsprogramms am Westmont College im kalifornischen Santa Barbara. Davor lehrte er fünf Jahre lang im MBA-Programm der Pepperdine University in Los Angeles. Anfang der 80er-Jahre arbeitete er zwei Jahre lang in einer Bostoner Investmentbank, und er hat mehr als 100 schnell wachsende Projekte als Berater in den Bereichen Startup-Geschäftspläne, Finanzstrategie von Kleinunternehmen, Wagniskapital, IPO und Unternehmensbewertung begleitet.

Bücher

How to Be an Internet-Stock Investor, McGraw-Hill 2000
How to Be a Small-Cap Investor, McGraw-Hill 1999
Entrepreneurial Ethics, Kendall-Hunt 1997

1. Die Jugend von heute wird irgendwann erwachsen.

Die „großen“ an der Börse notierten Firmen, die den DJIA und den S & P 500 beherrschen, waren alle irgendwann einmal Smallcap-Aktien. Mit der Zeit sind sie eben zu großen Gesellschaften geworden. Investoren, die bereit sind, die kleineren, weniger populären und weniger beobachteten Firmen genau zu überprüfen, können das gleiche Wachstum immer noch bekommen. Zugegeben, nicht jedes jetzige Smallcap-Unternehmen wird zum Midcap- oder Largecap-Branchenführer von morgen, aber die Analyse des künftigen Potenzials zeigt, dass Dutzende von Unternehmen, die heute eine Marktkapitalisierung von 200 Millionen US-Dollar haben, eines Tages mit mehr als fünf Milliarden kapitalisiert sein könnten, wenn sie endlich zur vollen Blüte gelangen.

2. Nehmen Sie einen „unternehmerischen Standpunkt" ein.

Als Anleger muss man wie ein Unternehmer denken und Smallcaps mit den gleichen Unternehmeraugen sehen wie Venturekapitalisten oder Anfangsinvestoren. Streben Sie keinen lockeren schnellen Ertrag an. Nähren Sie lieber eine unternehmerische Herangehensweise, mit der Sie solide Gelegenheiten erkennen können, und bauen Sie dann eine Vision möglicherweise außergewöhnlich guter Ergebnisse auf. Stellen Sie Fragen wie diese: „Wie wird dieses Unternehmen die Branche verwandeln?" Oder: „Warum wird es diesem Unternehmen besser gehen als den anderen?" Am Ende ergeben sich häufig Vervielfachungen des Aktienkurses für Investoren, die diesen kleinen „aufstrebenden" Kämpfern Raum gegeben haben, ihre Sache vorzutragen, ihre Innovation einzuführen und Kopf an Kopf mit den etablierten Firmen in den besten Branchen und Wachstumsmärkten zu wetteifern.

3. Verwenden Sie immer wieder das Profilsieb.

Es ist für Anleger unerlässlich, die Aussichten neuer kleiner Unternehmen einem strengen und vielseitigen Durchsichtverfahren zu unterwerfen, um kontinuierlich die besten Branchen nach den viel versprechendsten Investmentgelegenheiten abzusuchen. Betrachten Sie das äußere Umfeld als Pool interessanter neuer Projekte, wobei Ihnen alle Unternehmen ihr Geschäftsmodell und ihr Management als mögliche Investition anpreisen. Deshalb müssen Sie den regelmäßigen Strom von Börsengängen unter Kontrolle bringen, so dass sich in jedem Quartal ein konsistentes Bild neuer Aktieninvestments ergibt. Tun Sie das Quartal für Quartal und Jahr für Jahr, und mit der Zeit wird dieser stetige Prozess der Aussiebung ein paar hübsche versteckte Goldnuggets von außergewöhnlichem Wert zutage fördern.

4. „Ich behalte dich im Auge" – denn sonst tut das niemand.

Begreifen Sie das! Wenn die Aktienmärkte halbstreng effizient sind, dann stellen Ihr systematischer Researchansatz, Ihre Hausaufgaben, Gespräche und Überprüfungen der Finanzlage weit mehr dar als das, was die meisten anderen Investoren und Analysten mit den gleichen Smallcap-Firmen tun. Und das Gesamtbild, das sich herausbildet, wenn alle Informationen da sind, wird mit hoher Wahrscheinlichkeit eigenständiger sein als die fast übereinstimmenden Ergebnisse aus zweiter Hand, die üblicherweise bei der Überprüfung von Largecaps herauskommen. Gute Kontakte, der Besuch von Handelsmessen, Gespräche mit Menschen aus der Branche, die Beobachtung der Fortschritte von Produkten und Dienstleistungen über eine gewisse Zeit – das alles bringt Erkenntnisse über die kleinen Aufsteiger, die kaum jemand regelmäßig beobachtet und beurteilt. Also gilt: „Bei jedem Atemzug, bei jeder Bewegung – Sie beobachten sie." Und genau deshalb sind Smallcaps eindeutig der Mühe wert.

5. Aus den Augen, aber nicht aus dem Sinn.

Geben Sie den Smallcap-Aktien Zeit, um ihr großes Investmentaroma zu entfalten. Wie ein guter Wein, der im Keller lagert, oder eine feine Soße, die auf kleiner Flamme simmert, erfordert der gute Geschmack Geduld. Hören Sie auf, jedem kurzlebigen Trend hinterherzurennen, weil Sie dann wahrscheinlich erst nach der Aufwärtsbewegung kaufen und sowieso vor dem Höhepunkt verkaufen. Investieren Sie stattdessen systematisch über eine gewisse Zeit in eine laufende Entwicklung und geben Sie den kleinen Unternehmen Zeit, Wurzeln auszubilden, zu reifen und Früchte zu tragen. Noch vor sieben kurzen Jahren waren die drei Meter hohen Valencia-Bäume hinter meinem Haus noch dürre 20-Zentimeter-Setzlinge in einem kleinen Eimer. Heute tragen sie dreimal im Jahr Hunderte süßer reifer Orangen. Man kann den Erfolg nicht übers Knie brechen, und die Zeit, in der Sie jedem „heißen Tipp" hinterherlaufen, ist verschwendet. Die mit der Zeit immer mehr geübte Geduld dagegen ist für den Smallcap-Investor eine unschätzbare Tugend.

6. Folgen Sie dem mit Brotkrumen markierten Pfad. Er führt zu einem großartigen Investment-Weg.

Nehmen Sie sich regelmäßig die Zeit, die Historie von smallcap-orientierten Investmentfonds über die letzten acht bis zehn Jahre durchzusehen. In welche Unternehmen haben sie 1992, 1994 und 1997 investiert? Sehen Sie nach, wo diese Unternehmen heute stehen, und berechnen Sie die Durchschnittsleistung jedes Fonds, indem Sie die Anzahl der höchst erfolgreichen Firmen von heute durch die Gesamtzahl der Smallcaps teilen, in die der Fonds im Betrachtungszeitraum investiert hat. Werfen Sie dann einen genaueren Blick auf die heutigen Smallcap-Investments dieser Smallcap-Fonds und überprüfen Sie dann einzelne Firmen aus den Fonds mit der höchsten durchschnittlichen Erfolgsquote. Es ist ziemlich wahrscheinlich, dass viele dieser Smallcaps etwas zusätzliche Hausaufgaben Ihrerseits verdienen.

7. Diversität ist das Salz Ihres Anlegerlebens.

Smallcap-Investing dreht sich nicht nur um Technologieunternehmen. Es gibt Hunderte großartiger aufstrebender Unternehmen quer durch alle Wirtschaftssektoren, und in jeder der Dutzenden von Branchen, aus denen sich die Sektoren zusammensetzen. Sorgen Sie dafür, dass in Ihrem Portfolio zahlreiche "Typen" von kleineren aufsteigenden Unternehmen vertreten sind. Ein heute kaum bekannter Hersteller kann morgen von einem weltweiten Vertreiber für das Sechs- bis Siebenfache des derzeitigen Kurses aufgekauft werden. Ein winziger Ersatzteilhersteller kann in den nächsten Jahren in seiner Marktnische führend werden. Und ein kleines elektrotechnisches Unternehmen kann innerhalb von fünf Jahren seinen patentierten Spezialentwurf in Hunderte von strategischen Partnerschaften verwandeln. Kluge Diversifizierung über mehrere starke Branchen bietet immer ein breiteres und stabileres Spektrum von Chancen auf Unternehmenswachstum und Kurszuwächse.

8. Venturekapitalisten müssen mit Verlierern leben, und Sie können das auch.

Die einzige Möglichkeit, systematisch an die Investition in Smallcaps heranzugehen, ist zu denken wie ein Wagniskapitalgeber. Man kann nicht erwarten, dass jedes Smallcap-Investment riesige Erträge bringt. Tatsächlich kommen auf zehn Firmen im Portfolio drei Smallcap-Aktien, die mit ziemlicher Sicherheit bedeutend an Wert verlieren werden, während vier Stück davon wahrscheinlich ungefähr in dem Bereich enden werden, in dem Sie sie anfänglich gekauft haben, selbst wenn Sie sie über lange Zeit halten. Kommen Sie damit zurecht. Die Venturekaptalisten tun das auch. Aber immerhin zwei Unternehmen werden sich mit der Zeit sehr gut entwickeln und werden unter den zehn ursprünglichen die Stars, die ihren Wert geometrisch verzehn- oder verzwanzigfachen. Sie sollten Folgendes erwarten: Das Nettoergebnis der kombinierten Performance von zehn gekauften Aktien sollte ein bedeutender positiver Ertrag sein, aber nicht jede einzelne Aktie kann ein Star werden.

9. „He Kumpel, haste mal 'ne Information?"

Kleinere Unternehmen tauchen auf dem Radarschirm der Branchenberichte und der verbraucherorientierten Marketingberichte häufig nicht auf. Im Allgemeinen werden sie auch von den bemerkenswertesten Aktienführern weggelassen; im besten Fall gibt es im Vergleich zu den „großen Namen" des entsprechenden Sektors relativ wenige Firmeninformationen und Pressemeldungen. Ihnen gereicht dies allerdings auch zum Vorteil, denn so können Sie Informationen auftun, die nicht weithin bekannt sind – wenn Sie bereit sind, ein paar Handels- und Produktmessen zu besuchen oder unmittelbar mit Einkaufsmanagern und Unternehmensvertretern zu sprechen. Schließen Sie auch einen Vor-Ort-Besuch in der Firmenzentrale nicht aus. Weniger formales

Research kann zu Erkenntnissen führen, die an den Aktienmärkten nicht schon Allgemeingut sind.

10. Verbringen Sie Zeit mit den „Machern".

Sie kennen den Spruch „Pechvögel sind nicht allein". Aber die Kehrseite davon ist, dass „riskante Gelegenheiten Bestätigung lieben". Eine solche Bestätigung in Bezug auf ein Smallcap-Unternehmen, das Ihrem systematischen Screeningverfahren genügt, ist die Tatsache, dass es auch von größeren institutionellen Anlegern (Geschäftsbanken, Inestmentbanken, Versicherungsgesellschaften, Broker, Pensionsfonds) „genehmigt" wurde. Überprüfen Sie, ob Stammaktien Ihres anvisierten Smallcaps im Besitz von nennenswerten Institutionen sind, und wenn ja, welchen Anteil sie prozentual sowie im Vergleich zu allen anderen Aktionären besitzen. Wenn ein kleineres Unternehmen nicht genauer beobachtet wird, aber ein paar Institutionen beschlossen haben, eine entsprechende Position aufzubauen, dann müssen sie etwas wissen; entweder wissen sie mehr als Sie, oder sie wissen genau das, was Sie entdeckt haben. Das könnte genau die positive Bestätigung sein, die Sie hören wollen, und es könnte bestätigen, dass Ihre ausführlichen Erkundigungen wahrscheinlich trotz allem vertrauenswürdig sind.

www.westmond.edu

Regeln für das Leben

Victor Niederhoffer

Victor Niederhoffer ist privater Spekulant und hat sich auf den Futures- und Optionshandel spezialisiert.

Bücher

The Education of a Speculator, John Wiley 1996

Laurel Kenner

Laurel Kenner ist Wirtschaftsjournalistin in New York City. Sie war vorher Leiterin der Abteilung US-Aktien bei Bloomberg News. Davor berichtete sie während ihrer 17-jährigen Nachrichtenkarriere über die Polizei, über Politik sowie über Luft- und Raumfahrt.

1. Seien Sie demütig.

Der Markt ist immer erfinderisch, wenn er einen Weg sucht, Sie dazu zu bringen, dass Sie eine Krähe essen – roh, krächzend und mit allen Federn. Halten Sie Reserven für alle denkbaren Eventualitäten vor.

2. Fahren Sie sich nicht fest.

Die Zyklen verändern sich ständig. Gerade dann, wenn Sie die perfekte Strömung gefunden haben, beißen die Fische nicht mehr an, das Wetter wechselt und es kommen andere Fischer, so dass der Fang kleiner ausfällt.

3. Rechnen Sie.

Wenn eine Frage wichtig ist, dann muss sie überprüft werden. Dazu gehört, dass Sie rechnen und dass Sie Variablen und Unsicherheiten berücksichtigen. Man muss sich im Voraus darauf einigen, ab wann eine Differenz groß genug ist, dass das Ergebnis nicht als zufällig gilt. Lesen Sie dazu von Stephen M. Stigler: Statistics on the Table: The History of Statistical Concepts and Methods, oder eines der Bücher von Francis Galton.

4. „Kaufen und Halten" funktioniert.

Fast alle Portfolios mit NYSE-Werten, die zehn Jahre oder länger gehalten wurden, weisen Renditen von mindestens acht Prozent auf. Siehe Stocks for the Long Run von Jeremy Siegel oder How to Buy Stocks von Louis Engel.

5. Haben Sie Geduld.

Werfen Sie nicht das Handtuch, wenn es sehr schlecht aussieht, und horten Sie nicht, wenn es sehr gut aussieht. Aktien haben die ausgesprochene Tendenz, sich zu allen Zeiten umzukehren. Schauen Sie, was die Trendverfolger tun, und tun Sie dann das Gegenteil.

6. Folgen Sie den Insidern.

Führungskräfte und Manager von Unternehmen erzielen beim Kauf drei Prozentpunkte zusätzlich und beim Verkauf ebenfalls drei Prozent zusätzlich. Sie müssen alle Gewinne wieder abgeben, die sie mit Aktien erzielen, die sie seit weniger als einem Jahr halten. Wenn sie Aktien ihres eigenen Unternehmens kaufen, dann hat das für gewöhnlich einen guten Grund – es sei denn, man will Sie zu sinnlosen Käufen verleiten.

7. Lesen Sie gute Bücher.

Die Gedanken von Shakespeare, Cervantes, Twain, Rand, Galton, Darwin und Hugo waren bei ihrer Veröffentlichung klassisch und werden es auch bleiben.

8. Spielen Sie Gesellschaftsspiele.

Dame und Schach bringen für Ihre „Marktweisheit“ mehr als das Durchforschen des Internets.

9. Seien Sie skeptisch.

Nirgendwo gibt es so viele Quacksalber und Scharlatane wie am Markt.

10. Schenken Sie klugen Menschen Aufmerksamkeit.

Die Leser, die uns schreiben, sind im Durchschnitt schlauer und kennen sich auf ihrem Fachgebiet besser aus als wir. Das Wissen ändert sich zu schnell, und der Spezialisierungsgrad ist so hoch, dass man auch zu zweit nicht auf der Höhe sein kann, außer wenn sie Ihnen große Aufmerksamkeit schenken.

www.worldlyinvestor.com

Die wirtschaftliche Hintergrund des Investing

Michael Niemira

Michael P. Niemira ist Vizepräsident und Wirtschaftswissenschaftler der Bank of Tokyo-Mitsubishi in New York. Davor arbeitete er als Wirtschaftswissenschaftler bei PaineWebber, Chemical Bank und Merrill Lynch.
Er hat an der Stern Graduate School of Business der New York University Wirtschaftsprognostik gelehrt, und am New York Institute of Finance die Interpretation von Wirtschaftsstatistiken.

Bücher
Trading the Fundamentals, revised edition, McGraw-Hill 1998
Forecasting Financial and Economic Cycles, John Wiley & Sons 1994

1. Achterbahn fahren macht dem Verbraucher keinen Spaß.

Der „Katona-Effekt“ ist nach George Katona, dem inzwischen verstorbenen Gründer des Survey Research Center an der University of Michigan benannt. Dabei handelt es sich um eine kaum bekannte Hypothese, die international für industrialisierte Länder gilt. Sie beschreibt die Beziehung zwischen der Zunahme der Verbraucherausgaben und der Schwankungen des Preisniveas insgesamt. Wenn die Preisschwankungen in der Wirtschaft zunehmen, geben die Verbraucher weniger aus und sparen mehr sowie umgekehrt.
Der Katona-Effekt zeigt klar, wann die Verbraucher Geld ausgeben – und das ist besonders wichtig, weil die Höhe der Verbraucherausgaben die Anleihenpreise und die Bewertung von Einzelhandelsaktien beeinflusst.

2. „Die Technologie hat den Bestandszyklus überwunden" – falsch!

Seltsamerweise herrscht verbreitet die Meinung, das Management der Versorgungskette unter Einsatz von Hochtechnologie biete mehr Kontrolle über den gesamten Bestandszyklus. Vielleicht eines Tages, aber die Wirklichkeit ist davon noch weit entfernt. Im Gegenteil, in den Vereinigten Staaten schwanken die Lagerbestände im Verhältnis zum Umsatz immer mehr. Dies wirft eine wichtige Frage zur Bändigung der Konjunktur- und Branchenzyklen auf: Führen steile Nachfrageanstiege, die durch das Bestandsmanagement verstärkt werden, zur Verkürzung der Zyklen und rufen so konjunkturelle Schwankungen hervor? Wahrscheinlich.

3. Glauben Sie nicht alles, was Zentralbanker, Wirtschaftswissenschaftler und Journalisten sagen oder schreiben.

Obwohl diese Regel im Hinblick auf Wirtschaftsexperten wahrscheinlich größere Akzeptanz genießt, sollten die Anleger bei der Einschätzung von Aussagen und Artikeln in der Finanzpresse genauso kritisch sein. Allzu oft ist eine gute Story besser als eine, die den Tatsachen entspricht. Verlangen Sie Beweise!

In diesem Fall der Aktien-Wohlstands-Effekt: Weder die Ökonometrie noch die Umfrageergebnisse sind starke Stützen. George Katona fasste das grundsätzliche logische Problem dieser anscheinend populären Auffassung zusammen. Katona erklärte, dass sich die Ökonomen mit zunehmendem finanziellen Wohlstand der Haushalte immer mehr darauf konzentrierten, wie sich der größere Wohlstand auf Konsum und Sparen auswirkt (relativ einfach). Die Wirtschaftswissenschaftler tauschten „Wohlstand" in der Konsumanalyse gegen „Einkommen", denn „im Prinzip können die Ausgaben der Verbraucher entweder aus dem Einkommen oder aus liquidem Vermögen bezahlt werden." Das Problematische an dieser Sicht besteht, wie Katona andeutete, darin, dass sie im Wesentlichen auf der falschen Logik basiert, wonach „das Geld Löcher in die Taschen der Verbraucher brennt" und „man annahm, die Sparanreize würden sich mit wachsendem Wohlstand abschwächen".

4. Die Gerüchte über den Tod des Geschäftszyklus sind schwer übertrieben.

Mark Twain schrieb 1897: „Berichte über meinen Tod sind stark übertrieben." Und so ist es auch mit dem Konjunkturzyklus. Gerade wenn die verbreitete Stimmung unter Führung einer Hand voll unerfahrener Wirtschaftswissenschaftler die Existenz des Konjunkturzyklus in Frage stellt, kommt ein Zyklus daher und stellt die falsche Wahrnehmung wieder richtig.

Auch wenn der Konjunkturzyklus für Anlageentscheidungen äußerst wichtig ist, so ist es noch weit wichtiger, den „Wachstumszyklus" zu beobachten. Wachstumszyklen können als Abweichungen vom Wachstumstrend oder als Zyklus der Wachstumsraten dargestellt werden – beide stehen in einem engeren statistischen Verhältnis zum Aktienmarkt. Wachstumszyklen gehen dem so genannten klassischen Konjunkturzyklus voraus, und das ist noch ein Grund, sie zu beobachten.

www.strategic-signals.com

Investition in sehr schnell wachsende Unternehmen

James W. Oberweis

James W. Oberweis ist Präsident von Oberweis Securities, Inc., Senior Vice President von Oberweis Asset Management, Inc., und Portfoliomanager des Oberweis Mid-Cap Portfolio. Die Oberweis-Fonds sind auf schnell wachsende Unternehmen in den Kategorien Smallcap und Midcap spezialisiert. Oberweis gibt den Börsenbrief The Oberweis Report heraus, den der Hulbert Financial Digest als Börsenbrief mit der zweitbesten Performance in dem Zehnjahreszeitraum einstufte, der am 31. 12. 2000 endete.

1. Suchen Sie beständiges und schnelles Umsatzwachstum – am besten intern erzeugt und in Höhe von mindestens 30 Prozent.

Wenn Sie Aktien mit großem Investmentpotenzial suchen, dann empfehlen wir, mit den erfolgreichsten Unternehmen anzufangen. Wenn die Verbraucher oder die Einkaufsmanager von Unternehmen jedes Jahr 40, 50 oder 100 Prozent mehr Produkte eines Unternehmens kaufen, dann ist das Unternehmen ein Super-Erfolg. Ob es nun Hamburger, Computer oder sonstige Geräte herstellt, eines der besten Anzeichen für den Erfolg seiner Produkte ist das Tempo, in dem der Umsatz wächst. Überraschenderweise dürfte die Branche, in der ein Unternehmen operiert, kein entscheidender Faktor sein. Tatsächlich bieten Unternehmen, die in Branchen mit durchschnittlichem Wachstum schnell wachsen, manchmal die besten Aussichten. Das zeigt uns nämlich, dass das Unternehmen eindeutig irgendetwas besser macht als seine Konkurrenten. Wir ziehen internes beziehungsweise organisches Wachstum dem Wachstum durch Übernahmen vor.

2. Achten Sie ebenso auf beständiges Wachstum des Überschusses vor Steuern und des Gewinns pro Aktie.

Beständiges Gewinnwachstum ist ebenfalls erforderlich. Das setzt natürlich voraus, dass das Unternehmen überhaupt Gewinn erwirtschaftet. Der Umsatz lässt sich kurzfristig häufig durch deutliche Preissenkungen steigern. Wenn aber diese Preissenkungen die Gewinnmargen vermindern oder beseitigen, dann liegt solches Wachstum langfristig nicht im Interesse der Aktionäre. Seien Sie vorsichtig mit Unternehmen und Sektoren mit schnellem Wachstum, bei denen sich das Wachstum aber nicht in höheren Gewinnen niederschlägt, so wie wir es in den 60er-Jahren bei den Fluggesellschaften und Ende der 90er-Jahre bei den Internetgesellschaften erlebt haben. Kurzfristig entgehen Ihnen dadurch vielleicht ein paar Gelegenheiten, aber die Investition in Unternehmen mit wachsendem jährlichen Überschuss erhöht die Wahrscheinlichkeit, dass Sie langfristig erfolgreiche Unternehmen besitzen. Nur allzu oft haben wir es erlebt, dass sich das Versprechen künftiger Gewinne nicht bewahrheitet hat.

3. Natürlich müssen Sie auf den Nettoüberschuss schauen, aber auch der Gewinn vor Steuern ist bedeutsam.

Wenn das Gewinnwachstum hauptsächlich aus niedrigeren Steuern resultiert, ist es nicht haltbar. Der Gewinn pro Aktie muss genauso wachsen. Ein Unternehmen kann seinen Gewinn jederzeit erhöhen, indem es weitere Aktien verkauft und mit dem Erlös entweder Schulden bezahlt oder sogar in Schatzanweisungen investiert. Aus Sicht der Aktionäre ist so etwas nur sinnvoll, wenn es den Gewinn pro Aktie auf lange Sicht verbessert.

4. Kaufen Sie Aktien, deren KGV nicht mehr als die Hälfte der Wachstumsrate beträgt.

Wenn Sie einmal eine Liste von Unternehmen erstellt haben, die die Minimalanforderungen an Einnahmen und Gewinn erfüllen, dann müssen Sie noch die Bewertung beurteilen. Ist der aktuelle

Preis im Verhältnis zu den Wachstumsaussichten des Unternehmens vernünftig? Gibt es noch attraktivere Investmentgelegenheiten? Was sollte man lieber kaufen – ein Unternehmen mit einem KGV von 20 und einem jährlichen Gewinnwachstum von 30 Prozent, oder ein Unternehmen mit einem KGV von 30 und einem jährlichen Gewinwachstum von 60 Prozent? Viele Anleger – sowohl institutionelle als auch private – würden die erste Aktie für besser halten, weil ihr Kurs-Gewinn-Verhältnis (KGV) niedriger ist. Ich möchte allerdings behaupten, dass die zweite Aktie attraktiver ist, weil das KGV im Verhältnis zur Gewinnwachstumsrate niedriger ist.

5. Suchen Sie nach Unternehmen mit Produkten oder Dienstleistungen, die die Chance auf bedeutendes künftiges Wachstum bieten.

Sie müssen für Ihre Prognose auch ein Urteil hinsichtlich der Produkte beziehungsweise Dienstleistungen des Unternehmens fällen. Beruht das Wachstum der letzten Zeit auf einer vorübergehend oder dauerhaft gestiegenen Nachfrage nach seinen Produkten? Bcispielsweise haben die außergewöhnlich niedrigen Zinsen der letzten Jahre zu einem Nachfragezuwachs im Baugewerbe und zu deutlichen Gewinnzunahmen von Unternehmen im Baubereich geführt. Genießen nun die Bauunternehmen dieses Wachstum aufgrund solider und langfristig steigender Nachfrage nach ihren Produkten? Wahrscheinlich nicht. Wenn die Zinsen wieder kehrtmachen, können Sie darauf wetten, dass die Bau-Nachfrage entsprechend wieder zurückgehen wird.
Weiter ist es wünschenswert, dass das von dem Unternehmen angebotene Produkt oder die Dienstleistung zu beträchtlichem künftigen Wachstum fähig ist, ohne zu schnell zu viele Mitbewerber anzulocken.

6. Schenken Sie neueren Trends in der Entwicklung der Quartalsumsätze und – Gewinne besondere Beachtung. Suchen Sie nach Unternehmen, deren Wachstumsrate größer wird.

Diese und die folgende Regel beziehen sich auf die jüngsten

Quartalsergebnisse – die vielleicht wichtigsten Zahlen, wenn man die Richtung eines Unternehmens einschätzen will – und darauf, wie der Markt das Unternehmen im Verhältnis zu seinem Umsatz bewertet.

Der Anleger sollte sich nicht auf die Gewinnzunahme gegenüber dem Vorjahr konzentrieren, sondern bei nicht saisonal beeinflussten und nichtzyklischen Unternehmen besser auf den Zuwachs von Quartal zu Quartal. Denn wenn ein Unternehmen meldet, dass das EPS (Earnings Per Share, Gewinn pro Aktie) im zweiten Quartal 1995 0,15 US-Dollar betrug und dass es im Vorjahr nur 0,10 US-Dollar betragen hatte, dann hört sich das toll an – eine Zunahme von 50 Prozent. Wenn aber im ersten Quartal 0,16 respektive 0,08 US-Dollar erwirtschaftet wurden, dann bedeutet das, dass der Gewinn im zweiten Quartal gegenüber dem vorangegangenen Quartal von 0,16 auf 0,15 US-Dollar zurückgegangen ist. Und das bedeutet, dass das Wachstum des Unternehmens zurückgeht.

Wenn es um saisonal beeinflusste Unternehmen wie zum Beispiel Einzelhandelsgesellschaften geht, vergleichen Sie lieber das Wachstum gegenüber dem Vorjahresquartal mit dem Wachstum im vorangegangenen Quartal. Das ist besser als ein Vergleich der absoluten Zahlen. Optimal ist es, wenn Gewinn und Umsatz eines Unternehmens im letzten Jahr um 25 bis 30 Prozent zugenommen haben, wenn sie im laufenden Jahr um 35 bis 40 Prozent zunehmen und wenn sich das Wachstum im kommenden Jahr auf 45 oder 50 Prozent beschleunigt. In solchen seltenen Fällen steigt die Aktie dann häufig nicht nur aufgrund des Gewinnwachstums, sondern auch aufgrund des wachsenden KGVs – das KGV wird größer, wenn die Anleger das schnellere Wachstum des Unternehmens wahrzunehmen beginnen. Solche Fälle sind für Anleger natürlich wunderbar.

7. Achten Sie auf ein vernünftiges Kurs-Umsatz-Verhältnis im Hinblick auf die Wachstumsaussichten und Ertragsmargen des Unternehmens.

Ein Kurs-Umsatz-Verhältnis (KUV) von zwei bedeutet, dass der gesamte Marktwert des Unternehmens das Doppelte seines Jahresumsatzes beträgt. Unternehmen mit schnellem Wachstum oder hohen Gewinnmargen sollten ein höheres KUV haben als Unternehmen mit geringerem Wachstum oder niedrigeren Ertragsmargen. Wenn das KUV eines Unternehmens größer als fünf ist, dann muss es entweder hervorragende Wachstumsaussichten oder attraktive Gewinnmargen haben – sonst ist die Aktie überbewertet. Ein KUV unter eins kann auf bescheidene Wachstumsaussichten, niedrige Margen oder eine Unterbewertung der Aktie hindeuten. Anhand dieser beiden Richtschnüre können Sie bestimmen, ob eine Aktie zu einem bestimmten Zeitpunkt für den Kauf attraktiv ist.

8. Studieren Sie sorgfältig die Bilanz des Unternehmens.

Versuchen Sie zu verstehen, wie und warum das Unternehmen so schnell wächst. Manchmal entdecken Sie ungewöhnliche Posten, zum Beispiel eine immense Zunahme der Außenstände oder der Lagerbestände, die nichts mit Umsatzwachstum zu tun haben. Achten Sie auf der Suche nach ungewöhnlichen Posten, die künftig Probleme bereiten können, besonders auf die Fußnoten. Haben Sie keine Angst vor Unternehmen mit hoher Leverage. Der Fremdkapitalanteil sagt etwas über die Finanzierung des Unternehmens aus, nicht aber über seinen Erfolg. Ein erfolgreiches und wachsendes Unternehmen kann hauptsächlich durch Eigenkapital, durch Schulden oder durch beides finanziert sein. Bei sehr erfolgreichen Unternehmen kann ein gewisser Fremdkapitalanteil sogar ein eher positiver als negativer Faktor sein. Bedenken Sie allerdings, dass diese Leverage das Risiko erhöht.

9. Glauben Sie dem Ticker!

Die letzte Prüfung bezieht sich auf die Relative Stärke. Wenn ein Unternehmen beständiges schnelles Umsatz- und Gewinnwachstum aufweist, wenn KGV und KUV attraktiv sind, wenn die aktuelle Tendenz positiv ist und wenn seine Produkte beziehungsweise

Dienstleistungen hervorragende Wachstumsaussichten für die Zukunft bieten – wenn sich aber die Aktie trotzdem schlechter entwickelt als der Marktdurchschnitt: Dann kaufen Sie sie nicht. Wenn fundamental betrachtet wirklich alles gut aussieht, sollte die Aktie schneller steigen als der Markt.
Eine einfache Methode zur Überprüfung der relativen Performance in den letzten zwölf Monaten ist ein Blick auf die Relative Stärke. Diese Zahl sagt uns, wie sich die Aktie im Vergleich zum Markt entwickelt. Wenn bei einer Aktie fundamental betrachtet alles gut aussieht, die Relative Stärke aber gering ist, dann könnte irgendetwas nicht in Ordnung sein. Vielleicht fehlt in Ihrer Analyse etwas, oder die Insider wissen etwas, das Sie nicht wissen. Unter solchen Umständen ist es meistens das Beste, wenn Sie mit dem Aktienkauf noch eine Weile warten. Wenn die Fundamentaldaten so gut sind wie Sie glauben, dann sollte sich die Relative Stärke bessern; und dann können Sie die Aktie immer noch kaufen, auch wenn Ihnen dadurch die ersten paar Punkte des Anstiegs entgehen. Häufig jedoch erfahren Sie während des Wartens etwas Neues und stellen fest, dass Sie einer Katastrophe entgangen sind. Wenn also ein Unternehmen auf dem Papier noch so gut aussieht – wenn seine Aktie in einem stagnierenden oder steigenden Markt fällt, dann kaufen Sie sie nicht.

10. Diversifizieren Sie.

Und schließlich ist bei der Investition in aufstrebende Wachstumsunternehmen die Goldene Anlageregel besonders wichtig: Diversifizieren, diversifizieren, diversifizieren. Wenn Sie diese Richtlinien über längere Zeit befolgen – mindestens fünf bis zehn Jahre –, dann sollten Sie meiner Meinung nach überdurchschnittliche Anlageerfolge erzielen.

www.oberweis.net

Die Lehren der Finanziellen Verhaltenslehre für die Anleger

Terence Odean

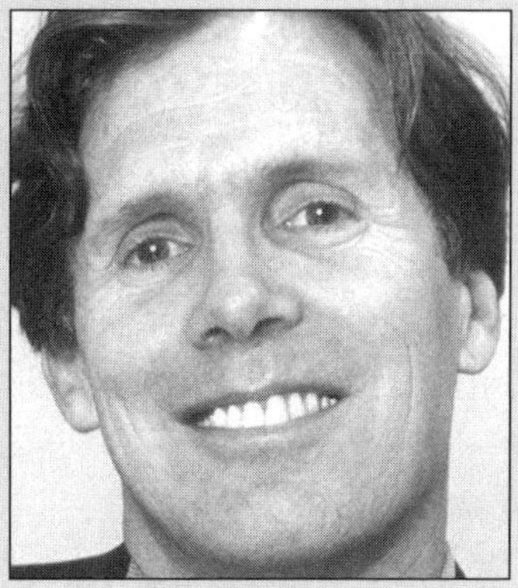

Terence Odean lehrt an der Haas School of Business der University of California in Berkeley. Seine Forschungen darüber, wie psychologisch motivierte Entscheidungen das Wohlergehen der Anleger und die Preise von Wertpapieren beeinflussen, werden in zahlreichen Publikationen zitiert, unter anderem: The Wall Street Journal, The New York Times, The L.A. Times, The Washington Post, Time, Newsweek, Barron's, Forbes, Business Week, Smart Money, Bloomberg Personal, Worth und Kiplinger's Personal Finance.

1. Trading gefährdet Ihr Vermögen.

Bei einer Untersuchung der monatlichen Positionen von mehr als 66.000 Haushalten, die Depots bei einem großen Discount Broker besitzen, haben Brad Barber und ich festgestellt, dass diejenigen 20 Prozent der Anleger, die am wenigsten aktiv handelten, diejenigen 20 Prozent um 5,5 Prozentpunkte pro Jahr übertrafen, die am aktivsten handelten.

2. Bevor Sie traden, beraten Sie sich mit Ihrer Frau (wenn Sie eine haben).

Passend zur Hypothese der übertriebenen Zuversicht haben Brad Barber und ich herausgefunden, dass Männer – die auf Gebieten wie zum Beispiel Finanzen tendenziell zuversichtlicher sind als Frauen – im Durchschnitt um 45 Prozent aktiver tradeten als Frauen. Männer wie Frauen senken ihren Ertrag durch Trading eher, aber die Männer senkten ihren Ertrag durchschnittlich um einen Prozentpunkt mehr als die Frauen.

3. Wenn Sie verkaufen müssen, verkaufen Sie mit Verlust.

Als ich die Handelsverlaufsmuster der Investoren bei einem großen Discountbroker untersuchte, fand ich heraus, dass sie ihre Gewinner viel eher verkauften als ihre Gewinner. Das ist schlecht. Im Allgemeinen sollte man als Anleger aktives Trading vermeiden, aber wenn man einmal verkaufen muss, um Bargeld zu beschaffen, dann sollte man seine Verlierer verkaufen – zumindest wenn das Depot versteuert werden muss. Auf diese Weise bekommt man eine steuerliche Abschreibung und verschiebt die Realisierung von Kapitalgewinnen. Wenn der Verlust groß genug ist, sollte man sogar darüber nachdenken, nur wegen des steuerlichen Vorteils zu verkaufen (nebenbei bemerkt kommen die Verlierer im Durchschnitt nicht mehr hoch. Die Verlierer, an denen die Menschen in meiner Stichprobe festhielten, entwickelten sich später schlechter als die Gewinner, die sie verkauften).

4. Tun Sie das, was Sie können – und nicht das, was Sie nicht können.

Viele Anleger konzentrieren sich darauf, Gewinnaktien auszuwählen. Aber in den meisten Fällen können sie das nicht. Ich habe herausgefunden, dass die Aktien, die die Anleger verkaufen, im Durchschnitt die Aktien übertreffen, die sie kaufen – und das sogar vor Abzug der Transaktionskosten. Die meisten Anleger wären besser beraten, wenn sie aufhören würden, Gewinner zu suchen, und stattdessen den Dingen mehr Aufmerksamkeit widmen würden, die sie wirklich tun können: Tradingkosten im Rahmen halten, Steuern verwalten und diversifizieren.

5. Wenn der Markt crasht, gehen Sie an den Strand.

Fällen Sie langfristige Anlageentscheidungen nicht in Panik. Bewerten Sie Ihr Portfolio in einem ruhigen Moment. Entscheiden Sie, ob Ihre Mischung aus Aktien, Anleihen und anderen Vermögenswerten ihren Zielen sowie Ihrer emotionalen und finanziellen Fähigkeit entspricht, Verluste zu ertragen. Wenn Sie dafür Hilfe brauchen, lassen Sie sich helfen. Diese Entscheidung ist sehr viel grundlegender als die Aktienauswahl. Wenn Ihnen ein Börsenabschwung auf den Magen schlägt, dann gehen Sie spazieren. Wenn sich der Markt und Ihr Magen wieder beruhigt haben, dann schätzen Sie das Risikoprofil Ihres Portfolios ein.

6. Diversifizieren, diversifizieren, diversifizieren.

Für die meisten Anleger sind Investmentfonds die beste Anlage. Kaufen Sie Fonds ohne Gebühren, mit geringen Kosten und geringem Umsatz. Für viele Menschen sind Indexfonds die richtige Wahl.

7. 90 Prozent des Nervenkitzels für 10 Prozent des Risikos.

Wenn Ihnen das Handeln mit Aktien wirklich Spaß macht, dann ziehen Sie in Betracht, 90 Prozent Ihres Aktienportfolios in einen Investmentfonds einzuzahlen und die restlichen zehn Prozent als „Unterhaltungsdepot" zu betrachten. Wenn Sie das Unterhaltungsdepot klein genug halten, dass Sie Verluste bequem ertragen können, dann können Sie nach Herzenslust mit der Achterbahn der riskanten Aktien fahren.

8. Unterziehen Sie Ihr Portfolio einem jährlichen Checkup.

Verfolgen Sie nicht Tag für Tag den Ertrag Ihres Portfolios. Wenn Sie das tun, könnten kurzfristige Verluste Sie vom Markt vertreiben. Wenn Sie ein angemessenes und gut diversifiziertes Portfolio haben, braucht es nicht ständig nachgeregelt zu werden.

www.ucdavis.edu

„So gut wie jedes Bluechip-Unternehmen wird irgendwann reif und bringt kein Wachstum mehr. Von den 100 Unternehmen, die 1920 in Amerika führend waren, steht heute nur noch eines auf der Liste (GE)."

Steve Leuthold

Den Dow Jones schlagen

Michael O'Higgins

Michael O'Higgins ist Präsident von O'Higgins Asset Management, Inc., einer unabhängigen Vermögensverwaltung, die Portfolios für wohlhabende Privatpersonen, Institutionen und Investmentgesellschaften verwaltet.

Bücher

Beating the Dow, HarperBusiness 22001

Beating the Dow with Bonds, HarperBusiness 1999

1. Lassen Sie sich für Risiken bezahlen.

Historisch betrachtet bezahlen die Anleger nicht schlecht für das Risiko, Aktien zu besitzen. Wenn die Ertragsrendite, auch bekannt als Gewinn-Kurs-Verhältnis, unterhalb der Rendite von AAA-Unternehmensanleihen liegt, dann meiden Sie Aktien und stecken Sie Ihr Geld in Nullkupon-US-Schatzanleihen.

2. Wenn der Goldpreis steigt, kaufen Sie keine Anleihen.

Der Goldpreis hat in 26 von 32 Jahren den Verlauf der langfristigen Zinssätze in den Vereinigten Staaten korrekt vorausgesagt. Wenn der Goldpreis im Vorjahr gestiegen ist, meiden Sie Anleihen.

3. Halten Sie sich beim Aktienkauf an die „Dogs of the Dow".

Die zehn DJIA-Aktien, die die höchsten Dividenden ausschütten, schlagen den Dow Jones mit Abstand und mit einem unterdurchschnittlichen Risiko.

4. Preiswerte „Dogs" sind sogar noch besser.

Der Kauf der fünf preiswertesten (in US-Dollar) Aktien unter den zehn mit den höchsten Dividenden hätte seit 1972 im Schnitt einen Jahresertrag von 20 Prozent gebracht, der Dow Jones und der S & P 500 dagegen nur 13 Prozent.

5. Ihre wichtigste Entscheidung ist die Anlagegewichtung.

Langfristige Studien sind zu dem Ergebnis gekommen, dass 85 Prozent des Anlageerfolges der Anlagegewichtung zuzuschreiben sind. Ein Anleger, der die oben beschriebene Strategie befolgt, hätte seit 1968 einen durchschnittlichen Jahresertrag von mehr als 22 Prozent bekommen, während die großen Aktienindizes weniger als 13 Prozent abwarfen.

www.ohiggins.com

Trading-Vorsprung und quantitative Werkzeuge

Richard Olsen

Dr. Richard Olsen ist Gründer und CEO der Olsen Group mit Sitz in Zürich, einem Pionier der Entwicklung von Online-Finanzprognosesystemen und Trading-Modellen für Anwendungen von Trading und Investing bis hin zum Risikomanagement.

Bücher
Introduction to High Frequency Finance, Academic Press 2001

1. Sie selbst sind Ihr bester Berater.

Einer der größten Fallstricke beim Trading besteht darin, dass man sich zu sehr auf die Ratschläge anderer Menschen verlässt. Es ist wichtig, dass Sie Ihre eigene persönliche Weltsicht formulieren und dass Sie Ihre Anlageentscheidungen in Übereinstimmung mit dieser Sicht treffen.

2. Seien Sie sich über Ihren Wettbewerbsvorteil im Klaren.

Jeder hat einen persönlichen Wettbewerbsvorteil. Er kann in einer Kleinigkeit bestehen, zum Beispiel, dass Sie mehr Abstand vom Markt haben als andere Marktteilnehmer und daher nicht gegen die Ablenkung durch kurzfristige Preisbewegungen ankämpfen müssen. Einige der erfolgreichsten Investoren haben sich eine sehr grob gezeichnete Weltsicht zu eigen gemacht und haben mit wenigen langfristigen Einsätzen riesige Erträge erzielt.

3. Verwenden Sie quantitative Werkzeuge.

Die Marktpreise werden durch die Interaktion von Anlegergruppen bestimmt, die innerhalb verschiedener Zeitrahmen handeln. Die tatsächlichen Auswirkungen fundamentaler Faktoren hängen von der Marktdynamik ab. Marktbeobachter haben normalerweise eine viel zu stark vereinfachte Sicht der Wechselwirkungen zwischen der Marktdynamik und den fundamentalen Ereignissen. Nur ausgekügelte quantitative Modelle, die den Modellen für die Wettervorhersage ähneln, können die Marktbedingungen systematisch analysieren und Vorhersagen von beständiger Qualität erzeugen. Unseren Vorhersagedienst finden Sie unter http://ois.olsen.ch oder www.oanda.com.

4. Handeln Sie in liquiden Märkten.

Die Märkte sind nicht kontinuierlich, und es ist gefährlich anzunehmen, Positionen könnten jederzeit liquidiert werden. Deshalb sollte man sich als Anleger von illiquiden Märkten fernhalten, es sei denn, der Anlagehorizont ist sehr langfristig.

5. Verfolgen Sie einen Top-down-Ansatz.

Bei der Aufstellung einer Investmentstrategie ist es wichtig, dass man oben anfängt und zuerst die Anlagephilosophie definiert, dann den Entscheidungsprozess formuliert und schließlich die Vermögenswerte auf Märkte und entsprechende Finanzinstrumente verteilt.

6. Bauen Sie Positionen nach und nach auf.

Ein klassischer Fallstrick für alle Investmentstrategien ist der klare Beginn des Anlageprogramms. Wenn am Beginn des Programms das ganze Vermögen eingesetzt wird, dann hängt die gesamte Performance des Programms wesentlich vom Einstiegspunkt ab. Wenn der Anleger Glück hat, neigt die Performance zum Positiven, aber andernfalls wirkt sich der Beginn des Programms negativ aus.

7. Halten Sie sich an Ihren Trading-Zeitrahmen.

Ein weiterer Fallstrick ist die Tatsache, dass die Anleger je nach Gewinnen und Verlusten ihrer Positionen ihren Tradinghorizont ändern. Wenn ein Anleger Verluste ansammelt, dann neigt er dazu, seinen Horizont hinauszuschieben und zu hoffen, dass er seine Verluste wieder wettmacht. Das sollte er aber nicht tun. Er sollte sich an seine anfängliche Strategie halten und die Position beenden. Falls er nicht schon sein Geld verloren hat, warten noch viele andere Tradinggelegenheiten auf ihn.

8. Achten Sie auf die Transaktionskosten.

Die Transaktionskosten haben eine größere Bedeutung für die Gesamtperformance einer Anlagestrategie als allgemein bekannt. Der Grund dafür ist einfach: Die Transaktionskosten sind „sichere" Kosten, wohingegen die Tradinggewinne unsicher sind. Die Transaktionskosten sind leicht zu kontrollieren, während es schwierig ist, den Erfolg seiner Trading-Entscheidungen zu erhöhen.

9. Benutzen Sie taktische Tricks wie Limit-Orders und Stop-Losses.

Die Leistungsfähigkeit einer Investmentstrategie steigt, wenn man bei der Eröffnung von Positionen Limit-Orders setzt und einem strikten Stop-Loss-Plan folgt. Auf diese Weise kann sich der Anleger die Tatsache zunutze machen, dass die Märkte kurzfristig über ihr Ziel hinausschießen. Quantitative Prognosen sind für das Setzen von Limitorders und die Positionierung von Stop-Loss-Orders hervorragend geeignet.

www.oanda.com

Regeln für skeptische Anleger

Paul Ormerod

Paul Ormerod ist Gründer von Volterra Consulting, einer Firma, die sich die Fähigkeiten von Wirtschaftswissenschaftlern, Mathematikern, Physikern und Statistikern zunutze macht, um innovative Lösungen für eine breite Palette geschäftlicher Probleme zu finden.

Bücher
The Death of Economics, Faber & Faber 1995
Butterfly Economics, Faber & Faber 1998

1. Betrachten Sie makroökonomische Prognosen mit Skepsis.
Sie scheinen nur zu funktionieren, wenn alle stillhalten. Die Prognosten haben hinsichtlich der Vorhersage von Booms und Flauten eine sehr schlechte Erfolgsquote vorzuweisen. Manchmal können sie eine Rezession nicht einmal dann vorhersagen, wenn sie eigentlich schon begonnen hat.

2. Betrachten Sie jedermann mit Skepsis, der behauptet, er könne Zinssätze oder Devisenkurse vorhersehen.
Eine der sichersten Tatsachen über die Märkte ist die, dass man sie nicht über längere Zeit mit hinreichender Genauigkeit vorhersagen kann – wenn man das könnte, dann wären wir alle Millionäre.

3. Betrachten Sie Argumentationen mit Skepsis, wonach Zinsen oder Währungskurse mit höherer Wahrscheinlichkeit fallen als steigen, nur weil sie bereits hoch sind.
Sicherlich wird der Euro im Vergleich zum US-Dollar irgendwann steigen, aber die Menschen prognostizieren diesen Anstieg schon

seit dem Fall des Euro nach seiner Einführung im Januar 1999. Aufstieg und Fall sind zu jedem Zeitpunkt gleich wahrscheinlich, unabhängig vom Niveau.

4. Betrachten Sie Vorgeschichten mit Skepsis.

Es gibt so viele Fonds und Prognosen, dass zu jedem Zeitpunkt irgendjemand gut gewesen beziehungsweise richtig gelegen haben muss. Wenn man genug Affen beisammen hat, dann tippt einer von ihnen Hamlet. Das bedeutet aber nicht, dass dieser Affe danach auch noch Macbeth schreibt.

5. Betrachten Sie Analystenberichte über Unternehmen mit Skepsis.

Gewöhnlich wissen sie nicht mehr als ein gut informierter Leser der guten Finanzpresse. Verfolgen Sie die Presse eine Weile mit größerer Sorgfalt, und schauen Sie dann selbst, wie oft Analysten Gewinnwarnungen im Voraus erkennen und wie oft sie ganz einfach die Pressemitteilung des Unternehmens umformulieren.

6. Betrachten Sie dynamische neue CEOs mit Skepsis, die die Kernelemente eines Unternehmens modernisieren und umwandeln wollen.

Die meisten Menschen glauben, dies verbessere die Aussichten eines Unternehmens. Möglicherweise tut es das letztendlich auch, aber Unternehmen, die große Veränderungen durchmachen, tragen zunächst ein höheres Insolvenzrisiko.

7. Betrachten Sie Argumente mit Skepsis, wonach ein Unternehmen durch seine schiere Größe weniger verwundbar durch neue Konkurrenten ist.

Die Tendenz zu glauben, der Mächtige werde immer mächtig sein, ist tief verwurzelt. Die Sowjetunion schien unverwundbar zu sein, aber sie löste sich innerhalb von Jahren auf. Das Gleiche gilt für Unternehmen. IBM schien den Computermarkt fest im Griff zu haben, ging dann aber fast unter. Jedoch auch in gesetzteren Märkten wie beispielsweise dem Einzelhandel können erfolgreiche Gesellschaften schnell in sich zusammenfallen.

8. Beim Investment geht es um Risikomanagement, und nicht um Vorhersagen.

Hier eine Vorhersage: Wenn irgendjemand beständig erfolgreiche Vorhersagen erstellen kann, dann wird er oder sie a) dieses Buch nicht lesen und b) sich im vollkommenen Überfluss zur Ruhe gesetzt haben. Wir anderen aber, wir müssen uns entscheiden, welches Risiko wir in Kauf nehmen wollen. Es ist zwar schön, wenn man mit dem schnellen Gewinn protzen kann, den man gerade erzielt hat, aber ernsthaftes Investment ist sehr viel profaner. Es dreht sich um Risikomanagement.

9. Diversifizieren Sie, aber achten Sie darauf, dass Sie auch wirklich diversfiziert haben.

Das Motto heißt diversifizieren, diversifizieren, diversifizieren. Aber achten Sie darauf, dass Sie auch wirklich diversifizieren. Es kommt darauf an, wie sich die Unternehmen oder Anleihen verhalten, und nicht auf Namen oder Sitz des Emittenten. Der Besitz von GE und American Express mag nach einer Diversifizierung aussehen, ist es aber eher nicht; und das nicht nur, weil beide Unternehmen in den Vereinigten Staaten ansässig sind.

10. Erkunden Sie, was die Indexfonds nachbilden.

Indexfonds beziehungsweise Tracker-Fonds sind oft eine gute Möglichkeit, mit geringen Kosten zu investieren, aber die Diversifizierung, die sie bieten, ist nur so gut wie der Index, den sie nachbilden. In einigen Indizes herrschen Vermögenswerte vor, die sich häufig im Gleichschritt bewegen, so dass die Diversifizierung, die Sie bekommen, in Wahrheit viel geringer ist als Sie vielleicht glauben. Der Nasdaq Composite beispielsweise wurde in den letzten Jahren von der Bewegung der „Technologie"– Aktien dominiert, und viele dieser Aktien sind gemeinsam gestiegen und gefallen.

www.volterra.co.uk

Die Auswahl eines Hedgefondsmanagers

Lois Peltz

Lois Peltz ist Präsidentin und CEO von Infovest21, einem Informationsdienst mit Sitz in New York City.

Bücher

The New Investment Superstars, John Wiley 2001

1. Geld sollte für sie nur die Möglichkeit sein, Punkte zu zählen.

Suchen Sie nach Managern, die von dem motiviert werden, was sie tun – und nicht von den Dollars. Die besten Manager geben alles. Ihre Motivation ist es, gute Arbeit zu machen, und es befriedigt sie, Dinge zu finden, die andere nicht gefunden haben. Sie lieben die intellektuelle und emotionale Herausforderung des Marktes.

2. Als bekäme man jeden Tag ein Zeugnis.

Suchen Sie sich einen intensiven Manager mit hohem Arbeitsethos und der sich, wie auch seinen Mitarbeitern, viel abverlangt.

3. Achten Sie auf die Kontinuität der Firma.

Suchen Sie einen Manager, der eher einen teamorientierten Ansatz verfolgt, kein Starsystem, in dem er der alleinige Entscheidungsträger ist. Viele der besten Organisationen bestehen aus Teams und Spezialisten für bestimmte Branchen, Regionen oder Tradingstrategien. Eine spezialisierte und dezentralisierte Organisation hält fähige Mitarbeiter bei der Stange, weil sie einen gewissen Grad von Entscheidungsgewalt und Verantwortung sowie einen Anteil an der Firma haben. Wenn ein Starsystem herrscht, verlassen die Schlüsselmitarbeiter irgendwann die Firma und gründen ihren eigenen Fonds, in dem sie mehr Autorität, Entscheidungsgewalt und Verantwortung haben. Wenn die wichtigsten Mitarbeiter gehen, gibt es keine starke und dauerhafte Organisation.

4. Verlangen Sie, dass sie auch selbst das essen, was sie kochen.

Wählen Sie Manager aus, die einen wesentlichen Teil ihres eigenen Vermögens in ihrem Hedgefonds haben. Das bedeutet nämlich, dass sie von ihren Fähigkeiten sehr überzeugt sind. Außerdem bedeutet es, dass ihr Privatvermögen hochgradig von der Performance ihres Fonds abhängt, und somit haben sie einen enormen Anreiz, für hervorragende Performance zu sorgen.

5. Beständigkeit ist eine Tugend.

Finden Sie einen Manager mit langer Vorgeschichte, der über mehrere Marktzyklen hinweg beständig hervorragende Erträge erzielt hat. Betrachten Sie Jahre wie 1990 oder 2000, in denen sich der Aktienmarkt negativ entwickelte (gemessen am S & P 500), und die Jahre 1994 und 1998, die schwierige Jahre für Hedgefonds waren.

6. Erkennen Sie das Überleben des Tüchtigsten an.

Alle Manager machen zu verschiedenen Zeiten widrige Phasen durch. Suchen Sie nach Managern, die bereit sind, aus ihren Fehlern zu lernen. Es geht nicht so sehr darum, dass man immer Recht hat, sondern darum sich anzupassen und eine funktionierende Strategie zu finden. Mit Verlusten muss man rechnen, weil Ideen ausprobiert werden. Die besten Manager machen sich Sorgen, wenn die Verluste größer ausfallen als erwartet/vorhergesagt oder wenn das Risikoniveau überschritten wird.

7. Gehen Sie sicher, dass sie das Verlustrisiko unter Kontrolle haben.

Suchen Sie Manager, die auf die Kontrolle des Verlustrisikos genauso viel Wert legen wie auf die Erzeugung von Erträgen.

Spezielle Instrumente für das Risikomanagement sind Strategie-Diversifizierung, maximale Positionsgrößen, Anzahl der Positionen im Portfolio und der Einsatz von Leverage; außerdem die Anwendung des „Stress Test" und die Fähigkeit, Gewichtungen schnell zu reduzieren.

8. Die Technik ist ihr Freund – zumindest sollte sie es sein.

Meiden Sie Manager, die Angst vor der Technik haben. Technologie ist nicht mehr wegzudenken. Kluge Manager erkennen die Wichtigkeit der Informationstechnologie an und haben einen Vorsprung, weil sie Technologien schnell einführen. Sie können eingehende Informationen nutzbar machen und sie zu ihrem Vorteil verwenden.

9. Machen sie die Tür auf, wenn eine Gelegenheit anklopft?

Suchen Sie nach Managern, die die Welt als schnellen Wechsel von Gelegenheiten wahrnehmen. Opportunistische Manager platzieren ihr Kapital dort, wo sich Gelegenheiten bieten.

10. Seien Sie auf der Hut, wenn es Ziel des Managers ist, der größte Hedgefonds zu sein.

Hüten Sie sich vor Managern, deren oberstes Ziel es ist, das Vermögen möglichst zu vergrößern, damit sie Managementgebühren kassieren können. Die besten und brillantesten Manager haben häufig ihre Fonds für neue Investments geschlossen und tragen damit der Tatsache Rechnung, dass nicht der größte Hedgefonds ihr Hauptziel ist, sondern die beste Performance.

www.infovest21.com

Den Strom der Nachrichten interpretieren

Robert Peston

Robert Peston ist preisgekrönter Journalist mit 18 Jahren Erfahrung bei nationalen und internationalen Publikationen.
Er ist geschäftsführender Redakteur von Quest (www.csquest.com), einem Online-Anbieter von Bewertungsinstrumenten sowie Kommentaren für Fondsmanager und professionelle Investoren.
Außerdem schreibt er für The Sunday Times die Kolumne „Peston's People" und macht regelmäßig Fernseh- und Radiosendungen.

1. Sie stehen nicht früher auf als der Markt.

Das meiste, was Sie in Zeitungen und Zeitschriften oder im Internet lesen – insbesondere auf Seiten über Wirtschaft und Geldanlage –, hat der Aktienmarkt schon eingepreist, bevor Sie handeln können. Anders gesagt funktioniert die Theorie der effizienten Märkte in 99 Prozent der Fälle.

2. Ein Prozent der Medienberichterstattung ist also pures Gold wert, aber welches Prozent?

Es besteht die Chance, schnelle Profite zu erzielen, wenn Sie das eine Prozent spitzenmäßiger preissensitiver Information erkennen, das dem Markt entgangen ist. Aber stellen Sie sich folgende Frage: Wenn der Markt dieses Prozent verpasst hat, warum sollte es Ihnen besser gehen? Natürlich könnten Sie sich unter die schlaflosen und ungewaschenen Jünger der Internet-Bulletinboards einreihen – aber ist das denn ein Leben?

3. Die guten Sachen sind so richtig dumm.

Die wertvollsten preissensitiven Informationen finden Sie dort, wo Sie sie am wenigsten erwarten. Lauschen Sie nach scheinbar dummen Kommentaren von Politikern oder Regulierern über Wirtschaftsthemen. Sie könnten auf preissensitive Änderungen der Regulierungsvorschriften vorausdeuten. Oder durchstöbern Sie die scheinbar lästigen Branchenbeilagen von Zeitungen wie der Financial Times. Häufig enthalten sie frische Informationen über die Aktienperformance eines Unternehmenes oder über den Trend eines Sektors.

4. Was kurzfristige Gewinne angeht, können Sie alle Journalisten vergessen.

Besonders nutzlos sind Investmentkommentare in Zeitungen als Quelle von Ratschlägen, wie man kurzfristige Kapitalgewinne erzielt. Wenn der Verfasser eine Anomalie des Aktienkurses ausgemacht hat, dann hat sie der Markt schon korrigiert, bevor Sie den Artikel zuende gelesen haben.

5. Kaufen Sie die langfristigen Ratschläge von Journalisten.

Bei langfristigen Anlageentscheidungen können Ihnen die Medien helfen. Klar blickende Journalisten können Ihnen dabei helfen, die hochwertigen Unternehmen zu identifizieren, die man kaufen und über einen mehrjährigen Zeitraum halten sollte.

6. Der Sozialismus regiert.

Glauben Sie nicht, dass die ganz offen rechts orientierten Zeitungen, die dem freien Markt das Wort reden, den besten Wirtschaftsteil haben. Im Vereinigten Königreich brachte das Mitte-Links-Blatt Guardian in letzter Zeit eine Reihe von schlagenden Berichten, die den Markt bewegten.

7. Seltsam, aber wahr.

Trotz ihres Rufes sind 99 Prozent der angeblich spekulativen Storys in den Sonntagszeitungen wahr. Aber auch hier hat man wieder das Ein-Prozent-Problem. Wie kann man feststellen, welche stinken?

8. Schweigen spricht Bände.

Wenn ein Unternehmen eine spekulative Story nicht innerhalb von 24 Stunden kommentiert oder dementiert, dann stimmt sie wahrscheinlich.

9. Das Unternehmen lehnte jeglichen Kommentar ab.

Wenn in einem Artikel der Satz vorkommt „das Unternehmen lehnte jeglichen Kommentar ab“, dann bedeutet das normalerweise genau das Gegenteil. In den meisten Fällen hat das Unternehmen die Story kommentiert und bestätigt, will aber nicht genannt werden.

10. Irrationaler Überschwang.

Ignorieren Sie fast alle bullischen Pressekommentare zu Übernahmen, insbesondere zu feindlichen Übernahmen. Die meisten Geschäfte dieser Art vernichten Wert, auch wenn Sie das von der schreibenden Zunft niemals hören werden, denn es macht zu viel Spaß, über solche Kämpfe auf Leben und Tod zu schreiben.

www.csquest.com

Der Energiesektor

Thomas A. Petrie

Thomas A. Petrie ist Mitgründer von Petrie Parkman & Co., einem Energie-Investment-Unternehmen mit Sitz in Denver und Houston. Davor war er Abteilungsleiter und Chefanalyst für Erdöl bei der First Boston Corporation. Bevor er zu First Boston kam, war Petrie Erdölanalyst bei Wainwright Securities und bei Colonial Management in Boston. Acht Jahre hintereinander kam Petrie im Jahresüberblick des Institutional Investorüber Vermögensverwalter auf Platz eins unter den Ölanalysten im Sektor Exploration/Unabhängige. Außerdem fungierte Petrie als aktiver Berater bei Fusionen und Übernahmen in der Energiebranche im Umfang von mehr als 100 Milliarden US-Dollar, darunter auch bei einigen der größten.

1. Die Weltpolitik zählt.

Die wechselnde Effektivität und die sich verändernde Politik der Organisation Erdöl exportierender Länder (OPEC) und der großen Verbraucherstaaten können die grundsätzliche Attraktivität des Energiesektors für Investments bestimmen.

2. Denken Sie immer daran, dass das Geschäft zyklisch ist.

Zwar gibt es im Hinblick auf die wachsende Nachfrage und die Angebotszuwächse längerfristige Trends, aber die Bedeutung der Industrie für die breiten periodischen Messungen der Wirtschaftsleistung resultiert in einer ausgeprägten Zyklizität.

3. Die beste Kur für niedrige Öl- und Gaspreise sind niedrige Preise und umgekehrt.

Die Geschichte zeigt, dass 10 US-Dollar pro Barrel Rohöl zu 25

Dollar pro Barrel führen und dass im Gegenzug scharfe Anstiege auf 30 US-Dollar und mehr pro Barrel gewöhnlich nicht haltbar sind. Niedrige Preise verknappen das Angebot im Verhältnis zur Nachfrage; hohe Preise tun das Gegenteil.

4. Kontrarianer werden regelmäßig reich belohnt.

Wenn die allgemeine Haltung den Energierohstoffen gegenüber negativ ist, dann sind die entsprechenden Aktien häufig hervorragende Käufe (zum Beispiel 1986 und 1998); wenn die übereinstimmende Meinung positiv ist, dann sehen Sie sich vor (zum Beispiel 1979/1980).

5. Gute Neuigkeiten über Probebohrungen verbreiten sich schnell; schlechte Neuigkeiten sickern oft nur langsam durch.

Bei der Einschätzung der Auswirkungen von Probebohrungen mit hohem Potenzial scheint es, dass die sich langsam anbahnenden Meldungen der Ergebnisse nur selten die positiven Erwartungen erfüllen. Denken Sie an den Spruch: „Kaufen Sie, wenn Potenzial erwartet wird; verkaufen Sie, wenn es bekannt gegeben wird."

6. Hohe finanzielle Leverage und die üblicherweise hohe Volatilität der Preise von Energierohstoffen ergeben eine tödliche Mischung.

Die meisten Bankrotte von Energieunternehmen resultieren aus dem zeitlich schlecht geplanten Einsatz von Schulden für Übernahmen oder Produktionssteigerungen in Vorwegnahme eines Rohstoffaufschwungs, der dann nicht planmäßig eintritt. Somit sind Unternehmensstrategien, die den Schwerpunkt auf Fremdkapital legen, häufig riskante Spekulationen.

7. Die Qualität des Managements ist von Bedeutung.

Beträchtliche Kapitalvernichtungen sind bei Energiegesellschaften keine Seltenheit. Infolgedessen verdienen Unternehmensleitungen, die beim Kapitaleinsatz beständig finanzielle Disziplin beweisen, häufig einen Preisaufschlag.

8. Technologie zählt.

Viele Unternehmen im Energiesektor werden oft als „Old Economy"-Aktien betrachtet. Aber nichtsdestotrotz spielen „neue" Technologien eine Rolle bei der effizienteren sowie kostengünstigeren Ausbeutung von Energiereserven und entscheiden über den Erfolg des Unternehmens.

9. Aktienrückkäufe verdienen Aufmerksamkeit.

Paul Getty verfocht in den 50er- und 60er-Jahren die Idee, dass die Wiederbeschaffung von Öläquivalenten, die hinter den umlaufenden Aktien stehen, finanziell sinnvoller sein könnte als Probebohrungen nach neuen Reserven. In den 70er- und Anfang der 80er-Jahre entwickelte Boone Pickens eine Variante dieses Gedankens. Ein klug ausgeführtes Rückkaufprogramm der Gesellschaft kann somit nützliche Hinweise auf die Attraktivität des Unternehmens als Investment geben.

10. Hüten Sie sich vor populären Konzepten der alternativen Energiegewinnung.

Zwar ist die Diversifizierung über die konventionellen Kohlenwasserstoff-Energiequellen hinaus zweifellos wünschenswert und unvermeidlich, aber der Weg zur Entstehung profitabler und lebensfähiger Energieunternehmen wird wahrscheinlich genauso gewunden und riskant werden wie es andere Sektoren demonstriert haben, die mit technischen Neuerungen befasst sind.

www.ppcenergychannel.com

„Sie sollten Ihre Sektoren kennen. Viele Anleger haben nicht die falschen Aktien, sondern Aktien aus den falschen Sektoren. Gehen Sie alle Sektorencharts durch, mindestens einmal im Monat. Halten Sie fest, welche steigen und welche nicht."

David Linton

Trading und der zweite Marshmallow

John Piper

John Piper ist Gründer und Herausgeber von The Technical Trader, einem führenden britischen Börsenbrief für Trader.
Er schreibt Beiträge für eine Anzahl von Trading-Internetseiten und hält regelmäßig Vorträge auf Kongressen und Schulungen in Europa und den Vereinigten Staaten, wobei er besonders die psychologischen Herausforderungen des erfolgreichen Trading hervorhebt.

Bücher
The Way to Trade, FT Prentice Hall 1998

Einführung

Eines der Probleme beim Trading besteht darin, dass sich die Regeln ändern, wenn man Fortschritte macht. Als Anfänger muss man lernen Verluste zu begrenzen, und sonst kommt es in diesem Stadium auf fast nichts an. Wenn sich diese Regel einmal festgefressen hat, geht es an die Erzeugung von Profiten. Wenn man allerdings im Stadium der Verlustbegrenzung versucht, Gewinne zu erzielen, dann bekommt man eine Menge Probleme.
Ein anderes Problem ist, dass viele Trader die Regeln brechen und dabei gewinnen. So etwas kann allerdings in einem Desaster enden, denn der Markt holt einen ein, wenn man weiterhin den falschen Regeln folgt. Trading folgt seiner eigenen Logik. Wenn man die Verluste laufen lässt, dann besagt die Logik, dass man vernichtet wird. Im Laufe vieler verschiedener Trades versucht der Markt, jegliche Schwächen des Traders oder seines Systems aus-

zunutzen. Statistisch betrachtet ergeht es einigen „schlechten" Tradern eine Weile gut, aber nicht auf lange Sicht.

1. Reduzieren Sie den Umfang der Positionen so, dass Sie sich wohlfühlen.

Es mag seltsam klingen, dass die Reduzierung der Positionen mein wichtigster Gedanke zur Steigerung des Gewinns ist, aber so ist es. Viele Trader setzen sich selbst unter zu hohen Druck, wodurch sie dann anfällig für Fehlentscheidungen werden und Geld verlieren. Reduzieren Sie also die Größe der Positionen und verdienen Sie mehr Geld!

2. Denken Sie über den Einsatz von Optionsstrategien nach – beschränken Sie nicht Ihre Optionen.

Optionen haben viele Vorzüge und sollten in Ihrer Strategie ihren Platz haben.

3. Finden Sie einen Mentor.

Trading ist ein sehr schwieriges Geschäft, und das nicht zuletzt weil es ein Nullsummenspiel ist – NEIN, streichen Sie das: Es ist ein Negativsummenspiel, denn jedesmal wenn Sie mitspielen, bezahlen Sie Maklergebühren – ganz zu schweigen von all den anderen Kosten für Kursinformationen, Computer, Software und so weiter. Im Futuresgeschäft wird der Betrag, den der Gewinner bekommt, von den ganzen Verlierern bezahlt, aber alle Teilnehmer müssen Gebühren und andere Kosten bezahlen. Insgesamt betrachtet ist der Pott also negativ. Somit ist es nicht überraschend, dass so viele verlieren.

Wenn Sie beim Trading Hilfe brauchen, suchen Sie jemanden, der Erfahrung hat und Ihnen hilft. Im Idealfall ist das ein ortsansässiger Trader – viele helfen gerne, denn Trading ist ein eher trockenes Geschäft, bei dem man keinen nennenswerten Kontakt zu anderen Menschen hat. Andernfalls müssen Sie einen Profi finden, der bereit ist, Ihnen zu helfen, aber wahrscheinlich erwartet er dafür eine recht hohe Bezahlung. Ich persönlich tue das auch, aber am besten finden Sie jemanden in Ihrer Nähe.

4. Verwenden Sie Stopps, die etwas bedeuten.

Nicht alle Trader verwenden Stopps, und wenn man keine verwendet, dann vereinfacht das die Sache ungemein, denn dann wird man ziemlich schnell ausgelöscht. So ganz richtig ist das zwar nicht, aber auf einige oder sogar viele Trader trifft es zu. Wenn die Strategie, die Sie verwenden, Stopps beinhaltet, dann versuchen Sie dafür zu sorgen, dass die Stopps eine Bedeutung haben; wenn nicht, dann werfen Sie Geld weg.

5. Begreifen Sie die Logik Ihres Trading-Ansatzes.

Jede Herangehensweise an den Markt beinhaltet ein Risiko. Als Trader müssen Sie das Risiko kontrollieren, genauso wie ein Seiltänzer lernt, mit dem Ungleichgewicht zurechtzukommen. Begreifen Sie die Logik Ihres Ansatzes und die Risiken, die Sie eingehen, denn das Risiko wird kommen, um Sie zu rösten. In gewissem Sinne ist der Markt ein Erzeuger von Zufallsreihen, besonders wenn Sie einen präzisen Algorithmus befolgen. Wenn Sie oder Ihr Ansatz eine Schwäche aufweisen, dann wird der Markt sie in einer dieser Zufallreihen finden.

6. Lassen Sie die Profite laufen – warten Sie auf den zweiten Marshmallow.

Wenn Sie Ihre Profite nicht laufen lassen, dann werden Sie Ihre Verluste nie wettmachen, geschweige denn mit einem Plus heimgehen. Sie müssen außerdem Ihre Verluste begrenzen. Die meisten Trader lernen ziemlich problemlos, Verluste zu begrenzen, haben aber Schwierigkeiten, das Laufenlassen von Profiten zu erlernen. Das ist nicht weiter überraschend. Verlustbegrenzung ist eine aktive Funktion, die eine sorgfältige Beobachtung des Geschehens erfordert – sie erfordert Aktion. Profite laufen zu lassen dagegen erfordert Untätigkeit, und es kann hart sein, nichts zu tun. In unserer modernen Gesellschaft ist man an schnelle Belohnung gewöhnt. Wir wollen unsere Bonbons, und zwar jetzt. Das Gleiche gilt für Tradinggewinne: Sobald man sie sieht, will man sie haben – aber man bekommt sie nicht, wenn man die Gewinne nicht laufen lässt.

In dem Buch Emotionale Intelligenz wird ein Experiment beschrieben: Man lässt ein Kind alleine mit einem Marshmallow in einem Zimmer und sagt ihm, dass es einen zweiten bekommt, wenn es den ersten nicht isst. Diese einfache Probe ist anscheinend ein besserer Führer zum Erfolg als noch so viele Intelligenztests. Und das ist auch genau das, was Trader tun müssen, wenn sie die Gewinne laufen lassen wollen. Darum essen Sie den Marshmallow nicht, dann bekommen Sie zwei!

7. Gehen Sie selektiv vor.

Es gibt sehr viele Schlüssel zum Erfolg, aber ich glaube, dass dieser den Unterschied zwischen jenen ausmacht, die viel Geld verdienen, und jenen, die gerade so über die Runden kommen.

8. Treffen Sie keine Vorhersagen.

Marktbewegungen sind nicht vorhersehbar. Ein Trader sagt kein Geschehen voraus – er geht kalkulierte Risiken ein. Er riskiert wenig, um viel zu bekommen.

9. Keine Panik!

Das ist entscheidend. Panik ist die Mutter des Verlustes. Dazu gehört es, dass Sie sich nicht unnötig unter Druck setzen. Je entspannter Sie sind, desto unwahrscheinlicher ist es, dass Sie in Panik ausbrechen.

10. Seien Sie bescheiden – ein großes Ego kann einen teuer zu stehen kommen.

Jemand, der von sich selbst erfüllt ist, hat für nichts anderes Platz: Er kann weder zuhören noch lernen. Ein Trader, der nicht bescheiden ist, kann nicht auf den Markt hören und wird vernichtet. Wahrscheinlich haben wir alle schon Geschichten von Macho-Tradern gehört, die an den Markt gehen und zu Hackfleisch verarbeitet werden. Ich glaube, dass Demut für den Tradingerfolg unentbehrlich ist.

john@ttttt.freeserve.co.uk

„Bezahlen Sie keine Gebühren für aktives Management, indem Sie heimliche Indexfonds kaufen."

Joe Mansueto

Die Auswahl von Emerging-Market-Aktien

Mitchell Posner

Mitchell Posner ist Präsident von Kirkwood Financial, Inc., einer Beratungsfirma für Finanzinstitute rund um die Welt. Das Unternehmen bietet Aktienresearch über Emerging Markets sowie bestimmte Branchen in Südamerika, Afrika, Europa und Asien.

Die folgenden Regeln stammen aus „Profiting from Emerging Market Stocks“ von Mitchell Posner.

Einführung

Jeder Anleger, der Erfahrung in der Auswahl US-amerikanischer oder europäischer Aktien hat, kann Aktien an Emerging Markets auswählen, weil die Sichtungs- und Auswahlmethoden überall funktionieren sollten. In der Praxis müssen fundamentale Methoden der Aktienanalyse den besonderen Bedingungen der Emerging Markets angepasst werden.

1. Wählen Sie Performance- und Bewertungsmaßstäbe entsprechend dem Markt aus, den Sie untersuchen.

Wenn es keinen speziellen Grund gibt, auf Kurs-Gewinn-Verhältnisse, Kurs-Buchwert-Verhältnisse, Kurs-Umsatz- und Kurs-Cashflow-Verhältnisse zu achten, brauchen Sie nicht alle Werte zu verfolgen. Normalerweise ergeben sie die gleiche Liste von Aktien. Nehmen Sie lieber diejenigen Zahlen, die an dem betreffenden Markt am verlässlichsten sind. Zum Beispiel sind Sie in Ländern, in denen die Buchwerte verdächtig sind, mit dem Kurs-Umsatz-Verhältnis besser bedient. In Ländern wie Indien oder Malaysia, wo die strengen amerikanischen Rechnungslegungsrichtlinien gelten, ist die Bilanzanalyse schon eher der Mühe wert. Der Marktanteil ist häufig eine gute Messlatte. Gut geführte Unternehmen neigen zur Konsolidierung und zur Ausweitung des Marktanteils, wenn die Wirtschaft wächst.

2. Erkennen Sie die Grenzen mancher traditioneller Sichtungsmethoden.

Suchen Sie nach hohem Wachstum und nach hoher Dividendenausschüttung, dann bleiben nicht mehr viele Aktien, aus denen Sie wählen können. Das wäre, als würde man von einem leistungsfähigen Sportwagen einen niedrigen Spritverbrauch erwarten: Die beiden passen einfach nicht zusammen. Viele schnell wachsende Unternehmen in Schwellenländern haben begrenzte Finanzierungsmöglichkeiten und reinvestieren ihren Gewinn lieber, anstatt Dividenden auszuschütten.

Ähnlich ist es mit dem KGV: Es ermöglicht zwar grobe Schätzungen des künftigen Ertrags pro Investment, aber am besten funktioniert das in einer langsamen, gleichmäßigen Umgebung. Und Unternehmen in Emerging Markets sind alles andere als das. Deshalb achten Investoren in Emerging Markets tendenziell weniger auf KGVs als Maß für überbewertete Aktien.

Es gibt lokale Faktoren, die sich auf das KGV auswirken. Zum Beispiel kann beschleunigte Abwertung die Gewinne drücken, so dass die KGVs im Verhältnis zu vergleichbaren Unternehmen hoch erscheinen, denn der örtliche Markt kompensiert die Abwertung.

3. Achten Sie auf die Unternehmensgröße.

Betrachten Sie die Größe eines Unternehmens aus mehreren Perspektiven: Rangfolge im lokalen Aktienmarkt, im Sektor und in der globalen Szene. Manche Aktien aus Emerging Markets, beispielsweise YPF in Argentinien und Lukoil in Russland, gehören zu den größten Unternehmen der Welt. Einen der „zehn Größten" eines Marktes auszuwählen ist zweischneidig. Liquidität und Transparenz sind dann höher, und Sie können institutionelles Research nutzen. Allerdings sind solche Unternehmen gewöhnlich am oberen Ende der Bewertungsskala angesiedelt. Es ist unwahrscheinlich, dass sich darunter Schnäppchen finden. Daher wäre es schon besser, wenn die Zukunft des Unternehmens beträchtliches Wachstum versprechen würde, das den hohen Preis rechtfertigt.

4. Betrachten Sie die Liquidität als einen der Hauptgesichtspunkte.

Die Aktienkurse werden in Schwellenländern häufig nicht von strengen finanziellen Maßzahlen bestimmt, sondern ganz einfach davon, was die Anleger zu zahlen bereit sind und wie viel Geld vorhanden ist. Man kann für eine Aktie sehr wenig oder sehr viel bezahlen, aber man kann die Anlegerstimmung nicht ignorieren. Am besten misst man die Stimmung durch das zufließende und abfließende Kapital sowie durch die Frage, wer kauft oder nicht kauft. Auch die örtlichen Sparquoten, das Vorhandensein von Anlagen in Pensionsfonds und die Aufhebung von Beschränkungen des Aktienbesitzes durch ausländische Investoren spielen bei der Liquidität von Auslandsaktien eine Rolle.

5. Prüfen Sie die Finanzkraft, aber lassen Sie eine gewisse Toleranz zu.

Die Größe ist wichtig, aber die Finanzkraft ist noch wichtiger. Prüfen Sie die Standard-Verhältnisse und achten Sie sehr genau auf eine schlechter werdende Bilanz oder auf mögliche Bankrotte. Zwar gibt es in Schwellenländern viele hervorragende Manager, aber das Polster ist dünner, und es passiert leicht, dass ein einst gesundes Unternehmen ins Trudeln gerät.

Legen Sie die Messlatte aber trotzdem nicht zu hoch. Da finanziell geschwächte Unternehmen in Emerging Markets vom Markt meist schwer abgewertet werden, finden Sie vielleicht ein paar Schnäppchen in Form von potenziellen Turnarounds oder Übernahmezielen.

6. Passen Sie auf, dass Sie nicht niedrige Volatilität wählen und niedrige Liquidität bekommen.

Eine Emerging-Market-Aktie mit einer niedrigeren Volatilität als der Markt mag als eher konservative Anlage erscheinen, aber die fehlende Fluktuation könnte auch ein Anzeichen dafür sein, dass die Aktie „still" und ihre Liquidität sehr gering ist.

7. Verlassen Sie sich nicht ausschließlich auf Broker-Berichte.

Es bestehen häufig Interessenkonflikte zwischen den Abteilungen für Research und für Investmentbanking. Aggressive Investmentbanker, die auf neue Geschäfte aus sind und Chancen suchen, Privatisierungen zu managen, üben manchmal Druck auf die Researchabteilungen aus, damit sie keine kritischen Berichte herausgeben. Ein Großteil des vorhandenen Researchs bezieht sich auf die „Top Ten"-Aktien. Erwarten Sie nicht die gleiche Tiefe und die gleichen Erkenntnisse, die Sie von den US-amerikanischen und europäischen Märkten gewohnt sind.
Aktien, die von weniger als acht Analysten verfolgt werden, sind „wenig beachtet" und stellen die besten Gelegenheiten dar. Wahrscheinlich sind dann weniger Institutionen beteiligt. Das kann zwar zu höherer Volatilität und niedrigeren Bewertungen führen, aber es schafft auch Gelegenheiten.

8. Gestalten Sie Ihr Portfolio ausgewogen.

Es ist ein üblicher Fehler bei der Investition in Emerging Markets, dass man zwar die richtigen Aktien auswählt, aber das falsche Portfolio bildet. Wenn die strenge Anwendung Ihrer Kriterien für die Aktiensichtung eine Liste ergibt, die zu 75 Prozent aus mexikanischen Aktien besteht, dann ändern Sie Ihre Kriterien so, dass eine größere Diversifizierung entsteht. Auf ein einziges Land zu setzen ist im Allgemeinen langfristig unklug.

9. Verlassen Sie sich nicht zu sehr auf die technische Analyse.

Gewisse technische Indikatoren, zum Beispiel die relative Stärke, mögen auch in Emerging Markets nützlich sein, aber meistens gibt es nicht genug verlässliche historische Daten für eine angemessene technische Analyse. In den Emerging Markets ist die

Stunde der technischen Analyse noch nicht gekommen, auch wenn das eines Tages der Fall sein wird.

10. Handeln Sie auf Gerüchte hin nicht impulsiv.

Emerging Markets reagieren auf Gerüchte, wie zum Beispiel den bevorstehenden Rücktritt des Finanzministers, einen Finanzskandal, Widerstand gegen eine Privatisierung und so fort. Wenn Sie sich für Emerging Markets interessieren und dort Geld investiert haben, können Sie solche Gerüchte nicht ignorieren. Sie werden Sie finden. Handeln Sie trotzdem nicht impulsiv. Auf Gerüchte hin zu handeln ist oft kostspielig.

www.kirkwoodgroup.net

„Wenn das PRR (Price-Research Ratio, Aktienkurs dividiert durch R&D pro Aktie) fünf oder weniger beträgt, dann lohnt sich der Kauf der Aktie fast immer. Das gilt besonders für Unternehmen, die sich wieder erholen."

Conor McCarthy

Der emotionale Anleger

Henriëtte M. Prast

Henriëtte M. Prast ist Wirtschaftswissenschaftlerin bei der Nederlandsche Bank und außerordentliche Professorin für Geld, Kredit und Banking an der Amsterdamer Universität. Ihre Veröffentlichungen behandeln verschiedene Themen, zum Beispiel Zentralbankwesen, Inflation und Arbeitslosigkeit, Regulierung und die Rolle der Psychologie an den Finanzmärkten. Derzeit befasst sie sich mit „Emotionomie“. Sie hat diesen Begriff zur Beschreibung von Forschungen zur Rolle der Emotionen in der Ökonomie geprägt. Sie schreibt eine wöchentliche Kolumne für das niederländische Finanzblatt Het Financieele Dagblad .

1. Übernehmen Sie die Kontrolle über Ihre Geldanlagen.

Denken Sie daran, dass Fondsmanager und Investmentanalysten nicht die Maximierung Ihres Ertrages zum Ziel haben, sondern die Maximierng ihres eigenen Einkommens; und das hängt davon ab, ob sie den Ruf genießen, schlau zu sein. Keynes bemerkte einmal: „Für den Ruf ist es besser, auf konventionelle Weise zu versagen als auf unkonventionelle Weise Erfolg zu haben.“ Indem sie in der Menge untertauchen, sorgen diese Profis dafür, dass ihre Fehler verziehen werden, denn andere haben die gleichen Fehler begangen. Dieses Mittelmaß wahrt ihren Ruf, verbessert aber nicht Ihren Ertrag.

2. Seien Sie unkonventionell.

Aus der ersten Regel folgt, dass Sie – weil Ihnen die Erträge wichtiger als die Reputation sein sollten – Konventionen vermeiden sollten. Die Bemerkung von Keynes mag für die Angehörigen der Finanzbranche gelten, aber nur für die mittelmäßig begabten – und nicht für die Leser dieses Buches!

3. Schreiben Sie Fehler sich selbst und nicht anderen zu.

„Bei Kopf gewinne ich, bei Zahl war es Glück." Andere für Ihre Fehler verantwortlich zu machen und die Ehre des Erfolgs für sich selbst zu beanspruchen mag zwar amüsant erscheinen, aber das macht Sie weder zu einem angenehmen Zeitgenossen noch zu einem guten Anleger. Außerdem lernen Sie so nichts aus früheren Investmentfehlern. Die kognitive Psychologie bezeichnet ein solches Verhalten als verschobene Selbsteinschätzung. Dies führt zu einem weiteren empirisch bestätigten Phänomen: Individuen sind im Durchschnitt zu optimistisch. Wenn Sie zu zuversichtlich sind, traden Sie zu viel, weil Sie sich für schlau genug halten, in eigentlich irrelevanten Meldungen wertvolle Informationen zu erkennen. Das übertriebene Trading vermindert Ihren Ertrag, weil die Transaktionskosten den aus dem Trading resultierenden Ertrag übersteigen.

4. Haben Sie Mut zum Verlust.

Erwarten Sie nicht, dass alle Ihre Investments gelingen. Selbst die besten Investoren liegen nicht immer richtig. In unserer erfolgsorientierten Gesellschaft ist dies für viele Anleger eine schwierige Lektion. Aber der Erfolg der einzelnen Trades ist weniger wichtig als die Profitabilität des Portfolios insgesamt. Manchmal muss man die Verlierer zum Wohle des Portfolios verkaufen. In militärischen Begriffen ausgedrückt muss man manche Schlachten verlieren, um den Krieg zu gewinnen.

5. Vorsicht vor sternenklaren Nächten!

Experimentelle Untersuchungen ergeben recht eindeutig, dass Investoren Trends nachlaufen, sobald sie glauben, sie erkannt zu haben. Wie psychologische Forschungen ergeben haben, liegt dies daran, dass wir dazu neigen, in zufälligen Ereignissen Muster zu erkennen. So sind wir beispielsweise darauf festgelegt, in einer zufälligen Anordnung von Sternen den „Großen Wagen" zu sehen. Dank dieses Phänomens, das man als „repräsentative Heuristik" bezeichnet, überschätzen wir den Neuigkeitswert eines bestimmten Elementes in einer Reihe ähnlicher Botschaften. Infolge dessen überreagieren wir auf Informationen, die zu einer Gruppe ähnlicher, aber unverbundener Ereignisse gehören.

6. Hip ist out: Wenn Sie eine Kaskade sehen, bleiben Sie weg.

Da unsere persönlichen Informationen nie vollkommen sind, leiten wir Vieles aus dem Verhalten anderer ab. Das Kaskadenmodell des Investment besagt, dass wir dazu neigen, anderen zu folgen und dabei möglicherweise unsere eigenen wertvollen Informationen übergehen. Stellen Sie sich Investments einmal als Speisegaststätten vor. Wenn Sie vor einem Restaurant eine Schlange sehen, dann könnten Sie daraus schließen, dass man dort gut isst. Aber die Schlange könnte auch dadurch entstanden sein, dass der Letzte in der Schlange die gleiche Überlegung angestellt hat wie Sie, dass sein Vordermann das Gleiche getan hat und so weiter. Verlassen Sie sich auf Ihre eigenen Informationen, außer wenn Sie sicher sind, dass die anderen mehr wissen als Sie. Die Kaskade könnte schnell ihre Richtung ändern, und in diesem Fall würden Sie wohl kaum überleben.

7. Hüten Sie sich vor der Spielsucht.

Spielsüchtige wollen nicht gewinnen, sondern verlieren. Deshalb werden sie zur leichten Beute, wenn es daran geht, „den Markt" zu schlagen. Laut der Freudschen Psychoanalyse wird der süchtige Glücksspieler von seinen unterdrückten ödipalen Konflikten motiviert. Der Wunsch des männlichen Kindes, zum Objekt der Begierde seiner Mutter zu werden, schafft eine ambige Beziehung (Liebe/Hass) zu seinem Vater. Das Schicksal ist ein rachsüchtiger Vaterersatz, und das Glücksspiel fordert es heraus. Indem er verliert, begleicht der Spieler die moralische Schuld an seinen Vater. Wichtig: Bevor Sie ein Spielcasino betreten, sollten Sie einen Psychiater aufsuchen, um sicherzugehen, dass Sie nicht unter dieser Neurose leiden.

8. Krise, welche Krise?

Wir neigen zur „Katastrophenkurzsichtigkeit“. Wenn seit dem letzten Crash viel Zeit vergangen ist, glauben wir, dass so etwas nie wieder passiert. Bleiben Sie wach, und halten Sie nach Anzeichen dafür Ausschau, dass hinter der nächsten Ecke eine Krise lauert.

9. Verlieben Sie sich nicht in Ihr Portfolio, denn es wird Sie betrügen.

Laut dem kognitiven Psychologen Leon Festinger filtern wir Informationen so, dass sie unserer grundsätzlichen Meinung entsprechen. Denken Sie an das Wunschdenken einer Person, die verliebt ist und die üblen Angewohnheiten des begehrten Objekts nicht sieht. In ähnlicher Weise neigen Anleger dazu, vor Informationen die Augen zu verschließen, die ihnen nicht passen, und aktiv nach Informationen zu suchen, die bestätigen, dass sie die richtige Anlageentscheidung getroffen haben. Seien Sie sich dessen bewusst, und wenden Sie sich von schlechten Nachrichten für Ihr Portfolio nicht ab.

10. Carpe diem.

Lehnen Sie sich zurück und überlegen Sie, bevor Sie an Investing auch nur denken. Bedenken Sie, dass der Zweck von Investitionen ihr späterer Verbrauch ist. Überdenken Sie es noch einmal, ob Sie lieber drei Paar Jimmy-Choo-Schuhe haben wollen, wenn Sie 65 sind, oder lieber ein Paar jetzt.

www.dnb.nl

„Kaufen Sie nicht mehr Software als Sie brauchen. Viele Trader beladen sich mit teuerer Software, die derart schwer zu benutzen ist, dass sie daraus nicht einmal einen Nutzen ziehen. Optionstrader geben manchmal Tausende für Lxussoftware aus, und am Ende benutzen Sie davon nur den Black-Scholes-Teil."“

Lawrence McMilllan

Was für erfolgreiches Trading erforderlich ist.

Robert Prechter

Robert Prechter ist Präsident von Elliott Wave International (EWI). EWI versorgt institutionelle Kunden mit Analysen aller größeren Aktien-, Anleihen-, Zins-, Devisen-, Metall- und Energiemärkte der Welt.

Bücher
The Wave Principle of Human Social
Behavior, New Classics Library 2000
The Elliott Wave Principle, John Wiley 1978-2000
At the Crest of the Tidal Wave, New Classics Library 1995
Das Elliott-Wellen-Prinzip, FinanzBuch Verlag 2003
Besiege den Crash, Börsenmedien 2002

Einführung

Wie bei den meisten Belohnungen, die das Leben bietet, bekommt man Marktgewinne nicht so leicht wie der Anfänger glaubt. Wie bei jedem Handwerk oder Geschäft braucht man zum Geldverdienen ein gewisses Maß an Ausbildung. Wenn Sie die Zeit, den Drang und die richtige psychische Konstitution haben, dann können Sie in die Elite der erfolgreichen Trader gelangen.

Die meisten Aufzählungen von „Trading-Regeln“ enthalten nicht viel mehr als einen widersprüchlichen Sermon. Das Folgende ist keine Aufzählung von Regeln, sondern eine Aufzählung von Anforderungen, die für erfolgreiches Trading erfüllt sein müssen.

1. Eine Methode.

Sie brauchen eine objektiv beschreibbare Methode der Finanz-

marktanalyse. Sie muss in ihrer Gesamtheit so weit durchdacht sein, dass Sie, wenn Sie jemand fragt, wie Sie Ihre Entscheidungen treffen, es ihm erklären können – und dass er, wenn er Sie in einem halben Jahr noch einmal fragt, von Ihnen die gleiche Antwort bekommt. Das soll nicht heißen, dass die Methode nicht abgewandelt oder verbessert werden kann. Aber bevor sie umgesetzt wird, muss sie in ihrer Gesamtheit entwickelt sein.
Für die Erarbeitung einer Methode ist es unabdingbar zu akzeptieren, dass Perfektion unerreichbar ist. Wer Perfektion verlangt, verschwendet seine Zeit mit der Suche nach dem Heiligen Gral und wird nie über den ersten Schritt der Entwicklung einer Methode hinauskommen. Ich habe mich für einen Ansatz entschieden, den man als das Elliottwellen-Prinzip bezeichnet und von dem ich glaube, dass er die wahren Muster der Marktbewegungen aufdeckt. Es gibt allerdings hundert andere Methoden, die funktionieren, wenn Ihr einziges Ziel erfolgreiches Trading ist.

2. Die Disziplin zur Befolgung der Methode.

Diese Anforderung ist den wahren Profis derart klar, dass sie fast schon abgedroschen klingt. Dennoch ist sie für den Erfolg so entscheidend, dass man sie nicht vergessen darf. Zunächst einmal haben Sie ohne Disziplin eigentlich gar keine Methode. Mir ist irgendwann einmal ganz plötzlich aufgefallen, dass sich unter einer Handvoll beständig erfolgreicher professioneller Options- und Futures-Trader, die ich kenne, drei ehemalige Marines befinden. Trading führt zu immensem Druck, den jeder zu spüren bekommt. Wenn Sie nicht diszipliniert sind, vergessen Sie die Märkte.

3. Erfahrung.

Nur auf dem Papier zu traden ist zwar nützlich für die Überprüfung der Methode, aber es bringt nichts für das Erlernen des Tradings. Tatsächlich kann es sogar schädlich sein, wenn der Anfänger von einem falschen Gefühl der Sicherheit erfüllt ist. Es

könnte sein, dass der Neuling ein halbes Jahr auf dem Papier erfolgreich getradet hat und dann glaubt, dass die nachfolgenden sechs Monate mit echtem Geld nicht anders sein werden. Aber nichts könnte weiter von der Wahrheit entfernt sein. Warum? Weil die Märkte nicht nur eine intellektuelle Übung sind, sondern auch eine emotionale Herausforderung.
Beim Trading müssen Sie ein Heer von Problemen besiegen, von denen die meisten mit Ihrer inneren Stärke im Kampf gegen mächtige menschliche Emotionen zusammenhängen. Die Schule der harten Schläge ist die einzige Schule, in der das unterrichtet wird – und das Schulgeld ist hoch. Es gibt nur eine einzige Abkürzung zur Erfahrung, und das ist ein Mentor. Machen Sie jemanden ausfindig, der über die Jahre bewiesen hat, dass er ein erfolgreicher Trader oder Anleger ist, und lernen Sie von ihm – aber solche Menschen sind schwer zu finden.

4. Die geistige Kraft zu akzeptieren, dass Verluste zum Spiel dazugehören.

Es gibt viele Arten der Realitätsverleugnung, die Millionen von Menschen von vornherein aus den Reihen der erfolgreichen Spekulanten ausschließen. Ein gängiger Fehler ist es, darüber zu stöhnen, dass „Manipulatoren“, „Insider“, „der Programmhandel“ oder etwas anderes an den Verlusten schuld sind. Wer solche Überzeugungen äußert, hat schon vor dem Start verloren. Das größte Hindernis der erfolgreichen Spekulation ist die Unfähigkeit, die simple Tatsache zu akzeptieren, dass Verluste zum Spiel dazugehören und dass man damit umgehen muss.
Praktisch gesprochen müssen Sie bei der Formulierung Ihrer Tradingmethode ein objektives System der Geldverwaltung anwenden. Da gibt es viele Möglichkeiten. Manche Methoden verwenden Stopps. Meiner Meinung nach ist es besser, bei jedem Trade nur einen kleinen Teil des verfügbaren Kapitals einzusetzen und die Handlungsweise von Ihrer Analysemethode bestimmen zu lassen. Wenn alles gesagt und getan ist, wird Ihr größter Triumph darin bestehen zu lernen, mit Verlusten umzugehen.

5. Die geistige Kraft, riesige Gewinne zu akzeptieren.

Mit dieser Bemerkung ernte ich immer herzliches Gelächter, aber das zeigt nur, wie wenig die Menschen dies als Problem erkennen. Wie oft haben Sie nicht schon folgendes erlebt: Sie steigen aus einem Trade aus, weil Sie einen Gewinn mitnehmen, und dann sehen Sie während der nächsten sechs Monate zu, wie sich der Markt Tag um Tag in die Richtung Ihrer ursprünglichen Position bewegt. Sie versuchen, einen anderen Einstiegspunkt zu finden, und scheitern immer wieder. Nach sechs Monaten sagt Ihnen Ihre Methode ganz ruhig: „Aussteigen." Sie überprüfen die Zahlen und erkennen, dass Ihre ursprüngliche Position einen riesigen Profit abgeworfen hätte, wenn Sie sie gehalten hätten.

Worin bestand nun Ihr Problem? Sie haben ganz einfach zugelassen, dass Sie unbewusst einen „normalen" Bereich für Gewinne und Verluste festgelegt haben. Als dann der große Trade endlich kam, fehlte Ihnen die nötige Wertschätzung Ihrer Methode, um alles zu nehmen, was sie versprach. Und so gaben Sie sowohl Ihre Methode als auch Ihre Disziplin auf. Wenn Sie in diesem Spiel gewinnen wollen, machen Sie sich klar, warum Sie mitspielen. Die großen Marktbewegungen kommen nur ein- oder zweimal im Jahr. Und sie sind es, die Sie für all die Arbeit, die Angst, den Schweiß und die Frustration der vorangegangenen elf Monate oder sogar elf Jahre entschädigen. Lassen Sie sich das nicht aus anderen Gründen als jenen entgehen, die Ihre objektiv definierte Methode verlangt.

www.elliottwave.com

„Steigende Inflation ist für Aktien und Anleihen Gift, denn sie deutet auf Geldverknappungspolitik und steigende Zinsen. Aus entgegengesetzten Gründen ist abnehmende Inflation extrem bullisch. Die meisten Baissen sind Reaktionen auf steigenden Inflationsdruck. Und dementsprechend war sinkende Inflation der wichtigste Faktor hinter den Aktien- und Anleihenhaussen der 80er- und 90er-Jahre."

Martin Barnes

Turnaround-Aktien

George Putnam III

George Putnam III ist Herausgeber und Verleger von The Turnaround Letter und anderer Bankrottveröffentlichungen wie Bankruptcy Week, The Bankruptcy Data Source und The Bankruptcy Yearbook and Almanac. Sie finden seine Materialien im Internet unter www.bankruptcydata.com und www.turnarounds.com. Er ist außerdem Vermögensverwalter der Putnam Group of Mutual Funds.

1. Seien Sie bereit, gegen den Strom zu schwimmen.

Turnaroundaktien sind naturgemäß unpopulär. Deshalb haben sie ja so ein großes Gewinnpotenzial. Wenn Sie warten, bis sie wieder populär sind, dann verpassen Sie den größten Teil des Gewinns.

Zum Beispiel nannten die meisten Analysten IBM im Jahre 1993, als die Aktie splitbereinigt auf rund zehn US-Dollar fiel, einen Dinosaurier. Und dann, ein paar Jahre später, als die Aktie wieder bei 100 stand, liebten sie alle wieder.

2. Frühere Aktienkurse sind irrelevant.

Die Anleger tappen nur allzu oft in die Falle, wenn sie sagen: „Diese Aktie wurde für 50 gehandelt und steht jetzt bei fünf – das muss ein Schnäppchen sein."

Eine Aktie ist nur dann ein Schnäppchen, wenn sie momentan unterbewertet ist, und das hängt einzig davon ab, was die Aktie heute wirklich wert ist – nicht davon, was sie nach Meinung der Anleger im vergangenen Monat oder im vergangenen Jahr wert war.

3. Mit einer Aktie für einen Dollar können Sie genauso viel Geld verlieren wie mit einer Aktie für 50 Dollar.

Dies ist eine logische Folge von Regel 2. Viele Anleger sagen nämlich auch: „Die Aktie ist auf einen Dollar gefallen; wie tief kann Sie denn jetzt noch sinken?" Die Antwort lautet natürlich: „Auf null." Aktien werden wirklich wertlos. Und wenn eine Aktie auf null fällt, dann haben Sie prozentual betrachtet gleich viel verloren, egal ob Sie sie für einen oder für 50 Dollar gekauft haben: 100 Prozent Ihres Geldes.

4. Achten Sie auf ein solides Kerngeschäft.

Ein Unternehmen kann sich nur neu aufbauen, wenn es ein solides Fundament hat, auf das es seine Erholung gründen kann. Wenn sein Geschäft auf einer Modeerscheinung oder auf einer überholten Technologie beruht, dann ist es unwahrscheinlich, dass die Aktie wieder hochkommt. Wenn aber das Hauptgeschäft des Unternehmens gesund bleibt, dann stehen die Chancen besser, dass die Aktie wieder nach oben springen wird.

5. Bewerten Sie die Fähigkeit des Managements, das Ruder herumzureißen.

Die Einschätzung des Management ist bei allen Aktien wichtig, aber besonders wichtig ist sie in einer Turnaround-Situation. In vielen Fällen ist es unwahrscheinlich, dass das gleiche Management, das das Unternehmen in Schwierigkeiten gebracht hat, es wieder aus diesen Schwierigkeiten herausbringt. Darum kann ein Wechsel an der Spitze ein gutes Zeichen sein.

6. Schauen Sie, dass jemand anderes die schwere Arbeit tut.

Die Anwesenheit eines großen Investors, der sich beteiligen und das Unternehmen wieder zurechtrücken will, kann eine gute Sache sein. Achten Sie aber darauf, dass der Großinvestor die gleichen Papiere besitzt wie Sie. Manchmal haben die großen Investoren Anleihen oder Vorzugsaktien, und in diesem Fall ist es ihnen vielleicht egal, was mit den Stammaktionären passiert.

7. Überprüfen Sie die Verschuldung.

Eine schwere Schuldenlast ist häufig einer der Hauptgründe dafür, dass das Unternehmen in Schwierigeiten steckt. Und ein hoher Verschuldungsgrad schränkt die Flexibilität des Unternehmens hinsichtlich der notwendigen geschäftlichen Veränderungen deutlich ein. Und wenn sich das Unternehmen restrukturieren muss, muss es sich zuerst um die Schulden kümmern, bevor den Aktionären irgendein Wert zukommt.

8. Meiden Sie Unternehmen, die nach Chapter 11 insolvent sind.

Dies hängt mit Regel 7 zusammen. Wenn das Unternehmen nach Chapter 11 Konkurs anmeldet, dann muss der Konkursverwalter zuerst die älteren Gläubiger ausbezahlen, bevor die späteren Gläubiger irgendetwas bekommen. Die Aktionäre haben im Falle eines Bankrotts die jüngsten Ansprüche, und im Insolvenzfall steckt in den seltensten Fällen genügend Wert in einem Unternehmen, damit die Aktionäre etwas bekommen. Dies hängt auch mit den Regeln 2 und 3 zusammen, weil Insolvenzaktien häufig einen verlockend niedrigen Preis haben, aber fast immer quasi wertlos enden.

9. Haben Sie Geduld.

Turnarounds brauchen Zeit. Und selbst wenn das Unternehmen schon den Umschwung geschafft hat, kann es sein, dass die Aktionäre ihn erkennen und sich mit der Aktie wieder wohlfühlen (immerhin haben sich viele Anleger wärend des Niedergangs an der Aktie die Finger verbrannt).

10. Diversifizieren Sie.

Diversifizierung ist bei allen Anlagetypen wichtig, aber besonders wichtig ist sie bei Turnaround-Anlagen. Turnaroundaktien werden immer von einer hohen Anzahl von Variablen beeinflusst, und egal wie viel Research Sie betreiben, Sie haben immer Fälle, die nicht so funktionieren, wie Sie es erwartet hatten. Die beste Möglichkeit, das Risiko von Turnaround-Aktien möglichst gering zu halten, ist die Streuung des Geldes über eine große Zahl unterschiedlicher Aktien. Das steigert Ihre Chancen auf ein paar große Gewinner, die Ihre unvermeidlichen Verlierer wettmachen.

www.turnarounds.com

„Den größten Einfluss auf das Preisniveau üben am US-amerikanischen Markt Vertrauensfaktoren aus, und nicht fundamentale Faktoren wie Wachstum oder Realzins."

Jeremy Grantham

Alfred Rappaport

Al Rappaport ist Leonard Spacek Professor Emeritus der J. L. Kellogg Graduate School of Management an der Northwestern University. Außerdem ist er Researchdirektor für Shareholder Value bei L.E.K. Consulting. Er führte das „Shareholder Scoreboard" in The Wall Street Journal ein.

Bücher

Expectations Investing, HBS 2001 (mit Michael Mauboussin)
Creating Shareholder Value: A Guide for Managers and Investors, The Free Press 1998
Expectations Investing – Investieren nach Erwartungen, Wiley Vch 2002
Shareholder Value, Schäffer-Poeschel 1999

Michael Mauboussin

Michael Mauboussin ist Geschäftsführer und Chefstratege für amerikanische Anlagen bei Crédit Suisse First Boston in New York. Er ist anerkannter Führer in der Anwendung wertbasierter Werkzeuge für die Wertpapieranalyse und hat über dieses Thema viele Vorträge gehalten sowie vieles veröffentlicht. Er ist außerordentlicher Professor der Columbia Graduate School of Business.

Bücher

Expectations Investing, HBS 2001 (mit Alfred Rappaport)

„Expectations Investing" stellt eine grundlegende Verschiebung gegenüber der Art und Weise dar, auf die professionelle Geldverwalter und Privatanleger heutzutage Aktien auswählen. Diese Methode erkennt an, dass der Schlüssel zu überdurchschnittlichen Resultaten darin liegt, mit der Schätzung der Performance-Erwartungen zu beginnen, die im aktuellen Aktienkurs enthalten sind, und dann Korrekturen dieser Erwartungen richtig vorwegzunehmen.

Der gängigen Auffassung nach brauchen Investoren eine ganze Reihe von Ansätzen für die Bewertung verschiedener Branchen. Erwartungsinvestoren erkennen, dass verschiedene Branchen zwar unterschiedliche Charakteristika aufweisen, dass es aber wichtig ist, alle Unternehmen unter Verwendung des gleichen ökonomischen Ansatzes zu bewerten. Hier nun zehn Regeln zum Expectations Investing, die Ihre Chancen erhöhen, überdurchschnittliche Gewinne zu erzeugen:

1. Beobachten Sie das Bargeld.

Die Erträge der Anleger stammen aus zwei Bargeldquellen – Dividenden und Änderungen des Aktienkurses. Aber ein Unternehmen kann keine Dividenden ausschütten, wenn es keinen positiven Cashflow erzeugen kann. Somit vermittelt ein Unternehmen ohne Aussichten auf künftigen Cashflow keinen Wert. Daher reflektieren die Aktienkurse Transaktionen zwischen Investoren, die bereit sind, den derzeitigen Wert des erwarteten Cashflows eines Unternehmens zu verkaufen, und Käufern, die auf höhere künftige Cashflows setzen. Der Markt bewertet Aktien gemäß dem Cashflow.

2. Vergessen Sie Unternehmensgewinne und Kurs-Gewinn-Verhältnisse.

Weise Anleger verlassen sich nicht auf kurzfristige Kennzahlen wie Gewinn und Kurs-Gewinn-Verhältnis, weil sie die langfristigen Cashflow-Erwartungen nicht erfassen, die der Aktienkurs impliziert. Tatsächlich bestimmt die am weitesten verbreitete Bewertungskennzahl der Anlegergemeinde, nämlich das Kurs-Gewinn-Verhältnis, nicht den Wert, sondern ist vielmehr eine Konsequenz des Wertes. Das Kurs-Gewinn-Verhältnis ist keine analytische Abkürzung, sondern eine ökonomische Sackgasse.

3. Lesen Sie die Markterwartungen aus dem Aktienkurs heraus.

Expectations Investing beginnt nicht mit der Prognose von Cashflows, sondern mit dem Herauslesen der kollektiven Erwartungen, die der Preis einer Aktie impliziert. Indem man das übliche Verfahren umkehrt, umgeht man nicht nur die schwierige Aufgabe, Cashflows separat vorherzusagen, sondern man kann dadurch auch seine eigenen Erwartungen an denen des Marktes messen. Bevor man abschätzen kann, wohin sich die Erwartungen des Marktes künftig bewegen werden, muss man zuerst die heutigen Erwartungen des Marktes kennen.

4. Suchen Sie nach möglichen Ursachen für Korrekturen der Markterwartungen.

Die einzige Möglichkeit des Anlegers, überdurchschnittliche Erträge zu erzielen, besteht in der Voraussage bedeutsamer Unterschiede zwischen den derzeitigen und den künftigen Erwartungen. Mit Aktien, deren Preis die künftige Performance bereits vollständig reflektiert, verdient man als Anleger kein Geld. Woran erkennt man Korrekturen? Veränderungen des Umsatzes, der Zusammensetzung des Umsatzes und des Verkaufssortiments rufen Korrekturen der Umsatzerwartungen hervor. Korrekturen der erwarteten Ertragsmarge entstehen durch Veränderung der Verkaufspreise, der Zusammensetzung des Umsatzes, der Größeneffekte und der Kosteneffizienz.

5. Konzentrieren Sie die Analyse auf den Wert-Auslöser (Umsatz, Kosten oder Investition), der den größten Einfluss auf die Aktie ausübt.

Das Erkennen des so genannten Turbo-Aulösers ermöglicht es den Anlegern, ihre Analyse zu vereinfachen und ihren analytischen Schwerpunkt auf diejenigen Veränderungen zu lenken, die den meisten Gewinn bringen.

6. Analysieren Sie die Wettbewerbsstrategie, um Erwartungskorrekturen vorherzusehen.

Die sicherste Möglichkeit für Anleger, Korrekturen der Erwartungen vorauszusehen, ist die Vorwegnahme von Veränderungen der Wettbewerbsdynamik eines Unternehmens. Für Anleger ist die Analyse der Wettbewerbsstrategie in Kombination mit der Finanzanalyse ein unentbehrliches Werkzeug.

7. Kaufen Sie Aktien, die ausreichend weit unter dem erwarteten Wert gehandelt werden.

Je größer der Abschlag im Vergleich zum erwarteten Wert, desto höher ist der voraussichtliche Mehrertrag – und desto attraktiver für den Verkauf ist die Aktie. Je früher sich der Aktienkurs dem höheren erwarteten Wert nähert, desto höher wird der zusätzliche Ertrag. Je länger es dauert, desto niedriger der zusätzliche Ertrag.

8. Verkaufen Sie Aktien mit einem ausreichenden Aufpreis auf den erwarteten Wert nach Abzug von Steuern und Transaktionskosten.

Je höher der Aufpreis einer Aktie gegenüber ihrem erwarteten Wert ist, desto verlockender die Verkaufsgelegenheit. Als Anleger sollte man eine Aktie aus drei Gründen verkaufen: Sie hat ihren erwarteten Wert erreicht, es gibt bessere Anlagemöglichkeiten oder der Investor korrigiert seine Erwartungen nach unten. Aber sogar diese Gründe reichen nach Berücksichtigung von Steuern und Transaktionskosten in der Analyse vielleicht nicht aus.

9. Übersehen Sie nicht noch andere bedeutsame Wert-Determinanten, die in der Bilanz nicht auftauchen.

Zum Beispiel kann es zur deutlichen Unterschätzung der Kosten und Verbindlichkeiten kommen, wenn man Aktien-Bezugsrechte ignoriert. Früher vergebene Bezugsrechte sind eine ökonomische Verbindlichkeit, und künftig vergebene Bezugsrechte sind unbestreitbar Geschäftskosten. Im Gegensatz dazu sind regelrechte Optionen – das Recht, aber nicht die Pflicht, potenziell Wert schaffende Investitionen zu tätigen – häufig eine bedeutsame Wert-Quelle für Startups und Unternehmen in Sektoren mit schnellem Wandel.

10. Beachten Sie die Signale, wenn Unternehmen eigene Aktien ausgeben oder kaufen.

Ob sich ein Käuferunternehmen für die Bezahlung in bar oder in Aktien entscheidet, ist häufig ein deutliches Signal an die Anleger. Unter den richtigen Umständen sind Rückkäufe für Erwartungsanleger ein Signal, ihre Erwartungen zu den Aussichten eines Unternehmens zu revidieren. Investoren, die solche Signale zu deuten wissen, haben einen analytischen Vorsprung.

www.expectationsinvesting.com, www.hbsp.harvard.edu

IPOs

Jay Ritter

Jay Ritter ist Cordell Professor für Finanzwissenschaft am Warrington College of Business Administration der University of Florida. Er schreibt häufig für The Journal of Finance und andere Finanzzeitungen und hat für mehrere Bücher Beiträge zum Thema IPOs verfasst, und zwar in letzter Zeit für The Handbook of the Economics of Finance, erschienen bei North Holland.

Zum IPO kaufen

1. „Erhöhen Sie den Preis, verdoppeln Sie meine Order. Senken Sie den Preis, streichen Sie meine Order."

Wenn ein IPO (Initial Public Offering, Erstemission) verkauft wird, dann wird im Prospekt ein Preisbereich angegeben, beispielsweise zwölf bis 14 US-Dollar pro Aktie. Am Tag vor dem Handelsbeginn wird der endgültige Angebotspreis festgelegt. Manchmal wird der Preisbereich nach oben oder unten angepasst, bevor der endgültige Preis festgesetzt wird. Wenn der Preis gesenkt wird, dann deutet das darauf hin, dass das Emissionshaus Schwierigkeiten hat, Käufer zu finden und dass ein Kurssprung nach Eröffnung unwahrscheinlich ist.

Wenn der Preis angehoben wird, dann zeigt das an, dass es sich um eine heiße Emission handelt und dass der Preis nach Handelseröffnung nach oben springen wird. In den Jahren 1990 bis 1998 brachte der erste Tag einen durchschnittlichen Ertrag von vier Prozent, wenn der Preis vorher gesenkt wurde. Wenn er dagegen erhöht wurde, dann betrug die durchschnittliche Ersttagsrendite 32 Prozent. Wenn man ein Kurzfristportfolio betreibt, dann sollte man umso mehr Aktien verlangen, je mehr der Preis erhöht wurde. Der Grund, weshalb es nicht den Gesetzen der Ökonomie widerspricht, umso mehr Aktien zu verlangen, je höher der Preis ist, liegt daran, dass die Preisänderung etwas über den Stand der Nachfrage aussagt.

2. IPOs sind ein Marketinginstrument.

In den letzten Jahren sind Börsengänge zu einem Marketinginstrument geworden. Und da viele IPOs am ersten Handelstag weit über den Angebotspreis hinaus gestiegen sind, ist es zu einer Einnahmequelle für Investoren geworden, Aktien zugeteilt zu bekommen. Brokerhäuser belohnen ihre Gewinn bringendsten Kunden mit IPOs. Wenn Sie ein gewinnträchtiger Kunde sind, weil Sie ein großes Depot haben oder weil Sie aktiver Trader sind, zieren Sie sich nicht, IPOs zu verlangen. Die Brokerhäuser wissen, dass sie den Verlust von Kunden riskieren, wenn sie ihren besten Kunden keine heißen IPOs geben. Wenn Sie sie nicht verlangen, dann bekommen Sie die heißen IPOs auch nicht.

3. Wenn ein Broker Sie bittet zu kaufen, dann halten Sie sich von der Emission fern.

Außer wenn Sie ein sehr Gewinn bringender Kunde des Brokerhauses sind, deutet die Tatsache, dass Ihnen der Broker IPO-Aktien anbietet, wahrscheinlich darauf hin, dass der Broker Schwierigkeiten hat, die Emission zu verkaufen. Das ist ein schlechtes Zeichen.

4. Sehen Sie nach, was die Internetseiten dazu sagen.

Es gibt eine Reihe von Internetseiten, die IPOs behandeln und aktuelle Informationen dazu bieten, ob eine bestimmte Emission heiß oder kalt ist. Etwas anderes sind Chatrooms, in denen jeder schreiben kann, was er will. Solche Websites sind unter anderem www.ipohome.com (Renaissance Capital) und www-.ipomonitor.com. Auf meiner Homepage finden Sie Links zu weiteren Seiten (bear.cba.ufl.edu/ritter), auf www.iporesources.org und auf der IPO-Seite von Yahoo!

5. Achten Sie auf die Bewertung.

Ein großartiges Unternehmen muss nicht unbedingt auch eine großartige Investition sein. In den letzten Jahren sind viele Technologieunternehmen an die Börse gegangen und sind danach schnell gewachsen. Wenn jedoch der Aktienkurs schon riesige künftige Profite reflektiert, dann ist das Gewinnpotenzial eingeschränkt.

So ging zum Beispiel am 22. Oktober 1999 ein junges Unternehmen namens Sycamore Networks an die Börse. Sycamore hatte im Vorjahr einen Umsatz von elf Millionen US-Dollar erzielt und erreichte nach dem ersten Handelstag eine Marktkapitalisierung von 14 Milliarden US-Dollar. Die Wahrscheinlichkeit, dass die Umsätze und Gewinne von Sycamore in Bereiche wachsen würden, die diese Bewertung rechtfertigen, war winzig.

Als Microsoft im März 1986 an die Börse ging, arbeitete es bereits mit Gewinn, hatte einen Jahresumsatz von 162 Millionen US-Dollar und eine Marktkapitalisierung von nur 700 Millionen US-Dollar. Mit der Bewertung von 700 Millionen US-Dollar hatte Microsoft noch viel Steigerungspotenzial. Sycamore hatte mit der Bewertung von 14 Milliarden nicht viel Zuwachspotenzial, selbst wenn alles gut gehen würde. Mitte des Jahres 2001 lag die Marktkapitalisierung von Sycamore unter zwei Milliarden US-Dollar.

6. Der IPO-Markt ist nie im Gleichgewicht. Er ist entweder überhitzt oder unterkühlt. Kaufen Sie in Kälteperioden.

Seit 1990 hat es in den Vereinigten Staaten durchschnittlich 35 IPOs pro Monat gegeben. Allerdings verbergen sich hinter dieser Durchschnittszahl beträchtliche Abweichungen. Es gab 44 Monate mit mindestens 50 IPOs und 15 Monate mit weniger als 20 IPOs. Zeiträume mit geringem Aufkommen waren die sechs Monate nach dem Überfall des Irak auf Kuwait im Jahre 1990, die sechs Monate nach den Schwierigkeiten von Long-Term Capital

Management 1998 und die sechs Monate nach dem Zusammenbruch der Internetaktien Ende 2000. In diesen Zeiträumen war der IPO-Markt sozusagen geschlossen.

Die besten Zeiten für den langfristigen Kauf von IPOs sind im Allgemeinen die Kälteperioden, in denen das Aufkommen niedrig ist. Eine der besten Investitionen in ein Unternehmen, das an die Börse ging, war Cisco Systems; die Gesellschaft ging im Mai 1990 an die Börse, einem Monat, in dem in den Vereinigten Staaten nur noch zwölf weitere Unternehmen an die Börse gingen.

Meine gemeinsamen Forschungen mit Tim Loghran von der University of Notre Dame zeigen, dass seit 1970 Unternehmen, die in Zeiten geringen IPO-Aufkommens an die Börse gingen, diejenigen übertrafen, die in Perioden mit hohem IPO-Aufkommen an die Börse gingen. Dabei wurde die Performance von dem Schlusskurs am Ende des ersten Handelstages an bis zu dem gleichen Tag fünf Jahre später gemessen. Von den Internet-IPOs der Jahre 1999 und 2000 standen 97 Prozent im April 2001 unter ihrem Eröffnungspreis und 99 Prozent unter dem Schlusskurs des ersten Handelstages.

7. Meiden Sie junge Unternehmen in heißen Branchen.

Historisch betrachtet verhalten sich IPOs fünf Jahre lang unterdurchschnittlich. Vom Schlusskurs des ersten Handelstages ab gerechnet liegen IPOs in den ersten fünf Jahren vier Prozent unter dem breiten Markt. Die unterdurchschnittliche Entwicklung beginnt sechs Monate nach der Emission und ist am ausgeprägtesten bei jungen Unternehmen, die in heißen IPO-Phasen an die Börse gehen.

Am besten funktioniert eine kontrarianische Strategie: Ältere, bereits etablierte Unternehmen in Branchen, die nicht „heiß" sind, bringen historisch betrachtet die besten langfristigen Erträge, insbesondere wenn die Emission in eine Periode relativ konservativer Bewertungen fällt, in der nur wenige Unternehmen an die Börse gehen.

8. Passen Sie auf, wann die Lockup-Frist endet.

Wenn ein Unternehmen an die Börse geht, verpflichten sich die Aktieninhaber, die ihre Aktien vor der Emission bekommen haben, ihre Aktien für einen festgelegten Zeitraum zu halten. Der Verkauf ist in diesem Zeitraum nur mit schriftlicher Genehmigung des Konsortialführers erlaubt. Normalerweise sind das 180 Tage. Um den Ablauf der Lockup-Frist herum fällt der Aktienkurs meist um mehrere Prozent, bei Technologieaktien sogar noch tiefer.

Laura Field und Gordon Hanka zeigen in einem Artikel, der im Jahre 2001 im Journal of Finance veröffentlicht wurde, dass dieser Kurseinbruch von einer Woche vor dem Fristablauf bis eine Woche nach dem Fristablauf reicht. Wenn Sie daran denken, eine Aktie zu kaufen, die vor fünf Monaten auf den Markt gekommen ist, dann warten Sie mit dem Kauf lieber, bis etwas mehr als sechs Monate verstrichen sind. Aber passen Sie auf, denn sechs Monate nach dem IPO beginnt die Zeit der unterdurchschnittlichen Langfristperformance.

9. Verwechseln Sie nicht Wachstum und profitables Wachstum.

Dass eine Firma oder eine Branche schnell wächst, heißt noch nicht, dass auch die Gewinne schnell wachsen. Wenn es keine Eintrittsbarrieren gibt, profitieren die Aktionäre von dem Wachstum nicht. Zum Beispiel ist die Fluggesellschaftsbranche gemessen am Umsatz und an der Zahl der Beschäftigten von fast null zu einer der größten Branchen des Landes angewachsen. Aber diese Branche war noch nie sehr profitabel. Die Konkurrenz durch neue Mitbewerber (die jetzt fast alle bankrott sind) und die steigenden Lohnkosten wegen der gewerkschaftlich organisierten Piloten halten den Gewinn niedrig.

Trotz des schnellen technischen Fortschritts erzielt ein Unternehmen nur dann große Gewinne, wenn die Konkurrenz keinen Zugang zu der betreffenden Technologie hat. Wenn alle Unternehmen einer Branche von einer neuen Technologie profitieren, drückt der Wettbewerb die Preise. Den Verbrauchern kommt dies zugute, den Aktionären aber nicht unbedingt. Manager vergessen das manchmal und investieren zu viel.

10. Prüfen Sie den Prospekt, und vor allem das Management.

Wie in IPOs for Everyone von Linda Killian, Kathleen Smith und William Smith von Renaissance Capital erklärt, hilft es die guten von den schlechten IPOs zu unterscheiden, wenn man die Qualität und die Anreize des Managements sowie die Fundamentaldaten des Unternehmens bewertet. Besonders wichtig ist die Überprüfung des Managements bei IPOs, an denen keine Venture-Kapitalisten beteiligt sind. Wenn die Entlohnung des Managements so angelegt ist, dass sich die Manager bereichern, egal ob es den Aktionären gut geht oder nicht, dann ist das ein Warnsignal. Ein von Insidern beherrschtes Board of Directors ist ein Warnsignal. Wenn sich das Management eine große Menge von Bezugsrechten genehmigt, dann ist das auch ein Warnsignal. Und wenn die Zahlen durch aggressive Bilanzierungspraktiken aufgeblasen werden, dann ist das ebenfalls ein Warnsignal.

Narrensicher ist das aber auch nicht. Es kann sein, dass ein Unternehmen ein eingewurzeltes Management hat, sich aber trotzdem gut entwickelt. America Online (jetzt Teil von AOL-Time Warner) übertrieb jahrelang seinen Gewinn, indem es Monatsgebühren als Einnahmen buchte, die erst später fällig wurden. Die AOL-Aktie kletterte mit wachsendem Marktanteil nach oben, und das Unternehmen zermalmte die Konkurrenz; nach ein paar Jahren änderte es dann seine Abrechnungspraxis.

www.bear.cba.ufl.edu/ritter

„Werden Sie misstrauisch, wenn die Analysten ihre Kursziele erhöhen und gleichzeitig die Gewinnschätzungen senken. Das ergibt keinen Sinn, es sei denn, sie wollen das Unternehmen hochjubeln, damit neue Aktien emittiert werden können."

Herb Greenberg

Wie man eine schwere Baisse überlebt

John Rothchild

John Rothchild ist Autor von Bestsellern wie „A Fool And His Money“ und „Going For Broke“. Zusammen mit Peter Lynch verfasste er „One Up On Wall Street“, „Beating The Street“ und „Learn To Earn“. Er war Redakteur bei Washington Monthly sowie Finanzjournalist für Time und Fortune. Außerdem schreibt er für Harpers, Rolling Stone, Esquire und viele andere regelmäßig erscheinende Publikationen. Er ist bei The Nightly Business Report, bei der Today Show und bei CNBC aufgetreten. The Davis Dynasty, sein neuestes Finanzbuch, erscheint im Herbst 2001.

Bücher
The Bear Book, John Wiley 1998
A Fool And His Money, John Wiley 1997
Bärenmärkte, Börsenmedien 2001
Ein Narr und sein Geld, Börsenmedien 1998

Mit Peter Lynch:
One Up on Wall Street, Simon & Schuster 1989
Beating the Street, Simon & Schuster 1993
Learn to Earn, Simon & Schuster 1995
Der Börse einen Schritt voraus, Börsenmedien 1997
Aktien für alle, Börsenmedien 1992
Lynch 3, Börsenmedien 1996

1. „Langfristig“ kann länger sein als gedacht.

Nach schweren Baissen gibt es scheinbar endlose Phasen, in

denen ein typisches Aktienportfolio wenig oder gar kein Geld bringt. Nach dem Dow Jones Industrials zu urteilen, kann es, nachdem die Aktien über sich hinausgewachsen und gescheitert sind, viele Jahre – nicht nur Monate – dauern, bis sie wieder Boden gut machen.

Ein altbekanntes und vielzitiertes Beispiel ist 1929, als der Dow Jones bei 381 Punkten den Gipfel überschritt und 25 Jahre brauchte, um wieder darüber hinauszukommen. In ähnlicher Weise erreichte er 685 Punkte im Jahre 1957 und stand 1970 tiefer. Im Jahre 1966 erreichte er 995 Punkte, und im Jahre 1981 wurde er für 776 gehandelt.

Menschen, die auf zehn oder mehr Jahre mittelmäßiger bis nicht existenter Gewinne nicht gefasst sind – insbesondere nach einem begeisternden Lauf, wie er bärischen Phasen vorangeht, verlieren häufig die Begeisterung für das Kaufen und Halten, und häufig verlassen diese Menschen den Markt zu einem ungünstigen Zeitpunkt.

2. Wenn die Bären die Party gesprengt haben, tanzen Sie nicht mit den gleichen Aktien weiter.

Aktien, die im Endstadium einer Hausse führend sind – wie beispielsweise die so genannten Nifty Fifty Anfang der 70er-Jahre – sind mit hoher Wahrscheinlichkeit nicht führend, wenn sich der Markt im Spätstadium der Baisse wieder vom Boden erhebt. Neuere, kleinere und schneller wachsende Unternehmen steigen dann auf.

3. Lassen Sie sich von Scheinerholungen nicht in Versuchung führen, es sei denn, Sie können sich nach kurzer Liebschaft wieder verabschieden.

Schwere Niedergänge und langwierige Erholungen (1929-1949, 1969-1981) werden von aufregenden Erholungsphasen belebt, in denen sich die Aktienkurse vervierfachen können. Die Gewinne sind aber genauso schnell wieder verschwunden, und die wirkliche Erholung lässt noch Jahre auf sich warten.

4. Wenn das letzte Chicken Little entlarvt ist, fällt der Himmel herab.

Während die Preise in die dünne Luft der Überbewertung aufsteigen, worauf ein tiefer Fall folgt, wird bewiesen, dass die ganzen bärischen Propheten im Unrecht sind.
Mitte der 90er-Jahre beispielsweise wurden viele profilierte Wall-Street-Profis öffentlich bärisch und verloren daraufhin ihre Glaubwürdigkeit, weil die Kurse noch fünf Jahre lang weiter stiegen. Auf dem Höhepunkt Anfang des Jahres 2.000 waren dann keine angesehenen Bären mehr übrig, die hätten Alarm schlagen können.

5. Wenn die Bären die Straßen regieren, dann lohnt sich der Besitz von Dingen, deren Besitz sich auszahlt.

Dazu gehören Aktien mit hohen Dividendenausschüttungen, Vorzugsaktien, REITS, Wandelanleihen und Investmentfonds, die eine Mischung der erwähnten Vermögenswerte enthalten. Wenn es schon Jahre dauert, bis die Aktien wieder steigen, können Sie während des Wartens gerne auch einen gewissen Ertrag kassieren.

6. 50 Millionen Franzosen können sich nicht irren, aber die Gesamtheit der Wirtschaftsexperten durchaus.

Rezessionen sind schlechte Nachrichten für den Aktienmarkt, und schwere Rezessionen können schreckliche Nachrichten sein; aber verlassen Sie sich für frühzeitige Warnung nicht auf „die meisten Wirtschaftsexperten“. Laut ihren veröffentlichten Berichten waren „die meisten Wirtschaftsexperten“ 1969/1970, 1973/1974, 1981/1982 und 1990 überzeugt, dass die Vereinigten Staaten die Rezession abwenden könnten. Sie irrten in allen vier Fällen.

7. Hüten Sie sich vor der Neuen Ära.

So ungefähr einmal pro Generation ist von einer „Neuen Ära“ die Rede, einer Art Camelot, in dem das Wirtschaftsklima immer balsamisch ist und wo sich die Unternehmen im Garten des Wohlstands aalen. Die Neue Ära war Ende der 20er-, Ende der 60er- und Ende der 90er-Jahre populär. In den beiden ersten Fällen mündete die Neue Ära in die beiden schlimmsten Baissen des 20. Jahrhunderts. Auf die letzte Neue Ära folgte der große Technologiezusammenbruch, als die technologielastige NASDAQ nach ihrem Hoch mehr als 50 Prozent verlor.

8. Selbst Anleihen sind nicht bärensicher.
Anleiheninvestoren verlieren in schweren Baissen viel Geld. So war es auch in den 34 Jahren von 1947 bis 1981.

9. Ihr Investmentfonds kann Sie nicht retten.
Zahlreiche renommierte Fonds der 60er-Jahre waren bis zum Ende der Marktvernichtung 1973/1974 verschwunden. Insgesamt hatten die Vermögenswerte der Fonds 30 Prozent abgegeben.

10. Reiten Sie in der Erholungsphase nach der Baisse auf kleinen Aktien.
Nebenwerte steigen vom Boden einer Baisse aus tendenziell überdurchschnittlich auf, wohingegen sich höher kapitalisierte Aktien tendenziell kurz vor dem Gipfel von Haussen überdurchschnittlich verhalten.

Der Handel mit börsennotierten Optionen

Anthony Saliba

Anthony Saliba ist Gründer und Vorsitzender des International Trading Institute. Dieses auf Derivate spezialisierte Schulungsunternehmen hat in seiner zwölfjährigen Geschichte mehr als 4.000 Profis ausgebildet.
Saliba begann seine Traderkarriere 1979 am Chicago Board Options Exchange (CBOE), wo er als Unabhängiger mit Aktienoptionen handelte. In den elf darauf folgenden Jahren erweiterte er seinen Trading-Horizont auf die meisten Produkte der CBOE, auf Devisen und die S & P 500-Kontrakte der CME (Chicago Mercantile Exchange) sowie Agrar- und Zinsprodukte der CBOT (Chicago Board of Options Trade). Jack Schwager würdigte sein Tradinggeschick in „Magier der Märkte“.

Die folgenden Tradingregeln stammen von Anthony Saliba und seinen Partnern Joe Corona und Chris Hausman.

1. Beim Market Making ist Schnelligkeit wichtiger als Genauigkeit.
Ein ausgeklügeltes Preisberechnungsmodell mit einer bestimmten Anzahl von Iterationen ist wertlos, wenn man den Trade nicht bekommt. Die meisten Preisdifferenzen lassen sich durch gutes Hedgen und weniger Nachgeben ausgleichen.

2. Beim Investing ist der Preis wichtiger als Schnelligkeit.
Kunden, die sich über die Höhe der Gebühren beklagen, können Ihnen erzählen, dass es sich lohnt, sich die Zeit für die ordentliche Durchführung des Trades zu nehmen, wenn dadurch der erzielte Preis einen oder zwei Ticks besser wird. Noch vor zwei

Jahren ging selbst eine Minute für einen Turnaround „im Rauschen unter“, aber heute bekommen die Anleger im Optionshandel Schnelligkeit und bessere Preise.

3. Machen Sie sich keine Gedanken um Put-/Call-Ratios, das ist viel Lärm um nichts.

Institutionelles Hedging, Spread Trading und nächtliches Trading sind unter anderem daran schuld, dass dieser Tagesindikator so viel aussagt wie das Werfen einer Münze.

4. Die Volatilität sollte das Thermometer des Traders und der Kompass des Anlegers sein.

Als Trader kann man die Implizite Volatilität ständig verfolgen, sie ausnutzen und damit die finanzielle Gesundheit seiner Bücher erhalten, wohingegen man als Anleger, der langfristige Entscheidungen trifft, die Volatilität als Copilot mit auf die Reise nehmen sollte.

5. Der Optionsjargon ist völlig verquer und verdreht.

Spreads gelten als „riskante, komplexe Strategien, die nur von fortgeschrittenen Tradern eingesetzt werden sollten“. In Wahrheit reduzieren Spreads das Risiko und sind normalerweise sicherer als der einfache Kauf beziehungsweise Verkauf eines Puts oder Calls.

6. In der Ausübungswoche ist die implizite Volatilität bedeutungslos.

Über die Optionsvolatilität von ablaufenden Optionen braucht man eigentlich nicht zu reden, denn da gibt es kein Vega. Zu viele Trader starren in der letzten Woche immer noch verkrampft auf implizite Volatilitäten – aber dieses Spiel ist dann schon vorbei.

7. Man kann die Volatilität mit einem Auto vergleichen, das auf einer Nachrichtenautobahn fährt und unterwegs versucht, Auffahrunfälle und Schlaglöcher zu vermeiden.

In unserem technisierten Zeitalter treiben Ereignisse die Volatilität auf digitale Weise an. Rechnen Sie damit, dass sich die Landschaft verändert, denn der Weg wird von Nachrichten gezeichnet. Lassen Sie sich von der Volatilität nicht erschrecken oder den Magen umdrehen. Genießen Sie die Fahrt.

8. Mein Lieblingsspiel: „Guter Spread zu schlechten Preisen."

Anstatt aus einem Verlusttrade sofort auszusteigen, suchen Sie sich eine Spread-Hedge und verwandeln Sie einen schlechten Trade in einen guten Spread, wenn auch vielleicht zu einem schlechten Preis. Das ist der „Reparaturausgang".

9. Aus einem schlechten Trade aussteigen: „Der erste Schnitt ist der billigste."

Zu viele Optionstrader halten in der Hoffnung an Positionen fest, die sich gegen sie wenden, dass sie wieder zurückkommen. Das führt zu einem massiven Aderlass – reparieren Sie schnell, oder machen Sie einen schnellen Schnitt.

10. Im Zweifelsfall aussteigen.

Wenn Sie eine Position eingegangen sind, mit der Sie sich unwohl fühlen oder die Ihnen kein Vertrauen einflößt, und wenn eine leise Stimme Ihnen sagt: „Steig verflucht nochmal aus!" – dann trauen Sie Ihrem Instinkt.

www.salibaco.com

*„Achten Sie auf den Konjunkturzyklus.
Die Ausgaben für auswärts Essen, Gesundheit, Fitness und andere Freizeitbeschäftigungen nehmen zwar auf sehr lange Sicht zweifellos zu, aber sie sind auch in hohem Maße entbehrlich und werden in Zeiten des Abschwungs als erste gestrichen."*

Simon Johnson

Anlage in Hedgefonds und gemanagten Futures-Fonds

Thomas Schneeweis

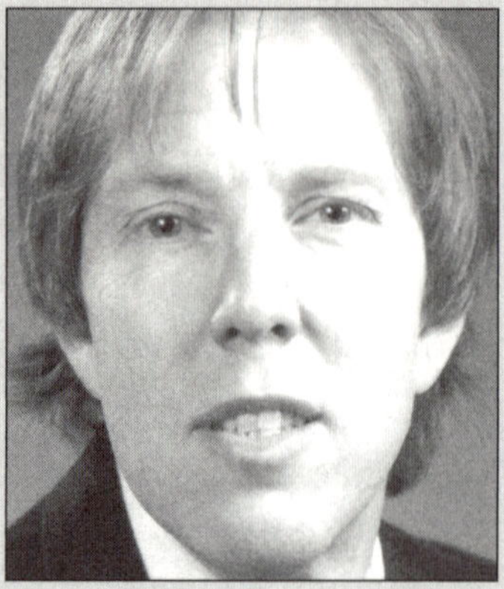

Thomas Schneeweis ist Professor für Finanzwissenschaft an der School of Management der University of Massachusetts und Direktor des Center for International Securities and Derivatives Markets (CISDM/SOM). Er ist Präsident von Schneeweis Partners, LLC, einer Firma, die sich auf analytische Unterstützung in den Bereichen Fonds mit mehreren Beratern, Anlagegewichtung und Risikomanagement spezialisiert hat. Er ist Chefredakteur von The Journal of Alternative Investments, Leiter des Fortbildungsausschusses der Alternative Investment Management Association und spricht regelmäßig bei akademischen und geschäftlichen Veranstaltungen, die mit alternativen Investments zu tun haben.

1. „Vorsicht vor dem Unbekannten, Vorsicht vor Hedgefonds."

Eigentlich haben die meisten Hedgefonds ein geringeres Risiko als einzelne Aktien oder sogar Aktienindizes. Aktien haben eine jährliche Volatilität (also eine Standardabweichung) von etwa 30 Prozent. Die Jahresvolatilität des S & P 500 liegt bei rund 15 Prozent. Die jährliche Volatilität der meisten Hedgefonds (mit Ausnahme einiger long-lastiger und Global-Macro-Fonds) liegt unter 15 Prozent. Sogar Berater für Rohstofftrading (Futures- und Optionshändler) haben Jahresvolatilitäten ähnlich derjenigen des S & P 500.

2. „Aktien für die Langfristanlage."

Hedgefonds haben tatsächlich Vorteile gegenüber etablierten, traditionellen Aktien- und Anleihenportfolios. Die meisten Aktien bewegen sich gemeinsam nach oben und nach unten. Daher muss man als Anleger im Interesse der Diversifizierung in Instrumente wie zum Beispiel Hedgefonds investieren, die so konstruiert sind, dass sie auf Bewegungen des Aktienmarkts weniger empfindlich reagieren.

3. „Willst du die Zukunft kennen, blicke auf die Vergangenheit."

Die Vergangenheit sagt in vielen Bereichen die Zukunft voraus, aber nicht bei Investitionen in Aktien, Anleihen oder Hedgefonds. Jede Strategie bringt in einer ganz bestimmten Marktlage Geld. Nur wenn die Marktbedingungen gleich bleiben, spiegelt die unmittelbare Vergangenheit die Zukunft.

4. Wenn Sie das Tier erkennen wollen, betrachten Sie die Fährte.

Manche Hedgefonds behaupten, sie korrelierten nicht mit dem Aktienmarkt, obwohl sie eigentlich nur Aktienfonds im Hedgefondsformat sind. Vergleichen Sie die tatsächliche Performance eines Hedgefonds mit Indizes, die traditionelle Aktien- und Anleiheninvestitionen widerspiegeln sowie mit Hedgefonds, die die Performance von Hedgefonds widerspiegeln. Es gibt Aktien- und Anleihen-Indizes, die die Performance von Portfolios aus Aktien und festverzinslichen Papieren widerspiegeln.
Außerdem gibt es eine Reihe von Hedgefonds-Indizes (zum Beispiel die Zurich Hedge Fund Indices), die in ähnlicher Weise die Performance von Hedgefonds nachbilden.

5. Hüten Sie sich vor dem Mann hinter dem Vorhang.

Manche Hedgefondsmanager beteuern, ihr System sei derart geheim, dass sie Ihnen nicht sagen könnten, wie oder warum es funktioniert. Wenn Sie auf solche Manager treffen, gehen Sie einfach weg. Glauben Sie keinem Menschen, der Ihnen nicht sagen will, was hinter dem Vorhang ist.

6. Wenn gar nichts mehr hilft, muss man eben die Zahlen manipulieren.

Viele Hedgefonds-Manager preisen Ideen an, für die es keinen historischen Performancenachweis gibt. Das kann in Ordnung sein, aber verlassen Sie sich niemals nur auf Zahlen. Setzen Sie Ihr Vertrauen in die Grundlagen der Trading-Idee, und nicht in die Performance-Zahlen.

7. „Kleider machen Leute."

Wie bei allen Arten der Investition müssen Sie auch hier hinter die Größe der Firma, die Größe der Büroräume und so weiter blicken und sich auf die eigentliche Quelle des Ertrags konzentrieren. Wenn Ihnen der Manager nicht in fünf Sätzen erklären kann, warum die Strategie Geld bringt, dann gehen Sie weiter zum nächsten.

8. „Der Staat schützt Sie."

Manche Anleger glauben, der Staat überwache und schütze traditionelle Aktien und Anleihen besser als Hedgefonds. Aber in Wirklichkeit müssen Hedgefonds regulatorischen Anforderungen genügen, die den Märkten unterliegen, an denen sie handeln (sich zum Beispiel für den Handel an Futures- und Optionsbörsen als CTA – Commodity Trading Advisor – registrieren lassen). Aber ganz gleich ob traditionelles oder alternatives Investment – keine noch so intensive staatliche Aufsicht kann Sie vor einem unfähigen Fondsmanager oder einem Fondsmanager schützen, der Sie ausnehmen will.
Seien Sie gewarnt.

9. „Den Wert eines Aktienportfolios kennt man immer, nicht aber den Wert eines Hedgefonds."

Unglücklicherweise gibt der Inventarwert vieler Aktien- und Anleihenfonds nicht ihren tatsächlichen Marktwert wieder. Zum Beispiel sind Kurse aus Emerging Markets immer veraltet. Im Gegensatz dazu traden viele Hedgefonds an den liquidesten Märkten, die es gibt, beispielsweise an Futures- und Optionsbörsen oder an höchst liquiden Aktienmärkten. Außerdem gibt es für die meisten großen Investments normalerweise tägliche Kurse und Bewertungen.

10. „Nur Wohlhabende sollten in Hedgefonds investieren."

Für Hedgefonds gibt es traditionelle Anlageformen (zum Beispiel Investmentfonds oder Wertpapiere). Und außerdem werden neue Anlageformen geschaffen, mittels deren man auch Summen unter 10.000 US-Dollar in Hedgefonds investieren kann.

www.som.umass.edu

Effektive internationale Aktieninvestitionen

Steven Schoenfeld

Steven Schoenfeld ist Geschäftsführer bei Barclays Global Investors sowie Chef-Investmentstratege und Teamleiter der International Equity Managing Group, die 65 Milliarden US-Dollar Index-Investments in Industrie- und Schwellenländern verwaltet. Er ist Herausgeber des Buches „Active Index Investing", das Ende 2004 erscheint.

1. Eine internationale Aktiengewichtung sorgt im Portfolio eines Anlegers immer für Diversifizierung.

Internationale Anlagen sind in den Vereinigten Staaten aus zwei Gründen ins Kreuzfeuer der Kritik geraten: wegen der immer engeren Korrelationen zwischen internationalen Märkten und wegen der enormen Hausse der 90er-Jahre in den Vereinigten Staaten. Beide Gründe sind eindeutige Beispiele für kurzfristige Orientierung und „Rückspiegelinvesting". Langfristig sieht es aber anders aus: In den 336 Monaten von 1973 bis 2000 bewegten sich internationale Aktien (gemessen am MSCI EAFE) und US-Aktien (S & P 500) in 115 Fällen beziehungsweise 34 Prozent der Fälle in entgegengesetzte Richtungen. Von den 132 Monaten, in denen der S & P 500 sank, verbuchte der EAFE in 55 einen positiven Ertrag – während 42 Prozent der Zeit.

Trotz des üblichen Arguments, die internationalen Märkte würden gerade dann keine Diversifizierung bieten, wenn sie am meisten gebraucht wird (wenn der heimische Markt fällt), bringen die internationalen Märkte also in jenen Zeiten in Wirklichkeit öfter positive Erträge als zu allen anderen Zeiten. Die stärkere Korrelation der letzten Zeit beruht auf der weltweit steigenden Bedeutung der Technologieaktien, und nachdem deren Gewicht zurückgegangen ist, nimmt auch die Korrelation wieder ab.

Eigentlich sind die wirklich riskanten Portfolios diejenigen, die keine ausländischen Aktien enthalten. Selbst in den 90er-Jahren hätte ein 20-prozentiger Anteil internationaler Aktien (EAFE) an einem Portfolio die Volatilität von 13,4 auf 12,9 Prozent gesenkt. Und was noch beeidruckender ist, in den letzten drei Jahren (bis Ende Dezember 2000) – als die Argumente, internationale Aktien seien keine gute Diversifizierung, am populärsten waren – wäre ein Portfolio mit 30 Prozent EAFE-Werten weniger volatil gewesen als ein Portfolio, das vollständig in den S & P 500 investiert war, nämlich 16,4 Prozent gegenüber 17,7 Prozent.

2. Definieren Sie „international" beziehungsweise „Ausland" nicht zu eng, sonst verpassen Sie oft das Beste.

Viele Anleger definieren „international" sehr eingeschränkt. Viele US-Investoren investieren zum Beispiel nur in EAFE/entwickelte Märkte, so dass ihnen Gelegenheiten in Kanada und den Emerging Markets entgehen. Und viele Investoren in Europa konzentrieren sich zu sehr auf ihre Heimatregion und die außereuropäischen Märkte. Ein breites internationales Portfolio, das die Emerging Markets und Kanada gewichtet nach ihrer Marktkapitalisierung enthält (ACWI ohne USA) bringt ein besseres Risiko-Ertrags-Verhältnis als ein Portfolio, das ausschließlich in die entwickelten internationalen Märkte investiert ist (EAFE). Das vollständigere Portfolio hätte von Januar 1988 bis Dezember 2000 einen Ertrag von 7,2 Prozent bei einer annualisierten Standardabweichung von 16,5 Prozent gebracht; das EAFE-Portfolio dagegen 6,9 Prozent Ertrag und eine annualisierte Standardabweichung von 16,9 Prozent.

3. Auch wenn die Globalisierung immer schneller fortschreitet, nationale Faktoren beziehungsweise die Gewichtung nach Ländern spielen immer noch eine – große! – Rolle.

Da die Welt immer mehr zusammenwächst, nimmt die Bedeutung der Sektoren zu. Trotzdem sind die Länder immer noch die Hauptursache für Ertragsunterschiede. Das liegt daran, dass es selbst innerhalb von so eng verbundenen Regionen wie der EWU deutliche Unterschiede in der Wirtschafts- und Steuerpolitik gibt. Und was noch wichtiger ist, das menschliche Kapital variiert von Land zu Land sehr stark.

Das äußert sich entweder in einer unterschiedlichen Branchenzusammensetzung oder zumindest darin, dass die Wertschöpfungsprozesse innerhalb der gleichen Branche unterschiedliche Niveaus haben. Für die Aktienmärkte bedeutet dies unterschiedliche Marktrenditen und alles andere als eine perfekte Korrelation. Manche Sektoren sind schon immer von Natur aus global (Öl, Technologie etc.), während andere eindeutig von örtlichen Faktoren abhängen (Einzelhandel etc.).

4. Nicht alle Emerging Markets sind gleich – und die langfristigen Gewinner sind diejenigen, die das Potenzial zur „Reifeprüfung" haben.

Es ist wichtig zu erkennen, dass es eine „Oberliga" der Emerging Markets gibt, die sich auf dem Weg zur Konvergenz mit den Standards entwickelter Märkte befinden (häufig auch mit entwickelten Handelsbündnissen wie der EU oder der NAFTA). Portugal und Griechenland haben die Reifeprüfung bestanden, und wer dort investiert hatte, profitierte schon frühzeitig davon.

Zur künftigen Oberliga der Emerging Markets gehören Mexiko, Brasilien, Israel, Südafrika, Polen, Taiwan und Korea. Solche Länder haben das Potenzial für schnellstes Wirtschaftswachstum und schnellste Markterträge.

5. Heimische Multis – auch globale Multis – sind kein Ersatz für breites internationales Aktienengagement.

So verlockend das Konzept auch klingen mag – meistens so etwas wie: „Kaufen Sie globale Gewinner, um den Vorteil internationaler Märkte zu nutzen, aber ohne das Risiko!" -, bringen multinationale Unternehmen in Wahrheit nicht den Diversifizierungsvorteil von Auslandsaktien.

Heimische Multis haben mit 1,0 ein ähnliches Beta wie der Inlandsmarkt; hoch kapitalisierte globale Multis sind normalerweise am stärksten untereinander und mit den großen entwickelten Märkten korreliert.

Um das Risiko wirklich zu reduzieren und möglicherweise den Ertrag zu verbessern, braucht man Aktien mit starkem lokalen Bezug, und man muss sich mindestens an den 15 bis 18 besten Emerging Markets engagieren.

6. Bedenken wegen des Wechselkursrisikos internationaler Aktienanlagen sind meist überzogen – bei einer Gewichtung unter 15 Prozent gilt: „Don't worry, be happy."

Das Wechselkursrisiko, das Sie mit ausländischen Aktien kaufen, ist nicht immer etwas Schlechtes. Wenn die Auslandsaktien weniger als 15 Prozent Ihres Aktienportfolios stellen, dann bringt der Währungsaspekt zusätzliche Diversifizierung bei minimalem Risiko. Das heißt nicht, dass er den absoluten Ertrag steigert, aber zumindest ist das kein Anlass zu ernsthafter Sorge.

7. Bei internationalem Aktienengagement ist traditionelles aktives Management nicht immer das Optimum.

Trotz der herrschenden Auffassung, dass die Ineffizienz der internationalen Märkte aktives Management erfordere, sollte man nicht vergessen, dass die Kosten im Ausland normalerweise höher liegen als im Inland. Und je mehr der Manager tradet, desto höher können diese Kosten liegen.

Bei traditionellen aktiv gemanagten Fonds sind die Kosten und

Gebühren aufgrund des höheren Umsatzes höher. Aus dem Kostennachteil von fast 100 Basispunkten ergibt sich eine Performancehürde von fast 150 Basispunkten über dem Index.
Die Ausnutzung von Ineffizienzen ist leichter gesagt als getan: In den 90er-Jahren schlugen viele aktive Manager Messlatten wie den EAFE, indem sie Japan systematisch untergewichteten, aber das ist heute nicht mehr so leicht möglich.
Außerdem führt der Übergang von MSCI und anderen Benchmark-Anbietern zu fluktuierenden Erfüllungskursen und zur breiteren Abdeckung dazu, dass Aktien außerhalb der Indizes weniger Chancen auf überdurchschnittliche Performance bieten. Der größte Nutzen der internationalen Diversifizierung ist ganz einfach die Teilhabe an den Märkten – internationale und globale Indexfonds lassen den Anleger den Markt besitzen und ernten so den hauptsächlichen Nutzen ausländischer Aktien.

8. Investment in globale Indizes ist alles andere als passiv.

Die Anlagestile werden oft ganz grob in aktive und passive unterteilt. Der Begriff „passiv" bezeichnet die Abwesenheit des Auftrags, einen höheren Ertrag als die Messlatte zu liefern. In der Praxis jedoch ist ein gut geführter Indexfonds alles andere als passiv. Die erste Entscheidung ist die Wahl der Benchmark – dies hängt von der Vorliebe des Kunden für bestimmte Faktoren wie Vollständigkeit, Investierbarkeit und Akzeptanzgrad ab. Der nächste Schritt ist die Gewichtung der Länderkomponenten, wenn es sich um eine regionale/globale Benchmark handelt. Das Übliche sind natürlich Gewichtungen gemäß den Marktkapitalisierungen. Aber es gibt noch einige andere Gewichtungsmethoden – gleichmäßige Gewichtung, minimale Varianz, Gewichtung gemäß dem BIP und so weiter. Bei allen Gewichtungen außer der Gewichtung nach Marktkapitalisierung muss auch die regelmäßige Neugewichtung geplant werden. Auch da kann man sich entweder nach dem Kalender richten oder nach einer prozentualen Abweichung von der ursprünglichen Gewichtung.

Die Performance eines Indexes in den Ländern nachzubilden erfordert mehr als nur den anfänglichen Kauf der entsprechenden Vermögenswerte. Es gibt eine ganze Latte von Dingen, um die man sich regelmäßig kümmern muss, zum Beispiel die Reinvestition von Dividenden, die richtige Entscheidung bei Maßnahmen des Unternehmens und die effiziente Verwaltung des Bargeldanteils. Was einen guten Indexmanager vor allem auszeichnet, ist seine Reaktion auf größere Änderungen des Indexes. Bei solchen Veränderungen sind spezifische Tradingstrategien gefragt, die den Umfang der Änderung berücksichtigen, die Zeit zwischen Ankündigung und Umsetzung, die zu handelnde Stückzahl und die Präsenz anderer Parteien auf der gleichen oder der entgegengesetzten Seite des Trades.

9. Wenn Sie international „à la carte" investieren, müssen Sie die richtigen Instrumente verwenden.

ADRs können ein sinnvolles Werkzeug für den Kauf ausländischer Aktien sein, aber sie sind mit hohen Ausgaben verbunden, und ihr Preis weicht unvorhersehbar vom Preis der Originalaktie ab. Regionalfonds (und gebührenfreie Fonds) bieten eine unsichere Anlagegewichtung innerhalb der Region – Sie können kaum exakt herausfinden, an welchen Märkten sie mit Ihrem Portfolio teilnehmen.

Internationale und globale börsennotierte Fonds (landesweit oder nach regionalen Sektoren) sind sowohl für kurzfristg orientierte als auch für langfristig orientierte Anleger geeignet – sowie für passive und aktive Ansätze. In diesem Fall wissen Sie, was der Fonds enthält, und Sie können nahe am Inventarwert effizient ein- und aussteigen. Aufgrund ihres modularen Aufbaus können Sie theoretisch eine ganze Reihe spezifischer Portfolios erstellen.

www.barclaysglobal.com

Der Versorgungssektor

Lueder Schumacher

Lueder Schumacher ist Ko-Leiter des Teams für europäische Versorgungsunternehmen bei der Deutschen Bank. Sein Schwerpunkt sind deutsche und österreichische Versorgungsunternehmen. Nachdem er bei Kleinwort Benson gearbeitet hatte, kam er 1996 zu NatWest Markets. Nach der Übernahme durch Bankers Trust kam das Versorgungs-Team, das in den letzten Jahren bei allen bedeutenden Anlegerumfragen unter die besten drei kam, schließlich zur Deutschen Bank.

Einführung

Im Allgemeinen werden Versorgungsunternehmen genauso bewertet wie andere Aktien. Kennzahlen wie EV/EBITDA, P/CF oder DCF liefern brauchbare Bewertungsspannen, die aufgrund von bedeutsamen Anlagethemen nach oben oder unten durchbrochen werden können. So wies der weltweite Versorgungssektor beispielsweise während der TMT-Blase (Telekom, Medien, Technologie) eine fast perfekte negative Korrelation zur Nasdaq auf, weil Mittel aus defensiven Fonds abgezogen wurden. Allerdings besitzen die Versorger einige Eigenarten, die die Bewertung etwas verkomplizieren.

1. Achten Sie auf die Verwendung von Bargeldbeständen.

Da die Versorgungsunternehmen in einer reifen Branche operieren, steht ihnen häufig mehr Geld zur Verfügung als sie sinnvollerweise in ihr Kerngeschäft investieren können. Daraus ergeben sich entweder Diversifizierungs- oder Reinvestitionsrisiken, wenn Versorger ihr Geld für die Übernahme anderer Unternehmen einsetzen.

2. Die Bewertung anhand des diskontierten Cashflows kann überhöhte Zahlen liefern.

Weitere Probleme entstehen aus politischem oder regulatorischem Druck, denn die Versorger zeigen ihren „peinlichen Reichtum“ nicht gerne, weil dies die Aufmerksamkeit auf ihre Geldberge lenken würde. Die Tatsache, dass sie ihren Cashflow unabhängig von dem Vorhandensein attraktiver Gelegenheiten investieren müssen, bedeutet, dass sie oft Schwierigkeiten haben, ihren freien Cashflow zu einem NPV (Net Present Value, Kapitalwert) größer null zu investieren. Dies wiederum bedeutet, dass die DCF-Bewertung (Discounted Cash Flow) überhöhte Ergebnisse liefert. Einen konservativeren Ansatz bieten DDM-Modelle (Dividend Discount Model).

3. Versorgungsunternehmen verlangen einen höheren Risikoaufschlag.

Die regulatorischen Unsicherheiten bedeuten auch, dass man für das Aktienrisiko einen Aufpreis zahlt – diese Tatsache widerspricht der angeblichen Vorhersagbarkeit und damit verbundenen Sicherheit des Cashflows.

4. Versorger verhalten sich manchmal wie Anleihen.

Wenn die Regulierung sehr straff ist, werden die Aktien von Versorgungsunternehmen quasi zu Anleihen mit einem sicheren und vorhersehbaren Dividendenstrom, aber wenig Anreiz, mehr Wert zu schaffen.

5. Achten Sie auf den Konzern-Abschlag.

Manchmal schafft der Zwang, den freien Cashflow zu investieren, Konglomerat-Strukturen, und dies hat zur Folge, dass auf die Summe der Einzelteile ein Konzern-Abschlag angewendet wird. Der umgekehrte Vorgang, nämlich die Konzentration auf das Kerngeschäft und das Abstoßen gewöhnlich nicht profitabler Nebenaktivitäten führt dann folglich zu zusätzlicher Performance, weil der Konzernrabatt verschwindet.

6. Investieren Sie in Unternehmen, die restrukturieren.

- Erstens investieren Sie in Unternehmen, die restrukturieren (zum Beispiel E.ON und RWE in Deutschland).
- Zweitens investieren Sie in Versorgungsunternehmen, die ihren freien Cashflow in ihr Kerngeschäft reinvestieren können (zum Beispiel Edison in Italien).
- Drittens investieren Sie in Versorger, die das Problem der Reinvestition des freien Cashflows akzeptiert haben und die sich dafür entschieden haben, den Aktionären das Geld über Sonderdividenden oder Aktienrückkäufe zurückzugeben (zum Beispiel früher die britischen Versorger).

„Die meiste Zeit steigt die Börse. Wenn nicht gerade eine Baisse herrscht, gehen alle Versuche, den richtigen Zeitpunkt zu erwischen, nach hinten los und sind kostspielig. Wenn man jedoch auf eine richtige Baisse stößt, ist es sozusagen lebensrettend, sie zu erkennen und entsprechende Vorkehrungen zu treffen."

Ken Fisher

Die Schwab-Prinzipien der Langfristanlage

Charles Schwab

Charles R. Schwab ist Gründer, Boardvorsitzender und Ko-CEO der Charles Schwab Corporation. Schwab gründete 1971 in San Francisco eine traditionelle Brokerfirma und wurde ab 1974 zu einem der ersten Discountbroker. Heute ist die Firma einer der größten Finanzdienstleister des Landes: 7,7 Millionen aktive Anleger mit einem Vermögen von 858 Milliarden US-Dollar.

Bücher

You're Fifty-Now What? Investing for the Second Half of Your Life, Crown Business 2001

Charles Schwab's Guide to Financial Independence, Crown Business 1998

How to Be Your Own Stockbroker, MacMillan 1985

1. Fangen Sie mit den Grundregeln der Langfristanlage an.

Legen Sie als Erstes so viel Bargeld beiseite, dass Sie davon zwei bis sechs Monate lang Ihren Lebensunterhalt bestreiten können – einen Notgroschen für Krankheit oder Arbeitslosigkeit. Dann nutzen Sie Rentenpläne und IRAs (Individual Retirement Accounts) mit Zuzahlungen des Arbeitgebers, indem Sie die Maximalbeträge einzahlen. Und dann widmen Sie sich schließlich der regelmäßigen Geldanlage, damit Sie und Ihre Familie später einmal genug Geld haben.

2. Fangen Sie jetzt damit an.

Jedes Jahr, um das Sie die Geldanlage aufschieben, macht die Erreichung Ihrer Ruhestandsziele schwerer. Als Faustregel gilt, dass Sie für fünf Jahre, die Sie abwarten, Ihre monatliche Investition verdoppeln müssen, um das gleiche Renteneinkommen zu erreichen. Die Sozialversicherung und die Pensionspläne allein reichen für einen angenehmen Ruhestand nicht aus.

3. Erkenne dich selbst.

Sie müssen sich selbst als Investor verstehen: Ihre Gefühle, Ihre Ängste und Ihre Risikobereitschaft. Stellen Sie sicher, dass Sie sich mit den gewählten Anlagen wohlfühlen und dass sie Ihren langfristigen Zielen entsprechen. Für manche Anleger, vor allem solche mit großen oder komplexen Portfolios, die eine kontinuierliche Anlageverwaltung möchten, sind vielleicht die Dienste eines Finanzberaters das Richtige.

4. Streben Sie Wachstum an.

Streben Sie mit Ihrer Investition in Aktien, egal ob einzeln oder mittels eines Investmentfonds, langfristiges Wachstum an. In gewissen Jahren sind Aktien volatiler als andere Anlagen, aber über längere Zeit übertreffen die Aktien normalerweise alle anderen Anlagetypen und übersteigen die Inflation. Aktien sollten das Kernstück einer langfristigen Anlagestrategie sein.

5. Denken Sie langfristig.

Geduld ist eine Tugend. Seien Sie so diszipliniert und halten Sie geeignete Anlagen oder stocken sie auf, egal ob die Börse fällt oder steigt.

6. Bauen Sie ein diversfiziertes Portfolio auf.

Achten Sie bei der Zuteilung Ihrer Anlagen darauf, dass Sie diversifizieren, und zwar sowohl hinsichtlich der Anlageklassen (Aktien, Anleihen, Bargeldäquivalente) als auch innerhalb der Klassen. Wählen Sie ein geeignetes Modell der Anlagegewichtung. Somit können Sie das Risiko über eine Vielzahl von Investments ver-

teilen und erhalten wahrscheinlich ein beständigeres und verlässlicheres Ergebnis.
Für viele Anleger sind breit angelegte Indexfonds eine hervorragende Anlagestrategie. Indexfonds sind eine solide und preiswerte Kernposition, die die Marktentwicklung nachbildet.

7. Denken Sie über Anleihen und Bargeld zur Diversifizierung und als regelmäßige Einkommensquelle nach.

Anleihen und Bargeld können im Portfolio eines Anlegers eine wichtige Rolle spielen, weil sie regelmäßige Einkünfte und Diversifizierung bieten. Für die Erreichung Ihrer langfristigen Wachstumsziele brauchen Sie allerdings Aktien und Aktienfonds.

8. Minimieren Sie Ihre Ausgaben.

Auf lange Sicht können Gebühren, Kommissionen und Auslagen sogar die Performance eines gut diversifizierten Portfolios herabziehen. Reduzieren Sie Ihre Investmentkosten, indem Sie gebührenfreie Fonds, preiswerte Aktien- und Anleihenmakler sowie steuergünstige Investmentfonds wählen. Für viele Anleger minimiert die Strategie des Kaufens und Haltens die Wirkung der Kapitalertragssteuer.

9. Bleiben Sie dran.

Überprüfen Sie Ihr Portfolio mindestens einmal im Jahr und auf jeden Fall dann, wenn sich Ihre persönlichen Umstände ändern. Sie sollten die Performance Ihrer Investments mit relevanten, dem Risiko angepassten Benchmarks vergleichen und Ihr Portfolio gegebenenfalls neu gewichten, um an Ihren langfristigen finanziellen Zielen dranzubleiben.

10. Investieren Sie lebenslang.

Die Investition in Wachstum sollte mit Ihrem Ruhestand nicht enden. Damit Ihr Geld auch in den Jahren Ihres Ruhestands für Sie arbeitet, investieren Sie einen Teil Ihres Portfolios weiterhin in

Wachstum. Schichten Sie nicht zu früh Ihr ganzes Geld automatisch in festverzinsliche Anlagen und Geldmarktinvestments um.

www.schwab.com

Investmentstrategien für ein deflationäres Zeitalter

Gary Shilling

Dr. Gary Shilling ist Präsident des Wirtschaftsberatungsunternehmens A. Gary Shilling & Co., Inc. Er schreibt seit 1983 eine Kolumne für Forbes und ist als „Doctor Disinflation" bekannt.

Bücher

How to Survive and Thrive in the Coming Wave of Deflation, McGraw-Hill 1999

Einführung

Auf lange Sicht prognostiziere ich eine chronische Deflation von ein bis zwei Prozent pro Jahr. Nicht die auf mangelnder Nachfrage beruhende „böse" Deflation der 30er-Jahre, sondern die „gute" Deflation des überschüssigen Angebots. Das ist typisch für Friedenszeiten, in denen der Staat nicht zu viel ausgibt, so wie Ende des 19. Jahrhunderts, in den 20er-Jahren und heute, da die hervorbrechenden neuen Technologien die Produktivität steigern. Wie in meinem neuen Buch, Deflation, dargelegt, unterscheiden sich erfolgreiche Anlagestrategien in diesem Umfeld erheblich von dem, was in der zuende gehenden Ära der Inflation funktionierte. Hier finden Sie elf Grundsätze für eine siegreiche Strategie:

1. In deflationären Zeiten sind Schatzanleihen etwas Schönes.

Die Renditen der langfristigen Schatzanleihen werden auf drei Prozent sinken. Bei einer Deflationsrate von ein bis zwei Prozent ergeben sich reale Renditen von vier bis fünf Prozent; das ist etwa das Doppelte des Nachkriegsdurchschnitts, aber nach langfristigen historischen Maßstäben trotzdem nicht besonders viel. Die Schatzpapiere werden von dem schrumpfenden Angebot profitieren, weil Überschüsse des Bundeshaushalts zur Rücknahme von Schulden führen werden. Schatzanleihen haben drei gediegene Eigenschaften. Sie sind die besten Schuldpapiere der Welt, es gibt kaum Schwierigketen, wenn sie lange vor der Fälligkeit gekündigt werden, und ihre Liquidität ist gigantisch.

2. Meiden Sie Junkbonds.

Bedenken Sie in Ihrem Streben nach Rendite, dass Junkbonds eigentlich minderwertige Aktien sind, deren Handel sich mehr an den Gewinnaussichten des Unternehmens oder an der finanziellen Zwangslage von Schwellenländern orientiert als an den Zinssätzen. Viele Junkbonds waren in den letzten Jahren eine Katastrophe, und die deflationäre Welt wird mit ihnen auch nicht sanfter umgehen.

3. Erwarten Sie von Aktien keine großen Erträge.

Bei leichter Deflation sind Aktien grundsätzlich attraktiv, aber weit entfernt von der an den Tulpenschwindel gemahnenden Spekulation Ende der 90er-Jahre. Die Gewinne werden parallel zu den Unternehmensumsätzen steigen, also um real vier bis fünf Prozent jährlich. Die KGVs, die langfristig von den Zinsen bestimmt werden, werden sich genauso wie die Anleihenrenditen stabilisieren. Die Aktien werden gemeinsam mit den Profiten und entsprechend den historischen Erfahrungen steigen, also um real vier bis 4,5 Prozent jährlich. Da die Dividendenrenditen wieder auf circa drei Prozent zurückkehren werden, ergeben sich Gesamterträge von real sieben bis 7,5 Prozent beziehungsweise 5,5 Prozent ohne Berücksichtigung der Deflation – sehr enttäuschend für all jene, die glauben, es sei normal, dass der S & P 500 Jahr um Jahr 20 Prozent zulegt, so wie in den Jahren 1994 bis 1999.

4. Risikobereinigt werden Schatzanleihen mindestens so attraktiv sein wie Aktien.

In den frühen Jahren der Nachkriegszeit übertrafen die Aktien die Anleihen bei weitem. Der S & P 500 brachte von 1948 bis 2000 einen Jahresertrag von 13 Prozent, wohingegen Schatzanleihen sechs Prozent brachten. Allerdings herrschte in jener Zeit Inflation, und die Realzinsen waren niedrig. Angesichts der leichten Deflation gleichen das Aktien innewohnende Risiko und die Volatilität die Differenz zwischen dem nominalen Ertrag von 5,5 Prozent und der dreiprozentigen Rendite, die wir für langfristige Schatzanleihen vorhersehen, mindestens aus.

5. Globale Diversifizierung zur Verminderung von Portfolioschwankungen können Sie vergessen.

Die Märkte für Staatsanleihen der größeren Länder bewegen sich gemeinsam, vor allem wenn man die Währungsschwankungen berücksichtigt, und so sollte es ja auch sein. Die Qualitäten sind vergleichbar, und etwaige Preisdifferenzen verschwinden per Arbitrage sehr schnell. In unserem Zeitalter des 24-Stunden-Handels in einer globalen Wirtschaft, die von multinationalen Unternehmen beherrscht wird, bewegen sich auch die Aktienmärkte häufig parallel, vor allem in Zeiten, in denen von den Vereinigten Staaten Probleme ausgehen. Außerdem dürfte der US-Dollar in der bevorstehenden Deflationszeit stark bleiben, so dass viele Gewinne aus Investitionen amerikanischer Anleger im Ausland hinweggefegt werden, wenn die Auslandswährungen im Vergleich zum US-Dollar fallen.

6. Es wird hart sein, im Technologiebereich neue Gewinner zu finden.

Die Produktivität und das von neuen Technologien geschaffene Überangebot sind für die Verbraucher zwar schön, aber die Anleger müssen neue und beständige Langfristgewinner finden. Wie schon anlässlich früherer technischer Durchbrüche werden sich Computer, Halbleiter, das Internet, Telekommunikation und Biotech weiterhin durch überzogene Investitionen und Überkapazitäten selbst umbringen. Neue Technologien werden immer von noch neueren Technologien abgelöst. Die Produktzyklen werden immer kürzer, und die Konkurrenz bleibt weiterhin halsbrecherisch. Wie schon in der Vergangenheit sind die technischen Gimmicks von heute die unprofitablen Massenprodukte von morgen.

7. Meiden Sie alte Technologieunternehmen, die teure Konsumartikel und Dienstleistungen anbieten.

Wenn Deflation herrscht, warten die Verbraucher mit dem Kauf auf niedrigere Preise, was zu Überkapazitäten und unerwünschten Lagerbeständen führt. Verkaufsfördernde Preissenkungen bestätigen nur die Erwartungen der Käufer, die dann auf noch niedrigere Preise warten, so dass sich eine Art Teufelskreis ergibt. Außerdem dürften die amerikanischen Verbraucher ihren zwei Jahrzehnte währenden Kredit- und Ausgabenrausch bald beenden und sich auf Sparkurs begeben. Teuere und aufschiebbare Anschaffungen werden zurückgestellt. Diese beiden Kräfte schaden Autos, Elektrogeräten, dem Hausbau und den Flugreisen. Vergessen Sie aber nicht, dass auch hochtechnische Produkte mit hohen Anschaffungskosten, wie beispielsweise PCs, ebenfalls verwundbar werden, wenn die Verbraucher auf niedrige Preise warten und sich auf das Sparen konzentrieren.

8. Firmen, die Sparer und Anleger unterstützen, werden bei leichter Inflation gut gedeihen.

Die wahrscheinlich kommende Sparwelle der amerikanischen Verbraucher und die Desillusionierung über das Do-it-Yourself-Investing nach dem Zusammenfallen der Aktienblase Ende der 90er-Jahre werden eine willkommene Nachricht für Finanzplaner, Vermögensverwalter, Sparkassen, Lebensversicherungen, Investmentfonds, Treuhandbanken und andere sein, die auf vermögende Kunden ausgerichtet sind. Indes werden Kreditkartenaussteller, Kreditgeber, die Darlehen unter dem Vergleichszins vergeben haben, und Kreditgeber für Immobilien Schaden leiden.

9. Immobilien werden leiden.

Niedrige Zinsen und Inflation sorgten kurz nach dem Krieg für einen Immobilienschub. Bei einem Eigenkapital von 20 Prozent, einer Hypothek von zehn Prozent und einem jährlichen Wertzuwachs von 15 Prozent verdiente man damals pro Jahr lockere 35 Prozent.

Aber wie in der Vergangenheit werden die Immobilienpreise in der bevorstehenden Deflationszeit fallen und die Realzinsen sehr viel höher steigen. Bei einer Hypothek von nominal vier Prozent und der gleichen Anzahlung von 20 Prozent verliert man jedes Jahr 26 Prozent, wenn der Immobilienpreis pro Jahr um zwei Prozent fällt.

Des Weiteren werden die Immobilien darunter leiden, dass die Nachkriegsbabys alle schon Häuser haben, dass sparsame Verbraucher seltener ins Einkaufszentrum gehen und weniger kaufen. Die Unternehmen werden mehr Menschen auf der gleichen Bürofläche unterbringen, mehr Telefonkonferenzen abhalten und weniger Geschäftsreisen mit Hotelübernachtung organisieren.

Die Verbraucher werden weniger reisen sowie weniger Hotels und Motels besuchen. Sie werden den Kauf neuer Häuser zurückstellen und den vorhandenen ausreichenden Raum besser nutzen.

Zudem werden neue gewerbliche Bauten preiswerter als alte sein, so dass im Gegensatz zur Nachkriegspraxis die Vermieter langfristige und die Mieter kurzfristige Verträge vorziehen werden, weil sie so mit Auszug drohen können, wenn nicht die Miete gesenkt wird.

Die Investition in Immobilien wird durch die Deflation nicht abgeschafft, aber die Mieten müssen dann so hoch sein, dass sie die laufenden Kosten decken sowie die sinkenden Grundstückspreise und die hohen Zinsen ausgleichen, damit immer noch ein annehmbarer Gewinn erzielt wird.

10. Fertighäuser und Mietwohnungen werden zulegen.

Da Immobilien in Deflationszeiten eine heikle Investition sind, werden viele Amerikaner nicht mehr Geldanlage und Heimstatt verbinden und im eigenen Haus beziehungsweise der eigenen Wohnung wohnen. Das kommt der Fertigbauweise zugute, denn

Fertighäuser kosten aus Gründen der Effizienz pro Quadratmeter nur etwa die Hälfte von Stein auf Stein gebauten Häusern. Außerdem kann man mehrteilige Mobile Homes, die vor Ort zusammengesetzt werden, von individuell gebauten Häusern häufig nicht unterscheiden.

Zudem sind industriell gefertigte Häuser tendenziell kleiner, was den sparsamen Konsumenten, jungen Familien, Nestflüchtern, Ruheständlern und allen anderen entgegenkommt, die eine kostengünstige Unterkunft suchen. Auch Mietwohnungen werden interessant, wenn die Menschen Heim und Geldanlage trennen. Junge Familien werden so lange zur Miete wohnen, bis sie ein Einfamilienhaus wirklich brauchen; ältere Menschen, die nicht gerne Rasen mähen, werden ihre Sparstrümpfe früher verkaufen und in Mietswohnungen ziehen.

Der unmittelbare Besitz von Immobilien ist in der Deflationszeit schwierig (siehe 9), so dass REITS mit Schwerpunkt Mietobjekte für die Anleger wohl besser geeignet sind als der unmittelbare Besitz.

11. Die Rohstoffpreise werden nachgeben.

Weltweite Deflation bedeutet Überangebote und niedrige Preise für Rohstoffe – von Kupfer über Zucker und Rohöl bis hin zum Gold. Außerdem wird die Wirtschaft immer mehr von Produkten mit großem geistigen Inhalt beherrscht – Gütern wie Halbleiterchips und Dienstleistungen wie Gesundheitsversorgung –, und nicht von Rohstoffen wie Stahl oder Zement.

www.agaryshilling.com

„Es ist höchst gefährlich, in den angenommenen Nutzen einer Regierungsentscheidung zu investieren, denn der freien Wirtschaft zu helfen Geld zu verdienen steht auf der Prioritätenliste der Regierung ganz unten; sie dazu zu bringen, dass sie ohne Gegenleistung Geld ausgibt, das dem Staat zugute kommt, steht dagegen ziemlich weit oben."

Max King

Aktien als Langfristanlage und Diversifizierung

Jeremy Siegel

Jeremy Siegel ist seit 1976 Professor für Finanzwissenschaft an der Wharton School der University of Pennsylvania. Professor Siegel hat am MIT promoviert und lehrte vier Jahre an der Graduate School of Business der University of Chicago, bevor er nach Wharton ging. Sein Buch „Stocks for the Long Run" wurde 1994 von Business Week unter die zehn besten Wirtschaftsbücher des Jahres gewählt. Im Jahre 1998 wurde eine erweiterte Auflage veröffentlicht und von der Washinton Post zu einem der zehn besten Investmentbücher aller Zeiten gekürt.

Bücher

Stocks for the Long Run, McGraw-Hill 1998 – erweiterte Auflage

1. Aktien sollten den überwiegenden Anteil aller Langfristportfolios stellen.

Aktien sind auf kurze Sicht fraglos riskanter als Anleihen, aber über längere Zeiträume wird das Risiko kleiner als das von Anleihen. Aktien sind über eine Halteperiode von 20 Jahren noch nie hinter die Inflation zurückgefallen, wohingegen Anleihen und Wechsel über diesen Zeitraum drei Prozent hinter der Inflation zurückgeblieben sind. Obwohl der Besitz von Aktien riskanter erscheinen mag, ist also auf lange Sicht das Gegenteil der Fall.

2. Anleger, denen Aktien Sorgen bereiten, sollten als Alternative Indexierte Staatsanleihen in Erwägung ziehen.

Indexierte Anleihen bieten nach Berücksichtigung der Inflation Erträge, die mit denen von normalen Anleihen vergleichbar sind.

Aber sie sind hinsichtlich der Kaufkraft viel sicherer, weil ihre Rendite an die Inflation geknüpft ist. Zwar bieten sie derzeit nur die Hälfte der langfristigen Rendite von Aktien, aber die bisherige Historie lässt vermuten, dass sie über zehn Jahre gerechnet in einem Viertel der Fälle die Aktien übertreffen. Für Anleger ohne langfristigen Horizont sind sie eine sichere Alternative zu Aktien.

3. Investieren Sie den größten Anteil Ihres Portfolios – die Kernpositionen – in hoch diversifizierte Investmentfonds mit sehr niedrigen Gebührensätzen.

Außer wenn Sie zuverlässig Aktien mit überdurchschnittlichen Erträgen auswählen können – ein Ziel, das nur wenige Anleger erreichen –, erhalten Sie das beste Chance-Risiko-Verhältnis, wenn Sie in Indexfonds oder andere hoch diversifizierte Fonds mit sehr niedrigen Gebührensätzen investieren. Indexfonds versuchen nicht, den Markt zu schlagen, sondern indem sie eine hohe Anzahl von Aktien gemäß ihrer Marktkapitalisierung halten, bilden sie zu sehr geringen Kosten die Performance des Gesamtmarktes nach. Aus Ihrer Sicht ist das Gleichziehen mit dem Markt ausreichend, denn damit bekommen Sie die überlegenen Erträge, die Aktien über lange Sicht erzielen.

4. Platzieren Sie bis zu einem Viertel Ihrer Aktieninvestition in MidCap- und SmallCap-Aktienfonds.

Kleine Aktien übertreffen große Aktien manchmal, und manchmal auch nicht. Da man die Zeiten der relativen Performance unmöglich voraussagen kann und da es in der Praxis nicht möglich ist, in alle SmallCaps einzeln zu investieren, ist die beste Strategie die Investition in einen Nebenwert-Indexfonds. Wenn Sie die SmallCaps völlig außer Acht lassen, fallen Ihre langfristigen Erträge wahrscheinlich niedriger aus.

5. Widmen Sie etwa ein Viertel Ihres Aktienportfolios internationalen Aktien, und zwar gleichmäßig auf Europa, Fernost und die Emerging Markets verteilt.

Da sich derzeit fast zwei Drittel des weltweiten Kapitals außerhalb der Vereinigten Staaten befinden, müssen internationale Aktien die Basis jedes wohldiversifizierten Portfolios sein. Auch japanische Aktien sollten trotz ihrer langen Baisse nicht fehlen, weil sie sehr schwach mit den anderen Märkten der Welt korrelieren und somit stark diversifizierend auf das Portfolio wirken.

6. Gewichten Sie die Emerging Markets nicht zu stark. In viele Aktien der entsprechenden Länder ist hohes Wachstum bereits eingepreist.

Viele Anleger neigen dazu, zu viel in Emerging Markets zu investieren, weil sie hohe Kapitalzunahme versprechen. Aber die Märkte von Schwellenländern sind äußerst riskant. Es ist wichtig, dass Sie Ihre Anlagen über Lateinamerika, den Fernen Osten sowie Mittel- und Osteuropa streuen. Wie die Anleger im Jahre 1997 mit eigenen Augen gesehen haben, können Probleme eine ganze geografische Region schnell heimsuchen, so wie die Währungskrise, die in Thailand begann und sich dann auf andere asiatische Märkte verbreitete. Noch einmal: Diversifizierung ist der Schlüssel zur Senkung des Risikos.

7. Große „Wachstums"-Aktien entwickeln sich auf lange Sicht genauso gut wie große „Wert"-Aktien.

Die Technologieaktien bringen ingesamt auf lange Sicht keine gute Performance, und als Anleger sollte man Aktien mit KGVs über 50 entweder ganz meiden oder untergewichten. Historisch betrachtet entwickeln sich große Wachstumsaktien mit niedriger Dividendenrendite und hohem KGV auf lange Sicht genauso gut wie große Wert-Aktien mit höherer Dividende und niedrigerem KGV. Wenn das KGV übertrieben hoch wird, so wie es im Jahre 2000 bei den Technologiewerten geschah, muss man sein Engagement zwingend reduzieren.

8. Die „Dow 10"-Strategie, also der Kauf der zehn Aktien des Dow Jones Industrial Average mit der höchsten Rendite, übertrifft den Markt über längere Zeit zuverlässig.

Die überdurchschnittliche Performance verdankt sich vor allem der Tatsache, dass alle Unternehmen im Dow Jones in ihrer jeweiligen Branche überragend sind. Diese Aktien sind sehr empfänglich für eine kontrarianische Strategie, gemäß deren man sie akkumuliert, wenn sie über einen Zeitraum von mehreren Jahren gefallen sind. Eine hohe Dividendenrendite ist für sich allein noch kein sehr bedeutendes Performance-Kriterium.

9. Kleine Wert-Aktien übertreffen kleine Wachstumsaktien offenbar deutlich.
Im Gegensatz zu hoch kapitalisierten Aktien scheint unter den Mid- und SmallCaps der Wert das Wachstum zu übertreffen. Sehr kleine Wachstumsaktien verhalten sich unter allen untersuchten Aktientypen am schlechtesten. Der Traum vom Kauf der neuen Microsoft oder Intel verleitet die Anleger häufig dazu, für solche Aktien zu viel zu bezahlen.

10. Meiden Sie Erstemissionen (IPOs), es sei denn, Sie kaufen zum Emissionspreis.
Wenn Sie neue Aktien zum Emissionspreis kaufen können, dann ist es normalerweise klug, das auch zu tun. Aber behalten Sie sie nicht. IPOs, die oft kleine Wachstumsaktien beinhalten, bringen für Langfristanleger keine gute Performance.

www.jeremysiegel.com

Verbindungen zwischen Märkten

Howard L. Simons

Howard L. Simons leitet die Leistungsgruppen Trading und Energie am Center of Law & Financial Markets (CLFM) des Illinois Institute of Technology.
Neben seinen Pflichten am CLFM ist Simons technischer Redakteur der Zeitschrift Futures und hat seit 1994 mehr als 70 Artikel geschrieben. Außerdem schreibt er für TheStreet.com die wöchentlich erscheinende Kolumne Futures Shock.

Bücher
The Dynamic Option Selection System, John Wiley 1999

1. Wollen Sie long (short) sein oder nicht?
Außer wenn Sie Arbitrage betreiben, ist die Position, die Sie am Markt einnehmen, wichtiger als Ihr Einstiegspreis.

2. Hedgen Sie Groschen, oder hedgen Sie Euros?
Hedging-Strategien streben keine Perfektion an. Es ist wichtiger, größere Katastrophen zu 80 Prozent abzuwenden, als sich Sorgen um die verbleibenden 20 Prozent zu machen.

3. Behalten Sie die Entscheidung in der Hand.
Bauen Sie eine Position niemals so auf, dass Sie jemand anders zum Ausstieg zwingen kann. Immer wenn Sie eine Option verkaufen, ob nun direkt oder mittels eines anderen Finanztitels, haben Sie die Kontrolle an jemanden abgegeben, der etwas anderes als Ihr Bestes im Sinn hat.

4. Kluge Generäle laufen immer zum Truppenchef.

Das oberste Ziel jedes Traders ist der Weg des geringsten Widerstands; folgen Sie also den Menschen, die ihn schon gefunden haben. Was bringt einem eine posthume Tapferkeitsmedaille? Wenn Sie im Spiel bleiben, gibt es immer ein Morgen.

5. Die Märkte bewegen sich schneller und weiter als wir je gedacht hätten.

Trader schützen sich gegen kleine Rückschläge und hoffen, dass keine größeren eintreten. Und das ist der Grund dafür.

6. Falsch zu liegen ist eine Sache, aber darauf auch noch zu beharren eine andere.

Gute Trader nehmen Verluste schnell mit.

7. Der Preis ist die Nachricht.

Es wirkt sich nicht auf Ihr Kapital aus, wenn Sie verstehen, warum eine Bewegung stattfindet.

8. „Nicht hinkönnen" und „nicht bleiben können" sind zwei Paar Schuhe.

Manchmal erreichen die Märkte unhaltbare Bewertungen und bleiben dort eine Weile, bevor sie in den rationalen Bereich zurückkehren.

9. Kaufen muss man, wenn in den Straßen Blut fließt.

Natürlich das Blut anderer, nicht Ihres. Sie können nicht am Boden kaufen, wenn Sie schon Ihr ganzes Geld verloren haben.

10. Wenn Sie sympathisch traden, bekommen Sie nur Sympathie.
Wenn Sie in einem schlechten Trade mit Lucent stecken, fangen Sie nichts mit Nortel an. Sie machen ein einfaches Problem nur noch schlimmer.

11. Wenn man schlechten Wein lagert, hat man am Ende alten schlechten Wein.

Zu warten, dass sich eine Position zu Ihren Gunsten umkehrt, ist Verschwendung geistigen und finanziellen Kapitals.

12. Achten Sie auf Verluste, dann kümmern sich die Gewinne um sich selbst.
Wenn Sie wissen, dass Ihnen das Schlimmste blühen kann, und bereit sind, das zu akzeptieren, arbeiten die Zeit und die Volatilität für Sie.

http://members.home.net/hsimons4/index.htm

„Nur gegen wenige Wettbewerbsvorteile kommt man so schlecht an wie gegen einen Markennamen. Ein wirtschaftlicher Vorteil kann sich überleben, ein Patent kann auslaufen, aber eine große Marke kann sich über Jahre halten."

Mike Kwatinetz

Der Sektor Unternehmenssoftware

Brian Skiba

Brian Skiba ist Mitgründer und Geschäftsführer von Transformation Capital Partners, einer privaten Londoner Geschäftsbank. Bis zum Mai 2001 war er Leiter der europäischen Researchabteilung für Software und IT bei Lehman Brothers. Institutional Investor, Reuters und Extel wählten ihn unter die besten Analysten in Europa und den Vereinigten Staaten. Bevor er nach Europa kam, war Skiba bei Lehman Brothers in San Fancisco für Hersteller von Unternehmenssoftware zuständig.

1. Softwareunternehmen haben eine hohe Umsatzleverage.

Das Geschäftsmodell von Softwareherstellern besteht fast ausschließlich aus Fixkosten (Menschen, Mieten, Marketing), während die Produktionskosten äußerst niedrig sind. Wenn in einem Quartal die Fixkosten gedeckt sind, fließt das Geld von der Einnahmenzeile direkt in den Gewinn vor Steuern; die Kosten für Güter und Dienstleistungen liegen häufig unter fünf Prozent. Wenn die Branche anzieht, jagen die Softwaregesellschaften ihre Zahlen durch diese extreme Umsatzleverage. Deshalb bezahlen die Anleger in guten Zeiten gerne hohe Kurs-Gewinn-Verhältnisse. Die Gewinnschätzungen werden dann wahrscheinlich drastisch nach oben korrigiert.

2. In harten Zeiten arbeitet die Umsatzleverage gegen die Unternehmen.

Leider funktioniert die Umsatzleverage auch ungestraft in die umgekehrte Richtung. Wenn die Einnahmen eines Unternehmens beispielsweise um fünf Prozent zurückgehen, kann der

Gewinn um 50 Prozent sinken. Infolgedessen betrachten Softwareunternehmen Einnahmenverluste als Katastrophe, denn solche Unternehmen können ihre Kostenstruktur weder schnell noch leicht ändern – und daraus folgt, dass die Gewinnschätzungen dann abstürzen. Wenn Softwaregesellschaften ihre Ergebnisziele verfehlen, sind Korrekturen um 50 Prozent die Norm.

3. Kaufen Sie „echte" Softwareunternehmen, wenn sich ein Abwärtsgap öffnet.

Softwareunternehmen werden für das Verfehlen der Zahlen schwer bestraft, und in den meisten Fällen deutet ein verpatztes Quartal auf Probleme in den folgenden Quartalen oder gar Jahren. Solche Probleme werden nur selten im Folgequartal wieder ausgebügelt.

Aber für Anleger mit einem Zeithorizont ab zwölf Monaten kann es eine gute Strategie sein, ein etabliertes Softwareunternehmen von gewisser Größe und Reife zu kaufen, nachdem es 50 Prozent abgegeben hat. Entscheidend ist, dass das Unternehmen hinsichtlich der Größe, der Stückzahlen, der Marke, der Produkte und der bewährten Ausführung „echt“ sein muss. Geduld zahlt sich oft aus, und der Zeithorizont muss mindestens zwölf Monate betragen.

4. Entscheidend sind nach wie vor die Menschen. Gute Produkte sind notwendig, kommen aber erst an zweiter Stelle.

Softwareunternehmen sind nur Ansammlungen von Menschen. Das Management, die Qualität von Forschung und Entwicklung, der Vertrieb, Service und Kundendienst – das alles entscheidet über die Umsetzung. In den meisten Marktlagen besteht die Herausforderung nicht in der Nachfrage, sondern in der Ausführung. Die Menschen müssen ehrlich, loyal und motiviert sein, für das Unternehmen zu arbeiten. Menschliche Fähigkeiten sind dünnflüssig, und wenn sie einmal angefangen haben, sich von einem Unternehmen wegzubewegen, dann gleicht das einem unaufhaltsamen Krebs.

5. Wenn die Software und die Story zu schön klingen, um wahr zu sein – dann Vorsicht!

Die Welt des Software-Investing ist mit Unternehmen gepflastert, die vielversprechende Ideen hatten, „coole“ Technologien und staunenswerte Branchenprognosen hinsichtlich des Wachstums, aber irgendwie haben sie sich nicht bewahrheitet. Ein Grund dafür ist, dass die Menschen gerne glauben, Software könne das Welthungerproblem lösen, und dann beginnen sie von unrealistischen Aussichten zu träumen. Im Falle von Lernout & Hauspie stellte das Unternehmen bemerkenswerte Behauptungen über die Fähigkeiten seiner Spracherkennungs-Software auf, aber der Markt war noch nicht so weit. Zum Ausgleich erschuf das Unternehmen 200 Millionen gefälschte Umsätze, es beraubte die Anleger, machte bankrott, und die Firmengründer sitzen jetzt in einem belgischen Gefängnis.

6. In normalen Zeiten bewegt der Nachrichtenstrom die Preise.

Kurzfristig wird die Bewertung von Softwareunternehmen stark von Bewegungen der Nasdaq und vom Strom der Nachrichten beeinflusst. Besonders gilt dies für heftige Haussen. Softwareunternehmen geben gerne eine große Anzahl von Pressemitteilungen heraus, von denen der Löwenanteil für die Gewinnaussichten des Unternehmens keine Bedeutung hat. Aber immerhin bringt dies das Unternehmen wieder auf den Radarschirm von Technologieanlegern, und in aufgeheizten Marktlagen sind Kurszuwächse von fünf bis 15 Prozent am Tag auf Pressemitteilungen hin nicht ungewöhnlich.

7. Die Bewertung von Softwareunternehmen dreht sich nur um die künftigen Wachstumserwartungen.

Letztendlich wird der Wert einer Softwarefirma von dem freien Cashflow bestimmt, der in den nächsten 20 oder mehr Jahren wahrscheinlich entsteht. Diesen Cashflow zu bestimmen ist so gut wie unmöglich, aber eine kluge Schätzung geht von einem

Modell aus, das die künftigen Einnahmen und das künftige Gewinnwachstum extrapoliert. Da das Softwaremodell eine hohe Leverage aufweist, ist schnelles Wachstum gewöhnlich mit steigenden Margen verbunden und steigert so den Cashflow des Modells. Ein geringer Abfall der Wachstumserwartungen kann die Cashflow-Erwartungen drastisch senken, weil sich die Beeinträchtigung in dem Modell über die nächsten 20 Jahre fortpflanzt.

8. Veränderungen in der Bewertung von Softwareunternehmen korrelieren tendenziell stark mit dem Technologiesektor.

Die meisten Softwareunternehmen bewegen sich im Einklang mit dem Nasdaq Composite und anderen Technologie-Indikatoren. In Europa bewegt sich der TMT-Sektor (Telekom, Medien, Technologie) meist einheitlich, wobei die Bewertung der europäischen Technologiegesellschaften tendenziell der Bewertung der US-amerikanischen folgt. In den meisten Fällen entsprechen etwa 80 Prozent der Kursbewegungen einer Softwarefirma den Bewegungen eines technologielastigen Indexes, zum Beispiel des Nasdaq Composite.

www.transformationcapitalpartners.com

„Hüten Sie sich vor Unternehmen, die viele Wandelpapiere emittieren. Das deutet häufig darauf hin, dass ein Unternehmen keine zusätzlichen Aktien emittieren kann, vielleicht weil seine Aktien unter dem letzten Neuemissionspreis stehen – oder dass es keine befriedigende Krediteinstufung genießt."

Colin McLean

Der Aufbau eines Sicherheitspolsters

Jim Slater

Jim Slater war Vorstandsvorsitzender des legendären Finanzkonglomerats Slater Walker Securities. Er hat mehrere Bücher über Geldanlage verfasst und hat sich REFS ausgedacht (Really Essential Financial Statistics), eine monatliche Zusammenfassung der Finanzdaten von Aktien, die an der London Stock Exchange notieren. Er ist ein beliebter Redner und referiert seine Investmentmethode vor privaten wie auch institutionellen Zuhörern.

Bücher

How to Become a Millionaire, Texere 2000

Beyond the Zulu Principle, Orion 1996

Investment Made Easy, Orion 1994

The Zulu Principle, Orion 1992

1. Entwickeln Sie eine Methode, die zu Ihnen passt.

Wählen Sie sorgfältig eine Anlagemethode aus, und dann schleifen, feilen und verfeinern Sie sie entsprechend Ihren persönlichen Erfahrungen und der Performance Ihres Portfolios so lange, bis Sie ohne Zweifel davon überzeugt sind, dass sie für Sie funktioniert. Wenn Sie erst einmal Erfahrungen gesammelt haben, können Sie je nach Marktbedingungen unterschiedliche Methoden anwenden.

2. Bauen Sie ein Sicherheitspolster auf.

Jede Methode, egal ob Wachstum oder Wert, sollte sich auf ein Sicherheitspolster gründen – ein Kissen zwischen dem Betrag, den Sie für die Aktien eines Unternehmens bezahlen, und dem Betrag, den sie Ihrer Meinung nach wert sind. Das Anziehende an einem Sicherheitspolster ist die Tatsache, dass es gegen Verluste schützt und gleichzeitig einen Rahmen für eine Korrektur nach oben bietet.

3. Passen Sie das Sicherheitspolster an Ihren Ansatz an.

Eine typische Methode, ein Sicherheitspolster für Wachstumsaktien zu bilden, wäre es, Aktien mit bisher starkem Gewinnwachstum und einem Kurs-Gewinn-Verhältnis zu wählen, das im Verhältnis zu den künftigen Wachstumsraten relativ niedrig ist. Im Idealfall übersteigt das Wachstum das Kurs-Gewinn-Verhältnis um ein Drittel. Zur noch größeren Sicherheit ist es wünschenswert, dass der Cashflow des Unternehmens im Verhältnis zum Gewinn pro Aktie hoch ist und dass die Bilanz solide ist.
Bei wertorientierten Aktien zeigt sich das Sicherheitspolster anhand eines niedrigen Kurs-Umsatz-Verhältnisses, eines niedrigen Kurs-Buchwert-Verhältnisses und eines starken Cashflows. Bei unterbewerteten Aktien lohnt es sich auch, einen Blick auf die Relative Stärke der letzten Zeit und auf Insiderkäufe zu werfen, weil dies signalisieren könnte, dass das Unternehmen vor dem Turnaround steht.

4. Achten Sie auf bedeutende Aktiengeschäfte von Board-Angehörigen.

Insiderkäufe hängen häufig mit Änderungen der Geschicke eines Unternehmens zusammen, besonders wenn drei oder mehr Boardmitglieder bedeutende Aktienmengen kaufen. Desgleichen ist es häufig ein Signal für Alarmstufe Rot, wenn Boardmitglieder große Aktientranchen verkaufen.

5. Beurteilen Sie das Management nach seinen Zahlen, und nicht nach seinem Benehmen.

Die Fähigkeit des Managements ist schwer zu quantifizieren. Wenn Sie sich mit der Unternehmensleitung treffen oder ihr bei einer Veranstaltung begegnen, zeigt sie sich natürlich von ihrer besten Seite. Am besten beurteilt man das Management aufgrund mehrerer Jahre mit guten Ergebnissen und wenn die Brokerhäuser voraussagen, dass das wahrscheinlich so bleiben wird. Die Finanzergebnisse sind der beste Richter des Managements, nicht die Menschen, die sich mit ihm treffen.

6. Die Relative Stärke sollte Ihre Sichtweise der Aktie bestärken.

Aktien, die sich an der Börse gut entwickeln, sind oft angehende Gewinner. Bei Wachstumsaktien sollte die Relative Stärke der vorangegangenen zwölf Monate positiv und auf jeden Fall größer als der Monatswert sein. O'Shaugnessy schrieb in What Works on Wall Street, dass die Relative Stärke in den meisten Jahren das beste einzelne Investmentkriterium ist.

7. Fahren Sie Profite und kürzen Sie Verluste.

Das ist zwar leichter gesagt als getan, aber es ist auf jeden Fall sinnvoll, Gewinner aufzustocken und Positionen zu verringern, die sich nicht gut entwickeln. Auf diese Weise sind Ihre Verluste immer nur klein, und die Gewinne können gigantisch werden. Denken Sie daran, dass die Macht der Kumulation das achte Weltwunder ist.

8. Hören Sie nie auf zu lernen.

Irgendjemand zieht immer schneller, darum lesen Sie Bücher über Investment von bekannten und anerkannten Fachleuten, besuchen Sie Investmentkonferenzen und treten Sie vielleicht einem Investmentclub bei. Sorgen Sie außerdem dafür, dass Sie eine regelmäßige Quelle solider statistischer Börsendaten haben. Für das Vereinigte Königreich fällt einem dazu natürlich sofort REFS ein.

9. Investieren Sie steuergünstig.

Nutzen Sie die Jahresfreibeträge für Kapitalerträge, PEPs (Private Equity Pension Funds), ISAs (Individual Savings Accounts) und einen privaten Pensionsplan im größtmöglichen Umfang.

10. Machen Sie sich nichts vor.

Fallen Sie nicht auf Ihre eigenen Ausreden herein. Messen Sie Ihre Investmentperformance ehrlich und regelmäßig, und wenn Sie nach etwa einem Jahr feststellen, dass Sie den Markt nicht zuverlässig schlagen, dann beauftragen Sie einen fachkundigen Vermögensverwalter oder investieren Sie in einen Indexfonds; verwenden Sie Ihre freie Zeit und Energie für etwas anderes.

www.global-investor.com/slater

„Viele Anleger platzieren Limit-Kauforders knapp unter dem Briefkurs, und dadurch entgeht ihnen der Kauf. Wenn Sie eine Aktie wirklich haben wollen, vor allem wenn es um eine große Position geht, dann platzieren Sie eine Limit-Order zum Briefkurs oder sogar leicht darüber. Wenigstens wird die Order dann auch ausgeführt. Verpassen Sie nicht den Zug, nur weil Sie ein paar Groschen sparen wollen."

Robert V. Green

Vermögensschutz und Bewertung des Aktienmarktes

Andrew Smithers

Andrew Smithers ist Gründer von Smithers & Co. Ltd. Das Unternehmen berät 80 der größten Vermögensverwaltungen in wirtschaftlich begründeter Anlagegewichtung. Er schreibt für den Londoner Evening Standard, und für die Tokioter Nikkei Kinnyu Shimbon schreibt er in Market Eye.

Bücher

Valuing Wall Street (mit Stephen Wright), McGraw-Hill 2000

Japan's Key Challenges for the 21st Century (mit David Asher), japanische Ausgabe bei Diamond

Die besten Strategien zur Aktienbewertung.
Mit dem q-Faktor Verluste vermeiden und Vermögen aufbauen, Moderne Industrie 2001

1. Delegieren Sie die Auswahl der Anlagen niemals.

Ihre Interessen als Anleger unterscheiden sich von denjenigen Ihres Brokers oder Fondsmanagers. Das ist nicht deren Schuld, sondern eine gegebene Tatsache. Im Falle des Brokers ist das offensichtlich. Sie wollen beide Geld verdienen. Je mehr Sie handeln, desto mehr Geld verdient er, und desto weniger verdienen im Allgemeinen Sie. Aber auch die Interessen Ihres Fondsmanagers sind andere als Ihre. Während ich dies schreibe [im Juli 2001] ist die Börse etwa doppelt überbewertet. Das Risiko, dass der Aktienmarkt in den kommenden zwölf Monaten fällt, beträgt um die 70 Prozent. Niemand, dem das klar ist, würde sein Geld in Aktien anlegen. Für einen Fondsmanager stellt sich dieses Risiko jedoch anders dar. Wenn er das Geld seiner Kunden flüssig macht, besteht eine 30-prozentige Chance, dass er das Geschäft schädigt und vielleicht seinen Job verliert.

2. Lernen Sie den Aktienmarkt zu bewerten.

Denken Sie daran, dass nur der Preis zählt. Jeder, der Ihnen erzählt, es sei immer klug, Aktien zu kaufen, ist bekloppt. Das ist eine Zeiterscheinung. Im Jahre 1932, einer wunderbaren Zeit für den Aktienkauf, sagte das niemand, aber viele sagten es im Jahre 2000, einem lausigen Jahr. Denken Sie daran, dass es sogar dann 20 Jahre dauern kann, bis Sie Ihr Geld wiederbekommen, wenn Sie zu einem ungünstigen Zeitpunkt einen Indexfonds gekauft haben, und dass einzelne Unternehmen pleite machen. Eigentlich ist es leicht zu erkennen, wenn die Aktienkurse zu weit gestiegen sind. In einer Marktwirtschaft wird alles – von der Zahnbürste bis zum Computer – für die Herstellungskosten verkauft.
Das Gleiche gilt auch für Unternehmen, auch wenn deren Preise mehrere Jahre lang über oder unter den Kosten liegen können. Und das ist das Problem. Klugen Investoren kann es auf Cocktailpartys jahrelang schlecht ergehen. In Zeiten der Blase steigen sie zu früh aus dem Markt aus. Dagegen kann man nichts tun. Wenn man es doch könnte, dann wäre der Markt niemals überbewertet. Kluge Investoren dürfen nicht gierig sein und können auf Partys nicht angeben (und das gilt nicht nur für Haussen. Auf den seltenen Bärenpartys ist Demut hoch angesehen).

3. Kennen Sie Ihre Ziele.

Überlegen Sie sorgfältig, was Sie wollen. Wenn Sie für einen angenehmen Ruhestand sparen, bedenken Sie das bei Ihren Investitionen. Vergessen Sie nicht zu diversifizieren, denn konzentrierte Portfolios beinhalten enorme Risiken. Etwas anderes ist es, wenn Sie glauben, Sie hätten genug Geld, um sich zur Ruhe zu setzen, und noch etwas mehr. Dann können Sie sich einen Spaß daraus machen, Gewinner herauszupicken. Wenn der Markt nicht gerade grundsätzlich überbewertet ist (denken Sie an Regel 2), dann ist das so ähnlich wie in Monte Carlo zu spielen – nur stehen hier die Chancen zu Ihren Gunsten: Wenn Sie lange genug spielen, dann müssen Sie nicht davon ausgehen, dass Sie verlieren; vielmehr dürften Sie gewinnen, und vielleicht sogar viel gewinnen. Das ist zwar nicht sehr klug, aber wenn Sie eine winzige Chance auf Reichtümer haben wollen, dann ist das die beste Möglichkeit, die es gibt.

4. Bedenken Sie Ihr Alter.

Wenn Sie 30 sind, dann sind Aktien normalerweise die richtigen Vermögenswerte für Sie, aber denken Sie auch dann an Regel 2. Wenn Sie 70 sind, dann nicht. Halten Sie sich in diesem Fall an TIPS (Treasury Inflation-Protection Securities) oder Bargeld. Im Alter zwischen 30 und 70 sollte der Anteil von TIPS und Bargeld stetig steigen. Über zehn Jahre betrachtet, ist es praktisch sicher, dass TIPS einen realen Ertrag bringen; Aktien hingegen können einem in dieser Zeit schwere Verluste bescheren. Wenn man 70 ist, sind zehn Jahre ein ganzes Leben.

5. Begreifen Sie das Risiko.

Aktien sind höchst volatil und daher sehr riskant. Über längere Zeiträume sind sie weniger riskant als über kurze Perioden. Neben der normalen Ursache, dass sich Risiken mit der Zeit glätten, gibt es dafür noch einen zusätzlichen Grund. Langfristig streben die Erträge einen Mittelwert an („mean reversion“). Nach Zeiten niedriger Erträge besteht eine überdurchschnittliche Wahrscheinlichkeit, dass die nächste Periode eine bessere Zeit für den Aktienbesitz sein wird. Genauso ist es nach einer guten Phase – und die letzten 20 Jahre waren phänomenal – eher schlecht, Aktien zu haben.

6. Die Kosten sind wichtig.

Die Anleger unterschätzen fast immer die Bedeutung der Kosten. Je längerfristig Ihr Anlagehorizont, desto wichtiger werden sie.

Auf längere Sicht betrug der durchschnittliche reale Ertrag von Aktien vor Steuern und sonstigen Kosten etwa 6,5 Prozent. Bei einer Inflationsrate von 2,5 Prozent kann man als Anleger also mit gewisser Berechtigung einen Nominalertrag von rund neun Prozent erwarten. Wenn Sie das 30 Jahre lang bekommen und mit 200.000 US-Dollar angefangen haben, dann haben Sie am Ende 2,6 Millionen US-Dollar. Wenn sich Ihre Kosten auf zwei Prozent jährlich belaufen, was leicht vorkommen kann, bleiben Ihnen nur 1,5 Millionen.

7. Die Steuern auch.

Für die Steuer gilt dies noch mehr. In den Vereinigten Staaten und im Vereinigten Königreich haben die Anleger Möglichkeiten, steuerfrei für ihren Ruhestand zu sparen. Wenn der Anleger, der die 2,6 Millionen bekommen hätte, jedes Jahr 30 Prozent Steuern bezahlen müsste, dann würden ihm nur noch 1,25 Millionen bleiben. Wenn er dazu noch zwei Prozent Kosten bezahlen würde, dann würde er am Ende nur 700.000 US-Dollar bekommen.

8. Interessieren Sie sich und genießen Sie es.

Die Welt ist hart, und die Interessen der professionellen Investoren widersprechen den Ihren. Geldanlagen zu verstehen ist besser als Vertrauen. Am besten lernt der, dem es Spaß macht. Wenn Sie können, interessieren Sie sich dafür; wenn nicht, steigen Sie aus.

www.smithersandco.co.uk

EVA zur Steigerung des Shareholder Value

Joel Stern

Joel Stern ist geschäftsführender Partner von Stern Stewart & Co., der New Yorker Unternehmensfinanzierung, die das Konzept EVA (Economic Value Added, „wirtschaftlicher Mehrwert") [Nettoüberschuss nach Steuern minus das Produkt aus Kapital und Kapitalkosten] entwickelt hat. Er berät Unternehmen aller Größen und auf allen Kontinenten bei der Implementierung von EVA-Verfahren und hält Vorlesungen an vielen Wirtschaftsuniversitäten in den Vereinigten Staaten und Europa.

Bücher

The EVA Challenge, John Wiley 2001

Revolution in Corporate Finance, Blackwell 1998

Wertorientierte Unternehmensführung mit E(conomic) V(alue) A(dded), EVA, Econ 2002

Einführung

Jeden Tag zerstören Millionen von Managern rund um die Welt systematisch Aktionärsvermögen, manchmal riesige Summen. Warum? Es liegt weder an ihrer Inkompetenz noch daran, dass sie unehrlich wären und Vermögenswerte des Unternehmens für ihre eigenen Zwecke abzweigen würden. Es liegt daran, dass sie rational auf das Vergütungssystem reagieren, das die überwiegende Mehrzahl der Unternehmen einsetzt. Sie werden dafür belohnt, dass sie zu viel in reife Branchen investieren, zu viel für die Automatisierung von Arbeitsabläufen ausgeben und zu viel für Anschaffungen bezahlen.

EVA wurde von Stern Stewart entwickelt und bringt die Interessen der Manager wieder in Einklang mit den Interessen der Aktionäre. Die unten stehenden Regeln erklären, warum diese Interessen häufig nicht zusammengehen und die Implementierung eines EVA-Systems das Management ermutigt, Entscheidungen zu treffen, die den Shareholder Value eher steigern als vernichten.

1. Vergütungen, die auf Gewinnwachstum basieren, führen zu Überinvestitionen.

In den meisten Unternehmen ist der Bilanzgewinn (beziehungsweise der Gewinn pro Aktie) das Maß des Erfolges. Diese Zahl umfasst zwar Abzüge für Zinszahlungen auf Schulden, aber sie schließt keinen Abzug für Eigenkapitalkosten ein. Dies führt dazu, dass die Gewinne häufig steigen, obwohl die geschäftliche Performance zurückgeht; und das kann zu Überinvestitionen führen.

Nehmen Sie ein Unternehmen, das zu acht Prozent Zinsen einen Kredit aufnimmt und das 40 Prozent Steuern bezahlt. Die Kreditkosten nach Steuern des Unternehmens betragen 4,8 Prozent. Wenn es aber neue Investitionen mit einem Verhältnis von 70 Prozent Eigenkapital und 30 Prozent Schulden finanziert, betragen die Nachsteuer-Zinsen für zusätzliche Kapazitäten nur 1,44 Prozent (30 Prozent von 4,8 Prozent).

Jede Investition mit einem Ertrag über 1,44 Prozent steigert somit den Gewinn pro Aktie, selbst wenn das weit unter dem gewichteten Durchschnitt der Kapitalkosten des Unternehmens liegt. Manager, die für die Steigerung des Gewinns pro Aktie belohnt werden, sorgen für übertriebene Investitionen in Expansionsmaßnahmen, so dass zwar der Gewinn steigt, aber weniger einbringt als die gesamten Kapitalkosten.

Außerdem investieren sie zu viel in die Automatisierung von Arbeitsabläufen, auch wenn die vollen Kapitalkosten der Ausrüstung die gesparten Arbeitskosten übersteigen – denn die Verminderung der Lohnkosten steigert den Gewinn, wohingegen die höheren Kapitalkosten nicht gezählt werden.

2. Vergütungen nach Größe fördern die Schaffung von Imperien.

Ein zweiter Grund, wieso konventionelle Vergütungssysteme die Manager zur Vermögensvernichtung animieren, liegt darin, dass sie meistens in irgendeiner Form auf Größe beruhen. Gemäß dem Hay-System, das sozusagen das Universalmodell ist, richtet sich das Fixum von Führungskräften nach der Zahl der ihm oder ihr unterstellten Mitarbeiter, nach der Größe des Budgets oder nach den Einnahmen. Dieses Prinzip zieht sich vom CEO durch alle Führungsebenen hinab durch, und somit profitiert jeder Manager davon, sich ein Imperium zu bauen und Wachstum um des Wachstums willen anzustreben, ganz egal ob das neue Geschäft genug einbringt, um die zusätzlichen Kapitalkosten zu decken.

3. Bonusmodelle mit Obergrenze fallen auf die Aktionäre zurück.

Die meisten Manager erhalten anreizgesteuerte Vergütungen, die häufig auf 150 Prozent des Zielerreichungsbonus begrenzt sind. Egal, wie viel Aktionärsvermögen sie schaffen, das Gehalt endet am Bonusdeckel. Allerdings wissen die Manager, wie sie diese Hürde umschiffen können. Wenn sie das Geschäft vergrößern, bekommen sie mehr Hay-Punkte, und da der Zielerreichungsbonus ein Prozentsatz des Fixums ist, steigt damit auch der potenzielle Bonus. Das ist eine Formel für Wachstum um jeden Preis, egal wie sehr das den Aktionären schadet.

Nicht, dass diese Manager das Vermögen der Aktionäre schmälern wollten – ganz im Gegenteil. Wenn es nur darum ginge, würden sie viel lieber den Wohlstand der Aktionäre vergößern, aber es geht eben nicht nur darum. Da andere Systeme als EVA das falsche Maß für Leistung benutzen und eine schlechte Anreiz-Struktur aufweisen, ist es für die Manager vollkommen rational, Dinge zu tun, die sie als Eigentümer nie tun würden. Die Manager sind genauso Opfer des verdrehten Vergütungssystems wie die Aktionäre.

4. Der aktuelle Wert des erwarteten künftigen freien Cashflows ist mathematisch identisch mit dem Buchwert des Unternehmens zuzüglich des aktuellen Wertes des erwarteten künftigen EVA.

Die moderne Finanztheorie und die damit zusammenhängenden empirischen Daten knüpfen Wertänderungen an Veränderungen des erwarteten EVA-Wachstums. Nach der modernen Finanztheorie ist der Wert einer Firma der derzeitige Wert des freien Cashflows, den es künftig erzeugen wird. Es ist zwar nicht für jedermann auf den ersten Blick klar, aber der aktuelle Wert des erwarteten künftigen freien Cashflows ist identisch mit dem Buchwert des Unternehmens zuzüglich des aktuellen Wertes des erwarteten künftigen EVA. Wenn das Management also das Unternehmen zur Erhöhung des EVA antreibt, entspricht dies der Steigerung des Shareholder Value.

5. Zur Erzeugung überdurchschnittlicher Erträge muss das Management EVA-Zuwächse erbringen, die die Erwartungen des Marktes übertreffen.

Da der aktuelle Preis einer Aktie schon die derzeitigen Erwartungen hinsichtlich des künftigen EVA enthält, bringt eine Erhöhung des EVA, die den Erwartungen entspricht, den Aktionären nur eine Ertragsrate, die den Kosten für das Aktienkapital entspricht, und das ist der erforderliche Ertrag für das Aktienrisiko. Für einen überlegenen Ertrag muss das Management das EVA schneller wachsen lassen als es der Markt bereits erwartet.

Zu diesem Zweck sollte sich das Management sorgfältig auf die Bestimmung des Buchwerts und der EVA-Komponenten konzentrieren und dann stützende Managementinstrumente einsetzen, die durch ein System von Anreizen verstärkt werden, das auf nachhaltigen Verbesserungen des EVA basiert. Wenn die CEOs und ihre Managementteams deutlich dafür belohnt werden, dass sie das EVA nachhaltig verbessern, dann werden sie genau das anstreben. Und diejenigen, denen das gelingt, steigern dadurch auch den Shareholder Value.

6. EVA berücksichtigt Kosten für Grundkapital.

In der buchhalterischen Version des Resteinkommens gewöhnt sich das Management daran, normales Kapital kostenlos einzusetzen. Das fördert den übertriebenen Kapitaleinsatz im Unternehmen, weil für die Verwendung des Kapitals nicht genügend berechnet wird. EVA ist Stern Stewarts Sonderversion des Resteinkommens.

Als erstes legen wir zur Berechnung der Grundkapitalkosten den Mindestertragssatz zu Grunde, den die Aktionäre verlangen.

Zweitens nehmen wir kleinere Anpassungen an den Einnahmen und am Kapital vor, indem wir den Ertrag pro eingesetzem Kapital messen. Beispielsweise kapitalisieren wir Investitionen in immaterielle Vermögenswerte wie Forschung und Entwicklung oder in den Wert eines Markennamens. Das entfernt die Kosten für diese Investitionen aus der Gewinn- und Verlustrechnung und bringt sie in die Bilanz ein.

Der Grund, weshalb die Buchführung diese Posten ausbucht, liegt darin, dass die Buchhaltung sich ursprünglich als Rahmen entwickelte, anhand dessen Kreditgeber feststellen konnten, ob die Kreditnehmer ihre Schulden würden zurückzahlen können. Wenn eine Firma pleite macht, haben immaterielle Vermögenswerte eindeutig nur einen geringen oder gar keinen Wert. EVA dagegen legt den Schwerpunkt auf den Wert des laufenden Betriebs – der für die Aktionäre am wichtigsten ist – anstatt auf den Liquidationswert für Kreditgeber.

7. EVA wirkt extremer Kreditaufnahme außerhalb der Bilanz entgegen.

Wenn das Management abseits der Bilanz Kredite aufnimmt, erscheinen diese nicht innerhalb des normalen Abrechnungsrahmens als Kapitalaufwendungen. Dadurch erscheint der Ertrag pro Kapitalaufwendungen zu hoch. EVA verlangt im Falle von Kreditaufnahme abseits der Bilanz Anpassungen – zum Beispiel für betriebliche Mieten – so dass die Darlehen kapitalisiert werden und die Kapitalrendite richtig wiedergegeben wird. Wenn die Manager wissen, dass sie die Eigenkapitalrendite nicht durch Kreditaufnahme außerhalb der Bilanz aufblähen können, dann tun sie das auch seltener.

8. EVA erschwert teuere Übernahmen.

EVA verlangt, dass der Goodwill von Übernahmen als Teil des bezahlten Preises in der Bilanz erscheint. Nur wenn der volle Preis als Teil des Kapitalaufwands berücksichtigt wird – und als solcher berechnet wird –, ist das Management nicht mehr so leicht bereit, zu viel zu bezahlen. Allerdings wollen wir keine wahrhaft profitablen Übernahmen oder andere Investitionen verhindern, nur weil sie sich nicht unmittelbar auszahlen. Deshalb führen wir strategische Investitionen, bei denen sich der Nutzen verzögert, in „schwebenden Konten" außerhalb der Bilanz und nehmen sie erst dann in die Bilanz (und in die Berechnung von EVA) auf, wenn damit zu rechnen ist, dass sie Einnahmen erzeugen.
In der Zwischenzeit wächst allerdings das schwebende Konto aufgrund der Kapitalkosten, die erst noch daraus gedeckt werden müssen. Manche Anpassungen der Abrechnung sind branchenspezifisch. Zum Beispiel sollten bei Bodenschatz-Gesellschaften die jährlichen Zunahmen und Abnahmen der Lagerstätten in das EVA eingehen.

9. EVA funktioniert am besten, wenn es auf allen Ebenen einer Organisation angewendet wird.

Wenn sich das Management für die Verwendung von EVA entscheidet, muss es dafür sorgen, dass EVA-Instrumente der Entscheidungsfindung bis auf die unterste Ebene hinab eingesetzt werden. Wenn EVA-Änderungen an einen starken Incentive-Plan geknüpft sind, ziehen die Unternehmen keinen Kapitalaufwand in Erwägung, der Wert zerstört. Investitionen, die weniger einbringen als die Kapitalkosten, werden dann abgelehnt, weil sie einerseits Shareholder Value zerstören und andererseits die Bonuszahlungen vermindern. Die Manager werden sich beeilen, Investitionen zu tätigen, die das Aktionärsvermögen und die Sonderzahlungen steigern. Die meisten Firmen bieten solche Anreize bis in die mittlere Führungsebene hinab an, aber die leistungsfähigsten tun das bis in die unterste Etage hinunter, so dass alle Beschäftigten bedeutende Sonderzahlungen erhalten und ihre Interessen besser mit den Interessen der Aktionäre in Einklang bringen können.

www.sternstewart.com

„[...] dass Silber als Währung die letzte Rettung ist. Falls ein schwerer Wirtschaftskollaps eintreten sollte, der papierne Vermögenswerte wertlos macht, wird Silber zum wichtigsten Zahlungsmittel für Waren und Dienstleistungen. Deshalb sollte jeder Anleger etwas metallisches Silber besitzen."

David Morgan

Wie man eine Strategie nach Regeln aufbaut und dementsprechend tradet.

Thomas Stridsman

Thomas Stridsman ist leitender Redakteur bei Active Trader, einer Zeitschrift für kurzfristig orientierte Trader am amerikanischen Aktienmarkt.
Von 1997 bis 1999 war er Mitherausgeber der Zeitschrift Futures mit den Fachbereichen technische Analyse, regelgesteuertes Trading und fortgeschrittene Methoden der Geldverwaltung. In seiner Zeit bei Futures trat er auch als Redner bei Branchenschulungen und Kongressen auf.
Bevor er 1997 nach Chicago ging, betrieb Stridsman in Schweden seinen eigenen Beratungsdienst im Internet und war Vorsitzender der Swedish Technical Analysts Foundation.

Bücher

Trading Systems that Work, Irwin 2000

1. Nicht das Ziel ist wichtig, sondern der Weg dorthin.

Nehmen Sie sich Zeit, machen Sie Ihr Research und schauen Sie, dass Sie sich dabei wohlfühlen. Märkte zu analysieren und an Märkten zu traden sollte Spaß machen, und wenn es keinen Spaß macht, wird man schlampig und macht Fehler. Und außerdem, wenn Sie für bestimmte Risiken nicht genug Geld haben, halten Sie sich davon fern, weil ein zu hohes Risiko dazu führt, dass es Ihnen schlecht geht und Sie in Panik handeln. Daraus resultieren falsche Entscheidungen und die Verluste, die Sie sich ja nicht leisten können.

2. Müll rein, Müll raus.

Wenn Sie mit einer Trading-Strategie arbeiten, sorgen Sie dafür, dass Sie gute Zahlen haben, die für Ihre Zwecke und Ziele geeignet sind. Wenn sich die Strategie auf den Aktienmarkt bezieht, achten Sie darauf, dass die Zahlen splitbereinigt sowie dividendenbereinigt sind etc. Wenn sie auf den Futuresmarkt abzielt, achten Sie darauf, dass Ihre Zeitreihen für die jeweiligen Berechnungen, die Sie gerade vornehmen wollen, richtig zusammengestellt sind. Für Vergleiche zwischen verschiedenen Märkten und Zeiträumen brauchen Sie prozentuale Berechnungen.

3. Für jeden Zweck ein Werkzeug.

Genausowenig wie Sie nur mit einem Schraubenzieher ein Haus bauen würden, dürfen Sie damit rechnen, dass Ihre Strategie in allen Marktlagen oder bei jedem Trade funktioniert. Wenn Sie versuchen, auf dem Trend zu reiten, verwenden Sie Analysewerkzeuge, die für diesen Zweck geeignet sind. Wenn Sie Gipfel und Täler innerhalb des Trends finden wollen, dann benutzen Sie die dafür passenden Werkzeuge. Da kein Tradingwerkzeug immer gleich gut funktioniert, brauchen Sie ein ganzes Arsenal von Werkzeugen, die gleichzeitig für Sie arbeiten.

4. Lernen Sie aus der Vergangenheit, aber schwelgen Sie nicht darin.

Wenn Sie eine Tradingstrategie zusammenstellen, die historische Zahlen verwendet, verfallen Sie nicht zu sehr in „hätte, könnte, wollte“. Wie viel Sie in der Vergangenheit hätten verdienen können, ist uninteressant. Stattdessen müssen Sie die Zahlen für den Aufbau robuster Strategien auf soliden Prinzipien und statistisch aussagekräftigen Ergebnissen benutzen. Dafür müssen Sie Ihre gesamte Analysearbeit mit Prozentanteilen erledigen, und nicht in Dollar oder Punkten.

5. Eine gut funktionierende Strategie ist besser als eine profitable Strategie.

Eine gut funktionierende Strategie ist eine Strategie, die prozentual betrachtet an mehreren Märkten und in verschiedenen Zeiträumen funktioniert. Aber nur weil eine Strategie an einem bestimmten Markt funktioniert, braucht sie noch nicht profitabel zu sein, solange die mit dem Trading verbundenen Kosten nicht allzu hoch sind. Stellen Sie deshalb sicher, dass eine Strategien gut funktioniert, und dann machen Sie sie profitabel, indem Sie sie nur an geeigneten Märkten einsetzen.

6. Vergleichen Sie Äpfel und Birnen.

Da ein gut funktionierendes Tradingmodell in unterschiedlichen Märkten im längerfristigen Durchschnitt gleichermaßen gut funktionieren sollte, müssen Sie annehmen, dass es im Verhalten der Märkte keine signifikanten Unterschiede gibt. Ob das stimmt oder nicht, darüber lässt sich streiten, aber von dieser Annahme müssen Sie eben ausgehen, wenn Sie eine solide Tradingstrategie aufbauen und mit einer ausgeklügelten Geldverwaltung danach traden wollen. Und noch einmal: Um das zu erreichen, müssen Sie mit Prozentzahlen arbeiten.

7. Streben Sie nach dem Mittelmaß.

Sie müssen wissen, wie Ihr durchschnittlicher Trade aussieht und müssen anstreben, ihn zu wiederholen. Jedesmal, wenn Sie davon abweichen, begeben Sie sich auf unbekanntes Terrain, und das könnte zu ungünstigen Entscheidungen führen. Wenn Sie nicht wissen, warum Ihre Strategie bessere Ergebnisse bringt als erwartet, dann könnte Sie genau dieser Grund am Ende ruinieren, weil Sie keine Möglichkeit haben, sich auf Marktbedingungen vorzubereiten, die Sie hatten kommen sehen, die Sie aber irrsinnigerweise ignoriert haben.

8. Diversifizieren Sie die Risiken weg, nicht die Profite.

Wenn Sie eine Strategie der Geldverwaltung mit festen Bruchteilen verwenden, dann entspricht der Bruchteil Ihres Kapitals, das Sie pro Trade riskieren, dem schlechtesten zu erwartenden Ergebnis. Daher steigert es nicht unbedingt die Wachstumsrate Ihres Kapitals, wenn Sie mehr davon dem Risiko aussetzen, sondern es erhöht nur Ihr Risiko. Des Weiteren beschleunigt richtige Geldverwaltung die Kapitalzunahme, vorausgesetzt, dass die Märkte, an denen Sie traden, so wenig wie möglich miteinander korrelieren. Das bedeutet, dass selbst ein Verlierer-Markt unter dem Strich etwas beitragen kann.

9. Ihr schwerster Rückschlag muss nicht vor Ihnen liegen.

Bei einem Portfolio, das richtig verwaltet wird, ist das Ganze mehr als die Summe seiner Teile. Wenn zwei Märkte wahrscheinlich profitabel sind, wenn man einzeln an ihnen tradet, müssen sie nicht unbedingt profitabel sein, wenn man sie zusammen tradet. Deshalb müssen Sie die Märkte so auswählen, dass der eine Zick macht, wenn der andere Zack macht. Wer nicht weiß, an welchen Märkten er traden soll und wo sein optimales Risiko liegt, der tradet mit verbundenen Augen und balanciert am Abgrund.

10. Optimieren Sie die Größe.

Zu jeder Tradingstrategie gehört ein konstantes optimales Risiko im Verhältnis zu Ihrem Kapital. Bei einer korrekt aufgebauten Strategie gibt es keine Möglichkeit, den Ausgang des nächsten Trades vorherzusagen. Der einzige Betrag, den man vorhersehen kann, ist der Betrag, den man riskiert. Daher ist es viel besser, wenn Sie anstatt des exakten Einstiegspunktes diesen Betrag optimieren. Das bedeutet, dass Sie aus jedem Trade im Verhältnis zu Ihrem verfügbaren Vermögen, zu Ihrer Strategie und anderen Tradingalternativen das beste machen.

www.activetradermag.com

Schlüsselfragen für Stockpicker

Alan Sugden

Alan Sugden ist Absolvent des Royal Naval Staff College in Greenwich und Sloan Fellow an der London Business School. Er hat 20 Jahre als Analyst und Fondsmanager in der City verbracht. Er verwaltete mehrere Jahre lang den Schroder Recovery Fund, der damals 100 Millionen Pfund Sterling umfasste (heute sind es 850 Millionen Pfund). Er ist ehemaliges Boardmitglied von Schroder Investment Management Ltd.
Aus Alan Sugdens erfolgreicher Zusammenarbeit mit Geoffrey Holmes gingen sieben Auflagen des definitiven Buches über die Analyse von Ergebnisberichten für Anleger hervor: Interpreting Company Reports and Accounts.

Bücher
Interpreting Company Reports and Accounts, FT Prentice Hall

1. Gefällt Ihnen der Sektor? Wenn Ihnen der Sektor nicht gefällt, investieren Sie dort nicht, egal wie gut das Management sein mag.
Die Unterstützung einer erstklassigen Führungsmannschaft in einem absteigenden Sektor lohnt sich gewöhnlich nicht. Zum Beispiel kaufte der Manager John Corrin das Unternehmen ICI, indem er 400.000 Pfund für ein Tochterunternehmen bezahlte, das pro Jahr 900.000 Pfund Verlust machte und kurz vor der Schließung stand. Noch nicht einmal fünf Jahre später wurde es von Allied Textile für mehr als zehn Millionen Pfund übernommen, und John Corrin wurde CEO von Allied Textile.
Corrin überragt die meisten Manager um mindestens einen Kopf, aber obwohl Allied Textile in den Jahren danach den restlichen

Textilsektor mit Leichtigkeit überflügelte, verlor es im FT-All Share Index an Boden.

2. Wird das Unternehmen von einer Person oder von einer Gruppe von Menschen kontrolliert? Wenn dem so ist, können die Aktionäre leer ausgehen.

Es gibt zum Beispiel an der London Stock Exchange ein Schiffsreparatur- und Vergnügungsunternehmen, dessen Vorstandsvorsitzender seine Position dafür genutzt hat, sich in den letzten zehn Jahren 1,4 Millionen Pfund zu gönnen. Seine Aktionäre haben in diesem Zeitraum nur zwei Dividenden bekommen.

Sie könnten nun fragen, was die Boardmitglieder dagegen tun, die keine betrieblichen Funktionen erfüllen. Dazu sei nur gesagt, dass es im Jahre 2000 zwei davon gab, die ein Gehalt von 6.000 Pfund bekamen, während der Vorstandsvorsitzende und CEO 140.000 Pfund plus Spesen erhielt.

3. Sind Vorstandsvorsitzender und Chief Executive ein und dieselbe Person? Wenn ja, dann Vorsicht.

Forschungen zur „Unternehmenspathologie“ ergaben in den 80er-Jahren, dass Unternehmen, in denen der Posten des Vorstandsvorsitzenden und des Chief Executive Officer von der gleichen Person besetzt werden, mit einer 50 Prozent höheren Wahrscheinlichkeit bankrott machen als andere börsennotierte Unternehmen. Maxwell (der seine beiden Söhne als leitende Direktoren eingesetzt hatte) und Asil Nadir bei Polly Peck sind zwei klassische Beispiele dafür, aber es gibt noch zahlreiche andere.

Auch wenn das Unternehmen nicht in Konkurs geht, ist es gefährlich, wenn ein Mann oder eine Frau zu viel Macht hat. Ein relativ aktuelles Beispiel ist Marks & Spencer; in seiner unerschütterlichen Loyalität gegenüber den britischen Herstellern machte es sich in der Modebranche verwundbar. Die meisten anderen Einzelhändler kauften zunehmend in Niedriglohnländern. Der Vorsitzende von Marks & Spencer war gleichzeitig CEO.

Denken Sie daran, dass die wichtigste Aufgabe des Vorstandsvorsitzenden darin besteht, den CEO auszuwechseln, wenn er der Sache nicht gewachsen ist. Wenn die beiden ein und dieselbe Person sind, gestaltet sich das eventuell schwierig.

4. Finden sich unter den Aufsichtsräten „klingende" Namen? In diesem Fall verlassen Sie sich nicht darauf, dass sie das Unternehmen vor Problemen bewahren.

Wohlbekannte Boardmitglieder ohne betriebliche Funktion in Unternehmen, die insolvent wurden, waren: Lord Seiff (Sock Shop), Peter Walker und Lord Rippon (Maxwell), Prince Michael of Kent (London United), Professor Roland Smith (Pavion), Larry Tindale, der hoch angesehene stellvertretende Vorstandsvorsitzende von 3i (Polly Peck) und Lord Stokes (Reliant). Wie es ein sehr fähiger „Unternehmensdoktor" einmal auf die Frage hin ausdrückte, was er denn davon halte,
„erlauchte" Namen im Board zu haben: „Erlauchtheit hat nichts damit zu tun; es geht darum, aufzupassen."

5. Besuchen Sie Aktionärsversammlungen? Tun Sie das, wenn Sie können, denn das kann sehr informativ sein.

Auf der Jahreshauptversammlung eines Unternehmens, das seit langem einen guten Ruf genoss, dem es aber momentan offenbar nicht so gut ging, antwortete der ehemalige Direktor einer Tochtergesellschaft auf die Frage, was er von der Unternehmensgruppe halte: „Dort laufen zu viele Menschen mit weichen Knochen herum, und zu wenige mit Rückgrat."
Dort kann es auch sehr lustig zugehen. Ein Vorstandsvorsitzender, den Enthüllungen über außereheliche Affären in einem Sonntagsblatt in eine peinliche Lage gebracht hatten, beugte jeglicher Kritik geschickt vor, indem er die Versammlung damit eröffnete, wie dankbar er seiner Familie und seinen Board-Kollegen für ihre loyale Unterstützung „in dieser schweren Zeit" sei. Das Thema wurde dann fallengelassen. Zumindest dachten wir das, bis dann ein kleiner Mann im Regenmantel aufstand und sagte, er wolle dem Vorsitzenden in seinem Namen und im Namen der anderen

Kleinaktionäre für das danken, was er für das Unternehmen getan habe (der Aktienkurs hatte sich gut entwickelt). In Ordnung, dachten wir. Und dann fügte der kleine Mann noch hinzu: „Und für Ihre kleinen Seitensprünge wünsche ich Ihnen viel Glück."

6. Wenn die Ergebnisse eines Unternehmens zu schön sind, um wahr zu sein, glauben Sie daran? Das sollten Sie nicht tun.

Vor ein paar Jahren posaunte der überschwängliche Vorsitzende eines Küchen- und Badezimmer-Herstellers Rekordgewinne hinaus, die 25 Prozent über dem Vorjahresgewinn lagen. Im gleichen Jahr bezeichnete der CEO eines börsennotierten Wohnungsbauunternehmens die Branchenbedingungen als „sicherlich die schlechtesten der Nachkriegszeit". Das erste Unternehmen gab ein paar Monate später eine Gewinnwarnung heraus. Mindestens ein Tochterunternehmen hatte die Umsatzzahlen gefälscht, um die unrealistischen Ziele zu erfüllen. Der Kurs geriet ins Trudeln. Der Vorsitzende trat zurück, und das Unternehmen wurde einer „Intensivbehandlung" unterzogen.

7. Soll der Jahresbericht informieren oder beeindrucken? Letzteres könnte ein Anzeichen für bevorstehenden Ärger sein.

Achten Sie auf Formate größer als DIN A 4 (Maxwell), strahlende Fotos ohne Bildunterschrift, teures Hochglanzpapier, auf dem nicht einmal ein Filzstift schreibt (Parkfield und viele andere). Auch Unternehmensmotti sollten Sie nicht sonderlich beeindrucken. Im Jahre 2000 beispielsweise knallte RAILTRACK Folgendes auf den Titel seines Jahresberichts:

„Unsere Vision ist die Lieferung sicherer, zuverlässiger und moderner Eisenbahnen für unsere Kunden und die Nation [...]. Wir machen ständig Fortschritte [...]."

8. Halten Sie Augen und Ohren für gute Investmentideen offen? Das lohnt sich nämlich.

Eine ältere und eher „ländliche" Witwe aus unserer Bekanntschaft ging eines Tages einkaufen. In einem hübschen Schaufenster wurden Weißwaren angeboten, und so ging sie hinein und kaufte einen Kühlschrank. Das Geschäft war sauber und ordentlich, und das Personal war ihr auf freundliche Weise beim Kauf des passenden Kühlschranks behilflich. Zu Hause schaute sie auf die Quittung und las: British Home Stores. „Nanu“, sagte sie, „bei denen kaufe ich doch sonst nie.“ Dann dachte sie noch einmal nach, rief ihren Broker an und kaufte ein paar BHS-Aktien. Die Investition lohnte sich, denn immer mehr Menschen stellten fest, dass sich BHS unter dem neuen Management enorm verbessert hatte.

9. Achten Sie vor dem Kauf genau auf das Kurs-Gewinn-Verhältnis (prospektiv und historisch), und vermeiden Sie astronomische KGVs?

Das KGV von Polaroid stieg vor ein paar Jahren auf 80. Ob das ein Witz sein soll? Nein. Ein jüngeres Beispiel kommt aus Japan, wo die Privatisierung von NTT (Nippon Telecom) ein KGV von 80 bekam. Das war nicht nur der höchste Preis, den NTT je erreichte, sondern auch das Signal für den Höhepunkt des japanischen Marktes.

10. Haben Sie manchmal das Gefühl, dass das Management eines Unternehmens vielleicht nicht ganz sauber ist? In diesem Fall Finger davon.

Ein Pärchen älterer und sehr traditioneller City-Broker (Nadelstreifenhosen, steifer Kragen, Melone) erinnerten sich an den Fall einer prominenten Figur der City, und zwar einer gut betuchten: ein Haus am Eaton Square und ein recht großer Milchviehbetrieb in Hampshire.

Jahrelang ging es ihm gut, aber eines Tages wurde er „mit den Fingern in der Kasse“ erwischt. Ich weiß nicht mehr genau, worin seine Unehrlichkeit bestand, aber ich erinnere mich noch an den Kommentar der beiden Broker: „Wir wussten schon immer, dass er ein krummer Hund war; im Krieg hat er die Milch mit Wasser gestreckt.“

„Studieren Sie langfristige Charts. Wenn der langfristige Trend steht, lesen Sie Tages- und Intraday-Charts. Der kurzfristige Blick allein kann täuschen. Selbst wenn Sie ausschließlich sehr kurzfristig traden, ist es besser, wenn Sie in die gleiche Richtung traden wie der mittelfristige und längerfristige Trend.“

John Murphy

Investment-Lehren der asiatischen Märkte

Catherine Tan

Catherine Tan managt mehrere Asiendepots von Lloyd George Management, unter anderem den LG SLI Japan Fund, einen Asien-Internet-Fonds und einen Islam-Fonds.
Bevor sie 1998 zu Lloyd George Management in Hongkong kam, arbeitete sie vier Jahre lang als Portfoliomanagerin bei DBS Asset Management in Singapur. Von Asiamoney wurde sie 1997 zu einer der zehn besten Fondsmanager Asiens gewählt.

1. Der einzige, der nichts denkt, ist jemand, der glaubt, man müsse nichts denken. Fordern Sie die übereinstimmende Meinung heraus.

Halten Sie sich von „idiotensicheren" Aktien fern. So etwas gibt es nämlich nicht. Die besten Investoren sind diejenigen, die am härtesten arbeiten. Bei diesem Spiel geht es um Wissen, und besseres Wissen führt zu besseren Erträgen. Lesen Sie viel, denken Sie in die Breite und vergessen Sie nicht, dass sich die Geschichte gerne wiederholt.

Auf dem Höhepunkt eines Zyklus werden überzogene Kapitalausgaben gerne als Produktivitätssteigerungen getarnt. Denken Sie an die heutige Situation in den Vereinigten Staaten, und denken Sie zurück an das japanische und danach das ostasiatische Wunder; damals überbot man sich gegenseitig mit Erklärungen, warum die Produktivität (was hinterher als Mythos entlarvt wurde) deutlich höher war.

Besonders lobende Erwähnung verdient der Senior Minister von Singapur, der behauptete, das liege an den konfuzianischen Werten in Ostasien.

2. Die einzige Konstante ist der Wandel.

Wenn ein Vorgehen weiter betrieben wird, weil es in der Vergangenheit sehr gut funktioniert hat, sollten die Alarmglocken läuten. Das ist der schlechteste Grund irgendetwas zu tun und ein Zeichen von Trägheit oder, was noch schlimmer ist, sogar Missmanagement. Was heute gut ist, kann morgen durchaus schlecht sein.

Ein solcher Fall war die Dollarbindung in Thailand. Auf die Frage, ob man sie lockern wolle, antwortete die Bank of Thailand mit unnachgiebiger Zurückweisung dieses Gedankens und sagte, das habe doch in der Vergangenheit so gut funktioniert. Aber dadurch baute sie den Druck auf, der dann zur Implosion führte. Alles hat seine Zeit und seine Saison.

3. Gewinne sind gut und schön, aber der Cashflow siegt.

Gewinne kann man leichter „fabrizieren" als Cashflow. Wenn ein Geschäft wirklich so großartig ist, dann wird sich das am Cashflow schon zeigen. Und andererseits kann man, wenn es äußerst trübe aussieht – zum Beispiel auf dem Höhepunkt der Asienkrise –, viel Geld verdienen, indem man Aktien kauft, die im Verhältnis zu ihrem Cashflow mit einem enormen Abschlag gehandelt werden. Kaufen Sie starken Cashflow. Warnung folgt.

4. Wichtig ist das CFROI (Cashflow Return On Investment, Cashflow-Kapitalrendite).

Selbst wenn das Unternehmen eine „Cashcow" ist, passen Sie auf Mehrheitsbeteiligungen und Unternehmensleitungen auf, deren Interessen sich durchaus von denen der Minderheitseigner unterscheiden können. Börsennotierte Unternehmen, die Bargeld erzeugen, haben oft die Angewohnheit, insolvente oder kurz vor der Insolvenz stehende Privatunternehmen durch verwässernde Finanzspritzen zu retten. Wenn sie keinen angemessenen Ertrag generieren, dann sollten Sie das Geld zurückbekommen.

5. Bilanzen, Abrechnungen und Prospekte sind gute Informationsquellen.

Sie werden zu wenig benutzt, und man sollte sie genau durchsehen. Darin ist vieles versteckt, das Ihnen mehr sagt als jeder Analyst. Achten Sie auf Kreditabkommen zwischen Unternehmen, auf Bankbürgschaften, Außenstände und so weiter – und lesen Sie die Risiken.

6. Die Makroökonomie ist wichtig.

Kein Markt ist eine Insel. Das sektororientierte Investment hat Wurzeln geschlagen und wirkt auf Aktien in der ganzen Welt. Wenn sich Amerika erkältet, ist der Rest der Welt immer noch anfällig für eine Lungenentzündung. Bei Erholungen aufgrund höherer Liquidität gibt es die meisten Pleiten.

7. Sie müssen wissen, warum Sie eine Aktie besitzen.

Dann wissen Sie auch eher, warum und wann Sie aussteigen sollten. Überprüfen Sie häufiger die Gründe, aus denen Sie eine Aktie gekauft haben. Fragen Sie sich, ob sich irgendetwas geändert hat. Seien Sie dabei ehrlich. Wenn Sie dabei sind, weil die Aktie gerade so schön in Fahrt ist, dann versuchen Sie das nicht zu bemänteln. Denn dann steigen Sie wahrscheinlich eher aus, bevor die Fahrt endet.

8. Nehmen Sie Gewinne mit. Nehmen Sie Verluste mit. Bewahren Sie den Anlagewert.

Ein Spatz in der Hand ist so viel wert wie zehn Tauben auf dem Dach. Wenn die Aktie Ihren Zielkurs erreicht hat, realisieren Sie Ihre Gewinne. Überprüfen Sie zuerst die Fundamentaldaten. Wenn sich außer dem Preis und der Stimmung nichts geändert hat, verkaufen Sie. Scheuen Sie sich aber auf der anderen Seite der Medaille auch nicht, Verluste zu realisieren. Wenn Sie eine Aktie heute nicht kaufen würden, dann behalten Sie sie nicht.

9. Folgen Sie den Insidern.

Verfolgen Sie den Insiderhandel, Transaktionen des Managements und Rückkäufe. Wenn Ihnen die Insider Aktien verkaufen wollen, ist das ein deutliches Anzeichen für eine Überhitzung des Marktes. Ein besonders kluger Anleger ist Li Ka Shing, denn seine Geldbeschaffungen fallen meistens mit Höhepunkten des Marktes zusammen, und seine Rückkäufe mit Markttiefs. Zum Beispiel fand der Börsengang von Tom.com genau auf dem Gipfel der Internetmanie statt.

Gehen Sie ungewöhnlichem Verhalten von Aktien nach, seien es nun steigende Umsätze oder ungewöhnliche Kursbewegungen. Häufig sind dies die ersten Anzeichen dafür, dass etwas geschieht – zum Guten oder zum Schlechten.

10. Asien unterscheidet sich nicht vom Rest der Welt, und es gelten die gleichen globalen Regeln.

Machen Sie keine Ausnahme. Lassen Sie sich nicht dazu hinreißen, Ausnahmen zu machen.

www.lloydgeorge.com

Investing in Euroland

Paul Temperton

Paul Temperton leitet The Independent Economic Research Company (TIER) und ist Sprecher der EU-Kommission für Eurofragen. Davor arbeitete er als Wirtschaftswissenschaftler bei der Bank of England. Und davor war er unter anderem Direktor der Researchabteilung für europäische Wirtschaft und festverzinsliche Werpapiere bei Merrill Lynch.

Bücher
The UK and the Euro, John Wiley 2001
The Euro, John Wiley 1998

1. Der Trend ist dein Freund.

Von Wirtschaftswissenschaftlern wie mir erwartet man nicht, dass sie an eine solche Regel glauben: Die Märkte sollten effizient sein, und die Aktien- und Devisenkurse sollten unvorhersehbar und „zufällig" sein. Doch von Zeit zu Zeit funktioniert das an den Devisen-, Aktien- und Anleihenmärkten so nicht.

2. Je größer, desto besser.

Konsolidierung wird in den kommenden Jahren ein großes Thema sein. Unternehmen, die lokale und fragmentierte Märkte bedient haben, werden fusionieren, um effizienter zu werden und aus dem großen, paneuropäischen Euromarkt Nutzen zu ziehen.

3. Die Amerikaner werden Europa aufmischen.

Der Katalysator für diese Konsolidierung im Euro-Raum werden amerikanische Unternehmen sein. Schon jetzt beherrschen amerikanische Investmentbanken die Finanzmärkte quer durch Europa. Das Gleiche wird in anderen Branchensektoren passieren.

4. Wertorientierte Geldanlage wird sich am meisten lohnen.

In diesem Umfeld bieten viele Unternehmen gemäß klaren Bewertungskriterien soliden Wert. Herr Buffett gibt offen zu, dass er Europa erst noch entdecken muss. Dort gibt es viele Gelegenheiten.

5. Technologieorientierte Wachstumsaktien werden ein großartiges Feld für langfristig orientierte Anleger bleiben.

Nokia ist das hervorstechendste Technologieunternehmen Europas. Trotz des kürzlich erlittenen Rückschlags wird das Unternehmen auf fünf bis zehn Jahre hinaus in der Mobilfunkindustrie führend sein.

6. Die Privatisierung wird sich fortsetzen, und Investitionen dürften sich lohnen.

Im Vereinigten Königreich hatte die Privatisierung große Auswirkungen. In großen Teilen des Euroraums beginnen diese Auswirkungen erst jetzt spürbar zu werden. Wenn ineffiziente staatliche Unternehmen in den privaten Sektor übergehen, achten Sie auf Effizienzgewinne, die interessante Erträge für die Aktionäre erzeugen.

7. Der Euro wird ein dauerhafter Erfolg.

Trotz der verbreiteten Skepsis wird der Euro ein dauerhafter Erfolg werden. Millionen von Verbrauchern und Unternehmen in Euroland wird er viele Vorteile in Form geringerer Transaktionskosten und größerer Effizienz bringen.

8. Rechnen Sie nicht damit, dass Großbritannien bald den Euro einführt.

Ob das Vereinigte Königreich den Euro einführt oder nicht, wird sich etwa im Laufe des nächsten Jahres entscheiden. Premierminister Blair will eindeutig, das Großbritannien mitmacht. Aber ein Referendum ist versprochen, und es erscheint unmöglich, dass eine solche Abstimmung ein eindeutiges „Ja" ergeben könnte.

9. Unterschätzen Sie nicht die Entschlossenheit der Politik.

Europäische Politiker können allerdings ziemlich hartnäckig darauf bestehen, dass etwas nach ihrem Willen geht. Erinnern Sie sich noch, wie Frankreich und Deutschland die Idee der gemeinsamen Währung nach der Währungskrise 1992/1993 wieder auferstehen ließen und sie am Ende durchboxten? Wenn Blair wirklich entschlossen ist, Großbritannien mitmachen zu lassen, dann findet er bestimmt einen Weg, das Vereinigte Königreich trotz des Referendums zur Teilnahme zu bringen.

10. Das Jahrzehnt Europas.

Hinsichtlich der Wirtschafts- und Börsenperformance war Japan der Star der 80er. Amerika war der Star der 90er. Vielleicht treten wir gerade in das Jahrzehnt Europas ein.

www.tier.co.uk

Übliche Anlegerfehler

Richard H. Thaler

Richard Thaler ist Robert P. Gwinn Professor für Wirtschafts- und Verhaltenswissenschaft an der Graduate School of Business der University of Chicago sowie Teilhaber von Fuller and Thaler Asset Management. Er arbeitet seit 20 Jahren daran, seriöse Psychologie in die Wirtschaftswissenschaft zu integrieren und gilt als Pionier auf dem Feld der verhaltensorientierten Wirtschaftswissenschaft.

Bücher
The Winner's Curse, Princetown University Press 1992

Russell Fuller

Russ Fuller ist Präsident und Chief Investment Officer von Fuller & Thaler Asset Management mit Sitz in San Mateo, Kalifornien. Er ist Redaktionsmitglied des Journal of Portfolio Management und des Financial Analyst Journal.

Einführung

Amateurinvestoren, deren Ziel es ist, „den Markt zu schlagen", schlagen wir zunächst vor, dass sie folgende Tatsachen als Wahrheiten akzeptieren:

- Nur wenige Investoren, einschließlich der professionellen, schlagen den Markt. Es ist unwahrscheinlich, dass Sie zu den Glücklichen gehören.

- Die meisten Strategien, den Markt zu schlagen, beruhen entweder darauf, dass man bessere Informationen hat oder dass man von den Informationen einen besseren Gebrauch macht. Beide Methoden funktionieren für Amateuranleger eher nicht. Wieso sollten Ihre Informationen besser sein als die Informationen, die einem Fondsmanager zugänglich sind, dem vielleicht Hunderte von Analysten zur Verfügung stehen?

Diese Tatsachen bedeuten nicht, dass es unmöglich wäre, den Markt zu schlagen, sondern nur, dass es unwahrscheinlich ist. Bei Fuller und Thaler versuchen wir, den Markt zu schlagen, indem wir die Einseitigkeiten anderer Investoren ausnutzen, und bisher hatten wir damit Erfolg. Aber auch unsere Strategien wären für einen Heimanleger schwer umzusetzen. Deshalb schlagen wir folgende Regeln für ein besseres Gelingen der privaten Geldanlage vor:

1. Seien Sie nicht zu zuversichtlich.

Die meisten Menschen sind zu zuversichtlich. Umfragen haben ergeben, dass sich mehr als 90 Prozent der Autofahrer für überdurchschnittlich halten. Diese natürliche Neigung zum übertriebenen Optimismus und Selbstvertrauen kann durch schlampige Buchführung noch verstärkt werden. Nur wenige Privatanleger unternehmen ernsthafte Anstrengungen, ihre Anlageperformance zu verfolgen, und diejenigen, die es versuchen, machen häufig Fehler; das berühmteste Beispiel sind die Beardstown Ladies, die ihre historische Ertragsrate falsch berechneten. Wenn Sie wirklich glauben, Sie hätten den Markt geschlagen, dann empfehlen wir Ihnen, Ihre Berechnungen noch einmal zu überprüfen.

2. Vermeiden Sie Verdrehungen im Nachhinein.

Die meisten von uns haben im Rückblick alles erkannt. In unserer Erinnerung waren wir uns alle sicher, dass die Internetblase platzen würde; vielleicht versteigen wir uns auch so weit zu glauben, wir hätten gedacht, dass sie Anfang des Jahres 2000 am Ende sein würde. Natürlich ist in der wirklichen Zeit keiner von uns derart allwissend. Verdrehungen im Nachhinein geben uns Optimismus und Selbstvertrauen, weil sie unsere Erinnerung daran verschleiern, was wir in der Zeit wirklich geschafft haben. Wenn Sie wirklich wissen wollen, wie sich Ihre Vorhersagen über die Zeit bewährt haben, halten Sie sie fest – und bereiten Sie sich auf Depressionen vor.

3. Verschlimmern Sie Ihre vergangenen Fehler nicht noch durch Bedauern.

Einer der großen Vorteile bei der Verwaltung seines eigenen Portfolios ist die Möglichkeit, für steuerliche Abschreibungen Verlierer zu verkaufen und Gewinner lange genug zu behalten, damit man weniger Kapitalertragssteuer bezahlen muss. Viele Anleger neigen dazu, das Gegenteil zu tun: Sie verkaufen ihre Gewinner, damit sie den Gewinn gesichert haben, und behalten ihre Verlierer in der Hoffnung, auf null zu kommen. Kluge Anleger sind bereit, die Pille zu schlucken.

4. Diversifizieren, diversifizieren, diversifizieren.

Der größte Fehler, den Privatanleger begehen, besteht darin, dass sie ihre Portfolios konzentrieren; und die größte Sünde ist es, einen zu hohen Anteil Ihres Vermögens in Aktien des Unternehmens anzulegen, in dem Sie arbeiten. Viele Beschäftigte haben mehr als die Hälfte ihrer 401(k)-Investments in Aktien ihres Arbeitgebers angelegt.

5. Nehmen Sie sich selbst nicht zu ernst.

Entspannen Sie sich, kaufen Sie gebührenfreie Indexfonds und geben Sie das gesparte Geld für einen guten Wein aus (besonders empfehlen können wir einen guten australischen Shiraz). So können Sie das Leben besser genießen und leben sogar länger.

www.fullerthaler.com

„Wenn ein Unternehmen beständiges schnelles Umsatz- und Gewinnwachstum aufweist, wenn KGV und KUV attraktiv sind, wenn die aktuelle Tendenz positiv ist und wenn seine Produkte beziehungsweise Dienstleistungen hervorragende Wachstumsaussichten für die Zukunft bieten – wenn sich aber die Aktie trotzdem schlechter entwickelt als der Marktdurchschnitt: Dann kaufen Sie sie nicht. Wenn bei einer Aktie fundamental betrachtet alles gut aussieht, die Relative Stärke aber gering ist, dann könnte irgendetwas nicht in Ordnung sein."

James W. Oberweis

Trading und Position Sizing™

Van K. Tharp

Dr. Van K. Tharp ist Gründer und Präsident des International Institute of Trading Mastery, Inc. Er hält Kurse in Systementwicklung, Hochleistungstrading, Self-Sabotage, Position Sizing und Börsenhandel. Seine Artikel erscheinen regelmäßig in Branchenpublikationen, und er hält regelmäßig Vorträge auf Trading-Seminaren und Kongressen.

Bücher

Financial Freedom through Electronic Day Trading, McGraw-Hill 2000

Trade Your Way to Financial Freedom, McGraw-Hill 1998

Clever traden mit System. Erfolgreich an der Börse mit Money Management und Risikokontrolle, FinanzBuch Verlag 2001

1. Immer wenn Sie eine Position eingehen, müssen Sie einen vorher festgelegten Ausstiegspunkt haben, an dem Sie eingestehen, dass Sie mit der Position falsch gelegen haben.

Das ist Ihr Risiko (R), und wenn Sie diesen Betrag verlieren, dann haben Sie einen Verlust von 1 R. Sogar wenn Sie als Anleger Kaufen und Halten praktizieren, sollten Sie einen Punkt haben, an dem Sie aus der Anlage aussteigen, weil sie sich gegen Sie entwickelt (beispielsweise ein Einbruch um 25 Prozent). Diese Regel bestimmt im Prinzip alle weiteren Regeln zum Position Sizing.

2. Die goldene Regel des Trading verlangt, dass Sie Ihre Verluste beschneiden (1 R oder weniger) und Ihre Gewinne laufen lassen (mehr als 1 R, zum Beispiel ein Vielfaches von R).

Angenommen, Sie kaufen eine Aktie für 50 US-Dollar und erwarten, dass der Preis um zehn oder 20 Dollar steigt. Sie beschließen im Voraus, dass Sie aussteigen, wenn der Preis um einen Dollar fällt. Nehmen wir weiter an, dass Sie vier Fehlschläge hinnehmen müssen (also einen Verlust von 4 R), bevor Sie Ihren Gewinn von zehn Dollar bekommen (in diesem Fall einen Gewinn von 10 R). Sie lagen nur in 20 Prozent der Fälle richtig, aber Ihre Verluste belaufen sich auf insgesamt 4 R, und Ihre Gewinne auf 10 R. Ihr Gesamtgewinn beläuft sich somit auf 6 R, also das Sechsfache Ihres anfänglichen Risikos.

3. Wenn die Gesamtsumme der Vielfachen von R aus allen Ihren Trades positiv ist, dann haben Sie ein System mit „positiver Erwartbarkeit". Wenn Sie am Markt Geld verdienen wollen, brauchen Sie ein System mit positiver Erwartbarkeit.

Die Erwartbarkeit ist die Summe der Vielfachen von R, geteilt durch die Gesamtzahl der Trades. Wenn Sie 50 Trades haben, die insgesamt 20 R gebracht haben, dann ergibt sich aus diesen 50 Trades, dass Sie eine Erwartbarkeit von 0,4 haben. Anders ausgedrückt gewinnen Sie bei einer großen Anzahl von Trades im Durchschnitt das 0,4-fache des anfänglichen Rsikos für jeden Trade.

4. Eine Idee mit niedrigem Risiko ist eine Idee mit positiver Erwartbarkeit, die auf einem hinreichend niedrigen Risikoniveau gehandelt wird, so dass Sie es überleben, wenn der schlimmste anzunehmende Fall kurzfristig auftritt und dass Sie auf lange Sicht die Erwartbarkeit erreichen.

Im Grunde bedeutet das, dass es bei jedem Trade entscheidend ist, „wie viel" Sie riskieren. Dieses „wie viel" bezeichnen wir als Position Sizing. Dies ist meiner Meinung nach neben der persönlichen Disziplin der wichtigste Faktor beim Trading.

5. Strategien des Anti-Martingal Position Sizing funktionieren.

Martingal-Strategien funktionieren nicht. Martingal-Strategien sind Strategien, bei denen Sie nach einem Verlust noch mehr riskieren – wenn sich zum Beispiel nach einem Verlust Ihr Risiko verdoppelt. Das funktioniert nicht, weil die Menschen tendenziell längere Pechsträhnen haben. Am Ende ist man dann bankrott. Anti-Martingal-Strategien, bei denen Sie Ihre Position vergrößern, wenn Sie gewinnen, sind dagegen eher sehr erfolgreich. Strategien, die darauf beruhen, dass man den eingesetzten Betrag erhöht, wenn das Kapital wächst, sind grundsätzlich Anti-Martingal-Strategien, und sie funktionieren gut.

6. Eine einfache Strategie, die bei jedem funktioniert, besteht darin, bei jedem Trade einen kleinen Prozentsatz des Kapitals zu riskieren, beispielsweise ein Prozent oder weniger.

Wenn Ihr Depot einen Wert von 100.000 US-Dollar hat, dann bedeutet ein Risiko von einem Prozent ein Risiko von 1.000 Dollar. Wenn Ihr Stopp (also ein Risiko von 1 R) bei fünf Dollar liegt, dann kaufen Sie in diesem Fall 200 Aktien (1000 geteilt durch 5 ergibt 200). Wenn Sie auf das Beispiel in Regel 2 ein Risiko von einem Prozent anwenden, dann würden Sie nach fünf Trades mit sechs Prozent im Plus stehen, weil Sie pro R ein Prozent gewinnen würden. Sie stünden genau sechs Prozent im Plus, denn Sie würden bei jedem Trade nur ein Prozent Ihres verbliebenen Kapitals riskieren.

7. Für die Bestimmung Ihrer Position-Sizing-Strategie müssen Sie die Distribution der Vielfachen von R kennen, die sich aus Ihrem Tradingsystem ergibt.

In unseren Seminaren spielen wir häufig mit Trading-Simulationen, bei denen die Distribution der R-Vielfachen für alle potenziellen Trades bekannt ist, bei denen aber der Wert jedes einzelnen Trades unbekannt ist, weil die Trades zufällig ausgewählt werden (zum Beispiel durch Ziehen einer Murmel aus einem Beutel). Die Menschen lernen bei diesem Spiel sehr gut, ihre Ziele festzulegen und sie zu erreichen.

8. Strategien, die nur auf maximalen Ertrag ausgelegt sind (f-Optimierung, Kelly-Kriterien etc.) sind irrsinnig und führen gewöhnlich zu enormen Rückschlägen.

Wenn Sie zum Beispiel nach einem System mit 55 Prozent Gewinnern mit 1 R , fünf Prozent 10 R-Gewinnern und 35 Prozent 1 R-Verlierern traden, dann liegt das prozentuale Risiko, das den höchsten Durchschnittsertrag bringt, bei 19,9 Prozent. Bei diesem Prozentsatz könnten Sie immense Erträge erzielen, wenn die richtigen Fälle eintreten würden (das heißt alle 10 R-Gewinner); das würde Ihnen auch einen sehr hohen Durchschnittsertrag bescheren, aber im Allgemeinen würden Sie in den meisten Fällen große Geldbeträge verlieren. Anders ausgedrückt könnten Sie ein Beispiel erwischen, mit dem Sie insgesamt eine Milliarde US-Dollar verdienen würden, und dazu viele Beispiele, mit denen Sie Geld verlieren. In diesem Fall hätten Sie im Durchschnitt ein sehr hohes Endkapital (wegen des immensen Ertrags des einen Beispiels), obwohl die meisten Fälle Verlust gebracht hätten.

9. Position Sizing ist der Teil Ihres Tradingsystems, der Ihnen bei der Erreichung Ihrer Ziele hilft.

Die meisten Menschen denken über die Größe von Positionen nicht nach, weil sie zu sehr damit beschäftigt sind, welche Aktien sie kaufen sollen. Aber solange Sie ein System mit positiver Erwartbarkeit haben, hilft Ihnen Position Sizing bei der Erreichung Ihrer Ziele.

10. Anstatt große Beträge einzusetzen, stocken Sie lieber Positionen auf, die sich günstig entwickeln.

Viele langfristig orientierte Trader haben pro Jahr nur ein oder zwei wahrhaft erfolgreiche Trades, die für den größten Teil ihrer Gewinne verantwortlich sind. Aus diesen Trades müssen Sie Kapital schlagen. Eine Möglichkeit dafür besteht darin, die Position immer dann aufzustocken, wenn Sie Ihren anfänglichen Stopp bis zum Nullpunkt anheben können. Wenn Sie beispielsweise im Februar 1999 JDSU gekauft hätten und einen nachgezogenen

Stopp bei 25 Prozent gesetzt hätten, dann hätten Sie bis zum Zeitpunkt des Verkaufs am 5. April 2000 einen Gewinn von 32 R erzielt. Wenn Sie jedesmal, wenn die Aktie den Nullpunkt erreichte, eine weitere einprozentige Position hinzugefügt hätten, und zwar höchstens viermal, dann würde sich Ihr Engagement in JDSU auf 5.700 US-Dollar belaufen. Tatsächlich hätten Sie bei der vierten Aufstockung 1.430 US-Dollar riskiert, aber Ihr Gewinn hätte 112.476 US-Dollar betragen.

www.iitm.com

Position Sizing™ ist ein eingetragenes Warenzeichen von Position Sizing Technologies, Inc.

„Viele Anleger konzentrieren sich darauf, Gewinnaktien auszuwählen. Aber in den meisten Fällen können sie das nicht. Ich habe herausgefunden, dass die Aktien, die die Anleger verkaufen, im Durchschnitt die Aktien übertreffen, die sie kaufen – und das sogar vor Abzug der Transaktionskosten. Die meisten Anleger wären besser beraten, wenn sie aufhören würden, Gewinner zu suchen, und stattdessen den Dingen mehr Aufmerksamkeit widmen würden, die sie wirklich tun können: Tradingkosten im Rahmen halten, Steuern verwalten und diversifizieren."

Terence Odean

Überbewertete Aktien und Ponzi-Schwindel.

David W. Tice

David W. Tice ist Präsident von David W. Tice & Associates, Inc. mit Sitz in Dallas. Das Unternehmen beschäftigt elf Vollzeit-Analysten, die nach Unternehmen suchen, die die Erwartungen der Wall Street wahrscheinlich verfehlen. Auf der Basis dieser Recherchen werden Warnungen vor der „Qualität der Gewinne" und Verkaufsempfehlungen an mehr als 200 Vermögensverwalter geschickt, die zusammen mehr als zwei Billionen US-Dollar managen. Anerkennung bekam die Firma durch mehrere Barron's-Artikel und Auftritte bei CNBC und anderen Kabelsendern.

1. Studieren Sie die Börsengeschichte – erkennen Sie, wo Sie sich im langfristigen Zyklus befinden.

Die meisten Anleger lernen nur aus dem, was in der jüngeren Vergangenheit geschehen ist. Die Anleger müssen aber begreifen, dass sie aus Zeiträumen lernen müssen, die vielleicht über ihre eigene Erinnerung hinausgehen. Marktzyklen können lange dauern, und für die Menschen steht so viel auf dem Spiel, dass sie nicht alle Fehler selbst machen können; und deshalb müssen sie aus der Geschichte des Marktes lernen.

In den vergangenen 104 Jahren wurde das meiste Geld an der Börse in langfristigen Haussen verdient. Am Ende einer langfristigen Baisse investiert zu sein, kann allerdings für sehr lange Zeit in einer sehr schlechten Anlageperformance resultieren. Erkennen Sie, dass der größte Faktor der Börsenperformance das KGV ist und dass in Haussen die KGV-Steigerung die treibende Kraft der Aktienkurse ist.

2. Wenn die Analysten hinsichtlich einer bestimmten Aktie einer Meinung sind, dann ist das gefährlich.

Wenn viele Wall-Street-Analysten ein Unternehmen einstimmig positiv sehen, dann ist der Aktienkurs meist zu hoch und spiegelt die sehr guten Erwartungen wider. Der Schlüssel zum Geldverdienen mit Aktien ist die Auswahl von Unternehmen, deren Aussichten laut Fundamentalanalyse besser sind als die derzeitigen Erwartungen der Wall Street. Wenn aber alle Analysten hohe Erwartungen an ein Unternehmen haben, wird es sehr schwer, sie noch zu überbieten.

3. Elemente des Ponzi-Schwindels gibt es in vielen Bereichen des Investment.

Halten Sie immer die Augen offen nach Investments, die nur einen Sinn ergeben, wenn wieder einmal ein Dummer aufsteht und einen höheren Preis dafür bezahlt. Solche Investments sind gefährlich, denn irgendwann sind keine Käufer mehr da, die immer noch bereit sind, einen höheren Preis zu zahlen. Stellen Sie fest, ob fundamentale Wirtschaftsdaten zu Grunde liegen, die die Investition aufgrund des künftigen Cashflows rechtfertigen, und nicht einfach nur, weil jemand bereit ist, einen höheren Preis zu bezahlen.

Solche Ponzi-artigen Situationen findet man sowohl an den Finanzmärkten als auch in den Fundamentaldaten der realen Wirtschaft. Zum Beispiel basierte der Telekommunikationsboom nicht auf der Fähigkeit der Unternehmen, Geld zu verdienen, sondern auf ihrer Fähigkeit, die Bandbreite, die sie geschaffen hatten, an eine größere Gesellschaft weiterzuverkaufen. Das war ein klassischer Ponzi-Schwindel. Als klar wurde, dass die größeren Telekomgesellschaften nicht alle Bandbreite kaufen konnten, die entwickelt wurde, brachen die Aktienkurse zusammen, weil die Geschäftsmodelle nicht aus eigener Kraft lebensfähig waren, wenn sie kein noch Dümmerer kaufte.

4. Tief kaufen, hoch verkaufen – nicht hoch kaufen, höher verkaufen.

Dieser Rat scheint klar, aber er ist immer schwer zu befolgen.

Interessant klingende Wachstumsstorys haben an sich den größten Reiz, sind aber am Markt immer am höchsten bewertet. Für diese Unternehmen bestehen die höchsten Erwartungen, und normalerweise muss ein noch Dümmerer aufstehen und einen höheren Preis bezahlen, wenn die Aktie weiter steigen soll. Außerdem ist in Fällen, in denen die Wachstumsstory nicht durchkommt, auch der Buchwert keine starke Stütze gegen Verluste.

5. Denken Sie über Leerverkäufe zur Verminderung des Risikoeinsatzes und zur Erzeugung von überdurchschnittlicher Performance nach.

Es gibt immer viele Aktien, die unerhörte Preisniveaus erreichen und die man shorten kann. Eine großartige Eigenschaft des Shortselling ist die Tatsache, dass es den Aktienanteil reduziert, was wiederum das Portfoliorisiko und das Aktienengagement senkt. Ein Short-Engagement von 15 Prozent gleicht ein Long-Engagement von 75 Prozent so aus, dass sich netto ein Long-Engagement von 60 Prozent ergibt. Geringeres Aktienengagement bedeutet geringeres Risiko. Dies bringt dem Anleger risikobereinigt bessere Erträge, wenn eine gute Aktienauswahl getroffen wurde.

6. Denken Sie kontrarianisch und eigenständig.

Stellen Sie sich immer der herrschenden Meinung entgegen, die normalerweise falsch ist. Der Herde zu folgen ist normalerweise nicht der Weg zum Reichtum. Große Reichtümer werden typischerweise von Menschen verdient, die eine Gelegenheit vor allen anderen entdecken und sie erfolgreich ausnutzen. Sie sollten auf die gleiche Weise investieren.

7. Setzen Sie einen langfristigen Zeithorizont – das ist der Schlüssel zum Reichtum.

Halten Sie nach Unternehmen Ausschau, die kurzfristig enttäuschen. Die meisten Investoren jagen der kurzfristigen Performance hinterher, die aber schwer zu erreichen ist. Ein Ertrag von 50 Prozent in drei Jahren entspricht einem Jahresertrag von 15 Prozent. Die Chance auf diese 50 Prozent ist höher, wenn alle anderen Anleger eine Aktie ignorieren, weil die Performance in ihren Augen zu weit in der Zukunft liegt.

8. Suchen Sie Microcap-Unternehmen. Dieser Teil des Marktes ist weniger effizient, und die Gewinne können enorm sein.

Unternehmen mit geringer Marktkapitalisierung werden von der Wall Street weniger verfolgt und unterliegen folglich im Allgemeinen niedrigeren Erwartungen. Wenn Sie Unternehmen mit großartigen Aussichten erkennen, bevor andere das tun, sind Ihre Chancen auf herausragende Erträge viel größer.

9. Denken Sie immer an das Verhältnis Risiko/Ertrag.

Suchen Sie immer den optimalen Kompromiss zwischen diesen beiden Funktionen. Aktien, über die die meisten Menschen schon Bescheid wissen, besitzen im Allgemeinen weniger Ertragspotenzial. Unternehmen, die für eine hohe Ertragsmultiple gehandelt werden, tragen im Falle einer Gewinn-Enttäuschung oder einer Baisse das höchste Risiko. In einer manischen Hausse können die Aktien mit dem höchsten Risiko für eine Weile die höchsten Erträge liefern, aber wenn sich die Marktbedingungen ändern, sinken sie am weitesten.

10. Folgen Sie den klügsten Analysten, die selbstständig denken.

Lesen und befolgen Sie den Rat der kenntnisreichsten Analysten, die Sie finden können. Manchmal sind die Analysten mit dem besten kurzfristigen Erfolg das höchste Risiko eingegangen. Das sollte man immer berücksichtigen. Suchen Sie Analysten, die vernünftige Aussagen treffen und die den Schutz gegen Verluste als wichtigen Teil der Anlagestrategie betrachten.

www.tice.com

Tipps zur privaten Finanzverwaltung

Andrew Tobias

„The Only Investment Guide You'll Ever Need“ (Harcourt) von Andrew Tobias wurde mehr als eine Million Mal verkauft. Er ist Absolvent des Harvard College und der Harvard Business School und schreibt für Veröffentlichungen wie Time, Worth, und Parade.

1. Ein Luxus, den man einmal gekostet hat, wird zum Bedürfnis. ZÜGELN Sie sich.

2. Begleichen Sie Ihre Kreditkartenschulden!
Keine 18 Prozent auf die Kreditkarte zahlen zu müssen ist so gut wie 18 Prozent zu verdienen – steuerfrei und risikolos.

3. Kaufen Sie Sonderangebote in großen Mengen.
Für 1.000 Dollar können Sie über ein Jahr verteilt mit Leichtigkeit die gleichen Artikel kaufen, die Sie sonst 1.400 Dollar kosten würden und die Sie sowieso gekauft hätten. Das ist ein steuer- und risikofreier Kapitalertrag von 40 Prozent. Tun Sie das aber nicht mit Alkohol, Kaviar und Süßigkeiten.

4. ***Kaufen Sie gebührenfreie Investmentfonds mit geringen Kosten.***
Beim Investmentrennen gewinnt auf lange Sicht normalerweises das Pferd mit dem leichtesten Jockey – dem niedrigsten Kostensatz.

5. Wer Aktien kauft, wenn er eine Bonuszahlung bekommen hat, und wer sie wieder verkauft, wenn er ein neues Dach braucht, der überlässt seine Anlagestrategie dem Dach.

6. Wenn Sie einzelne Aktien kaufen, benutzen Sie einen besonders preiswerten Discountbroker.

7. Kaufen Sie keine angemessen bewerteten Aktien, sondern UNTERbewertete Aktien.

8. Wer versucht, schnell reich zu werden, nimmt schon ziemlich bald, was kommt.

9. Wenn etwas zu schön aussieht, um wahr zu sein, dann ist das wohl auch so.
Das stammt wahrscheinlich von Äsop, oder vielleicht auch von seinem Urgroßvater. Aber als ich das zum ersten Mal geschrieben habe, schien es mir originell.

10. Wie Jerry Goodman (Adam Smith) so passend riet: „Verlieben Sie sich nicht in eine Aktie. Sie weiß nicht, dass Sie sie besitzen."

11. Hüten Sie sich vor ewigen Trends. Nichts ist von ewiger Dauer.

12. Hüten Sie sich vor Spreads.
Überprüfen Sie immer, wie viel Sie verlieren würden, wenn Sie die Position, die Sie heute gekauft haben, schon morgen wieder verkaufen würden.

13. Bedenken Sie die Worte des alten Vaudeville-Stars Billy Rose: „Investieren Sie niemals in etwas, das frisst oder das repariert werden muss."

14. Seien Sie Käufer, und nicht ein Verkaufsempfänger – rechnen Sie sich aus, was Sie brauchen, und sehen Sie sich dann nach dem besten Angebot um.
Investieren Sie nicht in irgendetwas, nur weil es Ihnen ein College-Kumpel oder gar ein Fremder aufschwatzen will.

15. Diversifizieren Sie – über Anlageklassen, Aktien und die Zeit.
Für die meisten Menschen ist die beste Strategie ein lebenslanges Programm monatlicher Investitionen in gebührenfreie Indexfonds.

16. Und nun das Offensichtlichste und am wenigsten Originelle: Kaufen Sie die Dinge, wenn niemand sie will; verkaufen Sie, wenn alle sie wollen.

Oder in der berühmten Formulierung von Bernard Baruch: „Kaufen Sie Strohhüte im Winter. Der nächste Sommer kommt bestimmt.“

www.andrewtobias.com

Allgemeine Grundsätze und wie gefährlich es ist, zurückzublicken.

Brian Tora

Brian Tora ist Investment Director von Gerrard Limited innerhalb der Old Mutual Group. Er ist seit neun Jahren Vorsitzender des Ausschusses für Anlagegewichtung der Firma. Er schreibt regelmäßig für The Independent, Fund Strategy, Money Marketing und Investor Magazine.

1. Legen Sie Ihre Ziele fest.

Es ist ja gut und schön, wenn man in der Welt der Vermögensverwaltung versucht, schlau zu sein, aber wenn Sie nicht wissen, was Sie erreichen wollen, dann bellen Sie vielleicht den falschen Baum an.

2. Nehmen Sie gute Ratschläge an.

Niemand weiß alles. Sie können von der Erfahrung und dem Wissen anderer mit Sicherheit profitieren.

3. Heiraten Sie Ihre Aktien nicht.

Ich habe es nur allzu oft erlebt, dass sich professionelle Investoren in ihre Positionen verlieben und nicht begreifen, dass sie in einem bestimmten Stadium aussteigen müssen.

4. Seien Sie zu schwierigen Entscheidungen bereit.

Dazu gehört, dass Sie etwas mit Verlust verkaufen oder eine Aktie teurer verkaufen müssen als Sie sie das letzte Mal verkauft haben. Damit tun Sie nichts anderes, als einen Fehler einzugestehen.

5. Vergessen Sie niemals, dass Preis und Bewertung einer Aktie das widerspiegeln, was andere Menschen glauben, und dass sie nicht das Ergebnis Ihrer eigenen Meinung sind.

Wenn der Rest der Welt nicht Ihrer Meinung ist, dann werden Sie merken, dass die Aktien Ihren Erwartungen nicht gerecht werden.

6. Gute Unternehmen sind dynamisch.

Gute Anleger sollten anerkennen, dass sich Unternehmen und Märkte ständig verändern.

7. Mit der Mode zu gehen ist in Ordnung ...

... so lange Sie nicht vergessen, dass ein Trend nur so lange ein Trend ist, bis er endet.

8. Spekulieren Sie nicht rückwärts.

Die schlechtesten Anlageverwalter sind diejenigen, die hinterher alles gewusst haben wollen. Überprüfen Sie auf jeden Fall noch einmal all Ihre Fehler, aber leben Sie nicht in einer Welt des „was wäre wenn“.

www.gerrard.com

„Betrachten Sie makroökonomische Prognosen mit Skepsis. Die Prognosten haben hinsichtlich der Vorhersage von Booms und Flauten eine sehr schlechte Erfolgsquote vorzuweisen. Manchmal können sie eine Rezession nicht einmal dann vorhersagen, wenn sie eigentlich schon begonnen hat."

Paul Ormerod

Wie die Wirtschaft die Märkte beeinflusst.

Romesh Vaitilingam

Romesh Vaitilingam ist Fachmann für die Übertragung von wirtschaftlichen und finanziellen Konzepten in allgemein verständliche Sprache. Er ist Berater des Centre for Economic Policy Research und der Royal Economic Society. Außerdem berät er Vermögensverwalter und Regierungsbehörden.

Bücher

The FT Guide to Reading the Financial Pages, FT Prentice Hall 2001
The Ultimate Book of Investment Quotations, Capstone 1999
The Ultimate Investor, Capstone 1999

1. Die Wirtschaft ist eine wichtige Triebkraft des Aktienmarktes.

Die zentrale konjunkturelle Kraft der Zinssätze und dazu die diversen Effekte der Wechselkurse, der Inflation, der Staatsausgaben und der Besteuerung – all das hat einen mächtigen Einfluss auf alle Bewertungen, und zwar unabhängig vom vorübergehenden Investment-Rausch.

2. Auf kurze Sicht kann es schwierig sein, eine eindeutige Beziehung zwischen der Wirtschaft und den Märkten zu erkennen.

Die Märkte reagieren ganz klar auf wirtschaftliche Meldungen – die neuesten Produktionsziffern, Umsätze, Verbraucher- und Erzeugerpreise, Arbeitslosenquoten und so weiter – aber die Reaktionen erscheinen oft verdreht, denn die Aktienkurse können auf schlechte Nachrichten hin steigen und auf gute Nachrichten hin fallen. Das liegt daran, dass die Märkte die Wirtschaftsmeldungen vorwegnehmen und dass die Wertpapierpreise die Erwartungen schon wiedergeben, bevor die Meldungen da sind. Wenn sie dann bekannt gegeben werden, hat die Reaktion weniger mit den Zahlen an sich zu tun, als damit, ob sie besser oder schlechter ausfallen als die Erwartungen.

3. Auf längere Sicht wird die Beziehung klarer.

Grundsätzlich achten die Anleger auf den vermutlichen Einfluss beliebiger Wirtschaftsindikatoren auf den künftigen Verlauf der Zinsen. Das liegt daran, dass die Zinssätze eine der beiden Schlüsselvariablen sind, die auf das Investment-Ergebnis wirken. Auf die Aktienkurse üben sie eine schwerkraftartige Wirkung aus: Je höher die Zinsen, desto stärker werden die Aktien herabgezogen. Zunächst einmal machen steigende Zinsen den Aktienertrag im Vergleich zur Anleihenrendite weniger attraktiv und drücken meistens die Bewertungen. Zweitens bedeutet es, dass die künftigen Cashflows der Unternehmen stärker diskontiert werden müssen, und das führt zu niedrigeren Aktienbewertungen, es sei denn, die Cashflow-Erwartungen werden revidiert. Drittens wirken sich die höheren Kreditkosten im Allgemeinen schädlich auf die Profitabilität von Unternehmen aus.

4. Produktion, Inflation und Inflationserwartungen sind die entscheidenden Determinanten der Zinsbewegungen.

Wenn die Inflation steigt oder mit steigender Inflation gerechnet wird, heißt das wahrscheinlich, dass die nationale Währungsbehörde – Zentralbanken wie die Bank of England oder das US Federal Reserve Board – die Zinsen anheben werden, und das hat üblicherweise negative Folgen für den Aktienmarkt. Wenn die Produktion oder zumindest die Wachstumsrate der Produktion sinkt, dann werden die Zinsen wahrscheinlich gesenkt.

5. Der Wechselkurs hat ebenfalls bedeutenden Einfluss auf Zinssätze und Aktienkurse.

Ein wesentlicher Rückgang der Wertes der Landeswährung im Vergleich zu anderen führenden Währungen ist einer Zinssenkung vergleichbar und erhöht aufgrund der steigenden Importpreise möglicherweise den Inflationsdruck. Aber eine Abwertung wirkt sich auf Unternehmen sehr günstig aus, die sehr viel an Auslandsmärkte verkaufen, denn dadurch werden ihre Produkte konkurrenzfähiger und ihre Exportabteilungen profitabler. Die Möglichkeit einer bevorstehenden Abwertung lässt auch darauf schließen, dass Investitionen in vielversprechende Auslandsaktien positiven Wechselkurseffekten unterliegen.

6. Die Märkte reagieren auf zurückgehende Arbeitslosenzahlen tendenziell negativ, zumindest wenn es der Wirtschaft gut geht.

Kürzere Schlangen im Arbeitsamt deuten auf einen angespannteren Arbeitsmarkt – was möglicherweise zu wachsender Inflation und steigenden Zinsen führt. Die höhere Nachfrage nach Gütern und Dienstleistungen erhöht die Nachfrage nach Arbeitskraft, die sie produziert. Wenn entsprechend qualifizierte Arbeitslose vorhanden sind, werden sie beschäftigt. Wenn aber das Angebot an qualifizierten Arbeitskräften knapp ist, entsteht Lohnerhöhungsdruck, die Lohnkosten der Unternehmen steigen, und nervös werdende Zentralbanken könnten Zinsmaßnahmen treffen.

7. Steigende Ölpreise sind im Allgemeinen gut für Öl-Aktien, nicht aber für die Inflation.

Eine Faustregel der OECD besagt, dass eine Preissteigerung um zehn US-Dollar, die sich ein Jahr lang hält, die Inflation um einen halben Prozentpunkt erhöht und das Wachstum um einen viertel Prozentpunkt dämpft. Ein nachhaltiger Rohöl-Preisboom schlägt sich unvermeidlich in höheren Heizöl- und Benzinpreisen nieder, was die Inflation um mindestens einen weiteren halben Prozentpunkt steigern kann. Teures Öl hat außerdem „Mikro“-Auswirkungen auf Unternehmensgewinne, weil es in vielen Branchen gebraucht wird. Fluggesellschaften sind die offensichtlichsten

Opfer, weil die Treibstoffkosten steigen; aber auch Hersteller von chemischen Produkten auf Erdölbasis werden in Mitleidenschaft gezogen. Letztendlich betrifft es sogar Dienstleistungsunternehmen, die ja ebenfalls Energie verbrauchen, sei es nun für Flugreisen oder einfach nur für den Bürobetrieb.

8. Die staatliche Haushaltspolitik kann sich auf die Märkte wesentlich auswirken.
Idealerweise sollte die Steuerpolitik das Ziel der Währungspolitik unterstützen, die Wachstumsrate etwa gleichmäßig zu halten, ohne der Inflation Vorschub zu leisten. Das bedeutet insbesondere, dass Steuersenkungen und Ausgabenerhöhungen in konjunkturell guten Zeiten nicht die Nachfrage der Verbraucher erhöhen sollten. Indem die Regierung Steuern senkt und/oder die Ausgaben für Gesundheit, Bildung, Verkehr, Justiz und Ähnliches erhöht, lockert sie die Steuerpolitik und fördert so die Inlandsnachfrage. Steigende Steuern und verminderte Ausgaben dagegen – eine steuerpolitische Straffung – drücken auf die Nachfrage.

9. Viele Wirtschaftsindikatoren bieten wertvolle Informationen für die Analyse bestimmter Wirtschaftssektoren und von Unternehmen in diesen Sektoren.
Die Statistiken zur Industrieproduktion beispielsweise bieten genaue Zahlen zur Leistung der einzelnen Sektoren, aus denen sich das produzierende Gewerbe zusammensetzt. Dazu gehören Hersteller dauerhafter Güter wie zum Beispiel Autos sowie kurzlebiger Güter wie Kleidung, Schuhe, Nahrungsmittel, Getränke und Tabak; Investitionsgüter wie elektrische Geräte und Halbfertigprodukte wie Brennstoffe und Materialien – dazu noch Bergbau und Abbau von Bodenschätzen einschließlich Öl- und Gasförderung; außerdem noch Elektrizität, Gas und Wasser.

10. Die Handelsbilanz bringt ebenfalls Erkenntnisse über die relative Performance verschiedener Bereiche der Wirtschaft.
Die Handelsbilanz – ob das Land mehr importiert als exportiert oder umgekehrt – kann sich wesentlich auf das Weiterbestehen

des Wachstums, des Wechselkurses und der Inflation auswirken. Ein großes und zunehmendes Handelsdefizit ist im Allgemeinen schlecht für die Wirtschaft und den Aktienmarkt.

romesh@compuserve.com

Wie man am Markt Wert findet.

Timothy P. Vick

Timothy Vick ist leitender Investmentanalyst bei Arbor Capital Management sowie Teilhaber und Portfoliomanager von The Power Fund, der in aufstrebende Unternehmen im Bereich alternative Energien investiert. Er schreibt über wirtschaftliche Trends, Geschäftsstrategien und Bewertungen, Unternehmensleistung und Portfoliomanagement.

Bücher

How To Pick Stocks Like Warren Buffett, McGraw-Hill 2000

Wall Street on Sale, McGraw-Hill 1999

Geld verdienen mit Warren Buffett. Value Investing verstehen und erfolgreich umsetzen, MI 2000

1. Stellen Sie sich vor, sie seien Firmenbesitzer.

Wenn ich sehe, dass eine Aktie 50 US-Dollar kostet, dann multipliziere ich als Erstes automatisch den Preis mit der Anzahl der umlaufenden Aktien – sagen wir zehn Millionen – und frage mich, ob das ganze Unternehmen wohl wirklich 500 Millionen US-Dollar wert ist. Meine zweite Frage ergibt sich aus der ersten: Wenn ich 500 Millionen hätte, die ich in das Unternehmen investieren könnte und dann der alleinige Besitzer wäre, würde ich es dann kaufen? Wenn Sie von dieser Prämisse ausgehen, konzentrieren Sie Ihren Geist von ganz allein auf grundsätzliche Geschäftsfragen wie die Auszahlung (wie schnell kann das Unternehmen 500 Millionen Gewinn erzeugen, damit sich Ihre Investition auszahlt?), den Cashflow, die Schulden, Steuern, Umsatzaussichten, erforderliche Kapitalausgaben und Ertragsmargen. Kursbewegungen, gleitende Durchschnitte und Chartformationen kommen in dieser Übung nicht vor.

Je länger ein Unternehmen braucht, um meine Investition zurückzuzahlen, desto eher bin ich normalerweise geneigt, davon Abstand zu nehmen, egal ob es um börsennotierte Unternehmen geht oder nicht. Wenn ich nicht das ganze Unternehmen würde besitzen wollen, dann kaufe ich nicht einmal 100 Aktien davon.

2. Beim Investing gewinnt man, indem man nicht verliert.

Geldanlage ist aufgrund seiner Wettbewerbsnatur ein „Verliererspiel" – es gewinnt derjenige, der die wenigsten Fehler macht. Die ehrwürdigsten Anleger der Geschichte, die auf dem höchsten Vermögensberg sitzen, haben nicht mit einer oder zwei Aktien ungeheure Summen verdient, sondern haben ihr Geld zusammengehalten, haben es langsam und vorsichtig eingesetzt und haben Gelegenheiten genutzt, ihre Verlustwahrscheinlichkeit zu senken. Die Erfahrung hat mich gelehrt, dass man den Ertrag des Durchschnittsanlegers bei weitem übertrifft, wenn man bei jedem Aktienkauf die Wahrscheinlichkeit möglichst gering hält, Verlust zu machen. Im Gegensatz dazu sind kurzfristig orientierte Trader und institutionelle Vermögensverwalter anfällig für Fehler und unterdurchschnittliche Performance. Indem sie verbissen kurzfristigen Erträgen nachjagen, um ihre Kollegen zu schlagen und mit den Marktindizes Schritt zu halten, zwingen sie sich unwissentlich selbst zu Dutzenden schlechter Anlageentscheidungen pro Jahr und beschränken so ihren Ertrag.

3. Schauen Sie nicht ständig auf den Markt – aber seien Sie bereit, ihn auszunutzen.

Selbstbewusste und zuversichtliche Anleger kontrollieren nicht jeden Tag die Aktienkurse, auch nicht jede Woche, ja nicht einmal jeden Monat. Wenn Sie ein Investment zu einem guten Preis kaufen und sich des Unternehmens sicher sind, dann kümmern sich die Preise schon um sich selbst. Die Tagesschwankungen erscheinen dann nur noch als Rauschen. Ich finde es immer wieder erstaunlich, dass Investoren eine Aktie angeblich als „langfristige" Anlage gekauft haben, dass sie dann aber ständig alle Kursbewegungen, alle Pressemitteilungen und alle Korrekturen der Gewinnschätzungen verfolgen. Schließlich mündet ihre Neigung, nutzlose Nachrichten aufzusaugen, in eine psychische Handlungsbesessenheit – in den meisten Fällen kaufen oder verkaufen sie dann verfrüht und aus den falschen Gründen. Die Finanzmärkte sind nur dazu da, Ihre Kauf- und Verkaufsorders auszuführen, und sonst nichts. Konzentrieren Sie sich zuerst auf die Performance von Unternehmen und benutzen Sie den Markt nur als Anhaltspunkt dafür, ob die anderen Investoren das Unternehmen richtig bewerten. Wenn Sie eine große Diskrepanz zwischen Preis und Wert sehen, dann nutzen Sie diese Situation aus.

4. Wenn Sie etwas nicht verstehen, kaufen Sie es nicht.

Eine meiner Hauptmethoden zur Minimierung von Fehlern besteht darin, dass ich nur innerhalb meiner Kompetenz investiere. Diese Regel sollte eigentlich einfach umzusetzen sein, aber der Mensch hat die Tendenz, sich in die Brust zu werfen und unbegrenztes Wissen vorzuschützen, wenn es um Geld geht. Für jedes Unternehmen und jede Branche gibt es maximal zwei oder drei „entscheidende Faktoren", die Sie analysieren müssen, um Ihre Gewinnchancen zu bestimmen. Wenn Sie die entscheidenden Faktoren verstehen, die eine Fluggesellschaft, eine Hotelkette, eine Bank oder einen Hersteller programmierbarer Chips profitabel machen, dann können Sie guten Gewissens investieren. Wenn Sie diese Faktoren nicht kennen, lassen Sie diese Investition sein. Das Gleiche gilt, wenn Sie die Ergebnisberichte des Unternehmens oder seinen Jahresbericht nicht verstehen: Tragen Sie Ihr Geld woanders hin.

5. Verlassen Sie sich auf sich selbst, nicht auf die Meinung anderer.

Zehn Tage vor dem Crash 1929 fragte The Wall Street Journal scherzhaft, warum jeder Ignorant über Geldanlage sprechen darf. Tatsächlich sind die Menschen, die eine Meinung zur Börse haben, so zahlreich wie die Stechmücken im Sommer – und genauso nervtötend. Da Investing ebenso eine Kunst wie eine Wissenschaft ist, fühlt sich jeder berufen, ungestraft seinen Kommentar abzugeben. Meisterhafte Anleger verlassen sich auf Fakten (nicht auf Meinungen) und ihre Fähigkeit, Fakten zu deuten.

Sie bekommen ihre guten Ideen selten im Gespräch mit Dritten und kaufen oder verkaufen niemals nur auf fremden Rat hin. Denken Sie an die schlechtesten Investments zurück, die Sie getätigt haben – wahrscheinlich hatte sie Ihnen jemand empfohlen. Das liegt daran, das jeder Anleger sein eigenes Risiko-Belohnungs-Profil hat – was für Ihren Nachbarn, Hausarzt, Golfpartner oder Schwager gut ist, taugt für Sie nur selten.

6. Prognosen sind nutzlos, vor allem wenn es um die Zukunft geht.

Aristoteles sagte einmal, der Mensch habe den angeborenen Wunsch, die Zukunft zu kennen, und kein Wunsch werde von seinen Mitmenschen mehr ausgenutzt als dieser. Die gesamte Finanzbranche ist auf den Verkauf von Produkten ausgerichtet. Wenn Ihnen dieses Grundgesetz nicht klar ist, werden Sie Mal für Mal irregeführt.

Die Broker haben sich schon vor langer Zeit ausgerechnet, wie sie die Hoffnungen und Träume der Menschen am besten benutzen können. Sie beschwören Prognosen und pseudomathematische Begründungen dafür, warum ein Investment morgen mehr kosten wird als heute. Aber in den ganzen Jahren, in denen ich an der Wirtschaftsuniversität studiert habe, das Verhalten der Manager beobachtet habe und Portfolios gemanagt habe, ist mir noch niemand begegnet, dem es beständig gelungen wäre, die Richtung des Marktes, der Wirtschaft, der Zinsen oder der Umsätze und Gewinne eines Unternehmens vorherzusagen. Solange die Märkte emotional und launisch sind und so lange Unternehmensmanager und Anleger auf Launen irrational reagieren, wird sich an diesem schlechten Ergebnis nichts ändern. Investieren Sie in das, was ist, und nicht in das, was sein könnte.

7. Die Zeit ist Ihr natürlicher Freund.

Im Finanzleben rückt die Zeit alle kurzfristigen Anomalien zurecht. Sie entlarvt schlechte Geschäfte, die sich als großartige Unternehmen getarnt hatten, und gibt wahrhaft großartigen Unternehmen ausreichend Gelegenheit, die Belohnung für die Anleger zu vergrößern. Die Auswahl guter Unternehmen zu angemessenen Preisen beschert geduldigen Anlegern nur selten Verluste.
Der Aktienkurs eines Unternehmens, das seinen Gewinn 20 Jahre lang um zwölf Prozent jährlich steigert, wird um rund zwölf Prozent jährlich steigen. Wenn Sie allerdings die Aktie gekauft und nur während eines dieser 20 Jahre gehalten haben, sind alle möglichen Erträge denkbar. Große Investoren achten immer auf die Gelegenheitseinbuße. Jedes schlechte Investment verursacht zweierlei Kosten – den kurzfristigen Verlust, den Sie erleiden, und das langfristige Geld, das Ihnen durch die schlechte Wahl entgeht. Ein Verlust von 10.000 US-Dollar am Anfang Ihrer Anlegerlaufbahn kosten Sie bis zum Ruhestand mehr als zwei Millionen Dollar, wenn Sie das Geld zu einem Jahressatz von 20 Prozent hätten akkumulieren können. Der vorzeitige Verkauf eines Investments kann die gleiche Wirkung haben. Die meisten Investments, die Sie heute verkaufen, werden eines Tages für einen viel höheren Preis gehandelt als Ihren Verkaufspreis. Bedenken Sie das, bevor Sie verkaufen.

8. Diversifizieren Sie nicht – das führt zu Trägheit und Mittelmaß.

Wenn Sie nur „Durchschnitt“ sein wollen, dann verhalten Sie sich wie die Indizes. Nichts bringt mittelmäßigere Erträge als das Sammeln von Aktien, als wären es Briefmarken oder Blumenvasen. Die Manager von Pensionsfonds und Investmentfonds müssen ihre Portfolios diversifizieren, damit sie ihren Job behalten und um den Auswirkungen immenser Mittelzuflüsse entgegenzuwirken. Aber Sie müssen das nicht. Die Überwachung von 40 oder mehr Aktien bedeutet für den Anleger die gleiche Bürde wie der Besitz von 40 Wohnhäusern oder 40 Restaurants. Warum sollten Sie diversifizieren, wenn Sie dem Aufwand nicht gewachsen sind? Ab einem gewissen Punkt wird die Überwachung unmöglich, und Sie können nur noch hoffen, dass keiner von den 40 irgendetwas zustößt. Und was noch schlimmer ist, Sie garantieren sich damit selbst mittelmäßige Erträge – das ist mathematisch bewiesen. Das große Geld macht man mit einer kleinen Sammlung von Vermögenswerten, die man vollständig begreift.

9. Kennen Sie den Unterschied zwischen „Geldanlage" und „Glücksspiel".

Wenn Sie einen Vermögenswert kaufen, ohne ihn vorher zu bewerten, dann sollten Sie sich eingestehen, dass Sie spielen. Eigentlich sind alle Methoden der Aktienauswahl nutzlos, die nicht auf einer nüchternen Einschätzung des inneren Wertes basieren, und sie verkommen letzten Endes zu Prognosen nach dem Prinzip von Versuch und Irrtum. Wenn Sie vor dem Kauf nicht vernünftig berechnen können, was das Investment wert ist (oder wert sein könnte), dann können Sie auch nicht bestimmen, ob es Geld bringen wird. In den meisten Fällen müssen Sie dann darauf setzen, dass das Verhalten anderer Menschen Gewinn bringt. Zum wahren Investing gehört es, die Irrtumswahrscheinlichkeit zu senken, und das erreicht man nur mittels objektiver Analyse. Wenn Sie spielen, verlieren Sie jegliche Kontrolle über den Ausgang. Bevor Sie eine Aktie kaufen, fragen Sie sich, worauf Sie sich wirklich verlassen – ob es das Anwachsen des Unternehmenswertes ist, oder ob Sie nach dem Kauf auf einen magischen Kurszuwachs hoffen.

10. Kalkulieren Sie, wie viel Sie aus dem Unternehmen herausholen können.

Da die meisten Anleger ein Unternehmen vor dem Kauf nicht bewerten, haben sie gewöhnlich auch keine Vorstellung davon, was sie daran mit der Zeit verdienen können. Das ist ein fataler Fehler. Sie sollten die zu erwartende annualisierte Ertragsrate jedes Investments schätzen können und erklären können, wie Sie zu dieser Zahl kommen. Wenn Ihre Investmentkriterien nebulös sind, dann machen Sie eher Fehler beim Verkauf. Streben Sie 50 Prozent Kurszuwachs in einem Jahr an? Falls ja, welche Faktoren können das herbeiführen, und wie wahrscheinlich ist es, dass diese Faktoren eintreten? Streben Sie 15 Prozent pro Jahr auf zehn Jahre an? Wenn ja, dann berechnen Sie, für wie viel die Aktie in zehn Jahren gehandelt werden muss und bestimmen Sie den Unternehmensgewinn, der nötig ist, um diesen Preis zu tragen. Dann fragen Sie sich, ob dieser Gewinn erreichbar ist. In diesem Geschäft sind Kurs und Rendite untrennbar verbunden. Je niedriger der Preis ist, den Sie bezahlen, desto höher ist Ihr potenzieller Ertrag. So einfach ist das.

www.arborcapital.net

„Die wertvollsten preissensitiven Informationen finden Sie dort, wo Sie sie am wenigsten erwarten. Lauschen Sie nach scheinbar dummen Kommentaren von Politikern oder Regulierern über Wirtschaftsthemen. Sie könnten auf preissensitive Änderungen der Regulierungsvorschriften vorausdeuten. Oder durchstöbern Sie die scheinbar lästigen Branchenbeilagen von Zeitungen wie der Financial Times. Häufig enthalten sie frische Informationen über die Aktienperformance eines Unternehmenes oder über den Trend eines Sektors. Die guten Sachen sind so richtig dumm."

Robert Peston

Der Tabaksektor

Pieter Vorster

Pieter Vorster analysiert derzeit den europäischen Tabaksektor für CSFB (Crédit Suisse First Boston) in London. Er ist in der Firma, seit sie im Jahre 2000 Donaldson, Lufkin & Jenrette übernahm, wo er für die europäische Tabakindustrie sowie für diversifizierte Industriesektoren in Südafrika zuständig war. Davor war er Analyst bei USB Warburg und ABN Amro in Südafrika.

1. Tabak ist eine umstrittene Branche.

In den letzten 20 Jahren wurde die Tabakindustrie immer umstrittener, weil die mit dem Rauchen verbundenen gesundheitlichen Risiken dazu geführt haben, dass die Regierungen straffere Regulierungen und höhere Steuern eingeführt haben. Gleichzeitig entwickelte sich eine starke Anti-Raucher-Lobby, und es werden immer mehr Prozesse gegen die Industrie geführt. Somit sind Investoren auf dem Tabaksektor schon daran gewöhnt, dass sie es mit einer wesentlich größeren Anzahl von Fremdfaktoren zu tun haben als in anderen Massenkonsumbranchen.

2. Cashflow und Gewinne sind relativ vorhersehbar.

Eines der Hauptcharakteristika der Tabakindustrie ist der starke und vorhersehbare Cashflow. Das bedeutet, dass Tabakunternehmen für Wachstum nicht auf Aktienemissionen angewiesen sind, und es vermindert den Einfluss von Kursveränderungen auf die langfristigen Aussichten der Branche.

3. Prozesse und Meldungen über Regulierungen sind nicht vorhersehbar.

So vorhersehbar die Cashflows in der Tabakbranche sind, so unvorhersehbar sind die Meldungen über Prozesse und neue Regulierungsvorschriften. Häufig stoßen die rationalen Erwartungen hinsichtlich eines Prozessergebnisses – vor allem in den Vereinigten Staaten – auf bisweilen unvernünftige Urteile von lokalen Gerichten. Zwar wird die Mehrzahl dieser Entscheidungen normalerweise in höheren Instanzen gekippt, aber sie sorgen trotzdem für deutliche Unruhe unter den Anlegern in diesem Sektor.

4. Die Bewertungen reagieren empfindlich auf Nachrichten.

In den letzten zehn Jahren standen so gut wie alle größeren Kursbewegungen dieses Sektors im Zusammenhang mit rechtlichen Ereignissen. Diese Ereignisse bringen ein hohes Maß an Volatilität in den Sektor, der unter normalen Umständen als stabile Branche mit mäßigem Wachstum gelten würde. Als Investor in Tabak-Aktien muss man also ständig auf potenzielle Klagen und Regulierungen achten, da diese unvermeidlich deutliche Auswirkungen auf die Kursperformance haben, so irrational das auch erscheinen mag.

5. Traditionelle DCF-Bewertungen können irreführend sein.

Aufgrund der Verbindung von starkem, vorhersehbarem Cashflow und unvorhersehbarem „Newsflow" deuten die traditionellen Modelle des diskontierten Cashflows fast immer an, die Tabak-Aktien seien unterbewertet. Die Anleger müssen die DCF-Bewertungen daher um einen Prozess-Diskont korrigieren, der von der spezifischen Prozessdrohung abhängt, unter der die Aktie steht. Dadurch kann man als Anleger feststellen, wann der eingerechnete Prozess-Diskont zu groß wird. In der Vergangenheit hat dies attraktive Kaufgelegenheiten erbracht.
Und umgekehrt sind Aktien, deren Kurs so gut wie keinen Prozessabschlag enthält, durch widrige Klagen und Regulierungen verwundbar.

6. Hüten Sie sich vor enttäuschenden Ergebnissen.

Gewinnwarnungen und enttäuschende Ergebnisse sind unter Tabakunternehmen dank des vorhersehbaren Charakters der Branche eher selten. Wenn sie auftreten, sind sie häufig ein Zeichen für Probleme innerhalb des Unternehmens, und man sollte ihnen ausführlich nachgehen. Aktien, deren Unternehmensgewinne wiederholt enttäuschen, sollte man am besten meiden, auch wenn sie preiswerter als ihre „Kollegen" gehandelt werden.

7. Ein hohes Maß an Regulierung ist nicht unbedingt negativ.

Länder mit einem hohen Maß an Regulierung haben nicht zwingend einen niedrigen Zigarettenverbrauch. Häufig wirkt die Regulierung als Eintrittsbarriere und schützt so die Hersteller, die in diesen Märkten schon eine starke Stellung haben. In Märkten mit schnell zunehmender Regulierung und sehr hohen Steuern hingegen kommt es höchstwahrscheinlich zu einem mehrjährigen Rückgang. Auf diese anfängliche Periode des Niedergangs folgt dann gewöhnlich eine Umsatzstabilisierung.

Das größte Risiko weisen Märkte auf, die momentan noch schwach reguliert sind, in denen aber der Druck zunimmt, die Regulierung zu verstärken. Gute Beispiele dafür sind die EU-Beitrittskandidaten.

8. Internationale Marken wachsen schneller.

Während der Zigarettenumsatz weltweit nur geringfügig oder gar nicht wächst, beträgt die Wachstumsrate internationaler Marken zwischen vier und fünf Prozent jährlich. Das ist eine wichtige Wachstumsquelle der Industrie und ein Trend, der grundsätzlich multinationale Hersteller mit starken Marken begünstigt.

9. Demografische Faktoren sind wichtig.

Wie bei anderen Konsumsektoren auch, spielt die Demografie eine wichtige Rolle für das Wachstum oder das mangelnde Wachstum der Tabakindustrie. Im Ländervergleich ist die Bevölkerung die wichtigste Determinante des Zigarettenumsatzes. Märkte, in denen eine Zunahme der jüngeren Bevölkerung zu erwarten ist, sind potenziell interessante Märkte für Zigarettenhersteller, wohingegen Märkte mit alternder Bevöllkerung im Allgemeinen ein uninteressantes Wachstumspotenzial aufweisen.

10. Vergessen Sie nicht die Preise.

Während für die Bewertung der Performance und des Potenzials eines Zigarettenherstellers das Umsatzwachstum wichtig ist, entscheiden Preissteigerungen mehr über die Profitabilität. Das liegt daran, dass die Nachfrage nach Tabakwaren eine relativ geringe Preiselastizität aufweist. Die wichtigste Determinante der weltweiten Zigarettenpreise ist das Pro-Kopf-Einkommen, und Märkte, in denen eine Zunahme des Pro-Kopf-Einkommens zu erwarten ist, haben am ehesten Preissteigerungspotenzial. Außerdem dürften diejenigen Hersteller mehr davon profitieren, die für ihre Produkte überdurchschnittliche Preise verlangen können.

www.csfb.com

„Die Anwesenheit eines großen Investors, der sich beteiligen und das Unternehmen wieder zurechtrücken will, kann eine gute Sache sein. Achten Sie aber darauf, dass der Großinvestor die gleichen Papiere besitzt wie Sie. Manchmal haben die großen Investoren Anleihen oder Vorzugsaktien, und in diesem Fall ist es ihnen vielleicht egal, was mit den Stammaktionären passiert."

George Putnam III

Argumente für Investitionen außerhalb der USA.

Ralph Wanger

Ralph Wanger ist Gründungsmitglied von Liberty Wanger Asset Management in Chicago. Wanger ist für acht Milliarden US-Dollar in fünf Investmentfonds verantwortlich: Liberty Acorn, Liberty Acorn International, Liberty Acorn USA, Liberty Acorn Twenty und Liberty Acorn Foreign Forty. Er ist Absolvent des Massachusetts Institute of Technology und hat dort einen Masters Degree erworben. Er lebt in Chicago.

Bücher
A Zebra in Lion Country, Touchstone 1999

1. Setzen Sie auf gute Unternehmen, egal in welchem Land.

So etwa 1985 stellte ich fest, dass viele der US-amerikanischen Unternehmen, deren Aktien ich besaß, kräftig eins auf den Deckel bekamen. Plötzlich hörte ich allerlei Geschichten von den Unternehmen: „Wir mussten unser Werk in Kentucky schließen, weil jemand Ware aus Guatemala heranschafft, mit der wir nicht konkurrieren können." Ich dachte mir, vielleicht sollten wir uns ein paar dieser Auslandsunternehmen einmal näher ansehen. Ich sagte meinen Mitarbeitern, dass wir Gewinner finden und auf sie setzen würden, egal wo sie ihren Sitz hätten. Wenn man in der Investmentbranche beste Erträge erzielen will, muss man Patriotismus und Gefühle beiseite lassen.

2. Die Einheimischen sind immer im Vorteil.

Manche Anleger beharren darauf, am besten halte man sich an

US-amerikanische Unternehmen, weil man hier auf vollständige Offenlegung, schützende Regulierung und eine Masse von Wall-Street-Research rechnen kann. Durch den Besitz multinationaler Unternehmen, so argumentieren sie, könne man die Früchte wachsender Branchen im Ausland trotzdem ernten. Darauf möchte ich entgegnen, dass US-Unternehmen, die im Ausland Geschäfte machen, immer als Außenseiter behandelt werden. Das amerikanische Geld ist willkommen, aber es besteht die allgemeine Tendenz, sich um seine eigenen Angelegenheiten selbst zu kümmern und Ausländer kaltzustellen, egal ob mit legalen oder illegalen Mitteln.

3. Halten Sie nicht alle Vermögenswerte in der gleichen Währung.

Sie würden ja auch nicht Ihr ganzes Geld in eine Aktie oder Branche stecken, also sollte es auch nicht in nur einer Währung vorliegen. Der Besitz ausländischer Aktien und die Diversifizierung über den US-Dollar hinaus ist angesichts des gewaltigen Bundeshaushaltsdefizits und des Außenhandelsdefizits der Vereinigten Staaten wahrscheinlich an sich schon wertvoll, weil beides gegen den US-Dollar arbeitet. Bei solchen Aussichten habe ich gerne neben den US-amerikanischen Papieren auch noch Auslandsaktien.

4. Suchen Sie Branchen, zu denen die Vereinigten Staaten kein Pendant haben.

Ein weiterer Grund, weshalb die Investition in amerikanische Multis nicht das Gleiche ist wie die Investition im Ausland, ist die Tatsache, dass es zu einigen Auslandsbranchen in den Vereinigten Staaten kein Gegenstück gibt. In Singapur kann man zum Beispiel in Werft-Aktien investieren. In den Vereinigten Staaten gibt es keine einzige Werft-Aktie. In Großbritannien kann man ein Unternehmen kaufen, das Flughäfen managt. In den Vereinigten Staaten gibt es so etwas nicht. Viele dieser Aktien sind gute Anlagen.

5. Ziehen Sie Nutzen aus weniger effizienten Märkten.

Heute im Ausland zu investieren ist so ähnlich wie die Investition in den Vereinigten Staaten vor 25 Jahren. In den Vereinigten Staaten ist es schwer, kleine Unternehmen zu finden, die nicht wenigstens von einem örtlichen Brokerhaus verfolgt werden; und die Unternehmen selbst sind Medienveröffentlichungen und Telefonkonferenzen gewohnt. Jeder hört die Meldungen innerhalb von Sekunden, und deshalb ist es äußerst schwierig, einen Informationsvorsprung zu gewinnen. Die Auslandsmärkte sind dagegen weitaus weniger effizient. Sie können dort immer noch Unternehmen finden, von denen andere kaum etwas wissen – Unternehmen, die sehr schnell wachsen. Zumindest noch für ein paar Jahre sehe ich hier enormes Potenzial.

6. Investieren Sie langfristig.

An vielen Auslandsmärkten dominiert die Tradermentalität. Insidergeschäfte sind zulässig und üblich, der Umsatz ist sehr hoch, Geschichten sind im Umlauf, und die Einheimischen sind vor allem daran interessiert, eine Aktie 25 Prozent nach oben laufen zu lassen und sie dann abzustoßen. Es gibt keine Möglichkeit, die Einheimischen im Trading zu übertreffen, und daher besteht das Geheimnis darin, zum Langfristanleger zu werden und sich andere Zeitmaße zu Eigen zu machen. So verschwindet ihr Vorsprung mit der Zeit. Wenn Sie lange dabei bleiben können – manchmal indem Sie die Aktien kaufen, die die Einheimischen abstoßen – und einfach abwarten, können Sie das vorhandene große Wachstum realisieren, ohne den kurzfristigen Geschichten auf den Leim zu gehen.

7. Ziehen Sie Investmentfonds in Erwägung.

Die direkte Investition im Ausland wird zwar immer leichter, aber es ist immer noch schwierig, Unternehmen zu beobachten, Volkswirtschaften einzuschätzen, sich um Wärungen zu kümmern und mit den örtlichen Regulierungsvorschriften, den Unterschieden in der Buchführung sowie mit der Gleichgültigkeit gegenüber Aktienmanipulationen zurecht zu kommen. Aus all diesen Gründen ziehen Sie es doch in Erwägung, sich mittels eines Investmentfonds in ausländischen Aktien zu engagieren. Das Hauptargument, den Weg des Investmentfonds zu wählen, ist jedoch die Tatsache, dass professionelle Fondsmanager, die den Erdball umrunden, um Beziehungen zu Unternehmen und Analysten zu knüpfen, Investments ausgraben können, die zu finden ein Privatanleger kaum hoffen kann.

8. Verteilen Sie Ihre Einsätze.

Bei Acorn legen wir den Schwerpunkt eher auf die Auswahl von Unternehmen als von Ländern, aber man muss auch dieses Kriterium beurteilen. Ein zu großes Engagement in instabilen Ländern ist nicht wünschenswert. Nur allzu viele Menschen glauben, ihr Geld sei an Orten sicher, an denen sie selbst nicht einmal das Wasser trinken würden. Wenn wir einschätzen, wie wohl wir uns mit Investitionen in einem Land fühlen, bedenken wir die üblichen Faktoren wie politisches Risiko, Inflation und Zinsen, Zahlungsbilanz und Ähnliches. Wir wollen das Gefühl haben, dass das Land auf dem richtigen Weg ist. Und weil es unmöglich ist, alle Risiken zu beseitigen, diversifizieren wir.

9. Erinnern Sie sich, warum Sie gerade dort investieren.

Manchmal haben Sie die Nase voll von den kleineren Schwellenmärkten – ihrer Illiquidität und Volatilität, von dem Vorsprung der Insider, dem Kampf herauszufinden, was wirklich vor sich geht. Sie müssen sich selbst daran erinnern, dass es sich in Ländern mit Wachstumsraten von sechs bis zehn Prozent und mit Unternehmen, die um 25 bis 30 Prozent jährlich wachsen, lohnt, sich mit solchen Widrigkeiten herumzuschlagen. Eine Studie, die von Morgan Stanley Capital International für die Jahre 1985 bis 1993 durchgeführt wurde, zeigte, dass eine Kombination aus US- und Nicht-US-Aktien einen höheren Ertrag und ein geringeres Risiko aufwies als ein zu 100 Prozent US-amerikanisches Portfolio. Die Anlagegewichtung, die den höchsten Ertrag bei geringstem Risiko versprach, bestand in der Kombination aus 60 Prozent amerikanischen und 40 Prozent ausländischen Aktien. Bei einem Anteil von 80 Prozent US-Aktien würde das Risiko etwa auf das Niveau eines rein US-amerikanischen Portfolios steigen – aber auch der Ertrag würde um ein paar Prozentpunkte steigen.

10. Schlusswort.

Die Frage lautet nicht, ob man in außeramerikanische Aktien investieren sollte oder nicht. Die Frage lautet, ob man überhaupt Aktien kaufen sollte oder nicht. Falls es Ihnen wehtut, wenn eine Aktie oder ein Aktienfonds um fünf Prozent fällt, dann fällt die Antwort negativ aus. Aber wenn Sie ein Aktienanleger sind, dann sollten Sie das ohne Ansehen des Landes sein.

www.wanger.com

In Baissen investieren.

Edmond Warner

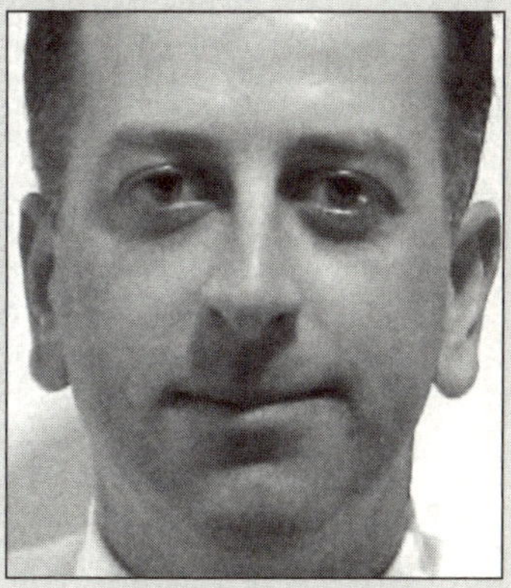

Edmond Warner ist CEO von Old Mutual Securities. Davor war er Head of Pan European Equities bei BT Alex Brown und Head of Global Research bei Dresdner Kleinwort Benson. Er belegt in allen führenden Erhebungen über Anlageverwalter gute Plätze.

1. Schalten Sie ab.

Sie können niemals rationale Anlageentscheidungen treffen, wenn Sie wie gebannt die wirbelnden Aktienkurse auf dem Bildschirm anstarren. Zwingen Sie sich dazu, nicht auf die Kurse zu schauen; lesen Sie während der Handelszeit Börsenberichte oder reden Sie mit Börsenmaklern. Die Märkte wenden sich nicht zum Besseren, nur weil Sie das wollen. Und wenn die Preise schon einmal so tief gefallen sind, dann ist es nicht so schlimm, wenn Sie die ersten Zentimeter der folgenden Erholung verpassen.

2. Hören Sie sich auf der Straße um.

Sie brauchen nicht nur eine gewisse Perspektive, sondern die breiteste Perspektive, die möglich ist. Die besten Investmentgelegenheiten entdecken Sie, wenn Sie das Wirtschaftsleben im Gefolge des Börsenkollapses beobachten. Wenn es Ihnen nichts ausmacht, machen Sie zur Probe den Taxifahrertest.

3. Lesen Sie ein gutes Buch.

Die Geschichte wiederholt sich niemals exakt, aber Sie sind es sich selbst schuldig, die Baissen der vergangenen Jahre zu kennen. Wenn sich die Geschichte dann doch wiederholt, können Sie wenigstens nicht sagen, Sie seien nicht gewarnt gewesen. Ich empfehle Ihnen The Great Crash von JK Galbraith [Der große Crash 1929 erscheint im April 2004 im FinanzBuch Verlag], eine kurze, aber kenntnisreiche Analyse des Crashs 1929 und allem davor wie auch danach.

4. Vermeiden Sie Kollateralschäden.

Im Jahre 1987 ging die Realwirtschaft quasi unversehrt aus dem Crash hervor. Dieses Mal hat die Welt vielleicht nicht so viel Glück. Es wird eine Zeitlang dauern, bis sich die beschädigten Aktienkurse an anderer Stelle voll auswirken. Nutzen Sie die Gelegenheit, verschieben Sie Ihren Umzug, verkaufen Sie Omas Gauguin und bitten Sie Ihren Chef um eine Vertragsverlängerung.

5. Entstauben Sie den Rechenschieber.

Die einfache, schnelle Finanzanalyse ist seit ein paar Jahren aus der Mode. Wenn die Aktien fallen, kommt der Wert wieder. Sie spüren ihn aber nur auf, wenn Sie danach suchen. Und das bedeutet, dass Sie über Zahlen brüten müssen, und nicht Träumen hinterherjagen. Sie können es sich leisten, das Verfahren einfach zu halten. Gründlichkeit bringt größeren Lohn als schlampige Komplexität.

6. Hüten Sie sich vor falschen Propheten.

Niemand weiß, wo die Märkte hingehen – ich nicht, Sie nicht, Abby Cohen nicht, Goldman Sachs nicht und auch nicht die anonymen Verfasser von Lex in der Financial Times. Ihre Ansicht ist genauso viel oder wenig wert wie die Ansicht anderer. Behalten Sie das im Gedächtnis, und wenn Ihre Analyse Ihnen sagt, es sei Zeit zu kaufen, dann haben Sie auch den nötigen Mut.

7. Schießen Sie nicht auf die Analysten.

Der Gegenschlag gegen die Analysten ist in vollem Gange. Lassen Sie sich von dem Spektakel nicht ablenken, egal wie erfreulich es auch scheinen mag. Machen Sie nüchtern von dem vorhandenen Research Gebrauch. Wie überall im menschlichen Leben gibt es hier Gutes und Schlechtes. Achten Sie nach dem Lesen nur darauf, dass Sie Ihre eigenen Schlussfolgerungen formulieren.

8. Fangen Sie bei null an.

Ignorieren Sie Charts der historischen Aktienperformance. Die Bewertung eines Unternehmens auf seinem Höhepunkt ist kein Anhaltspunkt für seinen heutigen Wert. Die Aktien, die am tiefsten gefallen sind, fallen vielleicht weiter. Fangen Sie mit einem leeren Blatt Papier an – ohne Vorurteile und feste Vorstellungen – und erarbeiten Sie Anlageargumente, die die heutige Wirklichkeit widerspiegeln, so wie Sie sie wahrnehmen.

9. Geben Sie der Renditeversuchung nach.

Aktien sind nur ein Häppchen auf dem bunten Investment-Teller. Eine Möglichkeit, sie mit anderen Anlageklassen zu vergleichen, ist die Dividendenrendite. Suchen Sie Aktien, deren Rendite an diejenige von Staatsanleihen heranreicht. Das ist zwar altmodisch, aber das könnte der am wenigsten riskante Rückweg zum Markt sein. Achten Sie nur darauf, dass die Gewinne des Unternehmens auch für die Dividende ausreichen.

10. Setzen Sie Leverage ein.

Nur Mut! Wenn Sie beschlossen haben, dass es an der Zeit ist zu investieren, dann tun Sie das auch mit Überzeugung. Benutzen Sie Leverage zu Ihrem Vorteil – seien Sie bereit, Kredit zu nehmen, und ziehen Sie die Verwendung von Derivaten in Betracht. Sie könnten zum Helden der nächsten Hausse werden, und sei es nur in den Augen Ihrer Oma.

www.omsecuruties.co.uk

„In schnell wachsenden Branchen sind die Profite höher. Das stimmt nicht, denn jedermann weiß, dass die Unternehmen schnell wachsen. Häufig sind die Erträge in weniger modischen Branchen höher, zum Beispiel in der Tabakindustrie. Am besten sind Branchen, die schneller wachsen als erwartet – egal ob die Erwartungen hoch oder niedrig sind."

John Kay

Auf der Suche nach dem „Alpha".

Ben Warwick

Ben Warwick ist Chief Investment Officer von Sovereign Wealth Management. Er schreibt die Kolumne Market View für worldlyinvestor.com und unzählige Beiträge zu anderen Branchenveröffentlichungen. Außerdem ist er Herausgeber eines kostenlosen monatlichen Börsenbriefs unter http://www.SearchingForAlpha.com.

Bücher

The Worldly Investor's Guide to Beating the Market, John Wiley 2001
Searching for Alpha, John Wiley 2000
The Futures Game, McGraw-Hill 1999
The Handbook of Managed Futures, Dow Jones Irwin 1997
Event Trading, Dow Jones Irwin 1996

Einführung

Alpha: Anlageertrag, der über den Ertrag eines Marktindexes hinausgeht.

Wenn man sich betrachtet, wie wenige Investmentfonds Erträge erzielen, die den Markt schlagen, erscheint die Aufgabe fast unlösbar. Aber trotzdem gibt es eine Elitegruppe von Anlageprofis, denen es Jahr um Jahr gelingt, höhere Erträge als der Markt zu erzielen. Worin besteht ihr Vorsprung?

1. Diversifizieren Sie.

Der eigentliche Trick beim Übertreffen des Marktes ist nicht die Konzentration des Portfolios – sondern man muss ein bisschen von allem haben und dabei diejenigen Sektoren übergewichten, in denen die beste Chance auf überdurchschnittliche Performance besteht. Zwar haben berühmte Anleger wie John Maynard Keynes und Warren Buffett ihre fabelhaften Erträge mit einer geringen Anzahl großer Positionen erzielt, aber sie sind eher die Ausnahme als die Regel.

2. Nehmen Sie für die harten Sachen Indizes.

Verschiedene Sektoren des Marktes reagieren unterschiedlich schnell auf Informationen. Hoch kapitalisierte US-Aktien zum Beispiel werden von derart vielen Analysten verfolgt und spiegeln fundamentale Veränderungen derart schnell wider, dass es fast unmöglich ist, durch eine aktive Strategie Wert zu gewinnen. Ich empfehle, in solche Sektoren mittels Indizes zu investieren.

3. Verwenden Sie aktive Strategien in ineffizienten Sektoren.

Teile des Marktes sind zwar knallhart effizient, aber es gibt auch gewisse Sektoren – zum Beispiel Smallcap-Aktien und hochrentable Anleihen –, in denen sich aktives Management wirklich auszahlen kann. Verwenden Sie für diese Sektoren aktive Manager, die eine einmalige und messbare Methode zur Erzeugung von Alpha (Ertrag über den Index hinaus) haben.

4. Benutzen Sie die Kreditspanne, um Ihr Portfolio in Richtung Wachstum oder Wert zu verschieben.

Der Aktienmarkt ist keine einheitliche Gruppe von Aktien. Verschiedene Aktientypen reagieren auf Veränderungen im wirtschaftlichen Umfeld auf ihre eigene Weise. Smallcap-Aktien entwickeln sich beispielsweise in Rezessionen oder in allgemeinen Abwärtstrends besser. Largecap-Aktien führen den Markt in guten Zeiten an. Achten Sie auf die Kreditspanne (die Differenz zwischen den Renditen von Staatsanleihen und Unternehmensanleihen), um festzustellen, ob die Wirtschaft wächst oder schrumpft (Wirtschaftswachstum geht mit einer Verringerung der Spanne einher). Und dann verschieben Sie Ihr Portfolio in die Richtung des Marktsektors, der vermutlich am meisten profitiert.

5. Achten Sie beim Kauf von festverzinslichen Papieren auf die Zinskurve.

Eine „umgekehrte Zinskurve“ – eine Situation, in der Schatzwechsel mehr abwerfen als zehnjährige Schatzanweisungen – deutet seit 30 Jahren unfehlbar auf eine Rezession voraus. Wenn dies eintritt, bringt das lange Ende der Kurve auf mittlere Sicht die beste Performance. Wenn die Zinskurve normal verläuft, liefert gewöhnlich der mittlere Teil der Kurve den besten Ertrag pro Risiko.

6. Setzen Sie nur in Zeiten des Wirtschaftswachstums Momentumstrategien ein.

Momentum-Trader kaufen Aktien, die kräftig gestiegen sind und von denen sie glauben, sie würden künftig noch weiter steigen. Es gibt unzählige Belege dafür, dass Marktsektoren in expansiven Zeiten Trends folgen, aber in Zeiten konjunktureller Schwäche erzielen Momentum-Investoren keine überdurchschnittlichen Erträge.

7. Ziehen Sie Alternativen in Erwägung.

Mit zunehmender Integration der Weltwirtschaft verbinden sich auch die globalen Aktien- und Anleihenmärkte. Kluge Anleger sollten über fachmännische Investitionen in Futures-Märkte und über die Anlage in marktneutrale Hedgefonds (unregulierte Fonds, die durch Arbitrage Gewinn erzielen) nachdenken, um ihre Portfolios zu diversifizieren. Die stetigen Erträge solcher Investments können viel zum Übertreffen des Marktes beitragen.

8. Bedenken Sie die Steuern.

Häufig sind die Steuern der größte Ausgabenposten der Anleger und überschreiten sowohl die Kommissionen als auch die Managementgebühren. Hohe steuerliche Kosten entstehen vor allem, wenn Vermögensverwalter den Wert der Anlagen durch viele Käufe und Verkäufe steigern wollen. Man kann die anfallenden Steuern reduzieren, indem man die „harten Sachen“ mittels Indizes abdeckt und die aktiv gemanagten Fonds in einem steuergünstigen Depot hält.

9. Wählen Sie einen Fondsmanager nicht nur aufgrund seiner vergangenen Erfolge aus.

Wenn Sie über die Investition in einen Fonds nachdenken, müssen Sie auf wichtigere Dinge achten als auf den vergangenen Ertragsfluss des Managers. Beachten Sie die Transaktionskosten, die Gebühren und das Researchbudget des Fonds. Diese drei Kriterien sind viel bessere Indikatoren für die künftige Entwicklung.

10. Gewichten Sie Ihr Portfolio in regelmäßigen Abständen neu.

Märkte haben auf lange Sicht die Tendenz, zu einem Mittelwert zurückzukehren; anders gesagt werden Gewinner zu Verlierern und Verlierer zu Gewinnern. Aus diesem Grund ist es wichtig, dass Sie Ihr Portfolio regelmäßig ausgleichen, indem Sie Geld aus denjenigen Investments herausnehmen, die sich in den letzten Monaten gut entwickelt haben, und es in jene investieren, die Verluste erlitten haben. Dadurch kann man als Anleger sowohl seinen Ertrag steigern als auch die Abhängigkeit von wenigen Anlagen reduzieren, die deutlich zugelegt haben.

www.SearchingForAlpha.com, www.worldlyinvestor.com

Zehn Richtlinien für astronomische Performance

Henry Weingarten

Henry Weingarten ist seit mehr als 34 Jahren professioneller Astrologe. Seit dem 2. Mai 1988 ist er Geschäftsführer von Astrologers Fund, Inc., das die Astrologie als wichtigstes Analyseinstrument für die Verwaltung von Investmentfonds und für die Beratung institutioneller Anleger und Vermögensverwalter in der ganzen Welt verwendet.

Bücher
Investing by the Stars, McGraw-Hill 1996; 2. Auflage bei Traders Press 2000
The Study of Astrology, ASI Publishers 1969, 51988

1. Übung macht den Meister.

Üben Sie zuerst, bevor Sie echtes Geld verwenden/verlieren.

2. Denken Sie global.

Der größte Teil der Kursbewegungen einer Aktie ist der Zugehörigkeit zum breiten Markt und zu einem Sektor zuzuschreiben. Planen Sie von oben nach unten: Wählen Sie zuerst Länder/Börsen/Währungen, dann Sektoren und dann einzelne Aktien aus. Eine Strategie von unten nach oben sollte besonderen Situationen vorbehalten sein.

3. Der richtige Zeitpunkt ist alles.

Es geht nicht darum, was Sie wissen, sondern darum, wann Sie das wissen. Ich verwende die Astrologie, um „der Erste zu sein“.

4. Zwei von drei sind nicht schlecht.
Für die Anlage verwende ich Fundamentalanalyse und Astrologie; für das Trading verwende ich technische Analyse und Astrologie. Die besten, also die profitabelsten Ergebnisse erzielt man, wenn mehrere Anlagekriterien, Gurus oder Raster übereinstimmen.

5. Im Zweifelsfall lassen Sie es lieber.
Selbst wenn ich mir „sicher" bin, liege ich nicht immer richtig (und dabei bin ich Löwe!). Wenn Sie sich nicht sicher sind, dann handeln Sie nicht, wenn Sie nicht unbedingt müssen.

6. Machen Sie Fehler.
Wer nichts wagt, der nichts gewinnt. Wenn Sie niemals falsch liegen, dann sind Sie entweder ein Neuling, ein Lügner oder ein Gedächtniskünstler. Lernen Sie, Verluste schnell mitzunehmen – in dem Moment, in dem Sie erkennen, dass Ihnen der Markt sagt, dass Sie sich geirrt haben.

7. Tanzen Sie, wenn sich die Märkte irren.
Mittels Trading und Hedging kann man zentrale Longpositionen halten, ohne zu viel aufzugeben.

8. Nutzen Sie Ihren Vorsprung.
Finden Sie Ihren persönlichen Vorsprung oder Ihr persönliches Wissen, das der Markt noch nicht eingepreist hat. So etwas stammt häufig aus der Lebenserfahrung. Mein Vorsprung ist die Astrologie. Und außerdem sollten Sie Ihr Portfolio tragen wie ein bequemes Kleidungsstück – kaufen Sie Aktien, mit deren Besitz Sie sich wohlfühlen.

9. Sie müssen wissen, wann Sie halten und wann Sie abstoßen müssen.
Beschließen Sie Ihre Ausstiegsstrategie im Voraus. Die meisten Anleger wissen, wie man kauft, aber sie haben nicht gelernt, wie und wann man verkauft. Wenn eine Aktie mehr kostet, als Sie der-

zeit dafür zu zahlen bereit wären, dann ist es meiner Meinung nach Zeit, einen nachgezogenen Stopp zu setzen oder zu verkaufen.

10. Seien Sie kein Prophet, sondern machen Sie Profit.

Verwalten Sie Ihr Geld umsichtig und bewahren Sie Ihr Kapital. Lassen Sie es nicht zu, dass ein oder zwei schlechte Investments Ihr Portfolio ruinieren können. Diversifizieren Sie ausreichend, damit Chancen und Risiken stimmen.

www.afund.com

„Softwareunternehmen werden für das Verfehlen der Zahlen schwer bestraft, und in den meisten Fällen deutet ein verpatztes Quartal auf Probleme in den folgenden Quartalen oder gar Jahren. Solche Probleme werden nur selten im Folgequartal wieder ausgebügelt. Aber für Anleger mit einem Zeithorizont ab zwölf Monaten kann es eine gute Strategie sein, ein etabliertes Softwareunternehmen von gewisser Größe und Reife zu kaufen, nachdem es 50 Prozent abgegeben hat."

Brian Skiba

Trading

Neal Weintraub

Neal Weintraub ist Futureshändler mit mehr als zehnjähriger Erfahrung sowie Mitglied der Mid-America Commodity Exchange. Er ist Autor von Weintraub Day Trader (Windsor 1991) und betreibt eine tägliche Markt-Hotline. Außerdem lehrt er an der Chicago Mercantile Exchange Fundamentalanalyse, Computertrading und Trading mit Spreads.

Bücher

Tricks of the Floor Trader, Dow Jones Irwin 1996
Trading Chicago Style, McGraw-Hill 1999

1. Ihnen geht das Geld aus, bevor den Börsengurus die Tradingideen ausgehen.

2. Trauen Sie keinem Wirtschaftsboom, der von den Schulden der Verbraucher gespeist wird.

3. Trading ohne Ausstiegsplan mündet in die Katastrophe.

4. Arbeiten Sie nie mit einem Broker, der keine Verkaufsideen bringt.

5. Money Honeys sind etwas für das Auge, nicht für das Portfolio.

6. Computer kann man nicht essen. Legen Sie ein paar „bodenständige" Aktien in Ihr Portfolio.

7. Daytrading ist, wie wenn man vor einer Dampfwalze

Münzen aufliest. Irgendwann wird man überrollt.

8. Erkennen Sie den Unterschied zwischen Anlage, Trading und Spekulation.

9. Sie müssen nicht immer am Markt engagiert sein. Erinnern Sie sich, nach dem Crash 1929 erreichte der Markt erst wieder 1954 vergleichbare Höhen.

10. Bevor Sie eine Nachricht erfahren, hat der Markt schon mehr als ein Dutzend Mal darauf reagiert und sie verdaut.

11. Nachrichten, die Sie hören oder lesen, wurden von einer PR-Agentur produziert; das sind keine Nachrichten, sondern Propaganda.

www.nealweintraub.com, yourfilled@yahoo.com

„Denken Sie über Leerverkäufe zur Verminderung des Risikoeinsatzes und zur Erzeugung von überdurchschnittlicher Performance nach. Es gibt immer viele Aktien, die unerhörte Preisniveaus erreichen und die man shorten kann. Eine großartige Eigenschaft des Shortselling ist die Tatsache, dass es den Aktienanteil reduziert, was wiederum das Portfoliorisiko und das Aktienengagement senkt."

David Tice

Ein neuer Blick auf die Theorie der Markteffizienz

Martin J. Whitman

Martin Whitman ist Vorsitzender des Third Avenue Value Fund. Das Anlageprinzip des Fonds besteht darin, Stammaktien von finanziell gesunden Unternehmen deutlich unter dem privaten Marktwert beziehungsweise dem Übernahmewert zu kaufen. Außerdem versucht der Fonds vorrangige Wertpapiere wie Vorzugsaktien oder Schuldpapiere zu erwerben, die einen starken vertraglichen Schutz genießen und überdurchschnittliche Renditen bringen, entweder kontinuierlich, anlässlich von Ereignissen oder durch Rückzahlung.

Bücher

Value Investing – a Balanced Approach, John Wiley 1999

Active Investing, John Wiley 1998

Einführung

Seit den 60er-Jahren haben die Theorien der akademischen Finanzwissenschaft die Wertpapieranalyse fast vollständig erobert. Ihr Herzstück ist die Theorie von der Effizienz der Märkte, die annimmt, die Preisbildung der Märkte sei effizient. Anders ausgedrückt: Die Preise von Wertpapieren spiegeln schnell und exakt alle relevanten Informationen wider, die sie beeinflussen können, und daher ist es für gewöhnliche Anleger sinnlos zu versuchen, den Markt beständig zu übertreffen.

Wir von TAVF (Third Avenue Value Fund) sehen die Markteffizienz ganz anders als die Gelehrten. Zur Erklärung des Unterschieds soll die Geschichte von dem Finanzprofessor und dem Studenten beitragen, der einen Hundertdollarschein findet: Der

Student will sich hinunterbeugen und den Schein aufheben, aber der Professor sagt: „Spar dir die Mühe. Wenn das wirklich ein Hundertdollarschein wäre, dann läge er nicht da."
Die nun folgenden Bemerkungen erklären, inwiefern unsere Sichtweise von der akademischen abweicht und wieso es in bestimmten Märkten sowie unter Verwendung bestimmter Techniken möglich ist, dass Investoren den Markt beständig schlagen.

1. Die Märkte tendieren zwar zur Effizienz, aber nur wenige erreichen die sofortige Effizienz.

Die Theorie von der Effizienz des Marktes (EMH, Efficient Market Hypothesis) behauptet, der Markt sei effizient, er erreiche sofortige Effizienz und OPMIs (Outside, Passive, Minority Investors [Anleger, die keine Insiderinformationen haben, die keine aktive Strategie verfolgen und die keine Mehrheitsbeteiligung haben]) sollten dieser Tatsache dadurch Rechnung tragen, dass sie Indizes kaufen, ihre Anlagen von oben nach unten planen (top-down) und ihre Bewertungsmethode ausschließlich auf Prognosen des diskontierten Cashflows gründen.
Abgesehen von ein paar Sonderfällen ist die Tendenz der meisten Märkte zur Effizienz relativ schwach ausgeprägt, insbesondere wenn man Effizienz als Bewertung eines Unternehmens oder eines Wertpapiers entsprechend des ungefähren zu Grunde liegenden Wertes definiert.

2. Es gibt nicht nur einen Markt, sondern Myriaden von Märkten.

Ein Mangel der Theorie der Markteffizienz besteht darin, dass sie nicht die Existenz einer Vielzahl verschiedener Märkte anerkennt. Es gibt OPMI-Märkte, Märkte für feindliche Übernahmen, Märkte für fremdfinanzierte Übernahmeangebote (LBO, Leveraged Buy-Out), Märkte strategischer Käufer, Fusionsmärkte, die auf Kreditverträgen und nicht auf Geld basieren, und so weiter. Und – was entscheidend ist: Jeder Markt hat seine eigenen Preisbildungsparameter.

3. Der effiziente Preis des einen Marktes ist in einem anderen Markt vielleicht kein effizienter Preis.

Der effiziente Preis eines Wertpapiers hängt von der Perspektive ab: Ein Teilnehmer am LBO-Markt weiß, dass in der überwiegenden Mehrzahl der Fälle eine Übernahme nicht durchführbar ist, wenn der im Übernahmeprozess gebotene Preis nicht deutlich über dem Preis des OPMI-Marktes liegt. Der OPMI-Preis mag gemäß seinen Parametern „effizient" sein, aber was den LBO-Betreiber angeht, ist er ineffizient.

4. Wenn Sie ein OPMI sind, sollten Sie grundsätzlich nicht an Märkten teilnehmen, die zur Effizienz neigen.

Wie schon bemerkt gibt es viele verschiedene Märkte, von denen einige mehr zur Effizienz neigen als andere. Die effizientesten Märkte sind durch kurzfristiges Trading gekennzeichnet, und die dort gehandelten Wertpapiere lassen sich mittels einer begrenzten Anzahl von Computervariablen analysieren. Beispiele dafür sind Märkte für Kreditinstrumente ohne Kreditausfallrisiko (zum Beispiel US-Schatzpapiere), für Derivate (zum Beispiel Optionen, Wandelanleihen, Bezugsrechte und Swaps) und für Risikoarbitrage. Mit seltenen Ausnahmen sollte man als OPMI einen Umweg um diese Märkte machen.

5. Für OPMIs besteht der Weg zu überdurchschnittlichen Gewinnen nicht in der Beschaffung überlegener Informationen, sondern vielmehr im überlegenen Umgang mit den verfügbaren Informationen.

Ein Lehrsatz der Theorie der Markteffizienz besagt, dass OPMIs den Markt oder relevante Benchmarks nicht übertreffen können, es sei denn, sie hätten Zugang zu überlegenen Informationen. Für „Funktionäre" – Werber, Investmentbanker, Anwälte und Manager –, die die Markbewegungen antreiben, kann der Besitz dieser überlegenen Informationen der Weg zur überdurchschnittlichen Performance sein, aber für OPMIs ist der Zugang zu diesen Informationen schwierig. Das bedeutet nicht, dass überdurchschnittliche Leistungen unmöglich wären. Es bedeutet nur, dass der Weg darin besteht, die verfügbaren Informationen besser zu nutzen, und nicht in der Beschaffung überlegener Informationen.

6. Die am schlechtesten genutzte Information ist die Bilanz.

Die meisten Analysten lassen die meiste Zeit bei ihren Analysen die Unternehmensbilanz außer Acht und konzentrieren sich stattdessen auf das Gewinnwachstum. Wenn Sie ein OPMI sind und Hundertdollarscheine für 50 Dollar kaufen wollen, dann ist das mithilfe einer Bilanz leichter zu bewerkstelligen als mit einer Gewinn- und Verlustrechnung oder einer Kapitalflussrechnung.

7. Die langfristige Tendenz der Märkte zur Effizienz belohnt Käufe unter Wert.

Das Hauptproblem fundamental orientierter Anleger besteht nicht darin, Hundertdollarscheine zu finden, die man billiger kaufen kann, sondern vielmehr darin, so viel Effizienz in den Preis hineinzubringen, dass sie ihre Hundertdollarscheine für ihren „wahren" Wert verkaufen können – oder wenigstens für mehr als die anfänglich gezahlten 50 Dollar. Manche Fonds versuchen, die Märkte zur Neubewertung zu zwingen, indem sie Katalysatoren finden oder selbst zu Katalysatoren werden (beispielsweise förderte Gabelli den Paramount-Übernahmeprozess). Wir von TAVF verbringen allerdings kaum Zeit mit der Suche nach Katalysatoren. Stattdessen verlassen wir uns auf die langfristige Tendenz zur Effizienz. Wir sind der Meinung, dass es schwierig ist festzustellen, wann eine bestimmte Investition funktioniert. Wenn wir jedoch eine ausreichende Anzahl von Positionen im Fonds haben, dann funktionieren Sie zwar nicht beständig, sondern eher unregelmäßig, aber die Gesamtperformance des Portfolios dürfte dann in Ordnung sein.

8. Die Fundamentaldaten zählen.

Ich habe meine Bemerkungen zur EMH mit einer Geschichte von

einem Finanzprofessor und seinem Studenten eröffnet, der einen Hundertdollarschein aufheben will. Diese Geschichte zeigt zwar eine Schwäche der EMH, aber sie verfehlt den Hauptpunkt: Weder durch Ausbildung noch durch Hintergrundwissen kann der Professor herausfinden, um was es sich bei dem Stück Papier auf der Erde handelt – einen Hundertdollarschein oder einen wertlosen Zettel. Sie müssen die Fundamentaldaten kennen, wenn Sie hoffen wollen, auf dem Feld der Wertpapieranalyse den Unterschied zwischen Hundertdollarscheinen und Altpapier zu erkennen.

www.mjwhitman.com

„Bei der Bewertung schnell wachsender Unternehmen mit kräftigem technischen Vorsprung vor den Mitbewerbern ist man versucht anzunehmen, diese Bedingungen würden ewig weiter bestehen. Das tun sie aber nicht. Wie das Sprichwort sagt: 'Am Ende bleibt es ein Toaster.'"

Nick Antill

Kurzfrist-Trading – Überleben

Larry Williams

Larry Williams verblüffte im Jahre 1987 die Rohstoffszene, als er im Rahmen des zwölfmonatigen Robbins World Cup Trading Championship 10.000 US-Dollar in 1.100.000 US-Dollar verwandelte. Seither hat sich diesem Rekord niemand auch nur genähert, und der einzige, der so etwas vorher vielleicht einmal geschafft hat, ist W.D. Gann. Larry erhielt vom Futures Magazine 1998 den ersten Doctrine of Future Award und 1999 von Omega Research den Lifetime Achievement Award.

Bücher

Day Trade Futures Online, John Wiley 2000
Long-Term Secrets to Short-Term Trading, John Wiley 1999
The Definitive Guide to Futures Trading I and II,
Windsor Books 1989
How I Made $1 Million Trading Commodities,
Windsor Books 1979
Besser traden, FinanzBuch 2000

1. Überleben ist alles.

Das ist keine leere Phrase, denn Spekulieren ist ein sehr gefährliches Geschäft. Es geht dabei nicht um Gewinn und Verlust, sondern darum, Höhen und Tiefen zu überleben. Wer nicht überlebt, kann nicht gewinnen.

Das erste, was man zum Überleben braucht, ist eine Voraussetzung, auf deren Grundlage man spekuliert. Gerüchte, Tipps, Eingebungen und Gefühle sind keine Voraussetzungen. Eine Voraussetzung besagt, dass hinter Ihrer Handlungsgrundlage eine Wahrheit steckt. Die Voraussetzung eines kurzfristig orientierten Traders kann sich von der eines langfristig orientierten Händlers unterscheiden, aber beide brauchen bewährte Logik und erprobte Werkzeuge. Die meisten Anleger und Trader verbringen mehr Zeit damit zu überlegen, welchen Laptop sie sich kaufen sollen, als sie nachdenken, bevor sie Zehntausende von Dollars in einen Spontanentschluss buttern oder in eine völlig verkehrte Überlegung investieren.

Es gibt durchaus gewisse Gesetzmäßigkeiten dafür, wie, warum und wann sich die Märkte bewegen – zwar nicht genug, aber es gibt sie. Das Problem besteht darin, dass es mehr Methoden gibt, die nicht funktionieren, als funktionierende Methoden. Ich rate Ihnen, endlos viel Zeit und unendliche Mühe auf das Erlernen der entscheidenden Grundlagen zu verwenden, bevor Sie sich in das Gewühl des Finanztreibens begeben.

Wenn Sie dann die Geldverwaltung unter Kontrolle haben, ein gültiges System, einen Ansatz oder eine Handlungsvoraussetzung haben – dann müssen Sie immer noch die Kontrolle über sich selbst gewinnen.

2. Letzten Endes ist dieses Spiel ein emotionales Spiel – das war schon immer so und wird auch immer so sein.

Immer wenn es um Geld geht – Ihr Geld –, kocht das Blut, die Hände schwitzen und die geistigen Prozesse werden durch unlogische emotionale Kurzschlüsse unterbrochen. Genau dann, wenn die meisten Trader kaufen, hätten sie eigentlich verkaufen müssen. Oder die Angst, eines der stärksten Gefühle, lässt sie vor einem großartigen Trade/Investment zurückschrecken. Oder sie setzen viel zu viel ein. Finanzielle Entscheidungen werden so zu emotionalen statt logischen Entscheidungen.

3. Die Gier siegt – das bedeutet, dass die Gier stärker motiviert als die Angst. Begreifen Sie den Unterschied.

Allein schon die Tatsache, dass man Spekulant ist, bedeutet, dass man weniger Angst als ein „normaler" Mensch hat. Das Geld motiviert einen dann mehr. Andere Menschen sind motiviert, nicht zu verlieren.

Die Gier ist die Achillesferse des Traders. Die Gier nährt Hoffnungen, sie ermutigt einen, an Verlustgeschäften festzuhalten und Gewinner zu schnell abzuschießen. Die Hoffnung ist Ihr ärgster Feind, denn sie lässt Sie von großen Gewinnen träumen und in eine unwirkliche Welt eintreten. Glauben Sie mir, die Welt der Spekulation ist sehr real; Menschen verlieren dort alles, was sie haben, Ehen zerbrechen und Familien scheitern sowohl an immensen Gewinnen als auch an immensen Verlusten.

Ich gehe damit so um, dass ich alles nicht so ernst nehme; Gewinne können sich verflüchtigen, verfolgt vom Fiskus, von Anwälten und üblem Investmentbetrug.

Sie gehen mit der Gier sicher anders um als ich, deshalb kann ich hier keine absolute Regel anbieten, aber ich kann Ihnen eines sagen: Sie müssen sie unter Kontrolle bekommen, sonst können Sie nicht überleben.

4. Angst verhindert Risiken – gerade dann, wenn Sie Risiken eingehen sollten.

Die Angst bringt Sie dazu, nicht das zu tun, was Sie eigentlich tun sollten. Sie schrecken dann vor Gewinnertrades zurück, zu Gunsten von Trades, die verlieren oder aus denen nichts wird. Kurz gesagt bringt uns die Gier dazu, das zu tun, was wir nicht tun sollten, und die Angst bringt uns dazu, nicht das zu tun, was wir tun sollten.

Die Psychologen sagen, dass Angst zur Erstarrung führt. Spekulanten verhalten sich wie Rehe im Scheinwerferlicht eines Autos. Sie sehen das Auto – einen Verlierertrade – mit 120 Meilen pro Stunde auf sich zu kommen, aber sie tun nicht das, was sie dann eigentlich tun müssten.

Noch schlimmer, sie lassen die Gewinnertrades fahren. Warum, weiß ich nicht. Aber das weiß ich: Je mehr Angst ich vor einem

Trade habe, desto größer ist die Wahrscheinlichkeit, dass es ein Gewinnertrade ist. Die meisten Investoren machen sich selbst Angst vor der Großartigkeit.

5. Geldverwaltung ist die Schaffung von Wohlstand.

Sicher, als Trader oder Anleger können Sie Geld verdienen, Ihren Spaß haben und tolle Sachen erleben, die Sie dann erzählen können. Aber die fortgesetzten Gewinne stammen nicht so sehr aus Ihrem Trading- und Anlagegeschick, sondern mehr aus der Art, wie Sie Ihr Geld verwalten.

Ich bin wahrscheinlich vor allem dafür bekannt, dass ich die Trading-Weltmeisterschaft „Robbins World Cup Trading Championship" gewonnen habe und dabei innerhalb von zwölf Monaten 10.000 Dollar in 1.100.000 Dollar verwandelt habe. Das waren echtes Geld, echte Trades und echte Performance. Seit Jahren fragen mich die Menschen nach meinen Trades, weil sie herausfinden wollen, wie ich das gemacht habe. Den Gefallen tue ich ihnen gerne, aber sie werden daraus nicht viel lernen – was diesen ungeheuren Gewinn geschaffen hat, war weniger großartiges Tradinggeschick als vielmehr die aggressive Geldverwaltung, die ich angewendet habe. Ich kaufte mehr Kontrakte, wenn ich mehr Guthaben in meinem Depot hatte, und ich kürzte, wenn ich weniger hatte. Das war es, was die satte Million brachte – und nicht irgendein großartiges Tradinggeschick.

Zehn Jahre danach gewann meine 16-jährige Tochter den gleichen Trading-Wettbewerb. Sie machte aus den 10.000 Dollar 110.000 Dollar (die zweitbeste Leistung in der 20-jährigen Geschichte der Meisterschaft). Besaß sie irgendein Trading-Geheimnis, einen magischen Chart oder eine Zauberformel? Nein. Sie befolgte einfach ein ordentliches Tradingsystem, gestützt von einer überlegenen Form der Geldverwaltung.

6. Das große Geld macht keine großen Einsätze.

Sie haben vielleicht schon Geschichten über die Menschen gele-

sen, die ich als tollkühne Trader bezeichne – Jesse Livermore, John „setze eine Million“ Gates, Niederhoffer, Frankie Joe und andere. Sie alle haben am Ende viel Geld gesetzt und viel verloren. Das schlaue Geld macht niemals große Einsätze. Warum sollte es? Man kann auch mit kleinen Einsätzen viel gewinnen, siehe Regel 5, aber wenn man dann doch viel einsetzt, verliert man irgendwann – und zwar im großen Stil.
Das ist wie Russisches Roulette. Vielleicht dreht man die Trommel mit der Patrone viele Male und verliert nie. Aber wenn man sie oft genug dreht, gibt es nur ein Ergebnis: den Tod. Wenn Sie viel einsetzen, sind Sie zum großen Verlierer bestimmt. Wilde Spekulation ist ein Verliererspiel und kann nur zur Pleite führen. Ich tätige nie große Einsätze (ich habe es früher getan – habe es erlebt und getan, aber glauben Sie mir, das ist kein Leben). Ich setze einen kleinen Prozentsatz meines Depots oder meines Geldes, wenn Sie wollen. Auf diese Weise habe ich den Verlust unter Kontrolle. Ohne Schadenskontrolle kein Überleben.

7. Gott lässt einen vielleicht warten, aber nicht hängen.

Ich weiß nie, wann im Laufe des Jahres ich mein Geld verdiene. Es kann mit dem ersten Trade des Jahres passieren oder auch mit dem letzten (was ich nicht hoffe). Der Sieg ist dafür da, dass man ihn ergreift, aber man muss bereit sein, dafür eine lange Schlacht zu schlagen.
Ich bin zwar keineswegs ein religiöser Mensch, aber ich glaube, dass der Glaube an eine viel höhere Macht, an Gott, für den Erfolg als Trader entscheidend ist. Das hilft einem, Gewinne und Verluste aus der richtigen Perspektive zu sehen, und ermöglicht es einem, viele Schmerzen und Strafen durchzustehen, wenn man weiß, dass am Ende alles gut wird oder auf irgendeine Weise belohnt wird.
Gott und die Märkte, das ist nicht gerade in Mode – und ich würde die noch so kleine Verbindung, die ich zu Gott habe, niemals dafür missbrauchen, um Profite zu beten. Aber es ist diese

Verbindung, die die Menschen in Zeiten des Kampfes am Leben erhält, ob nun im Schützenloch oder an der Rohstoffbörse.

8. Ich glaube, dass der Trade, in dem ich gerade stecke, Verlust bringt.

Das ist mein stärkster Glaube und mein größtes Kapital als Trader. Die meisten Möchtegerns sind sicher, dass sie mit dem nächsten Trade das große Los ziehen. Solche Leute haben eine Motivationsveranstaltung nach dem Motto „Aufblasen, das Leben ist eine Plastiktüte" besucht, wo man ihnen beigebracht hat, positive Gedanken zu denken. Sie haben sich beibringen lassen zu sagen, dass sie eine großartige Zukunft vor sich haben. Sie glauben, dass sie mit dem nächsten Trade gewinnen.

Ich nicht. Ich glaube im Grunde meines Herzens, dass ich verlieren werde. Ich frage Sie – wer setzt seine Stops und tut das Richtige, ich, oder der Typ, der sich mit dem irrationalen Glauben aufbläst, er habe den Markt vorausberechnet? Wer wird absaufen, der positive Affirmator oder ich?

Wenn Sie es sich nicht denken können, dann sage ich es Ihnen eben: Ich werde Erfolg haben, ganz einfach weil ich nicht dem Wahn erlegen bin, ich würde gewinnen. Dementsprechend verhalte ich mich wie ein vollkommener Krieger. Ich schütze mich zu allen Zeiten auf jede mögliche Weise – ich lasse mich nicht von Hoffnungen und Realitätsverlust übermannen.

9. Ihr Vermögen wird aus Ihrer Konzentration kommen – Konzentration auf einen Markt und auf eine Methode.

Ein Hansdampf in allen Trades wird nie ein siegreicher Trader. Warum? Weil sich ein Trader auf die Märkte einschießen und auf die Einzelheiten achten muss, ohne seinen Emotionen zu gestatten sich einzumischen.

Jeder Augenblick der Zerstreuung ist in diesem Geschäft kostspielig. Mangelnde Aufmerksamkeit kann bedeuten, dass Sie einen Trade nicht nehmen, den Sie eigentlich nehmen sollten, oder dass Sie einen Trade übersehen, der Sie viel kostet.

Für mich bedeutet Konzentration nicht nur Konzentration auf die momentane Aufgabe, sondern auch die Verengung des Tradingbereichs auf einen oder zwei Märkte beziehungsweise auf die spezielle Herangehensweise einer Tradingmethode.
Haben Sie je versucht zu jonglieren? Es ist ziemlich schwer, drei Bälle gleichzeitig in der Luft zu halten. Die meisten Menschen erlernen die Beobachtung dieser „Einzelheiten" nach etwa dreistündigem Üben. Man nehme einen vierten Ball dazu, eine Einzelheit, und nur wenige, sehr wenige Menschen schaffen es, damit zu jonglieren. Und genauso schwierig ist es, seine Augen auf nur noch einen weiteren Datenbrocken zu richten.
Betrachten Sie die großen Athleten – sie konzentrieren sich auf eine Disziplin. Künstler arbeiten hauptsächlich auf einem Gebiet; Musiker singen nicht Country und Oper und werden Stars. Je besser Ihre Konzentration, desto besser Ihr Erfolg – bei allem, was Sie tun.

10. Im Zweifelsfall oder wenn alles andere versagt – zurück zu Regel 1

„Meiden Sie Unternehmen, die Rückkäufe ankündigen, sie aber nie durchführen. Manche Unternehmen sind Wiederholungstäter. Sie kündigen Rückkäufe an, um anzudeuten, dass die Aktie ihrer Meinung nach unterbewertet sei, aber sie setzen ihre angekündigten Pläne nicht um."

David Fried

Paul Wilmott

Die Financial Times bezeichnete Paul Wilmott als den „Kultredner zum Thema Derivate“. Bevor er zum unabhängigen Finanzresearch, zu Schulung und Beratung überwechselte, arbeitete er wissenschaftlich. Er ist eine führende Autorität in den Bereichen quantitative Finanzlehre und Derivate. Er hat eine Reihe von Bestsellern und bahnbrechenden Fachartikeln geschrieben.

Bücher
Paul Wilmott Introduces Quantitative Finance, John Wiley 2001
Paul Wilmott on Quantitative Finance, John Wiley 2000

1. Gewöhnen Sie sich an, die Historie der Aktienkurse anzusehen, nicht nur den aktuellen Wert.

Wahrscheinlich besitzen Sie einen Personal Computer, und vielleicht sogar Microsoft Excel oder eine andere Tabellenkalkulation. Drucken Sie damit Kurse aus. Es gibt eine ganze Menge einfacher Dinge, die Sie mit einer Tabellenkalkulation machen können und die Ihnen helfen, bessere Tradingentscheidungen zu treffen. Und das zu lernen kann genauso viel Spaß machen wie es Gewinn bringt (aber benutzen Sie bitte nicht irgendeinen Technische-Analyse-Blödsinn!).

2. Denken Sie in den Kategorien Risiko und Ertrag. Ertrag ist gut.

Wie hat sich Ihre Aktie in letzter Zeit verhalten? Wenn sie sich gut entwickelt hat, wird sich das fortsetzen? Können Sie „gut entwickelt“ quantifizieren? In einer Tabellenkalkulation ist das nicht schwer. Versuchen Sie, Aktien nach ihrer Performance über einen gewissen Zeitraum zu sortieren, zum Beispiel über das letzte Jahr. Oben auf der Liste sollten die Aktien mit dem größten Kurszuwachs stehen.

3. Denken Sie in den Kategorien Risiko und Ertrag. Risiko ist schlecht.

Eine riskante Aktie ist eine Aktie, die sehr volatil ist, die sehr viel herumhüpft. Die Preishistorie ist in diesem Fall stark gezackt, mit sehr vielen Gipfeln und Tälern. Selbst wenn eine Aktie ziemlich weit steigt, kann sie eine schlechte Anlage sein, wenn sie auf dem Weg nach oben eine Achterbahnfahrt hinter sich gebracht hat. Bei volatilen Aktien ist die zeitliche Abstimmung alles. Der Abstand zwischen einem triumphalen Abgang auf dem Höhepunkt und einem widerwilligen Ausstieg am Boden bemisst sich in diesem Fall nach Wochen oder gar Tagen, und nicht nach Jahren. Versuchen Sie die Aktien danach zu ordnen, wie volatil/gezackt ihre Preishistorie erscheint. Je zerklüfteter, desto höher steht die Aktie auf der Liste.

4. Je „besser" eine Aktie Ihrer Meinung nach ist, desto mehr sollten Sie investieren.

Das ist der Schlüssel. „Besser" bedeutet gute Erträge – also Kurswachstum – bei geringem Risiko – also niedriger Volatilität. Wenn Sie die oben stehenden Vorschläge befolgen und Aktien nach ihrem Wachstum in letzter Zeit sowie nach ihrer „Zerklüftung" ordnen, dann brauchen Sie Aktien, die in der Wachstumsliste möglichst weit oben und in der Risikoliste möglichst weit unten stehen.

5. Diversifizieren Sie.

Sie können nicht immer richtig liegen. Sie können höchstens hoffen, die meiste Zeit richtig zu liegen. Und um dies zu nutzen, müssen Sie Ihr Risiko streuen. Wenn eine Aktie verliert, dann gewinnt eine andere vielleicht. Verteilen Sie Ihr Geld über Investments, die nichts miteinander zu tun haben – die in der Fachsprache ausgedrückt „nicht korrelieren". Eine Industrieaktie und eine Freizeitaktie können sich vollkommen unabhängig voneinander verhalten. Wenn es allerdings zu einem Börsencrash kommt, saufen sie gemeinsam ab. Und da kann ich Ihnen dann auch nicht helfen.

6. Bedenken Sie die Transaktionskosten.

Wenn Sie häufig handeln, dann verlieren Sie dank der Transaktionskosten, der Spanne zwischen Geld- und Briefkurs etc. schnell Geld. Wenn Sie an einem Markt mit hohen Transaktionskosten investieren, sollten Sie es sich sehr genau überlegen, bevor Sie Ihre Position von Kaufen auf Verkaufen oder umgekehrt ändern. Das bringt uns zu der guten alten Volatilität zurück. Ein Kursverfall, der Sie dazu bringt, eine Position zu beenden, könnte ein neuer Trend sein, oder aber auch nur ein unglücklicher Absacker einer besonders volatilen Aktie.

7. Nehmen Sie dieses Geschäft nicht zu ernst, es ist ja nur Geld.

Das spricht für sich selbst. Investieren Sie außerdem kein Geld, das zu verlieren Sie sich nicht leisten können. Wenn Sie die Unterschrift Ihrer Ehefrau in den Fahrzeugpapieren fälschen oder wenn Sie sich aus dem Ausbildungsfonds Ihrer Kinder bedienen, dann sind Sie vermutlich schon zu weit gegangen und sollten sofort Hilfe suchen.

8. Wenn Ihnen ein reicher Freund finanziellen Rat anbietet, nehmen Sie ihn an.

Er ist ja irgendwie reich geworden, vielleicht durch geschickte Aktienauswahl. Und wenn seine Tipps abstürzen, können Sie ihn ja immer noch um einen Fünfer oder zwei anhauen.

9. Bewahren Sie Ihre Aktien an einem sicheren Ort auf.

Wie oft habe ich nicht schon Aktien gekauft und sie dann verlegt. Ist das Geld dann verloren? Wird die Aktie nach meinem Tod bis zu mir zurückverfolgt? Ich habe keine Ahnung. Aber andererseits – wie oft habe ich nicht schon Aktien gekauft und dann die entsprechenden Urkunden verlegt. Ist das Geld dann verloren? Wird die Aktie nach meinem Tod bis zu mir zurückverfolgt? Und dann finde ich die Aktie zehn Jahre später wieder. Juhu! Ich bin reich!

10. Steigen Sie aus und bauen Sie einen gewissen Wohlstand auf.

Ich möchte mit einem ernsten Wort schließen: Wie sieht die Zukunft der Menschheit aus, wenn wir die ganze Zeit am Bildschirm vor unseren Onlinebrokern klemmen? Was wäre das für eine Welt, wenn jedermann Angestellter im öffentlichen Dienst wäre, Buchhalter, Rechtsanwalt oder Fondsmanager? Ich bin sicher, dass das alles wichtige Berufe sind (außer vielleicht Anwalt), aber nur im richtigen Verhältnis. Irgendwo ganz unten (oder ganz oben, das hängt von Ihrem Standpunkt ab) gibt es eine kleine Anzahl Menschen, die wirklich „etwas tun". Seien Sie einer von Ihnen. Nehmen Sie Ihr übriges Geld und investieren Sie in sich selbst. Machen Sie Ihr Hobby zu Ihrem eigenen spekulativen Investment. Auch hier geht es wieder um Risiko und Ertrag, aber zumindest haben Sie hier die Kontrolle.

www.paulwilmott.com

Langfristige Anlage und gute Geldverwaltung

Tom Winnifrith

Tom Winnifrith ist Gründer und Herausgeber von www.t1ps.com, einer Internetseite, die auf unterbewertete Wachstumsaktien spezialisiert ist. Er hat als Finanzjournalist bei Investors Chronicle, beim Evening Standard und bei AFX News gearbeitet. Außerdem hat er die preisgekrönte Serie „Show Me the Money" auf Channel 4 gemacht und schreibt freiberuflich für die Zeitschrift Shares.

1. Wenn Sie eine Aktie nicht für zehn Jahre haben wollen, dann kaufen Sie sie auch nicht für zehn Minuten.

Anders gesagt gibt es so etwas wie „trading buy" für fundamental schlechte Investments nicht – wer sagt denn, dass Sie den Boden besser vorhersehen als der nächste beste Trader?

2. Denken Sie daran, dass Investing ein Marathonlauf ist, und kein Sprint.

90 Prozent der Trader verlieren ihr ganzes Kapital. Wenn Sie eine Aktie kaufen, dann sollten Sie sich auf fünf Jahre Halten einstellen.

3. Unterstützen Sie niemals ein schlechtes Management.

Wenn ein Manager schon einmal gescheitert ist – oder sich noch nicht bewährt hat –, warum sollten Sie ihm dann Ihr Geld anvertrauen? Unterstützen Sie nur Unternehmensleitungen, die erwiesenermaßen Shareholder Value schaffen und mehren.

4. Verwechseln Sie nicht Geldanlage und Glücksspiel.

Wenn Sie Ihr Geld in Biotechnologie oder unerprobte Technologien stecken, dann ist das kein Investment, sondern eine Wette. Es gibt keinen Grund zu spielen, wenn Sie in Unternehmen mit soliden Fundamentaldaten investieren können.

5. Wenn Sie nicht verstehen, was ein Unternehmen macht oder wie es seine Abrechnungen erstellt oder wie es seine Einnahmen erzeugt, dann investieren Sie nicht in dieses Unternehmen.
Für die Undurchsichtigkeit des Unternehmens gibt es einen guten Grund.

6. Lassen Sie den Trend Ihr Freund sein.
Wenn sich der Kurs einer Aktie ständig gegen Sie entwickelt, betrachten Sie das nicht automatisch als Verkaufssignal. Finden Sie lieber heraus, warum sich der Kurs bewegt – Aktienkurse bewegen sich nicht ohne Grund. Seien Sie bereit zuzugeben, dass sich die Umstände geändert haben und dass es ein Fehler wäre, dabei zu bleiben – auch wenn das bedeutet, einen Verlust hinzunehmen.

7. Verwechseln Sie nicht einen niedrigen Preis mit einem günstigen Preis.
Oft ist es besser, eine Aktie auf einem Jahreshoch zu kaufen als auf einem Jahrestief. Und wenn Sie auf einem großen Buchverlust sitzen, aber nicht mehr an das Unternehmen glauben, dann nehmen Sie den Verlust hin und verlegen Sie Ihr verbleibendes Kapital auf einen schneller fahrenden Zug.

8. Bargeld ist König.
Wenn ein Unternehmen Verluste einfährt und Sie keinen vorgezeichneten Pfad zur Kostendeckung sehen, umfahren Sie es weiträumig. Wenn es profitabel ist, es aber nicht schafft, einen angemessenen Teil der Gewinne in Bargeld zu verwandeln, dann ist das schon etwas besser.

9. Wenn etwas zu schön scheint, um wahr zu sein, dann ist es auch zu schön, um wahr zu sein.
Wenn eine Aktie 15 Prozent Ertrag liefert, dann bedeutet das, dass

die Dividende gestrichen wird. Wenn ein 20-Millionen-Pfund-Unternehmen Ihnen sagt, es sitze auf einem Milliarden-Dollar-Produkt, dann lügt es. SO falsch liegt der Markt nur selten.

10. Wenn Sie sich fragen, wann Sie einen Profit sichern sollen, dann warten Sie, bis alle Brokerhäuser sagen 'kaufen' und bis die Aktie der Tipp der Sonntagszeitung ist. Mehr Reklame kann man dafür nicht machen, und dann ist es Zeit auszusteigen.

www.t1ps.com

„[...] bringt eine hohe Zunahme der Geldmenge auch hohe Anleihenrenditen mit sich. Für Geldanlagen bedeutet dies: 'Wenn die Geldmenge schnell wächst und die Tendenz steigend ist, verkaufen Sie Ihre Anleihen. Wenn die Geldmenge langsam wächst und die Tendenz fallend ist, kaufen Sie Anleihen.'"

Tim Congdon

Globale Wirtschaftstrends

Ed Yardeni

Dr. Ed Yardeni ist Chef-Investmentstratege und einer der Geschäftsführer von Deutsche Bank Alex. Brown in New York. In Global Portfolio Strategy schreibt er über Themen und Trends in der Wirtschaft und an den Finanzmärkten, die für ein breites Spektrum von Entscheidungsträgern lebenswichtig sind. Dr. Yardeni hat Artikel in The Wall Street Journal, The New York Times und Barron's veröffentlicht. Er schreibt die monatliche Kolumne The View From Wall Street für Capital (Deutschland), für Nikkei Financial Daily (Japan), Milano Finance (Italien), FET (Belgien), Business Times (Malaysia) und Jornal Valor (Brasilien). Er ist in zahlreichen Fernseh- und Radiosendungen aufgetreten, unter anderem in Wall Street Week, CNBC und in Moneyline auf CNN. Er gehört zur Wirtschaftsredaktion des Time Magazine.

1. Die neue Wirtschaft mit weltweitem Wettbewerb: Investieren Sie in Unternehmen, die in wettbewerbsintensiven Märkten überdurchschnittliches Gewinnwachstum halten können.

Das Ende des Kalten Krieges beseitigte die größte Handelsschranke aller Zeiten. Der freiere weltweite Handel und die Globalisierung der Märkte werden sich fortsetzen, genauso wie der Druck, die Volkswirtschaft zu deregulieren und Unternehmen zu restrukturieren. Die globalen Märkte werden immer wettbewerbsintensiver.

2. Die Innovations-Revolution: Investieren Sie in Unternehmen mit führenden Innovationen und vergleichsweise wenigen Konkurrenten, insbesondere in den Sektoren Hightech und Biotech.

In wettbewerbsintensiven Märkten müssen die Unternehmen Kosten senken, die Produktivität erhöhen, Innovationen schaffen und weltweit verkaufen, um dem deflationären Preisdruck auf die Profite entgegenzuwirken. Der Nutzen dieser Bemühungen wandert größtenteils in die Taschen der Verbraucher, nicht in die Unternehmensgewinne. Aber Unternehmen, die regelmäßig Neuerungen einführen, können sehr profitabel sein. Jedoch sind Innovatoren mit Konkurrenten und mit dem Risiko konfrontiert, dass die hohen Ausgaben für Forschung und Entwicklung nicht mehr hereingeholt werden können.

3. Tech II – drahtlos und verkabelt: Investieren Sie in Unternehmen, die Infrastruktur-Hardware und -Software für Mobilfunk, Internet und Glasfasernetze liefern.

In den 90er-Jahren, während Tech I – der ersten Phase der Hightech-Revolution –, war das Internet die „Mörder-Anwendung“, die den PC-Boom speiste. In unserem Jahrzehnt werden wahrscheinlich die Wireless-Technologien Tech II anführen. Mithilfe drahtloser Kommunikation werden Unternehmen in wirklicher Echtzeit gemanagt. Das bedeutet, dass Ressourcen noch effizienter eingesetzt werden als das jetzt möglich ist, was sowohl zu drastischen Kostensenkungen als auch zu Produktivitätssteigerung führt.

4. Produktivität für die Massen: Investieren Sie in Low-Tech-Unternehmen, die ihre Kosten mit technischen Mitteln senken, um die Produktivität zu erhöhen und Innovationen zu schaffen.

Der lang anhaltende Wiederanstieg der Produktivitätszunahme in der zweiten Hälfte der 90er-Jahre konzentrierte sich auf den Technologiesektor, aber dies dürfte sich fortsetzen und im Verlauf des Jahrzehnts zu einer weiteren Demokratisierung führen. Heute ist es viel wahrscheinlicher, dass viele Low-Tech-Firmen technologische Hilfsmittel effizienter einsetzen – einschließlich drahtloser Kommunikation, des Internets und e-Commerce-Systemen.

5. Der Outsourcing-Imperativ: Investieren Sie in Unternehmen, die B2B-Systeme aufbauen, sowie in Outsourcing-Anbieter.

Outsourcing ist das moderne Pendant zur Arbeitsteilung, einer der wichtigsten Quellen für Produktivitätssteigerungen. B2B wird den Trend zum Outsourcing wahrscheinlich anschieben, während sich die Unternehmen auf ihre höchst profitablen Kerngeschäfte konzentrieren.

6. Herausforderung China: Investieren Sie in Kapitalgüter-Unternehmen, insbesondere in Gesellschaften, die Ausrüstung für Technologie und Telekommunikation herstellen.

Die „chinesische Bedrohung“ sollte für bessere wirtschaftliche Integration und größeren Wohlstand in drei bedeutenden regionalen Wirtschaftsblöcken sorgen:

1. Nordasien – einschließlich China, Hongkong, Taiwan, Japan und Korea
2. Euroland – einschließlich vieler Neumitglieder in Osteuropa
3. Nordamerika

Die direkten Investitionen in China dürften dramatisch zunehmen. Ein weiter geöffneter chinesischer Markt dürfte außerdem Herstellern und Dienstleistern im Konsumbereich zugute kommen.

7. Bittersüße Deflation: Investieren Sie in Schatzanleihen und zinssensitive Aktien, wenn möglich mit geringem Kreditausfallrisiko.

Die Inflation wird sich für den Rest des Jahrzehnts wahrscheinlich im Bereich um null bewegen. Das Risiko heißt Deflation, und nicht Reflation. Frieden, Freihandel, Wettbewerb, Deregulierung, Technologie und China sind mächtige Quellen der Deflation. Produktivitätsbedingte Deflation kann Gewinn bringend sein. Unprofitable Deflation kann zu einer ausgedehnten Rezession führen. In beiden Fällen dürfte die Rendite von Schatzanleihen bis auf vier Prozent fallen.

8. Das Schicksal heißt Demografie: Investieren Sie in ausgelagerte Herstellerbe-

triebe in Schwellenländern und in Unternehmen der Unterhaltungselektronik.
In Japan, Deutschland und den Vereinigten Staaten wird die Bevölkerung in den kommenden 20 Jahren deutlich altern. Rechnen Sie in Staaten mit alternder Bevölkerung mit wachsendem Druck, die Steuern zu senken, verstärkt Sparanreize zu bieten und Aktieninvestitionen zu fördern. Investieren Sie in Vermögensverwaltungsfirmen und natürlich Krankenversicherungen. Im größten Teil Asiens, Lateinamerikas und des Nahen Ostens bleiben die Bevölkerungen relativ jung.

9. Jurassic Park: Investieren Sie in Unternehmen, die wahrscheinlich übernommen werden, und außerdem in die Investmentbanken, die die Fusionsgebühren kassieren.
Der Wettbewerbsdruck wird viele Unternehmen dazu zwingen, weltweit Konkurrenten zu übernehmen oder mit ihnen zu fusionieren. Dies könnte schließlich die Inflation wiederbeleben, wenn auch wahrscheinlich nicht in den nächsten paar Jahren. Konsolidierung bedeutet weitere Restrukturierungsrunden und Arbeitsplatzunsicherheit. Die Kapitalmärkte werden weiter expandieren und sich global weiter integrieren.

10. Der Sinn des Lebens: Einkaufen.
In Märkten, in denen Wettbewerb herrscht, sind die Verbraucher die einzigen sicheren Gewinner. Wenn die Produktivität weiterhin so schnell wächst, dann wächst auch das Realeinkommen. Der Trend der Kaufkraft bestimmt das Tempo der Verbraucherausgaben. Der Schlüssel zum globalen Wohlstand ist Asien, insbesondere China und Japan. Wenn beide Nationen durch offenere Märkte und Steuersenkungen den Verbrauchern mehr Macht geben, dann sind die Aussichten für das globale Wachstum und für die Aktionäre sehr gut. Wenn nicht, dann wäre eine bittere deflationäre Zukunft eine reale Bedrohung. Im süßen Szenario könnten sich die Aktienkurse bis zum Jahre 2010 verdoppeln oder gar verdreifachen. In der bitteren Version lauert eine langfristige Baisse.
www.yardeni.com

„Kaufen Sie keine 'Marktführer'. Suchen Sie lieber ein Unternehmen, das in seiner Branche den siebten Platz belegt und auf dem Weg zu Platz drei ist, denn die Anerkennung dieses Unternehmens wächst, und sein KGV nimmt zu. Man verdient mehr Geld, indem man die Gewinner von morgen findet, als wenn man den Gewinnern von gestern hinterherläuft.“

Foster Friess

Wie man das meiste aus Bulletin Boards herausholt.

Andy Yates

Andy Yates ist Director of Operations bei Digital Look, dem in Großbritannien und international führenden Anbieter von Unternehmensresearch und Warnsignalen. Davor war er leitender Redakteur bei Investors Chronicle, The Independent und bei der BBC. Digital Looks führender Emaildienst bietet die neuesten individuell angepassten Portfolio-Informationen an. Der Dienst umfasst derzeit sechs Länder einschließlich der großen europäischen und US-amerikanischen Märkte und expandiert, weil ein weltweiter Researchdienst aufgebaut werden soll.

Einführung

Online-Foren oder Bulletin Boards erlauben es Anlegern, Ideen, Informationen und Aktientipps auszutauschen. In den letzten Jahren sind sie stark angewachsen, so dass sie eine bedeutende Kraft in der Welt des Internet-Investment geworden sind. Jeden Tag werden Zehntausende Botschaften über Unternehmen abgeschickt. Diese Bulletin Boards erhalten nicht nur von den Anlegern erhöhte Aufmerksamkeit, sondern wecken auch langsam die Wachsamkeit der Marktregulierer. Es ist leicht, die Chats in Online-Foren als uninformierten Klatsch abzutun, aber eine Studie im Auftrag von Bloomberg ergab, dass die Gewinnprognosen von Online-Amateuren um 21 Prozent von den tatsächlichen Zahlen entfernt sind, wohingegen die Profis von der Wall Street um durchschnittlich 44 Prozent abweichen.

1. Schleichen Sie sich zum Lernen ein.

Für den Neuling können Bulletin Boards eine beängstigende Aussicht sein. Bevor Sie ins kalte Wasser springen, machen Sie sich mit den Teilnehmern und mit dem Stil des Boards vertraut. Lehnen Sie sich zurück und sehen Sie zu, bevor Sie anfangen, Kommentare zu „posten", oder „schleichen" Sie sich ein, während das Online-Kauderwelsch abläuft. Schon bald können Sie zwischen den beliebten Teilnehmern und den skrupellosen unterscheiden, die schnelles Geld an Ihnen verdienen wollen. Benutzen Sie die entsprechenden Suchmaschinen und stellen Sie sich die Vorgeschichten regelmäßiger Autoren zusammen, damit Sie wissen, wer sich in der Vergangenheit als verlässlich erwiesen hat.

2. Nicht übertreiben.

Sie müssen Bulletin Boards als das betrachten, was sie sind: eine nützliche und interaktive Möglichkeit, die aktuelle Stimmung hinsichtlich Ihres Portfolios oder hinsichtlich künftiger Investments einzuschätzen. Sie sind eine Brutstätte nützlicher Ideen und Meinungen, aber auch eine großartige Möglichkeit, Ihre Verdachtsmomente und Meinungen zu Ihrem nächsten Portfolio-Krisenherd zu bestätigen.

Solange Sie die falschen Kommentare nicht auf die Goldwaage legen, können Sie mithilfe der Boards Geld verdienen. Als allgemeine Regel kann man sagen, dass die meisten Bemerkungen in irgendeiner Form wichtig sind, aber dass überschwängliche Investoren gerne die positiven und negativen Punkte eines Unternehmens übertreiben und zwei und zwei zu fünf addieren.

3. Hüten Sie sich vor „Weisen", die Geschenke bringen.

Hüten Sie sich vor Teilnehmern, die behaupten, sie seien Topmanager mit Insider-Informationen. Auf dem Höhepunkt des Internetbooms behauptete ein Teilnehmer, er sei der CEO des britischen Internetunternehmens Pacific Media, und enthüllte Pläne für einen größeren Vertragsabschluss. Sogar eine landesweite Zeitung griff die Bemerkungen auf, bevor die Ente aufflog. Unternehmen teilen gewisse Dinge der Börse mit – und nicht Stockpickern in Bulletin Boards.

4. Glauben Sie nicht an Märchen.

Es werden immer Auszüge von Nachrichtenmeldungen oder von offiziellen Börsen-Meldungen in die Boards gestellt. Aber es dauert nur eine Sekunde, ein paar entscheidende Tatsachen wegzulassen und so daraus eine ganz andere Geschichte zu machen. Ein gefälschter Artikel über das in den Vereinigten Staaten notierte Unternehmen Emulex ließ den Kurs abstürzen und hatte zur Folge, dass gegen den Schwindler ermittelt wurde, der die Kurse manipuliert hatte. Prüfen Sie so etwas im Zweifelsfall nach. Wenn eine Geschichte zu schön erscheint, um wahr zu sein, überprüfen Sie die Originalquelle oder die offizielle Website des Unternehmens.

5. Lassen Sie sich nicht einfangen.

Auf den normalen Anleger haben Bulletin Boards eine gefährliche süchtig machende Wirkung, und wer sich davon einfangen lässt, bekommt mit Sicherheit seine tägliche Dosis an Klatsch und Unterstellungen. Außer der Tatsache, dass Bulletin-Board-Süchtige blass aussehen und etwas dumpf dreinblikcken, weisen sie auch das potenziell vermögensschädliche Symptom auf, dass sie alles glauben, was sie lesen und dass sie wie Schafe der Herde nachlaufen. Wenn Sie solche Symptome an sich selbst entdecken, dann sagen Sie nein und machen Sie eine Bulletin-Board-Pause.

6. Bulletin Boards können Ihren Wohlstand ernstlich schädigen.

Bulletin Boards quellen vor neuesten „heißen“ Kauftipps nur so über – das Unternehmen, dessen Aktie hinauf in die Stratosphäre schießt. Fragen Sie sich selbst, warum die Autoren so klug sind, der Welt ihre größten Geheimnisse mitzuteilen.

7. Qualität statt Quantität.

Viele der Top-Boards haben die Online-Masse entfernt, indem sie Abogebühren verlangen oder ihre Boards so überwachen, dass Online-Hooligans verbannt sind. Zwar ist das keine exakte Wissenschaft, aber so bekommt das Board eine Qualitätsnote. Sie brauchen nur einmal die Qualität der Beiträge bei Yahoo! – das die Guten, die Schlechten und die richtig Hässlichen anzieht – mit, sagen wir, Motley Fool zu vergleichen, wo Bulletin-Board-Narren nicht gelitten sind.

8. Verschließen Sie nicht die Augen vor dem Risiko.

Das Research von Digital Look hat gezeigt, dass die Unternehmen, über die die Anleger nicht aufhören können zu reden, tendenziell volatilere Aktien haben. Andererseits scharen sich die Teilnehmer von Bulletin Boards ohnehin gerne um eher spekulative und technologieorientierte Aktien – mit anderen Worten um Aktien, die sich halbieren oder verdoppeln können, was sie zu einem großartigen Gesprächsthema macht. Andererseits wiederum kann die Stimmung in den Bulletin Boards selbst große Auswirkungen auf kleinere und mittelgroße Unternehmen haben und unter den Marktbewertungen eine Verwüstung anrichten. Was immer auch der Grund sein mag, schauen Sie hin, bevor Sie sich auf eine Aktie stürzen, die nicht gerade das richtige Investment für Witwen und Waisen ist.

9. Bleiben Sie dran.

Ob Sie nun Bulletin Boards für eine gute Macht oder für einen Spross des Teufels halten, sie haben einen Einfluss auf die heutige Welt des Hopplahopp-Online-Investings. Scheinbar unerklärliche Kursbewegungen lassen sich oft durch ein Bulletin Board erklären. Und auch die Unternehmen sollten ein Auge darauf haben. Megafusionen wie die zwischen Reckitt-Benkiser und Glaxo Smithkline wurden in Bulletin Boards publik, was darauf hindeutet, dass die Wissenden der Versuchung nicht widerstehen konnten, andere davon wissen zu lassen. Außerdem haben belastende und geheime Dokumente die Angewohnheit, gerade dort aufzutauchen, wo man sie am wenigsten vermutet – ein Problem, unter dem Scoot, eine Sammlung von Online-Verzeichnissen, schon einmal zu leiden hatte. Scoot musste Privatdetektive engagieren, um die Schuldigen aufzuspüren und zu verfolgen.

10. Lassen Sie sich nicht von Höhenflügen und Hoffnungen mitreißen.

In den Bulletin Boards überwiegen die Kauftipps die Verkaufstipps bei weitem – ein Zug, der sich sogar durch die lange Börsenflaute hindurch gehalten hat, die wir kürzlich ertragen mussten. Das spricht für sich – überzogener Optimismus bedeutet, dass man am Ende wahrscheinlich nicht sein optimales Portfolio hat.

www.digitallook.com

Optionen – Mythen und Fehler

Leonard Yates

Leonard Yates ist Gründer und Präsident von Option Vue Systems, das sich auf Software für Options-Modeling spezialisiert hat. Er ist seit vielen Jahren aktiver Optionstrader und hat wichtige Beiträge zur Preisbildung von Optionen geleistet. Am bemerkenswertesten ist das „Yates adjustment" des populären Black-Scholes-Modells für die Anwendung des Prinzips auf amerikanische Puts.

1. Mythos 1: „Optionen sind riskant."

Obwohl Optionen dazu verwendet werden können, auf kurzfristige Preisbewegungen zu spekulieren, können sie auch zur Verminderung des Risikos von Aktienportfolios eingesetzt werden sowie als Ersatz für Aktien, bei denen man in langfristige Bewegungen investiert (bis zu drei Jahren). Es gibt die verschiedensten Möglichkeiten, Optionen einzusetzen. Manche davon sind riskant, andere nicht.

2. Mythos 2: „Optionen sind zu komplex."

Mit Optionen ist es so ähnlich wie mit Schach. Man kann die Regeln lernen und ist nach 20 Minuten spielbereit. Natürlich kommen dann noch ein paar Strategien dazu, die man kennen muss. Aber während im Schach die Möglichkeiten de facto unendlich sind, gibt es hier nur eine Handvoll verschiedener Möglichkeiten, die man nicht alle kennen muss, bevor man anfängt.

3. Mythos 3: „Optionen sind zu teuer."

Ganz im Gegenteil, Optionen kann man schon für ein paar Hundert Dollar kaufen.

4. Fehler 1: Eine Option wie eine Aktie betrachten.

Optionen können viel schneller auf null fallen als Aktien. Wenn es in die falsche Richtung geht, müssen Sie schell handeln.

5. Fehler 2: Der Kauf von Optionen, die aus dem Geld sind, weil sie angeblich preiswerter sind.

Ja, sie sind schon preiswerter, aber es ist auch weniger wahrscheinlich, dass sie einen mit Gewinn belohnen, denn dann verlangt man von dem Underlying (der zugrunde liegenden Aktie), dass es durch einen kleineren Reifen springt. Kaufen Sie lieber eine kleinere Menge Optionen im Geld, dann sind Sie mit dem Verhalten Ihrer Option zufriedener, wenn die Aktie in Ihre Richtung ruckelt und zuckelt.

6. Fehler 3: Optionen kaufen ohne Rücksicht auf die derzeitige Volatilität.

Vor kurzem aufgetretene Volatilität macht Optionen teurer. Wenn Sie teure Optionen kaufen, kann es Sie schädigen, wenn sich der Markt wieder etwas setzt.

7. Fehler 4: Zu glauben, die Deckung würde das Risiko senken und den erwarteten Ertrag steigern.

Gedeckter Optionsverkauf (Calls gegen Aktien) wird häufig mit Zahlen wie „Ertrag bei unverändertem Aktienkurs" oder „Ertrag nach Aktiencall" beschrieben – beides sehr günstige Ausgänge. Betrachtet man jedoch das Gesamtbild (einschließlich der Möglichkeit, dass die Aktie kräftig fällt oder steigt), dann vermindert der gedeckte Optionsverkauf sowohl das Risiko als auch den erwarteten Ertrag.

8. Fehler 5: Zu glauben, es gebe eine Optionsstrategie (wie gedeckter Verkauf, vertikaler Spread, horizontaler Spread), die langfristig positive Erträge erwarten lässt.

Es gibt keine magische Optionsstrategie, die Geld bringt. Als Trader muss man in jeder Situation die passende Strategie auswählen, die das gewünschte Chance-Risiko-Verhältnis aufweist.

9. Fehler 6: Zu glauben, der Verkauf von Optionen (ungesichert oder gedeckt) bringe langfristig positive erwartete Erträge (Erweiterung von Regel 5).

Machen Sie sich nicht zu viele Sorgen darum, dass Optionen verfallen. Der zeitbedingte Wertverfall wird durch potenzielle Bewegungen des Underlyings kompensiert. Resultat: Eine angemessen bewertete Option bringt weder einem Verkäufer noch einem Käufer einen Vorsprung.

10. Fehler 7: Mangelnde Vorbereitung und Schulung.

Lesen Sie ein oder zwei Bücher, besuchen Sie ein Seminar, suchen Sie sich gute Trading-Software aus und betreiben Sie zuerst Trading auf dem Papier, bevor Sie richtig einsteigen. Wenn Sie bereit sind, suchen Sie einen optionsfreundlichen Broker und fangen Sie mit kleinen, leicht zu verwaltenden Positionen an.

www.optionvue.com

Lehren aus der Glücksspieltheorie

William T. Ziemba
Professor Ziemba ist Alumni Professor für Finanzmodelle und stochastische Optimierung an der University of British Columbia. Er hat zahlreiche Bücher über Finanztheorie und – Praxis verfasst oder mitverfasst, von denen wir hier nur einige neuere erwähnen.

Bücher

Security Markets Imperfections in Worldwide Equity Markets, CUP 2000
Worldwide Asset and Liability Modeling, CUP 1998
Stochastic Programming: State of the Art, Baltzer Science 1998
Finance, North Holland Handbook Series 1995
The Efficiency of Racetrack Betting Markets, Academic Press 1994

1. Setzen Sie nur, wenn Sie im Vorteil sind.

Sie können in einer Wettsituation nie ohne Vorteil gewinnen. Das Verdopplungs- oder Martingale-System werden zwar hoch gelobt, aber sie sind falsch und funktionieren nicht. Sie haben dann viele kleine Gewinne und irgendwann einen großen Verlust, der all Ihre Gewinne und noch mehr hinwegfegt.

2. Wer mit jedem Trade gewinnt, ist entweder ein Verlierer oder ein Lügner.

Keine Strategie bringt in allen Szenarien Geld, außer echten Arbitragegeschäften, die aber schwer zu finden sind. Ziel ist die Erzeugung beständiger Gewinne über die Zeit, und dazu gehört es auch, Verluste in Kauf zu nehmen. Erfolgreiche Trader machen mit Verlierertrades kleine Verluste und mit erfolgreichen Trades große Gewinne.

3. Bevor Sie anfangen, müssen Sie wissen, was Sie von dem betreffenden Trade erwarten.

Bestimmen Sie einen Ausstiegspunkt, bevor Sie in einen Trade einsteigen – und revidieren Sie ihn, wenn neue Informationen vorliegen. Disziplin und Organisation sind der Schlüssel zur erfolgreichen Umsetzung erfolgreicher Tradingstrategien.

4. Machen Sie Ihr Research.

Recherchieren Sie Ihre Strategie sowohl theoretisch als auch mithilfe von Zahlen, und bringen Sie sie regelmäßig auf den neuesten Stand. Finanzmärkte sind teilweise vorhersagbar. Modelle, die versuchen, künftige Preise von Vermögenswerten vorherzusagen, brauchen ständig neue Zahlen und regelmäßig Verfeinerungen.

5. Diversifizieren Sie wirklich.

Korrelationsmatrizen hängen vom jeweiligen Szenario ab. Simulationen um historische Situationen messen nicht die wahren Korrelationen. So sind beispielsweise Aktien und Anleihen normalerweise positiv korreliert, in Crashsituationen dagegen negativ.

6. Übernehmen Sie sich nicht.

Bestimmen Sie im Voraus die schlechtesten Szenarien, die eintreten könnten, und wie viel Sie in jedem Fall verlieren würden. Bedenken Sie, dass die tatsächliche Größe des aktuellen Einsatzes, die sich stetig ändert, von dem Sicherungskoeffizienten abhängt, insbesondere die Veränderung des Portfoliowertes aufgrund von Änderungen im zu Grunde liegenden Index. Eine kleine und voll risikokontrollierte Position von Futuresderivaten kann sich sehr schnell in eine große Position mit übertriebenem Einsatz verwandeln. Daher verändert sich das Risiko des Portfolios ständig und muss sorgfältig kontrolliert werden.

7. Bewerten Sie die Auswirkungen aller Szenarien.

Bewerten Sie alle Szenarien, die eintreten könnten, selbst jene, die noch nie eingetreten sind. Verwenden Sie zur Bestimmung vernünftiger Szenarien ähnliche Situationen. Wissen Sie im Voraus, was zu tun ist, wenn ein bestimmtes Szenario eintritt.

8. Sie sollten tief in die Tasche greifen können.

Halten Sie genug Kapital bereit, um Krisen zu überstehen, und verwenden Sie das Kapital zur Vermeidung dieser Krisen; profitieren Sie von solchen Krisen. In Krisenzeiten ist Bargeld knapp, und wer welches hat, entgeht erstens der Katastrophe und profitiert zweitens dadurch davon, dass er Wertpapiere zu vorteilhaften Preisen kaufen beziehungsweise verkaufen kann. Kalkulieren Sie, wie viel Kapital nötig ist, um in extremen Szenarien angesichts ihres derzeitigen Investment-Einsatzes eine Katastrophe zu vermeiden. Da sich der Einsatz ändert, müssen Sie auch die Höhe des Einsatzes ständig beobachten und verändern.

9. Akzeptieren Sie kleine Verluste.

Versuchen Sie, größere Verluste zu vermeiden. Gehen Sie mit kleinen Verlusten aus dem Markt, und bewahren Sie Ihr Kapital.

10. Befolgen Sie ein System der Risikokontrolle.

Konzentrieren Sie sich darauf, nicht zu verlieren, denn das ist wichtiger. Den Schwerpunkt auf den Gewinn zu legen kann zu massiven Verlusten führen – wie viele Trader und Hedgefondsmanager herausgefunden haben.

www.interchange.ubc.ca/ziemba/

James J. Cramer –
Bekenntnisse eines Wallstreet-Süchtigen

James J. Cramer kennt alle Facetten des Aktienmarktes. Er war bei Goldman Sachs, er war Vermögensverwalter und er war einer der erfolgreichsten Fondsmanager der 90er-Jahre. Seine Leser erhalten Einblick in die Mechanismen, nach denen „das große Geld" funktioniert und arbeitet. Sie erfahren, mit welchen Methoden Cramer dem Markt oftmals ein Stück voraus war.

285 Seiten / Hardcover / Bestellnr. 036-360 **24,90 €**

Michael Parness – Beherrsche den Markt!

Der Karrierebeginn als Trader hätte für Michael Parness nicht schlechter ausfallen können: In kürzester Zeit verlor er fast sein ganzes Vermögen. Doch mit viel Disziplin und Arbeit schaffte er es, in nur 15 Monaten aus 33.000 Dollar, die ihm verblieben waren, die sagenhafte Summe von sieben Millionen Dollar zu machen. In seinem neuen Buch erzählt Parness nicht nur die Geschichte seines Erfolges. Viel wichtiger sind die Lehren, die er aus seinen anfänglichen Fehlern gezogen hat. „Beherrsche den Markt!" ist die perfekte Lektüre für Anleger, die mit Spaß und Erfolg an der Börse agieren wollen.

250 Seiten / geb. mit SU / Bestellnr. 036-090 **24,90 €**

James J. Cramer – Abzocke!
Hintermänner und Hintergründe des Crashs

James J. Cramer zeigt in diesem Buch, wie sich ein Netzwerk aus Investmentbanken, Analysten und Fondsmanagern während es Crashs auf Kosten der Privatanleger bereichert hat. Cramer benennt „die Bösen“, die seiner Ansicht nach für die größte Geldvernichtung aller Zeiten verantwortlich sind. Doch er will nicht nur entlarven, er will auch zeigen, wie Anleger unter veränderten Bedingungen einen Neuanfang wagen können.

117 Seiten / geb. mit SU / Bestellnr. 036-197 **19,90 €**

Jeremy Byman – J.P. Morgan. Bankier einer wachsenden Nation

J.P. Morgan dirigierte von seiner New Yorker Wohnung aus über Jahre die Geldströme, die die USA am Leben erhielten. Er hatte großen Anteil an der Finanzierung des Eisenbahnbaus und beherrschte zahlreiche Gesellschaften. Er stand mehr als 50 Jahre im Mittelpunkt des Finanzsystems der USA und war maßgeblich am Wachstum des Landes beteiligt. Dieses Buch ist nicht nur die Biografie eines Finanzgenies, sondern auch ein faszinierendes zeitgenössisches Dokument, das tiefe Einblicke in die gewachsene Struktur der US-Finanzelite garantiert.

120 Seiten / geb. mit SU / Bestellnr. 036-170 **19,90 €**

Fredric Alan Maxwell – Bad Boy Ballmer. Der Mann, der Microsoft regiert.

Mit „Bad Boy Ballmer“ liefert Fredric Alan Maxwell eine nicht autorisierte Biographie eines der reichsten Männer der Welt und einer der einflussreichsten Persönlichkeiten der Software-Industrie. Schon aufgrund des Protagonisten kann dieses Buch nicht nur eine Biographie sein.
Mit Microsoft-CEO Ballmer untrennbar verknüpft sind die Namen „Bill Gates“ und „Microsoft“. Durch diese Konstellation erhält der Leser neben der Geschichte von Steve Ballmer auch einmalige Einblicke in einen der mächtigsten Konzerne der Welt. Spannend und informativ – absolut lesenswert.

256 Seiten / geb. mit SU / Bestellnr. 036-163 **24,90 €**

Hubert Roos – Gold-Boom. Gewinne und Sicherheit mit Gold

Neben einer Anlage in physischem Gold können Investoren auf diverse Alternativen zurückgreifen: Zertifikate auf Gold und Goldminenaktien, Goldkonten, Goldminenaktien und Goldfonds. Hubert Roos vermittelt umfangreiches Hintergrundwissen und stellt die Bausteine vor, mit denen jeder Anleger seine persönliche Strategie für Gold in die Praxis umsetzen kann.

140 Seiten / geb. mit SU / Bestellnr. 036-214 **19,90 €**